Program
Programming
Programmer

14

CODE 2판

CODE: The Hidden Language of Computer Hardware and Software 2/E

by Charles Petzold

CODE 하드웨어와 소프트웨어에 숨어 있는 언어 2판

초판 1쇄 발행 2023년 12월 22일 2쇄 발행 2023년 12월 26일 지은이 찰스 펫졸드 옮긴이 김현규 펴낸이 한기성 펴낸곳 (주)도서출판인사이트 편집 백주옥 영업마케팅 김진불 제작·관리 이유현, 박미경 용지 월드페이퍼 인쇄·제본 천광인쇄사 후가공 이레금박 등록번호 제2002-000049호 등록일자 2002년 2월 19일 주소 서울특별시 마포구 연남로5길 19-5 전화 02-322-5143 팩스 02-3143-5579 이메일 insight@insightbook.co.kr ISBN 978-89-6626-428-5 책값은 뒤표지에 있습니다. 잘못 만들어진 책은 바꾸어 드립니다. 이 책의 정오표는 https://blog.insightbook.co.kr에서 확인하실 수 있습니다.

CODE 2판

하드웨어와 소프트웨어에 숨어 있는 언어

찰스 펫졸드 지음 | 김현규 옮김

의사이트

차례

옮긴이의 글

《CODE》가 돌아왔습니다.

프로그래밍과 컴퓨터 공학 분야의 클래식이라 불리는 책들 중 하나인 《CODE》가 그 내용을 개정하고 보강해서 새롭게 출간되었습니다. 1판은 1999년에 나왔고, 2판은 2022년에 나왔으니 대략 23년 만에 새로 출간된 것입니다. (국내 번역서 기준으로는 예전에 한 번 번역서가 나왔으나 절판되었고, 이후에 인사이트 출판사에서 감사하게도 저에게 1판 번역을 맡겨 주셔서 2015년에 1판이 나왔었습니다.)

1판의 '옮긴이의 글'에도 적었지만, 클래식이라는 것은 시간을 넘어설 수 있는 힘을 가진 것을 의미합니다. 그렇다면 어떤 부분 때문에 새로운 판이 나온 걸까요? '2판 서문'에도 나와 있지만, 프로세서의 동작을 설명하고 싶었던 저자의 열망이 컸던 것 같습니다. 개인적으로 10년 넘게 프로세서를 만들었고, 이후에도 그 지식을 바탕으로 영역을 넓혀가면서 엔지니어의 삶을 이어가고 있는 사람으로서, 매우 환영할 만한 결정이라고 생각합니다.

그렇다면 프로세서의 동작을 이해하는 것이 왜 중요할까요? 그리고 많은 사람이 내용을 알고 싶어 하는 걸까요? 프로세서에는 지적 호기심을 자극하는 부분이 있습니다. 이런 재미가 가장 중요한 이유겠지만, 프로세서가 가진 잠재력을 최대한 끌어내기 위해서도 프로세서의 동작에 대한 이해가 필요합니다. 프로세서들은 소프트웨어에서 적절하게 사용될 것이라고 가정하고 만들어지는 경우가 많기 때문이죠. 즉, 운영체제나 컴파일러와 같은 시스템 프로그램은 물론이고, 응용프로그램에서도 프로세서를 더욱 효과적으로 사용할 수 있는 방법들이 존재하며, 이는 프로세서의 동작을 잘 알수록 더 잘 끌어낼 수 있는 부분입니다.

물론, 소프트웨어 엔지니어 혹은 하드웨어 엔지니어의 길로 들어서려는 초보자들에게 컴퓨터의 동작이란 신비롭게 보일 수도 있습니다. 컴퓨터는 말 그대로 '계산'을 하는 장치에서 기원했으나, '메모리에 저장된 프로그램(stored program)'으로 제어하는 방식이 고안되면서 다양한 작업을 수행할 수 있는 장치가 되었습니다. 즉, 메모리에 저장된 값을 명령으로 인식시킴으로써 메모리에 저장된 값, 즉 프로그램에 따라 다양한 작업을 처리할 수 있는 다재다능한 장치가 되었습니다. 이런 발전 과정을 하나씩 따라가면서 여러분의 지적 호기심을 충족시킬 수 있을 것입니다.

제 생각에 이 책의 가장 중요한 가치는, 초보자 혹은 비전공자라 하더라도 즐겁게 읽어나갈 수 있다는 점입니다. 이 책의 앞부분에서는 코드에 대한 개념을 여러 가지 이야기와 역사적 배경, 다양한 예제를 통해서 풀어냈기 때문에 크게 인식하지 않더라도 자연스럽게 코드와 디지털 논리 회로에 대한 기본적인 개념을 같이 이해할 수 있게 될 것이라 생각합니다. (저도 독자들이 쉽게 읽을 수 있도록 번역하려고 노력했습니다만, 아쉬움이 남습니다. 쉽게 읽히지 않는다면 모두 저의 책임입니다.) 이 부분이 이 책에서 가장 빛나는 부분이라 생각합니다.

책의 뒷부분은 많은 부분에서 보강되고 바뀌었습니다. 1판은 컴퓨터를 구성하는 부분에서 주변부만 다루고 약간 빠르게 끝났습니다만, 2판에서는 프로세서의 기반이 되는 연산기에서 시작해서, 소프트웨어와 하드웨어의 접점이자 가장 중요한 인터페이스인 명령어 셋 아키텍처를 설명하고, 이 명령어들을 이용해서 어떻게 프로세서의 제어와 데이터 처리로 바꿀 수 있는지, 주변 장치와 어떻게 상호작용할 수 있는지를 포괄적으로 다루고 있습니다. 또한 여기서 만든 프로세서 위에서 동작하는 운영체제와 코딩에 이르기까지 기초적인 컴퓨터 아키텍처 책으로 사용해도 될 정도의 내용으로 구성되어 있습니다. 다만, 이 부분은 아주 쉽게 읽히지는 않을 수 있습니다. 워낙 다양하고 정교한 내용을 다루고 있는데, 앞부분의 내용을 알아야 하는 경우가 많기 때문이죠. 너무 걱정하지 말고 차분히 약간의 인내심을 가지고 읽어보길 권해드립니다. 만일 그래도 이해가 되지 않으면 기술적으로 자세한 부분은 그냥지나가도 됩니다. 전반적인 흐름을 따라가서 프로세서 하드웨어 위에 소프트웨어가 올라가고, 동작하는 방식을 이해하는 것이 중요하기 때문입니다.

《CODE》는 저에게 아주 특별한 의미가 있는 책입니다. 책의 번역을 다시맡겨 주시고, 중간 중간 말도 안 되는 실수를 했을 때 꼼꼼히 확인하고 질문을 해 주신 백주옥 편집자님께 감사드립니다. 그리고 이 책의 전체 내용을 검토하고, 어색한 부분과 잘못된 내용을 잡아주신 (주)도서출판인사이트의 한기성 대표님께도 진심으로 감사드립니다. 이 두 분이 없었다면 제가 좋아하는 책을 제 손으로 직접 망치게 되었을 것입니다.

마지막으로, 귀한 주말 시간 동안 게임, 프로그래밍 아니면, 책 읽기와 책번역을 반복하고 있는 심심한 남편을 늘 지지해 주는 안사람과, 이제는 중학생이 되어 더 이상 아빠의 책을 읽어 주지는 않지만 주말마다 부족한 카페인에 시달리는 아빠에게 커피를 사다 주는 우리 딸에게 감사할 뿐입니다. 감사합니다!

2판 서문

이 책의 초판은 1999년 9월 출간되었는데, 마침내 결코 갱신하지 않아도 되는 책을 썼다는 사실을 깨닫고 매우 기뻐했습니다. 제가 처음으로 쓴 마이크로소프트 윈도우용 응용프로그램을 프로그래밍하는 것에 관한 책은 불과 10년 만에 5번째 판까지 나왔으니, 이 책과는 완전히 비교가 됩니다. 저의 두 번째 책인 OS/2 프레젠테이션 매니저(이게 뭘까요?)에 관한 책은 훨씬 더 빠르게 쓸모 없는 책이 되어 버렸습니다. 하지만 이 책《CODE》는 영원히 지속될 수 있을 거라 확신했습니다.

이 책에 대해 제가 원래 가지고 있던 생각은, 매우 단순한 개념에서 시작해 서서히 디지털 컴퓨터의 동작에 대해 깊이 이해하도록 하는 것이었습니다. 이런 점진적으로 지식의 언덕을 올라가는 과정을 통해서, 은유와 유추, 바보 같은 삽화 등의 사용을 최소화하는 대신 실제 엔지니어들이 사용하는 언어와 기호를 사용할 수 있었습니다. 또한 이 책에서는 나름 재미있는 기법을 통해서 이야기를 풀어나가려 했습니다. 즉, 이 책에서는 보편적인 원리를 설명하기 위해서 고대의 기술을 사용했는데, 고대의 기술이 매우 오래되었음에도 낡은 기술이 아니라는 생각을 가지고 있었기 때문입니다. 마치 내연기관에 관한 책을 쓰면서 포드 모델 T를 기반으로 설명하는 것처럼 말이죠.

저는 이런 접근방식이 여전히 타당하다고 생각하지만, 몇몇 세부적인 부분에서는 틀린 부분도 있었습니다. 시간이 지남에 따라 문화적 요소를 참고한 부분들이 낡은 내용이 되면서, 책이 나이를 먹은 것이 드러나게 되었습니다. 키보드와 마우스를 스마트폰과 손가락이 보완하게 되었으며, 1999년에도 인터넷이 있었지만 지금처럼 될지는 몰랐습니다. 초판에서는 세계의 모든 언어와 이모티콘을 공통적으로 표현할 수 있는 유니코드에 한 페이지도 채 할애하지 않았으며, 웹에서 가장 많이 사용하고 있는 프로그래밍 언어인 자바스크립트에 대해서는 언급하지도 않았습니다.

이런 문제는 비교적 쉽게 고칠 수 있겠지만, 초판부터 계속해서 저를 괴롭혔던 다른 부분이 있습니다. 바로 컴퓨터의 두뇌, 심장이자 영혼인 CPU가 어떻게 동작하는지 보여 주고 싶었지만, 초판에서는 제대로 보여 주지 못했습니다. 저는 결정적인 돌파구에 거의 도달했다고 느꼈지만 포기하고 말았습니다. 이 점에 대해서 독자들이 불평하지는 않는 것 같았지만, 저에게는 명백한 결함이라는 생각이 들었습니다.

이번 2판에서 이 결함이 수정되었습니다. 이 부분을 추가하면서 70페이지(원서 기준) 정도가 늘어났습니다. 네, 더욱 긴 여정이 되었지만, 이번 2판에서도 저와 같이 페이지를 따라 가다 보면 CPU의 안쪽 깊은 곳까지 도달할 수 있을 거라 생각합니다. 이것이 여러분에게 더욱 즐거운 경험일지 아닐지는 잘 모르겠습니다. 만일 너무 어려워서 질식할 것 같으면 잠시 바람을 쐬러 나갔다 와도 됩니다. 하지만 24장을 통과하고 나면 꽤 뿌듯함을 느낄 것이고, 이 책의 나머지는 식은 죽 먹기라는 것을 알게 되면서 기뻐하게 될 것입니다.

책에 도움이 되는 웹사이트

이 책의 초판에서는 전기의 흐름을 나타내기 위해서 그림의 회로에서 빨간색을 사용했습니다. 이번 2판에서는 CodeHiddenLanguage.com이라는 새로운 웹사이트를 통해서 회로 그림의 내용을 직접 조작해 보고, 회로의 동작을 확인할 수 있도록 하였습니다.

이 책의 전반에 걸쳐 이 웹사이트에 대해서 설명해 두었으며, 몇몇 문단의 여백 부분에 웹사이트를 참고하라는 특별한 아이콘을 표시해 두었습니다. 이후로 이 아이콘을 보면(보통은 회로도 옆에 있는 경우가 많습니다) 웹사이트에서 해당 회로가 어떻게 동작하는지 살펴볼 수 있을 것입니다(기술적인

배경을 알고 싶어 하는 분들을 위해서 밝히자면, 이 웹 그래픽은 HTML5 캔버스 요소를 사용해서 자바스크립트로 프로그래밍했습니다).

CodeHiddenLanguage.com은 완전히 무료로 사용할 수 있습니다. 유료 구독을 해야 볼 수 있는 부분이 있는 것도 아니고, 이 책에 대한 광고 정도만 붙어 있습니다. 몇몇 예제에서 이 웹사이트가 쿠키를 사용하는데, 컴퓨터에 정보를 저장할 수 있도록 허용하는 것일 뿐입니다. 이 웹사이트는 여러분의 활동을 추적하거나 뭔가 나쁜 일을 하지는 않습니다.

저 또한 이 책의 내용을 명확히 하거나 수정하기 위해서 이 웹사이트를 사용할 것입니다.

책임이 있는 사람들

이 책에 대해서 책임을 져야 하는 사람들 중 한 명의 이름이 표지에 나와 있으며, 다른 사람들도 마찬가지로 빠져서는 안 되기 때문에 여기에서 언급하려고 합니다.

특히, 희한하게도 제가 준비된 정확한 시점에 저에게 접근해서 2판을 출간할 생각이 있는지 물어봐 준 편집 담당 이사 헤이즈 험버트Haze Humbert에 대해 먼저 이야기해야 할 것 같습니다. 저는 2021년 1월부터 작업을 시작했는데, 책의 마감 기한이 몇 달 지나고 제가 완전히 한물간 것은 아니라는 약간의 확신이 필요할 때, 그녀는 능숙하게 시련을 통과할 수 있도록 도와주었습니다.

초판의 프로젝트 에디터였던 캐슬린 앳킨스Kathleen Atkins 역시 제가 하려는 일을 잘 이해해 주었으며, 즐겁게 협업을 할 수 있도록 해 주었습니다. 당시 저의 대리인이었던 클로데트 무어Claudette Moore는 제 책의 가치를 알아보고 마이크로소프트 출판사를 설득해서 이 책이 출간될 수 있도록 해 주었습니다.

초판의 기술 편집자였던 짐 푸치스Jim Fuchs는 수많은 당황스러운 오류들을 잡아 주었던 것으로 기억합니다. 이번 2판의 기술 편집자인 마크 시먼Mark Seemann과 래리 오브라이언Larry O'Brien 역시 몇 가지 실수를 찾아 주었고, 이전보다 지면의 내용이 더욱 충실해질 수 있도록 도와주었습니다.

저는 수십 년 전에 '모아서 구성하는compose' 것과 '포함시켜 구성하는comprise' 것의 차이를 알고 있다고 생각했지만 그렇지 않았습니다. 이와 같은 오류들을 바로잡을 수 있었던 것은 교정 편집자인 스카우트 페스타Scout Festa의 가치를 매길 수 없을 정도로 소중한 기여 덕분이었습니다. 저는 항상 교정 편집자의 친절한 도움에 의존해 왔으며, 이들은 익명의 기여자로 남는 경우가 많지만, 부정확함과 언어의 남용에 끊임없이 맞서 싸우는 분들입니다.

이 책에 남아 있는 오류는 전적으로 저의 책임입니다.

셰릴 캔터Sheryl Canter, 잔 이스트룬드Jan Eastlund, 고 피터 골드만Peter Goldeman, 린 마갈스카Lynn Magalska, 그리고 나중에 저의 아내가 된 데어드레 시놋Deirdre Sinnott 등 초판의 베타 리더분들께 다시 한번 감사드립니다.

초판에 실린 수많은 그림은 고 조엘 판초트Joel Panchot의 작품이며, 그는 이 책에 실린 그의 작품에 대해 자부심을 가지고 있었습니다. 그의 그림들 중 많은 작품이 남아 있지만, 회로도가 추가로 필요해지면서 새로운 회로도와의 일관성을 위해서 모든 회로를 새로 그려야 했습니다. (기술적인 배경을 조금 더 설명하면, 여기 있는 그림들은 SVGScalable Vector Graphics 파일을 생성하는 SkiaSharp 그래픽 라이브러리를 사용해서 제가 직접 C#으로 그렸습니다. 수석 콘텐츠 제작자 트레이시 크룸Tracey Croom의 조언에 따라, 이 SVG 파일들은 페이지 조판을 위해 어도비 인디자인Adobe InDesign에서 EPSEncapsulated PostScript 파일 형식으로 변환한 다음 사용했습니다.

그리고 마지막으로

저는 이 책을 제 인생에서 가장 중요한 두 여인께 바치고 싶습니다.

저의 어머니는 소수자를 힘들게 하는 다양한 역경과 싸우셨으며, 결코 저를 막지 않고 언제나 저에게 명확한 방향을 제시해 주셨습니다. 우리는 이 책을 쓰는 동안에 그녀의 95번째(그리고, 마지막) 생일을 축하할 수 있었습니다.

저의 아내 데어드레 시놋을 빼놓을 수 없습니다. 저는 그녀의 업적, 그녀의 지지, 그리고 그녀의 사랑을 끊임없이 자랑스럽게 여깁니다.

그리고 친절한 피드백으로 저를 정말 기쁘게 해 준 초판 독자들에게도 감사드립니다.

2022년 5월 9일
찰스 펫졸드

code (kōd) *n.*

1. a. 메시지 전달에 필요한 문자나 숫자를 나타내기 위하여 사용되는 신호 체계

   b. 비밀리에 혹은 짧게 메시지를 전송하기 위해서 사용되는 약속된 의미를 부여한 기호, 문자 또는 단어의 체계

2. a. 특정 컴퓨터 프로그램을 구성하는 정보

   b. 컴퓨터에서 명령을 표현하기 위하여 사용되는 부호의 표현 체계와 규칙

— The American Heritage Dictionary of the English Language

Chapter 1

1000011 1001111 1000100 1000101

친한 친구와의 대화

Best Friends

여러분이 10살 소년이라 가정해 봅시다. 가장 친한 친구가 길 건너편에 살고 있으며, 친구의 침실 창문과 여러분의 침실 창문은 서로 마주보고 있습니다. 매일 밤 부모님은 언제나처럼 너무도 이른 시간에 "가서 자라"고 말씀하시곤 하지만, 그 이른 시간에 잠자리에 들기에는 여러분에게는 친구와 나눠야 할 생각과 관찰한 것들, 비밀들, 소문들, 농담, 꿈이 있습니다. 다른 사람과 대화하고자 하는 욕구는 인간의 기본적인 욕망 중 하나이므로 누구도 여러분을 비난할 수는 없을 것입니다.

침실에 아직 불이 켜 있다면, 창문을 통해 친구와 서로 손을 흔든다거나 이 런저런 몸짓이나 원초적인 바디 랭귀지를 이용해서 한두 가지 정도의 간단한 생각을 전할 수 있을 겁니다. 하지만 이 방법으로는 복잡한 내용을 전달하기가 매우 어렵고, 부모님이 오셔서 "불 꺼!"라고 말씀하실 테니 이 방법을 더 이상 사용할 수 없을 때의 해결 방법이 필요합니다.

자, 이제 어떻게 친구와 의사소통을 할 수 있을까요? 다행히 휴대폰을 가지고 있는 10살짜리 어린이라면 몰래몰래 전화를 하거나 문자를 사용하면 될 것입니다.

하지만 잠자리에 들 시간에는 부모님이 핸드폰을 사용하지 못하게 한다거나 와이파이Wi-Fi를 꺼버리는 경우에는 어떻게 해야 할까요? 게다가 전자적 통신 방법이 없는 침실은 매우 고립된 방이라 할 수 있습니다.

적어도 여러분과 친구 모두 손전등 정도는 가지고 있을 것입니다. 다들 알고 있겠지만, 손전등이란 물건은 어린이들이 이불 속에서 몰래 책을 보기 위한 용도로 만들어진 것이니까요. 손전등은 어두운 밤에 의사소통을 하는 데 유용하게 사용될 수 있을 것 같습니다. 이 유용한 물건은 매우 조용하고, 빛의 직진성도 뛰어나기 때문에 침실문 밖으로 빛이 새어 나가서 의심 많은 부모의 주의를 끄는 일이 있을 것 같지도 않습니다.

손전등으로 대화가 가능할지 확신은 없지만 한번 시도해 볼 만합니다. 초등학교 때 글자와 단어를 어떻게 적는지는 이미 배웠으니, 그 방법을 손전등으로 적용해 보는 것도 괜찮을 것 같습니다. 바로 창문 앞에 서서 빛으로 글자를 적어 보는 거죠. 예를 들어, 'O'를 적는다고 가정하면 손전등을 켜고 허공에 둥글게 원을 그리고 난 후 손전등을 끄면 되는 거죠. 'I'를 적는다고 가정하면 세로로 한 획을 그으면 되는 것이고요. 하지만 이런 방법이 뜻대로 잘되지는 않는다는 걸 금방 알게 될 것입니다. 친구가 허공에 만드는 곡선과 직선을 보면서, 글자의 획들을 머릿속에서 조합하고 이해하기가 쉽지 않다는 것을 알아채게 될 테니까요. 손전등으로 빙빙 돌리고 내리그어 만드는 빛은 그리 정밀하지 않습니다.

아마도 영화에서 선원들이 바다에서 서로의 배에 불빛을 깜빡거려서 신호를 전달하는 장면을 본 적이 있을 것입니다. 스파이가 거울을 살짝살짝 움직여서 태양빛을 다른 스파이가 사로잡혀 있는 방으로 반사시켜 신호를 보내는 장면이 있는 영화도 있습니다. 이런 방법이 해결책이 될 수 있겠네요. 자, 간단한 기법을 만들어 봅시다. 각각의 알파벳마다 몇 번씩 빛을 깜빡거릴지 정하는 겁니다. A는 1번, C는 3번, Z는 26번 빛을 깜빡거리는 거죠. BAD라는 단어를 전달하려면 2번, 1번, 4번을 깜빡거리면 되겠습니다. 물론, 친구가 7번 깜빡거린 걸로 인식해서 G로 이해하지 않도록 하기 위해서 글자와 글자 사이에 어느 정도 시간을 두는 것이 필요하겠지요. 단어 사이에는 조금 더 시간을 두면 될 것 같네요.

이 방법은 괜찮을 것 같습니다. 좋은 소식은 이제부터는 손전등을 친구의 창문에 비추고 스위치만 껐다 켰다 하면 되므로 더 이상 손전등을 허공에서 흔들고 있지 않아도 된다는 것이지요. 나쁜 소식은 아마도 첫 번째로 보내려고 하는 'How are you?'라는 메시지 하나에 손전등을 총 131번 깜빡거려야 한다는 거죠. 게다가 문장부호에 대해서는 생각해 보지 않았으니, 물음표를 표현하기 위해서 몇 번을 깜빡여야 할지 모른다는 점도 있지요.

그래도 많이 접근했습니다. 아마 다른 사람들도 분명히 이 문제에 직면했을 거라고 생각되지 않으세요? 네, 맞습니다. 이 문제에 대해서 알아보기 위해 도서관이나 인터넷을 찾아보면, 모스 부호Morse code라 불리는 놀라운 발명을 찾을 수 있을 것입니다. 이것은 여러분이 찾고 있던 바로 그 해결책이지요. 비록 알파벳의 모든 글자를 어떻게 '적어야' 하는지 다시 배워야 한다는 문제가 남아 있지만 말입니다.

차이점은 다음과 같습니다. 여러분이 만든 체계에서는 모든 알파벳에 대하여 A는 1번, Z는 26번과 같은 방식으로 깜빡임의 수를 정해 두었지만, 모스 부호에서는 짧은 깜빡임과 긴 깜빡임이라는 두 가지 형태의 깜빡임을 가지고 있습니다. 이 부분이 모스 부호를 좀더 복잡하지만, 좀더 효율적으로 만들어 주는 것입니다. 모스 부호에서는 'How are you?'라는 문장을 표현하기 위하여 131번이 아닌 32번의 깜빡임(몇 개는 짧게, 몇 개는 길게 깜빡여야 하겠지만요)만 필요하며, 물음표도 보낼 수 있습니다.

모스 부호가 어떻게 동작하는지 설명할 때는 '짧은 깜빡임'과 '긴 깜빡임'이라 표현하는 대신 '점dot'과 '선dash'이라 부릅니다. 이는 '점'과 '선'이 종이 위에 모스 부호를 표현하는 가장 일반적인 방법이기 때문이지요. 모스 부호에서는 알파벳의 모든 문자를 점과 선으로 된 짧은 조합으로 표현하고 있으며, 이는 다음 표와 같습니다.

A	•—	H	••••	O	———	V	•••—
B	—•••	I	••	P	•——•	W	•——
C	—•—•	J	•———	Q	——•—	X	—••—
D	—••	K	—•—	R	•—•	Y	—•——
E	•	L	•—••	S	•••	Z	——••
F	••—•	M	——	T	—		
G	——•	N	—•	U	••—		

비록 모스 부호가 컴퓨터로 할 수 있는 일에 비할 바는 아니지만 이를 통하여 부호(코드/code)의 속성에 익숙해지는 것이 컴퓨터 하드웨어와 소프트웨어에 숨겨진 언어와 내부 구조를 좀더 깊이 이해하는 데 반드시 필요합니다.

이 책에서 부호(코드/code)라는 용어는 일반적으로 사람 사이에, 사람과 컴퓨터 간에, 그리고 컴퓨터끼리 정보를 전달하는 체계를 의미합니다.

부호는 의사소통을 할 수 있게 해 줍니다. 간혹 부호는 암호의 형태를 가지지만, 대부분은 그렇지 않습니다. 대부분의 부호가 인간 의사소통의 기반으로 사용되기 위해서는 이해하기 쉬워야만 하기 때문이죠.

우리가 단어를 만들기 위해서 입으로 만들어 내는 소리는, 이 목소리를 들을 수 있으며 이 언어를 알고 있는 누구나 이해할 수 있는 부호로 구성되어 있습니다. 이런 부호를 '음성 언어' 혹은 '말'이라 부릅니다.

청각 장애인 공동체 내에서 사용하는 다양한 수어는 손과 팔의 움직임과 형태를 통해서 단어의 각 문자, 단어 자체 혹은 개념을 전달할 수 있습니다. 북미에서 가장 일반적으로 사용되는 두 가지 수어 시스템은 19세기 초 미국 농인 학교에서 개발된 미국 수화American Sign Language, ASL와 프랑스 수어의 변형인 LSQLangue des signes Québécoise입니다.[1]

종이나 다른 매체에 쓰는 또 다른 부호가 있는데, 이를 '문자 언어' 혹은 '글'이라 부릅니다. 문자는 손으로 쓰거나 키를 눌러 입력하고 나서 신문, 잡지, 책으로 인쇄하거나 다양한 화면 표시장치에 디지털 형식으로 표시할 수 있

---

1 (옮긴이) 참고로 한국의 수어는 한국 청각 장애인을 위해서 공용어로 지정되어 있습니다. 지(指)문자를 통해서 각각의 문자를 표현할 수 있으며, 수어를 통해 단어와 개념을 나타낼 수도 있습니다.

습니다. 대부분의 언어에서 말과 글은 매우 강한 연관성을 지니고 있습니다. 예를 들어, 영어에서는 문자와 문자 집합(글)은 음성(말)과 많든 적든 연관성을 가지고 있습니다.

보지 못하는 사람을 위해서 글은 점자로 대체될 수 있습니다. 점자는 튀어나온 점을 이용해서 문자, 문자의 묶음 혹은 단어 전체를 표현하는 체계를 이용하는 부호입니다(점자에 대해서는 3장에 자세히 다루겠습니다).

말을 글로 매우 빠르게 적어야 하는 경우에는 속기술stenography 혹은 약기술shorthand이라 불리는 방식이 유용합니다. 속기사들은 법정이나 TV 뉴스 혹은 스포츠 프로그램에서 실시간으로 캡션을 만들기 위해서 속기 기계를 사용하는데, 이 장치는 속기에 사용되는 특유의 문자에 대응되는 간략화된 키보드를 가지고 있습니다.

일반적으로 의사소통을 위해서 수많은 부호들이 사용됩니다. 이는 몇몇 부호들이 다른 것들보다 특정 측면에서 적합하기 때문이지요. 말은 종이에 저장할 수 없기 때문에 대신 글을 사용하는 것입니다. 어둠에서 소리를 내지 않고 거리가 멀리 떨어진 위치에서 말이나 글로 의사소통을 하는 것은 불가능합니다. 이러한 경우에는 모스 부호가 적절한 대안이 되는 것이지요. 즉, 어떤 부호가 다른 부호로는 처리가 불가능한 경우에도 적절히 사용될 수 있다면 그 부호는 유용하다고 말할 수 있습니다.

마찬가지로 컴퓨터에서도 문자, 숫자, 소리, 음악, 그림, 영화 등을 저장하고 통신하며, 컴퓨터 자체에 명령을 내리기 위해서 매우 다양한 부호가 사용됩니다. 컴퓨터는 인간이 지닌 눈, 귀, 입, 손가락과 같은 기관을 정확히 복제해서 가지고 있을 수 없기 때문에, 인간이 사용하는 부호를 쉽게 사용하기 어렵습니다. 컴퓨터가 말할 수 있도록 가르치는 것은 어렵고, 말을 이해할 수 있도록 만드는 것은 훨씬 더 어렵습니다.

하지만 많은 진전이 있었습니다. 이제 컴퓨터는 시각(문자와 그림), 청각(언어, 소리와 음악), 혹은 두 가지의 조합(애니메이션과 영화)을 포함해서 인간의 대화에 사용되는 다양한 유형의 정보를 취득하고, 저장하고, 조작하고 만들 수 있게 되었습니다. 이러한 모든 유형의 정보를 다루기 위해서는 자체적인 부호가 필요합니다.

앞에서 보았던 모스 부호 표도 그 자체로 일종의 부호입니다. 이 표에서는 각 문자를 표현하기 위한 점과 선의 조합을 표시했지만, 실제로 점과 선을 보내는 것은 아니지요. 손전등으로 모스 부호를 전달할 때 단지 점과 선은 깜빡임의 종류에 대응하는 것입니다.

손전등으로 모스 부호를 보낼 때, 전등 스위치를 매우 빠르게 점멸시켜서 빠른 깜빡임을 만들면 이는 점에 해당합니다. 손전등을 좀더 오랫동안 켜 두면 느린 깜빡임이 만들어지며, 이는 선에 해당합니다. 예를 들어, 'A'를 보낸다고 하면, 손전등의 불빛을 매우 빠르게 한 번 점멸시킨 후 좀더 느리게 점멸시키면 됩니다. 다음 글자를 보내기 전에는 잠시 시간을 가져야겠죠. 일반적으로 선을 표현할 때는 점을 표현할 때보다 약 3배 정도 오랫동안 불빛을 켜 둡니다. 예를 들어, 점이 1초 길이라면 선은 3초 길이가 되는 것이지요(물론 실제 모스 부호를 전송할 때는 이것보다 훨씬 빠르게 진행됩니다). 수신자는 짧은 깜빡임을 보고, 긴 깜빡임을 본 후 어느 정도 불이 꺼져 있다면 이것이 'A'라는 걸 알 수 있습니다.

모스 부호에서 점과 선 사이에 잠깐 시간을 두는 것은 반드시 필요합니다. 예를 들어, 'A'를 보내는 경우 점과 선 사이에 손전등을 반드시 꺼야 하고, 이 길이는 하나의 점을 표현하는 시간과 동일합니다. 각 글자 사이에서도 손전등을 꺼서 구분하게 되는데, 이 간격은 하나의 선을 표현하는 시간과 동일합니다. 다음 그림은 'hello'를 표현하는 모스 부호에서 문자 간의 간격을 표시한 것입니다.

●●●● ● ●━●● ●━●● ━ ━ ━

단어 간에는 선 두 개를 표현하는 정도의 시간을 띄웁니다. 다음은 'hi there'를 표현하고 있습니다.

●●●● ●● ━ ●●●● ● ●━● ●

손전등을 켜거나 꺼두는 시간은 정해져 있지 않습니다. 이 시간은 모두 점을 표현하는 시간을 기준으로 상대적으로 표현되는 것이며, 이 시간이 얼마나 걸릴지는 손전등을 얼마나 빠르게 깜빡일 수 있는지와 보내는 사람이 얼마나 빨리 특정 글자에 대한 모스 부호를 기억해 내는지에 달려 있습니다. 빨리 보내는 사람이 선을 표현하는 시간과 느리게 보내는 사람이 점을 표현하는 시간이 같을 수도 있다는 것이지요. 사소한(?) 문제는 모스 부호를 받는 사람이 부호를 읽어내는 것이 어렵다는 것인데, 그래도 한두 개 정도의 문자를 받고 나면 받는 사람이 보통은 어떤 것이 점이며, 어떤 것이 선인지를 구분할 수 있습니다.

얼핏 모스 부호에서 각 알파벳 문자에 점과 선을 이용한 조합을 할당한 게 키보드에서 그러하듯이 규칙 없이 이루어진 것처럼 보입니다. 그러나 좀더 꼼꼼히 살펴보면, 완전히 그런 것만은 아니라는 사실을 알 수 있습니다. 영어에서 자주 사용되는 E와 T 같은 문자에는 좀더 짧고 간단한 부호가 할당되어 있죠. 낱말 맞추기 게임을 좋아하는 분들이라면 이런 방법이 옳다는 걸 알 수 있을 것입니다. 일반적으로 사용되지 않는 Q와 Z 같은 문자들의 경우 좀더 긴 부호가 할당되어 있습니다.

여러분들은 대부분 모스 부호에 대하여 아주 조금은 알 거라 생각합니다. 세 번의 점, 세 번의 선, 세 번의 점은 'SOS'로 국제 조난 신호를 나타내죠. 'SOS'는 어떤 단어의 약어가 아니고, 단지 쉽게 기억할 수 있는 모스 부호 조합을 선택한 것입니다. 제2차 세계대전 중 영국의 BBC에서는 몇몇 방송을 시작할 때 베토벤 교향곡 5번 운명을 자주 틀곤 했는데, 이는 (베토벤이 작곡할 때는 전혀 알지 못했겠지만) 운명 교향곡의 도입부인 '바바바바~~~암' 하는 부분을 모스 부호로 나타내면 승리victory를 의미하는 'V'가 되기 때문입니다.

모스 부호의 단점은 대문자와 소문자의 구분이 없다는 점입니다. 하지만 모스 부호는 문자뿐만 아니라 5개의 점과 선을 조합해서 숫자도 표현할 수 있습니다.

1	●━━━━		6	━●●●●
2	●●━━━		7	━━●●●
3	●●●━━		8	━━━●●
4	●●●●━		9	━━━━●
5	●●●●●		0	━━━━━

이러한 숫자 부호들은 적어도 영문자보다는 순서 있게 구성되어 있습니다. 대부분의 문장부호는 5개, 6개 혹은 7개의 점과 선의 조합으로 이루어져 있습니다.

.	●━●━●━		'	●━━━━●
,	━━●●━━		(	━●━━●
?	●●━━●●		)	━●━━●━
:	━━━●●●		=	━●●●━
;	━●━●━●		+	●━●━●
-	━●●●●━		$	●●●━●●━
/	━●●━●		¶	●━●●━
"	●━●●━●		─	●●━━●━

모스 부호에는 유럽의 언어들을 위한 악센트 부호가 있는 문자와, 특수한 목적으로 사용하기 위한 속기 문자 조합과 같은 추가 부호들도 정의되어 있습니다. 'SOS'와 같은 것이 이러한 속기 부호의 예가 될 수 있으며, 이 부호를 전달할 때는 세 문자가 전송됨에도 문자 간에 점 하나 정도의 시간 간격만을 가지게 됩니다.

　만일 모스 부호를 전달하기 쉽도록 만들어진 손전등을 가지고 있다면, 모스 부호 전달이 훨씬 쉽겠지요. 일반적인 손전등과 다르게 이 손전등은 손전등을 켜고 끄는 스위치 이외에 버튼이 하나 더 있어서, 버튼을 누르고 떼는 동작에 따라서 불이 켜지고 꺼질 수 있게 만들어져 있습니다(보통 군용 전등이라고 이야기하는 손전등이 이렇게 생겼습니다). 조금만 연습을 하면 1분에 5~10단어 정도를 보내고 받을 수 있을 것입니다. 분당 100단어 정도를 전달할 수 있는 말하기에 비해서는 매우 느리지만, 이 정도면 충분히 의사소통에

활용할 수 있을 정도는 됩니다.

　모스 부호를 완전히 외우고 난 이후에는(모스 부호를 좀더 익숙하게 보내고 받기 위해서는 외울 수밖에 없겠죠?) 모스 부호를 소리로 내어 통상적인 말을 대체할 수도 있습니다. 속도를 올리기 위해서 점dot은 '디'라고 부르고 (마지막 점인 경우엔 '딧'이라고 부릅시다), 선dash은 '다'라고 부릅시다(예를 들어, V를 나타내는 모스 부호는 '디-디-디-다'로 읽을 수 있습니다.). 이러면 모스 부호를 적을 때는 점과 선으로, 이걸 읽을 때는 단 두 가지 모음으로 줄일 수 있습니다.

　여기서 가장 중요한 단어는 '두 가지'입니다. 두 가지 형태의 깜빡임, 두 가지 모음, 실제로 두 가지 다른 것들은 적절히 조합되어 모든 형태의 정보를 전달할 수 있습니다.

Chapter 2

부호와 조합

Codes and Combinations

모스 부호는 이 책의 뒤에서 좀더 살펴볼 새뮤얼 핀리 브리즈 모스Samuel Finley Breese Morse(1791~1872)가 1837년경에 발명했고, 이후에 알프레드 베일Alfred Vail (1807~1859)을 비롯한 많은 사람에 의해서 더욱 발전되었으며, 몇 가지 다른 버전으로 진화했습니다. 이 책에서는 공식적으로 국제 모스 부호라 알려져 있는 시스템을 살펴볼 것입니다.

모스 부호의 발명은 역시 이 책의 뒤에서 좀더 살펴볼 전신telegraph의 발명과 매우 밀접하게 연관되어 있습니다. 모스 부호가 부호의 속성을 아는 데 좋은 길잡이가 되었듯, 전신 역시 컴퓨터 하드웨어의 동작을 그대로 모방할 수 있는 하드웨어를 포함하고 있습니다.

모스 부호에서 메시지를 받는 것보다 보내는 것이 쉽다는 것을 알게 될 것입니다. 모스 부호를 기억하지 못하더라도, 전송할 때는 앞 장에서 보았던 것처럼 알파벳순으로 정렬되어 있는 표를 이용하면 되기 때문이죠.

A	•—	H	••••	O	———	V	•••—
B	—•••	I	••	P	•——•	W	•——
C	—•—•	J	•———	Q	——•—	X	—••—
D	—••	K	—•—	R	•—•	Y	—•——
E	•	L	•—••	S	•••	Z	——••
F	••—•	M	——	T	—		
G	——•	N	—•	U	••—		

모스 부호를 수신하고 이를 해석할 때는 전달받은 점과 선의 조합을 글자로 풀어내는 과정이 필요하기 때문에, 모스 부호를 보내는 것보다 훨씬 어렵고 시간도 많이 걸립니다. 만일 부호를 기억하지 못하는 상태에서 '선-점-선-선' 패턴을 받았다면, 이것이 'Y'를 의미한다는 것을 알아낼 때까지 표에서 글자마다 찾아가며 패턴에 맞는지 확인하는 과정을 거쳐야 합니다.

다음과 같이 변환 방법을 알려 주는 표는 있지만,

문자 → 모스 부호의 점과 선

그 반대로 해석할 수 있도록 해 주는 표는 없다는 문제가 있습니다.

모스 부호의 점과 선 → 문자

모스 부호를 처음 배울 때는 이러한 표를 쓰면 편할 것 같습니다. 하지만 모스 부호의 점과 선에는 알파벳 순서와 같은 규칙이 없기 때문에 이러한 표를 어떻게 만들지는 아직 감이 오지 않는군요.

일단 알파벳 순서는 잊도록 합시다. 아마도 이러한 작업에는 부호가 얼마나 많은 점과 선들로 이루어져 있는지에 따라 부호를 묶어가면서 표를 만드는 접근 방법이 더 좋을 것 같습니다. 예를 들어, 모스 부호 점 하나와 선 하나만으로 표현할 수 있는 문자는 단 2개, 바로 E와 T입니다.

•	E
–	T

2개의 점 혹은 선을 조합하는 경우 I, A, N, M이라는 4개의 문자를 더 표현할 수 있습니다.

• •	I		– •	N
• –	A		– –	M

3개의 점 혹은 선을 조합하는 경우 다음과 같이 8개의 문자를 더 표현할 수 있겠지요.

•••	S		—••	D
••—	U		—•—	K
•—•	R		——•	G
•——	W		———	O

4개의 점 혹은 선을 조합함으로써 16개의 문자를 더 표현할 수 있으며, 숫자와 문장부호를 제외하고 생각한다면 이로써 모든 영문 알파벳을 표현할 수 있게 되었습니다.

••••	H		—•••	B
•••—	V		—••—	X
••—•	F		—•—•	C
••——	Ü		—•——	Y
•—••	L		——••	Z
•—•—	Ä		——•—	Q
•——•	P		———•	Ö
•———	J		————	Ş

이 4개의 표에서 각각 2개, 4개, 8개, 16개의 문자를 표현할 수 있었으니 모두 합쳐서 30개의 문자를 표현할 수 있습니다. 이는 영문 알파벳에 필요한 26자보다 많은 것이지요. 따라서 4개 부호들의 조합이 표현된 마지막 표에서는 4개가 강조 문자이고, 그중 3개는 움라우트umlauts[1]가 붙어 있으며 1개는 세디유cedilla[2]가 붙어 있음을 알 수 있습니다.

이렇게 만들어진 4개의 표는 여러분이 누군가에게 모스 부호를 받았을 때 이를 매우 쉽게 해석할 수 있도록 도와줄 것입니다. 어떤 문자를 나타내는 부호를 수신하면, 일단 점과 선이 몇 개인지 알아내서, 해당 표를 참조하면 되는 것이지요. 각각의 표는 모든 조합이 점인 경우가 왼쪽 위에, 모든 조합이 선인 경우가 오른쪽 아래에 배치되어 있습니다.

앞에 설명된 4개의 표 크기를 살펴보면 뭔가 패턴이 있는 것 같지 않나요?

---

1 (옮긴이) 문자 위에 붙는 2개의 점을 의미하며, 일종의 변모음을 나타냅니다.
2 (옮긴이) 로마자 밑에 붙는 갈고리 기호를 의미하며, 음가가 달라지는 것을 나타냅니다.

각 표는 직전에 설명된 표보다 부호가 두 배 더 많습니다. 이전의 표가 가진 모든 부호의 뒤에 점을 추가한 경우와 이전의 표가 가진 모든 부호 뒤에 선을 추가한 경우가 각각 있을 것이니 당연한 이야기겠지요.

이 흥미로운 경향을 다음과 같이 요약할 수 있습니다.

점과 선의 수	부호의 수
1	2
2	4
3	8
4	16

4개의 표는 각각 이전 표의 두 배에 해당하는 부호를 가지고 있으므로, 처음 표에 2개의 부호가 있었다면, 두 번째 표는 2×2개의 부호를, 세 번째 표는 2×2×2개의 부호를 가집니다. 따라서 다음과 같이 표현할 수 있습니다.

점과 선의 수	부호의 수
1	2
2	2×2
3	2×2×2
4	2×2×2×2

위와 같이 그 숫자 자체를 곱하는 거듭제곱의 경우를 표현하기 위해서 지수를 사용할 수 있습니다. 예를 들어 2×2×2×2는 수식 2^4로 표현될 수 있지요. 2, 4, 8, 16은 모두 2를 계속 곱하여 만들 수 있으므로, 2의 거듭제곱수가 됩니다. 따라서 아래와 같이 다시 정리할 수 있습니다.

점과 선의 수	부호의 수
1	2^1
2	2^2
3	2^3
4	2^4

이제 표가 아주 간단해졌습니다. 표현할 수 있는 부호의 수는 전달된 점과 선의 수를 2의 승수로 사용하면 얻을 수 있는 것이지요.

$$표현할\ 수\ 있는\ 부호의\ 수 = 2^{점과\ 선의\ 수}$$

2의 거듭제곱은 많은 부호에서 찾아볼 수 있으며, 특히 이 책에서 많이 나타납니다. 이후의 여러 장에서 이것에 대한 다른 예제들을 볼 수 있습니다.

좀더 쉽게 모스 부호를 해독할 수 있도록 만들려면 다음 그림과 같이 큰 나무의 형태로 된 도표를 그려볼 수 있습니다.

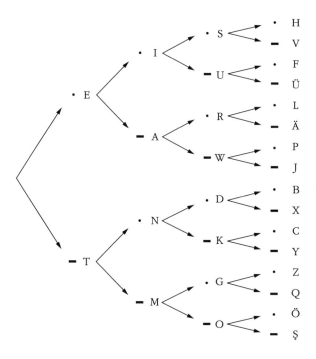

이 도표는 특정 순서를 가진 점과 선의 조합에서 문자를 찾아낼 수 있도록 구성되어 있습니다. 특정한 조합을 해독하기 위해서는 왼쪽에서 오른쪽으로 적절히 화살표를 따라가기만 하면 되는 것이지요. 예를 들어, '점-선-점'의 조합이 어떤 문자를 나타내는지 알고 싶다면, 맨 왼쪽에서 점을 선택하여 화살표를 따라 오른쪽으로 이동하고, 선을 선택하여 오른쪽으로 이동하고, 또 다시 점을 선택하여 오른쪽으로 이동하면 됩니다. 세 번째 점 옆에 적혀 있는 문자는 'R'입니다.

다음과 같은 측면에서 생각해 본다면, 처음 모스 부호를 정의할 때 이러한 표를 만드는 것이 필요하다는 것을 알게 될 것입니다. 첫째로는 이 표를 이용함으로써 같은 코드에 서로 다른 두 개의 문자를 할당하는 어리석은 실수가 발생하지 않도록 할 수 있다는 점이지요. 둘째로는 이 표를 통하여 모든 가능한 조합을 확인하고 문자를 할당할 수 있기 때문에, 필요 없이 길게 점과 선의 조합이 만들어지는 일을 막을 수 있다는 점입니다.

표가 책에 표시하기에는 너무 커질 수도 있겠지만, 5개 이상의 점과 선의 조합에 대해서도 계속 이어나가 봅시다. 5개의 점과 선의 조합을 통하여 32 ($2×2×2×2×2$ 또는 2^5)개의 부호를 추가할 수 있습니다. 이 정도면 모스 부호에서 정의된 10개의 숫자와 16개의 문장부호들을 표현하기에 충분할 것으로 보입니다. 실제로 앞에서 살펴본 것과 같이, 모스 부호에서는 숫자를 5개의 점과 선을 이용하여 구성하고 있지요. 하지만 모스 부호에서 5개 점과 선의 조합은 문장부호에 이용되고 있지는 않으며, 강조 기호로 사용되고 있습니다.

따라서 모든 문장부호를 포함하기 위해서는 6개 점과 선의 조합까지 사용해야 할 것 같습니다. 6개 점과 선의 조합까지 이용하는 경우 64($2×2×2×2×2×2$ 또는 2^6)개의 부호가 추가되어 총 $2+4+8+16+32+64$ 또는 126개의 부호를 나타낼 수 있습니다. 모스 부호에 적용하기에는 너무 많은 수이므로, 긴 부호 중에 많은 수는 해당 부호가 어떤 것도 나타내고 있지 않음을 표현하는 정의되지 않음undefined 상태로 놔 둡니다. 만일 정의되지 않은 모스 부호를 수신하면, 누군가 전송할 때 실수했다고 생각하면 됩니다.

$$\text{표현할 수 있는 부호의 수} = 2^{\text{점과 선의 수}}$$

위의 짧은 수식을 만들어 낼 수 있었으므로, 점과 선의 조합이 더 길어지는 경우 이를 통하여 얼마나 많은 부호가 만들어질 수 있는지 쉽게 확인할 수 있습니다.

점과 선의 수	부호의 수
1	$2^1 = 2$
2	$2^2 = 4$
3	$2^3 = 8$
4	$2^4 = 16$
5	$2^5 = 32$
6	$2^6 = 64$
7	$2^7 = 128$
8	$2^8 = 256$
9	$2^9 = 512$
10	$2^{10} = 1024$

얼마나 많은 부호가 있는지 알아보기 위해서 위와 같은 방식으로 모든 부호의 조합을 하나씩 적을 필요는 없습니다. 2를 계속 곱하기만 하면 되니까요.

모스 부호는 점과 선이라는 두 가지 요소로 이루어져 있으므로 이진binary (사전적 의미로는 '2개로 구성된'이란 뜻입니다) 부호라 이야기할 수 있습니다. 이것은 던졌을 때 앞면과 뒷면만 나올 수 있는 동전과 비슷하지요. 동전을 10번 던지면, 1024개의 서로 다른 앞면과 뒷면의 조합을 가질 수 있습니다.

동전과 같은 이진 개체의 조합과 모스 부호와 같은 이진 부호는 항상 2의 거듭제곱으로 표현할 수 있습니다. 이 책에서 2는 매우 중요한 숫자입니다.

Chapter 3

1000011 1001111 1000100 1000101

점자와 이진 부호

Braille and Binary Codes

새뮤얼 모스Samuel Morse가 문자를 해석 가능한 부호로 훌륭하게 변환해 낸 최초의 인물은 아닙니다. 더욱이 많은 사람이 그 이름보다 그가 만든 부호를 더 많이 기억하게 되는 첫 번째 사람도 아닙니다. 이러한 명예는 모스보다 18년 뒤에 태어났으나 훨씬 더 일찍 자신의 부호를 만들어 낸 시각 장애가 있는 프랑스의 한 젊은이에게 당연히 돌아가야 합니다. 그의 생에 대하여 알려진 것은 많지 않지만, 알려진 것만으로도 충분히 이야기를 해 볼 만합니다.

루이 브라유Louis Braille는 1809년 프랑스 파리에서 40킬로미터 떨어져 있는 꾸브레Coupvray라는 곳에서 태어났습니다. 그의 아버지는 마차용 장비를 만드는 일을 했는데, 3살 되던 때 그는 아버지의 작업장에서 놀다가 송곳에 눈을 찔리는 사고를 당하게 되었습니다. 이 상처가 감염되었고 다른 쪽 눈에도 전이되어 그는 완전히 실명하게 되었습니다. 그 당시에 이런 운명으로 고통받았던 다른 많은 시각 장애

ullstein bild Dtl/Getty Images

인들이 그러했듯, 그도 무지하고 가난한 삶에 내몰릴 운명에 직면하게 되었지요. 하지만 어린 루이의 총명함과 배움에 대한 열망이 알려졌고, 지역의 사제와 학교 선생님들의 도움으로 다른 아이들과 같이 지역의 학교에 다닐 수

있게 되었으며, 10살 때는 파리의 왕립맹아학교에 들어가게 되었습니다.

　시각 장애인의 교육에서 가장 어려운 점은 당연히 인쇄된 책을 읽을 수 없다는 것이었습니다. 파리의 왕립맹아학교를 설립한 발랑탱 아우이Valentin Haüy (1745~1822)는 촉각으로 책을 읽을 수 있도록 종이 위에 볼록 튀어나온 크고 둥근 돋움문자를 사용하는 초기 점자 체계를 만들었습니다. 하지만 이러한 체계는 매우 사용하기 어려워서 극소수의 책만이 이 방법을 채택하여 만들어졌습니다.

　눈이 보였던 아우이에게 'A'는 'A'여야 하고, 보기에도 'A'라는 문자로 보여야 한다는 기존의 관념을 벗어나기는 어려웠던 것이지요. 손전등을 가지고 의사소통을 하는 경우였다면 그는 아마도 허공에 글자를 쓰는 방법을 썼을 것입니다. 앞 장에서 이런 방법이 생각보다 잘 되지 않는다는 걸 깨닫기 전까지 우리가 그랬던 것처럼 말입니다. 아우이는 아마도 돋움문자와 완전히 다른 형태의 부호가 시각 장애인에게는 훨씬 더 적합할 수 있으리라는 사실을 깨닫지 못했겠지요.

　이를 대체할 부호는 전혀 예상하지 못한 곳에서 시작되었습니다. 프랑스 육군 대위 샤를 바르비에Charles Barbier가 1819년에 '야간 기록night writing; écriture nocturne'이란 기록 체계를 고안한 것이지요. 이 기록 체계는 소리를 내지 말아야 하는 야간에 병사들끼리 노트를 돌려보며 메시지를 전하려는 목적으로 만들어진 것으로, 두꺼운 종이 위에 튀어나온 점과 선 패턴을 조합하는 체계로 되어 있었습니다. 전달할 메시지가 있는 병사들은 송곳 비슷하게 생긴 철필로 종이 뒤를 쿡 찔러서 볼록하게 점과 선 모양을 만들었으며, 나중에 손가락으로 볼록하게 튀어나온 점들을 읽을 수 있었습니다.

　루이 브라유는 12살 때 이미 바르비에의 기록 체계에 익숙해졌습니다. 볼록 튀어나온 점 형태의 기록 체계는 손가락으로 읽어내는 데 편할 뿐만 아니라 기록하기에도 간편하였기 때문에, 그는 이런 방식이 마음에 들었습니다. 왕립맹아학교의 학생들은 종이와 철필만 있다면 실제로 쓰고 그걸 다시 읽을 수 있게 되었습니다. 브라유는 이 기록 체계를 개선하기 위하여 고민하였고, 3년

후 그의 나이 15살 때 현재까지도 사용되는 기록 체계의 기반이 되는 자신만의 부호를 만들었습니다. 이 부호 체계는 몇 년간 왕립맹아학교 내에서만 사용되었으나, 점차 세계로 퍼져 나가게 되었습니다. 1835년 루이 브라유는 결핵에 감염되었으며, 1852년 그의 43번째 생일 직후 결국 세상을 떠났습니다.

오늘날 다양한 점자 체계는 글을 접하고자 하는 시각 장애인에게는 오디오 북과 더불어 가장 중요한 수단이지만, 보지도 듣지도 못하는 장애인들에게는 점자 체계가 책을 읽기 위한 유일한 방법으로 통용되고 있으므로, 값을 매길 수 없을 정도로 귀중한 기록 체계로 남아 있습니다. 최근에는 엘리베이터나 자동인출기 등 공공 기기에 시각 장애인의 접근성을 높이기 위하여 점자가 사용되면서 많은 사람에게 좀더 친숙하게 되었습니다.

이 장에서는 점자 부호를 분석하여 어떻게 동작하는지 알아보려 합니다. 부호 속성에 대한 통찰력을 가지는 것이 목적이므로, 실제로 점자를 배우거나 기억해야 할 필요까지는 없습니다.

점자에서 일반적인 글에 사용되는 문자, 숫자, 문장부호와 같은 모든 기호는 2열 3행짜리 한 칸 내에 존재하는 하나 이상의 볼록한 점으로 부호화되어 있습니다. 한 칸 안에 존재하는 점에는 일반적으로 다음과 같이 1에서 6까지의 숫자가 부여되어 있습니다.

$$
\begin{array}{ccc}
1 & \bigcirc\ \bigcirc & 4 \\
2 & \bigcirc\ \bigcirc & 5 \\
3 & \bigcirc\ \bigcirc & 6 \\
\end{array}
$$

종이에 돈을새김 점자를 찍을 수 있는 특수한 형태의 타자기가 개발되었으며, 요즘에는 컴퓨터로 구동되는 점자 생성기를 통해서 이런 작업을 할 수 있습니다.

물론 이 책에도 돈을새김을 해서 점자를 정확히 표현하면 더 좋았겠지만 전반적으로 책값이 매우 비싸지겠지요. 그래서 이 책에서는 다음 그림과 같이 보통 책에서 점자를 표현하기 위하여 일반적으로 사용하는 표기법을 사용하였습니다. 이 표기법은 한 칸에 있는 6개의 점을 항상 표시하되 볼록한 점은 큰 점으로 표시하고, 평평한 부분은 작은 점으로 표시하는 방법을 사용하였습니다. 예를 들어, 다음과 같은 점자의 경우 한 칸 안에 있는 1, 3, 5번 위치에는 볼록한 점이 있으며, 2, 4, 6번 위치는 평평하다는 것을 나타냅니다.

여기서 우리의 관심을 끄는 것은 점이 이진binary 형태로 되어 있다는 점입니다. 점자의 점은 튀어나왔거나 평평한 두 가지 상태 중 하나를 가지기 때문입니다. 이 말은 우리가 이전에 모스 부호와 조합적 분석에 대하여 배웠던 내용을 점자에도 써먹을 수 있다는 의미입니다. 6개의 점은 각각 튀어나왔거나 평평한 두 가지 중 한 가지 상태를 가질 수 있으므로, 6개의 점으로 만들 수 있는 최대 조합의 수는 $2 \times 2 \times 2 \times 2 \times 2 \times 2$가 되므로 2^6, 즉 64입니다.

따라서 점자 체계에서는 모두 64개의 부호를 나타낼 수 있습니다. 점자에서 표현 가능한 64개의 모든 조합은 다음과 같습니다.

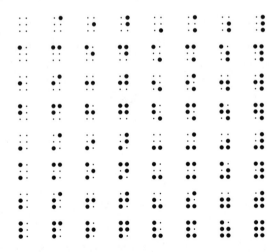

점자에서 64개의 부호가 모두 사용되어야 할 필요는 없지만, 6개의 점으로 표현할 수 있는 상한선은 64인 것이 확실합니다.

자, 이제 점자 부호를 분석해 보도록 하죠. 알파벳 소문자부터 시작해 보겠습니다.

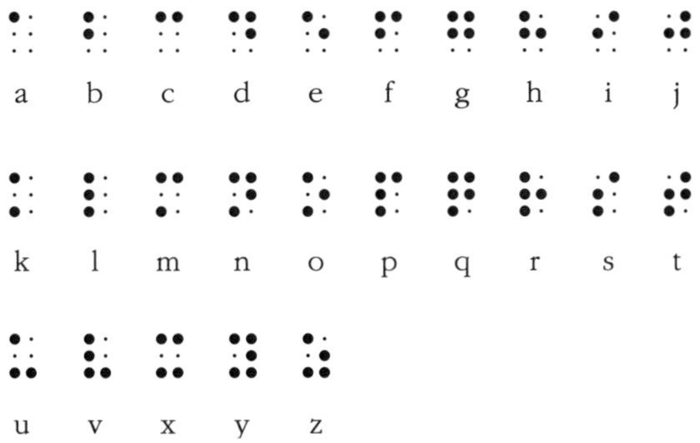

a b c d e f g h i j

k l m n o p q r s t

u v x y z

예를 들어, you and me라는 문구를 점자로 표현하기 위해서는 다음과 같이
적으면 됩니다.

한 단어에서 각 문자는 약간의 공백으로 구분되고 각 단어는 볼록한 점이 없
는 한 칸 넓이의 공백으로 구분됨을 알 수 있을 것입니다.

　이것이 루이 브라유가 고안한 점자의 기본 체계이며, 적어도 라틴 문자를
표현하는 데는 그대로 적용됩니다. 루이 브라유는 일반적으로 프랑스어에서
사용되는 강세 기호가 있는 문자를 위한 부호도 만들었습니다. 위의 점자 부
호에서 w가 없다는 것을 알아채셨는지 모르겠습니다. 예전에는 w가 프랑스
어에서 사용되지 않았기 때문입니다. 하지만 걱정하지 마세요. 나중에 다 나
옵니다. 자, 지금까지 64개의 가능한 조합 중에 25개의 부호만 사용했습니다.

　자세히 살펴보면, 25자의 소문자를 나타내기 위한 점자 부호에 일종의 패
턴이 있다는 것을 발견할 수 있을 것입니다. 첫 번째 행(문자 a에서 j)은 셀의
윗부분에 해당하는 4개의 점, 즉 1, 2, 4, 5만 사용하고 있습니다. 두 번째 행
(문자 k에서 t)은 3번 점이 튀어나온 것을 제외하면 첫 번째 줄과 같습니다.
세 번째 행(문자 u에서 z)은 3번 점과 6번 점이 튀어나온 것을 제외하면 역시
첫 번째 줄과 같습니다.

　루이 브라유는 원래 점자 체계를 손으로 눌러 입력할 수 있도록 설계했습

니다. 그런 방식으로 입력하면 정확성이 상당히 떨어질 수 있다는 것을 알고 있었기에, 소문자 25자가 모호하게 보이지 않도록 현명하게 잘 정의했습니다. 예를 들어, 64개의 점자 부호 중 6개는 하나의 점만 사용할 수 있지만, 이 중 소문자를 표현하기 위해서는 하나만 사용되고 있으며, 이는 a를 표현합니다. 64개의 부호 중 4개는 수직으로 인접한 2개의 점을 가지고 있지만, 소문자에서는 하나만 사용되며, 이는 b를 표현합니다. 또한 수평으로 인접한 2개의 점을 가지고 있는 부호가 3개 있지만, 소문자에서는 하나만 사용되며, 이는 c를 표현합니다.

루이 브라유는 실제로 페이지에서 위치가 약간 바뀌더라도 같은 의미를 표현할 수 있는 독특한 형태를 부호 집합으로 정의한 것입니다. A는 볼록 튀어나온 점이 하나, b는 수직으로 인접한 2개의 점, c는 수평으로 인접한 2개의 점으로 표현되는 것입니다.

부호에서는 오류가 발생하기 쉽습니다. 부호가 기록되는 과정에서 발생하는 오류(예를 들면, 학생이 종이에 점자를 표기할 때)를 인코딩 오류encoding error라고 하며, 부호를 읽는 과정에서 발생하는 오류를 디코딩 오류decoding error라고 합니다. 이 외에 **전송 오류**transmission error도 존재하는데, 점자가 기록된 페이지가 어떤 방식으로든 훼손된 경우를 의미합니다.

보다 정교한 부호들은 보통 다양한 형태의 오류 보정 기능을 내장하고 있습니다. 이런 의미에서 루이 브라유가 초기에 정의한 점자는 정교한 부호화 체계를 갖추었다고 할 수 있습니다. 즉, 중복성을 통해서 점을 찍거나 읽을 때 약간 부정확하더라도 크게 문제가 되지 않도록 만든 것입니다.

루이 브라유 시대 이후로, 점자는 수학과 음악을 표기하는 것을 포함해서 다양한 방식으로 확장되었습니다. 현재 영문 점자 출판물에서 가장 널리 사용되는 점자 체계는 2기 영어 점자 체계Grade 2 Braille라 불리는 시스템입니다. 2기 점자는 종이를 덜 사용하고, 읽기 속도를 높이기 위해서 많은 축약 어구들을 가지고 있습니다. 예를 들어, 문자 부호가 단독으로 사용되는 경우에는 공통적으로 많이 사용되는 상용어를 표현한다고 보는 거죠. 다음 세 줄(세

번째 줄의 마지막까지)은 이런 상용 단어들이 어떻게 할당되어 있는지 나타
냅니다.

(none)	but	can	do	every	from	go	have	(none)	just

knowledge	like	more	not	(none)	people	quite	rather	so	that

us	very	it	you	as	and	for	of	the	with

따라서 'you and me'를 2단계 영어 점자 체계로는 다음과 같이 적을 수 있습
니다.

단어 사이를 구분하기 위하여 사용되는 볼록 점이 없는 공백과 문자나 단어
를 표현하는 부호 10개씩으로 구성된 세 행을 살펴보았으므로, 지금까지 총
31개의 부호를 살펴보았습니다. 아직 이론적으로 사용 가능한 64개의 부호
에는 한참 미치지 못합니다. 2기 점자에서는 앞에서 살펴본 바와 같이 낭비
하는 것이 하나도 없습니다.

 문자 a에서 j까지를 나타냈던 첫 번째 행의 조합에 6번째 점이 튀어나온 경
우를 결합해서 부호를 만들 수 있습니다. 이 부호들은 대부분 단어 내에서 자
주 사용되는 문자의 단축형, w 문자, 그리고 단어의 축약형에 사용됩니다.

ch	gh	sh	th	wh	ed	er	ou	ow	w
									(또는 'will')

예를 들어, 'about'이라는 단어는 2기 점자 체계에서는 다음과 같이 쓸 수 있
습니다.

⠆⠒⠦⠰

다음 단계에서는 루이 브라유의 원래 공식에는 사용하지 않았던 잠재적인 모호성까지 사용합니다. a에서 j까지의 조합을 가지고 와서 아랫부분의 2, 3, 5, 6 위치의 점으로 대체하는 방법으로 효과적으로 부호화할 수도 있습니다. 이 조합은 문맥에 따라 문장부호 혹은 단어의 단축형으로 사용됩니다.

ea	bb	cc	dis	en	to	gg	his	in	was
,	;	:	.		!	()	"		"

처음 4개는 쉼표, 세미콜론, 콜론, 그리고 마침표입니다. 여는 괄호와 닫는 괄호는 모두 하나의 부호로 표현한 반면, 인용 부호는 여는 인용 부호와 닫는 인용 부호를 각각 할당한 것을 알 수 있습니다. 이 부호들은 a에서 j까지의 문자와 오인될 수 있으므로, 다른 문자 사이에 존재하지 않고 큰 문맥 사이에 있을 때만 의미가 있도록 만든 것입니다.

　자, 지금까지 51개의 부호를 알아보았습니다. 다음 6개의 부호는 단어의 단축형과 추가 문장부호를 나타내며, 3, 4, 5, 6 위치에서 사용되지 않았던 조합을 사용하고 있습니다.

st	ing	ble	ar	'	com
/		#			-

'ble'에 해당하는 부호는 단어의 일부로 사용되지 않는 경우 이 부호 뒤에 나오는 부호들이 숫자임을 나타내기 때문에 매우 중요합니다. 숫자는 a에서 j를 나타낸 부호와 동일합니다.

1	2	3	4	5	6	7	8	9	0

따라서 아래의 부호는 숫자 256을 나타냅니다.

만일 여기까지 잘 이해하면서 왔다면, 64개의 모든 부호를 설명하기 위해서는 7개의 부호가 아직 남아 있다는 걸 알 겁니다. 남은 부호들은 다음과 같습니다.

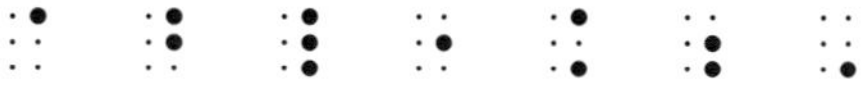

처음에 보이는 4번 위치에 볼록 점이 있는 부호는 강조를 나타내기 위해서 사용됩니다. 다른 것은 몇몇 단축형의 시작을 나타내기 위하여 사용되며, 또 다른 것들은 이런저런 목적으로 사용됩니다. (다섯 번째에 있는) 4, 6번 위치에 볼록 점이 있는 부호의 경우 문맥에 따라 의미가 달라지는데, 숫자와 같이 사용되는 경우에는 소수점을 나타내기 위하여 사용되고 단어와 같이 사용되는 경우에는 단어의 강세를 표현하기 위하여 사용됩니다. (여섯 번째에 있는) 5, 6번 위치에 볼록 점이 있는 부호는 문자 표시 부호로서, 이 부호는 숫자 표현을 끝내고 이 부호 이후에는 문자를 나타낸다는 표시로 사용됩니다.

그리고 마지막으로 (점자에서 대문자를 표현하는 방식이 궁금했는지 모르겠지만) 6번 위치의 점을 볼록하게 만들어서 대문자를 표시할 수 있습니다. 이 부호는 바로 뒤에 나오는 문자가 대문자임을 나타내기 위해서 사용됩니다. 예를 들어, 이 점자 체계를 처음 만든 사람의 이름은 다음과 같이 적을 수 있습니다.

이 점자는 대문자 표시 부호로 시작하고, 그 뒤에 바로 문자 l, 단축 부호 ou, 문자 i, s, 공백, 대문자 표시 부호, 그리고 문자 b, r, a, i, l, l, e로 구성되어 있습니다(실제로 사용될 때는 마지막 두 문자는 발음되지 않기 때문에 이를 표기하지 않거나, 'brl'로 표기해서 조금 더 짧게 표현할 수 있습니다).

요약하면, 이 장에서는 이진 요소인 점 6개를 조합하여 64개의 가능한 부호를 만들어 내는 것을 살펴보았습니다. 또한 64개의 부호들 중 많은 부호가 문맥에 따라 두 가지 역할과 의미를 부여할 수도 있음을 보았습니다. 흥미로운 부분은 숫자를 나타내기 위한 숫자 표시 부호와 숫자 표시 부호를 취소시키기 위한 문자 표시 부호가 각각 있다는 점입니다.[1] 이 부호들은 해당 부호의 뒤에 나오는 부호들의 의미를 문자에서 숫자로, 숫자에서 문자로 변환시키는 역할을 합니다. 이런 부호들을 일반적으로 선행precedence 부호 또는 시프트shift 부호라 부르며, 이 부호 뒤에 나오는 부호의 의미를 시프트가 풀릴 때까지 계속하여 변경시키는 특징을 가지고 있습니다.

시프트 부호는 컴퓨터 키보드의 시프트 키를 누르고 있는 것과 비슷하며, 시프트는 오래된 기계식 타자기에서 대문자를 치기 위해서 기계적으로 틀을 들어올리는shift 동작에서 온 이름입니다.

대문자 표시 부호는 바로 뒤의 한 글자에 대하여 소문자가 아닌 대문자로 해석될 수 있도록 합니다. 이러한 부호는 이스케이프escape 부호라 부릅니다. 이 부호는 단조롭고 반복적인 부호의 해석 과정에서 '탈출escape'하여 새로운 해석이 가능하도록 해 줍니다. 시프트 부호와 이스케이프 부호는 이진 부호를 이용하여 글을 표기할 때 공통적으로 자주 사용되지만, 이전에 어떤 부호가 왔는지 알지 못하면 개별의 부호를 해석할 수 없기 때문에 복잡도를 증가시킵니다.

1855년 초에 일부 점자 옹호자들은 밑에 점 한 줄(2개의 점)을 추가해서 점자 체계를 확장하기 시작했습니다. 8점식 점자는 음악, 속기, 일본 한자 문자 등의 특별한 목적으로 사용되었습니다. 고유한 부호의 수를 2^8, 즉 256개로 늘렸기 때문에, 소문자, 대문자, 숫자, 구두점에 귀찮은 시프트나 이스케이프 부호를 사용하지 않고 모두 고유의 부호를 할당함으로써 일부 컴퓨터 응용프로그램에서 편하게 사용할 수 있습니다.

---

1 (옮긴이) 참고로, 한글 점자 역시 6점식 점자를 사용하고 있으며, 훈맹정음(訓盲正音)이라는 이름으로도 불립니다. 한글의 속성상 초성, 모음, 종성이 별도로 만들어져 있으며, 추가적으로 약자, 문장부호, 고어, 숫자, 영문자 등도 따로 정의하고 있습니다. 한글의 경우에도 시작 부호(일종의 시프트 부호)와 종료 부호를 통해서 의미를 바꾸는 경우가 있지만, 대부분의 경우 초, 중, 종성의 문자 조합을 통해서 의미를 바꾸는 특징을 가지고 있습니다. 예를 들어 초성이 나온 후 다시 초성이 나오는 경우 초성 + 'ㅏ'로 해석하도록 되어 있습니다.

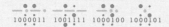
전등을 분해해 봅시다

Anatomy of a Flashlight

손전등은 이불 속에서 뭔가를 읽는다든지, 부호화된 메시지를 전달하는 것처럼 아주 쉽게 알 수 있는 것들 이외에도 여러 곳에서 요긴하게 사용됩니다. 집에서 흔히 사용하는 손전등은 '전기'라 불리는 신비로운 현상을 직접 보면서 이야기하기 위한 실습 교재로도 아주 요긴하게 사용됩니다.

전기란 아주 놀라운 현상입니다. 전기는 이제야 겨우 폭넓게 사용할 수 있을 정도가 된 것이라, 전기의 원리를 안다고 생각하는 사람들에게도 많은 부분이 풀리지 않는 수수께끼로 남아 있습니다. 다행히도 여기서는 전기가 컴퓨터 내부에서 어떻게 사용되는지 이해하기 위한 몇몇 기본적인 개념만 이해하면 됩니다.

손전등은 집에서 찾을 수 있는 가장 간단한 전자제품 중 하나입니다. 일반적인 손전등을 분해해 보면 몇 개의 전지, 전구, 스위치, 금속 조각, 그리고 이 모든 걸 집어넣기 위한 플라스틱 케이스로 구성되었다는 걸 알 수 있습니다.

요즘에는 대부분의 손전등에 발광 다이오드LED가 사용되지만, 예전 방식의 전구는 유리 전구 안쪽을 볼 수 있다는 큰 장점을 가지고 있습니다.

이런 전구를 **백열**incandescent 전구라 부릅니다. 대부분의 미국인들은 토마스 에디슨Thomas Edison이 백열 전구를 만들었다고 생각하지만, 영국인들은 조지프 스완Joseph Swan이 백열 전구를 만들었다고 확신하고 있습니다. 사실, 많은 다른 과학자와 발명가가 에디슨이나 스완이 전구를 발명하기 전에 이미 결정적인 진전을 이뤄냈습니다.

전구의 안쪽에는 텅스텐으로 만들어진 필라멘트가 있는데, 전기가 흐르면 이 부분에서 빛이 납니다. 전구는 텅스텐이 뜨거워져서 연소되지 않도록 불활성 기체로 채워져 있습니다. 필라멘트의 양끝은 전구의 밑에 있는 관 모양의 소켓 부분에서 나오는 얇은 전선과 연결되어 있습니다.

전지와 전구를 제외한 다른 모든 것을 버리면, 다음 그림과 같이 불필요한 장식들이 없는 간단한 손전등을 만들 수 있습니다. 물론, 절연 처리되어 있는 전선(전선 양 끝의 피복은 벗겨야 하겠지요?) 약간과 이 모든 것을 붙잡을 수 있는 손도 필요합니다.

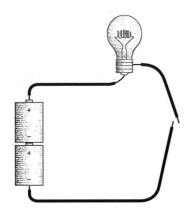

그림의 오른쪽에 두 선이 떨어진 부분이 보일 겁니다. 이게 우리가 사용할 스위치입니다. 전구가 끊어지지 않았고, 전지의 상태도 좋다고 가정하면, 두 선의 떨어진 부분을 눌러 붙이는 순간 전구에 불이 들어옵니다.

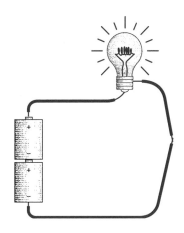

이 책에서는 전기가 전선을 통해서 흘러가서 전구의 불을 밝히는 것을 나타내기 위해서 빨간색으로 표시해 두었습니다.

지금 우리가 만든 것은 간단한 전기 회로이며, 여기서 회로가 원형의 순환 형태로 되어 있다는 점에 주목해야 합니다. 전지에서 전선으로, 전선에서 전구로, 전구에서 스위치로, 스위치에서 다시 전지로 가는 경로에 끊김이 없을 때만 전구에 불이 들어오게 됩니다. 이 회로에서 어떤 끊김이 있으면 전구에 불은 들어오지 않지요. 스위치는 이런 과정을 제어하는 역할을 합니다.

전기 회로가 가지고 있는 순환 형태의 속성은 수도관을 통하여 물이 흐르는 것과 비슷하게 어떤 것이 회로를 통하여 이동하고 있는 것이 아닐까 짐작할 수 있게 합니다. '물과 수도관'이라는 비유는 전기의 원리를 설명할 때 자주 사용되는 비유지만, 모든 비유가 그렇듯이 결국은 잘 들어맞지 않는 경우가 있지요. 사실 전기는 이 세상 어떤 물질과도 다르기 때문에 그 자체의 용어들을 직접 사용하는 것이 좋습니다.

전기의 작용을 이해하기 위한 접근 방법 중 하나로 '전기가 전자의 움직으로 인해서 발생한다'는 **전자론**electron theory이라 불리는 방법이 있습니다.

여러분도 알고 있겠지만 우리가 보고 만질 수 있는 모든 것은 원자atom라 불리는 매우 작은 입자들로 이루어져 있습니다. 또한 모든 원자는 전자electron, 양성자proton, 중성자neutron라는 세 가지 요소로 구성되어 있습니다. 원자는 중간에 중성자와 양성자가 원자핵nucleus으로 묶여 있고 이 주위를 전자가 회전하고 있는 형태로 되어 있으므로, 종종 행성이 태양 주위를 회전하고 있는 태양계와 같은 형태로 표현되기도 합니다.

원자에 존재하는 전자의 수는 일반적으로 양성자의 수와 같지만, 특정한 상황에서는 전자가 원자에서 떨어져 나올 수도 있습니다. 이런 현상에 의하여 전기가 일어나는 것이지요.

전자electron와 전기electricity라는 단어들은 모두 나무 수액이 딱딱하게 굳어져서 유리처럼 된 보석인 호박[1]을 의미하는 고대 그리스어 ηλεκτρον(elektron)에서 유래된 것입니다. 왠지 어울릴 것 같지 않은 단어의 유래는 고대 그리스인이 호박을 양모에 문지를 때 우리가 정전기static electricity라고 부르는 현상이 발생한다는 것을 알았기 때문입니다. 호박을 양모에 문지르면 양모가 호박의 전자를 빼앗아 옵니다. 이 경우 양모에는 결국 양성자보다 더 많은 전자가 존재하게 되고, 호박에는 양성자보다 더 적은 전자만이 존재하게 됩니다. 요즘의 경우로 예를 든다면, 카펫이 신발의 밑창으로부터 전자를 빼앗아 오는 것과 비슷합니다.

양성자와 전자는 전하charge라는 특성을 지니고 있습니다. 양성자는 양(+)전하를 가지고 있다고 말할 수 있으며, 전자는 음(-) 전하를 가지고 있다고 말할 수 있습니다. 중성자의 경우 전기적 중성을 띠고 있으므로 전하를 가지고 있지 않습니다. 여기서 사용된 덧셈 기호(+)와 뺄셈 기호(-)는 단순히 양성자와 전자가 어떤 측면에서 반대 특성을 가지고 있다는 것을 의미하는 것일 뿐입니다. 이 반대되는 성질이라는 말 자체가 양성자와 전자가 서로 어떤 관계를 지니는지 나타낸다고 할 수 있습니다.

전자와 양성자는 동일한 수가 원자 내에 존재할 때 가장 안정적이고 행복한 상태가 됩니다. 따라서 전자와 양성자의 수에 불균형이 일어나는 경우 이를 바로잡으려 노력하게 되지요. 카펫이 여러분의 신발 밑창에서 전자를 뺏었다면 여러분이 뭔가를 만지는 순간 '빠직~' 하는 스파크를 느낄 수 있을 것이고,

---

1 (옮긴이) 호박은 한복의 단추 등으로 많이 사용되는 누런 빛깔의 보석입니다. 영화 〈쥬라기 공원〉에서 모기가 들어 있던 보석도 호박입니다.

이 짧은 순간에 모든 것이 다시 평행 상태를 이루게 됩니다. 이러한 정전기 스파크는 카펫에서 출발하여 여러분의 몸을 거쳐 신발로 되돌아가는 전자의 우회 경로가 만들어질 때 순식간에 전자가 이동함으로써 발생하게 됩니다.

정전기가 문고리를 잡을 때 손가락에서 만들어지는 작은 스파크 같은 것만 의미하는 건 아닙니다. 폭풍이 일어날 때 구름의 밑에는 전자가 축적되고, 반대로 구름의 윗부분에서는 전자를 잃게 되죠. 결국 번개가 치면서 이러한 불균형이 평행 상태로 돌아가게 됩니다. 번개란 수많은 전자가 한 지점에서 다른 지점으로 매우 빠르게 이동하는 현상이지요.

손전등 회로의 전기는 스파크나 번개보다 덜 과격하게 이동합니다. 전자가 한 지점에서 다른 지점으로 훌쩍 뛰어넘어 가는 것이 아니므로, 불빛이 안정적이고 지속적으로 빛을 내게 되는 것이지요. 이 회로에서는 회로 내의 어떤 원자가 가지고 있는 전자를 그 옆의 원자에게 빼앗기고, 그 원자는 또 근처에 있는 다른 원자로부터 전자를 가지고 오고, 또 그 원자는 그 옆의 다른 원자로부터 전자를 빼앗아 오는 일이 반복됩니다. 다른 말로 하면, 회로에서 전기란 전자가 원자에서 다른 원자로 이동하는 것을 말합니다.

이런 현상이 저절로 발생하는 건 아닙니다. 오래된 물건들에 얼기설기 전선을 엮었다고 전기가 발생하길 바라지는 않겠지요. 전자가 회로를 따라 움직일 수 있도록 촉진시켜 주는 무언가가 필요한 것 같습니다. 자, 다시 우리가 만든 불필요한 장식이 없는 손전등 회로 그림을 보도록 하죠. 아무리 생각해도 전선이나 전구가 전기의 이동을 촉진시킬 것 같지는 않으니, 전기의 이동을 유발하는 것은 아마도 전지일 겁니다.

손전등에서 사용되는 전지는 원통 형태이며, 크기에 따라 D, C, A, AA, AAA와 같은 이름을 가지고 있습니다. 배터리의 평평한 끝에는 뺄셈 기호(-)가, 약간 튀어나온 부분이 있는 다른 끝에는 덧셈 기호(+)가 표시되어 있습니다.

전지는 화학 작용에 의해서 전기를 만들어 냅니다. 전지의 화학 물질은 전지에서 뺄셈 기호(음극 단자 또는 음극anode이라 합니다)로 표시된 배터리의 한쪽 면에서 여분의 전자를 만들어 내고, 전지의 다른 쪽 면(양극 단자 또는 양극cathode이라 합니다)에서는 여분의 전자를 요구하는 화학 작용이 이뤄지도록 선택됩니다. 이러한 방법으로 전지의 화학 에너지는 전지 내에서 전기 에너지로 변환됩니다.

손전등에 사용되는 배터리는 약 1.5볼트의 전기를 발생시킵니다. 이것이 무엇을 의미하는지 잠시 논의해 보겠습니다.

음극에서 출발한 여분의 전자가 전지의 양극으로 다시 전달될 수 있는 방법이 없다면, 이러한 화학적 상호작용은 일어나지 않습니다. 이런 작용은 전자 회로에서 두 단자가 연결되었을 때 나타납니다. 즉, 전자는 다음 그림에서 반시계 방향으로 회로를 따라 한 바퀴 돌아가는 것이지요.

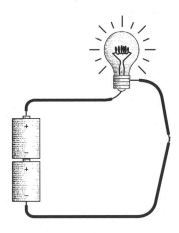

모든 전자는 어디에 있든 동일한 것이기 때문에 전지의 화학 물질로부터 생성된 전자는 자유롭게 구리 전선 내의 전자와 섞일 수 있습니다. 따라서 구리의 전자와 다른 곳에서 온 전자를 구분할 수 있는 방법은 없습니다.

위의 그림에서 두 전지가 모두 같은 방향으로 놓여 있다는 것에 주목하세요. 아래쪽에 있는 전지 양극은 위쪽에 있는 배터리의 음극으로부터 전자를 가져오게 됩니다. 이 경우 두 개의 전지가 조합되어 마치 한쪽에 하나의 양극을 가지고 다른 쪽에 하나의 음극을 가진 하나의 큰 전지로 결합된 것처럼 동작하는 것이지요. 이렇게 결합된 전지는 1.5볼트가 아니라 3볼트가 됩니다.

만일 다음과 같이 하나의 전지를 뒤집어 놓으면 회로는 동작하지 않습니다.

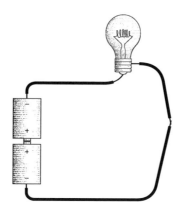

이 경우 화학적 상호작용을 위하여 두 전지의 양극 모두에서 전자를 요구하지만, 양극끼리 서로 붙어 있기 때문에 전자가 양극으로 도달할 방법이 없습니다. 만일 전지에 있는 두 양극이 같이 연결되어 있다면 두 음극도 마찬가지로 다음과 같이 연결되어야 합니다.

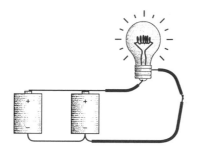

이 경우는 잘 동작합니다. 앞에서 보았던 형태로 연결되어 있는 것을 보통 전지들이 직렬로 연결되었다고 이야기하는 반면, 이런 형태는 전지들이 병렬로 연결되어 있다고 이야기합니다. 이 결합된 전지의 전압은 1.5볼트로 각 전지의 전압과 동일하므로, 전구에서 여전히 빛이 나겠지만 두 전지가 직렬로 연결된 것보다는 밝지 않을 것입니다. 그 대신 전지를 이런 형태로 연결하면, 두 배 더 오래갑니다.

일반적으로 전지가 회로에 전기를 공급한다고만 생각하기 쉽습니다. 하지만 이제는 회로라는 것이 전지에서 화학적 상호작용을 발생시킬 수 있도록 방법을 제공하기도 한다는 것을 알게 되었습니다. 회로는 전지의 음극에서 전자를 가지고 와서 전지의 양극으로 전달하는 역할을 수행하는 것이지요. 배터리에서 일어나는 화학적 상호작용은 전지 안의 화학물질이 소진될 때까지 진행되며, 이 경우 전지를 버리든지 충전해야 합니다.

전자는 전지의 음극에서 출발하여 전선과 전구를 통과한 후 다시 전지의 양극으로 흘러갑니다. 그런데 전선이 왜 필요할까요? 그냥 공기 중으로 전자가 흘러가면 안 될까요? 가능할 수도 또는 가능하지 않을 수도 있습니다. 전기가 공기를 통하여 흐를 수는 있습니다. 전기가 공기로 흐를 수 없다면 번개를 볼 수 없을 테니까요. 특히 습기가 많은 공기에서는 가능성이 높지요. 하지만 공기 중으로 전기가 흐르는 현상은 쉽게 일어나지 않습니다.

어떤 물질들은 다른 것들보다 전기를 아주 잘 이동시키는 특성을 지니고 있습니다. 이와 같이 원소가 전기를 잘 이동시킬 수 있는 능력이 있는지는 원자가 가지고 있는 원자 구조와 밀접한 관계가 있습니다. 핵원자 주변으로 형성되는 전자의 궤도는 다양한 준위level를 가지고 있는데, 이를 전자의 에너지 준위 혹은 전자껍질shell이라 부릅니다. 가장 바깥쪽에 있는 에너지 준위에 오직 하나의 전자만 있는 원자의 경우에는 비교적 쉽게 그 전자를 잃는 경향이 있는데, 이것이 바로 전기가 흐르는 데 필요한 것이죠. 이러한 특성을 가진 물질들은 전기를 쉽게 흐르게 하므로, **전도체** 혹은 **도체**conductors라 부릅니다. 가장 좋은 도체로는 구리, 은, 금과 같은 것이 있지요. 이러한 세 가지 원소들이 주기율표상에서 같은 열에 존재하는 건 우연이 아닙니다. 구리는 전선을 만들기 위하여 가장 일반적으로 사용되는 물질입니다.

전도성conductance과 반대되는 개념으로는 **저항성**resistance이 있습니다. 저항 resistor이라 알려진 물질들은 다른 것들보다 전기의 전달을 어렵게 하는 성질이 있지요. 만일 어떤 물질이 매우 높은 저항 값을 가지고 있어서 전기를 거의 전달할 수 없다면 이것은 **절연체**insulator라 부릅니다. 고무나 플라스틱은 훌

룽한 절연체이므로, 전선의 피복으로 흔히 이용됩니다. 천이나 양모도 공기가 건조한 경우에는 좋은 절연체입니다. 물론, 충분히 높은 전압이 가해진다면 모든 물질에서 전기가 전달될 수 있기는 합니다.

구리가 매우 낮은 저항 값을 지니고 있다 하더라도 약간의 저항 값은 있습니다. 따라서 전선의 길이가 길어짐에 따라 저항도 같이 증가하게 됩니다. 만일 손전등에 몇 킬로미터 길이의 전선이 연결된다면, 전선의 저항이 증가하여 손전등이 제대로 작동하지 않을 겁니다.

더 굵은 선은 더 낮은 저항 값을 지니고 있습니다. 굵은 선에는 전선을 '채우기' 위하여 더 많은 전자가 필요할 거라 상상했다면, 이 사실이 상당히 이상하게 느껴질 겁니다. 하지만 전선의 굵기가 굵어짐에 따라 전선을 따라 흐를 수 있는 가능성이 있는 전자의 수도 증가합니다.

앞에서 이미 전압에 대하여 몇 번 언급했습니다만, 정확히 정의를 설명하지는 않았지요. 전지가 1.5볼트라는 것은 어떤 의미를 가지고 있을까요? 전압voltage은 1800년에 처음으로 전지를 발명한 알렉산드로 볼타Alessandro Volta (1745~1827) 백작의 이름을 따서 지어진 단어로, 전기의 기본적인 개념들 중에는 어려운 축에 속합니다. 전압은 뭔가 일을 할 수 있는 잠재력potential을 의미합니다. 또한 전지에 어떤 것이 연결되어 있는지와 관계없이 전압은 존재합니다.

벽돌을 생각해 보죠. 벽돌이 방바닥에 놓여 있다면 아주 낮은 위치 에너지만 가지고 있습니다. 자, 이제 벽돌을 바닥에서 1미터 정도의 높이까지 들어올리면, 벽돌은 좀더 큰 위치 에너지를 가지게 됩니다. 벽돌을 높은 빌딩의 옥상으로 가져가면, 벽돌은 훨씬 더 큰 위치 에너지를 가집니다. 물론, 이 세 가지 경우 모두 벽돌은 여러분의 손에 있으므로 어떠한 일도 하지 않았지만, 세 경우의 위치 에너지는 모두 다릅니다.[2]

전기에서 좀더 쉬운 개념으로 전류current라는 개념이 있습니다. 전류는 실제로 회로를 따라 빠르게 도는 전자의 개수와 관계가 있습니다. 전류의 측정 단위로는 암페어를 사용하며, 이는 앙드레 마리 앙페르André-Marie Ampère

---

2 (옮긴이) 세 가지 경우 모두 벽돌이 손 안에 있을 때는 아무런 일을 하지 않고 있는 것이지만, 실제로 벽돌을 떨어트릴 때 어떤 것이 더 큰 힘을 낼지 생각해 보면 쉽게 이해할 수 있을 겁니다.

(1775~1836)의 이름에서 따온 것입니다. 일반적으로는 암페어라는 말 대신 10-앰프 퓨즈와 같이 '앰프amp'라는 말을 쓰지요. 1앰프의 전류를 얻으려면 매초당 특정 지점에 대략 6에 0이 18개 붙은 수, 즉 대략 600경 개의 전자가 흘러가야 합니다.

물과 수도관을 이용한 비유는 여기서도 도움이 됩니다. 전류는 수도관을 통하여 흘러가는 물의 양과 비슷하며, 전압은 수압과 비슷합니다. 저항은 수도관의 굵기와 유사점이 있습니다. 얇은 수도관을 사용할 때 저항이 더 크고, 물도 더 적게 흐르게 됩니다. 수도관을 통하여 흐르는 물의 양(전류)은 직접적으로 수압(전압)에 비례하고, 수도관의 굵기(저항)에 반비례합니다.

전기 회로에서 얼마나 많은 전류가 흐를지는 전압과 저항 값을 이용하여 계산할 수 있습니다. 물질이 전자의 흐름을 방해하는 속성을 얼마나 가지고 있는지 나타내는 저항 값은 옴ohm이라 하며, 그 유명한 옴의 법칙Ohm's Law을 제안한 게오르그 지몬 옴Georg Simon Ohm(1789~1854)의 이름을 따서 붙여졌습니다. 옴의 법칙은 다음과 같이 적을 수 있습니다.

$$I = E/R$$

여기서 I는 일반적으로 암페어 단위의 전류를, E는 기전력起電力을 나타내는 전압을, R은 저항을 표시하고 있습니다.

예를 들어, 다음 그림과 같이 전지에 아무것도 연결하지 않은 상태를 살펴봅시다.

일을 할 수 있는 잠재력인 전압 E는 1.5가 됩니다. 하지만 전지의 양극과 음극은 저항(R로 나타내죠)이 매우 매우 큰 공기로만 연결되어 있으며, 이때 흐르는 전류(I)는 1.5볼트를 매우 큰 수로 나누어야 얻을 수 있습니다. 쉽게 말해서, 공기 중으로 흘러가는 전류의 값은 거의 0이 될 거라는 말이죠.

이제 전지의 양극과 음극을 매우 짧은 구리선으로 연결해 봅시다. 그림의
전선상에 절연체는 보이지 않지요?

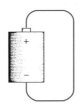

이런 회로를 쇼트 회로short circuit라 부릅니다.[3] 전압은 여전히 1.5볼트지만, 저
항은 아주 아주 낮습니다. 따라서 전류는 1.5볼트를 엄청나게 작은 값으로
나누어 얻을 수 있으므로, 결과적으로 전류의 값은 매우 큰 값이 되겠지요.
이것은 전선을 통하여 매우 많은 전자가 흘러가게 된다는 것을 의미합니다.
실제로는 전류의 양이 전지의 물리적 크기에 의하여 제한되므로, 전지에서
그렇게 많은 전류를 공급하지 못함으로 인하여 전압이 떨어지는 현상이 나타
나게 됩니다. 만일 전지가 충분히 커서 전류를 공급해 줄 수 있다면 전자 에
너지가 열로 변환되면서 전선에서 열이 발생하게 될 것입니다. 또한 전선이
충분히 뜨겁게 달구어지면 전선에서 빛이 나거나 녹아버릴 수도 있습니다.

　대부분의 회로는 앞에서 살펴본 두 가지 극단에서 중간 형태가 되며, 기호
를 이용해서 다음과 같이 그릴 수 있습니다.

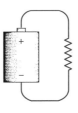

전기전자 엔지니어들에게 톱니 형태로 생긴 선은 저항을 나타내는 기호입니
다. 여기서는 회로가 매우 크지도 않고 매우 낮지도 않은 저항을 가지고 있다

3　(옮긴이) 말 그대로 쇼트 회로라는 말은 'short circuit'을 부르는 말인데, 누전 회로라는 말로 번역
　되기도 합니다. 하지만 일반적으로 쇼트 회로라는 말을 많이 사용하기 때문에 그대로 사용하였
　습니다.

고 생각하면 됩니다.

전선이 매우 낮은 저항을 가지고 있다면 뜨거워지면서 빛을 낼 수 있다고 이야기했는데, 백열 전구가 이런 현상을 이용해 동작합니다.

필라멘트는 보통 손전등에 있는 백열 전구에서 볼 수 있으며, 필라멘트는 보통 4옴 정도의 저항을 가지고 있습니다. 손전등에 전지를 2개 사용하는 경우에, 필라멘트의 양쪽 끝에 흐르는 전류는 3볼트를 4옴으로 나누어 얻을 수 있으므로 0.75암페어(A)가 되며, 이는 750밀리암페어(mA)로 표현할 수 있습니다. 이는 전구를 통해서 초당 약 450경(450,000,000,000,000,000)개의 전자가 흐른다는 것을 의미합니다. 필라멘트의 저항은 전자 에너지를 빛과 열로 바꿉니다.

많이 통용되는 전자를 측정하는 단위로는 와트(W)가 있는데, 이는 증기 기관에 대한 연구로 잘 알려진 제임스 와트James Watt(1736~1819)의 이름을 따서 만들어진 것입니다. 와트는 전력(P)을 나타내는 단위이며, 다음 식을 통해서 얻을 수 있습니다.

$$P = E \times I$$

손전등에서는 3볼트(V)와 0.75암프(A)를 사용하고 있으므로, 여기서는 2.25 와트(W) 전구를 사용해야 함을 알 수 있습니다. 요즘에는 보통 LED가 백열 전구를 대체하고 있는데, 이는 백열 전구보다 적은 열과 낮은 와트를 사용해도 같은 양의 빛을 전달할 수 있기 때문입니다. 전기요금은 와트를 기준으로 하기 때문에, 전구의 와트 수를 낮추면 비용을 절약하고, 환경도 보호할 수 있습니다.

자, 이제 전지, 전선, 전구까지 손전등에 대한 모든 것을 분석해 낸 것 같습니다. 하지만 뭔가 가장 중요한 걸 잊은 것 같네요.

네, 스위치 이야기를 안 했지요. 스위치는 회로에 전기를 흐르게 할지 여부를 제어하는 역할을 수행합니다. 스위치로 전기가 흐르게 했다면 '켰다'고 하거나 '닫혔다'고 이야기를 하고, 스위치로 전기가 흐르지 않도록 했다면 '껐다'고 하거나 '열렸다'고 이야기합니다(닫혔다 혹은 열렸다라고 이야기할 때는 문에 이 용어를 적용할 때와는 반대로 사용됩니다. 닫힌 문은 어떤 것도 통과하지 못하게 하는 반면에, 닫힌 회로는 전기가 통하도록 하니까요).

스위치가 닫혀 있거나 열려 있을 수 있으며, 전류가 흐르거나 흐르지 않을 수 있고, 전구가 켜져 있거나 꺼져 있을 수 있습니다.

모스와 브라유가 발명한 이진 부호들처럼, 우리가 만든 간단한 손전등은 켜지거나 꺼질 수 있으며, 그 중간은 없습니다. 이후의 장들을 통해서 이진 부호와 간단한 전기 회로 사이의 유사성이 매우 유용하다는 것이 밝혀질 것입니다.

Chapter 5

가까운 거리에서 이야기하기

Communicating Around Corners

이제 여러분이 12살이 되었다고 생각해 봅시다. 이런! 가장 친한 친구가 다른 동네로 이사를 간다고 하네요. 친구와 이따금씩 이메일과 문자로 이야기를 이어갈 수 있겠지만, 매일 늦은 밤에 손전등을 깜빡이며 모스 부호를 이용해서 이야기를 나누던 것만큼 신나는 일은 아닐 듯합니다. 두 번째로 친한 친구였던 옆집에 사는 친구가 이제는 가장 친한 친구가 되었습니다. 이제 가장 친해진 친구에게 모스 부호와 심야의 손전등 깜빡이기에 대하여 다시 알려줄 때가 되었습니다.

문제는, 새 친구의 방 창문이 여러분의 침실 창문과 마주보고 있지 않다는 것입니다. 집들은 나란히 서있지만, 침실의 창문이 서로 같은 방향을 보고 있기 때문에, 밖에 거울을 몇 개 설치하기라도 해서 이 문제를 해결하지 않는다면, 더 이상 밤에 이야기를 나누기 위해서 손전등을 사용하는 건 힘들 것 같습니다.

다른 방법이 있을까요?

지금까지 전기에 대하여 어느 정도 배웠으니 전지, 전구, 스위치, 전선을 이용하여 손전등을 직접 만들어 볼 생각을 할 수 있습니다. 일단 처음에는 실험적으로 다음과 같이 전지와 스위치는 여러분의 침실에 놓고 친구 방에는 전구를 두고 이것을 창문과 담장을 거쳐 두 가닥의 전선으로 연결하도록 합시다.

여러분의 집   친구의 집

지금부터는 회로를 그릴 때 현실적인 형태의 그림보다는 기호를 사용할 것입니다. 그림에는 한 개의 전지만 그려 두었지만 실제로는 2개의 전지를 썼을 것입니다. 이 그림과 이후의 그림에서 다음과 같은 기호는 스위치가 꺼진(혹은 열린) 상태를 나타냅니다.

또한 다음 기호는 스위치가 켜진(혹은 닫힌) 상태를 나타냅니다.

이 장에서 설명하려는 손전등은 각 구성요소를 연결하는 전선이 약간 더 길어졌다는 것을 제외하면, 이전 장에서 설명했던 손전등과 완전히 동일하게 동작합니다. 여러분의 집에 있는 스위치를 닫으면 아마도 친구 집에 있는 전등이 켜지게 되겠지요.

여러분의 집   친구의 집

이제 모스 부호를 이용해서 메시지를 전달할 수 있겠네요.
　손전등이 동작하는 걸 알았으니 이제 친구가 메시지를 보낼 수 있도록 또다른 장거리 손전등을 연결할 차례입니다.

여러분의 집   친구의 집

축하합니다! 이제 양방향 전신 시스템을 갖추게 되었습니다. 이 시스템은 두 개의 동일한 회로가 서로 연결되지 않은 완전히 독립적인 형태로 되어 있다는 점을 확인할 수 있습니다. 따라서 이론적으로는 메시지를 보내면서 친구가 보내는 메시지를 받을 수 있겠지요(물론 메시지를 보내면서 동시에 받기는 매우 힘들겠지만 말입니다).

여러분은 충분히 영리하실 테니, 두 집 사이의 꽤 먼 거리를 가로지르는 이렇게 많은 전선을 연결하지 않아도 된다는 것을 눈치 챘을 것입니다. 아래와 같이 바꾸면 4개의 전선 중 하나를 없앨 수 있습니다.

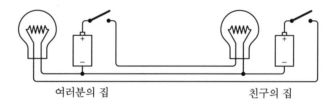

여러분의 집   친구의 집

이 책에서는 전선에서 연결된 부분은 작은 점으로 표시했습니다. 이 그림에는 두 개의 연결점이 있습니다. 하나는 여러분의 집에 있는 전지 아래에 있고, 다른 하나는 친구 집에 있는 전구 아래에 있습니다.

두 전지의 음극이 서로 연결되어 있다는 것에 주목하세요. 전지에서 스위치로, 전구로, 다시 전지로 연결되어 있는 형태의 두 회로가 서로 연결되어 있음에도 여전히 각각 독립적으로 동작합니다.

두 회로 사이에 존재하는 연결을 **공통 연결**common이라고 부릅니다. 이 회로에서 공통 연결은 두 전선 연결 점 사이, 즉 왼쪽의 전구와 전지가 연결된 점에서부터 오른쪽의 전구와 전지가 연결된 점까지 확장되어 있습니다.

이것이 별로 특이한 발상이 아니라는 걸 확인하기 위하여 이 부분에 대해서 좀더 자세히 살펴봅시다. 일단 여러분 집에 있는 스위치를 누르면 친구 집의 전구에 불이 들어오겠지요. 그림에서 빨간색 선으로 표현된 부분은 회로에서의 전기 흐름을 보여 주는 것입니다.

여러분의 집   친구의 집

회로의 다른 부분에서는 전자가 이동하여 완전한 형태의 회로를 구성할 수 있는 부분이 없으므로 전기가 흐르지 않습니다.

친구만 메시지를 보내고 있는 경우에는 친구가 여러분 집의 전구를 제어하는 것입니다. 다시 한번 이야기하지만, 빨간색 전선은 회로에서 전기가 흐르고 있다는 것을 나타냅니다.

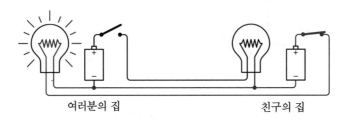

여러분의 집   친구의 집

여러분과 친구가 동시에 메시지를 보낸다면, 동시에 스위치가 열려 있을 수도, 한쪽은 스위치를 닫고 다른 한쪽은 스위치가 열려 있을 수도, 두 스위치가 모두 닫혀 있을 수도 있습니다. 두 스위치가 모두 닫혀 있는 경우에는, 회로에서 전기가 다음과 같은 형태로 흐르게 됩니다.

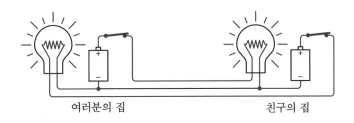

여러분의 집   친구의 집

흥미롭게도, 두 전구가 모두 켜졌을 때는 회로의 공통 부분을 통해 전류가 흐르지 않습니다.

공통 연결을 이용해서 분리되어 있던 두 회로를 하나로 합침으로써, 두 집 사이에 필요한 전기의 연결을 전선 4개에서 3개로 줄일 수 있었으며, 전선을 사는 데 필요한 비용도 약 25% 정도 줄일 수 있었습니다.

만일 전선을 매우 멀리까지 연결해야 한다면, 다른 전선도 조금 더 없애서 비용을 더 줄일 필요가 있습니다. 불행하게도 1.5볼트 D형 전지와 꼬마전구를 이용하는 경우에는 그다지 현실적이지 않은 이야기지만, 100볼트 전지와 좀더 큰 전구를 이용하는 경우라면 정말로 고민해 볼 만합니다.

한 가지 방법을 알려드릴까요? 회로에서 공통 연결 부분이 구성되어 있다면 이 부분에 실제로 전선을 연결할 필요는 없습니다. 공통 연결 부분은 전선 대신 대부분이 무생물인 금속, 돌, 물, 그리고 유기물로 이루어진 지름 약 12,000킬로미터에 달하는 거대한 구형 물체로 대체할 수 있으니까요. 네, 그 거대한 구형 물체는 바로 지구입니다.

앞 장에서 좋은 전도체에 대하여 이야기할 때 구리, 은, 금에 대해서는 언급했지만, 자갈이나 뿌리와 같은 건 이야기한 적이 없지요. 사실 지구를 구성하는 여러 가지 물질 중에 축축한 지면과 같은 일부 구성요소는 건조한 모래 같은 것들보다는 더 좋은 전도체이지만, 전반적으로 봤을 때 그다지 아주 좋은 전도체라 할 수 없습니다. 하지만 앞에서 전도체의 특성 중 하나를 배웠습니다. 바로 '크면 클수록 좋다'는 것입니다. 매우 굵은 전선은 매우 얇은 전선보다 훨씬 더 전도성이 좋다는 것이지요. 이 부분에서 지구는 다른 것을 능가합니다. 지구는 아주, 매우, 많이 크니까요.

지구를 전도체로 사용하기 위해서는 단순히 토마토 밭 근처 땅에 전선을 찔러 넣는 정도로는 부족합니다. 이를 위해서는 표면적이 넓은 도체를 이용하여 지구와 많은 양의 접촉면을 만들고 이를 유지해 주어야 합니다. 한 가지 방법으로는 최소한 길이가 2.5미터이고 지름이 1.3센티미터인 구리 막대를 이용하는 것입니다. 이 정도의 구리 막대라면 지구와의 접촉면을 대략 0.1평방미터 정도 제공해 줄 수 있을 것입니다. 이제 큰 해머를 이용하여 구리 막대를 땅에 잘 묻고 여기에 전선을 연결하면 되는 것이지요. 또한 집에 있는 수도관이 구리로 되어 있으며 수도관이 집 밖으로부터 연결된 것이라면 수도관에 전선을 연결하여 공통 연결로 사용하는 방법도 있습니다.

지표면에 전기적 접점을 두는 것을 영국에서는 어스earth라고 부르며, 미국에서는 접지ground(혹은 그라운드)라고 부릅니다. 접지라는 말은 전기 회로에서 공통 연결을 표현할 때도 사용될 때가 있으므로 약간 혼동의 여지가 있습니다. 따라서 이 장에서 특별히 언급하지 않는 이상 접지는 지표면과의 물리적 연결을 의미하는 것으로 이해하면 됩니다.

일반적으로 전기 회로를 그릴 때 접지는 다음과 같은 기호로 표시됩니다.

전기를 다루는 사람들은 이 기호를 자주 사용하는데, 2.5미터짜리 구리 막대가 땅에 묻혀 있는 걸 그리는 데 시간을 낭비하고 싶지는 않기 때문이겠지요. 여기에 연결된 회로는 복잡하게 '접지에 연결된 부분이다'라고 이야기하는 대신 짧게 '접지 연결됨' 또는 '접지됨'이라고 합니다.

이제 접지가 어떻게 동작하는지 봅시다. 일단 다음과 같은 단방향 구성에서부터 시작해 봅시다.

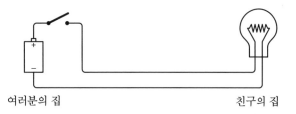

여러분의 집   친구의 집

만일 높은 전압의 전지와 전구를 사용하고 있다면 한쪽 연결에는 접지를 사용하여 여러분의 집과 친구의 집 사이에 오직 하나의 선만 지나가도록 만들 수 있습니다.

여러분의 집   친구의 집

스위치를 켜면 전기는 다음과 같이 흐르게 됩니다.

여러분의 집   친구의 집

친구의 집 근처 땅에서 빠져나온 전자는 전구를 거치고, 전선을 거쳐 여러분 집의 스위치를 거치게 될 것이며, 이는 다시 전지의 양극으로 이동하게 될 것입니다. 전지의 음극에서 나온 전자는 다시 땅으로 돌아가게 됩니다.

집 뒤뜰에 묻힌 2.5미터짜리 구리 막대기에서 떠나간 전자들이 어떻게 땅을 타고 빠르게 이동하여 친구 집 뒤뜰에 묻혀 있는 2.5미터짜리 구리 막대기까지 전달된 것인지 그려보고 싶은 생각이 들 수 있습니다.

또한 지구가 이 세상의 수많은 전자 회로들에게 동일한 일을 수행하고 있다는 것을 생각하면 다음과 같이 질문할지 모르겠습니다. "도대체 땅에서 전자들이 어디로 가야 할지 어떻게 알지?" 글쎄요. 아마도 모를 겁니다. 지구에 대해서는 좀 다른 그림을 생각해 보는 것이 적절할 것 같습니다.

앞에서 본 것처럼 지구는 거대한 전기 전도체이지만 전자의 공급처이자 보관소로도 간주될 수 있습니다. 지구에게 전자는 바다에 물 한 방울 떨어진 것과 비슷하죠. 따라서 지구는 실질적으로 무한한 전자의 원천이 되고, 동시에 전자가 흘러 나갈 수 있는 매우 거대한 장소가 되는 것입니다.

지구도 어쨌든 어느 정도 저항이 있습니다. 이것이 1.5볼트 D형 건전지와 손전등 전구를 이용하였을 때 전선을 줄이기 위하여 지구를 접지로 할 수 없었던 이유입니다. 즉, 전압이 낮은 전지를 이용하기에는 지구의 저항이 훨씬 큰 것이지요.

앞의 두 그림에서 전지의 음극이 접지되어 있다는 것에 주목하십시오.

이제 더 이상 전지가 접지되어 있는 부분을 따로 그리지 않겠습니다. 대신에 전압을 나타내는 대문자 'V'만 이용하도록 하겠습니다. 대문자 V에서부터 나온 전선은 전지의 양극 부분에서 나온 전선을 의미하며, 이때 전지의 음극은 접지되어 있습니다. 이제 전구를 이용한 단방향 전신 시스템은 다음과 같은 모양이 됩니다.

여러분의 집   친구의 집

V는 전압voltage을 나타내기도 하지만, 진공vacuum을 상징할 수도 있습니다. V를 전자의 진공으로, 접지로 사용된 대지는 전자의 바다로 생각해 보세요. 전자 진공은 회로를 통하여 대지에서부터 전자를 마구 끌어당길 것이며, 이 회로를 따라 전구에 불빛을 내는 것과 같은 여러 가지 일을 하게 됩니다.

대지는 위치 에너지가 전혀 없는 곳이기도 합니다. 이 이야기는 대지에서는 전압이 걸리지 않는다는 말이 됩니다. 앞에서도 설명했지만 벽돌이 공중에 머물러 있을 때 위치 자체가 잠재적인 에너지의 원천이 되는 것처럼 전압이란 어떤 작업을 할 수 있는 잠재력을 의미합니다. 위치 에너지가 없다는 말은 벽돌이 땅바닥에 놓여 있어서 더 이상 떨어질 곳이 없다는 말과 동일합니다.

4장에서 처음으로 주목했던 것은 회로가 순환 형태를 띠고 있다는 점이었지요. 지금의 회로는 일단 보기엔 그다지 순환 형태가 아닌 것처럼 보이지만, 실제로는 여전히 순환 형태로 되어 있습니다. V를 음극이 접지되어 있는 전지로 대체하고, 접지되어 있는 모든 지점을 전선으로 연결해 봅시다. 이 장 처음에 보여드렸던 그림과 동일한 형태가 되는 걸 알 수 있습니다.

한 쌍의 구리 막대기(혹은 수도 파이프)의 도움을 받으면, 단 두 가닥의 전선만 여러분의 집과 친구의 집 사이의 담벼락을 지나도록 해도 양방향 모스 부호 시스템을 만들 수 있습니다.

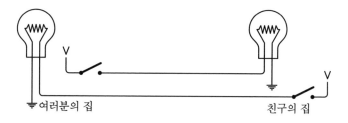
여러분의 집   친구의 집

이 회로는 앞의 45쪽부터 47쪽에 나온 세 가닥의 전선이 집 사이의 담벼락을 지나는 구성과 기능적으로 같지만, 높은 전압의 전지와 전구를 사용했을 때만 정상적으로 동작합니다.

이 장에서는 통신의 진화에서 매우 중요한 부분을 차지하는 내용을 살펴보았습니다. 이전에는 시야의 직선상에 있고 손전등의 불빛이 보일 만한 거리인 경우에만 모스 부호를 이용하여 통신을 할 수 있었습니다.

전선을 이용함으로써 모퉁이를 돌아 시선에서 벗어나는 곳에 있어도 통신할 수 있는 시스템을 만들었을 뿐 아니라, 거리의 제약에서도 자유로워졌습니다. 이제 긴 전선을 늘어뜨려서 수백 수천 킬로미터 떨어져 있어도 통신이 가능하게 된 것이지요.

네, 약간 허풍이 있습니다. 구리가 전기를 잘 통과시키는 매우 좋은 전도체이기는 하지만 완전하지는 않죠. 전선이 길어짐에 따라 전선의 저항도 따라서 커지게 됩니다. 저항이 커진다는 것은 전류가 적게 흐르게 된다는 것을 의미하므로 전등의 불빛도 점점 흐려지게 되겠지요.

그럼 정확하게 얼마나 길게 전선을 늘어뜨릴 수 있을까요? 경우에 따라 다릅니다. 일단, 처음에 본 것처럼 접지나 공통 연결을 사용하지 않고 네 가닥의 선을 사용하고 있으며 손전등의 전지와 전구를 사용하고 있는 경우를 가정해 봅시다. 조금 저렴하게 구입하려면 보통 고급 오디오 앰프에서 스피커를 연결하기 위해서 사용하는 30미터짜리 스피커 선을 구입하면 됩니다. 스피커 선은 여러분의 오디오에서 스피커를 연결할 때 사용되는 전선으로 한 가닥에 두 개의 전도체 부분을 가지고 있으므로 전신에서 사용하는 데 괜찮은 선택인 것 같습니다. 만일 여러분의 침실과 친구의 침실 간의 거리가 15미터 이내라면 대략 전선 한 롤이면 되겠지요.

전선의 두께는 미국 전선 규격American Wire Gage 혹은 AWG라 불리는 단위를 사용합니다. AWG 숫자가 작다는 것은 전선이 더 굵다는 것을 의미하므로 저항도 줄어들겠지요. 여러분이 사온 20-gauge 스피커 선의 지름은 약 1밀리미터 정도 되고, 저항은 300미터당 약 10옴 정도 됩니다. 침실 간의 거리는 왕복 30미터 정도의 거리라고 했으니 대략 저항이 1옴 정도 될 것입니다.

이 정도면 괜찮을 것 같습니다. 하지만 전선을 1.5킬로미터 정도까지 늘어뜨려야 하는 경우에는 어떻게 될까요? 전선이 가지는 저항은 약 100옴이 될 것입니다. 이전 장에서 손전등의 전구는 약 4옴 정도가 된다고 계산했던 적이 있지요. 옴의 법칙을 이용하여 이 회로에 흐르는 전류는 더 이상 이전과 같이 0.75amp(3볼트 나누기 4옴)가 아니고, 3볼트를 100옴 이상으로 나누어야 하니 대략 0.03암페어 정도가 되는 것을 알 수 있습니다. 아마 이 정도 전류로는 전구를 켤 수 없을 것이 확실합니다.

비용이 훨씬 더 많이 들겠지만 좀더 두꺼운 전선을 사용하는 것이 좋은 해결 방법일 것 같습니다. 10-gauge 전선은 두께가 대략 2.5밀리미터이며 300미터당 1옴 정도, 즉 1.5킬로미터에 5옴 정도의 저항을 가지고 있습니다.

다른 방법은 전압을 높이고 더 높은 저항 값을 가지는 전구를 사용하는 것입니다. 이 경우에 전체 회로에서 전선의 저항이 미치는 영향은 훨씬 적어집니다.

이 문제는 19세기 중반에 최초의 전신 시스템을 미국에서 유럽까지 연결하던 사람들도 직면했던 문제입니다. 전신 시스템에서 전선의 두께와 전압을 고려하지 않더라도 전선을 무작정 길게 늘일 수 없다는 것은 당연합니다. 대부분의 경우 이러한 형태의 전신 시스템에서 구동 가능한 한계는 대략 수백 킬로미터에 불과했습니다. 이 정도는 뉴욕에서 캘리포니아까지의 거리인 수천 킬로미터에도 한참 미치지 못하는 거리이지요.

이 문제는 손전등을 사용하는 방식보다 훨씬 예전 형태인 '딸깍-딱' 하는 소리를 내는 전신 시스템을 사용하는 방식으로 해결할 수 있는데, 이 장치는 단순하고 별것 아니게 보이지만 완전한 컴퓨터를 만들 수 있는 장치였습니다.

논리와 스위치

Logic and Switches

진리truth란 무엇일까요? 아리스토텔레스는 논리가 진리를 다루는 것이라 생각했습니다. 그의 가르침이 집대성되어 있는 《Organon(오르가논)》(기원전 4세기 전부터 전해온다고 알려져 있지요)은 논리학에 대한 광범위한 내용을 담고 있는 가장 오래된 책들 중 하나입니다. 고대 그리스에서 논리라는 것은 진리를 찾아내기 위해서 언어를 분석한다는 의미를 띄고 있었으므로 철학의 한 형태로 간주되었습니다. 아리스토텔레스 논리학에서 기본이 되는 것은 연역법이라 불리는 삼단논법이었습니다. 실제로 아리스토텔레스가 만든 것인지 확실치는 않지만, 가장 유명한 삼단논법 하나를 보겠습니다.

모든 인간은 죽는다.
소크라테스는 인간이다.
따라서 소크라테스도 죽는다.

삼단논법에서는 두 개의 전제가 참true이라 가정하면, 결론도 참으로 추론될 수 있습니다.

소크라테스가 죽을 거라는 삼단논법은 그다지 의심의 여지가 없어서 재미가 없지만, 이외에도 수많은 삼단논법이 있습니다. 예를 들어, 19세기 수학자인 찰스 도지슨Charles Dodgson(루이스 캐럴[1]이라고 알려져 있지요)이 제시한 다음의 두 전제를 살펴봅시다.

모든 철학자는 논리적이다.
논리적이지 않은 사람은 항상 옹고집이다.

이 전제를 이용하여 추론할 수 있는 '몇몇 옹고집들은 철학자가 아니다'라는 결론은 아리송합니다. 여기서 뜬금없이 튀어나온 '몇몇'이라는 단어에 주목하세요.

수학자들은 아리스토텔레스 논리학을 수학 기호와 연산자를 이용하여 표현하기 위하여 2000년 이상 노력해 왔습니다. 19세기 이전의 작업들 중에서 이러한 목표에 가장 근접했던 사람은 고트프리트 빌헬름 폰 라이프니츠 Gottfried Wilhelm von Leibniz(1648~1716)였습니다. 원래 라이프니츠는 논리학에 관심을 가지고 있었지만, 뒤에 다양한 분야에 많은 관심을 가지게 되어 아이작 뉴턴Isaac Newton과 비슷한 시기에 독립적으로 미적분학의 개념을 발견하고 기본 기법들을 개발하는 등 철학과 수학 분야에 많은 업적을 남겼습니다.

그리고 논리학에서 매우 중요한 인물인 조지 불George Boole이 나타나지요.

1815년에 영국에서 태어난 조지 불은 상당히 불리한 환경에 처해 있었습니다. 그의 부모는 제화공과 전직 하녀maid였으므로, 그 당시 영국의 경직된 계급 구조에서는 불 역시도 그의 부모와 별 다르지 않은 삶을 살았어야 정상일 테니까요. 하지만 그의 끊임없는 탐구심과 과학, 수학, 문학 등에 관심이 많았던 아버지의 헌신적인 노력으로 상류사회 아이들이나 받을 수 있었던 라틴어, 그리스어, 수학과 같은 과목들을 배울 수 있었습니다. 그가 초기에 발표한 수학 논문의 성과로 1849년에는 아일랜드 코크에 있는 퀸스 칼리지의 수학과 교수로 임용되기에 이릅니다.

---

1 (옮긴이) 루이스 캐럴(Lewis Carroll)은 《이상한 나라의 엘리스》를 쓴 작가이기도 합니다. 수학자이자 논리학자이기도 했습니다.

1800년대 중반에 몇몇 수학자들은 논리를 수학적으로 정의하려고 노력했습니다(가장 주목할 만한 인물은 드 모르간 법칙으로 유명한 오거스터스 드 모르간Augustus De Morgan입니다). 하지만 이 분야에서 실제로 개념적인 진전을 이루어 낸 사람은 바로 불이었습니다. 이러한 개념은 그가 1847년에 쓴《The Mathematical Analysis of Logic: Being an Essay Towards a Calculus of Deductive Reasoning(논리의 수학적 분석: 연역적 추론의 연산에 대한 에세이)》[2]라는 짧은 책에서 처음 소개되었으며, 얼마 지나 1854년에《The Laws of Thought(생각의 법칙)》이라는 이름으로 더 유명한, 좀더 길고 깊이 있는 책인《An Investigation of the Laws of Thought on Which Are Founded the Mathematical Theories of Logic and Probabilities(논리와 확률의 수학적 기초를 이루는 사고 법칙의 연구)》에서 본격적으로 소개되었습니다. 불은 1864년, 그의 나이 49세를 일기로 세상을 떴는데, 수업에 들어가기 위하여 비를 맞으며 서둘러 수업에 들어갔다가 이후 폐렴에 걸려 죽음에 이르게 되었습니다.

1854년에 저술한《The Laws of Thought》란 책 제목은 이러한 그의 동기를 잘 표현해 주고 있습니다. 불은 이성적인 인간의 뇌는 논리를 통하여 사고하므로, 논리를 수학적으로 풀어낼 수 있다면 인간의 뇌 활동에 대해서도 수학적으로 해석해 내는 것이 가능할 거라 생각했습니다. 하지만 불의 수학은 신경 심리학을 모르더라도 공부할 수 있습니다.

불은 기존의 대수와 구별하기 위해 불 대수라고 불리는 전혀 다른 종류의 대수학을 발명했습니다.

전통적인 대수학에서는 숫자를 나타내기 위해서 종종 문자를 사용합니다. 이런 문자를 피연산자operand라고 하며 연산자operator와 다양한 방식으로 결합하는데, 많은 경우에 +와 ×이 사용됩니다. 예를 들어 다음과 같습니다.

$$A = 3 \times (B+5)$$

2 (옮긴이) 구텐베르크 프로젝트에서 책을 볼 수 있습니다(*https://www.gutenberg.org/files/36884/36884-pdf.pdf*).

일반 대수학을 이용해서 계산을 하려면 대수학의 법칙을 따라야 합니다. 이런 연산의 법칙들은 우리 실생활 깊숙이 녹아들어 있어서 이름은 물론이거니와 법칙이라고도 인식하기 힘들 지경이지요. 하지만 모든 수학은 법칙을 기반으로 이루어져 있습니다.

첫 번째 법칙은 덧셈과 곱셈의 피연산자들은 서로 교환될 수 있다는 **교환 법칙**입니다. 즉, 연산자를 기준으로 피연산자의 위치가 서로 바뀔 수 있다는 말이지요.

$$A+B=B+A$$
$$A\times B=B\times A$$

이에 반해서, 뺄셈과 나눗셈의 경우 피연산자 간의 교환이 불가능합니다.

덧셈과 곱셈은 **결합 법칙**이 성립합니다.

$$A+(B+C)=(A+B)+C$$
$$A\times(B\times C)=(A\times B)\times C$$

마지막으로 곱셈은 덧셈에 대하여 **배분 법칙**이 성립합니다.

$$A\times(B+C)=(A\times B)+(A\times C)$$

일반적인 대수학의 또 다른 특성은 두부의 무게, 오리의 숫자, 기차 여행의 거리, 가족들의 나이와 같은 숫자를 대상으로 한다는 점입니다.

불의 천재성이 발휘된 부분은 바로 대수학의 연산자들이 숫자를 처리해야 한다는 개념에서 연산자를 분리시켜서, 이를 좀더 추상화시켜 사용했다는 것입니다. 즉, 불 대수Boolean algebra, Boole's algebra에서 연산자는 수가 아니라 종류class에 대하여 적용되지요. 종류라는 것은 간단히 말해 어떤 것의 묶음이라 할 수 있으며, 후에 집합set이라는 이름으로 잘 알려지게 됩니다.

고양이에 대해서 이야기해 봅시다. 고양이는 암컷일 수도 있고 수컷일 수도 있습니다. 좀 쉽게 적기 위해서 수컷 고양이들을 M이라 표현하고, 암컷 고양이들을 F라 표현하도록 하죠. 이 두 개의 문자가 숫자를 나타내는 것은 아니라는 점을 기억하세요. 수컷 고양이와 암컷 고양이의 수는 새로운 고양이가 태어나고 늙은 고양이들이 죽기 때문에 매 순간 바뀌겠지요. 이 문자들은 고양이를 특정한 성질로 구분한 여러 종류들에 대하여 표시한 것입니다. 이제 '수컷 고양이들'이라는 표현 대신에 'M'이라고만 부를 수 있겠네요.

고양이들을 색에 따라서 구분하기 위해서 앞에서 나오지 않은 다른 문자들을 사용할 수도 있습니다. 예를 들어, 황갈색 고양이들은 T로, 검은색 고양이들은 B로, 흰색 고양이들은 W로, 그 외 T, B, W에 속하지 않는 모든 다른 색깔의 고양이들은 O로 표현할 수 있습니다.

마지막으로 한 가지 예를 더 들면, 고양이는 중성화 수술을 한 개체와 중성화 수술을 하지 않은 개체로 구분할 수도 있습니다. 중성화 수술을 한 고양이들은 N으로, 중성화 수술을 하지 않은 고양이들은 U라고 표현하겠습니다.

숫자를 사용하는 일반적인 대수학에서 +와 × 연산자는 덧셈과 곱셈을 나타냅니다. 불 대수에서도 동일한 +와 × 기호가 사용되고 있기 때문에 약간 혼동이 될 수 있습니다. 모두들 일반적인 대수학에서 어떻게 숫자를 더하고 곱하는지에 대해서는 알고 계시겠지요. 하지만 종류에 대해서는 어떻게 더하고 곱해야 할까요?

사실 불 대수에서 실제로 덧셈이나 곱셈을 하지는 않습니다. 대신 +와 × 기호는 완전히 다른 의미로 사용됩니다.

불 대수에서 + 기호는 두 종류의 합집합union을 의미합니다. 두 종류의 합집합이란 첫 번째 종류나 두 번째 종류에 속하는 것을 모두 포함하는 것을 의미하지요. 예를 들어 B+W는 검은색이거나 흰색인 고양이를 모두 나타냅니다.

불 대수에서 × 기호는 두 종류의 교집합intersection을 의미합니다. 두 종류의 교집합은 첫 번째 종류에 속하는 동시에 두 번째 종류에도 속하는 것들을 의미합니다. 예를 들어 F×T는 암컷이면서 황갈색에 속하는 모든 고양이를 나타내지요. 불 대수에서도 일반적인 대수에서와 마찬가지로 F×T를 F·T나 FT(불은 이렇게 표기하는 걸 좋아했지요)와 같이 간단하게 쓸 수 있습니다. 두 개의 문자가 연속하여 같이 있는 경우에는 '암컷 황갈색' 고양이와 같이 연결해서 생각하면 되는 것이죠.

일반적인 대수와 불 대수 간의 혼동을 피하기 위해 +와 × 대신에 ∪와 ∩ 기호가 합집합과 교집합을 나타내기 위하여 사용되기도 합니다. 하지만 불이 수학에 영향을 많이 끼친 부분이 익숙한 연산자들을 좀더 추상화시켜서 사용한 점이므로, 그의 대수학에서 우리에게 익숙한 기호를 사용한 불의 결정을 따라 이 책에서는 새로운 연산자를 사용하지 않도록 하겠습니다.

앞에서 살펴본 교환, 결합, 배분 법칙은 불 대수에서도 역시 적용됩니다. 게다가 불 대수에서는 × 연산에 대한 + 연산의 결합 법칙도 성립됩니다. 이 부분은 원래 일반적인 대수에서는 성립되지 않던 것이지요.

$$W + (B \times F) = (W + B) \times (W + F)$$

흰색 고양이와 검은색 암컷 고양이의 합집합은, 흰색 고양이와 검은색 고양이의 합집합과 흰색 고양이와 암컷 고양이의 합집합을 각각 취한 후 생성된 두 집합에 대하여 교집합을 취하는 것과 동일합니다. 한눈에 들어오지는 않지만 분명히 제대로 풀어낸 것입니다.

불 대수를 모두 알기 위해서는 세 개의 기호를 더 알아야 합니다. 이중 두 개의 기호는 숫자처럼 생겼지만 가끔 숫자와는 전혀 다르게 처리되기 때문에 절대 숫자가 아닙니다. 불 대수에서 1이라는 기호는 전부를 나타냅니다. 다른 말로 하면, 우리가 말하는 모든 것을 의미하며, 집합 용어로 쓰면 '전체 집합universe'이라고 하지요. 위에 살펴본 예에서는 1이라는 기호는 '모든 종류의 고양이'를 의미합니다.

$$M + F = 1$$

따라서 위의 수식은 암컷 고양이와 수컷 고양이의 합집합은 모든 종류의 고양이라는 것을 의미합니다. 이와 비슷하게, 황갈색 고양이, 검은색 고양이, 흰색 고양이와 그 외의 색을 가진 고양이들에 대한 합집합을 구하면 역시 모든 종류의 고양이가 되겠지요.

$$T + B + W + O = 1$$

아래와 같은 합집합을 취해도 모든 종류의 고양이가 되지요.

$$N+U=1$$

전체에서 어떤 것을 제외하려고 할 때 1이라는 기호와 뺄셈 부호가 같이 사용될 수 있습니다.

$$1-M$$

예를 들어 위의 예는 전체 고양이에서 수컷 고양이를 제외한 집합을 찾는 것이죠. 전체에서 모든 수컷 고양이를 제외하면 결국 암컷 고양이가 됩니다.

$$1-M=F$$

우리가 알아야 하는 세 번째 기호는 0입니다. 불 대수에서 0은 아무것도 포함하지 않는 종류를 의미합니다. 집합 용어로는 '공집합empty set'이라고 부르지요. 이 공집합은 서로 포함 관계가 없는 상호 배제적[3]인 종류에 대하여 교집합을 취하면 발생하게 됩니다. 예를 들어 수컷이면서 암컷인 고양이를 찾으면 공집합이 됩니다.

$$F \times M=0$$

불 대수에서 1과 0 기호가 일반적인 대수학과 유사하게 사용되는 부분이 있습니다. 예를 들어 모든 고양이와 암컷 고양이의 교집합은 암컷 고양이가 되겠지요.

$$1 \times F=F$$

고양이를 포함하지 않는 집합과 암컷 고양이와의 교집합을 찾으면 고양이가 없는 집합이 될 것입니다.

$$0 \times F=0$$

---

3 (옮긴이) mutually exclusive, 두 가지가 절대 동시에 일어날 수 없는 것을 의미합니다.

고양이가 없는 집합과 모든 암컷 고양이 간의 합집합을 구하면 당연히 암컷 고양이가 되겠지요.

$$0 + F = F$$

불 대수의 수식이 항상 일반적인 대수학의 형태와 비슷한 것은 아닙니다. 예를 들어 모든 고양이와 암컷 고양이의 합집합은 모든 고양이가 됩니다.

$$1 + F = 1$$

하지만 일반적인 대수학의 관점에서 위의 수식은 이해하기 어렵습니다.

F는 모든 암컷 고양이를 의미하기 때문에 $(1 - F)$는 암컷이 아닌 모든 고양이를 의미하고, 이 집합과 모든 암컷 고양이와의 합집합을 구하면 전체 고양이가 됩니다.

$$F + (1 - F) = 1$$

또한 두 집합 간의 교집합을 구하면 당연히 공집합이 되겠지요.

$$F \times (1 - F) = 0$$

위의 수식은 논리학에서 역사적으로 매우 중요한 개념인 **모순의 법칙**Law of Contradiction을 수식으로 나타낸 것입니다. 모순의 법칙은 그 자신과 그것에 반대되는 것에 모두 속할 수는 없다는 것이지요.

다음 수식도 역시 일반적인 대수학과 불 대수가 정말 많이 다르게 보이는 부분이지요.

$$F \times F = F$$

불 대수에서 이 수식은 완벽하게 정상입니다. 암컷 고양이와 암컷 고양이의 교집합은 당연히 암컷 고양이입니다. 하지만 F를 숫자로 생각하면 이 수식은 정상적으로 보이지는 않겠지요. 불은 다음과 같은 수식이 불 대수가 일반적인 대수학과의 차이점을 보여 줄 수 있는 가장 중요한 수식이라고 생각했습니다.

$$X^2 = X$$

다음에 보이는 또 다른 불 수식도 역시 일반적인 대수학의 관점에서는 상당히 웃기게 보입니다.

$$F + F = F$$

암컷 고양이와 암컷 고양이의 합집합은 여전히 암컷 고양이입니다.

불 대수는 아리스토텔레스의 삼단논법을 풀어낼 수 있는 수학적 방법을 제시했습니다. 이 유명한 삼단논법의 처음 두 조건을 다시 보도록 합시다.

모든 인간은 죽는다.
소크라테스는 인간이다.

인간이라는 종류를 P로 나타내고, 모든 죽는 것을 M으로, 소크라테스는 S로 나타내 보도록 합시다. '모든 인간은 죽는다'라는 말은 어떤 의미를 가지고 있을까요? 바로 인간과 죽는 모든 것의 교집합이 모든 인간이 된다는 말이지요.

$$P \times M = P$$

모든 죽는 것에는 고양이나 개, 그리고 느릅나무까지도 포함되어 있기 때문에 $P \times M = M$은 참이 될 수 없다는 것은 자명합니다.

'소크라테스는 인간이다'라는 말은 소크라테스가 포함된 집합(아주 작은 집합이죠)과 모든 인간이라는 집합(비교적 상당히 큰 집합입니다)의 교집합은 소크라테스가 포함된 집합이 된다는 말이지요.

$$S \times P = S$$

첫 번째 수식에서 P가 $(P \times M)$이라는 것을 알았으니, 두 번째 수식을 아래와 같이 쓸 수 있습니다.

$$S \times (P \times M) = S$$

결합 법칙에 의해서 다음의 수식도 동일합니다.

$$(S \times P) \times M = S$$

하지만 이 수식에서, $(S \times P)$는 S가 된다는 것을 이미 알았으니 이를 대입해서 아래와 같이 아주 간단하게 적을 수 있습니다.

$$S \times M = S$$

이제 다 풀었습니다. 이 수식은 소크라테스 집합과 죽는 모든 것의 집합 간의 교집합은 S가 되며, 이것은 S가 M에 속한다는 말이므로 소크라테스는 죽는 다는 것을 의미합니다. 만일 위의 수식 $(S \times M)$의 결과가 0이 된다면, 소크라 테스는 절대 죽지 않는다고 결론을 내릴 수도 있습니다. 또한 수식 $(S \times M)$의 결과가 M이라면, 모든 죽는 것은 소크라테스라고 결론을 내릴 수 있습니다.

2400년 전에 소크라테스 스스로 증명해 보였던 매우 명백한 사실을 증명 하기 위해서 불 대수를 사용한 것은 왠지 좀 지나쳐 보이기도 합니다. 하지만 불 대수는 어떤 것이 판단 기준을 충족시키는지 확인하기 위한 목적으로도 사용될 수 있습니다.

어느 날 여러분이 애완동물 가게에 들어가서 점원에게 다음과 같이 말했 다고 생각해 봅시다. "중성화된 수컷 고양이인데, 흰색이나 황갈색이었으면 좋겠어요. 아니면 중성화된 암컷 고양이에 흰색만 아니면 괜찮을 것 같아요. 음…… 검은색 고양이면 어떤 고양이든 괜찮을 것 같기도 하네요." 판매원이 "그럼 원하시는 고양이를 다음과 같은 수식으로 나타내 볼 수 있겠네요. 맞나 요?"라고 물어보면, "네! 맞아요."라고 대답하면 됩니다.

$$(M \times N \times (W + T)) + (F \times N \times (1 - W)) + B$$

점원의 말이 정확한 건지 검증을 해 보기 위해서 일단 합집합과 교집합이란 개념을 그만 사용하고 OR와 AND라고 불리는 단어를 대신 사용할 필요가 있 을 것 같습니다. 여기서 OR와 AND를 대문자로 쓴 이유는 이 단어들이 영어에서의 의미뿐만 아니라 불 대수에서의 연산을 나타내고 있기 때문입니다. 두 가지 종류의 합집합을 구성하기 위해서는 '첫 번째 집합' 또는(OR) '두 번째 집합'에 있는 모든 것을 묶으면 되는 것이고, 두 가지 종류 간의 교집합을 구성하려면 '첫 번째 집합'과(AND) '두 번째 집합' 모두에 존재하는 것을 묶어서 표현하면 됩니다. 여기에 한 가지만 더 이야기하면, NOT이라는 단어는 합에서 '1 −'와 같은 형태를 표현하기 위해서 사용됩니다. 요약하면 다음과 같습니다.

- 이전에 합집합을 표현하기 위하여 사용되었던 + 기호는 이제 OR를 의미합니다.
- 이전에 교집합을 표현하기 위하여 사용되었던 × 기호는 이제 AND를 의미합니다.
- 앞의 전체에서 뭔가를 제외하는 연산인 1−는 이제 NOT을 의미합니다.

따라서 앞의 수식은 다음과 같이 적어볼 수 있습니다.

(M AND N AND (W OR T)) OR (F AND N AND (NOT W)) OR B

이제 대충 필요한 설명은 거의 다 한 것 같습니다. 다음 수식에서 여러분이 말하려던 바를 괄호를 이용해서 어떻게 명확하게 만들었는지 확인해 보세요. 여러분은 애완동물 가게에서 다음과 같은 세 종류 중 한 가지 고양이를 원하던 것이지요.

(M AND N AND (W OR T))
OR
(F AND N AND (NOT W))
OR
B

이 수식을 적어 두고 판매원은 논리 검사Boolean test라 불리는 작업을 해 볼 수 있습니다. 이 검사에서는 다른 형태의 불 대수가 사용되는데, 앞에서 고양이의 특성이나 속성을 나타내기 위해서 사용했던 문자들을 사용하며, 여기에 숫자 0과 1만 대입할 수 있습니다. 숫자 1은 긍정 혹은 참을 나타내고, 앞에서 언급한 조건을 만족시키는 고양이를 의미합니다. 마찬가지로 숫자 0은 부정 혹은 거짓을 나타내고, 앞의 조건을 만족시키지 못하는 고양이들을 의미합니다.

일단 판매원이 중성화되지 않은 수컷 황갈색 고양이를 데리고 왔습니다. 앞의 수식을 통해서 적합한 고양이인지 확인해 봅시다.

$$(M \times N \times (W+T)) + (F \times N \times (1-W)) + B$$

이 수식에다 이제 조건에 만족하는지에 따라 0과 1을 대입하면 됩니다.

$$(1 \times 0 \times (0+1)) + (0 \times 0 \times (1-0)) + 0$$

여기서 1이 대입된 기호는 오직 M과 T밖에 없습니다. 데리고 온 고양이가 수컷이고 황갈색이니 당연하겠지요.

이제 이 수식을 단순하게 만들 필요가 있겠네요. 단순화시켰을 때 값이 1이 된다면 그 고양이는 여러분이 제시한 모든 조건을 만족함을 의미하는 것이고, 0이 나온다면 그 고양이는 조건을 만족시키지 못하는 것이겠지요. 수식을 단순화시킬 때는 지금 사용하는 기호들이 항상 우리가 사용하는 것이기는 하지만, 진짜로 더하거나 곱하면 안 된다는 점을 항상 기억하고 있어야 합니다. 사실 + 기호가 OR를 의미하고, × 기호가 AND를 의미할 때 대부분의 규칙이 비슷하기는 합니다(요즘 책들에서는 AND와 OR를 나타내기 위하여 ×와 + 기호 대신에 ∧과 ∨를 사용하기도 하지만, 여기서는 +와 × 기호를 사용하는 것이 일반적인 대수의 규칙과 비슷하기 때문에 좀더 쉽게 와 닿을 거라 생각합니다).

× 기호가 AND를 나타낼 때, 발생 가능한 결과들은 다음과 같습니다.

$$0 \times 0 = 0$$
$$0 \times 1 = 0$$
$$1 \times 0 = 0$$
$$1 \times 1 = 1$$

다른 말로 하면, 왼쪽의 피연산자 '와(AND)' 오른쪽 피연산자가 모두 1인 경우에만 1의 결과를 얻을 수 있다는 것입니다. 이 연산의 결과는 일반적인 곱셈의 결과와 완전히 일치하며, 다음과 같이 작은 표로 요약할 수 있습니다. 연산은 왼쪽 상단 모서리에 표시되며, 연산에서 가능한 조합들은 맨 위의 행과 왼쪽 열에 표시됩니다.

AND	0	1
0	0	0
1	0	1

＋ 기호가 OR를 의미하는 경우에는 다음과 같은 수식의 결과들이 가능합니다.

$$0 + 0 = 0$$
$$0 + 1 = 1$$
$$1 + 0 = 1$$
$$1 + 1 = 1$$

이 결과는 왼쪽의 피연산자 '또는(OR)' 오른쪽 피연산자가 하나라도 1이라면 결과가 1이 된다는 것이지요. 이 결과도 역시 일반적인 덧셈의 결과와 아주 비슷하지요. 물론 마지막에 1＋1이 1이라는 결과를 가지는 점은 다르지만 말입니다(만일 고양이가 황갈색 '이거나' 고양이가 황갈색인 경우, 고양이는 황갈색이라 할 수 있습니다). OR 연산도 마찬가지로 다음과 같은 작은 표를 이용해서 정리해 볼 수 있습니다.

OR	0	1
0	0	1
1	1	1

이제 이 두 개의 표를 이용해서 수식을 계산하여 결과를 얻을 준비가 된 것 같네요.

$$(1 \times 0 \times 1) + (0 \times 0 \times 1) + 0 = 0 + 0 + 0 = 0$$

위 연산의 결과인 0은 부정, 거짓을 의미하므로, 판매원이 데리고 온 고양이가 아쉽게도 우리 조건을 만족시키지 못했음을 의미합니다.

　판매원이 이번에는 중성화된 암컷 흰색 고양이를 데리고 왔습니다. 원래 수식은 다음과 같습니다.

$$(M \times N \times (W + T)) + (F \times N \times (1 - W)) + B$$

여기에 다시 각각 0과 1을 대입해 보겠습니다.

$$(0 \times 1 \times (1 + 0)) + (1 \times 1 \times (1 - 1)) + 0$$

이제 이 수식을 간단하게 만들어 봅시다.

$$(0 \times 1 \times 1) + (1 \times 1 \times 0) + 0 = 0 + 0 + 0 = 0$$

이 불쌍한 아기 고양이도 아쉽지만 돌려보낼 수밖에 없겠네요.

　판매원이 이번에는 중성화된 암컷 회색 고양이를 데리고 왔습니다. (회색은 흰색도, 검은색도, 황갈색도 아니기 때문에 그 외의 색깔 종류에 속한다는 건 잊지 않으셨지요?). 이번에도 수식을 풀어 봅시다.

$$(0 \times 1 \times (0 + 0)) + (1 \times 1 \times (1 - 0)) + 0$$

다시 간단하게 만들어 봅시다.

$$(0 \times 1 \times 0) + (1 \times 1 \times 1) + 0 = 0 + 1 + 0 = 1$$

드디어 긍정, 참의 결과를 얻었으므로, 집으로 데려갈 예쁜 고양이를 찾은 것 같습니다. (게다가 본 고양이들 중에 가장 귀엽기까지 하네요!)

그날 저녁, 오늘 데리고 온 고양이가 여러분의 무릎 위에서 둥글게 몸을 말고 자고 있을 때, 전구와 스위치를 연결해서 여러분이 제시한 조건을 만족시키는 고양이인지 확인하는 데 도움을 줄 수 있는 무언가를 만들 수 있지 않을까 하는 궁금증이 들었습니다. (네! 여러분이 좀 특이하잖아요.) 지금 여러분은 획기적인 개념적 돌파구를 만들려고 한다는 것을 거의 깨닫지 못하고 있습니다. 이제 조지 불의 대수를 전자 회로와 결합시켜서 이진수 기반으로 동작하는 컴퓨터를 설계하고 구축하도록 만들 수 있는 몇 가지 실험을 해 볼 때가 된 것 같습니다. 하지만 겁먹을 필요는 없습니다.

일단 첫 실험으로는 평소와 다름없이 전구와 배터리를 연결하되, 이번에는 한 개가 아닌 두 개의 스위치를 다음 그림과 같이 연결해 보겠습니다.

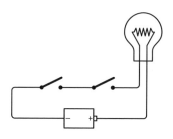

그림 옆에 있는 지구 아이콘(⊕)은 CodeHiddenLanguage.com 웹사이트에 해당 회로를 상호작용시켜 볼 수 있는 버전이 있음을 나타냅니다.

이와 같이 스위치가 왼쪽에 하나, 오른쪽에 하나씩 연결된 형태를 스위치가 직렬로 연결되었다고 이야기합니다. 만일 왼쪽의 스위치를 닫는다 하더라도 어떤 일도 발생하지 않겠지요.

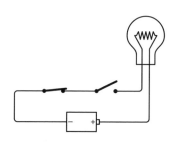

이와 비슷하게, 왼쪽 스위치를 열어 둔 상태에서 오른쪽 스위치를 닫으면 역시 아무런 일도 벌어지지 않습니다. 전구는 다음 그림에서와 같이 왼쪽 스위치'와' 오른쪽 스위치 모두가 닫혀 있어야만 불이 들어옵니다.

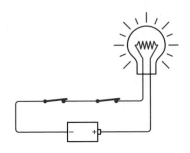

여기서 가장 중요한 키워드는 바로 '와(and)'라는 단어입니다. 이 회로에 전류가 흐르기 위해서는 반드시 왼쪽 스위치'와' 오른쪽 스위치가 모두 닫혀 있어야만 하는 것이지요.

이 회로는 논리에 대한 간단한 결과를 보여 줍니다. 실제로 전구는 "두 스위치가 모두 닫혀 있나요?"라는 질문에 대한 답이 되는 것이지요. 이 회로의 동작은 다음과 같은 표로 요약해 볼 수 있습니다.

왼쪽 스위치	오른쪽 스위치	전구
열림	열림	불이 꺼짐
열림	닫힘	불이 꺼짐
닫힘	열림	불이 꺼짐
닫힘	닫힘	불이 켜짐

스위치와 전구를 불 연산자로 생각하면 이러한 상태에 0과 1의 숫자를 할당할 수 있습니다. 0은 '스위치가 열린 상태'를 의미하고 1은 '스위치가 닫힌 상태'를 의미할 수 있습니다. 전구에는 두 가지 상태가 있습니다. 0은 '전구의 불이 꺼짐'을 의미하고, 1은 '전구의 불이 켜짐'을 의미할 수 있습니다. 이제 표를 다시 작성해 보겠습니다.

왼쪽 스위치	오른쪽 스위치	전구
0	0	0
0	1	0
1	0	0
1	1	1

오른쪽 스위치와 왼쪽 스위치의 위치를 바꾸더라도 결과에는 아무런 영향이 없다는 것에 주목하세요. 즉, 이 말은 어떤 스위치가 어디 있어야 하는지를 구분하지 않는다는 말이지요. 따라서 위의 표는 다시 다음과 같이 앞에서 보았던 AND와 OR 표와 아주 비슷하게 다시 적어 볼 수 있습니다.

직렬로 연결된 스위치	0	1
0	0	0
1	0	1

실제로 이 표는 다음의 AND 표와 동일합니다. 확인해 보시죠.

AND	0	1
0	0	0
1	0	1

간단한 회로를 이용해서 불 대수의 AND 연산을 수행할 수 있었던 것이지요. 자, 이제 다음과 같이 조금 다르게 두 개의 스위치를 배치해 봅시다.

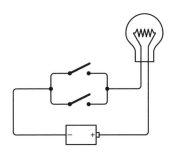

이 스위치는 병렬로 연결되어 있다고 이야기합니다. 여기서의 스위치 연결과 앞의 스위치 연결의 차이점은 위쪽의 스위치를 닫으면 전구에 불이 들어온다는 점입니다.

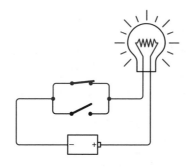

아래쪽 스위치를 닫거나

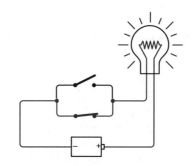

두 스위치 모두를 닫아도 전구에 불이 들어옵니다.

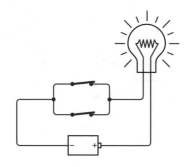

즉, 위쪽의 스위치 '또는' 아래쪽의 스위치 중에 한쪽이라도 닫혀 있으면 전구에 불이 들어온다는 것이지요. 여기서 중요한 키워드는 '또는(or)'입니다.

여기서도 회로가 논리의 결과를 표현했지요. 전구는 "스위치 중에 하나라도 닫혀 있나요?"라는 질문에 대한 답을 보여 준 것입니다. 다음 표는 이 회로가 어떻게 동작하고 있는지에 대하여 요약하고 있습니다.

왼쪽 스위치	오른쪽 스위치	전구
열림	열림	불이 꺼짐
열림	닫힘	불이 켜짐
닫힘	열림	불이 켜짐
닫힘	닫힘	불이 켜짐

다시 한번 말하지만, 0은 스위치가 열린 상태 혹은 전구가 꺼진 상태를 의미하며, 1은 스위치가 닫힌 상태 혹은 전구에 불이 들어온 상태를 의미하기 때문에 위의 표를 다음과 같이 다시 적어 볼 수 있습니다.

왼쪽 스위치	오른쪽 스위치	전구
0	0	0
0	1	1
1	0	1
1	1	1

역시 이번에도 두 스위치의 위치가 바뀌더라도 결과에는 아무런 영향이 없으므로, 위의 표는 다시 아래와 같이 적을 수 있습니다.

병렬로 연결된 스위치	0	1
0	0	1
1	1	1

벌써 눈치챘겠지만, 이 표는 불 연산자 OR의 값과 동일합니다.

OR	0	1
0	0	1
1	1	1

이것은 두 개의 스위치가 병렬로 연결된 회로는 불 대수의 OR 연산과 동일하다는 것을 의미합니다.

애완동물 가게에 들어가서 직원 분께 "중성화된 흰색 혹은 황갈색 수컷 고양이나 흰색이 아닌 중성화된 암컷 고양이, 아니면 검은색 고양이가 있나요?"라고 물어보면, 직원 분은 다음과 같은 식을 만들 것입니다.

$$(M \times N \times (W + T)) + (F \times N \times (1 - W)) + B$$

이제 두 개의 스위치가 직렬로 연결되면 논리적인 AND 연산(× 기호로 표현하죠)을 나타내고, 두 개의 스위치가 병렬로 연결되면 논리적인 OR 연산(+ 기호로 표현하죠)을 나타낸다는 것을 알았으니 위의 식을 표현하기 위해서 8개의 스위치를 다음과 같이 연결할 수 있겠네요.

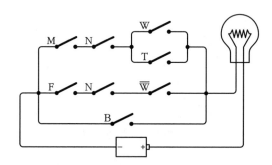

각각의 스위치에는 불 수식에 있던 문자와 동일한 문자가 적혀져 있습니다. ($\overline{W}$는 NOT W를 의미하며 1 – W를 다른 방식으로 적은 것입니다). 실제로 선이 연결되어 있는 회로도의 왼쪽에서 오른쪽으로, 위쪽에서 아래쪽으로 따라가다 보면 수식에 기술되어 있는 것과 동일한 순서로 문자들이 배치되어 있는 것을 확인할 수 있습니다. 수식에서 × 기호가 나타나 있던 곳에는 두 스

위치(혹은 스위치 몇 개)가 직렬로 연결되어 있습니다. 마찬가지로 수식에서
+ 기호가 나타나 있던 곳에는 두 스위치가 병렬로 연결되어 있는 것을 확인
할 수 있습니다.

앞에서 했듯이, 판매원이 중성화되지 않은 수컷 황갈색 고양이를 데리고
왔습니다. 해당되는 스위치들을 닫아 볼까요?

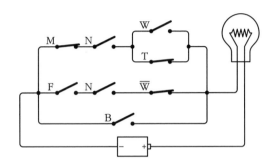

해당되는 M, T, NOT W 스위치를 닫았지만 회로의 마지막에 달려 있는 전구
에 불이 들어오지는 않는군요. 그다음으로 판매원이 데리고 온 중성화된 암
컷 흰색 고양이에 대해서도 해 볼까요?

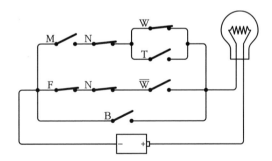

마찬가지로 오른쪽의 스위치들이 전체 회로를 닫을 수는 없었습니다. 이제
마지막으로, 판매원이 데리고 온 중성화된 암컷 회색 고양이에 대해서 해 봅
시다.

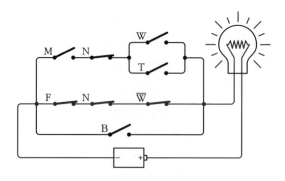

이 경우는 전체 회로를 닫을 수 있기 때문에 전구에 불이 들어오며, 이는 판매원이 데리고 온 고양이가 여러분의 조건을 충족시킨다는 말이 됩니다.

조지 불이 이와 같이 회로를 연결한 적은 없습니다. 그는 불 수식들이 스위치, 전선, 전구를 통하여 실제 구현되는 짜릿함을 느껴 본 적이 없는 것이지요. 물론, 불이 죽고 나서 15년 후에야 백열 전구가 만들어졌다는 것도 큰 문제였겠지요. 하지만 새뮤얼 모스가 전신을 공개한 것은 불의 책인《The Laws of Thought》이 발표되기 10년 전인 1844년이었으니, 전신 시스템에서는 스위치보다 훨씬 더 빠르게 논리 연산을 수행할 수 있는 간단한 장치가 사용되었을 것입니다.

Chapter 7

전신과 릴레이

Telegraphs and Relays

새뮤얼 핀리 브리즈 모스Samuel Finley Breese Morse는 1791년 벙커힐 전투가 일어났던 곳이자, 보스턴의 최북단에 있는 매사추세츠주 찰스타운에서 태어났습니다. 미국 헌법이 인준되고(1788년), 조지 워싱턴이 대통령으로의 첫 임기를 시작한 지(1789년) 2년 지났을 때였습니다. 당시는 캐서린 여제가 러시아를 통치하고 있었고, 프랑스에서는 혁명이 진행 중이었으며, 2년 후(1793년)에는 루이 16세와 마리 앙투아네트가 단두대에서 처형되었습니다.[1] 1791년 모차르트는 그의 마지막 오페라인 '마술피리The Magic Flute'의 작곡을 마쳤으며, 그해 말에 35세의 나이로 그의 일기를 마쳤으나, 20살의 베토벤은 이미 명성을 쌓아가고 있었습니다.

ulstein bild Dtl/Getty Images

모스는 예일대학교에서 교육을 받았으며 졸업 후 런던에서 미술을 공부하였습니다. 그는 초상화가로 성공하였으며, 그가 그린 '라파예트 장군 초상General Lafayette'(1825)은 지금도 뉴욕 시청에 걸려 있습니다. 그는 마지막 그림으로 훨씬 더 개인적인 그림을 남겼는데, 메트로폴리탄 미술관에 전시된 그의 딸 수잔의 초상화입니다.

---

1   (옮긴이) 참고로 프랑스 혁명은 1789년에 일어났습니다. 프랑스 혁명으로 결성된 제헌국민의회에서는 1793년 공화정을 선포하고 국왕을 처형했습니다.

그는 또한 초창기 사진광이기도 했습니다. 모스는 처음으로 은판 사진술daguerreotype photographs을 발명한 루이 다게르Louis Daguerre에게 직접 은판 사진을 만드는 방법을 배우기도 했으며, 미국에서 초창기에 은판 사진을 만든 사람 중 한 명입니다. 1840년 그는 17세 소년 매튜 브래디Mathew Brady에게 이 은판 사진술을 가르쳐 주었으며, 후에 매튜와 그의 동료들은 독립 전쟁과 에이브러햄 링컨, 새뮤얼 모스에 대한 가장 인상적인 사진을 남기는 업적을 세웠습니다.

하지만 이러한 수많은 일들은 그가 전기 분야에 남긴 업적에 비하면 미미합니다. 새뮤얼 모스는 오늘날 전신 시스템과 그의 이름을 딴 부호의 발명자로 가장 잘 알려져 있습니다.

통신을 이용해서 전 세계와 즉각적인 의사소통이 가능하게 되고, 사람들이 이에 익숙해진 것은 비교적 최근에 이루어진 발전이지요. 1800년대 초기만 하더라도 즉각적인 의사소통을 할 수 있었고 원거리 통신 또한 가능했지만, 두 가지를 동시에 할 수는 없었습니다. 다시 말하면, 즉각적인 의사소통은 목소리가 닿는 곳이나 (망원경을 쓰더라도) 눈으로 볼 수 있는 거리까지로 제한되어 있었습니다. 장거리 통신은 편지로 이루어졌기 때문에 최소한 우편마차, 열차 혹은 배편을 통하여 편지가 배달되는 시간을 소모해야 했습니다.

모스의 발명 이전에도 수십 년 동안 장거리 통신의 속도를 높이고자 하는 다양한 시도가 있었습니다. 기술적으로 간단한 것으로는 언덕마다 사람들이 서서 깃발을 흔들어 깃발 부호semaphore라고 알려진 부호화된 패턴을 전달하고 이를 받아서 다시 다음 언덕에 있는 사람에게 중계하는 방법이 있었지요. 조금 더 복잡한 방법으로는 움직일 수 있는 막대들을 가지고 있는 커다란 구조물을 만들어 사용하는 방법인데, 기본적으로는 사람이 깃발을 흔드는 것과 다를 바가 없었습니다.

전신telegraph(사전적 의미로는 '원격 기록'이라는 의미입니다)의 개념 자체는 1800년대 초반에 이미 널리 퍼져 있었다는 것이 확실합니다. 새뮤얼 모스가 실험을 시작한 1832년 이전에도 다른 발명가들이 전신에 대한 이런저런 실험을 했으니까요. '전선으로 연결된 한쪽 끝에서 어떤 일을 하면 그것이 전선의 맞은편에서 어떤 일을 유발시킬 수 있다'는 전기의 원리를 이용하는 전신 시스템의 개념은 기본적으로는 아주 간단합니다. 이것은 이전 장에서 우리가 했던 '원거리에서 손전등을 켜서 통신하기'와 완전히 동일한 개념이죠. 그렇다고 모스가 그의 신호 전달 장치에 전구를 사용한 건 아닙니다. 전구가 발명된 것은 훨씬 뒤의 일인 1879년이니 말입니다. 그 대신 모스는 전자기electromagnetism 현상을 이용하였습니다.

덴마크의 물리학자 한스 크리스티안 외르스테드Hans Christian Ørsted는 최초로 전기와 자기 사이의 관계에 대한 체계적인 탐구를 한 것으로 인정받고 있습니다. 그가 1820년에 발표한 논문은 어떻게 전류가 나침반에 있는 자력을 가진 바늘의 방향을 바꿀 수 있는지 보여 주었습니다. 이후에 이 현상의 연구에 마이클 패러데이Michael Faraday와 1873년에 수리 물리학의 고전이라 불리는 《Treatise on Electricity and Magnetism(전자기론)》[2]을 쓴 제임스 클러크 맥스웰James Clerk Maxwell을 포함한 많은 19세기 과학의 최고의 두뇌들이 참여했습니다. 하지만 이 무렵 새뮤얼 모스와 같은 기발한 혁신가들은 이미 오랫동안 전자기학을 그들의 기발한 발명품에 사용해 오고 있었습니다. 쇠막대에 얇은 절연 전선을 몇 백 번 감고, 전선에 전류를 흘리면 금속 막대가 자력을 가지게 되어 다른 쇳조각과 철가루 들을 끌어당기지만, 전류를 끊어 주면 쇠막대가 자력을 잃게 됩니다.

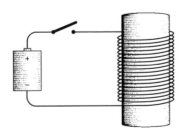

---

2 (옮긴이) 아이작 뉴턴(Isaac Newton)의 책 《프린키피아(Philosophiae Naturalis Principia Mathematica)》(휴머니스트, 2023) 이후 최고의 역작으로 불립니다.

앞의 그림은 언뜻 보기에 쇼트 회로처럼 보이지만, 쇠막대를 감은 전선이 매우 얇기 때문에 충분한 전기적 저항을 만들어 줄 수 있습니다.

이러한 전자석은 전신 시스템의 기반이 되었습니다. 한쪽 끝에서 스위치를 켜고 끔에 따라 다른 쪽에 있는 전자석이 어떤 일을 할 수 있게 된 것이지요.

모스의 첫 번째 전신 시스템은 후에 개량된 것보다 훨씬 복잡했습니다. 모스는 전신 시스템에서 실제로 종이에 뭔가를 적을 수 있을 수 있어야 한다고 생각했던 것이지요. 이는 컴퓨터 사용자들이 처리 결과를 직접 눈으로 읽을 수 있도록 인쇄할 때 사용하는 말인 '하드 카피hard copy를 만든다'는 개념과 비슷한 것입니다. 당연하겠지만 단어 자체를 적는 건 어렵기 때문에 굳이 단어의 형태일 필요는 없습니다. 하지만 곡선이든 점이든 선이든 관계없이 뭔가가 종이에 적히기는 해야 한다고 생각했습니다. 발랑탱 아우이가 시각 장애인을 위한 책에서 알파벳 글자를 돋을새김 해야 한다고 생각한 것처럼, 모스도 종이에 무언가를 써서 읽을 수 있어야 한다는 고정관념에 사로잡혔던 것이지요.

새뮤얼 모스는 성공적인 전신 시스템을 발명하여 1836년에 특허 사무국에 이를 등록했음에도, 1843년 의회를 설득하여 공공기금을 투자 받기 위해 전신 장치를 시연하기 전까지는 대중을 상대로 시연한 적이 없었습니다. 역사적인 1844년 5월 24일, 드디어 전신을 이용하여 워싱턴 DC와 메릴랜드주 볼티모어 사이에 연결된 전선으로 'What hath God wrought!(하느님께서 이렇듯이 큰일을 하셨구나!)(민수기 23장 23절의 일부)'이라는 성경 구절이 성공적으로 전달되었습니다.

전통적인 전신 시스템에서 메시지를 전달하는 데 사용되는 '키'는 다음과 같은 모양입니다.

멋지게 생기긴 했지만, 이 역시 속도를 높이기 위하여 고안된 스위치에 불과합니다. 오랫동안 키를 사용하는 데 가장 편안한 자세는 손잡이를 엄지, 검지와 중지 사이에 끼우고 툭툭 쳐서 위아래로 움직이게 하는 것이죠. 짧게 누르면 모스 부호의 점이 되는 것이고, 길게 누르면 모스 부호의 선이 되는 것입니다.

전선의 반대편에는 수신기가 존재하며, 전자석이 금속 레버를 끌어당기는 원리를 이용합니다. 원래는 전자석이 펜을 끌어당기며 제어하는 형태였습니다. 펜이 위아래로 움직이면서 스프링에 감겨져 천천히 돌아가는 종이에 점과 선을 그려내며, 모스 부호를 읽을 수 있는 사람은 종이 위에 적혀 있는 점과 선들을 글자와 단어로 해독하여 읽을 수 있습니다.

물론 우리 인간들은 기발하면서도 게으른 종족이라 전신을 조작하는 사람들은 그냥 펜이 위아래로 튕겨지면서 내는 소리만 듣고도 충분히 부호를 해석해 낼 수 있다는 것을 깨닫게 되었습니다. 결국 펜을 이용하는 방식은 사라져 버렸고 아래 그림과 같은 전형적인 '소리를 내는 음향기sounder'가 달린 전신 시스템으로 개선되었습니다.

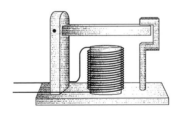

왼쪽의 수직 고정 축에 고정되어 있는 수평막대는 무게의 평형 상태나 스프링에 의해 보통 때는 움직이지 않지만, 필요한 경우 회전할 수 있습니다. 전신의 키가 눌렸을 때 음향기 쪽에 달린 전자석이 금속 수평 막대를 아래로 끌어당기게 되고 이때 '딸깍' 하는 소리가 납니다. 키가 떼어졌을 때, 막대는 스프링에 의하여 원래의 위치로 돌아가면서 '딱' 하는 소리가 발생하게 됩니다. 빠르게 '딸깍-딱' 하는 소리가 나는 것은 점을 의미하고, 천천히 '딸깍...딱' 하는 것은 선을 의미합니다.

키, 음향기, 전지, 그리고 약간의 전선을 이용하여 이전 장에서 만든 전구를 이용한 전신 시스템과 같은 회로를 구성할 수 있습니다.

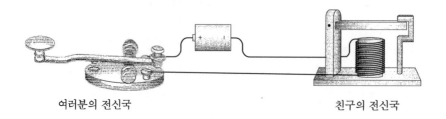

여러분의 전신국   친구의 전신국

앞 장에서 살펴본 것처럼 두 전신국 사이를 두 가닥의 선으로 연결해야 하는 것은 아닙니다. 전압이 충분히 높은 경우에는 접지를 통해서 회로의 절반을 담당할 수 있기 때문에 한 가닥의 전선으로도 충분합니다.

5장에서 했듯이 음극이 접지된 전지를 대문자 V로 바꿔서 그려봅시다. 자, 이제 완전한 단방향 회로가 아래 그림과 같이 설치되었습니다.

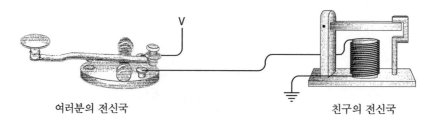

여러분의 전신국   친구의 전신국

양방향 통신을 위해서는 키와 음향기 하나씩만 더 있으면 됩니다. 앞 장에서 했던 것과 비슷하지요.

전신의 발명은 본격적으로 현대적인 통신이 시작되었음을 알리는 사건이었습니다. 처음으로 인간은 눈으로 보거나 귀로 들을 수 있는 거리보다 훨씬 먼 거리에서, 말이 달려가는 것보다 훨씬 빠르게 통신을 할 수 있게 된 것이지요. 이 발명에 이진 부호가 사용된 것이 더욱 더 흥미롭습니다. 이후의 전화, 라디오, 텔레비전과 같은 유무선 통신에서 이진 부호를 사용하지 않은 적도 있지만, 오래지 않아 컴퓨터가 나타났으며, 뒤를 이어 실질적으로 모든 종류의 전자 매체에서 다양한 종류의 이진 부호를 사용하고 있습니다.

모스가 만든 전신은 전송 선로의 상태가 나쁘더라도 대부분 제대로 동작하기 때문에 다른 전신 기기들을 누르고 크게 성공할 수 있었습니다. 대부분의 경우에 키와 음향기 사이에 전선만 연결되어 있다면 잘 동작했습니다. 이에 반해서 다른 전신 시스템의 경우에는 잡음을 견디지 못했지요. 하지만 이전 장에서 설명한 것처럼 전선의 길이가 늘어남에 따라 전선의 저항도 증가하면서 전기의 흐름을 방해하는데, 이 부분이 장거리 전신에 있어서 가장 큰 장애물이었습니다. 전신에 300볼트 전압을 사용함으로써 450킬로미터 이상의 거리까지 동작하게 만드는 경우도 간혹 있기는 하지만, 전선이 무한정으로 늘어날 수는 없다는 건 자명합니다.

가장 쉬운 해결 방법은 릴레이 방식을 채택하는 것입니다. 수백 킬로미터 정도마다 음향기와 다른 쪽 전신의 키를 두고 관리하는 사람이 수신된 메시지를 다시 전달해 주는 방식을 사용하는 것이지요.

여러분이 전신회사에 릴레이 시스템을 운용하는 사람으로 채용되었다고 생각해 봅시다. 전신회사는 여러분을 뉴욕과 캘리포니아 사이 어딘가에 있는 책상과 의자가 있는 작은 오두막에 보냈습니다. 동쪽 창을 통해서 들어오는 전선은 음향기에 연결되어 있고, 전신의 키는 배터리와 서쪽 창으로 나가는 전선에 연결되어 있습니다. 여러분의 업무는 원래 뉴욕에서 온 메시지를 받아서 최종적으로 그 메시지가 캘리포니아에 도달할 수 있도록 재전송하는 것입니다. 같은 형태의 릴레이 형식을 사용해서 캘리포니아에서 뉴욕으로 메시지를 전달할 수 있습니다.

처음에는 전체 메시지를 수신한 후에 다시 전송을 하는 방법을 사용할 수 있습니다. 즉, 음향기에서 나는 딸깍 소리를 듣고 이걸 글자로 적어 둔 다음에 메시지 수신이 완료되면 키를 눌러서 받은 메시지를 다시 전송하는 방식을 취하는 것이지요. 하지만 조금 익숙해지면 수신되는 메시지를 받아 적지 않고 들리는 메시지를 그대로 재전송하는 방법을 사용할 것입니다. 이 방법을 쓰는 것이 훨씬 시간이 절약될 테니까요.

어느 날 메시지를 재전송하면서 음향기의 막대기가 위아래로 흔들리고 있는 것과 동일한 형태로, 여러분도 손가락으로 열심히 키를 위아래로 누르고 있는 걸 보게 되었습니다. 자, 다시 음향기의 막대가 움직이는 걸 보죠. 음향기의 막대가 한 번 위아래로 흔들리고, 같은 형태로 키가 위아래로 흔들리고 있다는 걸 깨닫게 되었습니다. 바로 밖으로 뛰어나가 작은 나무 막대기를 주워서 줄로 나무 막대기를 음향기 쪽에 묶어 놓고 이게 키 쪽에 닿도록 만듭니다. 아래와 같이 말이죠.

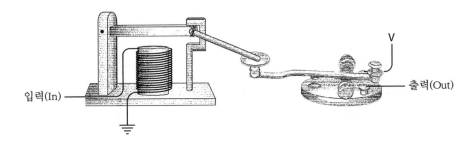

이제 기기가 저절로 동작하게 되었습니다! 여러분은 오후에 쉬면서 낚시를 다닐 수 있게 되었습니다.

생각만 해도 즐거운 상상이지요. 하지만 사실 새뮤얼 모스는 이 장치의 개념을 일찍부터 이해하고 있었습니다. 앞에서 만든 이 장치는 **중계기**repeater(리피터라고도 합니다)라고 부르거나 **릴레이**relay(계전기라고도 합니다. 여기서는 릴레이라는 표현을 쓰겠습니다)라 부릅니다. 릴레이는 입력되는 전류를 이용해서 전자석을 활성시켜 금속 막대기를 끌어당긴다는 점에서는 음향기와 비슷합니다. 하지만 금속 막대기는 입출력 전선을 서로 연결하기 위해서 사용된 것이 아니라, 전지의 값을 연결하기 위한 스위치로 사용되었습니다. 이런 방식을 통해서 입력되는 약한 전류를 '증폭'해서 강한 전류로 만들어 줄 수 있습니다.

릴레이를 좀더 회로의 형태로 그리면 다음과 같습니다.

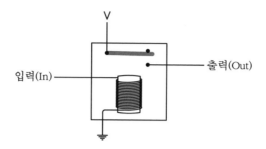

입력된 전류가 전자석을 동작시켜 한쪽은 고정되어 있으며 휘어질 수 있는 금속 조각을 끌어내리며, 이 금속 막대기가 출력되는 전류를 제어하는 스위치 역할을 합니다.

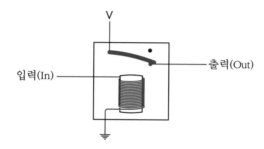

In과 Out이라는 단어는 작은 오두막의 한쪽 창에서 반대쪽 창으로 전신의 선이 통과할 때 신호의 방향을 나타내기도 하지만, 입력과 출력을 나타내는 간단한 약자의 역할을 하기도 합니다. 전신에서는 전기 신호를 사용합니다. In이라 표시된 신호를 통해서 Out이라 표시된 신호를 변경시킬 수 있는데, 각각을 원인과 그 결과라 부를 수 있겠네요.

릴레이는 매우 중요한 장치입니다. 일종의 스위치지만 사람의 손이 아닌 전류에 의하여 그 스위치를 제어하는 것이 특징입니다. 아마 이 장치를 이용해서 뭔가 놀라운 일을 할 수 있을 것 같습니다. 실제로 이 장치를 이용하여 컴퓨터와 같이 대단한 것도 만들어 낼 수 있습니다.

네, 릴레이는 전신 박물관에 썩혀 두기엔 너무나도 매력적인 발명품입니다. 하나 집어서 외투 속에 감추고 빨리 경비원을 지나쳐 걸어 나오도록 합시다. 뭔가 좋은 생각이 떠오르는군요.

Chapter 8

릴레이와 논리 게이트

Relays and Gates

컴퓨터를 본질까지 간략하게 줄여 보면, 결국 컴퓨터란 것은 불 대수와 전기의 합성을 통해서 만들어진 것입니다. 수학과 하드웨어를 적절하게 조합해서 구현한 중요한 구성요소가 **논리 게이트**logic gate입니다. 이러한 논리 게이트는 물이나 사람들이 통과하는 익숙한 문게이트, gate과 다르지 않습니다. 논리 게이트는 전류의 흐름을 차단하거나 통과시킴으로써 불 논리에 해당하는 간단한 연산들을 수행할 수 있습니다.

6장에서 애완동물 가게로 들어가 "흰색이나 황갈색의 중성화된 수컷 고양이나, 흰색이 아닌 중성화된 암컷 고양이, 또는 검은색 고양이를 키우고 싶어요."라고 했던 것을 기억할 것입니다. 이러한 조건은 다음과 같은 논리식으로 요약될 수 있습니다.

$$(M \times N \times (W + T)) + (F \times N \times (1 - W)) + B$$

이 표현식은 스위치들과 전지, 전구로 만들어진 회로를 이용해서 상호작용 가능한 형태로 만들 수 있습니다.

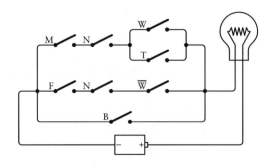

이러한 회로를 종종 **회로망**network이라 부르기도 합니다. 물론, 요즘에 회로망 혹은 네트워크라는 말은 단순한 스위치들의 조합을 의미하기보다는 컴퓨터 간의 연결을 나타내기 위하여 훨씬 더 많이 사용되고 있습니다.

이 회로는 일부 전선은 직렬로, 일부 전선은 병렬로 연결되어 있는 스위치들을 조합한 것입니다. 스위치가 직렬로 연결된 경우 논리 AND 동작을 수행할 수 있으며, 불 표현식으로는 × 기호로 표현할 수 있습니다. 스위치가 병렬로 연결된 경우 논리 OR 동작을 수행할 수 있으며 + 기호에 해당합니다. 이 회로는 불 표현식과 같은 형태로 표현된 것이므로, 만일 불 표현식을 간략하게 표현할 수 있다면, 회로 역시 줄일 수 있습니다.

여기에 있는 표현식은 여러분이 원하고 있는 고양이를 나타냅니다.

$$(M \times N \times (W + T)) + (F \times N \times (1 - W)) + B$$

더 간단하게 만들어 봅시다. 교환 법칙을 이용해서 여기 있는 AND(×) 연산자에 연결되어 있는 변수들의 순서를 바꿔서 다음과 같이 수식을 변형할 수 있습니다.

$$(N \times M \times (W + T)) + (N \times F \times (1 - W)) + B$$

식을 좀더 간단하게 하기 위해서 X와 Y라는 새로운 변수를 만들고 다음과 같이 정의해 봅시다.

$$X = M \times (W + T)$$

$$Y = F \times (1-W)$$

이제 여러분이 원하는 고양이는 다음과 같이 적어볼 수 있겠네요.

$$(N \times X) + (N \times Y) + B$$

이후에 X와 Y의 표현식을 돌려놓을 수 있습니다.

식을 잘 보면 N이라는 변수가 두 번 나오는 것을 알 수 있습니다. 배분 법칙을 이용해서 N이 한 번만 나오도록 수식을 바꾸어 쓸 수 있습니다.

$$(N \times (X+Y)) + B$$

이제 X와 Y를 다시 돌려놓아 봅시다.

$$(N \times ((M \times (W+T)) + (F \times (1-W)))) + B$$

괄호가 너무 많아서 그다지 단순하게 된 것처럼 보이지 않지만, 논리식에서 변수가 하나 줄었다는 것은 회로에서도 스위치 하나를 줄일 수 있다는 것을 의미합니다. 새로 만들어진 회로는 다음과 같습니다.

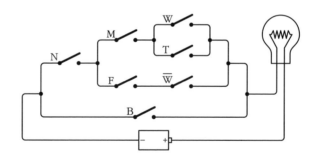

이 회로는 앞에서 살펴보았던 회로보다 논리식과의 등가성을 확인하기에도 훨씬 더 편리합니다.

하지만 여전히 회로망에 너무 많은 스위치가 있습니다. 수컷과 암컷을 구분하기 위한 스위치가 따로 있지만, 하나의 스위치를 통해서 켰을 때(즉, 닫앉을 때)는 암컷을, 껐을 때(즉, 열었을 때)는 수컷을 나타낼 수도 있습니다. 비슷하게 흰색 고양이와 흰색이 아닌 고양이도 별도의 스위치를 사용하고 있습니다.

고양이를 선택하기 위한 제어판을 하나 만들어 볼까요? 제어판은 5개의 스위치(전등을 켜기 위하여 사용되는 껐다 켰다 할 수 있는 벽 스위치와 거의 비슷한 형태입니다)와 하나의 전구가 붙어 있는 모양으로 되어 있습니다.

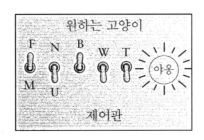

스위치가 올라가 있으면 켜져 있는(닫혀 있는) 것이며, 내려가 있으면 꺼져 있는(열려 있는) 것입니다. 첫 번째 스위치는 암컷인지 수컷인지 나타냅니다. 두 번째 스위치는 중성화되었는지 중성화되지 않았는지 나타냅니다. 나머지 3개의 스위치를 이용해서 검은색, 흰색, 황갈색의 색상을 선택할 수 있는데, 스위치는 하나만 켤 수 있으며, 이외의 색상을 원하는 경우에는 모두 끄면 됩니다.

컴퓨터 용어로 이야기하면, 스위치 패널로 입력 장치를 구성한 것입니다. 입력이란 회로의 동작을 제어하기 위해서 사용되는 정보를 의미하며, 이 경우는 원하는 이상적인 고양이의 특성을 설명할 수 있습니다. 여기서 출력 장치는 전구가 되겠지요. 스위치 입력을 통하여 요구 조건을 만족시키는 고양이의 특성이 입력된 경우에는 이 전구에 불이 들어오게 됩니다. 위의 그림에 나타나 있는 제어판의 스위치 입력은 중성화되지 않은 암컷 검은색 고양이를 표시하고 있습니다. 이것은 여러분이 제시했던 선택의 기준을 충족하고 있기 때문에 전구에 불이 들어오게 되지요.

이제 제어판이 잘 동작하도록 회로를 구성하려면 어떤 일을 해야 하는지 알아봐야 할 때가 되었습니다.

이전 장에서 전신 시스템이 작동하는 데 릴레이라고 하는 장치가 얼마나 중요한지 살펴보았습니다. 원거리에서 전신국을 연결하는 전선은 매우 높은 저항을 가지고 있기 때문에, 약한 신호를 받아서 같은 의미를 가지는 강한 신호로 재전송할 수 있는 방법이 필요했습니다. 릴레이는 전자석으로 스위치를 제어해서 약한 신호를 증폭한 강한 신호를 생성합니다.

현재로서는 약한 신호를 증폭시키기 위해 릴레이를 사용하는 것에 관심이 없으며, 릴레이가 손가락이 아닌 전기로 제어할 수 있는 스위치라는 개념에만 관심을 가졌습니다. 릴레이는 원래 전신기를 위해 설계되었지만, 결국 전화 시스템의 광대한 네트워크에 사용되는 스위칭 회로의 일부가 되었고, 상상력이 풍부한 전기 엔지니어들에 의해서 다양한 곳에서 다양한 형태로 사용할 수 있다는 것이 밝혀졌습니다.

스위치와 마찬가지로 릴레이도 직렬 혹은 병렬로 연결되어 간단한 논리 연산을 수행할 수 있습니다. 여기서 논리 게이트가 간단한 논리 연산을 할 수 있다고 하는 것은 말 그대로 가장 간단한 연산을 의미합니다. 스위치와 비교해서 릴레이가 가지고 있는 장점은 릴레이가 다른 릴레이를 제어하여 켜거나 끌 수 있기 때문에 일일이 손가락으로 누를 필요가 없다는 점입니다. 이는 달리 표현하면, 릴레이를 조합해서 산술 연산처럼 더욱 복잡한 복잡한 논리 처리를 수행할 수 있으며, 결국 전체 컴퓨터의 동작을 만들 수 있다는 의미가 됩니다.

릴레이가 불 연산을 수행하는 데 사용될 수 있다는 발견은 일반적으로 컴퓨터 선구자인 끌로드 섀넌Claude Elwood Shannon(1916~2001)의 공로로 인정받고 있습니다. 그는 유명한 〈A Symbolic Analysis of Relay and Switching Circuits(릴레이와 스위칭 회로의 기호화된 분석)〉이라는 제목의 1938 M.I.T 석사 논문에서 이 내용을 다루었는데, 이보다 몇 년 전에 비슷한 내용을 일본 전기 회사 엔지니어인 나카시마 아키라Akira Nakashima가 이야기했었습니다.

릴레이와 스위치, 전구, 몇 개의 전지를 연결하여 다음과 같은 회로를 꾸밀 수 있습니다.

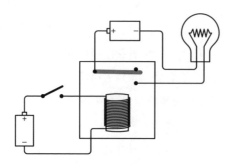

왼쪽의 스위치가 열려 있으면 전구는 꺼진다는 점을 확인하세요. 왼쪽의 스위치를 닫으면 왼쪽 전지에서부터 전류가 흘러 쇠막대 주위와 감겨 있는 전선을 통과하게 되며, 이로 인하여 쇠막대는 자성을 가지게 됩니다. 자성을 가지게 된 쇠막대는 유연성이 있는 금속 접점을 끌어당겨 회로가 연결되도록 만들어서 전구에 불이 들어오게 됩니다.

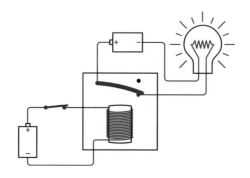

전자석이 금속 접점을 끌어당기는 것을 '릴레이가 회로를 구동시켰다'고 이야기합니다. 스위치를 끄면 쇠막대는 더 이상 자성을 지니지 않게 되므로 금속 접점은 원래 있던 위치로 돌아가게 됩니다.

이러한 형태의 회로 구성은 전구에 불을 켜기 위해서 간접적인 회로를 구성한 것으로 보이며, 실제로도 그렇습니다. 만일 전구에 불을 켜는 데만 관심이 있다면 릴레이가 전혀 없더라도 문제될 것은 없습니다. 하지만 지금 우리는 전구를 켜는 데 관심이 있는 것이 아니죠. 좀더 웅대한 목표를 가지고 있으니까요.

　이 장에서는 많은 릴레이를 사용하게 될 것이므로(물론 논리 게이트를 만들고 난 이후에는 거의 사용할 일이 없습니다), 되도록 그림을 단순하게 하는 것이 좋을 것 같습니다. 5장과 7장에서 했던 것처럼 접지를 통해서 상당수의 전선을 줄일 수 있으며, (전압을 나타내는) V를 사용해서 전지를 나타낼 수 있습니다. 이 경우 접지는 공통 연결을 나타내며, 실제로는 땅에 직접 연결할 필요까지는 없습니다. 이제 릴레이는 다음과 같은 모양이 됩니다.

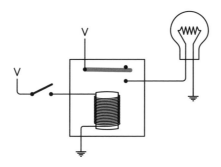

스위치가 닫히게 되면 V와 접지 사이에 있는 전자석의 코일에 전류가 흐르게 됩니다. 따라서 전자석이 유연성 있는 금속 접점을 끌어당기게 되고, 이는 역시 V와 전구, 접지를 연결시켜 주어서 전구에 불이 들어오게 만들어 줍니다.

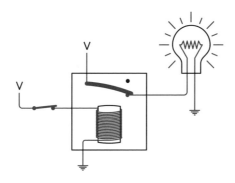

이 그림의 릴레이에는 두 개의 전압원(V; voltage source - 전지와 동일한 의미입니다)과 두 개의 접지가 따로 표시되어 있지만, 모든 V는 서로 연결될 수 있으며, 접지 역시 서로 같이 연결될 수 있습니다.

조금 더 추상화시켜서 스위치와 전구 없이 릴레이의 경우에도 입력과 출력을 표시해 둡니다.

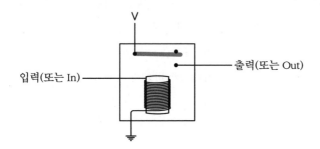

만일 입력을 통하여 전류가 흐르게 되면(예를 들어, 스위치가 입력과 V 사이를 연결한다면) 전자석이 동작하면서 출력에는 전압이 걸리게 됩니다.

릴레이의 입력이 스위치일 필요는 없으며 릴레이의 출력 역시 전구가 되어야 할 필요는 없지요. 예를 들어 다음과 같이 한 릴레이의 출력이 다른 릴레이의 입력으로 연결되어도 됩니다.

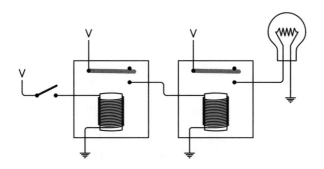

릴레이가 이런 형태로 연결된 것을 연속해서 연결되어 있다(cascade, 캐스케이딩)고 이야기합니다. 스위치를 켜면 첫 번째 릴레이가 동작하고, 이는 다

음 릴레이의 입력에 전압을 공급해서 두 번째 릴레이를 동작시켜 불을 켜게
됩니다.

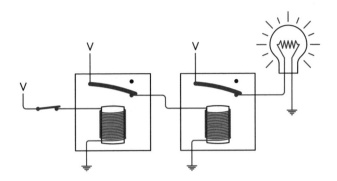

릴레이들을 연결하는 것은 논리 게이트를 만드는 데 가장 중요한 개념입니다.
두 개의 스위치가 직렬로 연결될 수 있었던 것처럼 릴레이 역시 직렬로 연
결될 수 있습니다.

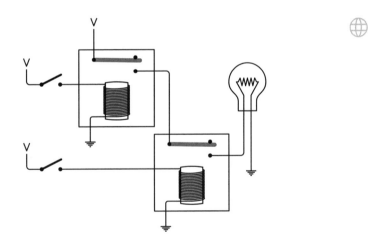

이제 두 개의 릴레이에 두 개의 스위치가 있습니다. 윗부분에 있는 릴레이의
출력은 두 번째 릴레이로 전압을 공급해 줍니다. 보이는 것처럼 두 스위치가
모두 열려 있는 경우에는 전구에 불이 들어오지 않습니다. 이제 위쪽 스위치
를 닫아보도록 하죠.

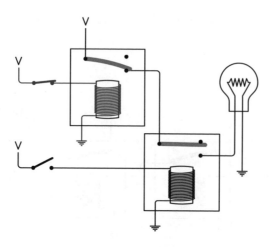

아래쪽 스위치가 열려 있으므로, 릴레이가 동작하지 않으며 이로 인하여 전구에 불이 들어오지 않습니다. 이제 위쪽 스위치를 열고 아래쪽 스위치를 닫아봅시다.

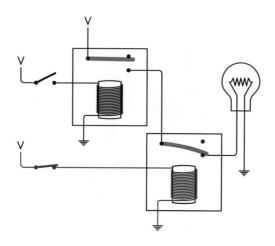

여전히 전구에는 불이 들어오지 않습니다. 첫 번째 릴레이가 동작하지 않았으므로 전류는 전구에 도달하지 못합니다. 전구에 불이 들어오게 만드는 유일한 방법은 두 개의 스위치를 모두 닫는 것입니다.

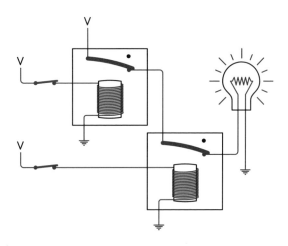

이제 두 릴레이가 모두 동작하므로 V에서 전구, 접지를 통하여 전류가 흐르게 됩니다.

두 스위치가 직렬로 연결되었을 때와 마찬가지로, 직렬로 연결된 두 릴레이는 간단한 논리 검사를 수행할 수 있습니다. 전구의 불은 두 릴레이가 모두 동작할 때에만 들어오게 됩니다. 이와 같이 두 릴레이가 직렬로 연결된 경우 불 AND 연산을 처리하기 때문에 **AND** 게이트라 합니다.

그림을 복잡하게 그리지 않기 위해서 전기 엔지니어들은 보통 다음과 같은 특별한 기호를 사용하여 AND 게이트를 나타냅니다.

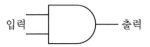

이 AND 게이트는 여섯 가지 기본적인 논리 게이트들 중 첫 번째로 나온 것입니다. AND 게이트는 2개의 입력을 가지며, 1개의 출력을 가지고 있습니다. 아마도 AND 게이트를 그릴 때 좀 전에 보았던 대로 왼쪽에는 입력을, 오른쪽에는 출력을 그려져 있는 것을 많이 보았을 텐데, 이는 글을 왼쪽에서 오른쪽으로 읽어 나가는 사람들에게는 전기 회로도 역시 왼쪽에서 오른쪽으로 읽어 나가는 것이 익숙하기 때문입니다. 하지만 입력이 왼쪽에 있는 AND 게이트뿐 아니라 위쪽, 오른쪽, 아래쪽에 입력이 있는 AND 게이트도 존재할 수 있습니다.

두 개의 릴레이가 직렬로 연결되어 있던 앞의 그림을 다음과 같이 더 간결하게 표시할 수 있습니다.

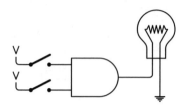

AND 게이트 기호를 이용하여 두 릴레이가 직렬로 연결된 것을 나타내었을 뿐 아니라 위쪽 릴레이가 전지에 연결되고, 아래쪽 릴레이가 접지와 연결된 것도 같이 나타내었다는 것을 기억하십시오. 다시 한번 말씀드리지만, 위쪽 스위치와(and) 아래쪽 스위치 모두가 닫혔을 때만 전구에 불이 들어오게 됩니다. 이것이 바로 AND 게이트라 불리는 이유입니다.

전압이 걸리지 않은 것을 0으로 생각하고, 전압이 걸려 있는 것을 1로 생각하는 경우[1] 입력에 따른 AND 게이트의 출력은 다음과 같습니다.

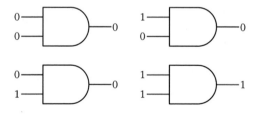

두 스위치가 직렬로 연결되었을 때와 마찬가지로 AND 게이트도 다음과 같은 짧은 표로 정리해 볼 수 있습니다.

---

1 (옮긴이) 논리 회로에서는 전압이 걸린 것을 1로 생각할 수도, 전압이 걸리지 않은 것을 1로 생각할 수도 있습니다. 전압이 걸린 것을 1로 생각하는 것을 asserted high(전압이 높은 것을 1로 생각한다는 의미)라 하고, 일반적으로 사용되는 방식입니다. 이와 반대로 전압이 걸리지 않은 것을 1로 생각하는 방식을 asserted low(전압이 낮은 것을 1로 생각한다는 의미)라 하며, 이 방식은 칩 외부의 통신에서의 제어 신호와 같이 신호가 비교적 자주 발생하지 않는 경우에 사용됩니다.

AND	0	1
0	0	0
1	0	1

AND 게이트의 입력은 스위치에 연결할 필요가 없고 출력은 전구에 연결할 필요가 없습니다. 하나의 AND 게이트의 출력은 다음과 같이 두 번째 AND 게이트에 대한 입력이 될 수 있습니다.

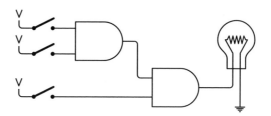

세 개의 스위치가 모두 닫혔을 때만 전구에 불이 들어옵니다. 위쪽에 있는 두 스위치가 닫혔을 때만 첫 번째 AND 게이트의 출력에서 전압이 나타나고, 이 상태에서 세 번째 스위치 역시 닫혔을 때만 두 번째 AND 게이트의 출력에서 전압이 나타납니다.

이런 구성은 다음과 같은 기호로 나타낼 수 있습니다.

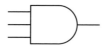

이런 형태를 3입력 AND 게이트라 부르며, 모든 입력이 1일 때만 1이 출력됩니다. 더 많은 입력을 이용해서 AND 게이트를 만들어 낼 수도 있습니다.

다음으로 살펴볼 논리 게이트는 다음과 같이 병렬로 연결되어 있는 두 개의 릴레이를 포함하고 있습니다.

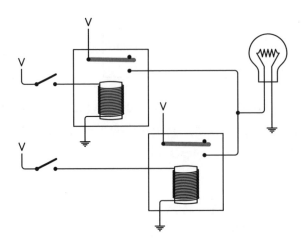

두 릴레이의 출력이 서로 연결되어 있다는 점을 유의해서 보세요. 이와 같이 서로 연결된 출력은 전구에 전력을 공급해 줍니다. 이때 두 개의 릴레이 중 하나만 동작해도 전구에 불을 켤 수 있습니다. 예를 들어 위쪽 스위치를 닫으면 전구에 불이 들어옵니다. 전구는 위쪽 릴레이로부터 전력을 공급할 수 있기 때문입니다.

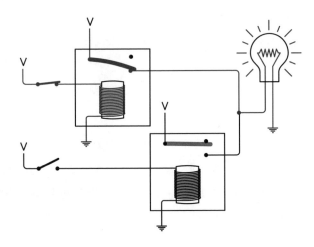

마찬가지로 위쪽 스위치를 열어놓고 아래쪽 스위치를 닫는 경우에도 전구에 불이 들어옵니다.

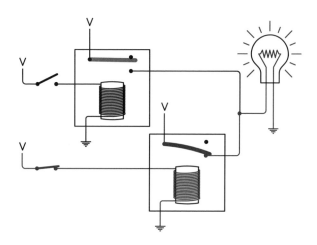

두 스위치가 모두 닫혀 있는 경우에도 불이 들어옵니다.

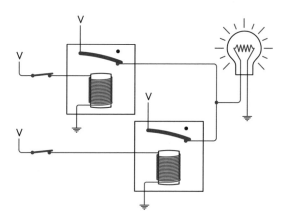

위쪽 스위치 또는(or) 아래쪽 스위치가 닫힌 경우에 전구에 불이 켜지는 회로를 만든 것입니다. 여기서 가장 중요한 단어는 '또는(or)'이라는 말이기 때문에, 이러한 형태의 논리 게이트를 OR 게이트라 부르는 것입니다. 전기 엔지니어들은 아래와 같은 기호를 사용하여 OR 게이트를 나타냅니다.

이 기호는 입력 부분이 둥그렇게 그려져 있는 것을 제외하면 AND 기호와 거의 비슷하게 생겼습니다(둥그런 부분이 OR의 O와 비슷하게 생겼다고 생각하는 것이 기억하시기 쉽겠네요).

OR 게이트는 두 입력 중 하나라도 전압이 걸리면 출력단으로 전압이 출력됩니다. 앞에서와 마찬가지로 전압이 걸리지 않은 것을 0, 전압이 걸려 있는 것을 1로 생각한다면 OR 게이트에서 발생 가능한 네 가지 상태는 다음과 같습니다.

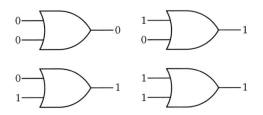

OR 게이트의 출력 역시 AND 게이트 때와 같은 방식을 써서 다음과 같이 요약할 수 있습니다.

OR	0	1
0	0	1
1	1	1

OR 게이트도 2개 이상의 입력을 가질 수 있습니다. 이 게이트의 경우 입력 중 하나만이라도 1이면 출력이 1이 되며, 모든 입력이 0인 경우에만 출력이 0이 됩니다.

여기엔 나타낸 릴레이는 '쌍투double-throw 릴레이'라 부릅니다. 동작하지 않는 상태에서는 움직일 수 있는 금속 막대가 위쪽에 있는 접점에 닿아 있고, 동작하면 전자석이 금속 막대를 당겨서 아래쪽 접점에 닿도록 만드는 것입니다. 아래쪽에 있는 이 접점을 출력으로 사용하는 것을 평상시 열림normally open 출력이라 부르는데, 지금까지는 이 형식을 사용했습니다. 위쪽에 있는 접점도 사용할 수 있는데, 이 접점은 평상시 닫힘normally closed 출력이라 부르며, 이 접점을 사용하면 릴레이의 출력은 입력의 반대가 됩니다. 즉, 입력 스위치를 열면 전구에 불이 들어옵니다.

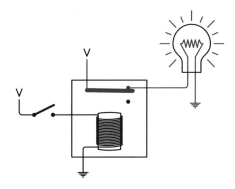

반대로 입력 스위치를 닫으면 전구의 불이 꺼집니다.

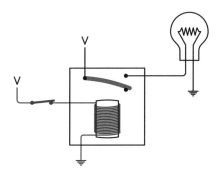

이런 방식으로 사용되는 하나의 릴레이를 인버터inverter라 부릅니다. 인버터는 다음과 같이 특수한 기호를 사용해서 나타낼 수 있습니다.

이 릴레이는 0을 1로(즉, 전압이 없는 상태를 전압이 나타나는 상태로) 바꿔주며(invert), 1은 0으로 바꿔주기 때문에 인버터라 부르는 것입니다.

이것은 불 NOT 연산을 구현한 것입니다.

위쪽의 인버터를 보면서 가끔 사람들이 "입력에 전압을 걸지 않았는데, 어떻게 출력에 전압이 나오는 건가요? 이 전압은 어디서 온 건가요?"라는 질문을 던지는 경우가 있습니다. 앞에서 보셨듯이 인버터는 전압원에 연결되어 있는 릴레이라는 점을 기억하고 있어야 합니다.[2]

인버터, AND 게이트, OR 게이트를 연결해서 제어 패널에서 이상적인 고양이의 선택을 자동화시킬 수 있습니다. 다음과 같습니다.

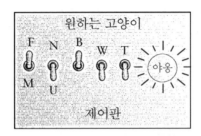

스위치부터 시작해 봅시다. 첫 번째 스위치가 닫힌 경우에는 암컷을, 열린 경우에는 수컷을 나타냅니다. 따라서, 여기서 만들어지는 두 신호를 다음과 같이 F와 M으로 부르도록 하겠습니다.

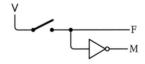

---

2 (옮긴이) 즉, 입력은 릴레이의 금속 막대를 움직일 뿐이는 것이며, 릴레이 자체는 항상 전압원에 연결된 상태라는 점을 잊지 마세요.

F가 1이 되면 M은 0이 되며, F가 0이 되면 M은 1이 됩니다. 이와 비슷하게 두 번째 스위치는 닫힌 경우에 중성화된 고양이를, 열린 경우에는 중성화되지 않은 고양이를 나타낼 수 있습니다.

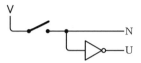

나머지 세 개의 스위치는 검은색, 흰색, 황갈색의 색상을 선택하기 위해 사용됩니다. 다음의 형태로 전압원과 연결되어 있습니다.

게이트와 인버터들을 연결하는 데 있어서 지켜야 할 몇 가지 중요한 법칙이 있습니다. 바로 한 게이트(혹은 인버터)의 출력이 다른 한 개 혹은 여러 게이트(혹은 인버터)의 입력으로 사용될 수 있다는 것입니다. 그러나 여러 게이트(혹은 인버터)의 출력들이 서로 연결될 수는 없습니다.

앞에서 간략하게 만들었던 고양이를 고르기 위한 논리식은 다음과 같습니다.

$$(N \times ((M \times (W+T)) + (F \times (1-W)))) + B$$

논리식에서 + 기호가 있는 모든 곳은 회로에서 OR 게이트를 사용해야 하며, × 기호가 있는 곳에는 AND 게이트를 사용해야만 합니다.

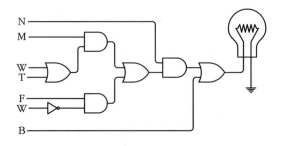

회로도 왼쪽에 있는 기호들은 논리식에서 나왔던 순서대로 위에서부터 나열되어 있습니다. 이 신호들은 앞에 있던 3개의 스위치 콘솔 회로에서 온 것입니다. 또한 논리식에서 (1−W) 부분을 구현하기 위해 인버터를 사용했습니다.

엄청나게 많은 릴레이가 사용된다고 생각되죠? 네 맞습니다. 사실입니다. AND 게이트와 OR 게이트마다 릴레이가 2개씩 사용되었으며, 인버터마다 1개의 릴레이가 사용되었으니 엄청난 수의 릴레이가 사용된 것입니다. 하지만 이 책의 뒷부분에서는 이 회로보다 훨씬 많은 수의 릴레이가 사용되는 것을 볼 수 있을 것입니다. 다행히 (여러분이 원하는 것이 아니라면) 그 많은 릴레이를 사서 집에서 하나씩 연결할 필요는 없으니 안심하세요.

앞에서 여섯 가지 표준 논리 게이트가 있다고 이야기했었습니다. 이미 3개를 살펴봤으니 이제 나머지를 살펴볼 차례입니다. 처음 2개는 인버터에서 사용했던 릴레이의 평상시 닫힘 출력을 사용할 것입니다. 이 출력은 릴레이가 동작하지 않을 때 전압을 나타냅니다. 예를 들어, 다음과 같이 구성하는 경우, 하나의 릴레이의 출력은 두 번째 릴레이로 전력을 공급할 수 있으며, 두 입력이 모두 꺼졌을 때는 전구에 불이 들어오게 됩니다.

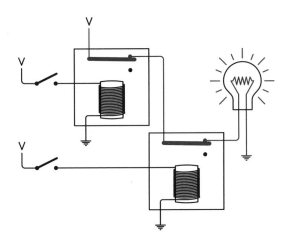

만일 위쪽 스위치가 닫히면 전구는 꺼집니다.

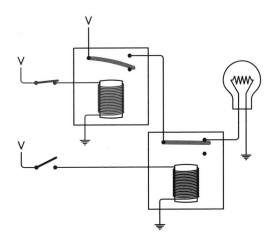

두 번째 릴레이로 더 이상 전력이 공급되지 않기 때문에 전구가 꺼지는 것이죠. 이와 비슷하게 위쪽 스위치는 열리고 아래쪽 스위치만 닫히는 경우에도 전구가 꺼집니다.

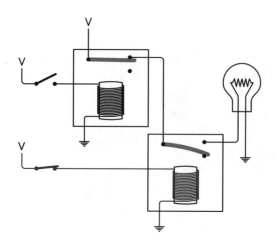

또한 두 스위치가 모두 닫혀 있는 경우에도 전구가 꺼집니다.

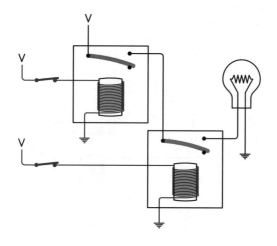

이 논리 게이트의 동작은 OR 게이트의 동작과 완전히 반대입니다. 따라서 이 논리 게이트의 이름은 NOT OR, 줄여서 NOR라고 합니다. NOR 게이트는 다음과 같은 기호로 나타냅니다.

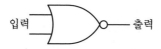

입력 ——〉 〉〉——— 출력

이 기호는 앞에 조그만 원이 하나 있다는 것을 제외하면 OR 게이트의 기호와 완전히 동일합니다. 이 작은 원은 인버터를 의미합니다. NOR는 OR 게이트 뒤에 인버터를 붙인 것과 같습니다.

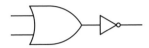

NOR 게이트의 출력은 다음 표와 같습니다.

NOR	0	1
0	1	0
1	0	0

이 표에서는 두 입력 중 어느 하나라도 1이면 1이 되며, 두 입력 모두가 0인 경우에만 0이 되는 OR 게이트의 동작과는 완전히 반대되는 속성을 가지고 있다는 것을 확인할 수 있습니다.

아래에 또 다른 형태로 구성된 릴레이가 있습니다.

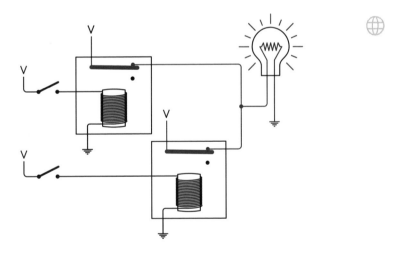

이 경우에는 두 출력이 연결되어 있으며, OR에서 사용한 구성과 비슷해 보이지만 출력을 연결하는 접점의 위치가 다릅니다. 두 스위치가 모두 열렸을 때 전구에 불이 들어옵니다.

위쪽 스위치만 닫는 경우에는 아래쪽 릴레이를 통해서 전구에 전력이 공급될 수 있으므로 전구가 계속 켜진 상태를 유지합니다.

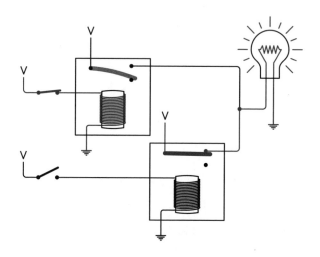

비슷하게 아래쪽 스위치만 닫는 경우에는 위쪽 릴레이를 통해서 전구에 전력이 공급될 수 있으므로 전구가 여전히 켜진 상태를 유지합니다.

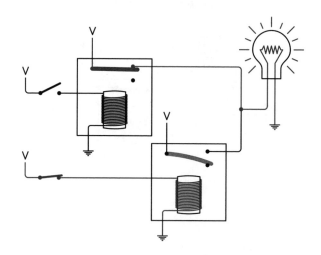

두 스위치가 모두 닫힌 경우에만 전구가 꺼집니다.

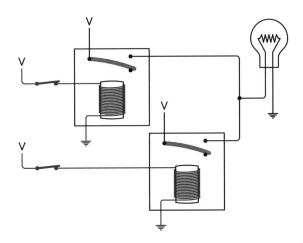

이 동작은 AND 게이트의 동작과 정확히 반대입니다. 따라서 이 논리 게이트를 NOT AND 또는 짧게 NAND 게이트라 부릅니다. NOR 게이트와 다르게 NAND 게이트라는 용어는 이런 형태의 논리를 설명하기 위해서 만들어진 것입니다. 이 용어의 기원은 1958년으로 거슬러 올라갑니다.[3]

NAND 게이트는 작은 원이 붙어 있는 것을 제외하면 AND 게이트의 기호와 동일합니다. 이 작은 원은 AND 게이트의 출력을 반대로 만든다는 의미이지요.

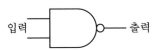

NAND 게이트는 다음과 같은 동작을 나타냅니다.

---

3 (옮긴이) 의외로 트랜지스터를 이용해서 논리 회로를 만들 때 가장 간단한 회로는 인버터이고, 2개의 입력을 받는 형식의 논리 게이트 중 가장 간단한 회로를 가지고 있는 것이 NAND 게이트입니다. 반도체에서 면적을 게이트의 수로 나타낼 때도 NAND 게이트를 기준으로 게이트의 수를 셉니다.

NAND	0	1
0	1	1
1	1	0

AND 게이트에서 두 입력이 모두 1인 경우에만 1이 출력되며, 그 이외의 경우에는 0이 출력된다는 것을 기억할 것입니다. NAND 게이트의 출력은 그 반대입니다.

지금까지 두 개의 입력과 하나의 출력을 가지는 네 가지 다른 형태의 릴레이 구성 방법에 대해서 살펴보았습니다. 각각의 구성마다 약간씩 다른 형태로 동작하지요. 또한 계속해서 릴레이를 그려 나가는 반복 작업을 피하기 위해서 전기 엔지니어들은 논리 게이트라 불리는 릴레이 구성에 대해서 기호를 사용해서 표현하는 방법을 사용하고 있습니다. 각 논리 게이트의 출력은 입력에 따라 바뀌며, 이는 다음 표와 같습니다.

AND	0	1
0	0	0
1	0	1

OR	0	1
0	0	1
1	1	1

NAND	0	1
0	1	1
1	1	0

NOR	0	1
0	1	0
1	0	0

인버터는 다음과 같이 생겼습니다.

이 논리 게이트는 0을 1로, 1을 0으로 반전시켜 줍니다.

논리 게이트들의 배열을 완성시켜 줄 마지막 게이트는 평범하고 오래된 릴레이입니다.

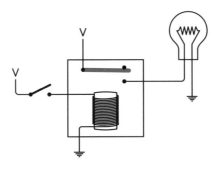

논리 회로에서는 이러한 형태의 릴레이를 버퍼buffer라 부르며, 다음과 같은 기호로 표시합니다.

입력 ————▷———— 출력

이 기호는 앞에 작은 원이 없다는 것만 제외하면 인버터의 기호와 동일합니다. 버퍼의 경우 출력이 입력과 동일하니, 뭔가 특별한 동작을 하는 것은 아닙니다.

하지만 입력 신호가 약해졌을 때는 버퍼가 사용됩니다. 전신 시스템에서 릴레이가 발명된 이유가 약한 신호를 증폭시키기 위한 목적이었다는 것을 기억할 것입니다. 실제 논리 회로에서는 가끔 하나의 출력을 많은 입력에 연결해야 하는 경우가 있습니다. 이런 형태를 **팬아웃**fanout이라 부르며, 각각의 입력으로 공급되는 전력이 줄어드는 결과가 나타날 수 있습니다. 버퍼는 전력을 증가시키는 데 도움을 줄 수 있습니다. 또한 릴레이가 동작하기 위해서는 약간의 시간(1/n초 정도)이 필요하기 때문에, 신호를 약간 지연시키기 위해서 버퍼를 사용할 수도 있습니다.

이 책의 뒷부분에서는 릴레이를 직접 그린 그림을 찾기는 좀 어려울 것입니다. 회로를 구성할 때 버퍼, 인버터, 그리고 네 가지 기본 논리 게이트와 논리 게이트를 이용해서 만든 약간 복잡한 회로들을 사용할 것이기 때문입니다. 물론 이런 다른 구성 회로들 역시 릴레이를 이용해서 만든 것이지만, 더 이상 실제 릴레이를 볼 필요는 없을 것입니다.

이번 장의 시작 부분에서 이상적인 고양이를 선택할 때 사용할 작은 제어판을 보여드렸습니다. 검은색, 흰색, 황갈색의 고양이를 선택하기 위한 스위치를 두었지만, 다른 색깔에 대해서는 스위치를 따로 두지 않았습니다. 하지만 이런 신호는 앞에서 이야기한 스위치에 연결된 3개의 인버터와 3입력 AND 게이트를 이용해서 만들어 낼 수 있습니다.

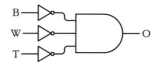

3개의 입력은 모두 값이 반전(invert)되어 AND 게이트의 입력으로 들어갑니다. B, W, T가 모두 0인 경우에만 AND 게이트의 모든 입력이 '1'이 되기 때문에 출력으로 '1'이 만들어집니다.

이런 구성을 그리면서 인버터를 표시하지 않는 경우도 있습니다.

AND 게이트의 입력 부분에 작은 원이 그려져 있습니다. 이 작은 원은 그 위치에서 값이 반전됨을 의미합니다. 즉, 0(전압이 걸리지 않는 경우)이 1(전압이 걸리는 경우)로 되고, 1은 0이 되는 것이지요.

보여드렸던 6개의 논리 게이트 중 하나를 선택해야만 한다면 NAND나 NOR를 선택해야만 합니다. NAND 혹은 NOR를 이용해서 다른 모든 논리 게이트를 만들 수 있습니다. 예를 들어, 다음 그림은 NAND 게이트를 조합해서 인버터를 만드는 방법을 보여 줍니다.

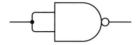

다른 NAND 게이트의 출력에 인버터를 사용해서 AND 게이트를 만들 수 있습니다. 그냥 보기에는 NAND 게이트를 이용해서 OR 게이트를 만드는 방법을 생각하기 쉽지 않지만, 가능합니다. 모든 입력에 인버터가 붙어 있는 AND 게이트의 경우 NOR 게이트와 정확히 같은 동작을 가지고 있기 때문입니다.

두 입력이 모두 0일 때만 출력으로 1이 나옵니다.

비슷하게 두 개의 입력을 반전시킨 OR 게이트의 동작은 NAND 게이트와 같습니다.

즉, 두 입력이 모두 '1'일 때만 '0'이 출력됩니다.

이 두 가지 형태의 등가 회로들은 **드 모르간 법칙**De Morgan's Law을 전기적으로 구현한 것이라 할 수 있습니다. 조지 불보다 나이가 19세 많은 오거스터스

드 모르간은 빅토리아 시대의 또 다른 수학자로서, 1847년에 출판된 그의 책 《Formal Logic(정형 논리)》은 불의 《The Mathematical Analysis of Logic(논리의 수학적 분석)》이라는 책과 같은 날 출간되었습니다. 더욱 재미있는 것은 드 모르간과 다른 영국의 수학자들 간에 벌어진 표절 등에 관련된 수많은 공개적인 비난과 불화를 통하여 불이 논리학 연구에 대한 영감을 얻었다는 점이지요(드 모르간이 표절하지 않았다는 것은 역사가 증명해 주었습니다.) 드 모르간은 매우 초기부터 불이 지닌 통찰력의 중요성을 인식하고 있었습니다. 드 모르간은 불을 시기하지 않고 지속적으로 그의 연구를 격려해 주었으며, 많은 부분에서 불을 도와주었습니다. 그럼에도 불구하고 그의 이름을 딴 유명한 법칙을 제외하고 아쉽게도 그에 대한 많은 부분들이 잊혀가고 있습니다.

드 모르간 법칙을 가장 간단하게 표현하면 다음과 같은 형태가 됩니다.

$$\overline{A} \times \overline{B} = \overline{A + B}$$
$$\overline{A} + \overline{B} = \overline{A \times B}$$

A와 B는 모두 논리 변수라고 생각하면 되고, 변수 위에 선이 있는 것은 값이 반전invert된다는 것을 의미합니다. 첫 번째 수식에서 두 논리 변수는 각각 반전된 후 논리 AND 연산자에 의하여 묶여 있습니다. 이는 두 연산자를 논리 OR 연산자로 묶은 후 이 결과를 반전시키는 것(NOR)과 동일합니다. 이는 언어로 표현할 때도 적용할 수 있습니다. 만일 비가 오지 않으며(AND) 눈도 오지 않는다면, 비나(OR) 눈이 오지 않는(NOT) 날씨라고 이야기할 수 있습니다.

두 번째 수식에서 두 논리 변수는 각각 반전된 후 논리 OR 연산자에 의하여 묶여 있으며, 마찬가지로 이 값은 두 연산자를 논리 AND 연산자로 묶은 후 이 결과를 반전시키는 것(NAND)과 같습니다. 만일 내가 크지 않거나(OR) 힘이 세지 않다면, 힘이 세고(AND) 큰 사람이 아닌 것입니다. 드 모르간 법칙은 논리식을 간략하게 만들어 주기 때문에 회로를 간단하게 만들 때 아주 중요합니다. 역사적으로 보았을 때 회로를 간단하게 만드는 일은 클로드 섀넌Claude Shannon이 전기 엔지니어들을 위해서 논문을 쓴 목적이기도 합니다. 하지만 이 책에서는 회로를 간단하게 만드는 것이 주된 관심사가 아닙니다. 회로를 최대한 간략하게 만드는 일보다 정상적으로 동작하게 만드는 것이 좋지요.

다음으로 살펴볼 주요 프로젝트는 완벽하게 논리 게이트로 구현된 디지털 덧셈기입니다. 하지만 이 프로젝트는 이후 몇 개 장에 걸쳐 초등학교로 돌아가서 숫자를 세는 방법을 알아보는 동안에는 잠시 덮어 두어야 할 것 같습니다.

우리가 사용하는 열 개의 숫자들

Our Ten Digits

언어라는 것이 단지 부호에 불과하다는 것은 쉽게 받아들일 수 있는 개념입니다. 우리 모두는 대부분 고등학교에서 외국어를 배우려 노력해 봤을 것이고, 한글로 '고양이'라고 부르는 동물이 cat, ねこ, gato, chat, katze, кошка, γάτα이기도 하다는 사실을 쉽게 인정할 수 있을 것입니다.

그에 반해서 숫자는 문화적 영향을 비교적 덜 받는 부호입니다. 언어마다 숫자를 어떻게 말로 표현하고, 어떻게 발음하는지에 관계없이 지구에서 우리가 만날 수 있는 대부분의 사람들은 숫자를 같은 방식으로 적습니다.

$$1 \quad 2 \quad 3 \quad 4 \quad 5 \quad 6 \quad 7 \quad 8 \quad 9 \quad 10$$

수학을 '만국 공통어'라 부를 만하지요?

숫자는 아마도 우리가 일반적으로 다루는 부호들 중에서 가장 추상화된 부호일 것입니다. 우리가 다음 숫자를 보았을 때 어떤 것과 즉시 연관시킬 필요는 없습니다.

$$3$$

아마도 3개의 사과나 다른 물건 3개를 연상시킬 수도 있지만, 그 숫자가 상황에 따라 아이의 생일이나, 텔레비전의 채널 번호, 하키 점수, 케이크 조리법에서 사용되어야 하는 밀가루 컵 수, 혹은 3월과 같이 다양한 의미를 가질 수 있다는 것을 경험을 통해서 쉽게 배웠을 것입니다.

숫자는 처음부터 매우 추상적인 개념이었으므로, 위의 그림에 나온 숫자의 사과가 반드시 아래 기호로 표시될 필요는 없다는 것도 이해하기 쉽지 않습니다.

3

이번 장과 다음 장에서는 아래 그림에 표시된 사과의 수를

다음과 같이 적을 수도 있음을 확인하는 데 많은 부분을 할애하도록 하겠습니다.

11

이 지점에 도달하게 되면, 전자 회로에서 숫자를 표현할 수 있게 될 것이며, 결과적으로 컴퓨터에서도 숫자를 표현할 수 있을 것입니다. 하지만 일단 우리에게 익숙한 숫자들이 어떻게 동작하고 있는지 더 깊게 이해함으로써 이런 도약에 착실히 대비해 보도록 합시다.

인간이란 종족은 처음 숫자를 세기 시작했을 때부터 손가락을 사용함으로써 도움을 받았습니다. 결과적으로 대부분의 문명은 대략 10을 사용하는 숫자 체계number system를 기반으로 하고 있습니다. 몇 가지 예외라 할 수 있는 5, 20, 60을 사용하는 숫자 체계 역시 모두 10과 밀접한 관계가 있다고 할 수 있습니다(60을 기반으로 한 고대 바빌로니아 숫자 시스템은 현재 우리가 시간을 나타낼 때 분과 초를 표시하기 위해서 여전히 사용되고 있습니다). 인간

의 손이 가지고 있는 생리학적 특징과 연관성이 있다는 점을 제외하면 우리가 가진 숫자 체계에 특별한 점은 없습니다. 만일 인간의 손가락이 8개 혹은 12개였다면, 우리가 가지고 있는 계산 방법이 조금 달랐을 것입니다. 영어로 숫자를 나타내는 'digit'라는 단어가 숫자라는 의미 이외에도 손가락이나 발가락을 의미할 수도 있다는 점이나, 'fist(주먹)'와 'five(다섯)'라는 단어가 같은 어원을 가지고 있다는 것도 결코 우연이 아닙니다.

이러한 관점에서 보면 10에 기반을 두고 있는 숫자 체계 혹은 십진수decimal(라틴어로 10을 의미하죠)를 숫자 체계로 사용하고 있는 것은 아주 자의적으로 이루어진 일이라 할 수 있겠네요. 그러나 우리는 10을 기반으로 하는 숫자에 대하여 매우 중요한 의미를 부여하여 특별한 이름을 붙이고 있지요. 10년은 10년decade이라 부르며, 10번의 10년은 세기century, 10번의 세기는 천 년millennium이라 부릅니다. 천 번의 천 번은 백만million이 되고, 천 번의 백만은 십 억billion이 됩니다. 이러한 숫자들은 모두 십의 거듭제곱수입니다.

$$10^1 = 10$$
$$10^2 = 100$$
$$10^3 = 1000 \text{ (thousand)}$$
$$10^4 = 10,000$$
$$10^5 = 100,000$$
$$10^6 = 1,000,000 \text{ (million)}$$
$$10^7 = 10,000,000$$
$$10^8 = 100,000,000$$
$$10^9 = 1,000,000,000 \text{ (billion)}$$

대부분의 역사학자들은 숫자가 원래 사람이나 그 소유물, 경제 활동에서의 거래와 같이 어떤 것들을 세기 위하여 발명되었다고 믿고 있습니다. 예를 들어, 어떤 사람이 오리를 네 마리 가지고 있다면, 다음과 같이 네 마리의 오리 그림을 그려서 이것을 표현할 수 있을 것입니다.

결국 오리를 그리는 직업을 가진 사람이 '왜 내가 오리 네 마리를 그려야 하지? 오리는 한 마리만 그려 두고 옆에 네 마리라는 것을 나타낼 수 있도록 긁힘 자국 같은 걸 쓰면 안 될까?'라는 생각을 하게 된 것이지요.

하지만 누군가 오리를 27마리 가지고 있다면 긁힘 자국만으로 이것을 나타내는 것은 조금 괴상해 보일 수 있습니다.

누군가 "좀더 좋은 방법이 있을 거야."라고 말하면서, 숫자 체계가 탄생하였습니다.

　초기의 숫자 체계들 중에서 오직 로마숫자 체계만이 아직까지도 사용됩니다. 로마숫자는 벽시계나 손목시계의 숫자판에서 찾을 수 있으며, 기념비나 조각상에 있는 날짜, 책에서 몇몇 페이지 번호, 요약 부분의 항목 번호, 그리고 (아주 짜증나게도) 영화의 저작권 표시 등에서도 로마숫자가 사용됩니다. ("몇 년에 이 영화가 만들어졌지?"라는 질문에 대한 답은 영화가 끝나고 올라가는 저작권 표시의 마지막 부분에 있는 MCMLIII이라는 로마숫자를 해독할 수 있을 정도로 눈이 빠르기만 하면 됩니다.)

　27마리의 오리를 로마숫자로 표현하면 다음과 같습니다.

여기에 사용된 개념은 간단합니다. 'X'는 10개의 긁힘 자국을 의미하고, 'V'는 5개의 긁힘 자국을 의미합니다.

　로마숫자에서 현재까지 사용되는 기호는 다음과 같습니다.

I V X L C D M

'I'는 하나를 나타냅니다. 이것은 긁힘 자국 하나 또는 손가락 하나를 펴고 있는 것에서 유래되었을 것 같습니다. 'V'는 손 하나를 나타내는 기호일 것이며, 다섯을 나타냅니다. 2개의 'V' 기호가 사용되면, 1개의 'X'가 되며, 이는 10을 나타냅니다. 'L'은 50을 나타내며, 문자 'C'는 라틴어로 100을 나타내는 단어인 centum에서 온 것입니다. 'D'는 500을 나타내며, 마지막으로 'M'은 라틴어로 천을 나타내는 단어인 mille에서 온 것입니다. 천 걸음 정도 걸으면 대략 1마일을 걸어갈 수 있기 때문이죠.

아마 동의하기 어려울 수 있습니다만, 오랫동안 로마숫자는 더하거나 빼기 쉽게 만들어졌다고 알려졌었으며, 이로 인하여 유럽에서는 장부를 적을 때 사용되면서 오랫동안 사라지지 않은 것이지요. 실제로 2개의 로마숫자를 더할 때는 간단히 두 로마숫자에 있는 모든 기호를 이어서 쓴 다음에 몇 가지 간단한 법칙을 적용시키기만 하면 됩니다. 5개의 'I'는 'V'가 되며, 2개의 'V'는 하나의 'X'가 되고, 5개의 'X'는 'L'이 된다는 등의 법칙 말입니다.

하지만 로마숫자를 이용하여 곱셈과 나눗셈을 하는 건 어렵죠. 고대 그리스의 숫자 체계를 포함하여 초기의 숫자 체계들은 대부분 숫자로 연산을 하는 데 매우 복잡한 방법을 사용해야 했으므로 연산에 그다지 적절하지 않았습니다. 고대 그리스인들은 오늘날 고등학교에서 가르치는 것과 별다르지 않을 뛰어난 수준까지 기하학을 발전시켰던 반면, 대수학[1]에 대해서는 잘 알려져 있지 않습니다.

오늘날 우리가 사용하는 숫자 체계는 힌두-아라비아 혹은 인도-아라비아 숫자라 알려져 있습니다. 이 숫자 체계는 인도에서 발생했으나 아라비아 수학자들에 의하여 유럽에 전달되었죠. 힌두-아라비아 숫자의 전달에 있어서 가장 중요한 명예는 서기 825년에 힌두 숫자 체계를 이용하여 대수학 관련 책을 쓴 페르시아 수학자 무하마드 이븐 무사 알 콰리즈미Muhammed ibnMusa al-

---

1 (옮긴이) 일반적으로 연산을 통해서 방정식을 푸는 등 수학적 구조의 일반적인 성질을 연구하는 학문입니다.

Khwarizmi에게 돌아가는 것이 합당합니다. 이 책은 라틴어로 번역된 서기 1145년 이래 유럽 전역에서 로마숫자가 지금 우리가 사용하는 힌두-아라비아 숫자 체계로 빠르게 변화하는 데 막대한 영향을 끼치게 됩니다.

힌두-아라비아 숫자 체계는 이전의 숫자 체계와 다음 세 가지 측면에서 차이가 있습니다.

- 힌두-아라비아 숫자 체계는 숫자의 위치에 큰 의미를 부여하고 있습니다. 이 말은 어떤 숫자가 전체 수에서 어느 위치에 있느냐에 따라 그 숫자가 나타내는 값이 달라짐을 의미합니다. 숫자가 수에서 어디에 존재하느냐는 그 수가 실제로 더 중요하고 덜 중요하고를 나타내게 되지요. 예를 들어, 100과 1,000,000은 모두 한 개의 1을 가지고 있지만, 우리 모두가 알고 있듯이 백만이라는 값이 백보다 훨씬 크고 중요한 값입니다.
- 사실상 초기의 모든 숫자 체계는 힌두-아라비아 숫자 체계에는 없는 어떤 것을 가지고 있었습니다. 바로 십을 나타내기 위한 특별한 기호를 가지고 있었던 것이지요. 지금의 숫자 체계에는 십을 나타내기 위한 특별한 기호가 없습니다.
- 반대로 초기의 모든 숫자 체계에는 없는 것이 힌두-아라비아 숫자 체계에는 존재하는 것도 있는데, 이는 십을 위한 기호보다 훨씬 중요한 의미를 가집니다. 바로 영(0, zero)입니다.

네, 영입니다. 숫자 체계에서 가장 아래에 있는 영은 의심할 여지없이 숫자와 수학의 역사에서 가장 중요한 발명 중 하나입니다. 영을 사용하여 자릿수에 따른 표기법을 지원되게 되면서, 25, 205, 250을 바로 구별해 낼 수 있게 되었습니다. 또한 영을 이용함으로써 이전처럼 위치에 따른 표기를 지원하지 않던 숫자 체계에서는 매우 연산하기 어려웠던 곱셈이나 나눗셈과 같은 수많은 연산을 쉽게 처리할 수 있게 되었습니다.

힌두-아라비아 숫자의 전체 구조는 우리가 이 숫자들을 발음하는 방법을 통해 파악할 수 있습니다. 4825를 예로 들어 볼까요? 이 숫자를 "사천, 팔백, 이십, 오"라고 읽는데, 이는 다음을 의미합니다.

사 천
팔 백
이 십
오

또는 각각의 구성요소를 다음과 같이 쓸 수도 있습니다.

$$4825 = 4000 + 800 + 20 + 5$$

또는 좀더 잘게 쪼개서 다음과 같이 적어볼 수도 있습니다.

$$4825 = 4 \times 1000 + \\ 8 \times 100 + \\ 2 \times 10 + \\ 5 \times 1$$

또는 십의 거듭제곱을 이용하여 다음과 같이 다시 적을 수도 있습니다.

$$4825 = 4 \times 10^3 + \\ 8 \times 10^2 + \\ 2 \times 10^1 + \\ 5 \times 10^0$$

어떤 수에 0을 거듭제곱하면 1이 된다는 건 아시죠?

    여러 자리 숫자에서 각각의 위치는 다음 그림에 표시된 것처럼 특별한 의미를 가지고 있습니다. 여기에 그려진 7개의 상자를 이용해서 0에서 9,999,999까지의 어떤 수라도 표현할 수 있습니다.

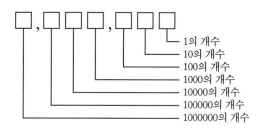

1의 개수
10의 개수
100의 개수
1000의 개수
10000의 개수
100000의 개수
1000000의 개수

각 위치는 10의 거듭제곱수에 해당하기 때문에, 10을 표현하기 위하여 특별한 기호가 필요치 않습니다. 1을 다른 자릿수 위치에 적고 자릿수를 나타내기 위해서 0을 사용하면 되기 때문이지요.

게다가 재미있는 점은 소수점 오른쪽에 나타나는 소수 부분의 숫자들도 역시 같은 규칙을 따르고 있다는 점입니다. 예를 들어 42,705.684는 다음과 같이 적을 수 있습니다.

$$
\begin{aligned}
&4 \times 10,000 + \\
&2 \times 1000 + \\
&7 \times 100 + \\
&0 \times 10 + \\
&5 \times 1 + \\
&6 \div 10 + \\
&8 \div 100 + \\
&4 \div 1000
\end{aligned}
$$

마지막 세 줄은 곱셈 대신 나눗셈을 사용합니다. 하지만 이 숫자들은 나눗셈을 적용하지 않고 다음과 같이 적을 수도 있습니다.

$$
\begin{aligned}
&4 \times 10,000 + \\
&2 \times 1000 + \\
&7 \times 100 + \\
&0 \times 10 + \\
&5 \times 1 + \\
&6 \times 0.1 + \\
&8 \times 0.01 + \\
&4 \times 0.001
\end{aligned}
$$

또는 10의 거듭제곱수를 이용해서 다음과 같이 적을 수도 있습니다.

$$
\begin{aligned}
&4 \times 10^4 + \\
&2 \times 10^3 + \\
&7 \times 10^2 + \\
&0 \times 10^1 +
\end{aligned}
$$

$$5 \times 10^0 +$$
$$6 \times 10^{-1} +$$
$$8 \times 10^{-2} +$$
$$4 \times 10^{-3}$$

거듭제곱수가 0까지 내려간 이후에 음수가 된다는 부분에 주의를 기울일 필요가 있습니다. 우리에게는 우리가 사용하고 있는 숫자 체계가 너무 익숙하기 때문에, 이 구조가 얼마나 우아한 것인지 가끔 잊을 때가 있습니다.

　3 더하기 4가 7이 된다는 것을 알 것입니다. 마찬가지로, 30 더하기 40은 70이 되고, 300 더하기 400은 700이 되며, 3000 더하기 4000은 7000이 되죠. 이것이 바로 힌두-아라비아 숫자 체계의 우아함이죠. 얼마나 긴 십진수를 더하든 문제를 각 단계로 쪼개서 풀어나가는 과정을 수행하면 풀어낼 수 있습니다. 각 단계에서의 연산도 한 자리 숫자들을 더해 나가는 것보다 어렵지는 않습니다. 그래서 어린 시절에 다음 덧셈표를 외워야 했던 것이죠.

+	0	1	2	3	4	5	6	7	8	9
0	0	1	2	3	4	5	6	7	8	9
1	1	2	3	4	5	6	7	8	9	10
2	2	3	4	5	6	7	8	9	10	11
3	3	4	5	6	7	8	9	10	11	12
4	4	5	6	7	8	9	10	11	12	13
5	5	6	7	8	9	10	11	12	13	14
6	6	7	8	9	10	11	12	13	14	15
7	7	8	9	10	11	12	13	14	15	16
8	8	9	10	11	12	13	14	15	16	17
9	9	10	11	12	13	14	15	16	17	18

덧셈을 할 때는 맨 위의 행과 맨 왼쪽의 열에서 더하려는 숫자들을 각각 찾아서 이 행과 열이 교차하는 부분의 값이 그 수들의 합이 됩니다. 예를 들어, 4 더하기 6은 10이 되는 것이지요.

　이와 비슷하게 두 십진수를 곱하기 위해서는 약간 더 복잡한 과정을 거쳐야 하지만, 그래도 역시 문제를 잘게 나누어서 풀어낼 수 있습니다. 따라서 이런 연산을 할 때는 한 자리 숫자끼리 더하거나 곱하는 것보다 더 복잡한 작업이 필요한 건 아니죠. 어렸을 때 아마도 구구단을 외웠을 겁니다.

×	0	1	2	3	4	5	6	7	8	9
0	0	0	0	0	0	0	0	0	0	0
1	0	1	2	3	4	5	6	7	8	9
2	0	2	4	6	8	10	12	14	16	18
3	0	3	6	9	12	15	18	21	24	27
4	0	4	8	12	16	20	24	28	32	36
5	0	5	10	15	20	25	30	35	40	45
6	0	6	12	18	24	30	36	42	48	54
7	0	7	14	21	28	35	42	49	56	63
8	0	8	16	24	32	40	48	56	64	72
9	0	9	18	27	36	45	54	63	72	81

위치에 기반을 두는 숫자 체계의 장점은 단순히 매우 잘 동작한다는 것뿐 아니라 십진수 기반이 아닌 숫자에서도 매우 유용하게 사용할 수 있다는 점입니다. 우리가 사용하는 숫자 체계가 모두에게 적합한 것은 아닙니다. 십에 기반하는 숫자 체계가 가진 중요한 문제점은 이것이 만화의 등장인물들에게는 그다지 적절하지 않다는 것이지요. 대부분 만화의 등장인물은 손(또는 발)에 손가락이 4개씩 있기 때문에,[2] 아마도 8을 기반으로 하는 숫자 체계를 선호할 것 같습니다.

흥미로운 점은 우리가 십진수 체계에 대하여 알고 있는 모든 것을 만화에 나오는 친구들에게 적합한 숫자 체계에도 그대로 적용할 수 있다는 것입니다.

---

2 (옮긴이) 왜 대부분의 '서양권' 만화에서 등장인물들은 손가락을 4개만 가지고 있을까요? 단순합니다. 그리기 쉽기 때문에 애니메이션 제작 시간이나 비용 측면에서 유리했기 때문입니다. 또 다른 이유로는 초기 애니메이션의 캐릭터들이 둥근 형태로 디자인되었는데, 손가락이 5개인 경우 월트 디즈니의 '바나나 덩어리처럼 보인다'는 말처럼 보기 좋지 않았기 때문입니다. 다만 동양권 애니메이션에서는 문화적으로 손가락을 5개 다 그리는 경우가 많습니다. 아시다시피 동양권에서는 4를 좋지 않게 보기도 하고, 일본의 경우 네 손가락은 야쿠자를 연상시키기 때문이라고 합니다.

십진수 이외의 것

Alternative 10s

인간에게 '십'이란 숫자는 아주 중요합니다. 대부분의 사람들은 열 개의 손가락과 발가락을 가지고 있으며, 손가락으로 수를 세는 것이 가장 편하기 때문에 인간의 모든 숫자 체계는 '십'이란 숫자에 기반을 두고 발전하게 되었습니다.

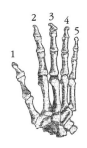
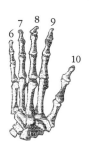

이전 장에서 이야기한 것처럼 우리가 일상적으로 사용하는 숫자 체계를 '10 기반의 숫자 체계' 혹은 십진수라 이야기합니다. 인간에게는 십진수 체계가 너무도 자연스럽게 사용되고 있기 때문에 다른 숫자 체계를 생각하는 것 자체가 처음에는 쉽지 않습니다. 따라서 '10'이라는 숫자를 보았을 때 이 숫자가 의미하는 것이 다음 그림에서 보이는 오리의 수와 같다는 사실 외에는 생각하기 어렵지요.

$10 =$

하지만 곰곰이 생각해 보면 '10'이라는 숫자가 위에 그려진 오리의 수를 표현한다고 생각할 만한 근거는 우리가 가진 손가락의 수와 동일하다는 점밖에 없습니다. 만일 사람이 가진 손가락의 수가 달랐다면 숫자를 세는 방법도 달라졌을 것이고, '10'이라는 숫자도 뭔가 다른 의미를 가졌을 것입니다. 이 이야기는 '10'이라는 같은 숫자가 아래 그림에 있는 오리의 수를 가리킨다고 할 수도 있다는 말이 됩니다.

$10 =$

혹은 다음 그림의 오리 수가 될 수도 있겠고

$10 =$

아래 그림의 오리 수도 될 수 있습니다.

$10 =$

뒷부분에서 '10'이 단지 오리 두 마리를 의미할 수 있다는 것까지 알게 되면 스위치, 전선, 전구로 숫자를 나타내는 방법과, (좀더 확장하면 컴퓨터를 만들 수 있는) 릴레이와 논리 게이트로 어떻게 숫자를 표현할 수 있는지 배울 준비가 된 거라 할 수 있습니다.

만일 인간이 만화의 등장인물들처럼 손에 손가락이 4개씩밖에 없었다면 어떻게 되었을까요? 아마 10에 기반을 둔 숫자 체계를 만들 생각은 절대 하지 못했을 것입니다. 그 대신 8에 기반을 둔 숫자 체계를 사용하는 것이 훨씬 더 합리적이라는 점에는 별다른 논란의 여지가 없었을 것입니다. 이런 숫자 체계를 8에 기반한 숫자 체계 혹은 **팔진수**라 부릅니다.

우리가 십진수 대신 팔진수를 사용했다면 다음과 같은 기호는 볼 수 없었을 것입니다.

9

만화의 등장인물들이 이 기호를 보았다면 "이게 뭐야? 어디에 쓰는 건데?"라고 물어보았겠지요. 잠시 더 생각해 보면, 아래와 같은 기호도 필요치 않다는 걸 깨닫게 될 것입니다.

8

십진수 체계에서도 '십'을 표현하는 데 특별한 기호를 사용하지 않았던 것처럼 팔진수 체계에서도 '팔'을 표기하는 특별한 기호가 필요치 않은 것이지요.

우리가 십진수 체계에서 수를 셀 때는 0, 1, 2, 3, 4, 5, 6, 7, 8, 9 그리고 10이라고 씁니다. 팔진수 체계에서 수를 셀 때는 0, 1, 2, 3, 4, 5, 6, 7, 그 뒤에 뭐라고 써야 할까요? 우리가 사용할 수 있는 기호를 이미 다 사용했습니다. 의미가 통할 만한 건 10밖에 없는 것 같지 않나요? 네, 맞습니다. 팔진수에서 7 다음에 나오는 숫자는 10입니다. 하지만 이 10은 사람 손가락 수와 같은 숫자를 의미하지 않습니다. 팔진수에서 10은 만화 등장인물들의 손가락 숫자를 의미하지요.

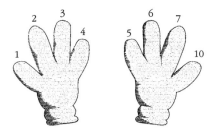

4개의 발가락을 이용하여 계속해서 숫자를 세어 볼 수 있습니다.

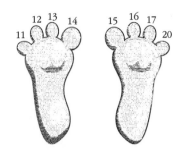

십진수 이외의 숫자 체계에서는 10을 '일공'이라고 불러서 혼동을 막을 수 있습니다. 비슷하게 13은 '일삼'이라 부르고, 20은 '이공'이라고 부릅니다. 조금 더 정확하게 부르고 혼동을 원천적으로 방지하기 위해서 '이공 밑수 팔' 혹은 '팔진수 이공'이라 부를 수도 있습니다.

손가락이나 발가락으로 셀 수 있는 모든 숫자를 세었다 하더라도 팔진수에서 계속 숫자를 셀 수 있습니다. 이 숫자 체계는 8과 9가 포함된 모든 숫자는 건너뛰어야 한다는 점을 제외하면 우리가 십진수 기반으로 수를 세는 것과 기본적으로는 같습니다.

0, 1, 2, 3, 4, 5, 6, 7, 10, 11, 12, 13, 14, 15, 16, 17, 20, 21, 22, 23, 24, 25, 26, 27, 30, 31, 32, 33, 34, 35, 36, 37, 40, 41, 42, 43, 44, 45, 46, 47, 50, 51, 52, 53, 54, 55, 56, 57, 60, 61, 62, 63, 64, 65, 66, 67, 70, 71, 72, 73, 74, 75, 76, 77, 100⋯

위에서 마지막 수는 '일공공'이라고 부르며, 만화 등장인물들의 손가락 수를 거듭제곱한 값과 같습니다.

우리는 거의 평생 동안 십진수에 익숙해져서, 실생활에서 일련의 숫자들을 보면 특정한 수량에 해당할 거라 예상하도록 훈련되어 왔다고 할 수 있습니다. 다른 숫자 체계에서 숫자를 세는 것은 완전히 다른 세계로 들어가는 것과 같습니다. 다음은 팔진수에 대한 몇 가지 예입니다.

백설공주에 나오는 난장이들의 수는 십진수와 마찬가지로 7입니다.
만화영화 등장인물들의 손가락 개수는 10입니다.

베토벤이 작곡한 교향곡의 수는 11입니다.

인간의 손가락 개수는 12입니다.

일년을 이루는 개월의 수는 14입니다.

만일 마음속으로 팔진수를 십진수로 변환하고 있었다면 대단한 일입니다. 좋은 연습이었습니다. 1로 시작하는 2자리 팔진수의 경우 두 번째 숫자에 8을 더해서 십진수로 만들 수 있습니다. 일년을 이루는 개월의 수를 팔진수로 표현한 14는 십진수로 바꿀 때 8 더하기 4를 해서 십진수 12로 바꿀 수 있습니다. 계속 진행해 보겠습니다.

한 다스는 15입니다.

2주 동안 존재하는 날의 수는 16입니다.

북미 지역 성인식 생일'sweet' birthday은 20번째 생일입니다.

하루를 이루는 시간의 수는 30입니다.

영어 알파벳을 이루는 문자의 수는 32입니다.

1이 아닌 다른 숫자로 시작하는 2자리 팔진수의 경우 십진수로 바꿀 때 약간 다른 방법을 사용해야 합니다. 첫 번째 숫자에 8을 곱한 다음 두 번째 숫자와 더해야 합니다. 영어 알파벳을 이루는 문자의 수를 팔진수로 32라 했으므로, 십진수로 바꿀 때는 3에 8을 곱하면 24가 되고 여기에 2를 더해서 26이 됩니다.

저마늄(Ge)의 원자번호는 40입니다.

트럼프 카드의 수는 4 곱하기 15, 즉 64입니다.

체스판에 있는 사각형의 수는 10 곱하기 10, 즉 100입니다.

십진수로 표현하면, 체스판에 있는 사각형의 수는 8 곱하기 8, 즉 64입니다.

1기압에서 물이 끓는 섭씨 온도는 144입니다.

윔블던에 참가하는 여자 단식 선수의 수는 200입니다.

8점식 점자에서 표현할 수 있는 문자의 수는 400입니다.

앞의 예를 보면 100, 200, 400과 같이 딱 떨어지는 팔진수 숫자들이 몇 개 있습니다. 보통 숫자의 끝자리 부분에 몇 개의 '0'으로만 이루어진 경우 이것을 딱 떨어지는 정수nice round number라고 부릅니다. 십진수에서 어떤 수의 끝에 0이 두 개 있다면, 10과 10을 곱해서 만든 100에 어떤 수를 곱해서 만든 숫자라는 의미입니다. 마찬가지로 팔진수에서 수의 끝에 0이 두 개 있다면, 10과 10의 곱으로 만들어진 100(십진수로는 64)에 어떤 수를 곱해서 만들어진 수라는 것을 의미합니다. 윔블던에 출전하는 여자 단식 선수의 수는 십진수로 128이며, 8점식 점자에서 표현할 수 있는 문자의 수는 십진수로 256입니다.

이 책의 처음 세 장에 걸쳐 이진 부호와 2의 거듭제곱수의 관계를 살펴보았습니다. 4개의 점과 선으로 구성된 모스 부호가 표현할 수 있는 부호의 수는 2의 4승, 즉 16개입니다. 6점식 점자에서 표현할 수 있는 부호의 수는 2의 6승, 즉 64개입니다. 8점식 점자의 경우에는 2의 8승, 즉 256개로 표현 가능한 부호의 수가 늘어납니다. 2의 승수에 해당하는 숫자끼리 곱하는 경우에 그 결과는 항상 2의 승수가 됩니다.

다음 표에서는 2의 거듭제곱수 12개를 십진수와 팔진수로 각각 표현해 보았습니다.

2의 거듭제곱수	십진수	팔진수
2^0	1	1
2^1	2	2
2^2	4	4
2^3	8	10
2^4	16	20
2^5	32	40
2^6	64	100
2^7	128	200
2^8	256	400
2^9	512	1000
2^{10}	1024	2000
2^{11}	2048	4000
2^{12}	4096	10000

8은 2의 거듭제곱수이므로, 팔진수 부분에서 딱 떨어지는 수를 훨씬 더 많이 볼 수 있으며, 이를 통해서 팔진수가 십진수보다 이진 부호와 더 가까운 관계라는 것을 확인할 수 있습니다.

물론 팔진수와 십진수 간에 구조적인 차이가 있는 것은 아닙니다. 단지 이런저런 부분에서 약간씩 차이가 있을 뿐이지요. 예를 들어, 팔진수의 각 자릿수에는 아래와 같이 8의 거듭제곱수가 곱해져 있다는 식으로 말이죠.

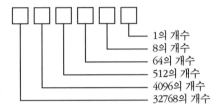

따라서 팔진수 3725는 다음과 같이 각각을 분리해서 적어볼 수 있습니다.

$$3725 = 3000 + 700 + 20 + 5$$

이 숫자 역시 각각의 숫자를 8의 거듭제곱수로 분리해서 표현할 수 있습니다.

$$3725 = 3 \times 1000 +$$
$$7 \times 100 +$$
$$2 \times 10 +$$
$$5 \times 1$$

이를 다르게 표현하면 다음과 같습니다.

$$3725 = 3 \times 8^3 +$$
$$7 \times 8^2 +$$
$$2 \times 8^1 +$$
$$5 \times 8^0$$

이 연산을 십진수로 계산하면 2005를 얻을 수 있지요. 이와 같은 방법을 이용해서 팔진수를 십진수로 바꿀 수 있습니다.

이제 팔진수 체계에서 덧셈과 곱셈을 해 볼 차례입니다. 십진수에서 하던 것과 별 차이는 없습니다. 실제적인 차이라고 볼 수 있는 부분은 십진수에서 숫자를 더하고 곱하기 위해서 사용했던 것과는 약간 다른 표를 이용한다는 정도입니다. 팔진수에서의 덧셈표를 볼까요?

+	0	1	2	3	4	5	6	7
0	0	1	2	3	4	5	6	7
1	1	2	3	4	5	6	7	10
2	2	3	4	5	6	7	10	11
3	3	4	5	6	7	10	11	12
4	4	5	6	7	10	11	12	13
5	5	6	7	10	11	12	13	14
6	6	7	10	11	12	13	14	15
7	7	10	11	12	13	14	15	16

예를 들어, 5+7=14가 되는 것이죠. 긴 팔진수를 더하는 것은 긴 십진수를 더하는 것과 같은 방식을 사용하면 됩니다. 팔진수라는 점을 제외하면 십진수의 덧셈과 별다르지 않은 간단한 예를 진행해 봅시다. 각각의 자릿수에서 숫자를 더할 때는 위에 있는 표를 이용하면 됩니다.

$$\begin{array}{r} 135 \\ + 643 \\ \hline \end{array}$$

각 자릿수의 합이 7보다 커지게 되면 자리올림수가 발생해서 다음 자릿수에서 같이 더해 줘야 합니다. 따라서 결과는 1000이 됩니다.

덧셈과 비슷하게 팔진수에서도 2 곱하기 2는 4입니다. 하지만 3 곱하기 3은 더 이상 9가 아니겠지요? 그럼 어떻게 해야 할까요? 이제부터 3 곱하기 3은 11입니다. 팔진수의 곱셈표는 다음과 같습니다.

×	0	1	2	3	4	5	6	7
0	0	0	0	0	0	0	0	0
1	0	1	2	3	4	5	6	7
2	0	2	4	6	10	12	14	16
3	0	3	6	11	14	17	22	25
4	0	4	10	14	20	24	30	34
5	0	5	12	17	24	31	36	43
6	0	6	14	22	30	36	44	52
7	0	7	16	25	34	43	52	61

이 표에서 4×6은 30이며, 십진수로는 24가 됩니다.

이제 팔진수가 십진수처럼 유효한 숫자 체계임을 알았습니다. 조금만 더 나가 볼까요? 지금까지 만화의 등장인물들을 위한 숫자 체계를 만들어 보았는데, 지금부터는 랍스터에게 적합한 숫자 체계를 한번 만들어 보도록 합시다. 정확히 이야기하면, 랍스터가 손가락을 가지고 있는 것은 아니지만, 아메리칸 랍스터 종은 두 앞다리에 커다란 집게발 두 개를 가지고 있습니다. 따라서, 랍스터에게 적합한 숫자 체계는 4에 기반한 숫자 체계, 즉 **사진수 체계** quaternary system일 것입니다.

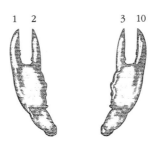

사진수 체계에서는 0, 1, 2, 3, 10, 11, 12, 13, 20, 21, 22, 23, 30, 31, 32, 33, 100, 101, 102, 103, 110, 111, 112, 113, 120 등과 같은 형태로 숫자를 세어 나갈 수 있습니다.

잠시 후에 좀더 중요한 숫자 체계를 살펴보아야 하니 사진수에 그리 시간을 소모할 필요는 없겠지요. 그래도 사진수 체계의 각 자릿수가 이번에는 4

의 거듭제곱수들에 해당하는지는 확인해 볼 필요가 있습니다.

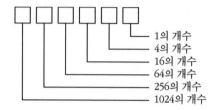

따라서 사진수 31232는 다음과 같이 적을 수 있습니다.

$$31232 = 3 \times 10000 +$$
$$1 \times 1000 +$$
$$2 \times 100 +$$
$$3 \times 10 +$$
$$2 \times 1$$

각각의 자릿수는 4의 거듭제곱수에 곱해집니다.

$$31232 = 3 \times 4^4 +$$
$$1 \times 4^3 +$$
$$2 \times 4^2 +$$
$$3 \times 4^1 +$$
$$2 \times 4^0$$

십진수로 위의 계산을 진행해 보면, 사진수 31232가 십진수로는 878임을 알 수 있습니다.

지금부터 약간 극단적인 예가 될 수 있는 또 다른 숫자 체계를 살펴보도록 하겠습니다. 이제 우리가 돌고래이고, 2개의 물갈퀴를 이용하여 숫자를 세어야 하는 상황이 되었다고 가정해 보겠습니다. 이러한 숫자 체계는 2에 기반을 둔 숫자 체계라 알려져 있으며, 앞에서도 잠깐 나왔던 이진수binary('두 가지로 구성된'이란 라틴어에서 유래)라고 부릅니다. 이 숫자 체계는 오직 두 개의 숫자만 존재하는데, 바로 0과 1입니다.

불 대수에서 True 혹은 False, '참' 혹은 '거짓', 적합한 고양이 혹은 아주 마음에 들지는 않는 고양이 등을 1과 0으로 표현하는 방법은 이미 앞에서 살펴보았습니다. 이 두 개의 숫자를 세기 위해서도 사용할 수 있습니다.

0과 1로 할 수 있는 모든 일을 해 볼 것은 아니지만, 이제부터 몇 가지를 살펴볼 것입니다. 또한 이진수에 익숙해지려면 약간 연습이 필요합니다. 이진수를 사용할 때 가장 큰 문제는 사용할 수 있는 숫자가 매우 빨리 없어진다는 점입니다. 일단 돌고래의 물갈퀴로 숫자를 세는 예를 들어 볼까요?

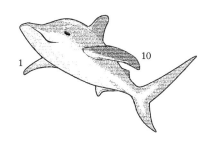

네, 이진수에서 1 다음의 수는 10이지요. 놀랍기는 하지만 정말 놀라야 할 것은 이게 아닙니다. 정말로 놀라운 사실은 우리가 어떤 숫자 체계를 이용하든 첫 자리에서 사용할 수 있는 숫자를 모두 사용하면, 그다음 숫자는 항상 10이 된다는 점이죠. 이진수에서 수를 세면 다음과 같이 됩니다.

0, 1, 10, 11, 100, 101, 110, 111, 1000, 1001, 1010, 1011, 1100,
1101, 1110, 1111, 10000, 10001…

언뜻 보기에 이 숫자들이 아주 큰 수처럼 보이지만 실제로는 그렇지 않습니다. 따라서 이진수에서는 숫자가 매우 빨리 커진다는 말보다 매우 빨리 길어진다는 말이 좀더 어울릴 것 같습니다.

사람의 머리 수는 1입니다.
돌고래의 물갈퀴 수는 10입니다.
양식 상차림에서 테이블에 두는 티스푼의 수는 11입니다.
사각형에 있는 변의 수는 100입니다.
사람 한 손에 있는 손가락의 수는 101입니다.
곤충의 다리 수는 110입니다.
일주일을 구성하는 날의 수는 111입니다.

팔중주에서 연주하는 음악가의 수는 1000입니다.

야구 경기의 정규 이닝 수는 1001입니다.

네온(Ne)의 원자번호는 1010입니다.

등등…

여러 자릿수로 구성된 이진수에서 각 자릿수는 다음과 같이 각각 2의 거듭제곱수에 대응됩니다.

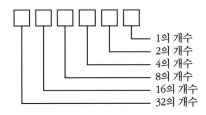

따라서 가장 높은 자릿수가 1이고 그 뒤는 0으로만 이루어진 이진수(예를 들면 1000과 같이)는 항상 2의 거듭제곱수입니다. 또한 이 수에서 2의 거듭제곱 횟수는 1 뒤에 있는 0의 숫자와 동일하지요. 이러한 법칙을 확인해 보기 위해서 아래와 같이 2의 거듭제곱 표를 좀더 확장해 봅시다.

2의 거듭제곱수	십진수	팔진수	사진수	이진수
2^0	1	1	1	1
2^1	2	2	2	10
2^2	4	4	10	100
2^3	8	10	20	1000
2^4	16	20	100	10000
2^5	32	40	200	100000
2^6	64	100	1000	1000000
2^7	128	200	2000	10000000
2^8	256	400	10000	100000000
2^9	512	1000	20000	1000000000
2^{10}	1024	2000	100000	10000000000
2^{11}	2048	4000	200000	100000000000
2^{12}	4096	10000	1000000	1000000000000

이진수 101101011010을 보았다고 가정해 봅시다. 이 숫자는 다음과 같이 적어 볼 수 있습니다.

$$
\begin{aligned}
101101011010 = & 1 \times 100000000000 + \\
& 0 \times 10000000000 + \\
& 1 \times 1000000000 + \\
& 1 \times 100000000 + \\
& 0 \times 10000000 + \\
& 1 \times 1000000 + \\
& 0 \times 100000 + \\
& 1 \times 10000 + \\
& 1 \times 1000 + \\
& 0 \times 100 + \\
& 1 \times 10 + \\
& 0 \times 1
\end{aligned}
$$

같은 숫자를 2의 거듭제곱수를 이용해서 다음과 같이 조금 더 간단하게 적을 수도 있습니다.

$$
\begin{aligned}
101101011010 = & 1 \times 2^{11} + \\
& 0 \times 2^{10} + \\
& 1 \times 2^9 + \\
& 1 \times 2^8 + \\
& 0 \times 2^7 + \\
& 1 \times 2^6 + \\
& 0 \times 2^5 + \\
& 1 \times 2^4 + \\
& 1 \times 2^3 + \\
& 0 \times 2^2 + \\
& 1 \times 2^1 + \\
& 0 \times 2^0
\end{aligned}
$$

각 부분을 십진수로 바꿔 더하면, $2048 + 512 + 256 + 64 + 16 + 8 + 2$가 되어서 2906을 얻을 수 있으며, 이 값은 주어진 이진수를 십진수로 표현한 값이 됩니다.

이진수를 십진수로 조금 더 간단하게 변환하기 위해서, 필자가 준비한 변환틀을 이용하는 것을 더 좋아할 수도 있겠네요.

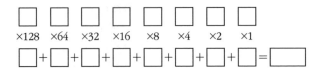

이 변환틀은 여덟 자리까지의 이진수 변환에 사용될 수 있도록 만들어져 있지만, 필요에 따라서는 손쉽게 확장할 수 있습니다. 이진수를 변환하려면 일단 이진수에 있는 8개의 숫자를 각각 하나씩 변환틀에 있는 빈 상자에 넣어 주어야 합니다. 이후에 변환틀에 있는 것과 같이 여덟 번의 곱셈을 처리해서 그 결과를 아래쪽의 상자에 넣으면 됩니다. 마지막으로 상자 안의 값을 모두 더하면 최종 결과를 얻을 수 있습니다. 다음 예는 이진수 10010110을 십진수로 변환하는 방법을 보여 주고 있습니다.

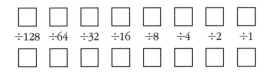

십진수를 이진수로 변환하는 것은 아주 쉽지는 않지만, 아래와 같은 변환틀을 이용하여 0에서 255까지의 십진수를 이진수로 변환할 수 있습니다.

변환이 보기보다 까다롭습니다. 먼저 왼쪽 상단부분에 있는 상자에 (256보다 작은) 십진수 숫자를 넣습니다.

이 숫자를 128로 나눈 다음 몫과 나머지만 얻고 끝내면 됩니다. 150을 128로 나누면 몫으로 1, 나머지로 22를 얻을 수 있습니다. 몫은 아래쪽에 있는 첫 번째 상자에 넣고, 나머지는 위쪽의 그다음 상자에 넣어보세요.

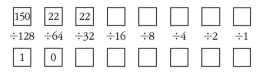

이제 22를 64로 나누면 되는데, 앞에서처럼 첫 단계의 몫과 나머지만 얻으면 됩니다. 22는 64보다 작기 때문에 몫은 0이 되고, 나머지는 22가 됩니다. 따라서 아래쪽 두 번째 상자에 0을 넣고, 나머지는 위쪽의 그다음 칸에 적어 둡니다.

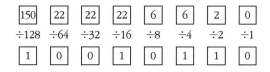

같은 방식으로 변환틀에 대해서 처리를 해가면 됩니다. 각각의 몫은 0이나 1이 될 것이므로, 모든 처리가 끝났을 때는 아래쪽 상자에서 이진수 열을 볼 수 있을 것입니다.

150	22	22	22	6	6	2	0
÷128	÷64	÷32	÷16	÷8	÷4	÷2	÷1
1	0	0	1	0	1	1	0

십진수 150은 이진수로 10010110이 됩니다.

사실 십진수와 이진수 간의 변환이 그리 편하게 되는 것이 아니기 때문에, 실제 여러분이 어떤 일 때문에 이런 변환이 필요하다면 윈도우나 맥 OS에 있는 계산기 앱의 프로그래머 모드에서 여러분 대신 이런 작업을 처리할 수 있다는 것을 알아 두는 게 좋겠습니다.

초기 디지털 컴퓨터에서부터 이진수가 보편적으로 사용된 것은 아닙니다. 최초의 컴퓨터들 중 일부는 우리가 익숙한 십진수를 사용하도록 설계되어 있었습니다. 영국의 수학자 찰스 배비지Charles Babbage(1791~1871)가 1830년대 초반에 고안한 해석기관Analytical Engine도 십진수에 있는 각각의 자리에 있는 기어 휠에 자릿수를 저장할 수 있도록 고안되어 있습니다(안타깝게도 배비지가 실제로 해석기관을 만들지는 못했습니다). 하버드 Mark-1(1944년에 동작을 시작)이나 ENIAC(1946년)과 같은 몇몇 초창기 디지털 컴퓨터들 역시 십진수를 사용하도록 만들어졌습니다. 또한 1960년대에 IBM에서 나온 몇몇 컴퓨터 역시 십진수를 기반으로 하는 아키텍처를 가지고 있었습니다.[1]

하지만 다른 것보다 이진 부호가 디지털 혁명을 일으키는 데 크게 기여했다고 할 수 있습니다. 이진수의 단순성은 덧셈이나 곱셈과 같은 기본적인 연산에서 명확하게 드러납니다. 여러분들도 역시 이 부분을 정말 좋아하게 될 것입니다. 아래에 있는 표만 외우면 아주 쉽게 이진수의 덧셈을 정복할 수 있을 것입니다.

+	0	1
0	0	1
1	1	10

이 표를 이용해서 두 이진수를 더해 봅시다.

```
  1100101
+ 0110110
─────────
 10011011
```

---

[1] (옮긴이) IBM System/360이 대표적으로 지원합니다. BCD라는 이진수로 부호화된 십진수를 확장한 EBCDIC 기반의 연산 하드웨어를 가지고 있었습니다. IBM에서는 아직까지 일부 명령어에서 BCD를 지원하고 있으며, PowerPC 아키텍처에서는 BCD 기반의 부동소수점도 지원하고 있으니 상당히 오랫동안 지원되고 있다고 할 수 있습니다.

십진수와 마찬가지로 가장 오른쪽 열부터 시작하면 됩니다. 1 더하기 0은 1이고, 오른쪽에서 두 번째 열에서 0 더하기 1은 1이 됩니다. 세 번째 열에서 1 더하기 1은 0이 되고, 자리올림수로 1이 발생합니다. 네 번째 열에서 자리올림된 1 더하기 0 더하기 0은 1이 되고, 다섯 번째 열에서 0 더하기 1은 1이 됩니다. 여섯 번째 열에서 1 더하기 1은 0이 되고, 자리올림수 1이 발생하며, 일곱 번째 열에서 자리올림된 1 더하기 1 더하기 0은 10이 됩니다.

이진수의 곱셈표는 덧셈표보다 훨씬 간단합니다. 어떤 수라도 0과 곱해지면 0이 되며, 어떤 수라도 1과 곱하면 아무 변화가 없다는 곱셈의 가장 기본적인 법칙이 적용되기 때문이죠.

×	0	1
0	0	0
1	0	1

이제 십진수 13(이진수로 1101)에 십진수 11(이진수 1011)을 곱해 보겠습니다. 여기서 모든 단계를 보여 주지는 않겠지만, 십진수의 곱셈과 같은 과정을 거치면 됩니다.

```
       1101
    × 1011
       1101
      1101
     0000
    1101
  10001111
```

결과는 십진수로 143이 됩니다.

이진수를 사용하는 사람들은 보통 숫자를 적을 때 앞의 자리에 존재하는 0[2]을 같이 적는 경향이 있습니다. 예를 들어 11이라 적지 않고 0011이라고 적는 것이지요. 이렇게 적는다고 해서 숫자의 값이 변하는 것이 아니며, 단지 보기 쉽도록 만들려는 것입니다. 다음과 같이 16개 이진수와 그에 해당하는

2   (옮긴이) leading zero, 숫자에서 나오는 첫 번째 1보다 위 자리에 있는 0들을 의미합니다.

십진수를 적어 보면 쉽게 알 수 있습니다.

이진수	십진수
0000	0
0001	1
0010	2
0011	3
0100	4
0101	5
0110	6
0111	7
1000	8
1001	9
1010	10
1011	11
1100	12
1101	13
1110	14
1111	15

잠깐 멈춰서 위의 이진수 목록을 잠시 살펴보겠습니다. 숫자의 네 열에 각각 0과 1이 어떤 방식으로 구성되어 있으며, 각 열을 따라 내려감에 따라서 어떻게 숫자가 바뀌는지에 집중해서 살펴보도록 하죠.

- 가장 오른쪽 열은 매번 0과 1이 바뀝니다.
- 오른쪽에서 두 번째 열은 0과 1이 두 번씩 번갈아 나옵니다.
- 그다음 열은 0과 1이 네 번씩 번갈아 나옵니다.
- 또 그다음 열은 0과 1이 여덟 번씩 번갈아 나옵니다.

상당히 체계적이죠? 그렇지 않나요? 실제로 이런 규칙이 체계적이기 때문에 일련의 이진수를 자동으로 만드는 회로를 만들어 낼 수도 있습니다. 이 부분은 17장에서 살펴보도록 하죠.

게다가 맨 앞에 1을 위치시키고, 여기서 본 16개 이진수를 반복시킴으로써, 그다음 16개의 숫자를 손쉽게 만들어 낼 수 있습니다.

이진수	십진수
10000	16
10001	17
10010	18
10011	19
10100	20
10101	21
10110	22
10111	23
11000	24
11001	25
11010	26
11011	27
11100	28
11101	29
11110	30
11111	31

다음과 같은 다른 방식으로 바라볼 수도 있습니다. 이진수로 계산할 때 가장 오른쪽에 있는 숫자(보통 가장 의미가 작은 숫자[3])로는 0과 1을 번갈아 나옵니다. 가장 낮은 자릿수의 값이 1에서 0으로 바뀔 때마다 그다음 자릿수(그 다음으로 중요한 숫자)의 값이 0에서 1로, 또는 1에서 0으로 바뀝니다. 조금 더 일반적으로 바꿔 이야기하면, 어떤 자릿수의 이진수가 1에서 0으로 바뀔 때마다 그다음 자릿수의 값이 0에서 1로, 1에서 0으로 바뀌는 것입니다.

이진수는 매우 빠르게 그 자릿수가 길어집니다. 예를 들어 1200만을 이진수로 만들면 101101110001101100000000이 됩니다. 이진수를 조금 더 빠르

---

3 (옮긴이) 가장 낮은 자릿수에 있으므로 숫자들 중에서 가장 비중이 적은 것이죠. 이진수에서는 보통 LSB(least significant bit)라는 용어를 많이 사용합니다.

게 표현할 수 있는 방법은 팔진수로 표시하는 것입니다. 3자리 이진수는 하나의 팔진수 숫자로 표시할 수 있으므로 쉽게 처리할 수 있습니다.

이진수	팔진수
000	0
001	1
010	2
011	3
100	4
101	5
110	6
111	7

1200만을 나타내는 긴 이진수를 가져와서 오른쪽에서부터 세 자리씩 숫자를 구분해서 나누면 됩니다.

101 101 110 001 101 100 000 000

각각의 3자리 이진수는 하나의 팔진수 숫자에 해당합니다.

101 101 110 001 101 100 000 000
 5   5   6   1   5   4   0   0

십진수 1200만은 팔진수로 55615400이 됩니다. 12장에서는 이진수를 조금 더 간단하게 표시할 수 있는 방법을 살펴볼 것입니다.

　우리가 사용하는 숫자 체계를 0과 1만 사용하는 이진수 체계까지 줄여나갔으니, 이제 우리가 할 수 있는 만큼 살펴본 것 같습니다. 원시적인 긁힘 자국으로 돌아가는 것을 제외하면 더 이상 단순해질 수는 없습니다. 하지만 가장 중요한 것은 이진수를 통해서 산술 연산과 전자 회로를 같이 다룰 수 있게 되었다는 점입니다. 스위치, 전선, 전구를 이용해서 이진수 0과 1을 나타낼 수 있으며, 논리 게이트를 추가해서 이런 숫자들을 조작할 수도 있습니다. 이래서 이진수가 컴퓨터와 밀접한 관련이 있다고 이야기하는 것입니다.

앞에서 3자리 이진수와 팔진수 사이의 대응관계를 보여 주는 작은 표를 봤습니다. 스위치, 전구, 논리 게이트를 이용해서 이런 변환을 수행하는 회로를 만들 수 있습니다.

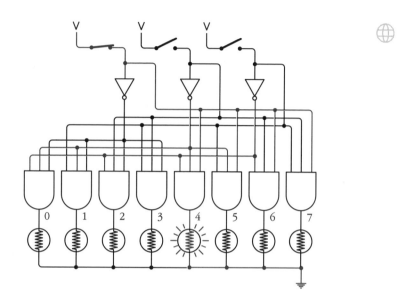

언뜻 보기에 이 회로는 마치 읽을 수 없는 표지판밖에 없는 해외 어떤 도시의 고속도로 교차로들이 악몽같이 모여 있는 것처럼 상당히 끔찍하게 보입니다. 하지만 사실 이 회로는 상당히 체계적입니다. 작은 점으로 연결된 전선들을 나타내고 있으며, 점이 없는 경우 전선이 연결되지 않고 겹쳐져 있다는 것을 나타냅니다.

이 회로의 가장 윗부분에 있는 3개의 스위치는 3자리 이진수를 나타내며, 닫힌 경우 1, 열린 경우 0을 나타냅니다. 이 예제는 이진수 100이 어떻게 나타나는지 보여 주는 것입니다. 아래쪽에 있는 8개의 전구에는 0에서 7까지 표시가 붙어 있으며, 어떤 스위치가 닫혀 있는지에 따라 단 하나만의 전구에만 불이 들어옵니다.

이 회로는 아래쪽에서부터 위로 읽어 나가는 것이 이해하기 쉬울 것입니다. 아래쪽에 있는 8개의 전구는 각각 3입력 AND 게이트에서 전력을 공급받습니다. AND 게이트의 출력이 '1'이 되는 경우는 3개의 입력이 모두 '1'인 경우밖에 없습니다. 각각의 AND 게이트로 들어오는 3개의 입력은 3개의 스위치와 연결되어 있는데, 어떤 경우에는 직접 연결되어 있으며, 어떤 경우에는 스위치 바로 밑에 있는 인버터를 통해서 값이 반전된 신호와 연결되어 있습니다. 인버터로 '0'이 입력되면 출력으로 '1'이 나오고, 입력으로 '1'이 들어가면 출력으로 '0'이 나온다는 것을 기억하세요.

위쪽에 있는 스위치는 닫힘, 열림, 열림 상태를 가지고 있는데, 이는 이진수 100을 나타냅니다. 붉은 선을 따라가 보면 최상위 자릿수에 해당하는 스위치가 팔진수 4를 나타내는 AND 게이트의 입력으로 들어간다는 것을 알 수 있습니다. 그다음 자릿수(중간에 있는 스위치)는 인버터로 반전된 다음 앞에서와 같은 AND 게이트로 입력됩니다. 가장 낮은 자릿수(맨 오른쪽 스위치) 역시 인버터로 반전된 다음 해당 AND 게이트의 세 번째 입력 단자로 들어갑니다. 따라서 팔진수 4자리에 해당하는 AND 게이트의 모든 입력이 '1'이 되기 때문에 출력으로 '1'이 나옵니다.

비슷하게 다른 7개의 AND 게이트는 스위치 혹은 반전된 신호를 서로 다르게 조합해서 입력으로 받는 것입니다.

여기 나온 작은 장치를 3-8 디코더라 부릅니다. 이 이름은 3자리 이진수가 8개의 가능성 중 하나를 나타내는 부호임을 나타냅니다.

앞의 회로와는 반대되는 작업을 처리할 수 있는 8-3 인코더라는 회로도 있습니다. 이 작업을 위해서 8개의 위치 중 하나만 선택할 수 있는 스위치를 만들어 봅시다. 실제로는 압정 혹은 못과 깡통에서 잘라낸 작은 금속조각을 이용해서 이런 스위치를 만들 수 있을 것입니다.

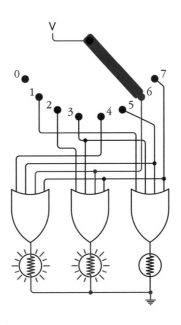

각 자리의 이진수는 맨 아래에 있는 전구를 통해서 표시되며, 이 전구는 4입
력 OR 게이트를 통해서 전력을 공급받습니다. 4입력 OR 게이트는 입력 중
하나라도 '1'이 되면 '1'을 출력합니다. 상단의 스위치로 팔진수 '6'을 선택하
면, 왼쪽부터 첫 번째와 두 번째 OR 게이트로 '1'이 입력되면서 해당 게이트
의 출력으로 '1'이 나오며, 이진수 110을 나타내게 됩니다. 위쪽에 있는 스위
치의 '0' 위치에는 아무것도 연결되어 있지 않은데, 팔진수 0이 이진수로 000
이기 때문에 전구에 불을 켤 필요가 없기 때문이죠.

　　1947년경 미국의 수학자인 존 와일더 튜키John Wilder Tukey(1915~2000)는 미래
에 컴퓨터가 널리 유행되면 이진수binary digit[4]라는 단어가 지금보다 훨씬 더
중요한 의미를 가지리라는 것을 알아차렸습니다. 그는 binary digit라는 다섯
음절짜리 단어 대신에 좀더 짧고 새로운 단어를 만들어서 사용하기로 하였지
요. 그는 처음에 bigit나 binit와 같은 단어도 고려했지만, 결국에는 짧고, 간
단하고, 우아하고, 완벽하게 사랑스러운 단어인 bit(비트)를 사용하기로 결정
하였습니다.

4　(옮긴이) binary digit는 이진수(binary number)의 한 자리 값을 의미합니다.

Chapter 11

1000011 1001111 1000100 1000101

비트, 비트, 비트

Bit by Bit by Bit

적어도 1950년대부터 전해져 내려오는, 멀리 있는 형무소에 있다가 석방되어 집으로 돌아가는 한 남자에 대한 이야기가 있습니다. 그는 가족들이 자신을 받아들여 줄지 알 수 없으니, 나뭇가지에 천조각을 묶어서 돌아가도 될지를 알려 달라고 요청합니다. 약간씩 다른 버전의 이야기들이 있는데, 이중 하나는 남자가 기차를 타고 가족에게 돌아가고 있는데, 하얀 리본이 사과나무에 걸려 있기를 바란다는 이야기입니다. 또 다른 버전의 이야기는 버스를 타고 아내에게 가고 있는 남자가, 노란 리본이 참나무에 걸려 있기를 기대한다는 이야기입니다. 두 가지 버전의 이야기에서 남자는 그가 돌아오는 걸 환영하는 수백 개의 리본이 나무를 뒤덮고 있는 걸 보게 됩니다.

이 이야기는 1973년에 'Tie a Yellow Ribbon Round the Ole Oak Tree'라는 히트곡을 통해서 대중적으로 유명해졌으며, 그 이후로 가족이나 사랑하는 사람이 전쟁에 나갔을 때 무사히 돌아오길 바라는 의미에서 노란 리본이나 노란 손수건을 사용하는 관습이 생겼습니다.

노란 리본을 걸어 달라고 이야기한 남자는 자세한 설명이나 오랜 시간의 토론을 해 달라고 요구한 것이 아니며, 그 어떤 조건 역시 요구하지 않았습니다. 실제 상황에서는 여러 가지 복잡한 느낌들과 감정의 흐름이 있었겠지만, 결국 남자가 정말 원했던 것은 간단한 '예' 혹은 '아니오'라는 대답 중 하나였을 것입니다. 참나무에 노란 리본이 매어져 있다면 "네, 3년이나 감옥에 있어서 많은 시간을 망쳐 버리긴 했지만, 아직 나는 당신이 돌아와 같이 살기 바랍니다."라는 의미를 나타내는 것인 반면에, 노란 리본이 없다는 것은 "여기로 돌아올 생각은 하지도 마세요."라는 것을 의미합니다.

이것은 결코 같이 일어날 수 없는 상호 배제적인mutually exclusive 양극단의 선택이죠. 노란 리본은 집 앞에 있는 '합류' 혹은 '길 없음'과 같은 교통 표지판, 혹은 문에 걸려 있는 '닫힘'과 '열림' 표지 또는 창에서 손전등을 켜거나 끄는 것과 각각 같은 효과를 지니고 있다고 할 수 있습니다(물론 노래 가사로 넣기에는 차이가 있을 수 있겠지요.)

여러분이 할 말이 '예'와 '아니오'라면, '예'와 '아니오'를 표현할 수 있는 여러 가지 표현 방법 중에서 적절한 방법을 선택하면 되겠지요. 하지만 '예'와 '아니오'만 이야기하는 데 문장이나 단어, 문자까지 사용할 필요는 없지요. 한 비트bit를 이용하여 0과 1만 나타낼 수 있으면 충분합니다.

앞 장에서 알아본 것처럼, 수를 세기 위하여 우리가 일반적으로 사용하는 십진수 체계가 그다지 특별한 건 아닙니다. 단지 우리의 손가락이 열 개라서 10에 기반을 둔 숫자 체계를 이용했을 뿐이지요. 만일 우리가 만화의 등장인물이라면 당연히 8에 기반을 둔 숫자 체계를 이용했을 테고, 랍스터라면 4, 돌고래라면 2에 기반을 둔 숫자 체계를 이용하는 것이 당연할 것입니다.

십진수는 별로 특별할 것이 없지만, 이진수의 경우 가능한 가장 간단한 숫자 체계라는 점에서 뭔가 특별합니다. 이진수 체계에는 0과 1이라는 두 가지 숫자밖에 없습니다. 만일 이진수 체계에서 1을 빼 버리면 0 하나만 남는데, 0 하나만 가지고 할 수 있는 것은 거의 없지요.

이진수를 표현하기 위하여 만들어진 '비트bit'라는 단어는 컴퓨터와 연관된 신조어들 중 가장 사랑스러운 단어입니다. 물론, 이 단어에는 '아주 작은 것, 약간, 일부'라는 일반적으로 사용되는 의미도 있는데, 비트가 하나의 이진수라는 아주 적은 양을 나타내고 있는 것이므로 원래의 의미와도 아주 잘 어울리지요.

단어가 만들어질 때 새로운 의미가 같이 만들어지는 경우가 종종 있습니다. 이 경우가 바로 그런 예가 됩니다. 비트라는 말은 돌고래가 수를 셀 때 사용하는 한 개의 이진수라는 의미 이상을 가지고 있습니다. 비트라는 단어에 '컴퓨터 시대의 정보 처리를 위한 가장 기본적인 단위'라는 의미가 부여된 것입니다.

비트가 정보를 전달할 수 있는 유일한 방법이 아니라는 것은 분명한 사실입니다. 앞에서 본 것과 같이 문자, 말, 모스 부호, 점자, 십진수 등도 역시 정보를 전달할 수 있습니다. 비트에 대하여 관심을 가져야 할 부분은, 비트가 아주 작은 정보를 전달한다는 점입니다. 비록 비트에 담긴 의미가 노란 리본만큼 중요하더라도, 비트 자체가 전달하는 정보의 양은 아주 적습니다. 실제로 한 비트의 정보는 전달될 수 있는 정보들 중에서 가장 적은 양이며, 한 비트보다 작은 것에는 어떠한 정보도 포함될 수 없지요. 한 비트를 이용하여 가장 적은 양의 정보를 표현할 수 있으므로, 복잡한 정보를 전달하려면 여러 비트를 이용하면 되겠지요.

"잘 들으렴, 내 아이들아, 귀 기울여야 한다"('폴 리비어의 심야의 질주Midnight ride of Paul Revere' 중에서)라는 헨리 워즈워스 롱펠로Henry Wadsworth Longfellow의 시에서 폴 리비어가 미국 식민지에 대한 영국 제국의 침공을 어떻게 알렸는지를 설명할 때, 역사적으로 정확하지는 않지만 이 시에서는 중요한 정보를 전달하기 위하여 비트가 어떻게 사용되었는지 예를 보여 주고 있습니다.[1]

<blockquote>
그는 친구에게 말했다네.
"영국군이 오늘 밤 육지나 바다를 통하여 진격해 온다면,
북쪽 교회 종탑 위에 등을 달아 알려 주게,
육지로 온다면 한 개를, 바다로 온다면 두 개를……"
</blockquote>

---

1 (옮긴이)이 시는 롱펠로의 서사시 '웨이사이드 여관에서의 이야기(Tales of a Wayside Inn)'에 나오는 '폴 리비어의 심야의 질주'라는 시입니다. 전문은 *https://poets.org/poem/paul-reveres-ride*에서 확인할 수 있습니다. 이 시의 주인공인 폴 리비어는 미국 독립 혁명(American Revolution)에 있어서 매우 중요한 인물들 중 한 명이고, 원문에서 설명하고 있듯이 영국군이 침공하였을 때 19킬로미터 넘게 말을 달려 모든 마을에 침공을 알리는 심야의 질주(midnight ride)를 했다고 합니다. 이 이야기는 미국과 영국에서는 아주 유명한 이야기입니다.

간단히 말하면, 폴 리비어의 친구는 두 개의 등불을 가지고 있었습니다. 만일 영국군이 육지를 통해 진격해 오면 그는 교회 종탑에 등불 한 개를 걸 것이며, 영국군이 바다를 통해 진격해 오면 교회 종탑에 등불 두 개를 걸어 두었겠지요.

롱펠로가 모든 가능성에 대하여 명확히 언급한 것은 아니지만, 이야기하지 않은 세 번째 가능성이 있지요. 바로 영국군이 침공하지 않았을 때입니다. 롱펠로는 교회 종탑에 등불이 걸리지 않았을 때 이러한 의미가 전달될 수 있음을 암시적으로 이야기한 것이지요.

교회 종탑에 두 개의 등불을 켜는 장치가 붙어 있다고 가정해 봅시다. 보통 때는 두 개 모두 켜져 있지 않겠지요.

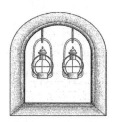

이것은 영국군이 아직 침입하지 않았다는 것을 의미합니다. 만약 다음과 같이 등불이 하나 켜져 있으면 영국군이 육지로 진격해 오고 있다는 것을 의미합니다.

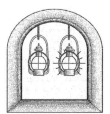 또는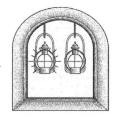

그림과 같이 등불이 두 개 다 켜져 있으면 영국군이 바다로 진격해 오고 있다는 것을 의미합니다.

각각의 등불은 한 비트가 되어, 0 혹은 1을 나타낼 수 있습니다. 노란 리본의 이야기에서 보았던 것처럼 두 가지 가능성 중 하나를 전달하기 위해서 한 비트가 필요하다는 점을 보여 주었습니다. 폴 리비어가 어디를 통하든 상관없이 영국군이 침공하는 것만을 알리고자 했다면, 한 비트만 사용해도 충분했을 것입니다. 즉, 침공이 있을 때는 등불에 불을 켰을 것이고, 평화로운 저녁 때는 불이 꺼져 있었겠지요.

세 가지 가능성 중 하나의 정보를 전달하기 위해서는 또 다른 등불이 필요합니다. 두 번째 등불을 사용한다면, 다시 말해서, 두 비트가 있다면 네 가지 가능성 중 하나의 정보를 전달할 수 있습니다.

> 00＝오늘 밤에는 영국군이 침공하지 않고 있다.
> 01＝영국군이 육지를 통해 진격해 오고 있다.
> 10＝영국군이 육지를 통해 진격해 오고 있다.
> 11＝영국군이 바다를 통해 진격해 오고 있다.

폴 리비어가 세 가지 가능성만을 이용한 것은 실질적으로 아주 잘 선택한 것입니다. 통신 이론에서 이야기하는 방식으로 말하자면, 여분의 정보를 추가로 사용하는 **중복성**redundancy이란 기법을 사용함으로써 잡음에 의한 영향을 약화시킨 것이지요. 통신 이론에서 **잡음**noise이라는 용어는 통신을 방해하는 모든 것을 의미합니다. 핸드폰의 신호가 약할 때 발생하는 끊김은 통화를 방해하는 잡음의 좋은 예입니다. 잡음이 어느 정도 발생하더라도 통화는 대부분 성공적으로 이루어지는데, 이것은 인간의 말이 아주 많은 중복성을 가지고 있기 때문입니다. 대화에서 어떤 이야기를 하는지 이해하기 위해서 모든 음절과 단어를 완벽하게 들어야만 하는 것은 아니죠.

교회 종탑에 달린 등불의 경우에는 밤의 어둠이나 교회 종탑과 폴 리비어와의 거리 같은 것을 잡음이라 볼 수 있습니다. 이 두 가지 요소로 인하여 두 개의 등불을 각각 구분하는 것이 쉽지 않지요. 롱펠로우의 시에서 중요한 구절이 있습니다.

그리고 보라! 종탑 높이에
희미하고 흐리게 빛이 보인다!
그는 안장으로 뛰어올라 말고삐를 틀어잡았다네
하지만 시야에 명확히 보일 때까지 서성이며 주시했다네
두 번째 램프가 종탑에서 타오른다!

실제로 폴 리비어가 두 개의 등불 중에 어느 쪽이 먼저 켜졌는지 알 수 있는 장소에 있었을 거라 생각되지는 않습니다.

여기서 반드시 알아야 할 개념은 전달된 정보가 둘 이상의 가능성 중에서의 선택을 나타내고 있다는 점입니다. 예를 들어, 다른 사람에게 이야기할 때 우리가 사용하는 모든 단어는 사전에 있는 많은 단어 중에서 선택된 것입니다. 만약 사전에 있는 모든 단어를 1에서 351,482까지 번호를 매겨 둔다면, 대화할 때 단어가 아닌 숫자를 이용할 수도 있겠지요(물론, 대화를 하는 사람들은 모두 같은 사전을 가지고 있어야 하겠고, 인내심이 아주 많아야겠지요).

달리 이야기하면, 어떠한 정보라도 2개 혹은 그 이상의 가능성 중에서 하나를 선택하는 것으로 단순화시킬 수 있다면 이는 비트를 이용하여 표현할 수 있다는 의미입니다. 말할 필요도 없이 인간의 의사소통 방식은 매우 다양하기 때문에 몇 가지 가능성들을 명확히 구분해서 표현할 수 없는 경우도 많으며, 이런 부분들 역시 우리의 존재에 있어서 필수적인 부분이라 할 수 있습니다. 인간과 컴퓨터가 연애를 할 수 없는 데는 다 이유가 있는 것이지요(뭐 그러지 않기를 바랍니다만..). 만일 글, 그림, 소리 등을 이용해서 뭔가를 표현할 수 없다는 말은 그 정보를 비트 형태로 부호화할 수 없다는 것을 의미합니다. 또는 부호화하고 싶지 않은 것이겠지요.

영화 평론가 진 시스켈Gene Siskel과 로버트 에버트Robert Eber가 1986년부터

20세기 말까지 대략 10년 넘게 'At the Movies'[2]라는 TV 프로그램에서 비트를 어떻게 사용할 수 있는지 잘 보여 주었습니다. 자세한 영화 리뷰를 소개한 다음 최종적으로는 엄지 손가락을 위로 올리거나, 내리는 방식으로 평점을 주었기 때문이죠.

두 개의 엄지 손가락 각각이 비트라면, 다음과 같은 네 가지 가능성이 있습니다.

> 00 = 둘 다 싫어했음
> 01 = 시스켈은 싫어했지만, 에버트는 좋아했음
> 10 = 시스켈은 좋아했지만, 에버트는 싫어했음
> 11 = 둘 다 좋아했음

첫 번째 비트는 시스켈의 비트로서 그 값이 0이면 시스켈이 영화를 보고 싫어했음을, 1이라면 좋아했음을 의미합니다. 마찬가지로 두 번째 비트는 에버트의 비트지요.

'At the Movies'가 방영되던 시절에 친구가 "'Impolite Encounter'란 새로 나온 영화에 대한 시스켈과 에버트의 평점이 어때?"라고 물어보면, "시스켈은 엄지를 올렸고, 에버트는 엄지를 내렸어."라거나 "시스켈은 좋았다고 했고, 에버트는 별로라고 했어."라는 표현 대신에 "일 영(1 0)"이라고 간단히 이야기할 수 있을 것입니다. 물론 친구도 어떤 비트가 시스켈의 비트고, 어떤 비트가 에버트의 비트인지, 1이 엄지를 올린 것을 나타내고 0이 엄지를 내린 것을 표현한다는 것을 알고 있어야만 여러분의 대답을 온전히 이해할 수 있겠지요. 달리 이야기하면 두 명 모두 이 부호에 대하여 알고 있어야만 의사소통이 가능한 것입니다.

물론 초기에 값이 1인 비트에 대하여 엄지를 내린 것으로, 값이 0인 비트에 대하여 엄지를 올린 것으로 선언할 수도 있습니다. 직관적이지는 않겠지만 말입니다. 일반적으로 비트가 1인 경우에는 뭔가 긍정적인 의미를 가졌을 것이고, 비트가 0인 경우에는 뭔가 부정적인 의미를 가졌을 거라 생각하기 쉽지

---

2 (옮긴이) 1986부터 2010년까지 진행된 영화 리뷰 프로그램입니다.

요. 하지만 실제로는 각각의 의미에 대해서 그냥 아무렇게나 할당해도 문제가 될 것은 없습니다. 값이 어떻게 할당되든 해당 부호를 사용하는 사람들끼리는 비트가 0과 1의 값을 가질 때 어떤 의미인지는 반드시 알고 있어야 합니다.

특정한 위치의 비트나 비트열이 어떤 의미를 가지는지는 언제나 상황에 따라 이해되어야 합니다. 예를 들어 특정한 참나무에 걸려 있는 노란 리본의 의미는 그 리본을 걸어 둔 사람과 그 리본을 보기로 한 사람만이 알 수 있는 것이겠지요. 색이나 나무, 날짜 등이 바뀌었다면 아무 의미 없는 리본일 뿐이지요. 이와 비슷하게 시스켈과 에버트의 손짓에서 의미 있는 정보를 얻기 위해서는 적어도 어떤 영화에 대하여 이야기하고 있는지 정도는 알아야 합니다.

만일 'At the Movies' 쇼에서 시스켈과 에버트가 비평한 영화의 목록과 각 영화에 대한 그들의 엄지 평점을 가지고 있다면, 한 비트를 더 추가해서 여러분의 의견도 같이 표시할 수 있습니다. 세 번째 비트를 추가함으로써 표현할 수 있는 서로 다른 가능성의 수가 8개로 늘어났습니다.

000 = 시스켈은 싫어했음; 에버트도 싫어했음; 나도 싫어했음
001 = 시스켈은 싫어했음; 에버트도 싫어했음; 나는 좋아했음
010 = 시스켈은 싫어했음; 에버트는 좋아했음; 나는 싫어했음
011 = 시스켈은 싫어했음; 에버트는 좋아했음; 나는 좋아했음
100 = 시스켈은 좋아했음; 에버트는 싫어했음; 나는 싫어했음
101 = 시스켈은 좋아했음; 에버트는 싫어했음; 나는 좋아했음
110 = 시스켈은 좋아했음; 에버트도 좋아했음; 나는 싫어했음
111 = 시스켈은 좋아했음; 에버트도 좋아했음; 나도 좋아했음

이러한 정보를 나타내기 위하여 비트를 사용할 때 부가적으로 얻을 수 있는 이점은 모든 가능성에 대하여 따져 본 것인지 확인할 수 있다는 점입니다. 위의 경우를 보면 8개의 가능성이 있을 수 있고, 더도 덜도 없이 딱 그 정도의 가능성에 대하여 다룬 것이지요. 세 비트를 이용하면 0에서 7까지를 셀 수 있습니다. 3자리 이진수에서 더 이상은 표현할 수 없지요. 앞 장의 끝부분에서 이야기한 것처럼 이 3자리 이진수는 0에서 7까지의 팔진수로도 표현할 수 있습니다.

비트에 대하여 이야기할 때 비트수에 대하여 자주 이야기하게 되지요. 이는 사용하는 비트수가 많아짐에 따라 전달할 수 있는 서로 다른 가능성의 수가 많아지기 때문입니다.

물론, 이런 상황은 십진수에서도 마찬가지입니다. 예를 들면, 전화번호에 얼마나 많은 지역 번호가 있을까요? 미국의 지역 번호는 일반적으로 3자리 십진수를 사용하고 있으며, 실제로는 아주 제한적으로 사용되고 있지만, 만일 3자리가 모두 사용된다고 가정하면 000에서 999까지 10^3(1000이죠)개의 부호를 사용할 수 있을 것입니다. 212 지역번호를 가진 7자리 전화번호는 얼마나 많은 번호가 가능할까요? 10^7개, 즉 10,000,000개의 부호를 사용할 수 있습니다. 212 지역번호를 가졌으며, 260번으로 시작하는 전화번호는 얼마나 많은 번호가 가능할까요? 10^4개, 즉 10,000개의 부호를 사용할 수 있습니다.

이와 비슷하게, 이진수 부호로 표현 가능한 값의 수는 언제나 2에 비트수만큼을 거듭제곱한 것과 동일합니다.

비트수	사용할 수 있는 부호의 수
1	$2^1 = 2$
2	$2^2 = 4$
3	$2^3 = 8$
4	$2^4 = 16$
5	$2^5 = 32$
6	$2^6 = 64$
7	$2^7 = 128$
8	$2^8 = 256$
9	$2^9 = 512$
10	$2^{10} = 1024$

비트가 추가될 때마다 부호의 수는 두 배가 됩니다.

얼마나 많은 부호가 필요한지 알고 있다면 이를 표현하기 위해서 얼마나 많은 비트를 써야 하는지 어떻게 계산할 수 있을까요? 바꾸어 말하면, 어떻게 하면 앞의 표와 반대되는 표를 만들어 낼 수 있을까요?

이런 작업을 하려면 밑수가 2인 로그연산logarithm을 사용하면 됩니다. 로그는 거듭제곱의 반대가 되는 것이니까요. 2에 대하여 7번 거듭제곱을 하면 128이 된다는 것은 알고 있습니다. 128에 대하여 밑수가 2인 로그연산을 취하면 7이 됩니다. 수학에서 사용하는 기호를 쓰면 다음과 같이 두 연산의 관계를 적을 수 있습니다.

$$2^7 = 128$$

이 식은 다음과 같이 적을 수 있습니다.

$$\text{Log}_2 128 = 7$$

즉, 128에 대해서 밑수로 2를 사용하는 로그연산을 취하면 7이 되고, 256에 대해서 같은 연산을 하면 8이 됩니다. 그렇다면 128과 256 중간에 있는 값, 예를 들어 200에 대해 같은 연산을 취하면 어떻게 될까요? 실제로는 7.64가 되지만 실제로 이 값을 알 필요까지는 없습니다. 만일 200가지의 서로 다른 것을 비트로 표현해야 한다면, 폴 리비어가 세 가지 경우에 대해서 표현하기 위해서 2개의 등불을 사용했던 것처럼 8비트를 사용하면 됩니다. 수학적으로 엄밀하게 이야기하면 폴 리비어의 세 가지 경우를 표현해서 필요한 비트의 수는 3에 밑수로 2를 사용하는 로그연산을 취해서 대략 1.6이 되지만 실제로는 2비트가 필요합니다.

일반적인 전자기기에서 비트는 속에 깊숙이 숨겨져 있기 때문에 그냥 봐서는 비트를 찾아내기 어렵습니다. 컴퓨터 안에 있거나, 유선 네트워크나 와이파이Wi-Fi 허브와 무선 중계탑에서 오는 전자기파를 통해 전달되어 오는 부호화된 비트들을 볼 수는 없습니다. 하지만 가끔은 명확히 보이는 경우도 있습니다.

2021년 2월 18일, 화성 탐사차 퍼서비어런스Perseverance가 착륙했을 때 이런 경우가 있었습니다. 탐사차에서 찍은 사진에 있는 낙하산은 4개의 동심원으로 배열된 320개의 오렌지색과 흰색 줄무늬 천으로 구성되어 있었습니다.

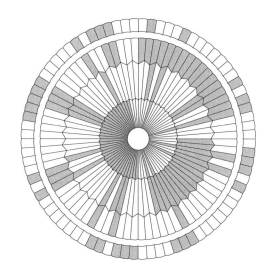

트위터 사용자들이 이 패턴의 의미를 해독하기까지 오랜 시간이 걸리지 않았습니다. 핵심은 줄무늬 천의 오렌지색과 흰색을 모두 포함하는 7개의 그룹으로 나누는 것이었으며, 7개의 줄무늬 그룹은 3개의 흰색 줄무늬로 구분되어 있었죠. 오렌지색 줄무늬가 연속해서 있는 부분은 무시하면 됩니다. 이 규칙에 따라 아래 그림처럼 7개의 줄무늬 그룹을 두꺼운 검은색 선으로 둘러서 잘 구분해 볼 수 있습니다.

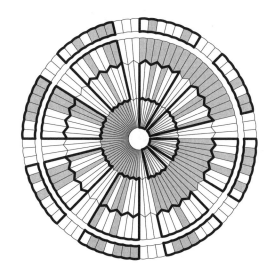

각각의 그룹에서 흰색 줄무늬는 0을, 오렌지색 줄무늬는 1을 나타내는 이진수입니다. 오른쪽 위에 있는 안쪽의 원이 첫 번째 그룹이며, 시계 방향으로 부호화된 이진수를 읽어보면 0000100, 즉 십진수 4가 됩니다. 알파벳에서 네 번째 문자는 D입니다. 시계 방향으로 두 번째 그룹의 값은 0000001, 즉 십진수 1이며, 이는 A입니다. 그다음은 0010010, 즉 십진수 18이며, 알파벳의 18번째 문자인 R을 의미합니다. 그다음은 0000101이므로 십진수 5, 즉 알파벳 E를 의미합니다. 따라서 가장 안쪽의 원이 나타내는 첫 번째 단어는 DARE가 됩니다.

이 지점에서 다음 원으로 이동해 보죠. 비트는 0001101, 십진수 13을 나타내며, 이는 M이라는 문자를 의미합니다. 모든 내용을 읽어보면 3개의 단어를 찾아낼 수 있을 텐데, 이는 테디 루즈벨트Teddy Roosevelt[3]가 처음 이야기했으며, NASA 제트 추진 연구소의 비공식 모토가 된 문구입니다.[4]

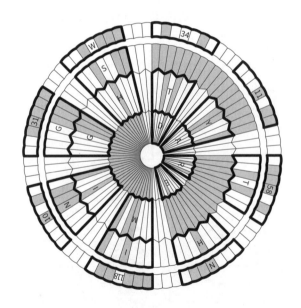

---

3 (옮긴이) 미국 대통령인 시어도어 루즈벨트(Theodore Roosevelt)이며, 대통령의 애칭이 Teddy 였습니다. 여러분이 알고 있는 테디 베어 역시 여기서 유래했습니다.
4 (옮긴이) 잘 찾았다면 DARE MIGHTY THINGS라는 문구라는 걸 알 수 있을 텐데요 "실패하더라도 영광스러운 승리를 쟁취하기 위해서 '큰 일을 감히 실행하는 것'이 더 훌륭하다(Far better it is to dare mighty things, to win glorious triumphs, even though checkered by failure…)."고 한 연설에서 따온 것입니다.

가장 바깥쪽에 있는 원은 이진수 숫자를 표시한 것인데, NASA 제트 추진 연구소의 위도와 경도값인 34°11′58″N 118°10′31″W를 의미합니다. 여기서 사용한 간단한 부호화 시스템에서는 문자와 숫자를 구분할 수 있는 방법이 없습니다. 따라서 위도, 경도에 있는 숫자 10과 11은 사실 문자 J와 K를 나타낸 것일 수 있으므로, 주변의 내용을 통해서만 이 값을 숫자라고 짐작할 수밖에 없습니다.

아마도 가장 많이 볼 수 있는 이진 부호는 UPCUniversal Product Code(세계 상품 부호)로, 여러분이 어떤 물건을 살 때 상품 포장에 항상 바코드로 표기되어 있는 부호입니다. UPC는 다양한 용도로 사용되는 수십 가지의 바코드 중 하나입니다. 이 책의 인쇄본을 보고 있다면, 책의 뒷면에서 이 책의 국제 표준 도서 표시International Standard Book Number, ISBN가 부호화되어 있는 다른 형태의 바코드를 볼 수 있을 것입니다.

UPC는 처음 도입되었을 때 간혹 편집증을 일깨워 주는 역할을 하기도 했지만,[5] 소매점의 상품 판매 관리와 재고 관리의 자동화를 위해 고안되어 성공적으로 사용되고 있는 부호일 뿐이지 부호에 무슨 죄가 있겠습니까? UPC가 사용되기 전에는 슈퍼마켓 계산대에서 각각의 품목별로 내용이 정리된 영수증을 제공하는 것이 거의 불가능했습니다. 하지만 이제는 흔한 일이 되었죠.

여기서 우리의 관심을 끄는 것은 UPC가 언뜻 보기에는 이진 부호처럼 보이지 않지만, 실은 이진 부호라는 점입니다. UPC를 해석해 보고 어떻게 동작하는지 확인해 보는 것도 흥미로운 일일 것 같습니다.

가장 일반적인 형태의 UPC는 다양한 두께의 세로줄 30개가 다양한 두께의 간격으로 나뉘어져 있고, 그 아래로 숫자 몇 개가 적혀 있는 형태입니다. 예를 들어 캠벨사의 300그램짜리 치킨 누들 스프 캔에 있는 UPC는 다음과 같습니다.

---

5 (옮긴이) 간혹 악마의 상징 혹은 짐승의 상징으로 받아들이는 사람들도 있습니다. 요즘에는 QR 코드 역시 같은 형태로 취급되는 경우가 있습니다.

20년 전에 나온 이 책의 초판에도 같은 UPC가 있었습니다. 20년 동안 바뀌지 않은 것이죠.

UPC를 보면 얇은 막대, 검은 막대, 좁은 간격과 넓은 간격들과 같이 눈으로 볼 수 있는 것들이 있는데, 가끔은 이를 이용해서 UPC를 해석해 보고 싶은 마음이 들 때가 있습니다. 사실 UPC에서 볼 수 있는 요소들을 해석하는 것도 한 가지 방법입니다. UPC에서 검은 막대는 네 가지 두께로 되어 있는데, 각각은 가장 얇은 막대보다 두께가 2배, 3배, 4배 두껍습니다. 막대 간의 간격도 막대의 경우와 비슷하게 가장 얇은 간격보다 각각 2배, 3배, 4배 넓습니다.

다른 측면에서 UPC를 일련의 비트로 바라볼 수도 있습니다. 사람이 보는 바코드의 형태와 계산대에 있는 바코드 스캐너가 '보는' 것이 완전히 같지 않다는 것을 염두에 둘 필요가 있습니다. 예를 들어, 바코드 스캐너는 숫자를 인식해 내려면 좀더 복잡한 컴퓨터 기술인 광학 문자 인식optical character recognition, OCR을 사용해야만 하기 때문에 바코드 스캐너에서는 바코드 아래의 숫자를 인식하지는 않습니다. 그 대신 바코드 스캐너는 전체 바코드 중 일부분만 보게 됩니다. UPC는 계산대의 점원이 바코드 스캐너를 들이댈 수 있을 정도로는 큽니다. 바코드 스캐너로 읽어내는 부분은 다음과 같이 표현할 수 있습니다.

▌▌ ▐██▐ ▐ █▐ ▐ █▐ ▐ █▌██▌▌ ▐█ █▐██▐ ▐ █▐ █ ▐ █▌ ▐▐ ▐▌

마치 모스 부호와 같이 보이지 않나요? 사실 스캔 가능한 바코드의 초기 개발자는 부분적으로 모스 부호에서 영감을 받았다고 합니다.

이 정보를 컴퓨터가 왼쪽에서 오른쪽으로 읽어 들이기 때문에, 첫 번째 만나는 검은색 막대에 1이 할당되고, 그다음에 만나는 간격 부분에 0이 할당됩니다. 그다음에 있는 간격들과 막대들은 처음에 읽었던 막대와 간격의 두께를 기준으로 그 두께에 따라 1, 2, 3, 4비트가 할당되어 컴퓨터에 읽히게 됩니다. 즉, 앞에서 읽어 들인 바코드는 다음과 같이 이진수로 적을 수 있습니다.

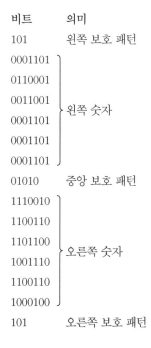

101000110101100010011001000110100011010001101010101110010110011011011001001110110011010001100101

따라서 UPC는 단순히 95비트가 나열되어 있는 것입니다. 이번 예에서 비트는 다음과 같이 구분해 볼 수 있습니다.

비트	의미
101	왼쪽 보호 패턴
0001101	
0110001	
0011001	
0001101	왼쪽 숫자
0001101	
0001101	
01010	중앙 보호 패턴
1110010	
1100110	
1101100	
1001110	오른쪽 숫자
1100110	
1000100	
101	오른쪽 보호 패턴

처음 3비트는 항상 101입니다. 이는 **왼쪽 보호 패턴**left-hand guard pattern이라 불리는데, 컴퓨터의 스캐너가 부호의 방향을 인식할 수 있도록 해 줍니다. 또한 이 보호 패턴을 이용해서 스캐너는 한 비트로 표현되는 막대와 간격의 두께를 판단할 수 있게 되는 것이지요. 이런 방법이 없었다면 UPC는 포장 형태와 관계없이 항상 일정한 크기를 가져야 합니다.

왼쪽 보호 패턴의 뒤로는 7비트씩으로 이루어진 6개의 비트 묶음이 존재합니다. 바로 뒤에서 다루겠지만, 각각의 묶음은 0에서 9까지를 나타내는 부호입니다. 그 뒤로 다섯 비트의 중앙 보호 패턴이 따라오게 됩니다. 이 패턴은 항상 01010의 값으로 고정되어 있으며, 오류를 확인하는 데 사용됩니다. 만일 있어야 할 곳에서 중앙 보호 패턴을 발견하지 못하면 UPC를 정상적으로 해석하지 못했음을 나타내게 되는 것이지요. 이 중앙 보호 패턴은 UPC가 제대로 인쇄되지 않았을 때를 대비하여 준비된 여러 가지 방법들 중 하나입니다.

중앙 보호 패턴 다음에는 7비트씩으로 이루어진 6개의 비트 묶음이 다시 나오게 되며, 그다음에 항상 101인 오른쪽 보호 패턴이 나타나게 됩니다. 자세한 것은 조금 뒤에 설명하겠지만 UPC 부호의 양쪽 끝에 보호 패턴을 사용함으로써, UPC 부호는 앞에서부터 읽든 뒤에서부터 읽든 문제없이 처리할 수 있습니다.

결국 전체 UPC는 12개의 숫자를 부호화한 것입니다. UPC의 왼쪽에는 7비트로 이루어진 6개의 숫자가 부호화되어 있습니다. 다음과 같은 표를 이용하면 이 비트들을 해석할 수 있습니다.

왼쪽 부호들

0001101 = 0	0110001 = 5
0011001 = 1	0101111 = 6
0010011 = 2	0111011 = 7
0111101 = 3	0110111 = 8
0100011 = 4	0001011 = 9

7비트 부호가 반드시 0으로 시작해서 1로 끝난다는 것에 주목하십시오. 만일 스캐너가 값을 읽었을 때 7비트 부호가 1로 시작하거나 0으로 끝나는 경우에는 값이 제대로 읽히지 않았거나 부호가 변조되었음을 의미합니다. 또한 각각의 부호들은 1비트 값이 연속되는 부분을 오직 두 묶음만 가지고 있다는 것도 주목해야 합니다. 이는 UPC 부호에서 하나의 숫자를 표현하기 위해서

두 개의 막대를 사용한다는 것을 의미합니다.

이 부호들을 조금 더 자세히 살펴보면 값이 1인 비트의 수는 항상 홀수임을 알 수 있습니다. 이 방식은 **패리티**parity 확인이라 불리는 오류 및 일치성 확인 방식입니다. 만일 1의 값을 가진 비트의 수가 짝수여야 하는 경우 **짝수 패리티**라 하고, 홀수인 경우 **홀수 패리티**라 합니다. 따라서 여기서 사용하는 부호는 모두 홀수 패리티 방식을 이용하고 있다고 할 수 있습니다.

UPC의 오른쪽에 있는 6개의 7비트짜리 부호를 해석하려면 다음 표를 사용해야 합니다.

오른쪽 부호들

1110010 = 0	1001110 = 5
1100110 = 1	1010000 = 6
1101100 = 2	1000100 = 7
1000010 = 3	1001000 = 8
1011100 = 4	1110100 = 9

이 부호는 앞에 나왔던 부호에 반대되는 값이면서 보완하는 각각의 비트단위로, 0이 나왔던 곳에 1이 나오고, 0이 나왔던 곳에 1이 나오는 형태로 이전과 반대되는 값을 지니고 있습니다. 따라서 이번 부호는 1로 시작하고 0으로 끝나며, 짝수 패리티를 사용하여 값이 1인 비트의 수가 짝수가 됩니다.

이제 UPC를 해독할 수 있는 준비가 된 것 같습니다. 앞에 나온 두 개의 표를 이용하여 300그램짜리 캠벨 치킨 누들 스프 캔에 적혀 있는 것이 다음 12개의 숫자를 부호화한 것임을 알 수 있습니다.

0 51000 01251 7

아주 실망스러운 결과군요. 이 값은 UPC 바코드 밑에 인쇄된 숫자와 완전히 같은 숫자니까요. (사실 열심히 해독할 필요가 별로 없었다는 점을 제외하면, 바코드를 해독한 값이 인쇄된 숫자와 같은 값이라는 것은 아주 상식적으로 생각해 낼 수 있습니다. 만일 바코드 스캐너가 어떤 이유에서든 바코드를 읽지 못하면 판매원이 직접 숫자를 입력해야 하니까요. 다들 계산대에서 물건을 계산할 때 이런 장면을 본 기억이 있을 겁니다.) 즉, 열심히 부호를 해독할 필요가 없었으며, 비밀 정보를 알아낸 것도 아닙니다. UPC에 있는 30개의 선으로 12개의 숫자까지 해독할 수 있으므로, 더 이상 해독할 것이 남지 않았습니다.

12개의 십진수에서, 첫 번째 숫자(여기서는 0)를 **숫자 체계 표기 문자**number system character라 합니다. 이 값이 0이라는 것은 해당 부호가 일반적인 UPC 부호임을 나타냅니다. 계산하려는 물건이 고기나 농산물과 같이 무게가 변하는 식료품의 경우에는 2의 값을 사용하며 쿠폰의 경우에는 5를 사용합니다.

그다음 다섯 숫자는 생산자 부호입니다. 이 경우에는 51000이 되며, 이는 캠벨 스프 회사를 나타냅니다. 모든 캠벨사의 제품에는 이 숫자가 있지요. 그다음에 오는 5개의 숫자(01251)는 해당 회사에서 생산된 특정 제품을 나타내는 제품 부호입니다. 이 예에서는 300그램짜리 치킨 누들 스프에 해당하는 값이겠지요. 이 제품 부호는 생산자 부호와 조합되었을 때만 의미를 지니게 되는데, 같은 01251이라는 제품 부호라도 생산자 부호가 다른 경우에는 완전히 다른 뜻을 가질 수 있기 때문입니다.

보통의 생각과는 달리, UPC에는 해당 제품의 가격을 포함하고 있지는 않습니다. 제품의 가격은 판매대의 바코드 스캐너로 읽은 정보를 바탕으로 컴퓨터에서 불러오는 것이지요.

마지막 숫자(이 경우에는 7이지요)는 **모듈로 점검 문자**modulo check character라 부릅니다. 이 문자를 이용해서 또 다른 형태의 오류 점검이 가능하도록 만들어 둔 것입니다. 예를 통해서 어떻게 동작하는지 살펴봅시다. 우리 예에서 앞의 숫자 11개는 0 51000 01251인데, 여기에 다음과 같이 문자를 할당해 봅시다.

A BCDEF GHIJK

그리고 이를 다음과 같이 계산하고, 그다음 높은 10의 배수에서 앞서 계산되어 나온 수를 뺴면 됩니다.

$$3 \times (A + C + E + G + I + K) + (B + D + F + H + J)$$

캠벨사의 치킨 누들 스프의 경우도 한번 해 볼까요?

$$3 \times (0 + 1 + 0 + 0 + 2 + 1) + (5 + 0 + 0 + 1 + 5) = 3 \times 4 + 11 = 23$$

결과가 23이므로, 그다음 10의 배수는 30이 되고, 이를 통하여 다음과 같은 수식을 얻을 수 있습니다.

$$30 - 23 = 7$$

여기서 나온 7이 모듈로 점검 문자가 되며, 이 값이 UPC 형식으로 부호화되어 인쇄되는 것이지요. 이러한 방식은 추가 정보를 두어 오류에 강하게 하는 것으로써, 보통 여분의 정보를 이용한 중복성redundancy을 두었다고 말합니다. 바코드 스캐너가 바코드를 읽은 후 컴퓨터에서 모듈로 값을 계산하게 되는데, 이 계산 결과가 인쇄되어 있는 값과 다른 경우에는 UPC 부호가 잘못된 것으로 인식하여 받아들이지 않게 되는 것이지요.

보통 십진수 0에서 9까지를 나타내기 위해서는 4비트가 필요합니다. 그런데 UPC는 십진수 숫자 하나를 표현하기 위하여 7비트를 사용하지요. 전체적으로 보면, UPC는 유효한 십진수 숫자 11개를 부호화하기 위해서 95비트를 사용한 것입니다. 실제로는 UPC 부호의 양쪽 끝 보호 패턴 바깥 부분에 각각 9개의 0에 해당하는 공백도 포함되어 있습니다. 이 이야기는 바꾸어 말하면 UPC에서는 십진수 11자를 표현하기 위해서 113비트를 사용했다는 것이며, 이는 십진수 숫자 하나를 표현하기 위해서 10비트 이상 사용한다는 의미입니다.

앞에서 본 것과 같이 오류 점검을 위해서 이와 같이 많은 비트를 사용한 것입니다. 만일 소비자들이 유성펜으로 손쉽게 그 값을 바꿀 수 있다면 상품 부호의 유용성이 떨어질 것입니다.

UPC는 양방향으로 읽을 수 있다는 장점도 가지고 있습니다. 바코드 스캐너가 첫 번째 숫자를 읽어서 해독할 때 그 값이 짝수 패리티라면, 스캐너에서는 UPC 부호가 오른쪽에서 왼쪽으로 읽혔다는 것을 알 수 있습니다. 이 경우 컴퓨터에서는 오른쪽 부호를 해석하기 위하여 다음과 같은 표를 이용합니다.

오른쪽 부호가 역방향으로 읽힌 경우

0100111 = 0	0111001 = 5
0110011 = 1	0000101 = 6
0011011 = 2	0010001 = 7
0100001 = 3	0001001 = 8
0011101 = 4	0010111 = 9

마찬가지로 왼쪽 부호에 대해서는 다음과 같은 표가 사용됩니다.

왼쪽 부호가 역방향으로 읽힌 경우

1011000 = 0	1000110 = 5
1001100 = 1	1111010 = 6
1100100 = 2	1101110 = 7
1011110 = 3	1110110 = 8
1100010 = 4	1101000 = 9

UPC 부호를 오른쪽에서 왼쪽으로 읽었을 때 적용되는 7비트 부호의 해석은 UPC 부호를 왼쪽에서 오른쪽으로 읽었을 때와는 완전히 다르기 때문에 혼동할 여지가 별로 없습니다.

스캔 가능한 부호에서 정보를 더 많이 몰아넣는 방법 중 하나는 2차원으로 바꾸는 것입니다. 얇고 굵은 선과 공백을 이용하는 대신 검은색과 흰색의 사각형을 격자에 배치하는 것이죠.

가장 많이 사용되는 2차원 바코드는 아마도 QRQuick Response 코드일 것입니다. 이 부호는 1994년에 일본에서 처음 개발되었으며, 현재는 다양한 목적으로 사용되고 있습니다.

여러분도 자체적인 QR 코드를 무료로 간단하게 만들 수 있으며, 이런 작업을 해 주는 몇몇 웹사이트가 있습니다. 휴대전화에 있는 카메라를 통해서 QR 코드를 스캔하고 해석할 수 있는 소프트웨어도 이미 존재하며, 배송 추적이나 창고의 재고 조사 등의 산업 용도로 사용할 수 있는 전용 QR 코드 스캐너도 있습니다.

다음 QR 코드는 이 책의 자료가 있는 웹사이트인 CodeHiddenLanguage.com의 URL을 부호화해 놓은 것입니다.

휴대전화에 QR 코드를 읽을 수 있는 앱이 있다면 이 이미지를 찍어서 해당 웹사이트로 이동할 수 있습니다.

QR 코드는 공식 QR 스펙specification에서 **모듈**이라 부르는 작은 사각 격자로 이루어져 있습니다. 위에서 살펴본 QR 코드는 가로, 세로 25개의 모듈을 가지며, 이 크기를 버전 2라고 부릅니다. 40가지 다른 크기를 가진 QR 코드가 지원되며 버전 40에서는 가로, 세로 각각 177개의 모듈을 가지고 있습니다.

만일 각각의 작은 블록이 흰색인 경우 0, 검은색인 경우 1로 해석되는 한 비트로 표현하는 거라 하면, 이 크기의 격자는 25 곱하기 25, 즉 625비트까지 부호화할 수 있습니다. 하지만 실제 부호화해서 저장할 수 있는 비트의 수는 그 1/3에 불과합니다. 대부분의 정보는 수학적으로 복잡하고 정교하게 만들어진 오류 정정 체계를 위해서 사용됩니다. 이를 통해서 QR 코드가 변조되지 않도록 보호하며, 부호가 손상된 경우에 없어진 정보를 복구할 수 있도록 도와줍니다. QR 코드의 오류 정정 방식에 대해서 여기서 다루지는 않을 것입니다.

당연하게도 QR 코드 역시 QR 스캐너가 격자의 방향을 정확하게 판단할 수 있도록 도와주는 몇 가지 고정된 패턴을 가지고 있습니다. 다음 이미지에서 고정 패턴 부분에 대해서 검은색과 흰색으로 표시했으며, 나머지 부분은 회색으로 표시했습니다.

모서리 부분에 있는 3개의 큰 사각형을 **파인더 패턴**finder pattern이라고 하며, 오른쪽 아래쪽에 있는 작은 사각형을 **정렬 패턴**alignment pattern이라고 합니다. 이 패턴들은 QR 코드 판독기에서 코드의 방향을 올바르게 조정하고 왜곡을 보정하는 데 도움을 줍니다. 위쪽과 왼쪽 부분에서 수평과 수직으로 흰색과 검은색 블록이 번갈아 나타나는 부분을 **타이밍 패턴**timing pattern이라 부르며, QR 코드에 있는 블록의 수를 결정하는 데 사용됩니다. 또한, QR 코드는 반드시 조용한 구역quiet zone(혹은 마진)이라 부르는 한 블록보다 4배 넓은 흰색 테두리로 구성된 공백 부분으로 둘러 쌓여 있어야 합니다.

QR 코드를 만드는 프로그램은 다양한 오류 수정 시스템을 포함한 다양한 옵션을 가지고 있습니다. QR 코드 판독기에서 오류 수정을 비롯한 기타 작업을 수행하기 위해서 필요한 정보를 15비트로 부호화되어 있는 **포맷 정보**format information라 합니다. 이 15비트는 QR 코드에서 두 번 나타납니다. 다음 그림에서 볼 수 있는 것처럼 왼쪽 상단에 있는 파인더 패턴의 오른쪽과 아래쪽을 따라 있는 0에서 14번 비트까지의 15개의 비트가 나타나며, 오른쪽 상단 파인더 패턴 아래와 왼쪽 하단 파인더 패턴의 오른쪽에 이 패턴이 반복되어 있습니다.

아주 큰 값을 표시하는 경우에는 비트가 길어지기 때문에 그 위치를 나타내기 위해서 각각의 비트에 숫자를 붙이는 경우가 있습니다. 0으로 표시된 비트는 숫자의 맨 오른쪽에 나타나며 가장 중요하지 않은, 즉 가장 낮은 자리에 있는 비트least significant bit, LSB를 의미하는 반면, 14로 표시된 비트는 숫자의 맨 왼쪽에 나타나는 가장 중요한 비트, 즉 가장 높은 자리에 있는 비트most significant bit, MSB를 나타냅니다. 만일 셀이 흰색이면 '0', 검은색이면 '1'을 나타내는 경우, 전체 15비트를 다음과 같이 적어볼 수 있습니다.

111001011110011

0번 비트가 가장 중요하지 않은 이유는 뭘까요? 전체 숫자에서 2의 0승에 해당하는 자릿수에 위치해 있기 때문입니다(비트가 숫자를 구성하는 방법에 대해 다시 살펴보려면 141쪽을 참고하세요).

이 15비트 숫자는 세 가지 정보를 붙인 것이라 실제 값은 별로 중요하지 않습니다. 가장 최상위의 2비트는 네 가지 오류 정정 수준 중 한 가지를 나타내며, 하위 10비트는 오류 정정에 사용될 10비트 BCH 부호를 나타냅니다(BCH는 발명자인 보스Bose, 차우두리Chaudhuri, 오껭겜Hocquenghem의 이름을 따서 만든 부호입니다. 앞에서 이야기했던 것처럼 QR 코드의 오류 정정 방식에 대해서는 다루지 않을 것입니다).

오류 정정 수준을 나타내는 2비트와 10비트짜리 BCH 사이에 있는 3비트는 오류 정정을 위해서 사용하는 부분이 아닙니다. 아래에 이 부분을 굵은 문자로 강조해서 표현해 봤습니다.

111001011110011

검은색 사각형과 흰색 사각형이 거의 비슷한 숫자로 분포되어 있는 경우에 QR 코드 판독기가 잘 작동하는 것으로 알려져 있지만, 부호화된 정보의 경우에는 이렇게 만들기 쉽지 않습니다. 따라서 QR 코드 생성 프로그램은 검은색과 흰색 사각형의 수를 고르게 만들 수 있는 마스크 패턴을 선택해 주는 것이죠. 이 마스크 패턴은 QR 코드에 적용되어 선택한 셀 부분을 흰색은 검은색으로, 검은색은 흰색으로 반전시키는 역할을 하기 때문에, 이 경우에 흰색이 0을 나타내는 것이 아니라 1을 나타내는 것이며, 검은색 또한 1이 아닌 0을 나타내게 됩니다.

QR 코드의 스펙 문서에서는 3비트로 표현할 수 있는 000, 001, 010, 011, 100, 101, 110, 111의 8가지 비트열로 8가지 마스크 패턴을 정의하고 있습니다. 우리가 살펴보고 있는 QR 코드에서는 100 값을 가지고 있으며, 이는 한 줄씩 번갈아 나타나는 수평선으로 구성된 마스크 패턴에 해당합니다.

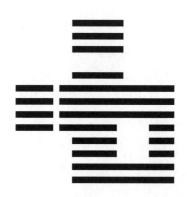

마스크에서 흰색 영역에 해당하는 부분의 경우 원래 QR 코드에 있는 셀의 값이 바뀌지 않습니다. 하지만 마스크의 검은색 영역에 해당하는 영역에 들어가는 셀의 값은 흰색에서 검은색으로, 검은색은 흰색으로 뒤집어야 합니다.

마스크는 QR 코드의 고정 영역과 정보 영역의 값은 변경시키지는 않는다는 점에 주목해야 합니다. 이 마스크를 원래의 QR 코드에 적용하면 다음과 같습니다.

마스크는 고정 영역과 정보 영역 부분을 바꾸지 않습니다. 다른 부분에 대해서는 마스크가 적용되기 때문에 원래 QR 코드와 비교했을 때 맨 윗줄의 색상을 반전시키고, 두 번째 줄은 동일하며, 세 번째 줄은 반전시키는 등의 형태라는 것을 볼 수 있습니다.

이제 실제 데이터를 살펴볼 준비가 된 것 같네요. 오른쪽 아래 구석 부분에 있는 4비트부터 시작합시다. 아래에 있는 그림을 보면 0에서 3까지 번호가 적혀 있는 셀들이 있는데, 3 부분은 가장 중요한 비트MSB이며, 0 부분은 가장 중요하지 않은 비트LSB입니다.

= 0100은 8비트 값을 표현할 것이라는 의미

이 4비트는 데이터 형식 식별자data type indicator이며, QR 코드에 어떤 종류의 데이터가 부호화되어 있는 것인지 나타냅니다. 몇 가지 가능한 형식을 보여드리면 다음과 같습니다.

데이터 형식 식별자	의미
0001	숫자만 사용됨
0010	대문자와 숫자를 사용함
0100	8비트 값으로 부호화된 문자열
1000	일본어 한자

우리가 보고 있는 QR 코드에서 이 값은 0100이므로 8비트 값으로 부호화된 문자들로 데이터가 구성되어 있음을 의미합니다.

　그다음으로 데이터 형식 식별자 위에 있는 8개의 셀에 저장되어 있는 내용을 살펴보겠습니다. 그림에서 8비트는 0에서 7까지 번호가 매겨져 있습니다.

= 00011010 또는
십진수 26을 의미

그 값은 00011010이며 십진수로 26입니다. 이 값은 QR 코드에서 몇 개의 문자가 나타나는지 부호화해 둔 것입니다.

　이런 문자들을 배치한 순서는 체계적이지만 약간 이상한 형태를 띠고 있습니다. 문자열은 오른쪽 윗쪽에 있는 문자부터 시작합니다. 또한 각각의 문자는 보통 (항상 그런 것은 아니지만) 셀 너비 2개와 셀 높이 4개의 영역을 차지하고 있으며, 격자 부분은 다음과 같은 형태로 돌아가며 진행됩니다.

모든 문자가 너비로 2셀, 높이로 4셀의 영역을 차지하는 것은 아니지만, 다행히도 공식적인 QR 코드 사양에는 각 문자가 차지하는 영역이 사각형이 아닌 경우에 비트가 어떤 방향으로 진행되어야 하는지 매우 정확하게 적혀 있습니다. 다음 이미지에서 26개의 문자가 차지하는 셀의 공간을 빨간색 외곽선으로 표시했고, 그 안에 있는 셀에는 최하위 비트를 의미하는 0부터 최상위 비트를 나타내는 7까지의 숫자를 매겨 두었습니다.

QR 코드 사양에서는 QR 코드에서 문자를 부호화된 값으로 나타내기 위해서 ISO/IEC 8859 표준으로 알려져 있는 8비트 값을 사용하고 있습니다. 이 표준은 ASCIIAmerican Standard Code for Information Interchange(정보 교환을 위한 미국 표준 부호)의 변형을 멋진 용어를 써서 부른 것으로, 13장에서 이 부분에 대해서 더 자세히 논의할 것입니다.

첫 번째 문자는 01110111로, w를 나타내는 ASCII 부호이며, 그다음 문자
도 같습니다. 다음 문자는 왼쪽으로 확장된 형태를 가지지만 역시 w를 나
타냅니다. 이제 다음 두 쌍의 열을 따라 아래로 진행됩니다. 그다음 문자는
00101110로 마침표(.)를 나타내며, 그다음은 01000011로 대문자 C, 그 뒤로는
o를 나타내는 01101111이 나옵니다. 그다음 문자는 한 쌍의 줄에 위치하는
데, 01100100로 d를 나타내며, 그다음 문자는 정렬 패턴의 아래쪽에서 시작
해서 위쪽까지 걸쳐 있습니다. 이 ASCII 부호는 값은 01100101로 e를 나타냅
니다. 이런 식으로 전체 문자에 대해서 계속 진행해 보면 www.CodeHidden
Language.com을 찾아낼 수 있습니다.

바로 이것입니다. QR 코드에 남아 있는 대부분의 내용은 오류 수정을 위해
서 사용됩니다.

UPC와 QR과 같은 부호는 언뜻 보기에는 상당히 어려워 보이기 때문에 사
람들은 여기에 비밀스러운 (그리고 기만적인) 정보가 부호화되어 있을 거라
상상할 만합니다. 하지만 이런 부호가 널리 사용되기 위해서는 문서화가 잘
되어 있어야 하는 동시에 대중에 공개되어 누구나 사용할 수 있어야 합니다.
부호는 많이 사용되면 될수록 광범위한 통신 매체의 다른 확장으로써 더욱
더 큰 잠재적인 가치를 가지게 됩니다.

비트는 어디에나 있지만 QR 코드에 대한 이야기의 끝부분에서 '8비트 값'
이라는 이야기를 했습니다. 8비트 값을 나타내는 특별한 단어가 있는데, 이
용어를 들어본 적이 있을 것입니다.

Chapter 12

1000011 1001111 1000100 1000101

바이트와 16진수

Bytes and Hexadecimal

각각의 비트는 '예' 혹은 '아니오', '참' 혹은 '거짓', '성공' 혹은 '실패'처럼 큰 차이를 가지도록 만들 수 있습니다. 하지만 대부분의 경우에는 숫자를 표현하기 위해서 여러 비트를 모아서 사용하고, 여기서부터 시작해서 문자, 소리, 음악, 사진, 영화 등의 모든 종류의 데이터를 나타냅니다. 두 비트를 더하는 회로도 흥미롭지만, 여러 비트들을 더하는 회로는 실제 컴퓨터의 일부로 사용되고 있습니다.

여러 비트의 이동과 조작의 편의성을 높이기 위해서 컴퓨터 시스템에서는 일정 수의 비트들을 묶어서 워드word라 부릅니다. 컴퓨터에서 일어나는 모든 데이터의 이동은 한 워드 혹은 다수의 워드 단위로 이루어지기 때문에 컴퓨터에서 사용하는 워드의 길이(혹은 크기), 즉 워드를 구성하는 비트의 수는 컴퓨터 구조에 있어서 매우 중요합니다.

초기의 일부 컴퓨터 시스템은 워드의 길이로 6비트, 12비트, 18비트, 24비트와 같이 6비트의 배수를 사용한 것들도 있습니다. 이 길이의 워드는 팔진수를 사용해서 값을 표현하기 쉽다는 간단한 이유만으로 상당히 특별한 매력을 가지고 있습니다. 여러분이 기억하듯, 팔진수는 0, 1, 2, 3, 4, 5, 6, 7을 가지고 있으며, 다음 표에서 볼 수 있는 것처럼 3비트에 해당합니다.

이진수	팔진수
000	0
001	1
010	2
011	3
100	4
101	5
110	6
111	7

6비트 워드는 정확히 2자리 팔진수를 표현할 수 있으며, 다른 워드 길이인 12, 18, 24비트는 정확히 이 길이의 배수를 나타낼 수 있습니다. 즉, 8자리 팔진수를 표현하기 위해서는 24비트가 필요한 것이죠.

하지만 컴퓨터 산업은 조금 다른 방향으로 흘러갔습니다. 이진수의 중요성이 인식되면서 2의 거듭제곱이 아니라 3의 배수인 6, 12, 18, 24비트 크기의 워드를 사용하는 것은 뭔가 잘못된 것처럼 생각되었을 것입니다.

여기서 바이트byte가 등장합니다.

바이트라는 단어는 대략 1956년경 IBM에서 유래했습니다. 원래는 bite라는 단어에 기원을 두고 있지만, bit와 착각하는 사람이 없도록 y로 바꿔서 byte가 되었습니다. 처음에 바이트는 단순하게 특정한 데이터패스datapath의 비트수를 의미했었습니다. 하지만 1960년대 중반 IBM의 대형 복합 상용 컴퓨터인 System/360의 개발 과정에서 바이트라는 단어가 8비트 단위를 의미하게 되었습니다.

이 의미가 굳어져 버린 것입니다. 즉, 이제 8비트를 한 바이트라고 하는 것은 디지털 데이터의 보편적인 단위가 되었습니다.

8비트량을 가지고 있으므로 한 바이트는 00000000에서 11111111까지의 값을 가질 수 있으며, 이는 십진수로 0에서 255까지를 나타낼 수 있으므로, 2^8 혹은 256가지 서로 다른 내용을 나타낼 수 있습니다. 8은 너무 작지도, 너무 크지도 않은 상당히 괜찮은 비트 크기라는 것이 밝혀졌습니다. 즉, 여러

가지 측면에서 바이트를 사용하는 것이 옳았던 것이죠. 앞의 장들에서 보았듯이, 전 세계의 글자 중 상당수가 256자 미만으로 표현될 수 있으므로 바이트는 문자를 저장하는 데 이상적입니다. 1바이트로 저장하기 어려운 경우(예를 들면 보통 CJK라 부르는 중국어, 일본어, 한국어와 같은 경우)에는 2바이트를 쓰며, 이 경우 2^{16}, 즉 65,536가지를 표현할 수 있으므로 대부분의 경우에 문제가 없습니다. 또한 사람의 눈이 대략 256단계의 회색 음영을 구분할수 있으므로, 바이트는 흑백사진에서 회색 음영의 단계를 나타내는 데도 이상적입니다. 비디오 디스플레이의 색상을 표현할 때는 3바이트로 빛의 삼원색인 빨강, 파랑, 초록을 각각 표시하도록 하면 잘 동작합니다.

개인용 컴퓨터의 혁명은 1970년대 후반에서 1980년대 초반 정도에 8비트 컴퓨터로 시작되었습니다. 이후에 기술이 발전함에 따라 컴퓨터 안에서 사용되는 비트의 수는 2배씩 증가해서 16비트(2바이트), 32비트(4바이트), 64비트(8바이트)로 각각 늘어났습니다. 128비트와 256비트 컴퓨터도 있는데, 일부 특수한 목적을 위해 사용되고 있습니다.

바이트의 절반인 4비트를 니블nibble(간혹 nybble이라고 적는 경우도 있습니다)이라 부르지만, 바이트만큼 자주 사용되는 것은 아닙니다.

컴퓨터 내부에서 바이트 단위를 자주 볼 수 있기 때문에, 긴 이진수 열의 형태로 표시하는 것보다 바이트로 표시하는 것이 더 간결하게 표현하기 좋습니다. 이런 용도로 팔진수를 사용할 수 있습니다. 비트를 오른쪽부터 3비트씩 묶고 앞에서 보았던 표를 참조해서 각 부분을 변환해 주면 됩니다.

$$\underbrace{10}_{2}\underbrace{110}_{6}\underbrace{110}_{6}$$

10110110보다 팔진수 266으로 표시하는 것이 훨씬 간단하지만 8은 3으로 나누어서 떨어지는 숫자가 아니다 보니, 바이트와 팔진수는 기본적으로 잘 호환되지 않습니다.

$$\underbrace{1}_{1}\underbrace{011}_{3}\underbrace{001}_{1}\underbrace{111}_{7}\underbrace{000}_{0}\underbrace{101}_{5}$$

즉, 앞에서와 같이 16비트 숫자를 팔진수로 나타내는 것과 16비트를 구성하는 두 바이트를 각각 팔진수로 표현한 내용이 서로 다릅니다.

$$\underbrace{10}_{2}\underbrace{110}_{6}\underbrace{011}_{3} \qquad \underbrace{11}_{3}\underbrace{000}_{0}\underbrace{101}_{5}$$

여러 바이트를 한번에 표현한 것과 한 바이트씩 각각 표현하는 것이 일치하도록, 바이트를 비트로 균등하게 나눠서 표현할 수 있는 숫자 체계가 필요합니다.

각각의 바이트를 4개의 2비트 값으로 나눌 수 있으며, 이 경우에는 10장에서 설명한 4를 기반으로 하는 사진수 체계를 사용하는 것이지만, 생각보다 간단하지는 않습니다.

다른 방식으로는 2개의 4비트 값으로 나눌 수 있으며, 이 경우는 16을 기반으로 하는 숫자 체계를 사용할 필요가 있습니다.

다시 이야기하지만, 16을 기반으로 합니다. 지금까지 이런 숫자 체계를 살펴보지 않았는데 그럴 만한 이유가 있습니다. 16에 기반을 두고 있는 숫자 체계를 16진법hexadecimal이라 하는데, 단어 자체도 약간 복잡합니다. 'hexa'라는 말은 6을 나타내기 때문에 hexagon(육각형), hexapod(다리가 6개 있는), hexameter(6개의 음구로 구성된 시, 육언절구에 가깝습니다)와 같이 hexa가 붙어 있는 경우에는 6과 관련이 있습니다. 16진수를 나타내는 hexadecimal 역시 hexa(6)와 decimal(10)을 합쳐서 16진수를 의미하는 것이죠. 마이크로소프트 출판사의 용어 지침에서는 16진수를 'hex'로 짧게 표현하지 않도록 명확하게 이야기하고 있지만, 대부분의 사람들은 이 표현을 빈번히 사용하며, 필자 역시 가끔 이 표현을 사용하는 경우가 있을 수 있습니다.

16진수는 이름만 독특한 것이 아닙니다. 십진수의 경우 다음과 같이 수를 셉니다.

0 1 2 3 4 5 6 7 8 9 10 11 12 …

팔진수에서는 8과 9가 필요 없습니다.

0 1 2 3 4 5 6 7 10 11 12 …

하지만 16진수는 십진수보다 몇 개의 숫자가 더 필요하기 때문에 다릅니다. 따라서 16진수는 다음과 같이 숫자를 세어 나갈 수 있습니다.

0 1 2 3 4 5 6 7 8 9 여기는 숫자를 표시할 기호가 더 필요하고… 10 11 12

여기서 10('일공'이라 읽어야 합니다)은 십진수로 16이 됩니다. 여기에 없는 기호로는 어떤 것을 사용해야 하며, 어디서 가져와야 할까요? 이런 기호들이 예전부터 있던 것들이 아니므로 합리적으로 새로운 기호 6개를 구성해야 할 것입니다. 예를 들어 다음과 같습니다.

대부분의 숫자 기호(즉, 아라비아 숫자)와 다르게 기억하기 쉬운 기호이면서도 실제 숫자를 추정할 수 있다는 장점이 있습니다. 10갤런짜리 카우보이 모자, 11명이 한 팀인 미식축구공, 12개가 한 상자가 되는 도넛, 불운을 나타내는 13과 연관성이 있는 검은 고양이, 새로운 달이 뜬 다음 14번째 밤에 뜨는 보름달, 줄리어스 시저의 암살(3월 15일)과 관련 있는 단검을 사용했습니다.

하지만 실제는 이렇지 않습니다. 안타깝게도(아마도 여러분에게는 다행히도) 16진수를 사용하기 위해서 미식축구공과 도넛을 사용하지는 않을 것입니다. 이렇게 사용할 수도 있었겠지만 그렇게 하지 않은 것이죠. 대신 일반적으로 사용되는 16진수 표기법은 모두에게 혼란스러운 형태지만 계속 사용되고 있습니다. 16진수에 필요한 6개 숫자의 기호로 라틴 알파벳의 처음 6개 문자를 사용합니다.

0 1 2 3 4 5 6 7 8 9 A B C D E F 10 11 12 …

다음 표는 이진수, 16진수와 십진수 간의 변환을 보여 줍니다.

이진수	16진수	십진수
0000	0	0
0001	1	1
0010	2	2
0011	3	3
0100	4	4
0101	5	5
0110	6	6
0111	7	7
1000	8	8
1001	9	9
1010	A	10
1011	B	11
1100	C	12
1101	D	13
1110	E	14
1111	F	15

숫자를 표현하기 위해서 문자를 사용하는 것은 즐거운 일이 아니지만(게다가 문자를 나타내기 위해서 숫자를 사용하기라도 하면 엄청 혼란스럽죠), 바이트의 값을 매우 간결하게 잘 표현할 수 있다는 이유만으로 16진수는 이미 널리 받아들여지고 있습니다.

한 바이트는 8비트로 구성되므로, 00에서 FF 범위를 가지는 2자리 16진수로 표현할 수 있습니다. 바이트 10110110은 16진수로 B6이며, 01010111은 16진수로 57입니다.

여기서 B6은 명백히 16진수라는 점을 알 수 있지만, 57은 십진수도 될 수 있습니다. 이런 혼란을 피하기 위해서 십진수와 16진수를 구분할 수 있는 방법이 필요하며, 그런 방법이 있습니다. 사실 프로그래밍 언어마다 16진수를 표현하는 다양한 방법들이 있지만, 이 책에서는 B6h나 57h처럼 숫자의 뒤에 소문자 h를 붙일 예정입니다.

　다음은 몇 가지 대표적인 1바이트 16진수 숫자들을 십진수로 변환한 표입니다.

이진수	16진수	십진수
00000000	00h	0
00010000	10h	16
00011000	18h	24
00100000	20h	32
01000000	40h	64
01100100	64h	100
10000000	80h	128
11000000	C0h	192
11001000	C8h	200
11100000	E0h	224
11110000	F0h	240
11111111	FFh	255

16진수 숫자도 이진수처럼 몇 자리 숫자를 다루고 있는지 명확하게 하기 위해서 숫자 앞에 0을 붙이는 경우가 많습니다. 더 긴 이진수에서도 이진수 4자리는 16진수 하나에 해당합니다. 16비트 값은 2바이트로 16진수 4자리 수로 표현할 수 있으며, 32비트 값은 4바이트로 16진수 8자리 수로 표현할 수 있습니다.

　16진수가 널리 사용되면서, 긴 이진수를 나타내야 할 때 4자리마다 공백 혹은 대시(-)를 적는 것이 관례가 되었습니다. 예를 들면, 이진수 0010010001 1010001010011001110은 0010 0100 0110 1000 1010 1100 1110 또는 0010-0100-0110-1000-1010-1100-1110의 형식으로 적으면 혼동의 여지가 줄어들고, 더욱 쉽게 16진수로 바꿀 수 있습니다.

$$\underline{0010}\ \underline{0100}\ \underline{0110}\ \underline{1000}\ \underline{1010}\ \underline{1100}\ \underline{1110}$$
$$2\quad 4\quad 6\quad 8\quad A\quad C\quad E$$

이 숫자는 모두 짝수인 7자리 16진수 숫자로 2468ACE입니다(치어리더들이 "2 4 6 8 A C E! 컴퓨터 과학 학위를 위해서 노력하세요!"라고 외치는 경우가 있다면 덕후들이 다니는 학교가 아닌지 의심할 필요가 있습니다).

인터넷에서 웹페이지에 사용되는 HTML_{Hypertext Markup Language}(하이퍼텍스트 마크업 언어)을 사용한 경험이 있다면, 16진수가 일반적으로 사용되는 경우에 익숙할 수 있습니다. 컴퓨터 화면에 있는 각각의 컬러 화소(픽셀이라고도 부릅니다)는 빛의 삼원색인 빨강, 초록, 파랑(RGB라고도 부릅니다)의 조합입니다. 각 삼원색의 강도, 즉 밝기는 바이트 값으로 지정되므로 특정한 색상을 지정하기 위해서는 3바이트가 필요하다는 의미가 됩니다. 보통 HTML 페이지에서 색상은 샵 기호(#) 뒤에 있는 6자리 16진수로 지정되어 있습니다. 예를 들어, 이 책의 그림에서 사용된 빨간색 음영 부분의 색상은 #E74536으로, 빨간색 값은 E7h, 녹색 값은 45h, 파란색 값은 36h라는 것을 의미합니다. 이 색상은 HTML 페이지에서 rgb(231, 69, 54)와 같은 형태를 사용해서 십진수로 표시할 수도 있습니다.

컴퓨터 화면에서 픽셀의 색상을 지정하는 데 3바이트가 필요하다는 사실을 알게 됨으로써, 약간의 연산을 처리하고 유용한 정보를 얻을 수도 있습니다. 컴퓨터 화면이 수평으로 1920픽셀, 수직으로 1080픽셀로 되어 있다면 (HD 텔레비전 해상도 표준입니다), 해당 화면에 맞는 이미지를 저장하기 위해 필요한 바이트의 수는 1920 곱하기 1080 곱하기 3, 즉 6,220,800바이트가 됩니다.

원색 각각의 값은 0에서 255까지의 값을 가질 수 있으므로, 가질 수 있는 전체 색상의 조합은 256 곱하기 256 곱하기 256으로 16,777,216이 됩니다. 16진수로 표현하면, 100h 곱하기 100h 곱하기 100h, 즉 1000000h가 됩니다.

16진수에서 각각의 자릿수 위치의 값은 16의 거듭제곱에 해당합니다.

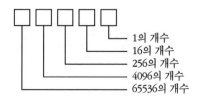

16진수 9A48Ch는 다음과 같이 분리할 수 있습니다.

$$9A48Ch = 9 \times 10000h +$$
$$= A \times 1000h +$$
$$= 4 \times 100h +$$
$$= 8 \times 10h +$$
$$= C \times 1h$$

이 수식을 16의 거듭제곱으로 다시 적으면 다음과 같습니다.

$$9A48Ch = 9 \times 16^4 +$$
$$= A \times 16^3 +$$
$$= 4 \times 16^2 +$$
$$= 8 \times 16^1 +$$
$$= C \times 16^0$$

또한 십진수로 바꿔 적으면 다음과 같습니다.

$$9A48Ch = 9 \times 65,536 +$$
$$= A \times 4096 +$$
$$= 4 \times 256 +$$
$$= 8 \times 16 +$$
$$= C \times 1$$

각 자리의 숫자(9, A, 4, 8, C)를 나타낼 때는 숫자가 어떤 수에 기반하고 있는지 적지 않아도 혼동할 여지가 없습니다. 9는 십진수이나 16진수여도 그 자체로 9이며, A는 당연하게도 16진수일 것이며 십진수로 10을 나타낼 것입니다.

모든 숫자를 십진수로 변환하기 위해서는 다음과 같은 계산이 필요합니다.

$$9A48Ch = 9 \times 65,536 +$$
$$= 10 \times 4096 +$$
$$= 4 \times 256 +$$
$$= 8 \times 16 +$$
$$= 12 \times 1$$

결과는 631,948입니다. 앞의 수식은 16진수를 어떻게 하면 십진수로 바꿀 수 있는지 보여 줍니다.

다음은 4자리 16진수를 십진수로 변환하기 위한 변환틀입니다.

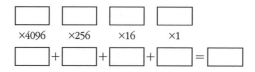

예를 들어, 79ACh를 변환하는 것을 가정해 봅시다. 16진수 A와 C는 각각 십진수 10과 12라는 것을 기억할 것입니다.

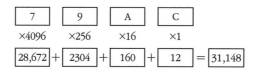

십진수를 16진수로 변환하기 위해서는 나눗셈을 해야 합니다. 숫자가 255 이하라면 16진수 2자리인 1바이트로 나타낼 수 있습니다. 이 두 숫자를 계산하기 위해서는 숫자를 16으로 나눠서 몫과 나머지를 얻어야 합니다. 예를 들어, 십진수 182를 16으로 나누면 몫이 11(16진수로 B), 나머지가 6이 되기 때문에 16진수로 이 값을 표현하면 B6h가 됩니다.

변환할 십진수가 65,536보다 작으면 4자리 이하의 16진수로 나타낼 수 있습니다. 다음은 이런 형태의 십진수를 16진수로 변환하기 위한 변환틀입니다.

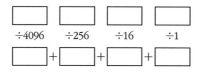

일단 윗쪽의 가장 왼쪽 상자에 전체 십진수 숫자를 넣는 것부터 시작합시다.

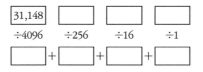

십진수 숫자 31,148을 4096으로 나눠서 몫과 나머지를 취한 후, 몫은 아래쪽에 있는 첫 번째 상자에 넣고 나머지는 위쪽의 다음 상자에 넣습니다.

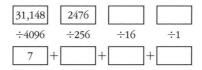

이제 이 나머지 2476을 256으로 나눠서 몫인 9만 취하고, 새로운 나머지인 172에 대해서 다음 과정을 진행합니다.

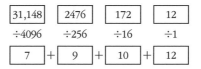

위의 변환 결과에서 십진수 10과 12는 16진수로 A와 C에 해당하므로 결과는 79ACh가 되는 것이죠.

65,535보다 작은 십진수를 16진수로 바꾸는 다른 방법으로는 일단 숫자를 256으로 나누어 두 개의 바이트로 분해하고, 각각의 바이트를 다시 각각 16으로 나눠서 분해해 가는 방법이 있습니다. 다음 그림은 이런 작업을 하기 위한 변환틀을 보여 주고 있습니다.

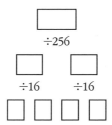

위에서부터 시작합시다. 위쪽 상자에 들어간 값을 아래 값으로 나누어 왼쪽 상자에는 몫을 넣고, 오른쪽 상자에는 나머지를 넣습니다. 예제로 51,966에 대한 변환 과정을 보여 주도록 하겠습니다.

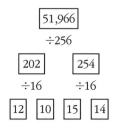

각각의 16진수 숫자는 12, 10, 16, 14로 16진수로 CAFE가 되는데, 왠지 숫자라기보다는 단어 같이 보입니다(카페에 가서 56,495[1] 커피를 주문하는 걸 더 좋아할 수도 있겠네요).

다른 숫자 체계에서 했던 것처럼, 16진수에 대한 덧셈표도 있습니다.

+	0	1	2	3	4	5	6	7	8	9	A	B	C	D	E	F
0	0	1	2	3	4	5	6	7	8	9	A	B	C	D	E	F
1	1	2	3	4	5	6	7	8	9	A	B	C	D	E	F	10
2	2	3	4	5	6	7	8	9	A	B	C	D	E	F	10	11
3	3	4	5	6	7	8	9	A	B	C	D	E	F	10	11	12
4	4	5	6	7	8	9	A	B	C	D	E	F	10	11	12	13
5	5	6	7	8	9	A	B	C	D	E	F	10	11	12	13	14
6	6	7	8	9	A	B	C	D	E	F	10	11	12	13	14	15
7	7	8	9	A	B	C	D	E	F	10	11	12	13	14	15	16
8	8	9	A	B	C	D	E	F	10	11	12	13	14	15	16	17
9	9	A	B	C	D	E	F	10	11	12	13	14	15	16	17	18
A	A	B	C	D	E	F	10	11	12	13	14	15	16	17	18	19
B	B	C	D	E	F	10	11	12	13	14	15	16	17	18	19	1A
C	C	D	E	F	10	11	12	13	14	15	16	17	18	19	1A	1B
D	D	E	F	10	11	12	13	14	15	16	17	18	19	1A	1B	1C
E	E	F	10	11	12	13	14	15	16	17	18	19	1A	1B	1C	1D
F	F	10	11	12	13	14	15	16	17	18	19	1A	1B	1C	1D	1E

---

1 (옮긴이) 16진수로 DCAF가 됩니다.

16진수 간의 덧셈을 할 때는, 이 표와 일반적인 자리올림 규칙들을 이용하면 됩니다.

$$\begin{array}{r} 4A3378E2 \\ +\ 877AB982 \\ \hline D1AE3264 \end{array}$$

이렇게 직접 손으로 계산하는 것을 좋아하지 않는다면, 윈도우와 맥OS의 계산기 앱 모두 이진수, 팔진수, 16진수를 사용해서 연산을 하고, 숫자 체계를 변환해 줄 수 있는 프로그래머 모드가 있으므로 이걸 이용하면 됩니다.

혹은 14장에서 8비트 이진 덧셈기를 직접 만들어도 됩니다.

Chapter 13

1000011 1001111 1000100 1000101

ASCII에서 유니코드까지

From ASCII to Unicode

태블릿이나 핸드폰을 사용하고 있을 때나, 컴퓨터나 노트북 앞에 앉아서도 우리는 보통 텍스트를 다루고 있습니다. 웹페이지, 워드프로세서, 이메일, 소셜 네트워크, 인터넷 게시판의 재미난 이야기, 메시지로 소통하는 친구들에 이르기까지, 우리는 일상적으로 텍스트를 읽고, 입력하고, 여기저기로 잘라 붙이고 있습니다.

컴퓨터의 비트와 바이트로 텍스트에 사용되는 문자를 표현할 수 있는 표준이 없었다면 이런 일은 불가능했을 것입니다. 따라서 문자의 인코딩은 가장 중요한 컴퓨터 표준이라 할 수 있으며, 컴퓨터 시스템과 애플리케이션 간, 하드웨어와 소프트웨어 제조자 간, 국가 간 등 현재 우리가 누리는 통신을 가능케 하는 핵심적인 부분이라 할 수 있습니다.

하지만 여전히 컴퓨터에서 텍스트가 깨져서 나오는 경우가 간혹 있습니다. 2021년 초 이 장의 내용을 바꾸고 있는 동안에 웹 호스팅 제공업체로부터 다음과 같은 제목이 있는 이메일을 받았습니다.

Weâ€™ve received your payment, thanks.

여러분들도 이런 읽을 수 없는 문자를 받았던 기이한 경험이 있었을 거라 생각합니다. 이 장의 끝부분에 도달하면 어떻게 이런 일들이 일어났는지 정확하게 알게 될 것입니다.

기억하겠지만, 이 책의 시작 부분에서 텍스트를 이진 부호로 표현하기 위한 두 가지 시스템에 대해서 이야기했었습니다. 모스 부호는 점과 선 사이에 다양한 길이의 일시 정지 간격을 갖는 형태로 문자를 표현하기 때문에 사실 처음에는 순수한 이진 부호처럼 보이지는 않을 수 있습니다. 하지만 기억을 되살려 보면, 모스 부호를 구성하는 모든 것은 점의 배수 길이로 되어 있었습니다. 선은 점 길이의 3배이고, 문자 사이의 일시 정지는 선 길이 정도이며, 단어 사이의 일시 정지는 선 두 개 정도의 길이였습니다. 점을 1 값을 가지는 한 비트로 생각하면, 선은 1 값을 가지는 비트가 3개 연속된 거라 할 수 있으며, 일시 정지 부분은 0값을 가지는 비트들이 연속해서 있는 거라 생각할 수 있습니다. 따라서 모스 부호로 표기된 "HI THERE"를 다음과 같이 이진수로 바꿔 볼 수 있습니다.

● ● ● ● ● ● ● ● ▬▬ ● ● ● ● ● ● ▬ ● ● ●
10101010001010000001110001010101000100010111010001000000

모스 부호는 문자를 표현하는 비트의 수가 각각 다르기 때문에 가변 비트 길이 부호로 분류할 수 있습니다.

이런 관점에서 점자는 훨씬 간단합니다. 각 문자는 6개의 점 배열로 표현되며, 각각의 점은 튀어나와 있을 수도 있고, 튀어나와 있지 않을 수도 있습니다. 점자는 틀림없는 6비트 코드이며, 이것은 각 문자가 6비트 값으로 표현될 수 있다는 것을 의미합니다. 한 가지 작은 문제는 숫자와 대문자를 나타내기 위해 추가적인 점자 문자가 필요하다는 점입니다. 즉, 점자에서 숫자를 표시하기 위해서는 이후 문자의 의미를 변경하는 점자 문자인 시프트 부호를 넣어야 했던 것을 기억할 것입니다.

시프트 부호는 1870년대에 인쇄 전신과 관련하여 발명된 또 다른 초기 이진 부호에서도 나타납니다. 이 부호는 프랑스 전신국의 장교였던 에밀 보도Émile Baudot의 작품이었고, 여전히 그의 이름을 붙여서 보도 부호Baudot code라 부르고 있습니다. 보도 부호는 1960년대부터 사용되었으며, 예를 들면, 웨스턴 유니온이라는 전신국에서 전보telegrams라 이야기하는 짧은 문자 메시지를 주고받는 데 사용되었습니다. 오늘날에도 예전부터 컴퓨터를 다루던 사람들이 이진 데이터의 전송속도를 보 레이트baud rate라 이야기하는 것을 들을 수 있습니다.

보도 부호는 30개의 키와 스페이스만 있다는 점을 제외하면 타자기와 비슷한 형태의 키보드를 가진 전신타자기teletypewriter에서 빈번히 사용되었습니다. 전신타자기의 자판의 경우 실제로는 자판에 해당하는 이진 부호를 만들어서 출력 단자로 한 비트씩 전송하는 스위치였습니다. 전신타자기는 인쇄 장치도 가지고 있었습니다. 따라서 전신타자기의 입력 단자를 통하여 전송된 부호들은 전자기 스위치를 움직여서 종이에 문자를 출력할 수 있었던 것입니다.

보도 부호는 5비트를 사용하는 부호 체계이므로 32개의 부호가 가능하며, 이를 16진수로 표현하면 00h~1Fh의 범위를 가집니다. 문자에 해당하는 32개의 부호와 보도 문자의 관계는 다음 표에서 확인할 수 있습니다.

16진 부호	보도 문자	16진 부호	보도 문자
00		10	E
01	T	11	Z
02	캐리지 리턴	12	D
03	O	13	B
04	공백 문자	14	S
05	H	15	Y
06	N	16	F
07	M	17	X
08	줄 바꿈	18	A
09	L	19	W
0A	R	1A	J
0B	G	1B	기호 변경
0C	I	1C	U
0D	P	1D	Q
0E	C	1E	K
0F	V	1F	문자 변경

부호 00h에는 어떤 값도 할당되어 있지 않습니다. 나머지 31개의 부호들 중에 26개에는 영문 알파벳에 해당하는 글자들이 할당되어 있으며, 나머지 5개는 표에서 기울임체로 표시해 두었습니다.

부호 04h 값은 공백Space 부호로 단어를 구분하는 공백을 넣는 데 사용됩니다. 부호 02h와 08h는 각각 캐리지 리턴Carriage Return과 줄 바꿈Line Feed입니다. 이 용어는 타자기에서 온 용어들입니다. 타자기로 문서를 작성하는 과정에서 한 줄의 끝에 도달하면, 이 두 가지 작업을 처리기 위해서 버튼이나 레버를 눌러 줍니다. 이 경우 첫 번째로 타자기의 문서 받침대carriage가 종이를 오른쪽으로 옮겨서(또는 활자를 찍는 부분을 왼쪽으로 옮기기도 합니다) 종이의 왼쪽에서부터 다시 타자 입력이 가능하도록 만들어 주는데, 이 동작을 캐리지 리턴이라 합니다. 두 번째로 타자기의 문서 받침대를 돌려서 방금까지 작성한 줄의 바로 아랫줄부터 입력이 가능하도록 만들어 주는데, 이 동작을 줄 바꿈이라 합니다. 보도 부호에서는 이 두 가지 형태의 동작을 각각의 키 입력으로 분리해서 각각의 부호가 만들어지도록 하였습니다. 보도 전신타자기의 경우 이러한 두 개의 분리된 부호를 받아서 인쇄를 할 때 사용하게 됩니다.

보도 문자 표현 체계에서 숫자와 구두점은 어떻게 했을까요? 이를 위해서 1Bh, 즉 표에서 기호 변경Figure Shift이란 부호를 정의해 두었습니다. 기호 변경 부호가 입력된 다음에 나오는 모든 부호는 문자 변경Letter Shift 부호인 1Fh가 나와서 이후의 부호를 문자열로 되돌리기 전까지 숫자 혹은 구두점으로 해석됩니다. 다음 표에서 숫자와 구두점에 해당하는 부호들을 확인할 수 있습니다.

16진 부호	보도 문자	16진 부호	보도 문자
00		10	3
01	5	11	+
02	캐리지 리턴	12	자기 식별 (Who are you?)
03	9	13	?
04	공백 문자	14	'
05	#	15	6

06	,	16	$
07	.	17	/
08	*줄 바꿈*	18	-
09	)	19	2
0A	4	1A	*벨*
0B	&	1B	*기호 변경*
0C	8	1C	7
0D	0	1D	1
0E	:	1E	(
0F	=	1F	*문자 변경*

이 표는 해당 부호들이 미국에서 어떻게 사용되었는지 나타내고 있습니다. 미국 외의 국가들에서는 일부 유럽 언어의 강조 문자들을 나타내기 위해서 코드 05h, 0Bh, 16h를 사용하고 있습니다. 벨 부호는 전신타자기에서 종소리를 울리게 하며, 자기 식별"Who Are You(WRU)?" 부호는 전신타자기의 자기 식별 메커니즘[1]을 동작시킵니다.

　모스 부호와 마찬가지로, 이러한 5비트 보도 부호 역시 소문자와 대문자를 구분하지 못합니다.

I SPENT $25 TODAY.

위와 같은 문장은 다음과 같은 16진수 데이터 열로 나타낼 수 있습니다.

I　　SPENT　　$25　　TODAY　．

0C 04 14 0D 10 06 01 04 1B 16 19 01 1F 04 01 03 12 18 15 1B 07 02 08

달러 기호 바로 앞에 1Bh, 숫자 뒤에 1Fh, 그리고 마지막의 마침표 전에 다시 1Bh를 보내기 때문에 세 개의 시프트(변환) 부호가 사용되었음을 확인할 수 있을 것입니다. 한 줄은 캐리지 리턴 및 줄 바꿈 부호로 끝납니다.

1　(옮긴이) 텔렉스 번호 등을 출력합니다.

안타깝게도 이 데이터 스트림을 전신타자기 프린터로 두 번 연속 전송하면 다음과 같이 출력될 것입니다.

```
I SPENT $25 TODAY.
8 '03,5 $25 TODAY.
```

어떤 일이 벌어진 것일까요? 두 번째 줄에 해당하는 데이터 스트림을 받기 직전에 수신한 것이 기호 변경 부호였기 때문에, 두 번째 줄에서 문자 변경 부호를 받기 전까지의 모든 데이터는 숫자와 기호로 해석됩니다.

이런 문제는 시프트 부호를 사용할 때 발생하는 전형적이면서도 귀찮은 문제입니다. 따라서 보도 부호가 조금 더 유연성이 있는 최신의 부호 체계로 바뀌는 과정에서 시프트 부호 방식을 배제하고, 소문자와 대문자 역시 따로 정의하는 방식이 고려되었습니다.

모든 것을 표현할 수 있는 부호에는 몇 개의 비트가 필요할까요? 영어에만 초점을 맞추고 문자를 추가해 보면 라틴 알파벳의 대소문자 52개와 숫자 0에서 9까지를 표현하기 위한 10개의 부호가 필요합니다. 벌써 62개가 필요합니다. 여기에 구두점 몇 개를 넣으면 6비트의 한계인 64를 넘어갑니다. 다만 8비트가 필요해지는 128자를 초과하는 지점까지는 약간의 여유가 있습니다.

따라서 정답은 7비트입니다. 즉, 일반적으로 시프트 부호를 사용하지 않고 영어에서 사용하는 모든 문자를 나타내려면 7비트가 필요합니다.

보도 부호를 대체한 것이 **정보 교환을 위한 미국 표준 부호**American Standard Code for Information Interchange; ASCII라 불리는 7비트 부호이며, 보통 ASCII('아스키 ['askē]'라는 다른 곳에서 사용하지 않을 법한 발음을 사용합니다)라 짧게 부릅니다. 이 부호는 1967년에 제정되었으며, 컴퓨터 산업 전반에 가장 중요한 하나의 표준으로 남아 있습니다. 잠시 후에 살펴볼 한 가지 큰 예외를 제외하면, 컴퓨터에서 문서를 볼 때마다 ASCII가 어떤 형태로든 관여되어 있음을 알 수 있을 것입니다.

ASCII는 7비트를 사용하고 있으므로 16진수로는 00h에서 7Fh까지, 이진 부호로는 0000000에서부터 1111111까지를 사용합니다. 이제 곧 128개의 ASCII 부호를 볼 수 있을 것입니다. 하지만 부호를 32개씩 4개의 그룹으로 나누어 설명하겠습니다. 다만, 첫 번째 그룹에 해당하는 부호들에 사용된 개념이 다른 부호들보다 약간 어렵기 때문에 일단 건너뛸 예정입니다. 두 번째 그룹에는 구두점과 10개의 숫자가 포함되어 있습니다. 다음 표에 20h~3Fh의 16진 부호와 해당 부호에 해당하는 문자를 나열해 보았습니다.

16진 부호	ASCII 문자	16진 부호	ASCII 문자
20	공백 문자	30	0
21	!	31	1
22	"	32	2
23	#	33	3
24	$	34	4
25	%	35	5
26	&	36	6
27	'	37	7
28	(	38	8
29	)	39	9
2A	*	3A	:
2B	+	3B	;
2C	,	3C	〈
2D	-	3D	=
2E	.	3E	〉
2F	/	3F	?

20h는 단어나 문장을 나누는 데 사용되는 공백 문자라는 것에 주목하십시오. 그다음 32개의 부호들은 대문자와 추가적인 구두점을 포함하고 있습니다. @ 기호나 밑줄 기호 근처에 있는 구두점 기호들은 일반 타자기에는 없는 기호들입니다. 하지만 현재의 키보드에서는 표준이 되었습니다.

16진 부호	ASCII 문자	16진 부호	ASCII 문자
40	@	50	P
41	A	51	Q
42	B	52	R
43	C	53	S
44	D	54	T
45	E	55	U
46	F	56	V
47	G	57	W
48	H	58	X
49	I	59	Y
4A	J	5A	Z
4B	K	5B	[
4C	L	5C	\
4D	M	5D	]
4E	N	5E	^
4F	O	5F	–

다음 32개의 문자 그룹에서는 소문자와 더불어 추가적인 구두점 몇 개를 포함하고 있는데, 이 기호들 역시 타자기에는 없지만 컴퓨터 키보드 표준에는 포함되어 있습니다.

16진 부호	ASCII 문자	16진 부호	ASCII 문자
60	`	70	p
61	a	71	q
62	b	72	r
63	c	73	s
64	d	74	t
65	e	75	u
66	f	76	v
67	g	77	w
68	h	78	x

69	i	79	y
6A	j	7A	z
6B	k	7B	{
6C	l	7C	|
6D	m	7D	}
6E	n	7E	~
6F	o		

이 표에서 7Fh에 해당하는 마지막 기호가 빠져 있다는 점을 기억하십시오. 잠시 후에 이 부분에 대해서 살펴보겠습니다.

Hello, you!

위의 문자열은 다음과 같이 16진수 ASCII 부호를 이용해서 표현할 수 있습니다.

H e l l o ,   y o u !
48 65 6C 6C 6F 2C 20 79 6F 75 21

쉼표(2Ch), 공백(20h), 느낌표(21h)를 위한 부호들이 문자와 같은 형태로 존재한다는 점에도 주목하십시오.

I am 12 years old.

위의 짧은 문장 역시 다음과 같은 ASCII 표현으로 나타낼 수 있습니다.

I   a m   1 2   y e a r s   o l d .
49 20 61 6D 20 31 32 20 79 65 61 72 73 20 6F 6C 64 2E

위의 문장에서 숫자 12는 ASCII 부호에서 각각 1과 2를 의미하는 16진수 숫자 31h와 32h로 표현됩니다. 숫자 12가 문자열의 일부로 사용되었을 때 이를 16진수 01h와 02h라든지 BCD 부호 12h, 또는 16진수 0Ch로 표시해서는 안 됩니다. 만일 이런 값을 사용하더라도 ASCII 부호의 값에 대응하는 문자로 해석될 것입니다.

ASCII 부호에서 대문자는 소문자와 20h 차이가 납니다. 이 사실을 이용해서 컴퓨터 프로그램에서 대소문자를 손쉽게 변환할 수 있습니다. 대문자 코드를 소문자로 변환하려면 코드에 20h를 더하고, 소문자를 대문자로 변환하려면 20h를 빼면 되는 것이죠(실제로 덧셈이 필요한 것은 아닙니다. 대소문자를 변환할 때는 한 비트만 바꿔 주면 됩니다. 이 책의 뒷부분에서 이런 작업을 처리하는 것을 볼 수 있을 것입니다).

지금까지 본 95개의 문자는 눈으로 볼 수 있는 형태로 되어 있으므로 그래픽 문자graphics character라 부릅니다. ASCII 부호는 33개의 제어 문자control character를 포함하고 있는데, 이 문자들은 눈에 보이지는 않지만 다양한 기능을 수행합니다. 완전한 ASCII 부호를 보여드리기 위해서 일단 남아 있는 33개의 제어 문자를 아래 표에 나열할 것인데, 이해할 수 없는 부분이 있더라도 별로 걱정할 필요는 없습니다. 이런 부호들은 ASCII 부호가 개발되던 당시의 전신 타자기에서 사용되던 것을 적용한 것이며, 현재에는 사용되지 않는 것들이 상당히 많습니다.

16진 부호	약자	ASCII 제어 문자 이름
00	NUL	널(Nothing)
01	SOH	헤딩 시작
02	STX	문서 시작
03	ETX	문서 끝
04	EOT	전송 끝
05	ENQ	링크 설정 요청(Enquiry, 즉 Inquiry)
06	ACK	응답(Acknowledge)[2]
07	BEL	벨
08	BS	백스페이스
09	HT	수평 탭
0A	LF	줄 바꿈
0B	VT	수직 탭
0C	FF	문서 바꿈

2 (옮긴이) ACK라고 짧게 표현하기도 하며, 통신에서 긍정적인 응답을 의미합니다.

0D	CR	캐리지 리턴
0E	SO	시프트 끝
0F	SI	시프트 시작
10	DLE	데이터 링크 이스케이프
11	DC1	장치 제어 1
12	DC2	장치 제어 2
13	DC3	장치 제어 3
14	DC4	장치 제어 4
15	NAK	부정 응답(Negative Acknowledge)[3]
16	SYN	동기 맞춤(Synchronous Idle)
17	ETB	전송 블록 종료
18	CAN	취소
19	EM	매체 종료
1A	SUB	오전송 문자 치환
1B	ESC	이스케이프
1C	FS	파일 경계 할당 4
1D	GS	그룹 경계 할당 3
1E	RS	레코드 경계 할당 2
1F	US	장치 경계 할당 1
7F	DEL	삭제

그래픽 문자 사이에 제어 문자를 끼어 넣어서 문서의 전반적인 형태와 서식을 구성할 수 있다는 생각으로 이런 제어 문자를 사용하는 것입니다. ASCII 부호를 받아서 한 페이지의 문서를 찍어내는 전신타자기나 간단한 프린터 등의 장비가 있다고 상상해 보면 이해가 조금 더 편할 것 같습니다. 일반적으로 이런 인쇄 장치의 프린트 헤더는 입력되는 문자 부호(그래픽 문자)에 대응하면서 왼쪽에서 오른쪽으로 문자를 찍어 나가는데, 가장 중요한 제어 문자들이 이런 동작을 바꿔 줍니다.

예를 들어 다음과 같은 16진수 문자열이 있다고 생각해 봅시다.

---

3 (옮긴이) NAK 혹은 NACK라 짧게 표현하기도 하며, 통신에서 부정 확인 응답을 의미합니다.

41 09 42 09 43 09

09h 문자는 수평 탭(보통 탭이라고 이야기하죠) 부호입니다. 출력되는 한 페이지에서는 모든 수평 문자 위치가 0에서 시작한다고 가정하는 경우에, 탭 부호는 다음에서 볼 수 있는 것처럼 그다음 문자가 8의 배수가 되는 수평 위치에서 인쇄되도록 만들어 줍니다.

A   B   C

이를 통해서 문자들을 특정 열에 손쉽게 맞출 수 있습니다.

오늘날까지도 많은 컴퓨터 프린터들은 문서 바꿈 부호Form Feed(12h)를 받아서 현재 출력 중인 종이를 뽑아내고 새로운 종이를 시작하는 동작을 수행합니다.

백스페이스 부호는 구형 프린터에서 복잡한 문자를 출력하기 위해서 사용됐습니다. 예를 들어, 컴퓨터가 제어하는 전신타자기에서 강세 기호가 있는 소문자 e를 출력하고 싶다면 65 08 60 기호를 전달하여 è 문자를 만들 수 있었던 것이지요.

이런 제어 부호들 중에서 가장 중요한 제어 부호는 바로 캐리지 리턴과 줄 바꿈 부호라고 할 수 있는데, 보도 부호에서의 의미와 거의 같은 의미를 가지고 있습니다. 프린터에서 캐리지 리턴 부호는 프린터의 인쇄 헤드를 페이지의 왼쪽으로 보내는 역할을 수행하며, 줄 바꿈 부호는 프린터의 인쇄 헤드를 그다음 줄로 넘기도록 만듭니다. 보통 새로운 줄에서 시작할 때는 두 부호가 모두 필요합니다. 캐리지 리턴만 사용하면 한 번 인쇄했던 줄에 다시 뭔가를 인쇄하게 할 수 있고, 줄 바꿈 부호만 사용하는 경우에는 왼쪽으로 이동하지 않고 그다음 줄에서 인쇄가 계속됩니다.

문서, 사진, 음악과 영상 모두 이름을 통해서 구분할 수 있도록 만들어진 바이트 모음인 파일의 형태로 컴퓨터에 저장됩니다. 파일은 보통 내용을 나타내는 이름과 형식을 나타내는 확장자(일반적으로 3~4자)로 구성되는데, ASCII 문자로 구성된 파일은 보통 문서text를 의미하는 'txt'라는 확장자를 가지고 있습니다. ASCII에는 이탤릭체, 볼드체, 사용된 글꼴, 글꼴의 크기 등에 대한 정보를 나타내는 부호가 포함되어 있지 않습니다. 이런 장식적인 요소를 포함하는 것은 서식을 갖춘 문서 혹은 리치 텍스트rich text의 특징이며, ASCII의 경우는 일반 텍스트 문서를 위한 것입니다. 윈도우 데스크톱 컴퓨터에서는 메모장을 이용해서 일반 텍스트 문서를 만들 수 있으며, 맥OS에 있는 텍스트 편집기 역시 같은 작업을 처리할 수 있습니다(이 동작이 기본 동작은 아닙니다). 이 두 프로그램 모두 글꼴과 글꼴 크기를 선택할 수는 있지만, 텍스트를 보기 위한 것이며, 이 정보가 텍스트와 함께 저장되는 것은 아닙니다.

메모장과 텍스트 편집기 모두 Enter 혹은 Return 키를 입력하면 현재 줄을 종료하고 다음 줄의 시작 부분으로 이동합니다. 이 프로그램들은 워드 랩핑 word wrapping도 지원하는데, 이 경우 문자 입력 시에 창의 맨 오른쪽 가장자리까지 이동하면 프로그램에서 자동으로 다음 줄에서 입력을 계속 이어가며, 이어지는 텍스트는 줄이 바뀐 것이 아니라 단락의 일부가 됩니다. Enter 혹은 Return 키를 눌러서 해당 문단의 끝을 표시하고 새로운 문단을 시작할 수 있습니다.

Enter 또는 Return 키를 누르면 윈도우 메모장에서는 16진수 부호 0Dh와 0Ah(캐리지 리턴과 줄 바꿈 부호)를 파일에 삽입합니다. 반면, 맥OS의 텍스트 편집기에서는 줄 바꿈 부호인 0Ah만 삽입하며, 1984년부터 2001까지 존재했던 클래식 맥OS의 경우에는 캐리지 리턴인 0Dh만 삽입했습니다. 이와 같이 일치하지 않는 부분이 있기 때문에 한 시스템에서 만든 파일을 다른 시스템에서 읽을 때 문제가 발생합니다. 최근 몇 년 동안 프로그래머들이 이런 문제를 줄이기 위해서 노력했으나, 일반 텍스트 파일의 줄이나 단락의 끝을 나타내는 컴퓨터 업계의 표준이 아직도 없다는 것은 매우 놀랍고 창피한 노릇입니다.

ASCII는 도입되자마자 컴퓨팅 세계에서 텍스트를 표시하기 위한 지배적인 표준이 되었지만 IBM에서는 그렇지 않았습니다. IBM은 System/360을 개발하면서 확장 BCD 교환 부호Extended BCD Interchange Code, EBCDIC라 부르는 자체 문자 부호를 개발했습니다. EBCDIC은 IBM에서 천공 카드 시절부터 사용되어온 6비트 BCDIC 부호를 8비트로 확장한 것입니다. 한 장에 80자의 문자를 저장할 수 있는 천공 카드는 1928년 IBM에 의해 도입된 이후 50년 넘게 사용되었습니다.

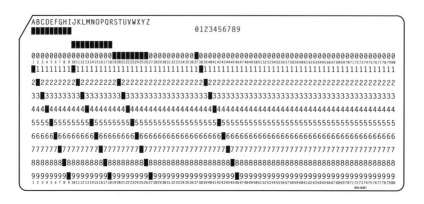

검은색 사각형은 카드에 구멍을 뚫은 것입니다. 천공 카드는 이를 이용해 문자를 표현할 때 영향을 미치는 현실적인 문제가 있었습니다. 카드에 구멍을 너무 많이 뚫으면, 천공 카드가 약해져서 찢어질 수 있고, 이로 인해서 기계가 제대로 동작하지 못하게 막는 경우가 발생할 수 있습니다.

하나의 문자는 천공 카드에서 하나의 열에 한 개 이상의 직사각형 구멍을 조합하는 형태로 인코딩됩니다. 이때 문자 자체를 카드의 윗부분에 같이 인쇄하는 경우가 많습니다. 아래쪽의 10줄을 숫자행digit row이라고 부르는데, 0번 행, 1번 행과 같이 숫자로 구분하며, 9번 행까지 있습니다. 이 부분은 컴퓨터 시스템이 십진수에 기반을 두고 동작했던 시절의 잔재라 할 수 있습니다. 맨 위에 있는 두 개의 번호가 없는 부분이 구역행zone row인데, 이 부분은 11번 행, 12번 행이라 부르며 특이하게 10번 행은 없습니다.

EBCDIC 문자 코드는 구역행과 숫자행의 조합으로 이뤄집니다. 10개의 숫자를 나타내는 EBCDIC 부호는 F0h~F9h 값을 가집니다. 또한 대문자를 나타내는 EBCDIC 부호는 C1h~C9h, D1h~D9h, E2h~E9h의 세 그룹으로 나뉘며, 소문자를 나타내는 EBCDIC 부호 역시 81h~89h, 91h~99h, A2h~A9h 의 세 그룹으로 나뉩니다.[4]

ASCII에서는 모든 대문자와 소문자가 연속해서 존재하기 때문에, ASCII 데이터를 알파벳순으로 정렬할 수 있습니다. 하지만 EBCDIC는 문자가 연속해서 존재하지 않기 때문에 정렬이 더 복잡합니다. 다행히도 이제는 EBCDIC을 실제로 회사나 개인적으로 보게 될 가능성이 거의 없으며, 대부분 역사적 호기심에서 살펴보게 될 것입니다.

ASCII가 개발되었을 때는 메모리가 매우 비쌌기 때문에, 일부 사람들은 메모리를 절약하기 위해 시프트 문자를 사용해서 대소문자를 구분함으로써 ASCII를 6비트로 만드는 것이 좋겠다고 생각했습니다. 이런 아이디어가 받아들여지지 않자 많은 사람은 컴퓨터에서 7비트 아키텍처보다는 8비트 아키텍처를 사용할 가능성이 높다고 생각해서 ASCII가 8비트 부호가 되어야 한다고 생각했습니다. 물론 이제는 한 바이트로 8비트를 사용하기 때문에, ASCII가 기술적으로 7비트 부호일지라도 보편적으로 8비트 값으로 저장합니다.

바이트의 크기와 ASCII 문자의 비트수를 맞추면 문자 수를 세는 것만으로도 특정 텍스트 문서에 필요한 컴퓨터 메모리 양을 대략적으로 파악할 수 있기 때문에 상당히 편리합니다. 예를 들어, 허먼 멜빌Herman Melville의 《모비 딕 Moby-Dick》은 약 125만 자로 된 소설이므로, 컴퓨터 저장 공간이 125만 바이트 필요합니다. 이 정보에서 대략적인 단어 수를 도출할 수도 있습니다. 단어의 평균적인 길이는 5자이며, 단어 사이의 공백을 고려하면 《모비 딕》은 길이가 대략 약 20만 단어입니다.

모비딕의 일반 텍스트 파일은 공개된 다른 고전 문학 작품들과 더불어 구텐베르크 프로젝트 웹사이트(gutenberg.org)에서 다운로드할 수 있습니다.

---

4 (옮긴이) 갑자기 EBCDIC이 16진수로 표현되어 혼동이 될 수 있는데, 천공 카드에서 숫자는 구역행을 찍지 않고 숫자행만 사용하고(1~9라고 표시해 봅시다), 대문자 A~I까지는 EBCDIC으로 C1h~C9h까지, 천공 카드로는 구역행의 12번 행을 찍고, 숫자행을 찍는 방식(12-1~9라고 표시할 수 있겠습니다)으로, J~R까지는 EBCDIC으로 D1~D9까지, 천공 카드에서는 구역행의 11번 행을 찍고, 숫자행을 찍는 방식(11-1~9), S~Z까지는 숫자행의 0을 찍고 숫자를 찍는 방식(0-1~9)으로 표현했습니다. 다른 소문자 등의 부호는 기존의 천공 카드 형식의 BCD를 확장해서 EBCDIC로 만든 것입니다.

구텐베르크 프로젝트는 일반 텍스트 형식으로 된 다양한 책들을 받을 수 있도록 만든 선구적인 프로젝트지만, 해당 책을 HTMLHypertext Markup Language이나 몇 가지 전자책 형식으로도 얻을 수 있습니다.

인터넷에 있는 웹페이지에서 사용하는 HTML 형식은 가장 인기 있는 리치 텍스트 형식이라 할 수 있습니다. HTML은 마크업 또는 태그 스니펫snippet을 사용하여 일반 텍스트에 화려한 서식을 추가할 수 있습니다. 하지만 흥미로운 점은 HTML 역시 마크업을 위해 일반 ASCII 문자를 사용하므로 HTML 파일 역시 일반 텍스트 파일이라는 것입니다. 일반 텍스트로 볼 때 HTML은 다음과 같습니다.

This is some ⟨b⟩bold⟨/b⟩ text, and this is some ⟨i⟩italic⟨/i⟩ text.

각괄호는 ASCII 부호 3Ch 및 3Eh이지만, HTML로 해석될 때는 웹 브라우저에서 텍스트를 다음과 같이 표시할 수 있습니다.

This is some **bold** text, and this is some *italic* text.

같은 텍스트지만, 다른 방식으로 표시됩니다.

ASCII 부호가 컴퓨터 산업에서 가장 중요한 표준인 것은 사실이지만 완벽하지는 않습니다. 정보 교환을 위한 미국 표준 부호, 즉 ASCII 부호의 가장 큰 문제점은 미국 실정에만 너무 맞춰져 있다는 것이지요. 심지어 ASCII 부호는 주요 언어로 영어를 사용하는 다른 나라에서도 적합하지 않은 경우가 많습니다. ASCII 부호에 달러 기호는 존재하지만, 영국의 파운드 기호는 어디 있을까요? 서유럽 국가에서 널리 사용하는 강세 표시가 들어 있는 문자들은 어디 있을까요? 유럽에서 사용되는 그리스어, 아랍어, 히브리어, 키릴어와 같은 비영어권 문자들은 말할 필요도 없습니다. 인도의 브라만어라든지 남아시아의 데바나가리 문자, 벵골 문자, 타이 문자나 티베트어 등도 마찬가지입니다. 7비트 부호로 수천 개의 표의문자를 지닌 중국어나 일본어, 그리고 수만 개의

음절을 가지고 있는 한글을 표현할 수는 없지요.[5]

　세계의 모든 언어를 ASCII 부호에 포함시키는 것은 1960년대에는 너무 야심찬 목표였을 테지만, 간단한 방식으로 해결할 수 있는 일부 국가의 요구들은 염두에 두었습니다. 출판된 ASCII 표준을 보면 10개의 ASCII 부호(40h, 5Bh, 5Ch, 5Dh, 5Eh, 60h, 7Bh, 7Ch, 7Dh, 7Eh)들은 각 나라의 사정에 맞추어 사용할 수 있도록 지정되어 있으며, 숫자를 나타내는 번호 기호(#)는 영국의 파운드화 기호(£)로 바꾸어 사용할 수 있으며, 달러 기호($)는 필요에 따라 일반적인 통화 기호(¤)로 대체될 수 있도록 정의되어 있습니다. 물론 부호의 의미가 바뀔 때는 이러한 통화 부호들을 사용하는 사람들이 그 의미를 정확히 알고 있는 경우에만 뜻이 통합니다.

　많은 컴퓨터 시스템에서 문자는 8비트 값을 저장하므로 128개의 부호가 아니라 256개의 부호를 포함할 수 있도록 확장된 ASCII 부호를 고안할 수 있을 것입니다. 이런 문자셋에서 00h부터 7Fh까지는 ASCII 부호로 지정되며, 그다음 128개 코드(80h부터 FFh까지)는 원하는 대로 정의할 수 있습니다. 이러한 기법은 강조 문자와 비영어권 문자에서 사용할 수 있는 추가적인 부호들을 정의하기 위해서 사용되었습니다. 안타깝게도 ASCII 부호는 여러 가지 서로 다른 방식으로 여러 번 확장되었습니다.

　마이크로소프트 윈도우가 처음 출시되었을 때, 마이크로소프트에서는 ANSI 문자셋이라고 부르는 ASCII 확장을 지원했지만 실제로는 미국 국립 표준 연구소American National Standards Institute, ANSI의 승인을 받지는 못했습니다. 이 부호에서 A0h에서 FFh 영역에 추가된 문자는 대부분 유럽 언어에서 흔히 볼 수 있는 유용한 기호와 악센트 문자입니다. 다음 표에서 첫 행은 16진수 문자 부호의 상위 니블을 나타내고 있으며, 가장 왼쪽 열은 하위 니블을 나타내고 있습니다.

5　(옮긴이) 한글을 음절로 나누는 방식은 완성형 방식인데, 실제로 부호로는 완성형이 많이 사용됩니다. 이와 다르게 한글을 자음과 모음 낱자로 나누고 이를 이용하여 글을 완성하는 조합형 방식이 있습니다.

	A-	B-	C-	D-	E-	F-
-0		°	À	Ð	à	ð
-1	¡	±	Á	Ñ	á	ñ
-2	¢	²	Â	Ò	â	ò
-3	£	³	Ã	Ó	ã	ó
-4	¤	´	Ä	Ô	ä	ô
-5	¥	µ	Å	Õ	å	õ
-6	¦	¶	Æ	Ö	æ	ö
-7	§	·	Ç	×	ç	÷
-8	¨	¸	È	Ø	è	ø
-9	©	¹	É	Ù	é	ù
-A	ª	º	Ê	Ú	ê	ú
-B	«	»	Ë	Û	ë	û
-C	¬	¼	Ì	Ü	ì	ü
-D		½	Í	Ý	í	ý
-E	®	¾	Î	Þ	î	þ
-F	¯	¿	Ï	ß	ï	ÿ

부호 A0h는 **비분할 공백**no-break space으로 정의되어 있습니다. 일반적으로 컴퓨터 프로그램에서 문서는 줄과 문단의 형태로 구성되며, 각 줄은 공백 부분인 20h에 해당하는 ASCII 부호가 사용된 곳에서 구분됩니다. 부호 A0h는 빈칸으로 출력되기는 하지만, 줄을 구분하기 위해서 사용할 수는 없습니다. '2월 2일'과 같은 날짜에 비분할 공백을 사용하면, '2월'과 '2일'이 서로 다른 줄에 표시되지 않도록 만들 수 있습니다.

부호 ADh는 소프트 하이픈(-)으로 정의되어 있습니다. 이 하이픈은 음절을 구분하기 위해서 단어의 중간에 사용됩니다. 이는 줄을 나누기 위하여 단어의 중간을 나누는 경우에만 사용되며, 인쇄되는 페이지에 나타나게 되어 있습니다.

ANSI 문자셋은 윈도우에 포함되어 있었기 때문에 매우 큰 인기를 끌었지만, 수십년간 그랬던 것처럼 ASCII를 확장한 것들 중 하나에 불과했습니다. 하지만 확장의 방향을 똑바로 유지하기 위해서 마이크로소프트는 숫자와 다른 식별자들을 누적시켜 왔으며, 윈도우 ANSI 문자 집합은 ISO-8859-1 또는 라틴 알파벳 No.1으로 알려진 국제 표준 기구ISO의 표준이 되었습니다. 이 문자셋은 코드 80h~9Fh의 문자를 포함하도록 확장되는 시점부터 Windows-1252라는 이름으로 알려지게 되었습니다.

	8-	9-	A-	B-	C-	D-	E-	F-
-0	€			°	À	Đ	à	ð
-1		'	¡	±	Á	Ñ	á	ñ
-2	,	'	¢	²	Â	Ò	â	ò
-3	ƒ	"	£	³	Ã	Ó	ã	ó
-4	„	"	¤	´	Ä	Ô	ä	ô
-5	…	•	¥	µ	Å	Õ	å	õ
-6	†	–	¦	¶	Æ	Ö	æ	ö
-7	‡	—	§	·	Ç	×	ç	÷
-8	^	~	¨	¸	È	Ø	è	ø
-9	‰	™	©	¹	É	Ù	é	ù
-A	Š	š	ª	º	Ê	Ú	ê	ú
-B	‹	›	«	»	Ë	Û	ë	û
-C	Œ	œ	¬	¼	Ì	Ü	ì	ü
-D			-	½	Í	Ý	í	ý
-E	Ž	ž	®	¾	Î	Þ	î	þ
-F		Ÿ	¯	¿	Ï	ß	ï	ÿ

숫자 1252는 코드 페이지 식별자라고 불리는데, 이 용어는 IBM에서 다양한 버전의 EBCDIC을 구별하기 위해 만들었던 것입니다. 다양한 코드 페이지는 그리스어, 키릴어, 아랍어와 같이 자체 악센트 문자를 필요로 하는 국가와 관련이 있으며, 문자 데이터를 제대로 표시하려면 어떤 코드 페이지가 사용된 것인지 알아야 합니다. 따라서 HTML 파일의 맨 위에 있는 정보(헤더라고 함)에서 웹페이지를 만드는 데 사용된 코드 페이지를 나타내는 것은 인터넷에서 가장 중요한 부분이 되었습니다.

ASCII에서는 한국어, 중국어, 일본어에서 사용하는 통합 한자[6]들을 지원하기 위해서 조금 더 급진적인 확장 방식을 사용했습니다. 예를 들어, Shift-JIS (일본 산업 표준)라 부르는 문자 인코딩 방식에서 81h~9Fh 값을 가지면, 해당 부호가 실제로 2바이트 문자라는 것을 의미하면서, 이 값이 두 바이트 중 첫 바이트의 값을 표시하는 방식을 사용해서 대략 6000자의 추가적인 문자를 인코딩할 수 있었습니다. 아쉽게도 Shift-JIS가 이런 바이트 확장 방식을 사용하는 유일한 시스템은 아니며, 이외에도 세 가지 서로 다른 형태의 2바이트를 사용하는 문자셋double-byte character set, DBCS 표준들이 아시아에서 널리 사용되었습니다.

호환되지 않는 2바이트 문자셋이 여러 개 존재하는 것은 여러 문제 중 하나일 뿐입니다. 또 다른 문제로는 일반 ASCII 문자는 1바이트 부호로 표현되는 반면, 수천 개에 달하는 한자와 아시아 문자들은 2바이트로 표현된다는 점입니다. 따라서 이런 문자셋을 사용해서 작업하는 것은 쉽지 않습니다.

여러분에게만 혼란스럽게 들리는 것이 아닐 것입니다. 따라서 누군가는 해결책을 생각했을 수 있지 않을까요?

세계의 모든 언어에 대해서 하나의 명확한 문자 인코딩 시스템을 갖는 것이 더 좋겠다는 생각으로, 1988년에 몇몇 주요 컴퓨터 회사들이 힘을 모아 유니코드Unicode라 부르는 ASCII의 대안을 개발하기 시작했습니다. ASCII가 7비트 코드인 반면, 유니코드는 16비트를 사용합니다(혹은 적어도 원래 생각은 이랬을 것입니다). 유니코드의 초기 개념에서는 모든 문자가 각각 2바이트를 사용하므로 65,536개의 다른 문자를 나타낼 수 있으며, 0000h에서 FFFFh까지의 부호를 할당할 수 있었습니다. 당시에는 컴퓨터 통신에 사용될 가능성이 있는 세계의 모든 언어를 표현하는 데 충분하고 확장의 여지도 있다고 생각되었습니다.

유니코드는 아무것도 고려하지 않고 바닥부터 다시 만들어진 것은 아니며, 유니코드의 처음 128자(부호 0000h~007Fh)는 ASCII 문자와 같습니다. 또한

6　(옮긴이) CJK unified ideographs. 한중일에서 사용되는 자주 사용되는 상용 한자 97058자를 모아둔 것입니다. 각 국가에서 특징적으로 사용되는 형태가 있는 경우 별도로 할당됩니다.

유니코드 00A0h~00FFh는 앞서 설명한 ASCII의 라틴어 알파벳 No.1 확장과 같습니다. 그동안 세계에 존재했던 문자 부호화 관련 다른 표준들도 유니코드에 통합되었습니다.

유니코드의 부호는 16진수 값에 불과하지만, 이를 나타내는 표준화된 방법은 값 앞에 대문자 U와 덧셈 기호를 붙이는 것입니다. 대표적인 유니코드 문자는 다음과 같습니다.

16진 부호	문자	설명
U+0041	A	라틴 알파벳 대문자 A
U+00A3	£	파운드 기호
U+03C0	π	그리스 소문자 파이(Pi)
U+0416	Ж	키릴 대문자 제(Zhe)
U+05D0	א	히브리 문자 알레프(Alef)
U+0BEB	௫	타밀 숫자 5
U+2018	'	왼쪽 인용 부호(홑따옴표)
U+2019	'	오른쪽 인용 부호(홑따옴표)
U+20AC	€	유로 기호
U+221E	∞	무한대

유니코드 컨소시엄이 운영하는 웹사이트인 unicode.org에서 더 많은 내용을 찾아볼 수 있는데, 이 웹사이트에서는 다양한 전 세계 문자 언어와 상징을 둘러볼 수 있는 매혹적인 컨텐츠를 제공합니다. 홈페이지 맨 아래로 스크롤하여 코드 차트code chart(*http://www.unicode.org/charts/*)를 클릭해 보면, 여러분이 생각했던 것보다 훨씬 다양한 문자의 이미지를 확인할 수 있는 포털 페이지를 볼 수 있습니다.

컴퓨터마다 16비트 값을 읽는 방식이 다르기 때문에, 문자 부호를 8비트에서 16비트로 바꿈에 따라 다른 형태의 문제가 제기될 수 있습니다. 예를 들어 다음 두 바이트를 생각해 봅시다.

20h ACh

일부 컴퓨터는 앞의 두 바이트를 16비트 값 20ACh로 읽을 것이며, 이는 유로 기호의 유니코드 부호값입니다. 이러한 컴퓨터를 빅 엔디언big-endian 머신이라고 하는데, 이는 가장 중요한 바이트(빅 엔드)가 먼저 나온다는 것을 의미합니다.[7] 이외의 컴퓨터는 **리틀 엔디언**little-endian 머신들입니다(이 용어는 걸리버 여행기에서 유래되었는데, 여기서 조나단 스위프트는 반숙 달걀의 어떤 면을 깨야 하는지에 대한 갈등이 묘사되어 있습니다). 리틀 엔디언을 사용하는 컴퓨터에서는 앞에 나온 값을 유니코드 AC20h로 읽기 때문에 한글의 '갠'이라는 문자를 나타냅니다.

이 문제를 해결하기 위해 유니코드는 코드값 U+FEFF를 가지는 바이트 순서 표시byte order mark, BOM라는 특수한 문자를 정의하고 있습니다. 이 문자는 16비트 유니코드 값을 가진 파일의 시작 부분에 배치되어 있어야 합니다. 파일의 처음 두 바이트가 FEh와 FFh인 경우 파일은 빅 엔디언 순서로 되어 있다고 생각할 수 있으며, FFh와 FEh인 경우에는 파일이 리틀 엔디언 순서로 되어 있다고 판단할 수 있습니다.

1990년대 중반, 유니코드가 퍼져 나가기 시작하면서, 더 이상 사용되고 있지는 않지만 역사적인 이유로 보존되고 기록되어야 하는 문서들을 표현하거나 새로운 기호들을 더 많이 표현하기 위해서 16비트를 넘겨야 할 필요가 생겼습니다. 새로운 기호들 중 일부는 이모티콘emojis이라고 부르는 인기 있는 유쾌한 느낌을 주는 기호들입니다.

이 책을 쓰고 있는 시점(2021년)의 유니코드는 U+10FFFF 범위의 값을 가진 21비트짜리 부호로 확장되었으며, 잠재적으로 100만 개 이상의 다른 문자를 지원합니다. 다음은 16비트로는 표현할 수 없었던 몇 가지 문자의 예입니다.

---

7 (옮긴이) 가장 큰 값을 가지는 바이트(most significant byte)가 통신으로 봤을 때는 가장 먼저 들어오는 위치에 있는 것을 의미하며, 저장 공간의 관점에서 봤을 때는 낮은 주소에 위치하게 됩니다. 따라서 끝부분에 큰 값이 존재해서 big-endian이라고 부른다고 이해하면 됩니다.

16진 부호	문자	설명
U+1302C		이집트 상형문자 A039
U+1F025		마작의 기와 국화 형태
U+1F3BB		바이올린
U+1F47D		외계인
U+1F614		수심에 잠긴 얼굴
U+1F639		기뻐서 눈물 흘리는 고양이 얼굴

유니코드에 이모티콘을 포함시킨 것이 별일 아닌 것처럼 보일 수 있지만, 문자 메시지에 입력된 이모티콘이 수신자의 전화기에서는 완전히 다른 것으로 표시되어 불필요한 오해가 생겨 관계가 나빠져도 괜찮다고 생각하는 경우에만 별일이 아닐 것입니다.

물론 유니코드에 대한 요구는 사람마다 다릅니다. 특히 아시아 언어에서 사용하는 한자를 표시해야 하는 경우에는 유니코드를 광범위하게 사용해야 하지만 다른 텍스트나 웹페이지들은 요구되는 것이 그리 많지 않기 때문에, 대부분 예전부터 사용해 오던 ASCII를 사용해도 큰 문제가 없습니다. 이러한 이유로 유니코드 텍스트를 저장하고 전송하는 여러 가지 방식들도 정의되어 있으며, 이를 유니코드 변환 형식Unicode transformation format, UTF이라고 합니다.

유니코드 변환 형식 중 가장 간단한 것은 UTF-32입니다. 모든 유니코드 문자는 32비트 값으로 정의되며, 각 문자를 나타내는 4바이트는 리틀 엔디언 혹은 빅 엔디언 순서로 지정할 수 있습니다.

다만, UTF-32는 저장 공간을 많이 사용한다는 단점을 가지고 있습니다. 예를 들어 《모비 딕》을 ASCII 일반 텍스트 파일로 저장하면 125만 바이트인데, UTF-32 형식의 유니코드로 저장하면 500만 바이트로 크기가 증가합니다. 또한, UTF-32의 32비트 중 현재 유니코드가 21비트만 사용한다는 점을 생각해 보면, 각각의 문자마다 11비트씩 낭비되는 문제도 있습니다.

절충점으로 선택할 수 있는 것으로 UTF-16이 있습니다. 이 형식을 사용하면 대부분의 유니코드 문자는 2바이트로 정의되지만 코드가 U+FFFF보다 큰 부호값을 가진 문자는 4바이트로 정의됩니다. 유니코드의 부호화 영역에서

U+D800에서 U+DFFF까지의 영역은 4바이트 확장에 사용하기 위해서 따로 값을 지정하지 않고 남겨 두었습니다.

가장 중요한 유니코드 변환 형식으로 현재 인터넷에서 광범위하게 사용되는 UTF-8이 있습니다. 최근 통계에 따르면 현재 모든 웹페이지의 97%가 UTF-8을 사용하고 있습니다. 즉, 많은 사람이 불편함 없이 사용할 수 있을 정도로 보편적인 표준이라는 의미입니다. 구텐베르크 프로젝트의 일반 텍스트 파일은 모두 UTF-8 형식을 이용하고 있으며, 윈도우 메모장과 맥OS 텍스트 편집기 역시 파일을 저장할 때 기본적으로 UTF-8 형식을 사용합니다.

UTF-8은 유연성과 간결성이 잘 절충된 형식이라 할 수 있습니다. 또한 UTF-8의 가장 큰 장점은 ASCII와 호환성을 갖추고 있다는 것입니다. 즉, 바이트로 저장된 7비트 ASCII 부호로만 구성된 파일은 자동으로 UTF-8 파일이 될 수 있습니다.

이 호환성을 위해 다른 모든 유니코드 문자는 값에 따라 2, 3 또는 4바이트로 저장되는데, 다음 표에는 UTF-8의 작동 방식이 요약되어 있습니다.

유니코드 영역	비트의 수	바이트 시퀀스의 형식
U+0000~U+007F	7	0xxxxxxx
U+0080~U+07FF	11	110xxxxx 10xxxxxx
U+0800~U+FFFF	16	1110xxxx 10xxxxxx 10xxxxxx
U+10000~U+10FFFF	21	11110xxx 10xxxxxx 10xxxxxx 10xxxxxx

첫 번째 열에 표시된 코드 범위에 해당하는 각각의 문자는 두 번째 열에 표시된 비트수만큼 고유하게 식별될 수 있으며, 세 번째 열에 표시된 것처럼 해당 비트 앞에 1과 0을 붙여서 특정한 바이트 시퀀스를 형성합니다. 세 번째 열의 바이트 시퀀스에 있는 x의 숫자는 두 번째 열에 있는 비트의 수와 같습니다.

위의 표에서 첫 번째 줄에서는 문자가 원래 7비트 ASCII 부호에 있던 것이라면, 해당 문자의 UTF-8 인코딩은 최상위 비트를 '0'으로 하고, 그다음에 해당 7비트 ASCII 부호를 표기한다는 것을 나타냅니다.

유니코드 값이 U+0080 이상인 문자는 2바이트 이상이 필요합니다. 예를 들어 영국 파운드 기호(£)는 유니코드 U+00A3인데, 이 값은 U+0080과 U+07FF 사이에 있는 값이므로 표의 두 번째 줄에 있는 것처럼 2바이트를 사용하는 UTF-8로 인코딩되어 있을 것입니다. 이 범위에 있는 부호들은 하위 11비트 값을 다음과 같이 2바이트 내에서 적절히 배치해서 2바이트로 인코딩하면 됩니다.

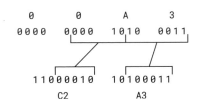

위의 그림에서 유니코드 값 00A3을 윗부분에 표시했으며, 4개의 16진수 값은 각각 밑에 있는 4비트 값에 해당합니다. 표의 두 번째 줄에 있는 유니코드의 경우 값이 항상 07FFh보다 작은 값이어야 하기 때문에, 상위 5비트가 항상 '0'이 될 거라는 점을 이미 알고 있습니다. 이제 그림의 아래쪽에 나타낸 것처럼 그다음 5비트를 가져다 상위 바이트의 '110'비트 뒤에 붙여서 C2h를 만들고, 남은 6비트를 가져다 하위 바이트의 '10'비트 뒤에 붙여서 A3h를 만들어 줍니다.

따라서 UTF-8에서 두 바이트 C2h와 A3h는 영국 £ 기호를 나타냅니다. 원래 1바이트였던 정보를 인코딩하기 위해서 2바이트를 사용한 것이 약간은 부끄럽기도 하지만, 나머지 UTF-8 부분이 제대로 동작하려면 반드시 필요합니다.

또 다른 예를 살펴봅시다. 이번에는 히브리어 문자 א(알레프)는 유니코드에서 U+05D0 값을 가집니다. 이 문자 역시 U+0080과 U+07FF 사이에 위치하므로 표의 두 번째 줄에 있는 방법이 사용되며, £ 문자를 만들었던 것과 같은 방식을 사용할 것입니다.

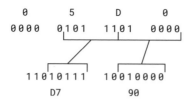

05D0h에서 처음 5비트는 무시할 수 있으며, 다음 5비트는 110 뒤에, 나머지 6비트는 10 뒤에 붙이는 방식으로 UTF-8 형식으로 인코딩하면, 바이트 값 D7h과 90h를 만들어 낼 수 있습니다.

실제로 고양이가 기쁨의 눈물을 흘릴 수 있는지는 모르겠지만, 기뻐서 눈물을 흘리는 고양이 얼굴의 이모티콘은 유니코드 U+1F639 값을 가지며, UTF-8은 4바이트 시퀀스로 표시되어야 합니다. 다음 그림은 원래 코드의 21비트를 이용해서 4바이트 UTF-8 형식으로 만드는 방식을 보여 주고 있습니다.

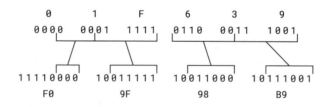

UTF-8은 문자를 표현하기 위해서 경우에 따라 다양한 수의 바이트를 사용해야 하기 때문에 유니코드의 순수성과 아름다움을 일부분 훼손하고 있습니다. 과거에 ASCII와 관련하여 비슷한 방식이 채택되면서 많은 문제와 혼란이 발생했던 적이 있습니다. UTF-8 역시 이런 문제로부터 완전히 자유롭다고 하기는 어렵지만, 아주 똑똑하게 잘 정의되어 있습니다. UTF-8 파일을 디코딩하면서 모든 바이트를 매우 정확하게 식별할 수 있습니다.

- 바이트가 0으로 시작하면 7비트 ASCII 문자 부호로 보면 됩니다.
- 바이트가 10으로 시작하는 경우 다중 바이트 문자 부호를 의미하는 바이트 시퀀스의 일부지만, 해당 시퀀스의 첫 번째 바이트는 아닙니다.
- 그렇지 않으면 바이트는 적어도 두 개의 1비트로 시작하며, 다중 바이트

문자 부호의 첫 번째 바이트임을 나타냅니다. 이 문자 부호가 가지는 바이트의 수는 첫 번째 바이트의 시작 부분에 연속된 1의 수와 같으며, 연속된 1의 수는 2, 3, 4가 될 수 있습니다.

UTF-8 변환을 하나만 더 보겠습니다. 오른쪽 인용 부호는 U+2019 값을 가집니다. 이 값은 U+0800과 U+FFFF 사이에 있으므로 표의 세 번째 줄을 참조해야 하며, 이 경우에 3바이트 UTF-8로 표현됩니다.

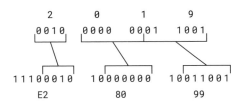

원래 유니코드 값에 있는 모든 비트가 3바이트 UTF-8을 만드는 데 사용되며, 처음 4비트는 1110 뒤에, 다음 6비트는 10 뒤에, 남은 6비트는 10 뒤에 붙여서 UTF-8 형태로 만들어 줍니다. 이 값은 E2h, 80h 및 99h의 3바이트 시퀀스를 가지게 됩니다.

이제 이 장의 시작 부분에서 이야기했던 이상한 제목을 가진 이메일의 문제를 다시 이야기할 때가 된 것 같습니다.

Weâ€™ve received your payment, thanks.

첫 번째 단어는 분명히 "We've"일 테지만, 말줄임표로 예전부터 사용되던 ASCII의 아포스트로피(ASCII 27h 또는 유니코드 U+0027의 값을 갖는 ' 문자)가 아닌 멋진 형태의 '오른쪽 인용 부호'를 사용했던 것 같습니다. 이 부호는 방금 본 것처럼 3바이트 UTF-8로 E2h, 80h, 99h 값으로 인코딩됩니다.

여기까지는 문제가 없습니다. 그러나 이 이메일의 HTML 파일의 경우 'Windows-1252'라는 문자셋을 사용하고 있다고 표시하고 있는데, 실제 텍스트에서는 UTF-8 형식으로 인코딩했기 때문에 'UTF-8'를 사용했다고 표시되어 있었어야 합니다. 하지만 이 HTML 파일이 'Windows-1252'를 사용했다고 선언했기 때문에 필자의 이메일 프로그램은 이 세 바이트를 해석하기 위해 Windows-1252 문자셋을 사용했습니다. 213쪽의 Windows-1252 코드 표를 다시 확인하여 E2h, 80h 및 99h의 3바이트가 실제로 â, € 및 ™ 문자와 일치하는지 확인해 봅시다.

미스터리가 풀렸습니다.

컴퓨팅을 조금 더 보편적이고 다양한 문화적인 경험에서 사용할 수 있도록 확장함에 있어서 유니코드는 매우 중요한 표준이 되었습니다. 하지만 다른 것들과 마찬가지로 올바르게 사용하지 않으면 제대로 동작하지 않습니다.

Chapter 14

1000011 1001111 1000100 1000101

논리 게이트로 덧셈하기

Adding with Logic Gates

덧셈은 산술 연산에 있어서 가장 기본이 되는 연산이기 때문에 컴퓨터를 만들려면(사실 이 책은 컴퓨터를 만들려고 하는 책이죠), 두 숫자를 더할 수 있는 어떤 것을 만드는 방법을 먼저 알고 있어야만 합니다. 일단 덧셈을 할 수 있는 기계를 만들고 나면 컴퓨터가 수행하는 유일한 연산이 바로 덧셈이라는 사실을 알게 될 것입니다. 따라서 덧셈 연산을 할 수 있는 어떤 것을 만들 수 있다면 뺄셈, 곱셈, 나눗셈을 사용할 수 있는 것도 만들 수 있을 뿐만 아니라, 모기지 상환 금액을 계산할 수도, 로켓을 화성으로 보낼 수도, 체스를 둘 수도, 소셜 미디어를 사용하여 우리의 최신 춤 동작, 요리 솜씨 또는 반려 동물의 익살스러운 장면을 공유하는 뭔가도 만들 수 있을 것입니다.

이 장에서 만들게 될 덧셈기는 요즘 사용하는 컴퓨터나 계산기에 비하면 크고, 무겁고, 느리며 시끄럽기까지 합니다. 하지만 흥미로운 점은 이 장에서 만들 덧셈기의 경우 우리가 이미 앞 장에서 살펴본 스위치, 전구, 전선, 전지 릴레이 그리고 다양한 논리 게이트와 같이 간단한 전자 장치만 사용해서 만들어 볼 거라는 점이겠죠. 여기에서 사용되는 구성 부품들은 모두 20세기가 되기 전부터 구할 수 있었던 것들입니다. 가장 좋은 소식은 이 덧셈기를 거실에서 실제로 뚝딱거리며 만들지는 않을 거라는 점입니다. 그냥 종이와 머릿속에서 만들면 됩니다.

우리가 만들 덧셈기는 이진수만 처리할 것이고, 현대의 계산기에 있는 몇 몇 편의 기능은 제외된 형태로 만들 것입니다. 또한 더하려는 숫자를 표현하기 위해서 키보드 대신 스위치들을 사용할 것이며, 덧셈의 결과 역시 숫자로 표시되는 대신 전구들로 표시할 것입니다.

다르게 생겼지만, 이 덧셈기는 분명히 두 숫자를 더할 수 있으며, 컴퓨터에서 숫자를 더하는 방식과 매우 흡사한 방식으로 숫자를 더합니다.

이진수를 더하는 것과 십진수를 더하는 것은 아주 비슷합니다. 두 십진수 245와 673을 더하려면 일단 문제를 여러 단계로 나눠야 합니다. 각 단계는 한 자리 십진수 한 쌍을 더하는 것으로 구성되며, 이 예에서는 5와 3을 더하는 것부터 시작하면 되겠습니다. 만일 덧셈표를 기억하고 있으면 이 문제를 훨씬 빠르게 해결할 수 있습니다.

십진수와 이진수에서 중요한 차이점 중 하나는 이진수에서는 훨씬 간단한 표를 사용한다는 점입니다.

+	0	1
0	0	1
1	1	10

여러분이 돌고래 사회에서 자라 위의 표를 학교에서 배웠다면, 휘파람 소리를 크게 내면서 아래와 같은 노래를 불렀을 것입니다.

0 더하기 0은 0
0 더하기 1은 1
1 더하기 0은 1
1 더하기 1은 0이고, 자리올림 1

덧셈표에 자리올림이 없는 부분에는 0을 추가해서 2비트 값으로 표현할 수 있습니다.

+	0	1
0	00	01
1	01	10

위에서 보이는 것처럼 한 비트의 두 이진수를 더하면 두 비트가 되며, 각각을 합sum 비트와 자리올림carry 비트라 이야기합니다(앞에서 '1 더하기 1은 0이고, 자리올림 1'이라 했던 것처럼 말이지요). 이제 이진수의 덧셈표를 두 개의 표로 나누어 보겠습니다. 첫 번째 표는 합 비트에 대한 표입니다.

합	0	1
0	0	1
1	1	0

두 번째 표는 자리올림 비트에 대한 표가 됩니다.

자리올림	0	1
0	0	0
1	0	1

우리가 만들려는 이진수 덧셈기도 합과 자리올림을 각각 처리하도록 만들 것이기 때문에, 위에서 본 표와 같이 이진수의 덧셈을 각각 나눠서 생각하는 것이 편합니다. 즉, 이진수 덧셈기를 만들려면 각각의 동작을 처리할 수 있는 회로를 설계하면 됩니다. 또한 우리가 덧셈기를 만들면서 사용할 부품들이 모두 이진수로 나타낼 수 있는 것이기 때문에 이진수만 처리하는 것이 여러 가지 문제를 간단하게 만들어 줄 수 있습니다.

십진수의 덧셈과 마찬가지로, 이진수의 덧셈도 가장 오른쪽 열에서부터 시작해서 각 자리마다의 이진수를 하나씩 더해 나가면 됩니다.

$$
\begin{array}{r}
01100101 \\
+\ 10110110 \\
\hline
100011011
\end{array}
$$

오른쪽에서 세 번째 자리를 더할 때 다음 자리로 자리올림수 '1'이 발생하는 것을 확인할 수 있습니다. 이러한 자리올림은 오른쪽에서 6번째, 7번째, 8번째 자리에서도 마찬가지로 일어납니다.

몇 자리까지의 이진수를 더할 수 있도록 만들어야 할까요? 여기서는 머릿속으로만 덧셈기를 만들 것이기 때문에 몇 자리가 되어도 별로 문제가 될 것이 없지만, 일단은 한 바이트(8비트)까지의 이진수를 더하도록 만드는 것이 합리적일 것 같습니다. 이 말은 더하는 두 수의 범위가 이진수로 00000000에서 11111111, 16진수로 00h에서 FFh, 십진수로는 0에서 255까지의 값을 지닌다는 의미이며, 두 8비트 이진수를 더했을 때의 결과는 십진수 510, 16진수 1FEh, 이진수 111111110까지 나올 수 있습니다.

우리가 만들게 될 이진수 덧셈기의 제어판은 다음과 같이 생겼습니다.

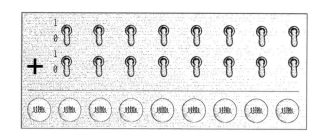

이 제어판에는 8개의 스위치 두 줄이 있으며, 스위치들은 일종의 입력 장치로서 덧셈을 위한 두 8비트 숫자를 '입력key-in'하기 위하여 사용될 것입니다. 이 입력 장치에서 스위치는 집에 있는 전등 스위치와 마찬가지로 꺼지면(스위치가 내려가 있는 경우) 0을 나타내고, 스위치가 켜지면(스위치가 올라가 있는 경우) 1을 나타냅니다. 이 덧셈기의 출력 장치는 제어판 아래쪽에 일렬로 나열되어 있는 9개의 전구이며, 이 전구를 통해서 결과를 표시하는 것입니다. 이때 꺼진 전구는 0을, 켜진 전구는 1을 나타냅니다. 두 개의 8비트 이진수를 더하면 9비트 숫자가 나오기 때문에 9개의 전구가 필요합니다. 가장 왼쪽에 있는 전구는 합이 십진수 255보다 큰 경우에만 켜지게 됩니다.

덧셈기의 나머지 부분은 논리 게이트들이 다양한 방식으로 연결된 형태로 구성되어 있습니다. 스위치가 논리 게이트에 있는 릴레이의 상태를 바꾸면 올바른 곳에 불이 들어오게 되는 형태입니다. 예를 들어, 앞의 예에서 나왔던 이진수 01100101과 10110110을 더하려면 아래 그림처럼 적절한 스위치를 켜야 합니다.

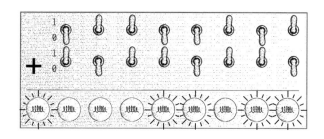

전구에 불이 들어와서 정답인 100011011을 나타냅니다(음.. 사실 그렇길 바랍니다. 아직 만들지는 않았으니까요).

이 책에서 많은 릴레이를 사용할 거라고 앞 장에서 이야기했었습니다. 우리가 더하려는 8비트 숫자 한 쌍의 한 비트마다 18개의 릴레이가 필요하기 때문에, 이번 장에서 만드는 8비트 덧셈기에는 144개의 릴레이가 필요합니다. 완성된 회로를 전부 보여 주면 너무 복잡해 보여서 기겁하게 될 것입니다. 144개의 릴레이가 이상한 방식으로 연결되어 있는 것을 보고 이해하기는 어렵기 때문입니다. 그 대신 여기서는 문제를 간단한 부분에서부터 진행하는 접근방식을 사용하도록 하겠습니다.

두 개의 한 비트 숫자에 대한 덧셈표에서 자리올림 표를 보자마자 논리 게이트와 이진수 덧셈과의 관계를 바로 눈치챘을 것입니다.

자리올림	0	1
0	0	0
1	0	1

AND라는 논리 연산과 같다는 것을 눈치챘을 텐데, 그 말은 위의 표가 8장에서 본 AND 게이트의 출력과 동일하다는 이야기입니다.

AND	0	1
0	0	0
1	0	1

또는 두 입력에 대해서 이름표를 붙이면 다음과 같은 표로 표현할 수 있습니다.

A	B	AND
0	0	0
0	1	0
1	0	0
1	1	1

여러 개의 릴레이를 그리는 대신, 전자 엔지니어들은 AND 게이트를 다음과 같은 기호로 표시합니다.

왼쪽에 있는 입력 부분에는 더할 두 비트를 표현하기 위해서 A와 B라는 이름이 붙어 있습니다. AND 게이트의 출력 부분에는 두 이진수 숫자의 덧셈을 위한 출력으로 자리올림 비트가 나옵니다.

아하! 우리는 확실히 앞으로 나가고 있습니다. 좀더 어려운 작업은 일부 릴레이가 다음과 같은 형태로 동작하도록 만드는 것입니다.

합	0	1
0	0	1
1	1	0

두 이진수 숫자의 덧셈 결과를 얻기 위한 나머지 절반 부분의 문제입니다. '합sum' 비트는 '자리올림carry' 비트처럼 직관적으로 파악하기 쉽지는 않지만, 지금부터 찬찬히 봅시다.

일단 오른쪽 아래에 있는 경우를 제외하면, 우리가 원하는 동작과 OR 논리 연산이 매우 비슷하다는 것을 알 수 있습니다.

OR	0	1
0	0	1
1	1	1

8장에서 OR 게이트를 다음과 같은 형태의 기호로 표시했던 것을 기억할 것입니다.

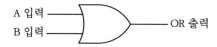

논리 연산의 AND 게이트의 출력과 반대 값을 가지는 NAND(Not AND)와도 비슷한 것처럼 보입니다. 이 경우에는 왼쪽 윗부분만 제외하면 두 이진수의 덧셈 결과에서 '합'과 같습니다.

NAND	0	1
0	1	1
1	1	0

아래 기호는 NAND 게이트를 어떻게 표현하는지 보여 주고 있습니다.

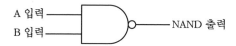

출력 부분에 AND와 반대라는 것을 나타내는 작은 원이 있다는 것을 제외하면 AND 게이트와 같은 모양입니다.

이제 OR 게이트와 NAND 게이트에 같은 입력을 연결해 봅시다. 보통 선에 있는 작은 점은 서로 연결되었다는 것을 나타내고, 이런 점이 없으면 그냥 선이 겹쳤을 뿐이라는 것을 나타냅니다.

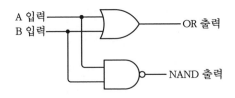

다음 표는 OR와 NAND 게이트의 출력과 덧셈기를 만들기 위해서 원하는 값을 요약해서 보여 줍니다.

A 입력	B 입력	OR 출력	NAND 출력	원하는 값
0	0	0	1	0
0	1	1	1	1
1	0	1	1	1
1	1	1	0	0

이 표를 보면 OR 게이트와 NAND 게이트의 결과가 모두 1인 경우에만 값이 1이 되도록 만들면 우리가 원하는 결과를 얻을 수 있을 것 같습니다. 이런 사실은 두 게이트의 출력을 AND 게이트의 입력에 연결하면 된다는 말이죠.

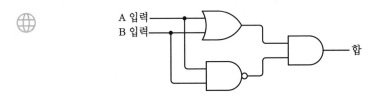

이 회로 역시 여전히 회로 전체에서 두 개의 입력을 받아서 하나의 출력을 만들어 낸다는 것을 알 수 있습니다. 두 입력은 OR 게이트와 NAND 게이트로 나뉘어져 입력되며, 두 게이트의 출력을 AND 게이트로 묶어서 하나의 출력을 만듦으로써 우리가 원하는 것을 만들 수 있습니다.

A 입력	B 입력	OR 출력	NAND 출력	AND 출력(합)
0	0	0	1	0
0	1	1	1	1
1	0	1	1	1
1	1	1	0	0

사실 이런 동작을 하는 회로에는 적합한 이름이 있으며, 상호배재적exclusive OR 게이트, 짧게 XOR 게이트라 부릅니다. 사람들은 '엑스오어'라고 부르기도 하고, 스펠링 하나씩 '엑스오알'이라 부르기도 합니다. 입력 A 혹은 B가 1인 경우에는 출력이 1이 되지만, 두 입력 모두가 1이 되는 경우에는 0이 되기 때문에 상호배제적인 OR 게이트라 부르는 것입니다. 앞에서와 같이 OR 게이트, NAND 게이트, AND 게이트를 각각 그리는 대신 XOR 게이트를 표현하기 위해서 전자 엔지니어들이 사용하는 기호를 이용하는 것이 좋을 것 같습니다.

이 기호는 입력 부분에 곡선 하나가 더 있다는 점을 제외하면 OR 게이트 기호와 아주 비슷하게 생겼습니다. XOR 게이트의 동작은 다음과 같습니다.

XOR	0	1
0	0	1
1	1	0

XOR 게이트는 이 책에서 동작을 자세하게 설명할 마지막 논리 게이트입니다(전자 공학에서는 추가적으로 다른 논리 게이트를 배우는 경우도 있는데, 이 논리 게이트는 두 입력이 같은 경우에 출력 값이 1이 되므로, 비교 게이트coincidence gate 혹은 일치 확인 게이트equivalence gate라고 부릅니다. 비교 게이트의 값은 XOR 게이트의 출력과 정반대의 값을 출력하기 때문에 XOR 게이트 기

호의 출력 부분에 작은 원이 그려져 있는 것을 제외하면 XOR와 같은 모양으로 되어 있습니다).

지금까지 살펴본 것을 다시 한번 정리해 봅시다. 두 이진수를 더하면 합 비트와 자리올림 비트가 발생합니다.

합	0	1
0	0	1
1	1	0

자리올림	0	1
0	0	0
1	0	1

이는 다음 두 논리 게이트를 이용해서 결과를 얻을 수 있습니다.

XOR	0	1
0	0	1
1	1	0

AND	0	1
0	0	0
1	0	1

두 이진수의 합은 XOR 게이트의 출력으로 나타낼 수 있고, 자리올림 비트는 AND 게이트의 출력으로 나타낼 수 있습니다. 따라서 AND 게이트와 XOR 게이트를 조합하여 A와 B라 지정된 두 이진수를 더할 수 있습니다.

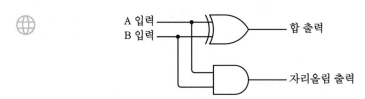

실제로는 보기보다 복잡하다는 것을 잊으면 안 됩니다. XOR 게이트의 경우 실제로는 OR 게이트, NAND 게이트, AND 게이트의 조합이며, 각각의 게이트는 2개의 릴레이로 구성되어 있습니다. 하지만 세부사항을 숨길수록 이해하기 쉬워집니다. 이런 과정을 **캡슐화**encapsulation라 부르기도 하는데, 복잡한 내용들을 묶어서 간단한 패키지 안에 숨기는 것을 의미합니다. 자세한 모든 부분을 확인해 보려면 언제든 패키지를 풀어서 보면 되지만, 그럴 필요까지는 없습니다.

　다른 캡슐화를 더 해 보죠. AND 게이트와 XOR 게이트를 반복해서 그리는 대신, 간단하게 아래에 있는 **반가산기**half adder라 부르는 상자로 전체 회로를 표현할 수도 있습니다.

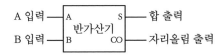

S와 CO라는 이름표는 '합'과 '자리올림'을 나타냅니다. 가끔 이런 형태의 상자를 '블랙박스'라 부르기도 합니다. 특정한 입력의 조합은 특정한 출력을 만들지만 그 구현은 숨겨 두는 것입니다. 하지만 여기서는 이미 반가산기 안에서 어떤 일이 일어나는지 알기 때문에, 투명한 상자clear box라고 부르는 것이 더 정확하겠습니다.

　이 상자에 '반가산기Half Adder'라는 이름을 붙인 이유가 있습니다. 이 덧셈기도 한 비트짜리 두 이진수를 더해서 합 비트와 자리올림 비트를 만들어 낼 수 있지만, 대부분의 이진수는 한 비트만으로 이루지 않습니다. 반가산기의 단점은 바로 아랫자리에서 덧셈을 통해 올라온 자리올림을 처리할 수 없다는 것이지요. 예를 들면, 다음과 같은 두 이진수의 덧셈을 생각해 봅시다.

$$\begin{array}{r} 1111 \\ + \ 1111 \\ \hline 11110 \end{array}$$

반가산기는 오른쪽의 가장 낮은 자릿수에서만 사용할 수 있으며, 이 위치에서 1 더하기 1은 0, 자리올림 1이 만들어집니다. 두 번째 자리부터는 자리올림수가 있기 때문에 실질적으로 3개의 이진수를 더해 나가야만 합니다. 즉, 이후의 두 이진수의 덧셈은 이전 자릿수에서 올라온 자리올림수가 같이 고려되어야만 합니다.

3개의 이진수를 더하기 위해서 두 개의 반가산기를 다음 그림과 같이 OR 게이트로 연결하면 됩니다.

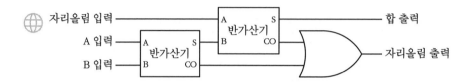

어떻게 동작하는 것인지 아직은 명확하지 않을 것입니다. 왼쪽에 있는 첫 번째 반가산기로 들어가는 A와 B 입력부터 시작해 봅시다. 첫 번째 반가산기의 출력은 합 비트와 자리올림 비트입니다. 더해진 값은 반드시 이전 자리에서 올라온 자리올림 비트와 더해져야 하므로, 두 번째 반가산기의 입력이 되며, 두 번째 반가산기에서 나오는 합 비트가 최종적인 합이 됩니다. 두 개의 반가산기에서 각각 나오는 자리올림 비트는 OR 게이트의 입력으로 들어가는데, 여기서도 반가산기가 사용되어야 정상적으로 동작하는 것이 아닌가 하는 생각이 들 수 있으며, 실제로 반가산기를 사용해도 잘 동작합니다. 하지만 좀더 생각해 보면 두 반가산기에서 출력되는 두 자리올림수가 모두 1이 될 확률이 없다는 것을 알 수 있습니다. 따라서 이 경우에는 OR 게이트를 사용하는 것만으로도 충분합니다. XOR 게이트와 OR 게이트의 동작이 다른 부분은 두 입력이 모두 1인 경우인데, 이 회로에서는 이러한 경우가 발생하지 않기 때문이지요.

이 그림을 반복해서 그리는 대신, 이 장치를 전가산기full adder라고 부르도록 합시다.

다음 표에는 전가산기에서 발생 가능한 모든 입력에 대하여 만들어질 수 있는 모든 출력을 요약해 놓았습니다.

A 입력	B 입력	자리올림 입력	합 출력	자리올림 출력
0	0	0	0	0
0	1	0	1	0
1	0	0	1	0
1	1	0	0	1
0	0	1	1	0
0	1	1	0	1
1	0	1	0	1
1	1	1	1	1

앞에서 우리가 만들게 될 덧셈기에서는 144개의 릴레이가 사용될 거라고 말씀드렸는데, 여기서 한번 확인해 봅시다. 각각의 AND, OR, NAND 게이트는 릴레이를 2개씩 사용하며, XOR 게이트는 6개의 릴레이를 사용합니다. 반가산기는 하나의 XOR 게이트와 하나의 AND 게이트를 사용하고 있으므로 8개의 릴레이를 사용합니다. 전가산기는 두 개의 반가산기와 하나의 OR 게이트를 사용하기 때문에 18개의 릴레이를 사용합니다. 8비트 덧셈기를 만들기 위해 8개의 전가산기를 사용할 것이므로 총 144개의 릴레이가 사용되는 것입니다.[1]

앞에서 스위치와 전구로 만들었던 제어판에 대한 기억을 되살려 봅시다.

---

1 (옮긴이) 8비트 덧셈기에서 첫 번째 자리에는 반가산기를 사용하여 릴레이의 수를 줄일 수도 있습니다. 하지만 여기서는 확장성을 고려해서 자리올림 입력과 출력이 모두 갖추어진 8비트 덧셈기를 만들고 있기 때문에 144개가 됩니다.

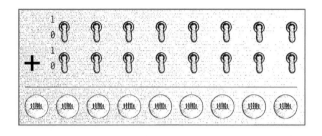

이제 스위치와 전구를 8개의 전가산기와 연결할 때가 되었습니다.

가장 낮은 자리 비트부터 시작해 봅시다. 우선 가장 오른쪽의 스위치와 전구를 다음과 같이 전가산기에 연결합니다.

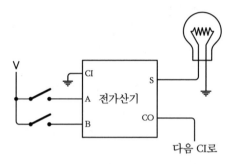

두 이진수를 더할 때 가장 낮은 자릿수에 대한 덧셈은 약간 다릅니다. 그 위의 자리에서는 아랫자리에서 넘어온 자리올림수를 포함해야 하지만, 첫 번째 자리에서는 자리올림이 포함되지 않기 때문에 전가산기의 자리올림 입력에는 접지를 연결해서 '0' 비트가 입력되도록 만들어야 합니다. 물론, 첫 번째 자리의 덧셈은 자리올림 출력을 만들며, 이 출력은 윗자리의 입력으로 전달됩니다.

그다음 윗자리에서 사용되는 두 이진수와 전구는 다음 그림과 같이 전가산기에 연결됩니다.

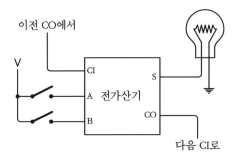

첫 번째 전가산기의 자리올림 출력은 두 번째 전가산기의 자리올림 입력이 되고, 그 윗자리에서도 같은 방식으로 연결됩니다. 각 자리에서 발생하는 자리올림 출력이 다음 자리에서 자리올림 입력으로 사용되는 것이지요.

(제어기 가장 왼쪽에 있는) 마지막 여덟 번째 스위치들은 아래와 같은 방식으로 마지막 전가산기와 연결됩니다.

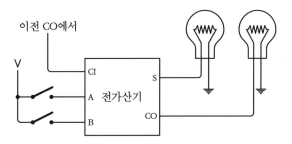

여기서 마지막 자리올림 출력은 아홉 번째 전구와 연결됩니다.

이제 다 된 것 같습니다.

다음 그림은 각각의 자리올림 출력이 윗자리의 자리올림 입력으로 연결되어 동작하는 8개의 전가산기 조합을 다른 방식으로 살펴본 것입니다.

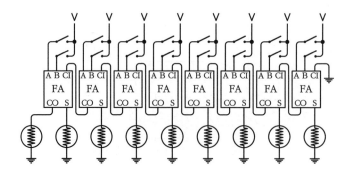

전가산기의 순서는 제어판에 있는 스위치, 전구의 순서와 같습니다. 숫자를 적는 방식처럼 가장 낮은 자리의 비트는 오른쪽에, 가장 높은 자리 숫자는 왼쪽에 배치되어 있습니다. 각각의 자리올림 출력이 어떤 방식으로 윗자리의 자리올림 입력으로 연결되는지 확인해 보세요.

다음 그림에서는 완전한 8비트 덧셈기를 하나의 상자로 캡슐화시켜 보았습니다. 입력에는 A_0에서 A_7, B_0에서 B_7까지의 이름을 붙여 두었으며, 출력에는 합을 나타내기 위해서 S_0에서 S_7라는 이름을 붙여 두었습니다.

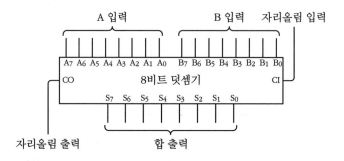

이 방법은 많은 비트를 가진 숫자에서 각각의 비트를 나타내기 위해서 일반적으로 사용되는 방식입니다. 이때 A_0, B_0, S_0는 가장 낮은 자릿수, 즉 가장 오른쪽에 있는 비트들을 의미하며, 마찬가지로 A_7, B_7, S_7은 이 예에서 가장 높은 자릿수, 즉 가장 왼쪽에 있는 비트들을 의미합니다. 이진수 01101001의 예를 이용해서 각 자리에 어떻게 아래첨자가 적용되는지 살펴보도록 하겠습니다.

A_7	A_6	A_5	A_4	A_3	A_2	A_1	A_0
0	1	1	0	1	0	0	1

이 아래첨자는 2에 거듭제곱되는 지수에 해당하므로 0에서 시작하여 자릿수가 올라감에 따라 숫자가 증가합니다.

2^7	2^6	2^5	2^4	2^3	2^2	2^1	2^0
0	1	1	0	1	0	0	1

각 자리에 해당하는 2의 거듭제곱수와 각 자리에 있는 수를 곱한 후 더하면 이진수 01101001에 해당하는 십진수 값인 105(64＋32＋8＋1의 결과)를 얻을 수 있습니다.

8비트 덧셈기를 그리는 또 다른 방법도 있습니다.

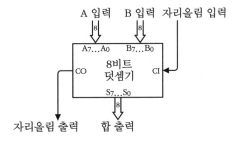

그림에서 두 줄로 표현되어 있는 화살표 안쪽에는 8이라 적혀 있는데, 이는 8개의 신호가 하나로 묶여 있다는 의미이며, 이런 것을 1바이트 크기의 데이터 패스data path라 이야기합니다.[2] 상자 안쪽에 있는 $A_7 \cdots A_0$, $B_7 \cdots B_0$, $S_7 \cdots S_0$이라 붙어 있는 신호도 역시 8비트 숫자를 의미합니다.

8비트 덧셈기를 만들고 나면, 이제 다른 것도 만들 수 있습니다. 두 개의 16비트 숫자를 더하려면 간단하게 8비트 덧셈기 두 개를 연속해서 배치하면 됩니다.

---

2 (옮긴이) 보통은 1바이트 버스와 같이 버스(bus)라는 말을 더 많이 사용합니다.

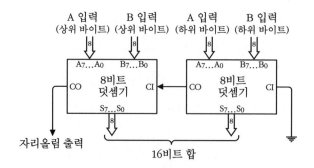

A 입력　　　B 입력　　　A 입력　　　B 입력
(상위 바이트)　(상위 바이트)　(하위 바이트)　(하위 바이트)

자리올림 출력

16비트 합

두 개의 16비트 입력값을 하위 바이트와 상위 바이트의 두 바이트로 나누고, 오른쪽에 있는 덧셈기에서 나오는 자리올림 출력을 왼쪽의 덧셈기에 있는 자리올림 입력에 연결합니다. 왼쪽의 덧셈기에는 더하려고 하는 두 입력값의 상위 바이트 부분을 연결하고, 그 출력을 결과의 상위 8자리에 연결하면 됩니다.

이제 "실제로 컴퓨터에서 숫자를 더하는 것도 우리가 만든 것과 같은 방식을 사용하나요?"라는 질문을 할 수도 있겠네요.

좋은 질문입니다.

실제로도 그럴까?

Is This for Real?

이전 장에서는 릴레이를 연결해서 1비트 덧셈기를 만든 후, 두 개의 바이트를 더하기 위해서 덧셈기 8개를 조합하는 것을 보았습니다. 또한 더 큰 숫자들을 더하기 위해서 8비트 덧셈기를 어떤 방식으로 연속해서 배치해야 하는지도 살펴보았는데, 이것이 실제로 컴퓨터에서 숫자를 더하는 방법과 같을지 궁금했을 것입니다.

글쎄요. 그렇기도 하고 그렇지 않기도 합니다. 가장 큰 차이점은 오늘날의 컴퓨터가 더 이상 릴레이를 사용하지 않다는 점이지만, 예전에는 사용된 적이 있죠.

1937년 11월에 벨연구소의 연구원이었던 조지 스티비츠George Stibitz(1904~1995)는 전화의 교환 회로에 사용되던 릴레이 몇 개를 들고 집으로 갔습니다. 그는 그의 집 식탁 위에서 릴레이와 전지, 두 개의 전구, 양철캔에서 잘라낸 금속조각으로 만든 두 개의 스위치를 연결했습니다. 이전 장에서 보았던 형태의 1비트 덧셈기를 만든 것이죠. 스티비츠는 나중에 이 덧셈기를 '모델 K'(K는 kitchen을 의미하죠)라고 불렀는데, 부엌 식탁에서 만들었기 때문에 붙인 이름이었습니다.

모델 K 덧셈기는 나중에 릴레이로 산술 연산을 할 수 있다는 것을 보여 준 일종의 '개념 증명proof of concept'으로 불리게 되었습니다. 벨연구소는 이 작업을 계속 진행하기 위한 프로젝트를 승인했고, 1940년에는 복소수를 처리할 수 있는 복소수 컴퓨터Complex Number Computer가 작동에 들어갔습니다. 400개가 넘는 릴레이로 구성된 복소수 컴퓨터는 실수 부분과 허수 부분으로 구성된 복소수를 곱하는 데 사용되었습니다(허수부는 음수의 제곱근이며, 과학과 공학 부분의 응용에 유용합니다). 두 복소수를 곱하려면 네 번의 독립적인 곱셈과 두 번의 덧셈을 해야 합니다. 복소수 컴퓨터는 최대 십진수 8자리의 실수부와 허수부를 처리할 수 있었으며, 곱셈을 처리하는 데 대략 1분 정도가 걸렸습니다.

이 컴퓨터가 릴레이를 기반으로 만들어진 최초의 컴퓨터는 아닙니다. 연대순으로 보았을 때 최초의 릴레이 컴퓨터는 1935년 공학도로서 베를린에 있는 부모님의 아파트에서 기계를 만들기 시작했던 콘라트 추제Conrad Zuse (1910~1995)가 만들었습니다. Z1이라고 불리는 그의 첫 번째 머신은 릴레이를 사용하지 않고 완전히 기계적으로 릴레이의 기능을 시뮬레이션했습니다. 그다음으로 만든 Z2 머신에서는 릴레이를 사용했고 오래된 35mm 영화 필름에 구멍을 뚫어서 프로그래밍할 수 있었습니다.

한편, 1937년경 하버드대학교 대학원생이었던 하워드 에이킨Howard Aiken (1900~1973)은 수많은 반복 연산을 처리할 수 있는 방법이 필요했습니다. 이런 요구는 하버드와 IBM 간의 공동 연구를 이끌어 냈고, 그 결과로 자동화된 순서 제어 계산기Automated Sequence Controlled Calculator, ASCC가 만들어졌으며, 이는 1943년에 완성되어 최종적으로 하버드 Mark I이라는 이름으로 알려지게 되었습니다. 이 장치에서는 동작 중에 릴레이가 딸깍거리는 소리가 났고, 어떤 사람에게는 '여자들이 가득 들어차서 뜨개질을 하는 소리'처럼 들렸다고 합니다. Mark II는 13,000개의 릴레이가 사용된 가장 큰 릴레이 기반의 장치였습니다. 에이킨이 이끄는 하버드 계산 연구소는 컴퓨터 과학을 가르치는 최초의 강의를 열기도 했습니다.

이런 릴레이 기반의 컴퓨터들(전기와 기계가 결합된 형태라서, 전기 기계 컴퓨터라고도 부릅니다)이 최초의 동작하는 디지털 컴퓨터였습니다.

이러한 컴퓨터를 설명할 수 있는 디지털이라는 단어는 수십 년 동안 일반적으로 사용되어 온 아날로그 컴퓨터와 구별하기 위해 1942년 조지 스티비츠

George Stibitz가 만들어 냈습니다.

가장 훌륭한 아날로그 컴퓨터는 MIT의 교수였던 버니바 부시Vannevar Bush (1890~1974)와 그의 학생들이 1927년부터 1932년 사이에 만든 미분 분석기Differential Analyzer라 할 수 있습니다. 이 장치는 미적분이 포함된 방정식인 미분 방정식을 해결하기 위해서 회전 디스크, 차축, 기어를 사용했습니다. 미분 방적식의 해는 숫자가 아니라 함수이므로 미분 분석기는 이 함수의 그래프를 종이에 출력했습니다.

아날로그 컴퓨터를 역사적으로 거슬러 올라가면, 나중에 캐빈 남작으로 알려진 물리학자 윌리엄 톰슨William Thomson(1824~1907)이 설계한 조수 예측기Tide-Predicting Machine에 도달하게 될 것입니다. 톰슨은 1860년대에 조수의 상승과 하강을 분석하고 패턴을 다양한 주파수와 진폭을 가진 일련의 사인 곡선으로 분해하는 방법을 고안했습니다. 톰슨에 따르면, 조수 예측기의 목적은 '전체 조수의 상승과 하강에 대한 기본 구성요소를 계산하는 어마어마한 기계적 노동에 두뇌를 대신해 줄 수 있는 장치를 만드는 것'이었다고 합니다. 즉, 바퀴, 기어, 도르래 등을 이용해서 사인 곡선의 구성요소를 추가하고 그 결과를 종이에 인쇄해 향후 조수가 높아질 것인지 낮아질 것인지를 보여 줍니다.

미분 분석기와 조수 예측기 모두 그래프를 출력할 수 있지만, 흥미로운 부분은 이 장치들에서 그래프를 정의하는 숫자를 계산하지 않고 이런 작업을 할 수 있었다는 점입니다. 이 부분이 아날로그 컴퓨터에서 특징적인 부분이라 할 수 있습니다.

적어도 1879년에 윌리엄 톰슨은 아날로그 컴퓨터와 디지털 컴퓨터의 차이를 알았지만, 다른 용어를 사용했습니다. 그는 그의 조수 예측기와 같은 도구를 '연속적인 계산 기계'라고 불러서, '배비지가 만든 웅장하지만 계산 기계의 개념이 부분적으로 실현된' 기계 같은 '순수 산술' 기계와 구별했습니다.

톰슨은 영국의 수학자 찰스 배비지Charles Babbage(1791~1871)의 유명한 업적을 언급하고 있습니다. 생각해 보면 아날로그 컴퓨터가 흔해지기 훨씬 전부터 배비지는 디지털 컴퓨터를 만들려고 시도했다는 점에서 역사적으로 이례적인 인물입니다!

배비지의 시대에 (그리고 오랫동안) 컴퓨터는 계산을 하기 위해서 고용된 사람들을 의미했습니다. 곱셈을 단순화하기 위해 로그 표가 자주 사용되었으며, 삼각 함수 표는 항해 및 기타 목적에 필수적이었습니다. 만약 여러분이 새로운 수학적 의미가 있는 표들을 출판하고 싶다면, 여러분은 컴퓨터들을 고용해서 작업을 시킨 다음 그 결과를 모았을 것입니다. 물론 초기 계산부터 최종적으로 계산표를 인쇄하기 위한 활자판을 맞추는 과정에 이르기까지의 모든 단계에서 오류가 발생할 수 있습니다.

찰스 배비지는 수학 계산표에 오류가 있을 때마다 정신적인 고통을 느끼는 매우 세심한 사람이었습니다. 그는 1820년경부터 이런 계산표를 작성하고 계산표의 인쇄를 위한 활자판을 맞추는 것까지 할 수 있는 장치를 만들 수 있을 거라 생각했습니다.

배비지의 첫 번째 기계는 수학 계산표를 만들기 위해 차분 작업을 처리한다는 의미에서 차분기관Difference Engine이라는 이름을 가지게 되었습니다. 로그 계산표를 만들 때 모든 값마다 로그 연산을 할 필요가 없다는 사실은 잘 알려져 있습니다. 대신, 선택된 값에 대해서 로그를 계산하고 그 사이의 숫자는 차분difference이라 불리는 비교적 간단한 계산을 이용해서 보간interpolation[1]해 나가는 것이 가능합니다.

배비지는 이런 차분값들을 계산하기 위해서 차분기관을 설계했습니다. 이 장치는 십진수를 표시하기 위해서 기어를 사용하며, 덧셈과 뺄셈을 할 수 있었을 것입니다. 하지만 영국 정부가 어느 정도 자금을 지원했음에도 이 장치는 완성되지 않았으며, 배비지 역시 1833년에 차분기관의 제작을 포기하게 되었습니다.

당시 배비지는 좀더 좋은 아이디어를 하나 가지고 있었습니다. 이는 해석기관Analytical Engine이라 불리는 장치로, 그가 세상을 떠날 때까지 계속해서 설

---

1 (옮긴이) 본문에 있는 것처럼 두 개 혹은 여러 개의 알려진 수를 이용해서 그 중간의 값을 계산해 내는 작업을 의미합니다.

계되고 재설계되어 (장치의 일부분은 실제로 만들어지기도 했습니다) 실제로는 그의 일생을 바친 작품이었습니다. 해석기관은 19세기에 만들어진 것들 중 현대식 컴퓨터에 가장 가까운 발명품입니다. 배비지의 설계에 따르면, 저장 장치(현대 컴퓨터에서 메모리의 개념에 비교할 만합니다)와 기계적인 회전식 연산 장치mill(컴퓨터에서 연산 유닛에 가깝습니다)를 가지고 있었습니다. 또한 곱셈은 반복적인 덧셈을 통하여 구현되었으며, 나눗셈은 반복적인 뺄셈으로 구현되었습니다.

해석기관에서 가장 흥미로운 점은 천공 카드를 사용해서 프로그래밍할 수 있었다는 점입니다. 배비지는 조셉 마리 자카드Joseph Marie Jacquard(1752~1834)가 개발한 혁신적인 자동 직조기에서 이 아이디어를 얻었습니다. 대략 1801년 경에 만들어진 자카드 직조기는 실크의 무늬를 제어하기 위해서 구멍이 뚫린 판지 카드를 사용했습니다. 자카드가 만든 가장 인상적인 작품으로는 검은색과 흰색 비단으로 만들어진 자화상이었는데, 이를 만들기 위해서는 대략 10,000장의 천공 카드가 필요했습니다.

배비지는 거리의 음악가를 비난하거나 기적의 수학적인 정당성을 밝히려는 글은 많이 썼지만, 해석기관으로 어떤 것을 하려고 했는지에 대한 포괄적이고, 일관된 설명을 남긴 적이 없습니다.

Hulton Archive/Stringer/Getty Images

배비지가 빼먹은 부분을 채우는 것은 러브레이스 백작 부인이었던 어거스타 에이다 바이런Augusta Ada Byron(1815~1852)의 몫이었습니다. 그녀는 시인 바이런Byron 경의 유일한 합법적인 딸이었지만, 아버지로부터 위험한 시적인 능력과 기질[2]을 물려받을 것을 우려한 그녀의 어머니의 강력한 권유로 수학을 배우는 것에 열중하게 되었습니다. 러브레이스 백작 부인은 논리학자 어거스터스 드 모르간Augustus de Morgan(이 책의 6장과 8장에서 이미 본 적이 있을 것입니다)과 함께 공부했고, 이후에 배비지의 해석기관에 매료되었습니다.

2 (옮긴이) 바이런은 여성 편력으로 유명합니다.

해석기관에 대한 이탈리아의 논문[3]을 번역할 기회가 있었는데, 에이다 러브 레이스가 이 일을 맡았습니다. 그녀의 번역본은 1843년에 출판되었는데, 관련된 주석과 해설을 추가하면서 원래 길이의 3배에 달하는 글이 되었습니다. 이 해설 중 하나는 배비지의 해석기관에 대한 명령어를 배치해서 만든 예제들을 포함하고 있었기 때문에, 러브레이스를 최초의 컴퓨터 프로그래머까지는 아니더라도(배비지 자신이 프로그래밍을 했을 것이므로), 적어도 컴퓨터 프로그램을 출판한 최초의 인물로 꼽는 데 주저할 이유는 없을 것 같습니다.

이후에 잡지나 책에 학습 목적의 컴퓨터 프로그램을 출판한 사람들은 스스로를 에이다의 자식들이라 생각할 수도 있겠네요.

에이다 러브레이스는 배비지의 해석기관을 '자카드 직조기로 꽃과 나뭇잎을 그려 넣듯이 해석기관을 이용하여 대수적인 패턴algebraical patterns을 짜넣었다고 이야기할 수 있습니다'라는 시적인 표현으로 묘사했습니다.

또한 러브레이스는 단순한 숫자의 계산을 넘어서는 컴퓨터의 가능성에 대한 비전을 매우 일찍부터 가지고 있었습니다. 숫자로 표현할 수 있는 어떤 것이든 해석기관에서 처리할 수 있다고 본 것입니다.

> 예를 들어, 화음과 음악 작곡을 과학적으로 접근할 때 음정의 기본 관계를 숫자로 표현할 수 있으며, 이 관계가 음악적인 표현과 편곡에 영향을 줄 수 있다고 가정하면, 해석기관이 어떤 정도의 복잡도나 정교함을 가지는 악보를 만들어 낼 수도 있을 것입니다.

배비지와 새뮤얼 모스가 거의 정확히 동시대인이었고, 배비지도 조지 불의 작업을 알고 있었다는 점을 생각해 보면, 그가 전신 릴레이와 수학적 논리 사이의 결정적인 연관성을 생각하지 못한 것은 정말 안타까운 일입니다. 영리한 엔지니어들이 릴레이를 이용해서 컴퓨터를 만들기 시작한 것은 1930년대부터였습니다. 하버드 Mark I은 수학 계산표를 인쇄한 최초의 컴퓨터였고, 마침내 백년 이상이 지난 후 배비지의 꿈이 실현된 거라 할 수 있습니다.

---

3 (옮긴이) 루이지 미나브레아(Luigi Menabrea)가 출판한 논문이며, 배비지가 이탈리아 토리노를 여행하면서 해석기관에 관한 연설을 한 것과 설명을 모으고 해석해서 적은 논문입니다. 미나브레아는 당시 젊은 수학자였으며, 나중에 이탈리아의 총리가 되었습니다.

첫 번째 디지털 컴퓨터가 만들어진 1930년부터 지금까지, 컴퓨팅의 역사는 다음의 세 가지 방향으로 진화했다고 요약할 수 있습니다. 더 작고, 더 빠르고, 더 저렴하게 만드는 것이죠.

릴레이는 컴퓨터를 구성하는 데 가장 좋은 소자라 이야기하기 어렵습니다. 이 소자들은 금속 조각을 전자석으로 휘어지게 만드는 기계적인 요소를 가지고 있었으므로, 오랜 시간 동작하면 부러질 수 있었습니다. 또한 릴레이의 접점 사이에 먼지나 종이가 끼여 고장이 날 수도 있었습니다. 1947년에는 하버드 Mark II 컴퓨터 내부에 있는 릴레이에 끼어 있는 나방을 발견한 일이 있었습니다. 1944년부터 에이킨의 팀에서 일했고, 이후에 컴퓨터 프로그래밍 언어 분야에서 매우 유명해진 그레이스 머레이 호퍼Grace Murray Hopper(1906~1992)는 컴퓨터 사용일지에 나방을 붙이고 '버그가 발견된 첫 번째 실제 사례'라는 메모를 적어 두었습니다.

릴레이를 대체할 수 있을 만한 것은 존 앰브로즈 플레밍John Ambrose Fleming (1849~1945)과 리 디포리스트Lee de Forest(1873~1961)가 라디오를 개발하다가 만든 진공관vacuum tube(영국에서는 '밸브valve'라고 부릅니다)이었습니다. 1940년대까지 진공관은 전화 신호를 증폭시키기 위하여 오랫동안 사용되어 왔으며, 실제로 라디오 신호를 증폭시켜서 들려 주는 번쩍이는 관이 들어있는 탁상 라디오가 집집마다 있었습니다. 진공관은 릴레이와 마찬가지로 배선을 통하여 AND, OR, NAND, NOR 게이트로 사용될 수 있었습니다.

물론 게이트가 릴레이로 만들어졌든 진공관으로 만들어졌든 상관이 없습니다. 논리 게이트들은 항상 덧셈기를 비롯한 복잡한 구성요소들로 만들어서 사용합니다.

하지만 진공관도 역시 문제가 있었습니다. 진공관은 비싸고, 전력 소모가 심하고, 열을 많이 발생시켰습니다. 가장 큰 문제는 진공관이 결국 어떤 시점에서 타버린다는 것입니다. 진공관을 사용하는 사람들은 진공관의 수명이 짧다는 것을 감수해야 했기 때문에, 진공관 라디오를 가지고 있는 사람들은 주기적으로 진공관을 갈아주는 것이 일상화되어 있었습니다. 물론, 전화 시스템은 중복성을 많이 가지고 있었으므로, 가끔 진공관이 타버리더라도 크게 문제가 되지 않았습니다(전화를 사용하는 사람들 역시도 전화 시스템이 완벽하게 동작할 거라 기대하지 않았습니다). 컴퓨터 역시 사용된 진공관 몇 개가 타버리더라도 그 사실을 바로 알기는 쉽지 않았습니다.[4] 게다가, 컴퓨터에는 수많은 진공관이 사용되었으므로 통계적으로 일 분에 한 개 이상의 진공관이 타버렸을 것입니다.

릴레이 대신 진공관을 사용했을 때의 가장 큰 장점은 속도입니다. 릴레이는 최대 1/1000초, 즉 1밀리초마다 값을 바꿀 수 있는 반면, 진공관은 최대 백만분의 1초, 즉 1마이크로초마다 값을 바꿀 수 있습니다. 흥미롭게도 초기 컴퓨터의 속도는 종이나 필름 테이프로부터 프로그램을 읽어내는 장치의 속도에 영향을 많이 받았으므로, 초기 컴퓨터 개발에 있어서 속도는 그다지 중요한 요소가 아니었습니다. 컴퓨터가 이런 식으로 만들어졌으니 진공관이 릴레이보다 얼마나 빠른지는 별로 중요치 않았다는 말이지요.

1940년대 초반부터 새로운 컴퓨터들에 릴레이 대신 진공관이 사용되기 시작하였으며, 이러한 변화는 1945년까지 계속되었습니다. 릴레이 기반의 컴퓨터들을 전기기계식 컴퓨터electromechanical computer라고 이야기하는 반면, 진공관은 전자 컴퓨터electronic computer의 기반이 되었습니다.

펜실베이니아 대학교의 전자공학부 무어 스쿨Moore School 소속이었던 프레스퍼 에커트J. Presper Eckert(1919~1995)와 존 모클리John Mauchly(1907~1980)는 ENIAC Electronic Numerical Integrator and Computer을 만들었는데, 이 컴퓨터에는 18,000개의 진공관이 사용되었습니다. 약 30톤에 달하는 무게로 인하여 ENIAC은 지금까지 만들어진 (또한 이후로도) 컴퓨터들 중에 가장 큰 컴퓨터입니다. 에커트와 모클리는 컴퓨터 설계에 관련된 특허를 등록하려고 하였으나, 제대로 동작하지 않는 초기 전자 컴퓨터를 만들었던 존 아타나소프John V. Atanasoff (1903~1995)의 방해로 순탄치는 않았습니다.[5]

---

4 (옮긴이) 진공관 하나가 타버리더라도 뭔가 큰일이 발생하는 것은 아니고, 어떤 동작을 했을 때만 결과가 약간 틀리는 정도였을 테니 찾아내기 어렵습니다.

5 (옮긴이) 존 아타나소프와 클리포드 베리가 만든 ABC라는 컴퓨터를 전자 컴퓨터의 시작으로 보는 견해도 많습니다. 물론, 제대로 동작한 것은 아닙니다.

ENIAC은 수학자였던 폰 노이만John von Neumann (1903~1957)의 호기심을 자극하였습니다. 헝가리에서 태어난 폰 노이만은 1930년부터 미국에 거주하고 있었습니다. 프린스턴 고등연구소의 수학 교수로 재직 중이던 폰 노이만은 복잡한 수학 문제를 암산으로 풀어버리는 놀라운 능력으로 대중적으로도 유명했으며, 연구 분야도 양자역학부터 게임 이론을 경제학에 적용시키는 것에 이르기까지 다양했습니다.

폰 노이만은 ENIAC의 뒤를 잇는 EDVACElectronic Discrete Variable Automatic Computer의 설계를 돕게 되었습니다. 특히 아서 벅스Arthur W. Burks, 허먼 골드스타인Herman H. Goldstine과 공동 저술한 〈전자계산기의 논리 설계에 대한 초기 토론 Preliminary Discussion of the Logical Design of an Electronic Computing Instrument〉이라는 1946년 논문에서 EDVAC이 ENIAC보다 뛰어난 몇 가지 기능들에 대해 기술하였습니다. EDVAC을 설계한 사람들은 EDVAC이 내부적으로 이진수를 사용해야 한다고 생각하고 있었습니다. 이에 반하여 ENIAC은 십진수를 사용할 수 있었습니다. 컴퓨터는 프로그램 코드와 프로그램을 통하여 수행될 데이터를 같이 저장하기 위하여 가능한 많은 메모리를 갖추고 있어야 합니다(다시 한번 말하지만, 이는 ENIAC에는 해당되지 않는 이야기입니다. ENIAC에서는 순차적으로 스위치를 조작하고, 케이블 연결을 통해서 프로그래밍을 합니다). 이러한 설계 개념을 '저장된 프로그램stored-program의 개념'이라 부릅니다. 이러한 설계 결정은 컴퓨터의 매우 중요한 진화 단계였으므로, 오늘날까지도 우리는 폰 노이만 아키텍처von Neumann architecture 컴퓨터에 대해 이야기합니다.

후에 래밍턴 랜드Remington Rand사의 일부가 된 에커트-모클리 컴퓨터Eckert-Mauchly Computer Corporation는 1948년에 최초의 상용 컴퓨터가 된 UNIVACUniversal Automatic Computer을 만들기 시작했습니다. 이 컴퓨터는 1951년에 완성되었으며, 첫 제품은 인구조사국에 납품되었습니다. UNIVAC은 CBS에서 1952년 대통령 선거 결과를 예측할 때 사용되어 소위 황금 시간대 방송을 통하여 그 모습을 드러냈으며, 유명한 방송인인 월터 크롱카이트Walter Cronkite는 이것을 '전자두뇌electronic brain'라 불렀습니다. 또한 1952년에 IBM은 자사의 첫 번째 상용 컴퓨터 시스템인 701을 발표했습니다.

이로써 기업과 정부에 의한 컴퓨팅의 오랜 역사가 시작되었습니다. 이제 흥미로운 또 다른 역사적인 발자취를 따라가 볼 예정입니다. 이쪽은 컴퓨터의 비용과 크기를 줄임으로써 컴퓨터가 가정에서 사용될 수 있도록 만든 과정으로, 1947년에는 거의 주목받지 못했던 전자 제품이 획기적인 발전을 거듭하면서 시작된 또 다른 역사적 흐름이라 하겠습니다.

벨연구소는 1925년 1월 1일에 AT&TAmerican Telephone and Telegraph의 과학 및 기술 연구 부서를 사업 부문에서 분리해서 독립적인 부속 연구소를 창설하면서 만들어졌습니다. 벨연구소의 가장 중요한 목표는 전화 시스템을 발전시킬 수 있는 기술을 개발하는 것이었지요. 연구소에는 다양한 종류의 작업을 진행할 수 있도록 충분한 권한이 주어졌지만, 동시에 전선을 통해서 전달되는 음성 신호를 왜곡 없이 증폭시킬 수 있는 기술 개발이 이루어져야 한다는, 전화 시스템과 관련된 확고한 한 가지 목표가 존재했습니다.

진공관을 개선하기 위해 상당한 양의 연구와 공학적 노력이 투입되었지만, 벨연구소 소속의 두 천재 물리학자 존 바딘John Bardeen(1908~1991)과 월터 브래튼Walter Brattain(1902~1987)은 1947년 12월 16일에 새로운 형태의 증폭기를 만들어 냈습니다. 새로운 증폭기는 저마늄germanium(반도체semiconductor로 알려진 원소로써 게르마늄이라고도 불립니다) 판과 얇은 금박 조각으로 이루어져 있었습니다. 그들은 자신들이 만든 장치를 일주일 후에 윌리엄 쇼클리William Shockley(1910~1989) 앞에서 시연하였습니다.[6] 많은 사람이 20세기 최고의 발명이라 부르는 트랜지스터transistor가 세상에 처음 그 모습을 드러낸 것입니다.

트랜지스터가 갑자기 튀어나온 것은 아닙니다. 반도체가 만들어지기 8년 전인 1939년 12월 29일에 쇼클리는 그의 연구 노트에 '오늘 진공관이 아닌 반도체를 이용하여 증폭기를 만드는 것이 원리상으로는 가능하다는 확신을 얻

---

6 (옮긴이) 쇼클리는 반도체의 초기 이론을 정립한 이 분야에서 아주 유명한 천재 중 한 명으로, 후배들이 자신이 만들지 못한 반도체를 만든 것에 크게 충격을 받아서 이후에 관련 이론을 정립했다는 유명한 일화를 가지고 있기도 합니다.

었다'라고 적었습니다. 그리고 최초의 트랜지스터가 시연된 이후 몇 해에 걸쳐서 이를 이론적으로 확고히 하는 작업이 진행되었습니다. 쇼클리, 바딘, 브래튼은 반도체에 대한 연구와 트랜지스터 효과의 발견에 대한 업적을 인정받아 1956년에 노벨 물리학상을 받았습니다.

이 책의 앞부분에서 도체conductors와 절연체insulators에 대해서 이야기했습니다. 도체는 전류가 아주 쉽게 통과할 수 있도록 도움을 주는 속성이 있습니다. 구리, 은, 금과 같은 물질이 가장 좋은 도체로 알려져 있는데, 세 가지 물질이 원소의 주기율표에서 같은 열에 존재하는 건 우연이 아닙니다.

저마늄germanium과 실리콘silicon(일부 화합물뿐만 아니라) 같은 원소는 도체에 비해서 절반 정도 전류가 흐르기 때문이 아니라, 다양한 방법으로 전도성conductance이 조절되기 때문에 반도체semiconductors라 부릅니다. 반도체는 가장 바깥쪽에 있는 전자껍질에 4개의 전자를 가지고 있으며, 이는 바깥쪽 전자껍질이 가질 수 있는 최대 전자 수의 절반입니다. 순수한 반도체의 경우 원자들이 매우 안정된 결합을 형성해서 다이아몬드와 비슷한 결정 구조를 가집니다. 반도체가 결정 구조를 형성하고 있을 때는 전도성이 거의 없습니다.

하지만 반도체에 특정한 불순물을 첨가dope하여 화합물을 만들 수 있습니다. 첫 번째 종류의 불순물은 원자들 간의 결합에 요구되는 것보다 많은 전자를 제공하게 됩니다. 이러한 형태로 이루어진 반도체를 N-형 반도체(N은 음극을 의미합니다)라 이야기하며, 다른 형태의 불순물을 추가해서 P-형 반도체를 만들 수 있습니다.[7]

두 개의 N-형 반도체 사이에 P-형 반도체를 끼워 넣는 형태로 구성하면, 반도체로 증폭기를 만들 수 있습니다. 이를 NPN 트랜지스터라 하며, NPN 트랜지스터의 세 부분을 각각 컬렉터collector, 베이스base, 이미터emitter라 이야기합니다.

다음 그림은 NPN 트랜지스터의 기호입니다.[8]

---

7 (옮긴이) P는 양극(positive)을 의미하며, 불순물 주입으로 인해 전자가 부족해졌다는 의미입니다. 반대로 N-형 반도체는 음극(negative) 성질을 가진 전자가 더 많다는 것을 의미합니다.
8 (옮긴이) 화살표가 있는 쪽이 이미터이며, 화살표의 방향이 전류의 방향을 의미한다고 생각하면 됩니다.

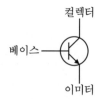

컬렉터
베이스
이미터

베이스에 걸리는 낮은 전압을 이용해서 컬렉터와 이미터 사이에 걸려 있는 큰 전압을 제어할 수 있습니다.[9] 만일 베이스에 전압이 걸려 있지 않다면, 실질적으로 트랜지스터를 끈 것과 같습니다.

트랜지스터는 보통 약 1/4인치(0.6cm) 정도 되는 금속통에 3개의 다리가 튀어나와 있는 형태로 되어 있습니다.[10]

트랜지스터로 인하여 고체 전자공학solid-state electronics이라는 학문이 열렸습니다. 이는 트랜지스터는 반도체나 (최근에는 대부분) 실리콘과 같은 고체를 이용하고 진공관이 필요하지 않기 때문이죠. 트랜지스터는 진공관에 비하여 훨씬 작고, 전력 소모도 현저히 적고, 열도 적게 발생하며 수명 역시 훨씬 깁니다. 진공관 라디오를 주머니에 넣고 다니는 것은 상상할 수도 없는 일이었습니다. 하지만 트랜지스터 라디오는 진공관과는 다르게 작은 배터리에서 전력을 공급받을 수 있었으며 뜨거워지지도 않았습니다.[11] 몇몇 사람들은 1954년 크리스마스 아침에 선물 상자에서 휴대용 트랜지스터 라디오를 발견

9 (옮긴이) 위의 기호는 BJT 트랜지스터라서 정확히는 베이스로 들어가는 전류를 이용해서 컬렉터로 전달되는 전류를 제어하는 것이며, MOS 기반의 트랜지스터가 베이스 전압을 통해서 컬렉터로 흐르는 전류를 제어하게 됩니다. 다만, 베이스로 들어가는 작은 전압/전류로 트랜지스터의 입출력에 걸린 큰 전압/전류를 제어하는 것이라는 점에서 의미가 크게 다르지는 않습니다.
10 (옮긴이) 요즘에는 잘린 원통 형태나 일반적인 플라스틱 패키지로 된 것이 더 많습니다.
11 (옮긴이) 물론 진공관에 비해서 그렇다는 것이지, 앰프를 위한 트랜지스터들은 어느 정도 발열이 있습니다.

하여 주머니에 넣고 다니는 행운을 얻을 수 있었습니다. 최초의 휴대용 라디오에는 이후 반도체 혁명에서 중요한 역할을 한 회사인 텍사스 인스트루먼트Texas Instruments에서 만든 트랜지스터가 사용되었습니다.

트랜지스터가 최초로 상업적으로 응용된 분야는 보청기였습니다. 평생을 청각 장애인을 위하여 헌신했던 알렉산더 그레이엄 벨Alexander Graham Bell의 유지를 기려, AT&T는 보청기 제조사에 로열티 없이 트랜지스터 기술을 사용할 수 있도록 허가했습니다.

트랜지스터가 채용된 최초의 텔레비전은 1960년에 발표되었으며, 오늘날 진공관을 사용한 기기들은 대부분 사라졌습니다(물론, 완전히 사라지지는 않았습니다. 몇몇 오디오 애호가들과 전기 기타 연주자들은 트랜지스터 증폭기보다 진공관 증폭기가 만들어 내는 소리를 좋아합니다).

1956년 쇼클리는 벨연구소를 떠나 그가 자라난 캘리포니아주 팔로알토로 이사하여 첫 번째 회사인 쇼클리 반도체 연구소를 설립하였습니다. 당시 다른 반도체 회사들과 컴퓨터 회사들이 이 지역에 설립되었으며, 샌프란시스코 남부에 해당하는 이 지역은 현재 비공식적으로 실리콘밸리Silicon Valley라 불립니다.

진공관은 원래 증폭을 위하여 개발되었으나 논리 게이트에서는 스위치로도 사용할 수 있었습니다. 트랜지스터도 마찬가지입니다. 이제 릴레이로 만들었던 것처럼 트랜지스터로 AND 게이트를 만들어 보겠습니다.

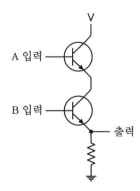

A 입력과 B 입력 모두에 전압이 걸렸을 때만 두 트랜지스터 모두에 전류가 흐르면서 출력에 전압이 나타납니다. 저항은 전원에서 접지까지 직접 전류가 흘러 합선short circuit이 발생하는 것을 방지하기 위하여 사용하는 것입니다.

OR 게이트에서 두 트랜지스터의 컬렉터는 모두 전원에 연결되어 있으며, 이미터는 서로 연결되어 있습니다.

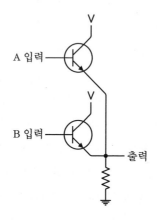

즉, 이전에 릴레이를 이용하여 논리 게이트들이나 다른 구성요소들을 만들 때 배웠던 모든 것은 트랜지스터를 이용할 때에도 여전히 유효하다는 말입니다. 릴레이, 진공관, 트랜지스터는 모두 증폭을 위하여 개발되었지만, 모두 비슷한 방법으로 연결해서 논리 게이트 역할을 할 수 있으며, 이를 통해서 컴퓨터를 만들 수 있습니다. 최초의 트랜지스터 컴퓨터는 1956년에 만들어졌으며, 그 후 몇 년 지나지 않아 새로운 컴퓨터의 설계에 진공관은 더 이상 사용되지 않게 되었습니다.

트랜지스터를 이용하여 컴퓨터를 만듦으로써 컴퓨터가 좀더 작고 신뢰성 있으며, 전력 소모도 줄어들었지만, 컴퓨터를 좀더 간단하게 만들 수 있게 된 것은 아닙니다. 트랜지스터를 사용함으로써 좀더 좁은 공간에 더 많은 논리 게이트를 넣을 수 있게 되었지만, 이러한 구성요소들을 어떻게 배치하고 서로 연결할지를 생각해야 하는 것은 마찬가지입니다. 즉, 릴레이나 진공관을 연결하던 것과 마찬가지로 논리 게이트를 만들기 위해서 트랜지스터를 연결하는 것은 어려운 일입니다.

　이미 살펴본 대로, 반복적으로 나타나는 특정한 트랜지스터의 조합이 있습니다. 한 쌍의 트랜지스터들은 대부분 논리 게이트를 만들기 위해서 사용됩니다. 게이트들은 10장의 마지막 부분에서 본 것처럼, 덧셈기나 디코더, 인코더를 만들기 위해서 연결됩니다. 17장에서 여러분은 비트를 저장하는 능력을 가지고 있는 **플립플롭**이나, 이진수를 셀 수 있는 카운터 등 논리 게이트를 조합해서 만들 수 있는 매우 중요한 기능 요소들을 살펴보게 될 것입니다. 만일 자주 사용되는 몇 가지 구성에 대해서 트랜지스터들을 미리 연결해 둔 다음 이를 재활용한다면, 컴퓨터를 만드는 것이 훨씬 편할 것입니다.

　이러한 생각은 영국의 물리학자인 제프리 더머Geoffrey Dummer(1909~2002)에 의하여 처음 제안되었으며, 그는 1952년 5월의 연설에서 "미래의 모습을 미리 보여드리고자 합니다."라며 다음과 같이 말했습니다.

> 트랜지스터가 등장하고 반도체의 사용이 일반화되면서, 연결하는 선들이 없는 네모상자 형태의 전자기기들을 상상해 볼 수 있을 것 같습니다. 이 블록들은 절연체, 전도체, 정류와 증폭을 위한 물질들의 층으로 구성될 것이며, 다양한 층의 영역을 잘라서 직접 연결하는 방식으로 전자 회로의 기능을 할 수 있게 될 것입니다.

하지만 제대로 작동하는 제품이 나오기까지 몇 년 정도 기다려야 했습니다.

　더머의 예언에 대해서 알지는 못했지만, 1958년 7월 텍사스 인스트루먼트의 잭 킬비Jack Kilby(1923~2005)가 저항이나 다른 전자 부품처럼 다수의 트랜지스터를 하나의 실리콘 조각 위에 집적하면서 더머의 예언은 현실이 되었습니다. 6개월 뒤인 1959년 1월, 로버트 노이스Robert Noyce(1927~1990)[12] 역시 기본적으로는 같은 생각을 하게 되었습니다. 노이스는 원래 쇼클리 반도체 연구소에서 근무하였으나, 1957년에 7명의 다른 연구자들과 같이 회사를 떠나 페어차일드 반도체Fairchild Semiconductor Corporation를 설립하였습니다.

---

12 (옮긴이) 이후에 무어의 법칙으로 유명한 고든 무어(Gordon Earle Moore)와 함께 인텔을 설립했습니다.

기술 개발의 역사에서, 각각 독립적이면서도 동시에 일어나는 발명은 상상하는 것 이상으로 자주 나타납니다. 킬비가 노이스보다 6개월 정도 먼저 이러한 장치를 발명했고, 텍사스 인스트루먼트가 페어차일드보다 먼저 특허를 제출했지만, 특허를 먼저 등록한 것은 노이스였습니다. 당연히 특허 공방이 이어졌으며 10년이 지나서야 양측 모두 만족할 만한 합의점을 찾게 되었습니다. 비록 둘이 같이 일을 한 적은 없지만, 오늘날 킬비와 노이스는 칩chip이라 불리는 **집적회로**integrated circuit, IC의 공동 발명자로 여겨지고 있습니다.

집적회로는 미세한 구성요소들을 만들기 위하여 서로 다른 영역들에 정밀하게 불순물을 첨가하고, 에칭[13] 등의 처리를 통하여 얇은 실리콘 웨이퍼를 적층하는 방식으로 미세한 구성요소를 만드는 복잡한 공정을 거쳐 만들어집니다. 새로운 집적회로를 개발하는 것은 매우 돈이 많이 드는 일이지만, 집적회로는 대량 생산을 하는 경우 다른 전자 부품보다 훨씬 저렴해지는 특성을 가지고 있습니다.

실제 실리콘 칩은 매우 얇고 섬세하기 때문에 반드시 패키지를 이용하여 보관해야 하며, 패키지는 칩을 보호하고 칩 안의 요소들을 다른 칩과 연결할 수 있도록 만들어 줍니다. 초기의 집적회로는 몇 가지 다른 방식으로 패키징되었지만, 가장 일반적인 것은 직사각형 플라스틱 **이중 인라인 패키지**dual inline package, DIP로, 패키지 양쪽에 14, 16 혹은 40개 정도의 핀들을 늘어놓는 형태로 되어 있습니다.[14]

---

13 (옮긴이) 실제로 집적회로를 만들 때, 웨이퍼의 일정 부분을 용액(wet etching)이나 빛(photo etching)으로 제거해서 형태를 만들어 가는 과정을 의미합니다.
14 (옮긴이) DIP는 논리 게이트와 같이 핀이 많이 필요하지 않은 경우에 많이 사용됩니다. 최근에는 보통 작은 면적에 연결을 최대한 늘려야 하는 경우가 많아서 PGA(Pin Grid Array, 핀이 바닥에 늘어져 있는 형태)나 모바일 반도체들에서 많이 사용되는 BGA(Ball Grid Array, 바닥에 납 볼들이 늘어져 있는 형태)를 더 쉽게 찾아볼 수 있습니다.

앞의 그림은 16핀을 가진 칩입니다. 그림과 같이 홈[15]이 파여 있는 지점이 왼쪽에 오도록 칩을 들면, 왼쪽 하단에서부터 우측을 돌아서 다시 왼쪽 상단 순으로 1번에서 16번까지의 번호가 매겨지게 됩니다. 각각의 핀은 정확히 1/10 인치 간격을 두고 배치되어 있습니다.

1960년대의 우주개발 계획과 무기개발 경쟁은 초창기 집적회로 시장이 성장하는 데 큰 도움을 주었습니다. 민간 부문에서 집적회로가 사용된 최초의 상용 제품은 1964년에 제니스Zenith사에서 판매한 보청기였습니다. 1971년 텍사스 인스트루먼트는 최초의 휴대용 계산기와 최초의 전자시계인 펄사Pulsar를 판매하기 시작했습니다(전자시계에 사용된 직접회로의 경우 앞에서 보여 준 것과는 다른 패키지를 사용했겠지요). 그 후 집적회로를 이용하는 수많은 제품들이 등장했습니다.

1965년 고든 무어Gordon E. Moore(당시에는 페어차일드에 다니고 있었으며, 나중에 인텔의 공동창업자가 되었습니다)는 기술의 발전으로 인하여 하나의 칩 안에 집적될 수 있는 트랜지스터의 수가 1959년 이래로 매년 거의 두 배씩 증가하고 있다는 것을 깨달았으며, 이런 추세가 지속될 거라 예측했습니다. 실제의 발전 경향은 약간 느려졌으며, 결국 무어의 법칙Moore's Law이라 불리게 된 이 예측은 '칩에 집적되는 트랜지스터의 수가 18개월마다 2배로 늘어날 것'이라는 내용으로 변경되었습니다. 이는 매우 놀랄 정도로 빠른 발전 속도이며, 가정용 컴퓨터가 몇 년 지나지 않아 구식이 되어 버리는 이유를 잘 설명해 줍니다. 무어의 법칙은 21세기 후반에 더 이상 맞지 않을 것처럼 보였지만, 여전히 예측에 근접하게 진행되고 있습니다.

집적회로를 구성하는 구성요소를 제작하기 위해 여러 가지 다른 기술이 사용되었습니다. 이러한 기술들을 IC 패밀리(제품군)라 부릅니다. 1970년대 중반까지 TTL('티티엘'이라 발음합니다)과 CMOS('씨모스'라 발음합니다)라는 두 가지 IC 패밀리가 널리 보급되었습니다.

---

15 (옮긴이) 요즘에는 1번 핀 위치에 동그라미 표시를 하는 경우도 많습니다.

TTL은 트랜지스터-트랜지스터 로직transistor-transistor logic을 의미하며, 속도가 중요하다고 생각하는 사람들이 선호했습니다. CMOScomplementary metal-oxide-semiconductor(상보적 금속 산화물 반도체) 칩은 전력을 덜 사용하고, 전압 변화에 덜 민감하지만 TTL만큼 빠르지는 않았습니다.

만일 여러분께서 1970년 중반에 디지털 회로를 만드는 엔지니어(여기서는 IC를 이용해서 큰 회로를 만드는 사람을 의미합니다)였다면 1973년에 텍사스 인스트루먼트에서 처음 출판한 《The TTL Data Book for Design Engineers(설계 엔지니어들을 위한 TTL 데이터 북)》(이후로는 줄여서 《TTL 데이터 북》이라고 부르겠습니다)라는 두꺼운 책이 책상 위에 항상 놓여 있었을 것입니다. 이 책은 텍사스 인스트루먼트와 다른 몇몇 회사에서 판매하고 있던 TTL 집적회로 중에 7400 시리즈를 위한 완벽한 참고 도서였습니다. 7400이라는 시리즈 이름은 이 패밀리에 속하는 반도체를 구분하는 명칭이 모두 74라는 숫자로 시작했기 때문에 붙여진 것입니다.

7400 시리즈의 모든 집적회로들은 특정한 형태로 미리 연결되어 있는 논리 게이트로 구성되어 있었습니다. 몇몇 칩들은 더 큰 구성요소를 만드는 데 사용될 수 있도록 간단하게 게이트들만 미리 연결되어 있는 형태로 되어 있는 반면, 어떤 칩들은 일반적인 회로 구성요소[16]를 제공합니다.

7400 시리즈의 첫 번째 IC는 7400이라는 이름을 가지고 있으며, 《TTL 데이터 북》에 따르면 'Quadruple 2-Input Positive-NAND Gates(2개의 입력을 갖는 4개의 정논리 NAND 게이트)'라는 설명이 기술되어 있습니다. 이는 해당 집적회로에 2입력 NAND 게이트가 4개 존재하며, 5V 혹은 그 부근의 전압이 입력으로 들어오면 논리 1로 보며, 전압이 걸리지 않으면 논리 0으로 보는 정논리positive logic를 사용하기 때문에 'Positive NAND' 게이트라 부르는 것입니다. 이 칩은 14개의 핀을 가지고 있으며, 데이터 북에 있는 그림에는 각각 핀이 어떤 입력과 출력에 해당하는지 보여 줍니다.

16 (옮긴이) 플립플롭, 덧셈기, 선택기, 디코더 등과 같은 요소들입니다.

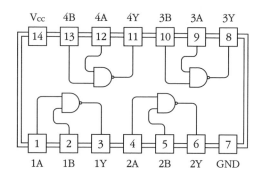

이 그림은 앞에서 말한 것과 같이 작은 홈이 왼쪽에 있는 상태에서 칩을 위에서 봤을 때를 기준으로 그린 것입니다.

14번 핀은 V_{CC}라는 이름이 붙어 있는데, 전압을 표시하기 위하여 사용했던 V 기호와 같습니다. 7번 핀의 GND라는 이름은 접지를 나타냅니다. 특정 회로에서 사용되는 모든 집적회로는 공통된 5V 전원과 공통 접지를 연결해야 합니다. 7400 칩에 있는 4개의 NAND 게이트는 각각 2개의 입력과 1개의 출력을 가지고 있으며, 각각의 게이트는 다른 것과 관계없이 독립적으로 동작합니다.

집적회로에 대해 알고 있어야 하는 중요한 사실 중 하나는 입력의 변화가 출력에 반영되는 데 걸리는 시간인 **지연 시간**propagation time입니다.

칩의 지연 시간은 일반적으로 **나노초**nanoseconds(짧게 nsec) 단위로 측정됩니다. 나노초는 매우 짧은 시간 간격이지요. 천분의 1초는 밀리초가 되고, 백만분의 1초는 마이크로초이며, 십억분의 1초는 나노초입니다. 7400 칩에 있는 NAND 게이트의 지연 시간은 22나노초 이내임을 보장하고 있습니다. 이는 0.000000022초, 즉 십억분의 22초가 되는 값입니다.

이 세상에 그 누구도 나노초를 식별할 수는 없을 것입니다. 예를 들어, 이 책을 30센티미터 거리에 놓고 읽으려 할 때 책의 페이지에 반사된 빛이 눈까지 도달하는 데 걸리는 시간이 1나노초입니다.

하지만 나노초라는 짧은 시간이 컴퓨터에서 어떤 작업이 가능하도록 만들어 줍니다. 컴퓨터는 기본적으로 아주 간단한 일들을 처리하는 장치이며, 컴퓨터가 실제로 작업을 수행할 수 있는 거의 유일한 이유는 이러한 동작을 아주 빠르게 처리하기 때문입니다. 로버트 노이스Robert Noyce의 말을 인용하면, "나노초 단위로 분석해 동작을 따라갈 수 있다면 컴퓨터의 동작은 개념적으로는 매우 간단합니다."[17]

《TTL 데이터 북》을 좀더 살펴보도록 합시다. 이 책에서 익숙한 부분을 많이 볼 수 있을 것입니다. 7402 칩은 4개의 2입력 NOR 게이트를 포함하고 있으며, 7404는 6개의 인버터를, 7408은 4개의 2입력 AND 게이트를, 7432는 4개의 2입력 OR 게이트를, 7430은 1개의 8입력 NAND 게이트를 가지고 있습니다.

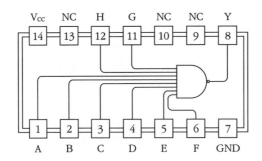

위의 그림에서 NC는 어떤 신호와도 연결되지 않음no connection을 나타냅니다.

《TTL 데이터 북》을 조금 더 따라가 보면, 7483 칩은 4비트 이진 전가산기이며, 74151은 8-to-1 데이터 선택기이고, 74154는 4-to-16 디코더라는 것을 알 수 있습니다.

이제 이 책에서 보여 준 다양한 회로 구성요소들이 어디서 온 것인지 알게되었을 것입니다. 바로 《TTL 데이터 북》에서 내용을 가지고 온 것이지요.

이 책에서 여러분이 보게 될 흥미로운 칩 중 하나는 74182인데, 자리올림

---

17 (옮긴이) 여담이지만, 프로세서를 비롯한 비메모리 반도체를 설계하는 엔지니어 입장에서는 이제는 기초적인 회로가 아닌 경우에는 개념상으로도 간단하지만은 않다고 말씀드리고 싶습니다. :) 매우 재미있는 분야입니다.

수 예측 생성기look-ahead carry generator[18]라 불립니다. 이 칩은 덧셈과 다른 산술 연산을 처리하기 위한 칩인 74181과 같이 사용될 목적으로 만들어진 칩입니다. 14장에서 8비트 덧셈기가 만들어졌을 때 보았듯이, 이진 덧셈기의 각 비트는 이전 비트의 자리올림에 의존성을 가지게 됩니다. 이런 방식을 리플 캐리ripple carry[19]라 부르며, 이로 인해서 숫자를 표현하는 비트의 수가 많을수록 결과를 얻을 때까지 걸리는 시간이 길어지게 됩니다.

자리올림수 예측 생성기는 덧셈기보다 빠르게 자리올림수를 만들어 낼 수 있는 회로를 제공함으로써, 이런 추세를 개선할 수 있도록 설계된 것입니다. 이런 특별한 회로를 사용하는 경우에는 더 많은 논리 게이트가 사용되지만, 전체적인 덧셈 시간의 속도를 높일 수 있습니다. 때로는 논리 게이트를 제거하는 형식의 재설계를 통해서 회로의 속도를 개선할 수도 있지만, 많은 경우에는 특정 문제를 잘 처리할 수 있는 논리 게이트를 추가함으로써 회로의 전체적인 속도를 향상시킬 수 있습니다.

논리 게이트는 은유나 상상의 대상이 아닙니다. 실제로 있는 것이죠. 논리 게이트와 덧셈기는 한때는 릴레이로 만들어졌고, 이후에 릴레이는 진공관으로, 진공관은 트랜지스터로 대체되었으며, 트랜지스터는 다시 집적회로로 대체되었습니다.[20] 하지만 근본적인 개념은 완전히 동일하게 유지되었습니다.

---

18 (옮긴이) 보통은 그냥 look-ahead라는 영문 용어를 번역 없이 사용합니다. 또한 계산식에 의해서 미리 만드는 것이라 예측(prediction)과는 차이가 있다고 생각하지만, 번역자로서 별다른 대안이 될 만한 용어를 찾지 못했으므로 일단 위키피디아의 용어를 따라 사용하겠습니다.

19 (옮긴이) 자리올림수가 물결이 퍼져 나가는 것처럼 퍼져 나간다고 해서 붙여진 이름입니다.

20 (옮긴이) 사실 집적회로라는 것 자체가 수많은 트랜지스터를 집적했다는 것을 의미하기 때문에 대체되었다는 말은 적합하지 않을 수 있습니다.

Chapter 16

1000011 1001111 1000100 1000101

그렇다면 뺄셈은 어떨까요?

But What About Subtraction?

릴레이, 진공관 혹은 트랜지스터를 잘 연결해서 두 이진수를 더할 수 있다는 것에 대해서 확신을 가지게 된 다음에는 '그렇다면 뺄셈은 어떨까?'라는 의문이 생길 수 있습니다. 이런 의문이 들었다는 것은 여러분에게 통찰력이 있다는 의미이므로, 이런 질문을 하는 것을 불편하게 생각할 필요는 없습니다. 덧셈과 뺄셈은 여러 측면에서 상호 보완적인 부분이 있으며, 연산이 이루어지는 방법에 있어서는 상당한 차이가 있습니다. 덧셈은 숫자의 가장 오른쪽의 낮은 자리 숫자부터 왼쪽으로 일관되게 계산해 나가며, 각각의 자리에서 발생한 자리올림은 다음 자리에서 같이 더해집니다. 하지만 뺄셈에서는 **자리올림수**carry가 발생하지 않는 대신 **빌림수**borrow가 발생하며, 본질적으로 덧셈과는 다른 연산 방식을 가지고 있어서, 사실 연산 과정에서 앞뒤로 왔다 갔다 해야 하는 약간은 뒤죽박죽인 형태를 띱니다.

간단한 예로 빌림수가 발생하는 전형적인 뺄셈 문제를 하나 보도록 하죠.

$$
\begin{array}{r}
253 \\
- 176 \\
\hline
??? \\
\end{array}
$$

만일 필자처럼 풀었다면, 가장 오른쪽의 낮은 자리수의 숫자를 보고 6이 3보다 크다는 것을 보자마자 한숨을 내쉬었을 것입니다. 왼쪽의 높은 자리에서 빌려와야 하는데, 그 자리 역시 값을 빌려야 하는 상황입니다. 자세한 내용까지는 설명하고 싶지 않지만, 제대로 계산하였다면(혹은 필자처럼 실수를 반복한 다음에라도..) 77이라는 답을 얻을 수 있습니다.

$$\begin{array}{r} 253 \\ -\,176 \\ \hline 77 \end{array}$$

어떻게 하면 논리 게이트들을 이용해서 이런 까다로운 연산을 처리할 수 있을까요?

음, 그렇게 하지 않을 예정입니다. 그 대신 윗자리에서 빌려오지 않고도 뺄 수 있는 간단한 기술을 하나 사용할 것입니다. 처음에는 약간 속임수처럼 보일 수 있지만, 음수가 컴퓨터에 저장되는 방식을 이해하는 데 중요한 첫 번째 단계라 할 수 있습니다.

여러분은 뺄셈이란 것이 사실 음수를 더하는 것과 같다는 것을 배운 적이 있을 것입니다. 어떤 의미에서 이 내용은 뺄셈을 더 쉽게 만들어 주는 것이 아니기 때문에 쓸모없는 정보였을 테지만, 뺄셈 대신에 양수에 음수를 더하는 형태로 바꿀 수 있다는 것을 의미합니다.

$$-176+253=$$

이제, 여기에 하나는 양수, 하나는 음수로 이루어진 한 쌍의 숫자를 추가하면, 4개의 숫자를 더해야 합니다.

$$1000-176+253-1000=$$

1000을 더하고 나중에 1000을 빼는 것이라서 결과에는 영향을 주지 않을 것입니다. 1000은 999+1이므로, 999로 시작한 다음 나중에 1을 더할 수 있습니다. 계산해야 할 숫자들이 길어지고 있지만, 결과가 달라지지는 않습니다.

$$999-176+253+1-1000=$$

약간 혼란스럽지만, 일단 왼쪽에서 오른쪽으로 작업을 시작해 보겠습니다.
첫 번째는 999 - 176입니다. 놀랍게도 빌림수를 사용할 필요가 없으며, 999
에서 176을 뺀 값은 823이 됩니다.

$$823 + 253 + 1 - 1000 =$$

9로만 구성된 숫자에서 어떤 값을 빼서 나온 값을 9의 보수complement라 이야
기합니다. 즉, 176의 9의 보수는 823이 되는 것입니다. 그 반대도 마찬가지입
니다. 즉, 823의 9의 보수는 176입니다. 좋은 점은 어떤 숫자를 사용하더라도
9의 보수를 계산하는 과정에서는 빌림수가 필요하지 않다는 것입니다.

그다음 두 번의 연산은 덧셈만 있습니다. 첫 번째로 253과 823을 더하면
1076이 됩니다.

$$1076 + 1 - 1000 =$$

그리고 1을 더하고, 1000을 뺍니다.

$$1077 - 1000 = 77$$

이 결과는 앞에서의 결과와 같지만 거슬리는 빌림수를 단 한 번도 사용하지
않았습니다.

이제 이 부분이 중요합니다. 뺄셈을 단순하게 진행하기 위해서 9의 보수를
사용할 때는 여러분이 몇 자리의 수를 다루고 있는지 알고 있어야 합니다. 만
일 숫자 한 개 혹은 두 개의 숫자가 모두 4자리인 경우에는 9999를 사용해서
9의 보수를 만든 다음에 마지막에서 10000을 빼야 합니다.

하지만 더 작은 숫자에서 더 큰 숫자를 빼는 경우는 어떨까요? 예를 들어,
다음과 같은 뺄셈 문제를 살펴봅시다.

$$\begin{array}{r} 176 \\ - \; 253 \\ \hline ??? \end{array}$$

보통은 식을 보자마자 '음.. 작은 수에서 큰 수를 빼는 것이니까, 두 숫자의 부호를 바꿔서 뺄셈을 처리하고 나중에 그 결과가 음수라는 것만 기억하면 되겠군'이라고 생각하고, 머릿속에서 부호를 바꾼 다음에 다음과 같이 답을 적었을 수도 있겠네요.

$$\begin{array}{r} 176 \\ -\ 253 \\ \hline -77 \end{array}$$

빌림 없이 계산을 할 때는 위의 예와 약간 다릅니다. 일단 앞에서 했듯이 999 에서 빼는 수를 빼서 9의 보수를 구하는 것부터 시작하도록 합시다.

$$999 - 253 + 176 - 999 =$$

999에서 253을 빼서 9의 보수를 구합니다.

$$746 + 176 - 999 =$$

이제 9의 보수에 176을 더합니다.

$$922 - 999 =$$

앞의 문제에서는 이 시점에서 1을 더하고 1000을 빼서 최종 결과를 얻을 수 있었지만, 여기서는 이런 방법이 통하지 않기 때문에 양수 922와 음수 999를 남겨 두었습니다. 만일 음수 922와 양수 999가 남아 있다면 922에 대한 9의 보수를 취하면 되기 때문에 그 값은 77이 될 것입니다. 하지만 여기서 9의 보수를 취하기 위해서 부호를 바꿨기 때문에 실제 답의 부호도 바꿔서 −77이 됩니다. 첫 번째 예에서처럼 간단한 것은 아니었지만 여전히 빌림수가 필요하지는 않았습니다. 이런 기술은 이진수에서도 사용할 수 있으며, 실제로는 십진수보다 훨씬 간단합니다. 어떻게 동작하는지 살펴봅시다.

원래의 뺄셈 문제는 다음과 같았습니다.

$$253$$
$$-\ 176$$
$$???$$

이 숫자들을 이진수로 바꾸면 문제는 다음과 같이 됩니다.

$$11111101$$
$$-\ 10110000$$
$$????????$$

먼저 이 숫자들을 바꿔서 문제를 음수가 양수에 더해지는 형태로 바꾸도록 하겠습니다. 이해를 돕기 위해서 이진수 아랫부분에는 같은 값의 십진수를 같이 표시했습니다.

$$-10110000 + 11111101 =$$
$$-176\ \ +\ \ 253\ \ \ =$$

이제 시작 부분에서 11111111(십진수 255)을 더한 이후에 나중에 00000001 (십진수 1)을 더하고, 나중에 100000000(십진수 256)을 빼도록 하겠습니다.

$$11111111 - 10110000 + 11111101 + 00000001 - 100000000 =$$
$$255\ \ -\ \ 176\ \ +\ \ 253\ \ +\ \ 1\ \ -\ \ 256\ \ =$$

이진수에서 첫 번째 뺄셈은 11111111에서 숫자를 빼는 것이므로 빌림수가 발생하지 않습니다.

$$11111111 - 10110000 + 11111101 + 00000001 - 100000000 =$$
$$01001111\ \ \ \ \ \ \ \ + 11111101 + 00000001 - 100000000 =$$

9로만 이뤄진 수에서 십진수를 빼면 이 결과를 9의 보수라고 불렀습니다. 이진수에서는 1로만 구성된 숫자에서 어떤 것을 빼서 나오는 숫자를 1의 보수라 부릅니다. 하지만 1의 보수를 계산하기 위해서 따로 뺄셈을 계산할 필요는 없습니다. 아래의 두 숫자를 살펴봅시다. 10110000에 대한 1의 보수는

01001111이며, 01001111의 1의 보수는 10110000이 됩니다.

$$1\ 0\ 1\ 1\ 0\ 0\ 0\ 0$$
$$0\ 1\ 0\ 0\ 1\ 1\ 1\ 1$$

즉, 비트가 그냥 반전된 것과 같습니다. 숫자에서 0의 값을 가진 비트는 1의 보수를 취할 때 1의 값으로 바뀌고, 1의 값을 가진 비트는 0이 됩니다. 그래서 1의 보수를 보통 역수inverse라 부르기도 합니다(이 지점에서 예전의 8장에서 0을 1로, 1을 0으로 변경하는 인버터inverter라는 논리 게이트를 만들었다는 것을 기억할 수 있을 것입니다).

이제 문제는 다음과 같이 바뀝니다.

$$01001111 + 11111101 + 00000001 - 100000000 =$$
$$79 \quad + \quad 253 \quad + \quad 1 \quad - \quad 256 \quad =$$

이제 앞의 두 수를 더하겠습니다.

$$01001111 + 11111101 + 00000001 - 100000000 =$$
$$101001100 \quad\quad\quad + 00000001 - 100000000 =$$

결과가 9비트 숫자가 되었지만 괜찮습니다. 이제 문제는 다음과 같이 줄어들었습니다.

$$101001100 + 00000001 - 100000000 =$$
$$332 \quad + \quad 1 \quad - \quad 256 \quad =$$

1을 더하는 것은 간단합니다.

$$101001101 - 100000000 =$$
$$333 \quad - \quad 256 \quad =$$

이제 남은 것은 256의 이진수 값을 빼는 것인데, 사실 가장 왼쪽 끝의 비트를 제거하는 것에 불과합니다.

$$01001101$$
$$77$$

최종적으로 얻어낸 결과가 우리가 십진수를 이용해서 문제를 풀었을 때와 같은 값이라는 것을 알게 되어서 기쁠 것입니다.

두 숫자를 거꾸로 해서 다시 해 보겠습니다. 십진수에서 뺄셈 문제는 다음과 같습니다.

$$
\begin{array}{r}
176 \\
- 253 \\
\hline
??? \\
\end{array}
$$

이 문제를 이진수로 적으면 다음과 같습니다.

$$
\begin{array}{r}
10110000 \\
- 11111101 \\
\hline
???????? \\
\end{array}
$$

십진수로 처리했을 때와 마찬가지로 숫자들의 순서를 바꾸고, 시작 부분에서 11111111을 더하고 마지막 부분에서 11111111을 빼도록 하겠습니다.

$$11111111 - 11111101 + 10110000 - 11111111 =$$
$$255 \quad - \quad 253 \quad + \quad 176 \quad - \quad 255 \quad =$$

첫 번째 단계는 11111101에 대한 1의 보수를 찾는 것으로 시작합니다.

$$11111111 - 11111101 + 10110000 - 11111111 =$$

$$00000010 \quad\quad + 10110000 - 11111111 =$$

다음의 숫자들을 더해 줍니다.

$$10110010 - 11111111 =$$
$$178 \quad - \quad 255 \quad =$$

이제 이 결과에서 어떤 방법을 사용해서 11111111을 빼야 합니다. 앞에서 본 것과 같이, 빼는 수가 빼어지는 수보다 작다면 1을 더하고 100000000을 빼서 위와 동일한 결과를 얻을 수 있습니다. 하지만 이 경우에는 빌림 없이 뺄 수가 없으므로, 그 대신 아래와 같이 11111111에서 결과를 빼는 방법을 사용합니다.

$$11111111 - 10110010 = 01001101$$
$$255 \quad - \quad 178 \quad = \quad 77$$

사실 이 방법은 모든 비트를 반전inverting시켜서 결과를 얻을 수 있는 것이지요. 이번에도 결과는 77이지만, 실제로는 −77이라는 것을 잊으면 안 됩니다.

작은 숫자에서 더 큰 숫자를 뺄 때 약간 기이함이 느껴진다면 아직 충분하게 이해하고 있지 않기 때문일 것입니다. 아직 이 문제를 잘 해결하지 못했으니까요.

어쨌든 우리는 14장에서 개발한 덧셈기가 덧셈뿐만 아니라 뺄셈도 처리할 수 있도록 수정하는 데 필요한 모든 지식을 가지게 되었으니, 너무 복잡한 수정을 하지 않도록 새로 만드는 덧셈/뺄셈기는 결과가 양수일 때만 뺄셈이 되도록 만들겠습니다.

덧셈기의 핵심은 논리 게이트를 조합해서 만든 8비트 덧셈기였습니다.

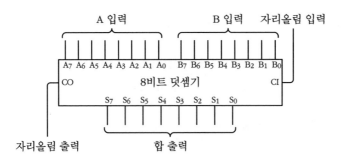

기억하겠지만 덧셈기의 입력 $A_0 \sim A_7$과 $B_0 \sim B_7$은 더하려는 두 개의 8비트 숫자를 나타내는 스위치에 연결되어 있었습니다.

자리올림 입력은 '0'의 값을 가지는 접지에 연결되어 있습니다. S_0~S_7 출력은 덧셈의 결과를 나타내는 8개의 전구에 연결되어 있으며, 8비트 덧셈의 결과가 9비트가 될 수도 있기 때문에 자리올림 출력은 9번째 전구에 연결되어 있습니다.

제어 패널은 다음 그림처럼 생겼습니다.

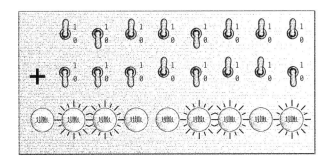

이 그림에서, 스위치들은 183(이진수 10110111)과 22(이진수 00010110)를 더하도록 설정되어 있으며, 그 결과는 한 줄의 전구가 켜져 있는 상태에서 알 수 있는 것처럼 205(이진수 11001101)가 됩니다.

새로운 제어 패널에서는 약간 바꿔서 두 8비트 숫자를 더하고 뺄 수도 있게 만들 것입니다. 커다란 덧셈 기호 대신 덧셈을 할 것인지, 혹은 뺄셈을 할 것인지를 나타내는 스위치를 하나 추가할 것입니다.

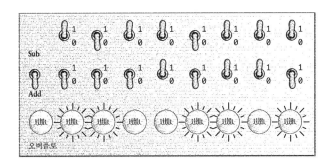

이 스위치에 이름표가 붙어 있는 것처럼 꺼져 있으면 덧셈을 처리하고, 켜지면 뺄셈을 처리합니다.

또 다른 차이점은 오른쪽부터 8개의 전구(즉, 8자리)까지만 결과를 표시하는 데 사용되고, 가장 왼쪽에 있는 9번째 자리의 전구에는 '오버플로Overflow'라는 이름이 붙어 있다는 점입니다. 이 용어는 컴퓨터 프로그래밍에서 다양한 맥락에서 사용되는 용어인데, 대부분 문제 상황을 나타내는 것입니다. 이 제어판은 두 개의 8비트 숫자를 더할 수 있도록 만들어진 것이며, 대부분의 경우 결괏값은 8비트가 될 것입니다. 하지만 9비트 결과가 발생하는 경우에는 그 결과가 우리가 결과 표시를 위해서 할당한 8개의 전구를 넘쳐흐르는 것이라 볼 수 있기 때문에 오버플로라 할 수 있습니다. 작은 숫자에서 큰 숫자를 빼는 경우에도 오버플로가 발생할 수 있습니다. '오버플로' 전구는 결과가 음수가 되었다는 것을 의미하지만 이런 음수 결과를 적절하게 표시할 방법이 없습니다.

덧셈기의 경우 8비트 숫자에 대한 1의 보수를 계산하는 회로를 추가하는 것이 가장 중요한 부분입니다. 1의 보수는 비트를 반전invert시키는 것과 같기 때문에, 8비트 숫자에 대한 1의 보수는 8개의 인버터를 사용해서 다음과 같이 간단하게 만들 수 있습니다.

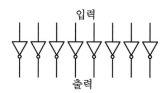

이 회로의 문제점은 회로로 들어가는 비트의 경우 항상 반전된다는 것인데, 우리가 지금 만들려고 하는 것은 덧셈과 뺄셈이 모두 가능한 기계를 만들려고 하는 것이기 때문에 뺄셈을 할 때만 비트를 반전시켜 줄 필요가 있습니다. 개선된 회로는 다음과 같습니다.

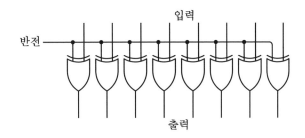

'반전'이라는 이름표가 붙어 있는 하나의 신호가 8개의 XOR 게이트로 들어가고 있는데, XOR 게이트의 동작이 아래와 같다는 것을 기억할 것입니다.

XOR	0	1
0	0	1
1	1	0

반전 신호가 0인 경우에 8비트 입력이 XOR 게이트를 통과해서 나오는 8비트 출력 값은 입력과 같은 값이 됩니다. 예를 들어, 01100001이 입력으로 들어가면 01100001이 출력으로 나오는 것이죠. 하지만 반전 신호가 1인 경우에는 8비트의 입력 신호가 반전됩니다. 즉, 01100001이 입력으로 들어가면 10011110이 출력으로 나옵니다.

다음 8개의 XOR 게이트를 하나의 상자로 표시하고 '1의 보수'라는 이름표를 붙이도록 합시다.

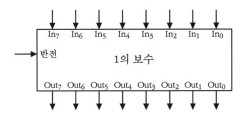

'1의 보수' 상자와 8비트 덧셈기 상자, 그리고 마지막 부분의 최종 XOR 게이트를 다음과 같이 연결해 봅시다.

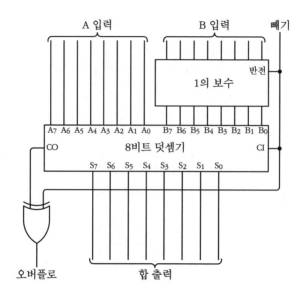

오른쪽 상단에 '빼기'란 이름표가 붙어 있는 전선이 있다는 점에 주목하세요. 이 신호는 덧셈/뺄셈 전환 스위치에 연결됩니다. 덧셈을 처리해야 하는 경우에는 이 신호의 값이 0이 되어야 하며, 뺄셈을 처리해야 하는 경우에는 이 신호의 값이 1이 되어야 합니다. 덧셈인 경우에는 '1의 보수'로 들어가는 반전 신호가 0이 되면서 값을 바꾸지 않게 되며, CI 입력 역시 0이 됩니다. 이 경우에는 간단한 덧셈 회로와 같은 모양이 되는 것이죠.

하지만 뺄셈의 경우에는 (제어 패널의 두 번째 줄에 있는 스위치들로 이루어진) B 입력의 값이 덧셈기로 가기 전에 '1의 보수' 회로를 통과하면서 모두 반전되며, 덧셈기의 CI(자리올림 입력)의 값 역시 '1'로 설정해서 덧셈기로 보내 줍니다.

'빼기' 신호와 덧셈기의 CO(자리올림 출력) 신호는 XOR를 거쳐서 오버플로 전구를 켜는 데 사용됩니다. 빼기 신호가 0이면(덧셈이 동작 중이라는 의미죠) 덧셈기의 CO 출력이 1이 되면서 불이 들어오는데, 이는 덧셈의 결과가 표현 가능한 범위인 255를 넘었다는 것을 의미합니다.

뺄셈 과정에서 B 숫자가 A 숫자보다 작은 경우에는 CO 출력이 1이 되는 것이 정상이며, 이는 최종 단계에서 빼야 하는 100000000을 의미합니다. 따라서 뺄셈에서는 덧셈기의 CO 출력이 0인 경우에 오버플로 전구에 불이 들어와야 하며, 이는 우리가 작은 수에서 큰 수를 빼려고 했다는 것을 의미합니다. 우리가 이전에 만든 장치는 음수를 표시할 수 있는 기능이 없었습니다.

지금쯤이면 '하지만 뺄셈은 어떻게 하나요?'라고 궁금증을 가졌던 자신에 대해서 기뻐하고 있으리라 생각합니다.

이 장에서 음수에 대해서 이야기를 했지만, 이진수에서 음수를 어떻게 나타낼 수 있는지 이야기하지는 않았습니다. 아마도 십진수처럼 이진수 역시 전통적인 음수 기호를 사용할 거라 생각했을 수도 있겠네요. 예를 들어 −77을 이진수로 적으면 −10011101이 되는 것이죠. 이런 방식을 사용할 수도 있지만, 이진수를 사용하는 목적 중 하나는 0과 1을 사용해서 음수 기호를 포함한 모든 것을 표현하는 것이라는 점을 잊지 맙시다.

물론, 음수 부호를 위해서 다른 한 비트를 사용할 수도 있습니다. 음수의 경우 추가된 비트를 1로, 양수의 경우 추가된 비트를 0으로 두고, 나머지 값들은 모두 같게 두는 방식이죠. 물론 이렇게 해도 되지만 아직 충분하지는 않은 것 같습니다.[1] 실제로 컴퓨터에서 음수를 나타내는 표준으로 사용되는 또 다른 해결 방법이 있는데, 이 방식은 음수와 양수를 같이 더할 때 아주 간단하게 처리가 가능하다는 장점을 가지고 있어 표준이 되었습니다. 이 방식의 가장 큰 단점은 숫자를 표현할 때 몇 비트까지 사용할 것인지 미리 알고 있어야(혹은 결정해 두어야) 한다는 점입니다.

잠깐만 다음 부분을 생각해 봅시다. 우리가 평소에 양수와 음수를 적는 방식의 장점은 숫자의 범위가 무한하게 확장된다고 생각할 수 있다는 것입니다. 즉, 0을 중심으로 양수와 음수가 각각의 방향으로 무한하게 나열되어 있다고 상상할 수 있습니다.

$$\cdots \; -1{,}000{,}000 \; -999{,}999 \; \cdots \; -3 \; -2 \; -1 \; 0 \; 1 \; 2 \; 3 \; \cdots \; 999{,}999 \; 1{,}000{,}000 \; \cdots$$

---

1 (옮긴이) 이런 방식을 sign magnitude 방식이라고 하며, 이 방식은 컴퓨터에서 소수점이 있는 실수를 표현하기 위해서 사용되는 부동소수점 표현 방식이나 몇몇 특수한 신호 처리에서 사용되고 있습니다.

하지만 보통 무한한 숫자를 모두 고려할 필요는 없기 때문에, 일상적으로 사용하는 숫자는 어느 정도 범위 내에 있다고 가정을 해 봅시다.

실제 생활에서 음수를 볼 수 있는 경우는 보통 마이너스 통장이라 불리는 은행 계좌를 사용할 때 정도일 것입니다. 일단 이 계좌에 잔고는 500달러 이상 될 수 없으며, 해당 계좌의 마이너스 잔고는 역시 500달러까지만 가능하다고 가정해 봅시다. 다시 이야기하면 계좌에 존재할 수 있는 금액의 범위가 499달러에서 −500달러라는 말입니다. 500달러를 예금하는 경우와 500달러를 초과해서 인출하는 경우도 없으며, 달러 단위로만 거래를 하고 센트는 사용하지 않는다고 생각해 봅시다.

이런 조건들은 거래에 사용되는 숫자가 −500에서 499까지의 범위 안에 존재한다는 의미이며, 숫자는 전부 다 해서 1000개입니다. 이 제한은 필요한 모든 숫자를 나타내기 위해서 세 자리 십진수가 이용될 것이며, 모든 숫자에 대하여 음수 표현이 필요한 것은 아님을 알 수 있습니다. 또한 양수의 최댓값을 앞에서 499로 제한했기 때문에 500부터 999까지의 숫자는 필요하지 않습니다. 따라서 세 자리 숫자에서 500부터 999를 음수를 표현하는 데 사용할 수 있습니다. 어떻게 하면 되는지 확인해 봅시다.

    −500을 표현하기 위해서 500 사용
    −499를 표현하기 위해서 501 사용
    −498을 표현하기 위해서 502 사용
    (중간 생략)
    −2를 표현하기 위해서 998 사용
    −1을 표현하기 위해서 999 사용
    0을 표현하기 위해서 000 사용
    1을 표현하기 위해서 001 사용
    2를 표현하기 위해서 002 사용
    (중간 생략)
    497을 표현하기 위해서 497 사용

498을 표현하기 위해서 498 사용

499를 표현하기 위해서 499 사용

즉, 맨 윗자리 수가 5, 6, 7, 8, 9로 시작하는 세 자리 숫자는 실제로는 음수를 나타내는 것입니다.

$$-500 \ -499 \ -498 \ \cdots \ -4 \ -3 \ -2 \ -1 \ 0 \ 1 \ 2 \ 3 \ 4 \ \cdots \ 497 \ 498 \ 499$$

위와 같이 0을 중심으로 음수와 양수의 양방향으로 확장된 것이 아니라, 다음과 같이 적은 것입니다.

$$500 \ 501 \ 502 \ \cdots \ 996 \ 997 \ 998 \ 999 \ 000 \ 001 \ 002 \ 003 \ 004 \ \cdots \ 497 \ 498 \ 499$$

숫자가 일종의 원형을 형성한다는 점에 주목하세요. 가장 작은 음수(500)는 가장 큰 양수(499)에서 연속되는 것처럼 보입니다. 그리고 999(실제로는 −1을 나타내지요)가 0보다 1 작은 값입니다. 만일 일반적인 경우라면 1과 999를 더하는 경우 1000을 얻을 수 있겠지만, 여기서는 세 자리 숫자를 사용하기로 하였으므로 실제적인 결과는 000이 됩니다.

이러한 형태의 표현 방식을 10의 보수라 이야기합니다. 세 자리 음수를 10의 보수로 변환하기 위해서는 999에서 그 값을 빼고 1을 더하면 됩니다. 다른 말로 하면, 10의 보수라는 것은 '9의 보수 더하기 1'이란 말이죠. 예를 들어 −255를 10의 보수로 표현하려면 우선 999에서 255를 빼서 744를 얻고, 여기에 1을 더해서 745를 얻으면 됩니다.

10의 보수를 사용할 때는 숫자를 뺄 필요가 전혀 없으며, 덧셈만 하면 됩니다.

은행 계좌의 잔고가 143달러라고 가정해 봅시다. 계좌에서 78달러를 인출하는 경우 보통은 다음과 같이 잔고를 계산할 수 있습니다.

$$
\begin{array}{r}
143 \\
-\ 78 \\
\hline
65 \\
\end{array}
$$

이 계산은 2번의 빌림이 발생하는 뺄셈을 해야 합니다. 하지만 −78에 대한 10의 보수인 922를 999−078+1의 계산을 통해 얻을 수 있으므로, 다음과 같이 적을 수 있습니다.

$$
\begin{array}{r}
143 \\
+\ 922 \\
\hline
1065
\end{array}
$$

오버플로를 무시하면 결과는 다시 65달러가 됩니다. 만일 이 상태에서 150달러를 더 찾으면, 잔고에서 −150을 더하는 것과 같으며, 이는 150에 대한 10의 보수인 850을 더하는 것과 같습니다.

$$
\begin{array}{r}
65 \\
+\ 850 \\
\hline
915
\end{array}
$$

결괏값이 9로 시작하기 때문에 이 값은 실제로는 음수이며, −85달러를 의미합니다.

같은 방식을 이진수에 적용시킨 것이 **2의 보수**two's complement라 부르는 방식인데, 컴퓨터에서 양수와 음수를 나타내는 표준 방식으로 사용되고 있습니다.

바이트를 사용해서 모든 숫자가 8비트로 표현된다고 가정해 봅시다. 가능한 수의 범위는 00000000에서 11111111까지이며, 지금까지는 이 범위가 0에서 255까지의 십진수에 해당한다고 생각해 왔습니다. 하지만 음수도 표현하려면 아래 표에 있는 것처럼 1로 시작하는 8비트 숫자들이 실제로는 음수를 나타내야 합니다.

이진수	십진수
10000000	−128
10000001	−127
10000010	−126
10000011	−125
⋮	⋮

11111101	−3
11111110	−2
11111111	−1
00000000	0
00000001	1
00000010	2
⋮	⋮
01111100	124
01111101	125
01111110	126
01111111	127

숫자의 범위는 이제 −128에서 +127까지로 바뀌었습니다. 부호 있는 숫자를 나타낼 때는 가장 왼쪽에 있는 비트(보통 MSBmost significant bit라 합니다)를 부호 비트sign bit라 합니다. 이 비트가 1이 되면 음수를 나타내고 0인 경우에는 양수를 나타냅니다.[2]

2의 보수를 계산하기 위해서는 우선 1의 보수를 구하고 그 결과에 1을 더하면 됩니다. 이는 모든 비트를 반전시킨 후에 1을 더하는 것과 같습니다. 예를 들어, 십진수 125는 01111101입니다. 2의 보수를 이용하여 −125를 표현하려면 일단 01111101의 모든 비트를 반전시켜 10000010으로 만든 다음 1을 더해서 10000011을 만들면 됩니다. 이 결과는 앞에서 본 표를 통하여 검증해 볼 수 있습니다. 다시 반대로 하더라도 마찬가지입니다. 즉, 모든 비트를 다시 반전시키고 1을 더하면 되는 것입니다.

이러한 시스템은 음수 기호를 따로 사용하지 않으면서도 양수와 음수를 모두 표현할 수 있으며, 가장 큰 장점은 덧셈의 규칙만을 이용하여 아주 간편하게 양수와 음수를 더할 수 있다는 것입니다. 예를 들어, −127과 124에 해당

2 (옮긴이) 혹시 이 부분에서 부호를 나타내기 위해서 한 비트를 추가하는 방법(sign magnitude)과 어떻게 다른지 혼동하는 분이 있을지 모르겠습니다. 보수 표현을 통하여 음수를 나타내는 체계에서는 일련의 숫자에서 상위의 절반을 음수로 할당하여 사용하는 것이며, 이 과정에서 최상위 비트가 1인 경우에 이 값이 음수로 표현된 것으로 생각하면 됩니다. 따라서 위의 표에서 볼 수 있듯이 음수 표현에 사용된 이진값이 완전히 다릅니다.

하는 이진수를 더하는 경우를 살펴봅시다. 앞에서 본 표를 참고해서 쉽게 이진수들을 다음과 같이 표현할 수 있습니다.

$$\begin{array}{r} 10000001 \\ + \ 01111100 \\ \hline 11111101 \end{array}$$

이 결과는 십진수의 −3과 같은 값입니다

여기서 오버플로를 주의해야 합니다. 즉, 덧셈의 결과가 127보다 클 때 오버플로가 발생합니다. 예를 들어, 125와 125를 더하는 경우를 가정해 봅시다.

$$\begin{array}{r} 01111101 \\ + \ 01111101 \\ \hline 11111010 \end{array}$$

최상위 비트가 1이 되었으므로 이 결과는 음수로 해석될 수 있으며, 이진수로 나타난 수는 −6에 해당합니다. 이와 비슷한 현상이 −125끼리 더했을 때도 발생합니다.

$$\begin{array}{r} 10000011 \\ + \ 10000011 \\ \hline 100000110 \end{array}$$

여기서는 8비트로 숫자를 제한하겠다고 결정했었기 때문에 결과의 가장 왼쪽 비트는 무시되어야 합니다. 따라서 남은 8비트의 값은 양의 십진수 6이 됩니다.

일반적으로 덧셈의 결과는 양수가 되거나 음수가 될 수 있지만, 같은 부호의 두 숫자를 더했을 때 다른 부호를 가진 결과가 나올 수는 없습니다. 서로 다른 부호의 숫자들을 더하면 결과는 항상 −128~127 범위 내에 존재하기 때문에 오버플로가 발생하지 않습니다.

다음은 2의 보수 형식을 가진 두 개의 8비트 숫자들을 더할 수 있도록 수정된 덧셈기입니다.

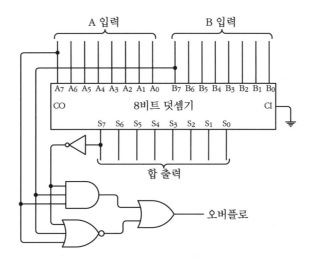

지금쯤 8비트 덧셈기는 익숙할 것입니다. 오버플로를 감지하기 위해서 몇 개의 게이트가 추가되었습니다. 최상위 비트가 숫자의 부호를 나타낸다는 것(1이면 음수, 0이면 양수)을 잊지 마세요. 입력 부분에서 부호 비트에 해당하는 것은 A_7, B_7이며, 합에서 부호 비트는 S_7이 됩니다. 합의 부호 비트(S_7)는 AND 게이트와 NOR 게이트로 입력되기 전에 반전됩니다.

AND 게이트는 음수에 대한 오버플로 상태를 감지하는데, A와 B 입력의 부호 비트가 모두 1(음의 숫자 두 개를 나타냄)이고, 합계의 부호 비트가 0(양의 결과를 나타냄)이면 분명히 무언가 잘못된 것입니다. 두 음수의 합이 너무 작아져서 우리가 할당한 8비트에 맞지 않는 것입니다.

NOR 게이트는 양수의 오버플로를 감지합니다. A와 B 부호 비트가 모두 0이고 합의 부호 비트가 1이면 두 양수가 너무 커서 음수로 표현된 것을 의미합니다. NOR 게이트에 대한 3개의 입력은 모두 0이 되고, NOR 게이트는 오버플로를 나타내는 1이 됩니다.

이 장의 시작 부분에 있는 이진수는 상당히 간단했으며, 십진수와 매우 직접적인 형태로 대응되었습니다. 8비트 이진수는 범위가 0~255인데, 이런 이진수는 항상 양수만 나타내기 때문에 부호 없는 숫자라 이야기합니다.

2의 보수를 통해서 부호 있는 이진수를 다룰 수 있게 되었으며, 이 말은 값이 양수 혹은 음수가 될 수 있다는 것입니다. 8비트 값으로 나타내면 범위가 −128~127인데, 이는 숫자의 개수는 같지만 범위가 다릅니다.

여기서 우리가 살펴볼 것의 공식적인 수학 용어는 정수integer이며, 양수 또는 음수가 될 수 있지만 소수점 부분이 없는 숫자를 의미합니다. 8비트 정수는 실제 응용에서는 그다지 많이 사용되지 않으며, 프로그래머는 16비트 정수(숫자당 2바이트 필요), 32비트 정수(4바이트) 혹은 64비트 정수(8바이트)를 사용합니다.

각각의 경우 모두 부호가 있는 정수일 수도 있고, 부호가 없는 정수일 수도 있습니다. 다음 표에서는 정수의 크기에 따른 십진수의 범위를 정리해 보았습니다.

정수의 크기	부호 없는 정수의 범위	부호 있는 정수의 범위
8비트	0~255	−128~127
16비트	0~65,535	−32,768~32,767
32비트	0~4,294,967,295	−2,147,483,648~2,147,483,647
64비트	0~18,446,744,073,709,551,615	−9,223,372,036,854,775,808~ 9,223,372,036,854,775,807

기본적으로 범위는 2의 거듭제곱을 기반으로 합니다. 예를 들어, 16비트를 사용하면 2의 16승, 즉 65,536개의 서로 다른 숫자를 나타낼 수 있으며, 숫자의 범위는 0~65,535 혹은 −32,768~32,767이 됩니다.

숫자 자체만 보고 부호가 있는 숫자인지, 혹은 부호가 없는 숫자인지 알 수 없습니다. 예를 들어 누군가 "나는 8비트 이진수를 가지고 있고 값은 10110110인데, 십진수로는 어떤 값일까요?"라고 물어보면, 즉시 "부호가 있는 수에서인가요, 아니면 부호가 없는 수에서인가요?"라는 질문을 던져야 합니다. 여기에 따라서 −74가 될 수도 있고, 182가 될 수도 있기 때문이죠.

비트는 0과 1에 불과하며, 어떤 형식인지 여러분에게 정보를 주지 않습니다. 따라서 이런 정보는 어떤 맥락에서 이런 숫자들이 사용되는지 살펴봐야 알 수 있습니다.

피드백과 플립플롭

Feedback and Flip-Flops

전기가 어떤 사물을 움직이게 만들 수 있다는 것은 누구나 알고 있습니다. 일반적인 가정집을 잠시 둘러봐도 시계, 선풍기, 전자레인지를 비롯해서 원반을 돌려 주는 모든 가전 제품에 전기 모터가 들어 있습니다. 또한 전기는 스피커, 헤드폰, 이어폰의 진동을 조절해서 많은 기기에서 음악이나 음성을 만들어 주며, 굳이 전기자동차가 아닌 화석 연료를 사용하는 엔진의 경우에도 처음에 동작을 시키기 위해서 전기 모터를 사용합니다.

하지만 전기가 어떤 것을 움직이게 하는 가장 단순하고도 우아한 방법은, 전자 장치가 지금까지 사용해 왔던 장치들을 빠르게 대체하면서 예전의 장치들이 점차 사라져가는 현상일 것 같습니다. 대표적인 예로 필자는 예전의 초인종bell이 복고풍의 전자 버저buzzer로 바뀐 것을 생각하곤 합니다.[1]

스위치와 배터리가 연결된 다음의 릴레이 회로를 봅시다.

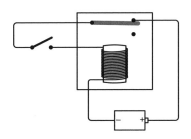

---

1   (옮긴이) 국내에서는 '초인종'이라 하면 버튼을 누르는 (원문의 표현을 빌리자면) 복고풍의 전자 버저를 떠올릴 것 같습니다. 하지만 초인종(bell)은 누르면 '땡' 하는 소리가 나는 '종'을 의미했습니다.

만일 이 회로가 조금 이상하게 느껴진다면, 이런 형태를 상상해 본 적이 없었기 때문일 것입니다. 지금까지는 이렇게 연결한 릴레이를 보여 준 적이 없습니다. 일반적으로 릴레이는 입력과 출력이 분리되도록 배선을 하지만 여기서는 큰 원이 형성되게 배선했습니다.

스위치를 닫으면 회로가 완성됩니다.

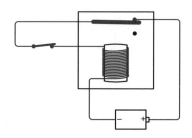

회로가 완성되면서 전자석이 쉽게 구부러지는 접점 부분을 아래로 끌어당깁니다.

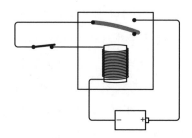

하지만 접점이 당겨지면 회로가 완성되지 않은 상태로 바뀌기 때문에, 전자석이 자성을 잃으면서 구부러지기 쉬운 접점은 다시 원래의 자리로 돌아갑니다flip back.

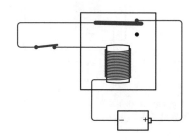

이 경우에 회로가 다시 완성됩니다 즉, 스위치가 닫혀 있는 동안에는 릴레이의 금속 접점이 위아래로 왔다 갔다 하면서 회로를 닫았다 여는 동작을 반복하고, 이때 릴레이에서는 반복적인 소리(약간은 짜증나는)가 날 가능성이 높습니다. 만약 접점에서 귀에 거슬리는 소리를 만들면 이게 바로 버저입니다. 릴레이의 접점 부분에 망치를 붙이고, 옆에 작은 금속 종을 붙여서 전기 초인종을 만들 수도 있습니다.

릴레이를 배선해서 버저를 만들 수 있는 몇 가지 방법 중에서 하나를 선택할 수 있습니다. 일반적으로 사용하는 전원과 접지 기호를 사용해서 다음과 같이 약간 다르게 표현할 수도 있습니다.

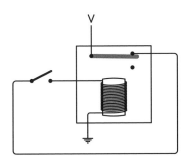

이런 방식으로 그리면 8장의 103쪽에서 보았던 인버터라는 것을 알 수 있을 것입니다. 이제 회로를 다음과 같이 더욱 간단하게 그릴 수 있습니다.

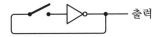

기억하겠지만, 인버터는 입력이 0일 때 1을 출력하고, 입력이 1이면 0을 출력합니다. 이 회로의 스위치를 닫으면 인버터를 구성하는 릴레이 혹은 트랜지스터가 회로를 열고 닫는 동작을 반복하게 됩니다. 또한 스위치 없이 인버터를 배선하면, 영원히 이 동작을 반복합니다.

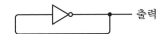

인버터의 출력은 입력의 반대 값을 가지는데, 이 그림에서는 입력이 바로 출력에 연결되어 같은 값을 가지기 때문에 논리적으로 모순이 있는 것처럼 보입니다. 하지만 인버터가 릴레이, 진공관, 트랜지스터 등의 어떤 것으로 만들어졌더라도, 한 가지 상태에서 다른 상태로 바뀌는 데는 약간의 시간이 필요합니다. 즉, 입력이 출력값과 같아지더라도 곧 출력이 바뀌면서 입력의 반대 값이 되고, 출력의 변화는 다시 입력값을 바꾸는 동작이 반복됩니다.

그럼 회로의 출력은 뭘까요? 글쎄요, 출력에서는 전압이 공급되는 상황과 공급되지 않는 상황이 빠르게 반복되고 있으며, 이는 0과 1의 상태가 빠르게 바뀌며 반복되고 있다고 이야기할 수 있습니다.

이런 회로를 오실레이터oscillator라고 합니다. 이 회로는 지금까지 여러분들이 보았던 회로들과 본질적으로 다릅니다. 지금까지 본 회로들은 사람이 스위치를 열거나 닫아 주는 행동을 통해서만 회로의 상태가 바뀌었지만, 오실레이터는 사람이 개입할 필요 없이 스스로 동작합니다.

물론 오실레이터 자체로는 별로 유용해 보이지 않습니다. 하지만 이 장의 뒷부분과 다음 몇 개 장을 통해서 회로가 다른 회로와 연결될 때, 이 장치가 자동화에 있어서 필수적인 부분이라는 것을 알게 될 것입니다. 컴퓨터는 모든 것이 동기화되어synchronicity 동작할 수 있도록 만들어 주는 몇 가지 종류의 오실레이터를 항상 가지고 있습니다(물론 컴퓨터에서 사용되는 오실레이터는 정교하게 동작하도록 매우 일관되면서도 빠르게 진동할 수 있는 석영 결정으로 만들어져 있습니다).

오실레이터는 0과 1을 번갈아 출력하며, 일반적으로 다음과 같은 그림으로 표현합니다.

이런 모양은 그래프의 형태로 이해하면 됩니다. 수평축은 시간을 나타내고 수직축은 출력이 0인지 1인지 나타냅니다.

이 그림이 표현하고자 한 것은 시간이 지남에 따라 오실레이터의 출력이 규칙적으로 0과 1 사이를 왔다 갔다 하며 일종의 진동을 발생시킨다는 것입니다. 이러한 진동의 횟수를 세면 시간에 관련된 정보를 알 수 있기 때문에 보통 오실레이터를 클럭clock이라고 부르기도 합니다.

오실레이터는 얼마나 빠르게 동작할 수 있을까요? 이는 1초에 0과 1 값이 몇 번이나 바뀌는지 물어보는 것과 같은데, 이 문제는 당연히 오실레이터가 어떻게 만들어졌는지에 따라 달라집니다. 크고 튼튼하게 만들어진 릴레이는 천천히 움직일 것이고, 작고 가볍게 만들어진 릴레이는 빨리 움직이면서 바로 윙윙거리는 소리를 낼 거라는 걸 쉽게 상상할 수 있을 것입니다. 트랜지스터 오실레이터는 초당 수백만 또는 수십억 번 진동할 수 있습니다.

오실레이터의 한 사이클cycle(주기)은 다음 그림에서 표현된 것처럼 오실레이터의 출력이 변화한 다음 원래의 값으로 다시 돌아가는 데 걸리는 시간으로 정의됩니다.

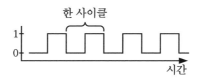

한 사이클 동안 걸리는 시간을 오실레이터의 주기period라 합니다. 0.02초의 주기를 가지는 오실레이터를 보고 있다고 가정해 봅시다. 이때 수평축은 0으로 표시된 임의의 시간부터 시작해서 초 단위로 이름을 붙일 수 있습니다.

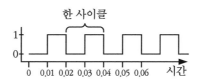

오실레이터의 주파수는 주기의 역수(1/주기)를 취해서 구할 수 있습니다. 앞의 예에서 오실레이터의 주기가 0.02였으므로, 오실레이터의 주파수는 초당 50사이클(1÷0.02)이 됩니다. 이 이야기는 오실레이터의 출력 값이 변했다가 원래 값으로 돌아오는 동작이 1초 당 50번 반복된다는 의미입니다.

초당 사이클은 시간당 킬로미터(km/h), 평방미터당 킬로그램(kg/m^2), 한 끼분 음식의 칼로리 같은 용어들처럼 용어 자체에서 그 의미를 대략 추측해 볼 수 있습니다. 하지만 초당 사이클은 다른 용어와는 다르게 일상생활에서 많이 사용되는 용어는 아닙니다. 대신에 헤르츠hertz라는 용어가 사용되는데, 이 용어는 전파radio wave를 전송하고 수신한 최초의 인물인 하인리히 루돌프 헤르츠Heinrich Rudolph Hertz(1857~1894)를 기리기 위하여 붙여진 이름입니다. 이 용어는 1920년대 독일에서 처음 사용되기 시작했지만, 채 10년이 지나기 전에 전 세계로 퍼져 나갔습니다.

위의 예에서 우리가 살펴보고 있는 오실레이터의 주파수는 50헤르츠이며, 줄여서 50Hz라 씁니다.

물론 여기서는 특정한 오실레이터 한 개의 속도만을 추정해 보았을 뿐입니다. 이 장을 끝까지 보게 되면 오실레이터의 속도를 실제로 측정할 수 있는 장치를 만들 수 있게 될 것입니다.

이러한 것을 만들기 위한 첫 단계로 일단 NOR 게이트 한 쌍을 약간 독특한 방법으로 연결해 보겠습니다. NOR 게이트의 동작은 다음 표와 같이 두 입력에 모두 전압이 제공되지 않을 때 출력에 전압이 제공되는 형태라는 것을 기억할 것입니다.

NOR	0	1
0	1	0
1	0	0

다음 그림은 NOR 게이트 두 개, 스위치 두 개와 전구 한 개가 사용된 회로를 보여 주고 있습니다.

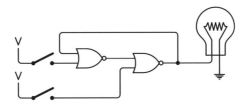

회로의 배선이 약간 이상하게 돌아 들어옵니다. 왼쪽에 있는 NOR 게이트의 출력이 오른쪽 NOR 게이트의 입력으로 들어가고, 오른쪽 NOR 게이트의 출력이 다시 첫 번째 NOR 게이트의 입력으로 들어가고 있는데, 이러한 형태는 일종의 **피드백**feedback입니다. 실제로 오실레이터에서 본 것처럼 회로의 출력이 입력으로 되돌아가는 형태를 가집니다. 이 장에서는 이러한 특징을 지니고 있는 회로들을 살펴볼 것입니다.

이 회로를 사용하는 데는 다음과 같은 간단한 규칙이 있습니다. 상단 스위치 혹은 하단 스위치 중 하나를 닫을 수는 있지만, 두 스위치를 동시에 닫을 수는 없습니다. 이 규칙에 의해서 다음과 같이 이야기할 수 있습니다.

처음에는 일단 왼쪽에 있는 NOR 게이트의 출력에서만 전류가 흐르기 시작합니다. 이는 해당 게이트의 입력이 모두 0이기 때문이지요. 이제 위쪽 스위치를 닫아보겠습니다. 왼쪽 NOR 게이트의 출력은 0이 되고, 이로 인하여 오른쪽 NOR 게이트의 출력은 1이 되어 전구에 불이 들어오게 됩니다.

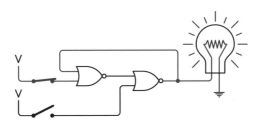

처음에는 이 회로의 왼쪽 NOR 게이트의 입력이 모두 0이기 때문에, NOR 게이트의 출력에서만 전류가 나타납니다. 이제 위쪽 스위치를 닫아봅시다. 왼쪽 NOR 게이트의 출력이 0이 되면서 오른쪽 NOR 게이트의 출력은 1이 되고 전구에 불이 들어옵니다.

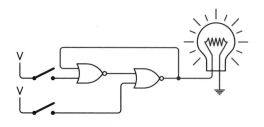

이상하지 않나요? 처음과 마찬가지로 두 스위치가 모두 열렸지만 전구는 켜져 있습니다. 이 상황은 이전에 보았던 것과는 확실히 다릅니다. 일반적으로 회로의 출력은 입력에 따라 바뀌지만, 이 회로에서는 그렇지 않은 것 같습니다. 게다가 이 상태에서는 위쪽의 스위치를 열거나 닫는 것과 관계없이 전구에 불이 들어옵니다. 즉, 이 상태에서는 스위치의 상태와 관계없이 왼쪽 NOR 게이트의 출력이 0으로 유지되기 때문에 스위치가 회로에 더 이상 영향을 줄 수 없는 상황이 되는 것입니다.

이제 아래쪽 스위치를 닫아보겠습니다. 오른쪽 NOR 게이트의 두 입력 중 하나가 이제 1이 된 것이므로 출력은 0이 되어 전구에는 더 이상 불이 들어오지 않습니다. 또한 왼쪽 NOR 게이트의 출력 또한 1이 됩니다.

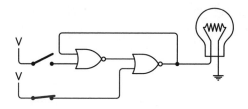

이제는 아래쪽 스위치를 다시 열더라도 전구는 꺼져 있는 상태를 유지합니다.

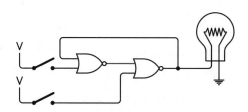

다시 처음 상태로 돌아갔습니다. 이 상태에서는 아래쪽 스위치를 닫거나 여는 것이 전구의 상태에 더 이상 영향을 주지 못한다는 것을 알았을 것입니다. 요약하면 다음과 같습니다.

- 위쪽 스위치를 닫으면 전구가 켜지며, 그 이후에는 스위치를 열어도 그 상태(전구가 켜진 상태)가 유지됩니다.
- 아래쪽 스위치를 닫으면 전구가 꺼지며, 그 이후에는 스위치를 열어도 그 상태(전구가 꺼진 상태)가 유지됩니다.

이 회로에서 이상한 점은 똑같이 두 스위치가 열려 있더라도 어떤 경우에는 전구에 불이 들어오고, 어떤 경우에는 전구에 불이 들어오지 않는다는 점입니다. 위와 같은 경우를 '이 회로는 두 스위치가 모두 열려 있을 때 두 가지 안정된 상태stable state를 가지고 있다'고 합니다. 이런 회로를 **플립플롭**flip-flop이라 부르며, 이 단어는 바닷가에서 신는 샌들이나, 정치적인 견해를 갑자기 뒤집는 것을 의미하기도 합니다. 플립플롭은 영국의 전파 물리학자인 윌리엄 헨리 에클즈William Henry Eccles(1875~1966)와 F. W. 조던F. W. Jordan(1881~1941)의 연구에 의하여 1918년에 발명되었습니다. 플립플롭 회로는 정보를 유지할 수 있다는 특징을 가지고 있습니다. 정보를 '기억할 수 있는 것'이지요. 위와 같은 형태의 플립플롭은 직전에 어떤 스위치가 닫혔는지에 대한 정보를 기억하고 있는 것입니다. 만일 어딘가를 돌아다니다가 이런 플립플롭을 보았을 때, 만일 불이 켜져 있는 상태라면 가장 최근에 위쪽 스위치가 닫힌 적이 있는 것이고, 불이 꺼져 있는 상태라면 가장 최근에 아래쪽 스위치가 닫힌 적이 있는 것이라 추측할 수 있습니다.

플립플롭은 시소와 매우 비슷합니다. 시소는 두 가지 안정화된 상태를 가지고 있고, 불안정한 가운데 위치에 오랫동안 머물러 있지 않습니다. 따라서 시소를 보고 최근에 시소의 어떤 쪽이 눌렸었는지 이야기할 수 있을 것입니다.

아직 그렇게 보이지는 않겠지만, 플립플롭은 필수적인 도구입니다. 플립플롭은 회로에 정보 저장 기능memory을 추가하여 이전에 어떻게 동작했는지를 기록할 수 있게 해 줍니다. 아무것도 기억할 수 없으면서 수를 센다고 가정해 보면, 어디까지 세었는지 그다음에는 어떤 수를 세야 하는지 알지 못하기 때문에 수를 셀 수 없을 겁니다. 따라서 (뒤에서 살펴보겠지만) 숫자를 세는 회로에는 플립플롭이 필요합니다.

플립플롭에는 몇 가지 형태가 있습니다. 우리가 조금 전에 살펴본 형태가 가장 간단한 형태의 플립플롭인 리셋-셋Reset-Set 플립플롭이고, 짧게 R-S 플립플롭이라 부릅니다. 대칭적으로 보이도록 다음 그림처럼 두 NOR 게이트를 그린 다음, 이름표를 붙이는 것이 일반적입니다.

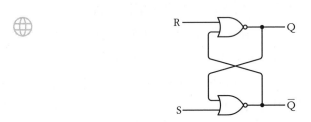

전구를 연결하는 데 사용되었던 출력은 보통 Q라 불립니다. Q와는 별개로 $\bar{Q}$('Q 바'라고 부릅니다)라 불리는 두 번째 출력을 가지고 있으며, 이 출력은 Q와 반대되는 값을 가집니다. 즉, Q가 0이면 $\bar{Q}$는 1이 되며, Q가 1인 경우에는 $\bar{Q}$가 0이 됩니다. 두 입력은 셋set을 나타내는 S와 리셋reset을 나타내는 R로 부릅니다. 셋과 리셋의 의미는 'Q를 1로 설정(set)'하고, 'Q를 0으로 초기화(reset)'하는 것을 의미한다고 생각하면 됩니다. S가 1이 되면(즉, 위의 그림에서 위쪽 스위치를 닫는 것에 해당) Q는 1이 되며, $\bar{Q}$는 0이 되는 반면, R이 1이 되면(즉, 위의 그림에서 아래쪽 스위치를 닫는 경우) Q는 0이 되며, $\bar{Q}$는 1이 됩니다. 두 입력이 모두 0이라면 출력은 이전에 셋이었는지, 혹은 리셋이었는지를 나타냅니다. 이 결과는 다음 표에 정리되어 있습니다.

입력		출력	
S	R	Q	$\overline{Q}$
1	0	1	0
0	1	0	1
0	0	Q	$\overline{Q}$
1	1	허용되지 않음	

이 표는 기능표, 논리표, 혹은 진리표 등의 이름으로 부르며, 이 표에서는 입력의 조합에 따른 출력을 보여 줍니다. R-S 플립플롭은 두 개의 입력만 가지고 있기 때문에 가능한 입력의 조합은 네 가지입니다. 이 표에서 표제 밑에 있는 네 줄이 각각 네 가지 조합을 나타냅니다.

밑에서 두 번째의 S와 R이 모두 0인 경우를 살펴봅시다. 이때 출력은 Q와 $\overline{Q}$라 되어 있는데, 이는 Q와 $\overline{Q}$의 출력이 S와 R 모두 0이 되기 이전에 출력했던 값을 유지한다는 의미입니다. 이 플립플롭에서는 표에서 맨 밑의 줄에 있는 S와 R이 모두 1이 되는 경우는 '허용되지 않음'이며 잘못된 것임을 나타내고 있습니다. 물론 이 규칙을 어겼다고 해서 구속되는 건 아니지만, 이 회로에서 두 입력을 모두 1로 두면 Q와 $\overline{Q}$ 출력이 모두 0이 되며, 이는 $\overline{Q}$가 항상 Q의 반대되는 값을 가진다는 개념을 어기게 되는 것이므로, R-S 플립플롭을 이용하여 회로를 설계할 때는 반드시 R과 S 입력이 모두 1이 되는 상황은 피해야 합니다.

R-S 플립플롭은 종종 다음과 같이 두 개의 입력과 두 개의 출력을 가지고 있는 작은 상자의 형태로 표현됩니다.

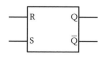

R-S 플립플롭은 두 입력 중 어떤 입력에서 전압이 걸렸는지 기억하는 회로의 첫 번째 예제로서 아주 흥미로운 회로였습니다. 하지만 이보다 조금 더 유용한 회로는 특정 시점에서 어떤 신호가 0이었는지 혹은 1이었는지를 기억할

수 있는 회로일 것 같습니다.

실제로 회로를 만들기 전에 이 회로가 어떻게 동작해야 할지 미리 생각해 보겠습니다. 이 회로는 두 개의 입력을 가져야 할 것이며, 첫 번째 입력 신호를 '데이터Data'라 부르겠습니다. 다른 디지털 신호와 마찬가지로 데이터 입력은 0 또는 1이 될 수 있습니다. 두 번째 입력 신호는 '값 보존Hold that Bit'이라 부르도록 합시다. 이름이 좀 이상하지만 사람이 "이 상황을 보존하라!"고 하는 것을 디지털로 표현했다고 생각하면 받아들이기 쉬울 것입니다. 값 보존 신호가 1일 때 회로는 데이터 신호의 값을 출력에 반영하게 되며, 값 보존 신호가 0으로 돌아가게 되면 이 회로는 데이터 신호의 마지막 값을 계속해서 기억하고 있게 됩니다. 이 이후의 데이터 신호의 변화는 회로에 어떤 영향도 줄 수 없는 것이지요.

즉, 다음 기능표에 요약된 것과 같은 기능을 원한 것입니다.

입력		출력
데이터	값 보존	Q
0	1	0
1	1	1
0	0	Q
1	0	Q

처음 두 경우에서는 값 보존 신호가 1일 때 Q 출력이 데이터 입력값과 같습니다. 값 보존 신호가 0 값을 가지는 그다음의 두 경우에서는 데이터 입력과 관계없이 Q 출력이 이전의 출력값을 계속 유지하게 됩니다. 따라서 기능표를 다음과 같이 약간 간단하게 만들 수 있습니다.

입력		출력
데이터	값 보존	Q
0	1	0
1	1	1
X	0	Q

여기서 X는 'don't care', 즉 그 값에 상관하지 않겠다는 표시입니다. 이는 값 보존 입력이 0인 경우에는 데이터 입력이 어떤 값인지에 '관계없이' 출력 Q가 그전의 값을 유지한다는 것을 의미합니다.

이전에 만들었던 R-S 플립플롭에 값 보존 신호를 구현하려면, 다음 그림과 같이 입력의 끝부분에 AND 게이트를 2개 추가하면 됩니다.

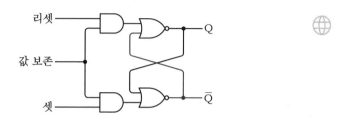

위의 그림에는 데이터 입력이 포함되어 있지 않지만, 곧 수정할 것입니다.

AND 게이트의 출력은 두 입력이 모두 1인 경우에만 1이 된다는 것을 기억할 것입니다. 따라서 값 보존 입력이 0이면 리셋이나 셋 입력이 회로에 영향을 주지 못합니다.

회로의 Q와 $\overline{Q}$ 출력이 서로 반대 값으로 시작합니다. 이 그림에서 Q 출력은 0이고 $\overline{Q}$ 출력은 1입니다. 값 보존 신호가 0이면 셋 신호는 출력에 영향을 주지 않습니다.

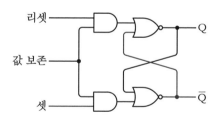

비슷하게 리셋 신호에도 아무런 영향을 주지 않습니다.

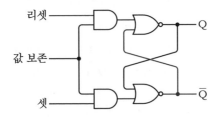

값 보존 신호가 1인 경우에만 회로가 앞에서 봤던 일반적인 R-S 플립플롭과 같은 방식으로 동작합니다.

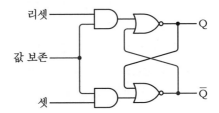

이제 위쪽 AND 게이트의 출력은 리셋 신호의 입력과 같은 값을 가지게 되며, 아래쪽 AND 게이트의 출력 역시 셋 신호와 동일한 값을 가지게 되므로 일반적인 R-S 플립플롭과 동일하게 동작하게 되는 것입니다.

하지만 아직까지 우리가 하려고 했던 목표에 도달한 것은 아닙니다. 3개의 입력이 아니라 2개의 입력을 가진 회로를 만들려고 했으니까요. 어떻게 이렇게 만들 수 있을까요?

R-S 플립플롭의 기능표를 보면 셋과 리셋 신호가 동시에 1이 되는 것은 허용되지 않으므로 이런 문제는 피해야 하며, 셋과 리셋 신호가 모두 0이 되면 출력이 변하지 않는 경우이기 때문에 별다른 의미가 없습니다. 값 보존 신호를 0으로 바꾸면 같은 작업을 할 수 있기 때문입니다. 정리하면, 셋이 1이면 리셋이 0인 경우, 셋이 0이면 리셋이 1인 경우, 즉 셋과 리셋이 서로 반대의 값을 가질 때만 의미가 있습니다.

회로에서 두 부분을 바꿔봅시다. 첫 번째로 두 개의 입력 셋과 리셋을 데이터 입력 하나로 바꿔봅시다. 이 신호는 이전부터 있던 셋 입력과 같은 값을 가지게 되고, 이 신호의 값을 반전시켜서 리셋에 입력하면 됩니다.

두 번째로 바꿀 부분은 값 보존 신호의 이름을 조금 더 전통적으로 많이 사용하는 이름인 클럭Clock으로 바꾸는 것입니다. 그렇다고 이 신호가 실제 시계clock는 아니기 때문에 약간 이상하게 보일 수 있지만, 시계와 비슷하게 0과 1 사이를 주기적으로 왔다 갔다 하는 속성을 가지고 있는 신호입니다. 하지만 일단 여기서의 클럭은 데이터 입력이 언제 저장되어야 하는지 알려 주는 신호라고만 생각해도 됩니다.

다음이 수정된 회로입니다. 데이터 입력은 아래쪽 AND 게이트로 들어가는 셋 입력을 대체하고, 인버터를 이용해서 이 신호를 반전시켜서 위쪽 AND 게이트로 들어가는 리셋 입력을 대체합니다.

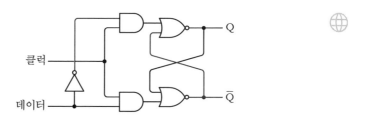

다시 두 입력이 모두 0인 상태에서 시작합니다. Q 출력은 0이고 $\overline{Q}$ 출력은 1을 나타내며, 클럭 입력이 0인 동안에는 데이터 입력이 회로에 영향을 주지 못합니다.

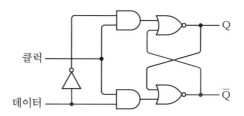

하지만 클럭이 1이 되면 데이터 입력 값이 회로에 영향을 주게 됩니다.

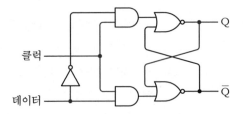

이제 Q 출력은 데이터 입력과 같은 값이 되고, $\bar{Q}$는 반대 값을 가집니다. 이 상태에서 클럭을 다시 0으로 바꿔 봅시다.

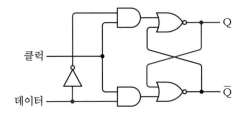

이제 회로는 데이터의 값이 어떻게 변하는지와 관계없이 클럭이 마지막으로 1이었던 시점의 데이터 입력 값을 기억하게 됩니다. 예를 들어, 이 시점 이후에 데이터가 0으로 돌아가더라도 출력에는 아무런 영향을 주지 못합니다.

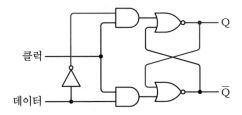

이러한 형태의 회로를 레벨 트리거 D-타입 플립플롭level-triggered D-type flip-flop이라합니다. 여기서 D는 데이터를 나타내며, 레벨 트리거는 클럭 입력이 특정 레벨(이 경우에는 '1')에 있을 때 플립플롭이 데이터 입력 값을 저장한다는 의미입니다(레벨 트리거 플립플롭 방식을 대체할 수 있는 방식은 잠시 후에 알아

보도록 하겠습니다).

기능표에서는 다음과 같이 일반적으로 데이터를 D로 줄여서 쓰고, 클릭은
Clk로 줄여 씁니다.

입력		출력	
D	Clk	Q	$\overline{Q}$
0	1	0	1
1	1	1	0
X	0	Q	$\overline{Q}$

이 회로를 레벨 트리거 D-타입 래치level-triggered D-type latch라고도 부르는데,
래치latch라는 용어는 해당 회로가 한 비트의 데이터를 나중에 사용하기 위하
여 저장할 수 있다는 의미입니다. 또한 이 회로는 1비트 메모리라고도 부릅
니다. 19장에서는 여러 비트를 저장할 수 있는 메모리를 만들기 위해서 다수
의 플립플롭들이 어떤 방식으로 서로 연결되어야 하는지 살펴볼 것입니다.

이제 1바이트의 데이터를 저장해 보겠습니다. 8개의 레벨 트리거 D형 플
립플롭의 클릭 신호를 한꺼번에 묶어서 사용할 수 있습니다. 그 결과는 다음
과 같습니다.

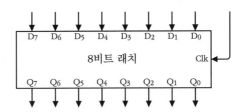

이 래치는 한 번에 한 바이트를 저장할 수 있습니다. 위쪽에 있는 8개의 입력
에는 D_0에서 D_7까지의 이름이 붙어 있으며, 아래쪽에 있는 8개의 출력에는
Q_0에서 Q_7까지의 이름이 붙어 있으며, 오른쪽에 있는 입력은 클릭입니다. 일
반적으로 클릭 신호는 0입니다. 클릭 신호가 1이면 D 입력의 8비트 값이 Q
출력으로 전달되지만, 클릭 신호가 0으로 돌아가면 다음에 클릭 신호가 다시

1이 되기 전까지는 직전의 8비트 값이 그대로 유지됩니다. 각 래치의 $\overline{Q}$ 출력은 무시됩니다.

8비트 래치는 8개의 데이터 입력과 8개의 Q 출력을 데이터 패스 형식으로 묶어서 다음과 같이 그릴 수 있습니다.

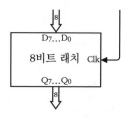

혹은 입출력 신호들을 간단하게 D와 Q로 이름을 붙여서 다음과 같이 그릴 수 있습니다.

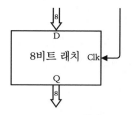

14장이 끝날 무렵에 8개의 1비트 덧셈기를 모은 다음 신호들을 묶어서 한 바이트를 한번에 더할 수 있도록 만들었습니다.

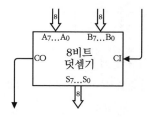

14장에서 8개의 A 입력과 8개의 B 입력은 스위치에, CI(자리올림 입력)는 접지에, 8개의 S(합) 출력과 CO(자리올림 출력)는 전구에 연결했었습니다.

래치나 덧셈기는 더욱 복잡한 회로를 만들 때 사용하는 모듈식 블록으로 사용할 수 있습니다. 예를 들어, 8비트 덧셈기의 출력을 8비트 래치에 저장할 수 있으며, 8개의 스위치 한 줄을 8비트 래치로 바꿔서 래치의 출력이 덧셈기로 입력되도록 만들 수도 있습니다. 다음은 두 가지 개념을 결합해서 여러 개의 숫자에 대한 합계를 누적하는 '누산기accumulating adder'를 만든 것입니다.

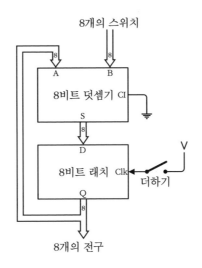

'더하기'라는 이름표가 붙어 있는 스위치가 래치의 클럭 입력 부분을 제어합니다.

이런 구성을 사용하면 스위치의 수를 절반으로 줄일 수 있을 뿐만 아니라, 두 개 이상의 숫자를 더해 나갈 때 중간의 결과를 다시 입력할 필요도 없어집니다. 덧셈기의 A에 들어가는 래치의 출력은 처음에 0인 상태에서 시작합니다. 첫 번째 숫자를 입력하고 '더하기' 스위치를 빠르게 닫았다가 열어 주면, 해당 숫자가 래치에 저장되어 전구에 그 값이 나타납니다. 그 이후에 두 번째 숫자를 입력하고 다시 '더하기' 스위치를 한 번 전환시켜 주면, 이 값이 이전 값에 더해지고, 그 결과가 전구에 나타납니다. 계속해서 더 많은 숫자를 하나씩 입력하고 더하기 스위치를 전환해 줍시다.

안타깝게도 원하는 대로 작동하지는 않을 것입니다. 느린 릴레이로 덧셈기를 만들고 더하기 스위치를 매우 빠르게 전환해서 덧셈기의 결과를 래치에 저장할 수 있다면 작동할 수 있습니다. 하지만 더하기 스위치를 닫은 시점부터 래치의 데이터 입력에 대한 모든 변경 사항이 Q 출력으로 바로 전달될 것이고, 그 결과가 다시 덧셈기의 입력에 반영되어 스위치로 입력한 값과 더해져서 다시 래치로 들어가는 상황이 반복해서 일어나게 됩니다.

이런 모양은 일종의 '무한 루프'라 부를 수 있습니다. 우리가 설계한 D-형 플립플롭이 레벨 트리거 형태로 되어 있기 때문에 이런 문제가 발생했습니다. 데이터의 입력 값을 래치에 저장하려면 클럭 입력을 0에서 1로 바꿔야 하는데, 클럭 입력이 1인 동안에는 데이터 입력의 값이 변경될 때 그 값이 바로 출력값에 반영되기 때문입니다.

몇몇 응용 분야에서는 레벨 트리거 형태의 클럭 입력으로도 충분하지만 우리가 만든 누산기에서는 제대로 동작하지 않았습니다. 누산기의 경우에는 클럭이 0에서 1로(혹은 1에서 0으로) 변하는 순간에만 데이터를 저장하는 형태의 래치를 사용하는 것이 더 좋을 것 같습니다. 값이 전환transition[2]되는 순간은 다음 그림에서 볼 수 있듯이 파형에서 모서리edge처럼 보이는 순간이기 때문에 에지edge라고 부릅니다.

Clk _____0|1 _____ 1|0 _____

값이 0에서 1로 전환되는 것은 **포지티브 천이**positive transition 혹은 **포지티브 에지**positive edge라 부르며, 1에서 0으로 전환되는 것은 **네거티브 천이**negative transition 혹은 **네거티브 에지**negative edge라 부릅니다.

앞에서 보았던 레벨 트리거 래치의 경우에는 클럭 입력이 1일 때 데이터가 저장되었지만, 포지티브 에지 트리거 플립플롭은 클럭이 0에서 1로 전환되는 순간에만 데이터를 저장합니다. 레벨 트리거 플립플롭과 마찬가지로 클럭 입력이 0일 때는 데이터의 변화가 출력에 영향을 주지 않습니다. 다만, 포

---

2 (옮긴이) 천이(遷移)라고도 하며, 값이 변하는 순간을 의미합니다.

지티브 에지 트리거 플립플롭의 경우에는 클럽 입력이 1일 때도 데이터의 변화가 출력에 영향을 미치지 않으며, 클럭 입력이 0에서 1로 바뀌는 순간에만 데이터 입력이 출력에 영향을 미칩니다.

이 개념은 지금까지 봤던 것과 다르기 때문에 구현이 어려워 보일 수 있습니다. 하지만 에지 트리거 D형 플립플롭은 2개의 레벨 트리거 D형 플립플롭을 다음과 같이 두 단계로 연결하는 기법을 사용해서 만들 수 있습니다.

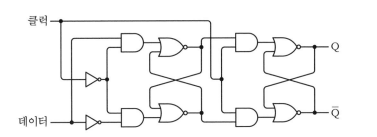

여기에 사용된 기본적인 아이디어는 클럭 입력이 첫 번째 단계와 두 번째 단계를 모두 제어한다는 것입니다. 하지만 첫 번째 단계에서 클럭이 반전되어 입력되므로, 클럭이 0일 때 데이터 입력이 저장되는 D형 플립플롭으로 동작하게 됩니다. 첫 단계의 출력이 두 번째 단계의 입력으로 연결되어 있으며, 두 번째 플립플롭은 클럭이 1일 때 값을 저장합니다. 결과적으로 클럭이 0에서 1로 변하는 순간에만 데이터 입력이 저장됩니다.

좀더 자세히 살펴보도록 합시다. 여기서는 데이터와 클럭 입력이 모두 0이며, Q 출력도 0인 정지 상태의 플립플롭입니다.

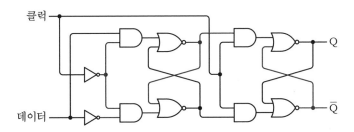

이제 데이터 입력이 1로 바뀌었습니다.

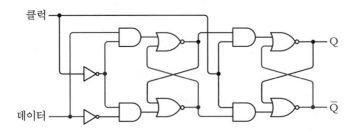

반전된 클럭 입력의 값은 1이기 때문에 첫 번째 플립플롭의 출력이 바뀌지만, 두 번째 단계의 플립플롭으로 들어가는 클럭의 값은 0이기 때문에 상태가 바뀌지 않습니다. 이제 클럭의 입력을 1로 바꿔봅시다.

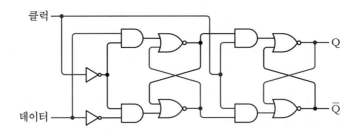

이제 두 번째 단계의 상태가 바뀌면서 Q 출력이 1로 바뀝니다. 차이점은 Q 출력에 영향을 주지 않으면서 데이터 입력을 바꿀 수 있다는 것입니다(예를 들어 0으로 값을 되돌려도 됩니다).

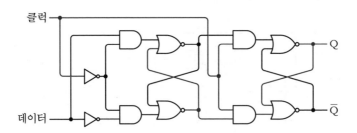

Q와 Q̄ 출력은 클럭 입력이 0에서 1로 변경되는 순간에만 값이 변경됩니다.

에지 트리거 D형 플립플롭의 기능표에는 위쪽을 가리키는 화살표(↑) 모양의 새로운 기호가 사용됩니다. 이 기호는 신호가 0에서 1로 전환되는 순간을 의미합니다.

입력		출력	
D	Clk	Q	Q̄
0	↑	0	1
1	↑	1	0
X	0	Q	Q̄

위쪽을 가리키는 화살표는 클럭이 0에서 1로 전환되는 순간을 나타내며, 이때 데이터 입력과 Q의 출력이 같아집니다. 이 플립플롭은 다음과 같은 형태로 나타낼 수 있습니다.

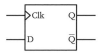

상자 아래의 클럭 신호 옆에 있는 홑화살괄호(>) 표시는 이 플립플롭이 에지 트리거 속성을 가지고 있다는 것을 나타냅니다. 마찬가지로 8개의 에지 트리거 플립플롭을 모아서 구성한 새로운 장치의 클럭 입력도 작은 홑화살괄호 기호로 표시할 수 있습니다.

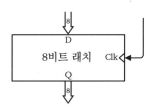

이런 에지 트리거 래치는 누산기를 만들 때 아주 좋습니다.

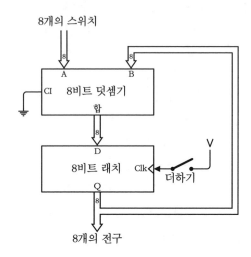

이 누산기는 자리올림 출력을 잘 처리하지 못합니다. 두 숫자의 합이 255를 초과하는 경우에 자리올림 출력이 무시되면서 전구는 원래 표시되었어야 할 합보다 작은 합을 표시합니다. 가능한 해결 방법 중 하나는 덧셈기와 래치를 모두 16비트 폭으로 넓히거나, 적어도 우리가 얻을 수 있는 가장 큰 값보다 크게 만드는 것입니다. 하지만 이 문제를 해결하는 것은 잠시 보류하도록 하겠습니다.

또 다른 문제는 덧셈기의 값을 지우고 다시 새로운 실행 합계running total[3]를 시작할 방법이 없다는 것입니다. 하지만 간접적인 방식으로 이 문제를 해결할 수는 있습니다. 앞 장에서 1의 보수와 2의 보수에 대해서 배웠고, 이런 개념을 사용할 수 있는 것이죠. 예를 들어, 실행 합계가 10110001이라면 이 숫자의 1의 보수인 01001110을 스위치에 입력하고 더하면 그 합은 11111111이 될 것입니다. 이제 스위치에 00000001을 입력해서 더하면, 모든 전구가 꺼지면서 덧셈기의 모든 값이 지워집니다.

---

3 (옮긴이) 일련의 숫자를 더하는 과정에서 나오는 합을 의미합니다.

이제 에지 트리거 D형 플립플롭을 사용하는 다른 형태의 회로를 탐구해 봅시다. 앞부분에서 만들었던 오실레이터를 기억할 것입니다. 오실레이터는 0과 1을 번갈아 출력합니다.

이제 오실레이터의 출력을 에지 트리거 D형 플립플롭의 클럭 입력과 연결하고, $\overline{Q}$의 출력을 D의 입력으로 연결해 봅시다.

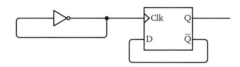

플립플롭의 출력 자체가 그 플립플롭의 입력이 된 것이지요. 이 회로는 피드백 회로 위에 새로운 피드백 회로가 구성된 것이라 할 수 있습니다. (사실 이런 회로는 문제가 발생할 여지가 있습니다. 오실레이터에 사용된 릴레이 등의 스위칭 부품은 최대한 빠르게 0과 1을 반복하며, 오실레이터의 출력은 플립플롭을 구성하는 부분에 연결되어 있는데, 다른 구성요소들이 오실레이터의 속도를 따라가지 못할 수 있습니다. 이런 문제를 방지하기 위해서 일단 오실레이터가 플립플롭 등의 회로에 있는 다른 구성요소보다 훨씬 느리다고 가정하겠습니다.)

이 회로에서 어떤 일이 일어나는지 보기 위해 다양한 변화에 대한 기능표를 살펴보겠습니다. 조금 까다로우니 단계별로 살펴봅시다. 클럭 입력은 0, Q 출력은 0으로 시작하며, D에 연결된 $\overline{Q}$ 출력은 1이 됩니다.

입력		출력	
D	Clk	Q	$\overline{Q}$
1	0	0	1

클럭 입력이 0에서 1로 바뀌는 순간, Q 출력은 D 입력과 같은 값을 가지게
됩니다.

입력		출력	
D	Clk	Q	$\overline{Q}$
1	0	0	1
1	↑	1	0

이제 클럭 입력이 1이 되었습니다. 하지만 $\overline{Q}$ 출력은 0으로 변경되었으므로
D 입력도 0으로 바뀝니다.

입력		출력	
D	Clk	Q	$\overline{Q}$
1	0	0	1
1	↑	1	0
0	1	1	0

클럭 입력이 0으로 다시 바뀌는 것은 출력에 영향을 주지 않습니다.

입력		출력	
D	Clk	Q	$\overline{Q}$
1	0	0	1
1	↑	1	0
0	1	1	0
0	0	1	0

클럭 입력이 1로 다시 바뀌었습니다. D 입력이 0이었으므로 Q 출력은 0이
되며 $\overline{Q}$ 출력은 1이 됩니다.

입력		출력	
D	Clk	Q	$\overline{Q}$
1	0	0	1
1	↑	1	0
0	1	1	0
0	0	1	0
0	↑	0	1

따라서 D 입력도 1로 변하게 됩니다.

입력		출력	
D	Clk	Q	$\overline{Q}$
1	0	0	1
1	↑	1	0
0	1	1	0
0	0	1	0
0	↑	0	1
1	1	0	1

여기서 벌어지는 일은 '클럭 입력이 0에서 1로 바뀔 때마다 Q 출력이 0에서 1 혹은 1에서 0으로 변경된다'고 간단하게 요약할 수 있습니다. 이 상황은 타이밍 다이어그램timing diagram[4]으로 살펴보면 더욱 명확해집니다.

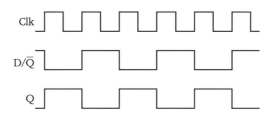

클럭 입력이 0에서 1로 이동하면 D의 값($\overline{Q}$와 같음)이 Q로 전송되므로, $\overline{Q}$와 D의 값이 변해서 그다음으로 클럭이 0에서 1이 될 때 반영됩니다.

4 (옮긴이) 시간의 흐름에 따라 각 신호 값의 변화를 그린 그림으로, 디지털 회로에서 기본적인 분석 방법 중 하나입니다.

앞에서 이야기한 것처럼 신호가 0과 1 사이에서 진동하는 속도를 주파수라 부르는데, 1초에 사이클이 몇 개 나타나는지를 의미하며, 헤르츠(짧게 Hz) 단위로 측정됩니다. 발진기의 주파수가 20Hz(초당 20사이클)인 경우 Q 출력의 주파수는 절반인 10Hz가 됩니다. 따라서, $\overline{Q}$ 출력이 플립플롭의 데이터 입력으로 다시 입력되는 회로를 **주파수 분할기**frequency divider라고도 합니다.

물론, 주파수 분할기의 출력 주파수를 다시 분할하기 위해서 다른 주파수 분할기의 클럭 입력으로 연결할 수 있습니다. 다음 회로는 플립플롭을 3개만 계단처럼cascading 연속해서 붙였지만, 더 연결할 수도 있습니다.

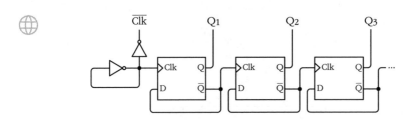

그림에서 맨 위에 이름표를 붙여 둔 네 가지 신호들을 좀더 자세히 살펴보도록 합시다.

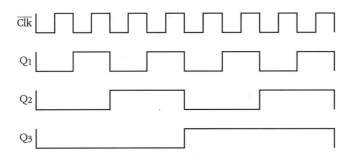

이 다이어그램의 경우는 적절한 지점에서 그림을 시작해서 적절한 시점에서 그림을 끝낸 것은 맞지만, 위와 같은 패턴이 계속해서 반복될 것이기 때문에 내용을 속인 부분은 없습니다. 여하튼, 이 다이어그램에서 뭔가 친숙한 부분을 발견하셨나요?

힌트를 하나 드리면, 신호에 0과 1이라는 이름표를 붙여 봅시다.

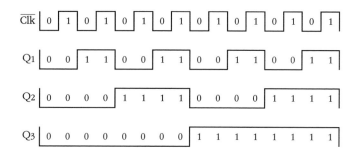

아직 잘 모르겠다고요? 이 그림을 시계 방향으로 90도 돌려서 4비트 단위의 숫자인 것으로 생각하고 한번 읽어보세요. 각 숫자는 십진수로 0에서 15까지를 나타냅니다.

이진수	십진수
0000	0
0001	1
0010	2
0011	3
0100	4
0101	5
0110	6
0111	7
1000	8
1001	9
1010	10
1011	11
1100	12
1101	13
1110	14
1111	15

따라서 이 회로를 이용해서 이진수를 셀 수 있으며, 플립플롭을 더 사용하면 더 큰 숫자까지 셀 수 있습니다. 10장에서 자릿수가 높아짐에 따라 이러한 숫자 반복의 빈도가 이전 자릿수의 절반으로 줄어든다는 것을 이야기했었습니다. 여기서 사용한 카운터counter(계수기(計數機))가 바로 이 원리를 따라서 만든 것이지요. 클럭 신호의 상승 에지가 발생할 때마다 카운터의 출력값이 1씩 증가하게 됩니다

8개의 플립플롭을 연결하여 아래 그림과 같이 하나의 상자에 담아 보겠습니다.

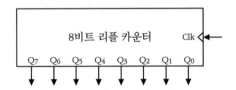

이러한 회로는 각 플립플롭의 출력이 다음 플립플롭의 클럭 입력으로 들어가는 형태를 가지고 있기 때문에 리플 카운터ripple counter라 합니다. 첫 단계의 변화가 단계별로 물결처럼 퍼져가다 보면 마지막에 있는 플립플롭에 도달해서 변화가 일어날 때까지는 시간이 약간 더 걸릴 수 있습니다. 좀더 정교한 카운터는 모든 출력이 동시에 바뀌는 형태의 동기적synchronous 특성을 가지고 있습니다.

출력에는 Q_0에서 Q_7까지 이름이 붙어 있습니다. 이는 첫 번째 가장 낮은 자리의 플립플롭의 출력에서부터 높은 자리의 플립플롭 순으로 이름을 붙인 것입니다. 따라서 이 출력에 전구를 붙이면 8비트 숫자를 읽을 수 있습니다.

앞부분에서 오실레이터에서 사용하는 주파수를 알아내는 방법을 알려드릴 거라 이야기했었습니다. 이 부분이 그 방법입니다. 8비트 카운터의 입력에 연결되어 있다면 카운터는 오실레이터에서 얼마나 많은 사이클이 발생했는지 알려 줄 수 있습니다. 또한 카운터가 11111111(십진수로 255)에 도달하게 되면 그 값은 00000000으로 돌아가게 되는데, 이를 롤오버roll-over 혹은 랩어

라운드wrap-around라고 부릅니다. 오실레이터의 주파수를 확인하는 가장 쉬운 방법은 8비트 카운터의 출력을 모두 전구와 연결하는 것입니다. 이제 출력이 0이 될 때(모든 전구가 꺼져 있는 경우입니다)까지 기다렸다가, 0이 되면 초시계를 켭니다. 이후에 모든 전구가 다시 꺼질 때 초시계를 멈추면 됩니다. 이제 오실레이터에서 256사이클을 발생시키는 데 걸리는 시간을 찾아냈습니다. 예를 들어, 10초가 걸렸다고 하면, 오실레이터의 주파수는 256÷10이 되어 25.6Hz가 됩니다.

우리가 실제로 사용하는 결정 진동자vibrating crystal를 이용하는 오실레이터는 이보다 훨씬 빠릅니다. 느린 것이 대략 32,000Hz(32KHz, 킬로헤르츠) 정도 되며, 보통 초당 100만 사이클(1MHz, 메가헤르츠) 이상이며, 심지어 초당 10억 사이클(1GHz, 기가헤르츠)에 달하는 것도 있습니다.

가장 많이 사용하는 결정 진동자의 주파수는 32,768Hz입니다. 이 주파수는 임의로 정해진 숫자가 아니라 일련의 주파수 분할기를 사용하는 경우 16,384Hz, 8192Hz, 4096Hz, 2048Hz, 1024Hz, 512Hz, 256Hz, 128Hz, 64Hz, 32Hz, 16Hz, 8Hz, 4Hz, 2Hz, 1Hz의 주파수를 얻을 수 있게 되면서 디지털 시계의 초 단위로 클럭을 만드는 것이 가능해집니다.

리플 카운터의 한 가지 실질적인 문제는 이 카운터가 항상 0에서부터 시작하는 것은 아니라는 점입니다. 전원이 켜졌을 때 플립플롭의 Q 출력은 1이거나 0일 수 있습니다. 클럭이나 데이터 입력과 관계 없이 Q 출력을 0으로 만들어 주는 '지우기' 신호는 플립플롭의 기능을 향상시킬 때 일반적으로 적용하는 기능입니다.

간단한 레벨 트리거 D형 플립플롭에 '지우기Clear' 입력을 추가하는 것은 OR 게이트 하나만 연결하면 되는 거라 아주 간단합니다. 지우기 입력은 일반적으로 0이지만, 1이 되면 Q 출력은 다음과 같이 0이 됩니다.

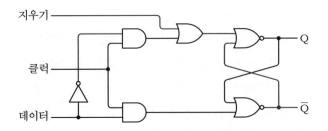

이 신호는 다른 입력 신호에 관계없이 강제적으로 Q를 0으로 만들어서, 실제적으로는 플립플롭의 값을 지우는 효과가 있습니다.

에지 트리거 플립플롭의 경우에는 지우기 신호를 만드는 것이 더 복잡하며, 지우기 신호와 더불어 '사전설정Preset' 신호도 같이 추가할 수 있습니다. 지우기 신호는 클럭이나 데이터의 값과 관계없이 Q 출력을 0으로 바꾸는 반면, 사전설정 신호는 Q 값을 1로 바꿉니다. 디지털 시계를 만들 때 이런 지우기나 사전설정 신호를 통해서 시계의 초기 시각을 설정할 수 있으므로 매우 유용합니다.

지우기와 사전설정 입력이 포함된 에지 트리거 D형 플립플롭을 만들기 위해서는 6개의 3입력 NOR 게이트와 인버터가 필요합니다. 단순하지 않은 대신 대칭적으로 그려서 보기 좋게 만들 수 있습니다.

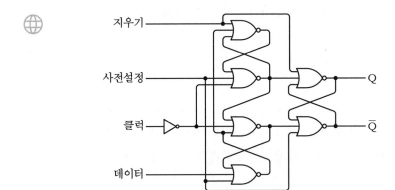

사전설정이나 지우기 입력은 클럭과 데이터 입력보다 우선시됩니다. 일반적으로 사전설정이나 지우기 입력은 모두 0의 값을 가지지만, 사전설정이 1이

면 Q는 1이 되고 $\overline{Q}$는 0이 되며, 지우기 입력이 1이 되면 Q는 0이 되고 $\overline{Q}$는 1이 됩니다(R-S 플립플롭의 설정Set과 초기화Reset 입력과 마찬가지로 사전설정이나 지우기는 동시에 1이 되면 안 됩니다). 두 입력이 모두 0인 경우에는 일반적인 에지 트리거 D형 플립플롭처럼 작동합니다.

입력				출력	
Pre	Clr	D	Clk	Q	$\overline{Q}$
1	0	X	X	1	0
0	1	X	X	0	1
0	0	0	↑	0	1
0	0	1	↑	1	0
0	0	X	0	Q	$\overline{Q}$

사전설정과 지우기 기능이 있는 에지 트리거 D형 플립플롭의 그림은 다음과 같습니다.

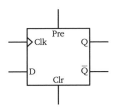

15장에서 TTL(트랜지스터-트랜지스터 논리)로 알려진 집적회로의 몇 가지 예를 설명했습니다. TTL로 작업하면서 플립플롭이 하나 필요한 경우라면 따로 만들 필요가 없습니다. 7474 칩의 설명을 보면 '사전설정과 지우기 기능이 있는 2개의 D형 포지티브 에지 트리거 플립플롭'이라 되어 있으며,《TTL Data Book for Design Engineers(설계 엔지니어들을 위한 데이터 북)》에는 다음과 같이 표시되어 있습니다.

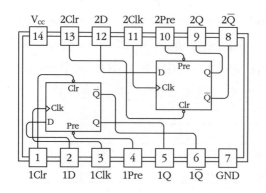

이제 우리는 전신용 릴레이와 트랜지스터로 이진수의 덧셈, 뺄셈, 숫자 세기를 할 수 있다는 것을 알게 되었습니다. 또한 플립플롭을 이용해서 여러 비트와 바이트들을 저장하는 방법도 살펴봤으며, 이것은 메모리로 알려진 컴퓨터의 필수 구성요소를 구성하는 첫 번째 단계라 할 수 있습니다.

하지만 일단 좀더 즐겨봅시다.

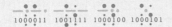
시계를 만들어 봅시다

Let's Build a Clock!

시계를 만드는 프로젝트는 얼마나 재미있을까요! 할아버지 집에 있던 유리문 안으로 육중하게 흔들리는 진자가 보이는, 멋지게 조각된 나무 외관을 가진 오래된 시계를 상상해 보세요. 화려한 금속 다이얼 뒤에는 복잡한 기어들을 이용해서 시간을 유지시킬 수 있는 기발한 작동 원리가 적용된 탈진기escape-ment라 불리는 작은 장치가 있으며, 매시간 집 전체에 울려 퍼지는 엄숙한 차임벨을 울리는 그런 시계 말이죠.

하지만, 아닙니다. 아쉽겠지만, 우리가 만들 시계는 그런 종류가 아닙니다. 이번 장에서 우리가 만들 시계는 다이얼에 붙어 있는 시/분/초침을 돌리는 대신 숫자로 시간, 분 및 초를 표시하는 디지털 시계입니다. 사실, 이 시계의 첫 번째 버전은 전통적인 십진수를 표시하지도 않고, 대신 깜빡이는 불빛을 이용해서 시간을 이진법으로 표시할 것입니다.

네, 맞습니다. 이진법으로 표시된 시간은 끔찍합니다! 하지만 우리에게 익숙한 십진수로 시간을 표현하기 위해서 반드시 필요한 첫 번째 단계라 할 수 있습니다. 게다가 우리가 실제로 사용할 이진수는 순수한 이진수와 십진수의 중간 정도의 형태일 것입니다.

먼저 시간을 구성하는 숫자들을 살펴보겠습니다. 시간 표시에 초까지 포함하려면 다음 예와 같이 6자리 십진수가 필요합니다.

12:30:47

12시 30분 47초이므로, 자정이나 정오에서 30분 정도 지난 시간입니다. AM 또는 PM을 표시해서 이 정보를 명확하게 할 수 있을 것 같습니다.

이진법으로 이 시간은 12, 30, 47에 대한 이진수 표현을 이용해서 나타낼 수 있습니다.

1100 : 11110 : 101111

여러분은 어떨지 잘 모르겠지만, 이런 형태로 시간을 보고 싶지는 않습니다. 이진수 시간을 읽은 다음 십진수로 변환하려면 1분이 더 걸릴 수도 있습니다.

그러니 이런 식으로 하지는 맙시다. 대신 12:30:47을 표현할 때 각 자리의 십진수 1, 2, 3, 0, 4, 7을 각각 이진수로 표시합시다.

0001 0010 : 0011 0000 : 0100 0111

이제 머릿속에서 십진수로 변환할 숫자가 4자리 이진수 6개로 바뀌었지만, 십진수의 값은 모두 십진수 0~9 사이의 값이므로 변환이 훨씬 편합니다. 게다가 시계에서 초 단위로 숫자가 증가하는 것만 보고 있어도 이진수를 읽고 해석하는 방법을 금방 배울 수 있을 것입니다.

이런 방식의 표현에 대한 이름이 있으며, **이진화된 십진수**binary-coded decimal, 짧게 BCD라 부릅니다. BCD를 이용하면 다음 표와 같이 각각의 십진수를 4자리 이진수로 인코딩할 수 있습니다.

BCD	십진수
0000	0
0001	1
0010	2
0011	3
0100	4
0101	5

0110	6
0111	7
1000	8
1001	9

앞에서도 이와 비슷한 표를 본 적이 있지만, 보통 십진수 9를 나타내는 1001 뒤에도 십진수 10~15를 나타내는 이진수 1010, 1011, 1100, 1101, 1110, 1111이 계속 나타나 있었습니다. 하지만 BCD의 경우 1001까지만 지원하기 때문에, 이런 추가적인 이진수들은 유효하지 않으며 이 값에 해당하는 비트 조합들은 사용되지 않습니다.

이런 부호 역시 비트들이 어떤 것인지 알려 주지 않는 또 다른 예라 할 수 있습니다. 만약 여러분이 10011001이라는 숫자를 보았을 때, 특정한 정보가 주어지지 않는다면 이 비트들이 어떤 것을 의미하는지 구별할 수 없습니다. 이 비트들이 부호가 없는 정수라면 십진수 153에 해당할 것이지만, 16장에서 봤던 2의 보수 형식의 부호 있는 정수라면 십진수 −103에 해당할 것이고, BCD라면 십진수 99를 의미할 것입니다.

BCD는 덧셈과 뺄셈과 같은 기본적인 산술 연산이 복잡하기 때문에 컴퓨터의 내부적으로는 많이 사용되지 않지만, 십진수를 표시할 때는 BCD가 중간 단계로 사용되는 경우가 많습니다.

이 장에서 보여 준 첫 번째 시계가 아주 정확한 시간을 표시하는 것은 아니지만, 초가 00에서 59까지 증가한 후 분이 00에서 59까지 증가하고, 이후에 시간을 표시합니다. BCD로 시간을 표시하기로 결정한 것은 시간을 구성하는 6자리 십진수를 초부터 시작하여 개별적으로 계산할 수 있음을 의미합니다. 다음은 시간을 구성하는 6자리 숫자 값에 대한 유효 범위를 보여 줍니다.

- 초의 낮은 자리의 범위는 0~9입니다.
- 초의 높은 자리의 범위는 0~5입니다.
- 분의 낮은 자리의 범위는 0~9입니다.
- 분의 높은 자리의 범위는 0~5입니다.

- 시의 낮은 자리의 범위는 0~9입니다.
- 시의 높은 자리는 0 또는 1입니다.

초의 낮은 자리는 0에서 9까지 증가하며, 낮은 자리가 9에 도달하면 0으로 롤오버(또는 재설정)되고, 초의 높은 자리는 0에서 1로, 그다음 2, 3, 4, 마지막으로 5로 1씩 증가합니다. 초가 59에 도달하면 다음 값은 00이 되고, 분이 1씩 증가합니다.

시간을 나타내는 6개의 숫자 각각에 대해 별도의 회로가 필요하며, 이 회로는 다음 자리의 회로에 영향을 미칩니다.

초의 낮은 자리부터 시작해 보죠. 리플 카운터를 만들기 위해 17장의 310쪽에서 플립플롭을 배선했던 방법과 비슷하게 에지 트리거 플립플롭 4개를 연속으로 배선하고 플립플롭 각각의 출력 Q를 전구에 연결하는 것부터 시작하겠습니다.

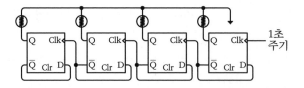

17장에서는 플립플롭을 왼쪽에서 오른쪽으로 연결했지만, 여기서는 오른쪽에서 왼쪽으로 연결하겠습니다. 잠시 후에 볼 수 있듯이, 이런 형태로 배치하면 전구를 통해서 읽을 수 있는 이진수가 표시됩니다.

오른쪽 끝에 있는 입력은 주파수가 1Hz 즉, 1초에 1사이클을 전달하는 오실레이터에 연결됩니다. 이 오실레이터의 주기(한 사이클에 필요한 시간)는 1을 주파수로 나눈 값이므로 1초가 됩니다. 즉, 매초마다 오실레이터의 출력은 0에서 1로 바뀌었다가 다시 0으로 돌아옵니다.

각 플립플롭의 출력은 Q와 그 반대 값을 가지는 $\overline{Q}$입니다. 즉, Q가 0이면 $\overline{Q}$는 1이 됩니다. 각 플립플롭의 $\overline{Q}$ 출력은 D(또는 데이터) 입력에 연결되어 있으며, 클럭 입력이 0에서 1로 바뀌면 D 입력값은 Q에 출력됩니다. Q의 값이 0에서 1로 바뀌면, 왼쪽에 있는 그다음 플립플롭의 상태도 바뀝니다.

가장 오른쪽에 있는 첫 번째 자리의 플립플롭의 경우 Q 출력이 1초 동안 0, 다음 1초 동안 1이 되어 1초 단위로 전구가 켜졌다 꺼지는 것을 반복합니다. 즉, 첫 번째 플립플롭의 주기는 2초로써, 입력된 주파수를 절반으로 나눈 것과 같습니다. 오른쪽에서 두 번째 자리의 플립플롭은 다시 주파수를 반으로 줄여서 2초 동안 전구가 켜지고 2초 동안 전구가 꺼집니다. 그 위의 자리도 마찬가지로 동작합니다.

그 결과 반짝거리는 4개의 표시등이 이진수로 초를 세고 있게 됩니다.

0 0 0 0

0 0 0 1

0 0 1 0

0 0 1 1

0 1 0 0

...

1 1 1 0

1 1 1 1

0 0 0 0

...

전구는 0000에서 1111까지 카운트한 다음 다시 0000으로 돌아오기 때문에 16초 단위의 한 주기를 완성하게 됩니다.

하지만 이런 형태를 원했던 것이 아니죠. 전구에 들어오는 불빛을 통해서 10초 단위, 즉 0000에서 1001까지 숫자 증가를 나타내기를 바랐습니다. 즉, 1001(십진수로 9)이 되면 다시 0으로 되돌아가도록 만들어야 합니다.

다행히 플립플롭 아래쪽에 '지우기' 입력이 있는 플립플롭을 사용하고 있으며, 지우기 입력이 '1'이 되면 입력과 관계없이 플립플롭의 Q 출력이 0이 됩니다. 또한 지우기 입력을 모든 플립플롭에 동시에 '1'이 들어갈 수 있게 만들면 표시된 숫자가 0000으로 되돌아 가게 만들 수 있습니다.

그러면 언제 지우기 입력을 1로 만들어야 할까요? 십진수 9에 해당하는 1001이 표시되는 것은 괜찮지만, 그다음 값인 1010(십진수 10)의 경우에는 유효하지 않기 때문에, 4개의 플립플롭이 1010 값을 가질 때(즉, 십진수 10의 값을 가지게 될 때) 모든 플립플롭을 0으로 지워줘야 합니다.

이 작업은 여러 플립플롭 Q의 출력들 중에서 2개를 AND 게이트에 연결해서 수행할 수 있습니다.

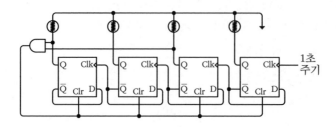

실제로는 플립플롭을 구성하는 트랜지스터가 너무 빨라서 1010에서 0000으로 바뀌는 것 자체를 볼 수 없을 것입니다. 4개의 플립플롭의 Q 출력이 1010 값을 가지는 순간 AND 게이트의 출력이 1로 바뀌면서 모든 플립플롭이 지워지고 0 값을 출력하게 됩니다. 따라서 전구를 봤을 때는 1001에서 0000으로 부드럽게 바뀐 것처럼 보일 것입니다.

$$
\begin{array}{c}
0\,0\,0\,0 \\
0\,0\,0\,1 \\
0\,0\,1\,0 \\
0\,0\,1\,1 \\
0\,1\,0\,0 \\
0\,1\,0\,1 \\
0\,1\,1\,0 \\
0\,1\,1\,1 \\
1\,0\,0\,0 \\
1\,0\,0\,1 \\
0\,0\,0\,0 \\
\cdots
\end{array}
$$

플립플롭의 출력을 이용해서 플립플롭의 값을 지우는 것이 뭔가 찝찝하다는 생각이 들 수 있는데, 이상한 걱정을 하는 것은 아닙니다. 다만, 이런 종류의 일을 처리할 수 있는 더 좋은 방법이 존재하긴 하지만, 오히려 이런 방법들이 더 복잡합니다. 실제 이진 시계를 만들어야 한다면, 0000에서 1001까지만 카운트한 다음에 0000으로 돌아오도록 만들어진 **십진 카운터**decade counter라 불리는 집적회로도 있다는 것을 알아 두면 도움이 될 것입니다.

이제 0부터 9까지 초를 셀 수 있게 되었으니, 바로 이어서 초의 높은 자리 숫자를 0에서 5까지 세는 다른 회로를 살펴볼 것입니다. 낮은 자리를 나타내는 4개의 전구가 1001에서 0000으로 바뀔 때 높은 자리의 수가 1만큼 증가해야 하는데, 이 시점에서 0에서 1로 변하게 하는 신호가 필요합니다.

이를 위해서 AND 게이트의 출력을 사용할 수도 있지만, 이 회로에서는 NAND 게이트를 추가해서 조금 다른 접근 방식을 취하겠습니다.

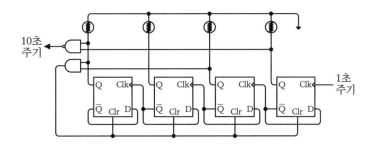

NAND 게이트의 출력은 AND 게이트의 반대입니다. 두 입력이 모두 1인 경우에만 출력이 0이 되고, 나머지 경우에는 1이 출력됩니다. 십진수 9를 나타내는 1001이 출력될 때 NAND 게이트의 입력으로 모두 '1'이 입력되도록 연결하면, 이 경우에만 NAND 게이트의 출력이 0이 되고 바로 1로 돌아가게 됩니다. 0에서 1로 바뀌는 출력이 다른 에지 트리거 플립플롭의 입력이 될 수 있으며, 이런 상황은 10초마다 반복됩니다.

이 타이밍 다이어그램은 1초 주기의 신호를 보여 주며, 각각의 플립플롭에서 나오는 Q 출력(오른쪽에서 왼쪽 플립플롭 순으로)과 10초 주기의 신호를 보여 주고 있습니다.

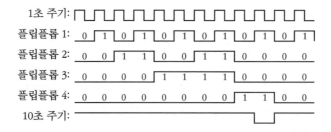

위의 다이어그램을 시계 방향으로 90도 돌리면 4개의 플립플롭이 0000부터 1001까지 카운트된 다음에, 다시 시작으로 돌아가는 것을 볼 수 있습니다.

해당 NAND 게이트의 출력은 이진 시계에서 초의 높은 자리 수를 담당하는 카운터의 입력으로 들어가며, 이 자리에서는 0, 1, 2, 3, 4, 5를 출력할 수 있습니다. 이 단계에서는 3개의 플립플롭만 있으면 되고, 십진수 6인 110에 도달하면 모든 플립플롭을 지워 줘야 합니다.

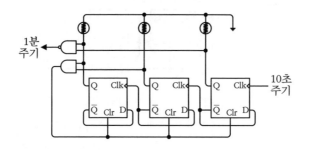

이 회로에 있는 NAND 게이트의 출력은 출력하는 숫자가 십진수 5에 해당하는 101인 경우에 0이 되도록 만들어 주면 됩니다. 앞에 있는 4개의 플립플롭과 함께 시계는 이제 000 0000에서 101 1001, 즉 십진수로 0에서 59까지 카운트할 수 있으며, 101 1001에 도달했을 때 7개의 모든 플립플롭이 0으로 돌아가야 합니다. 다음은 윗자리 3개의 플립플롭에 대한 타이밍 다이어그램입니다.

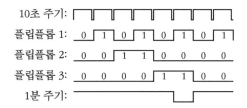

다시 다이어그램을 시계 방향으로 90도 돌려서 플립플롭이 어떤 방식으로 000에서 101까지 카운트된 다음에 처음으로 되돌아가는지 확인해 보도록 하겠습니다.

이제 1분 주기의 신호를 가지게 되었으므로, 분 단위로 숫자를 셀 수 있습니다. 이전과 같은 형태로 0에서 9까지의 분의 낮은 자리를 세기 위해서 4개의 플립플롭을 구성하도록 하겠습니다.

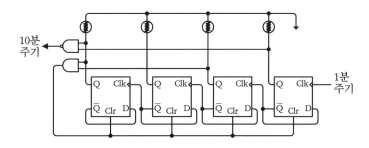

이제 10분 주기 출력은 분의 높은 자리를 구성하는 3개의 플립플롭에 대한 입력으로 사용될 수 있습니다. 이 부분은 초의 높은 자리의 구성과 같습니다.

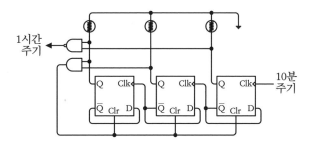

이제 이진 시계 전체를 만드는 것이 거의 다 끝난 것 같다는 생각이 들 때, 약간의 불안감이 엄습하는 것을 느꼈을 수 있습니다.

24시간제를 사용하는 경우에 시는 0에서 23까지 올라가지만, 영어권 국가에서는 일반적으로 12시간제를 사용하기 때문에 다른 동작이 필요합니다. 이 경우 시는 초와 분처럼 두 자리이긴 하지만 정오 혹은 자정이 12시고, 그 다음에는 1시로 되돌아가야 하기 때문에 0에서 시작하지도 않습니다.

일단은 잠시 이 문제를 무시하고, 12시간제 시계에서도 '시'가 0, 1, 2, 3, 4, 5, 6, 7, 8, 9 10, 11로 갔다가 다시 0으로 돌아가고, 이때 발생하는 00:00:00을 자정 혹은 정오라 부르도록 하겠습니다.

하지만 여전히 시를 다룰 때 특이한 부분이 있습니다. 초나 분의 경우에는 낮은 자리나 높은 자리를 0으로 만드는 것이 독립적으로 이뤄졌습니다. 즉, 낮은 자리는 1010(십진수 10)에 도달하면 값을 지워야 하고, 높은 자리는 110(십진수 6)에 도달하면 값을 지워야 했습니다.

시에서도 낮은 자릿수는 1010에 도달했을 때 값이 지워져서 9:59:59가 10:00:00으로 바뀌어야 합니다. 하지만 11:59:59가 00:00:00으로 바뀌어 자정 또는 정오를 표시하려면 높은 자리가 1이고 낮은 자리가 0010일 때는 두 자리가 모두 지워져야 합니다.

이 말은 낮은 자리와 높은 자리가 함께 고려되어야 한다는 것을 의미하며, 시를 나타내기 위해서 사용되는 5개의 플립플롭은 서로 다른 2개의 조건에서 두 자리를 지워줘야 한다는 말이 됩니다.

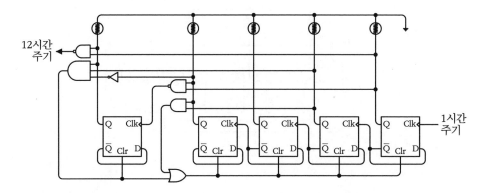

오른쪽에 있는 4개의 플립플롭은 초나 분의 낮은 자리를 배선했던 것과 매우 비슷하게 구성되어 있습니다. 숫자가 1010이 되면 AND 게이트를 통해서 플립플롭을 지우고, 같은 시점에 NAND 게이트는 0에서 1로 전환되는 신호를 출력합니다.

하지만 왼쪽 상단에 있는 또 다른 3입력 AND 게이트는 두 자리 BCD의 값이 12가 되는 경우, 즉 높은 자리는 1, 낮은 자리는 0010(십진수 2)이 되는 경우가 있는지 찾아냅니다. 이 시점에 12를 표시해야 하는 것이 아닌가 생각할 수 있겠습니다만, 이렇게 하는 경우에 '시'는 그다음에 0이 아닌 1을 표시해야 한다는 문제가 있습니다. 일단은 3입력 AND 게이트가 5개의 플립플롭을 모두 지워서 0이 표시되게 만듭시다.

이 회로를 통해서 '시'는 0에서 11까지의 순서로 나타낼 수 있게 되었으며, 이제 한 가지 문제만 고치면 될 것 같습니다. 모든 플립플롭의 Q 출력이 0이 되는 경우에, '시' 부분이 12(이진수 1 0010)를 나타내길 바란다는 점입니다.

이 부분은 맨 오른쪽에 있는 5입력 NOR 게이트를 통해서 구현할 수 있습니다.

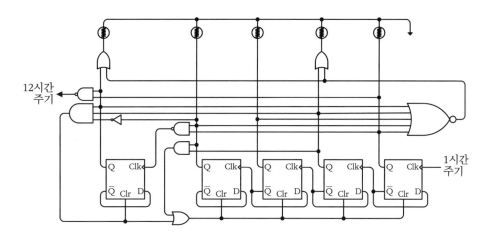

NOR 게이트의 출력은 OR 게이트의 반대라는 것을 기억할 것입니다. 이 NOR 게이트의 출력은 5개의 입력이 모두 0일 때 1이 되며, 이 출력은 두 자

리를 표시하는 전구와 연결되어 있는 두 개의 OR 게이트로 입력됩니다. 따라서 5개 플립플롭의 출력이 0 0000이 되는 경우 전구에는 십진수 12를 의미하는 1 0010이 켜지게 됩니다.

아직까지 맨 왼쪽에 있는 NAND 게이트에 대해서는 이야기하지 않았는데, 이 게이트의 출력은 보통 1이 되고, 시의 값이 십진수 11을 의미하는 1 0001이 될 때만 0이 되며, 11이 아닌 값이 되면 출력은 다시 1로 바뀝니다. 이 출력은 AM과 PM을 나타내는 또 다른 플립플롭의 입력으로 사용될 수 있습니다.

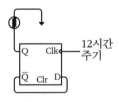

이 책의 웹사이트인 CodeHiddenLanguage.com에서 모든 부품이 표시된 이진 시계의 완전한 버전을 확인해 볼 수 있습니다.

지금까지 본 것처럼 시계의 여섯 자리는 각각 NAND 게이트를 사용해서 다음 자리에 대한 클럭 신호를 만들어 냅니다. NAND 게이트의 경우 두 입력이 모두 1인 경우에 0이 출력되며, 그 이외의 경우에는 1을 출력하기 때문에 클럭이 처음 시작할 때 약간 특이한 현상이 나타납니다. 처음 시작할 때 각 자리에 있는 NAND 게이트들의 출력이 1을 출력하기 때문에 첫 자리를 제외한 다음 자리들의 플립플롭의 클럭 입력이 '1'로 바뀌게 되면서, 시계가 시작될 때 초기 시간이 다음과 같이 설정됩니다.

1:11:10

시계가 시계를 켠 정확한 시간을 나타내면 좋겠지만, 그렇지 않다면 시계를 현재 시각으로 설정할 수 있어야 합니다.

일부 전자 시계는 인터넷이나 GPS 위성, 시간을 알려 주는 무선 신호를 통해서 시간을 얻는 경우가 있습니다. 하지만 시간을 수동으로 설정하는 시계의 경우에는 여러 개의 버튼을 다양한 방식으로 조작해야 하기 때문에, 이런 복잡한 과정에 대한 자세한 설명이 필요할 수 있습니다.

인간과의 인터페이스를 만드는 것은 항상 어려운 일이기 때문에, 일단 매우 간단한 것을 구현해 봅시다.

다음 블록 다이어그램과 같이 이진 시계의 초, 분, 시는 오른쪽에서 왼쪽으로 연결되어 있습니다.

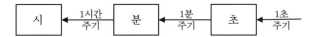

이 회로에 스위치 두 개를 추가해 봅시다. 첫 번째 스위치를 누르면 분이 증가하고, 두 번째 스위치를 누르면 시가 증가하도록 만들겠습니다. 이런 방식은 지금 표시되는 시간이 2시 55분인데 1시 50분으로 설정해야 하는 경우에 분 버튼을 55회, 시 버튼을 11회 눌러야 하기 때문에 최적의 해결 방법이라 할 수는 없지만, 단순하고, 시간을 설정하는 방식을 설명하기 위해서 자세한 설명이 필요하지 않다는 장점이 있습니다.

보통 분 단위는 초가 59에 도달한 다음 다시 00으로 돌아갈 때 증가하며, 이때 전달되는 '1분 주기' 신호의 경우 일반적으로 1 값을 가지지만, 초의 높은 자리가 5일 때는 0의 값을 가집니다. 마찬가지로 '1시간 주기'라는 이름이 붙은 신호도 보통은 1의 값을 가지지만, 분의 높은 자리가 5일 때 0의 값을 가집니다.

시간을 설정하는 스위치를 누를 때 이 두 신호를 변경하려고 하는 것입니다. 예를 들어, '1분 주기' 신호가 1인 경우(대부분의 경우)에는 스위치를 눌렀을 때 값이 0으로 바뀌고 스위치를 놓으면 1로 돌아가게 해 줍니다. 마찬가지로 신호가 0인 경우(초가 50에서 59 사이)에는 스위치를 눌렀을 때 값이 1로 바뀌고 스위치를 놓으면 다시 0으로 돌아가게 해 줍니다.

달리 이야기하면, 수동으로 시간을 설정하는 스위치를 누르면, '1분 주기'와 '1시간 주기' 신호가 가지는 값과 반대의 값이 되도록 만들어 주는 것입니다.

이런 동작은 14장에서 두 개의 숫자를 더할 때 사용했던 XOR 게이트의 또 다른 응용 중 하나입니다. XOR의 출력은 두 입력이 모두 1이 되는 경우를 제외하면 OR의 출력과 같습니다.

XOR	0	1
0	0	1
1	1	0

XOR 게이트는 덧셈에서 중요한 역할을 하는 것 이외에 신호를 반전시키는 역할도 할 수 있습니다. XOR 게이트의 입력 중 하나가 0이면 다른 한 입력의 값이 출력에 나타나지만, 입력 중 하나가 1이면 다른 입력의 값을 반전시킨 값이 출력에 나타납니다.

수동으로 시간을 설정하는 스위치에 XOR 게이트를 추가하면 매우 간단하게 만들 수 있습니다.

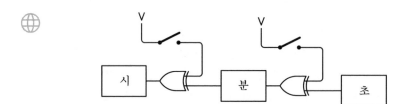

이진 시계의 초와 분이 켜지고 꺼지는 효과는 멍하게 바라보게 만드는 매력이 있습니다. 1970년대부터 불을 깜빡이며 값이 변하는 이진 시계는 기본회로만 사용하는 매우 단순한 회로임에도 불구하고 상당한 가격으로 만들어져 판매되었습니다. 하지만 이진수 혹은 최소한 이진화된 십진수를 배우고자 하는 사람들에게는 교육적인 가치가 있습니다.

일반적으로 사용하는 십진수 표시장치를 좋아하는 사람들을 위한 대안이 있습니다. 가장 아름다운 것 중 하나는 네온 가스가 채워진 유리관을 사용하는 냉음극관cold cathode display입니다. 유리관 내부에는 숫자 모양이 겹쳐진 전선이 있으며, 각각의 전선은 왼쪽부터 0을 나타내는 유리관 아래쪽의 10개 핀 중 하나와 연결되어 있습니다.

표시되지 않은 핀은 접지에 연결되며, 모든 전선들 주변을 둘러싸고 있는 전선 다발에도 별다른 이름표가 붙어 있지 않지만 역시 접지에 연결됩니다.

핀 중 하나에 전압이 인가되면 해당 숫자를 둘러싼 네온이 다음과 같이 켜지게 됩니다.

1955년 버로스 코퍼레이션Burroughs Corporation은 이런 형태의 표시장치를 소개하면서 신화에 나오는 물의 요정의 이름을 따서 닉시관Nixie tube이라 불렀습니다.

시간을 표시해야 하는 6자리마다 이 튜브가 하나씩 필요하며, 개념적으로 닉시관은 사용하기 매우 간단합니다. 열 개의 핀 중 하나에 전력을 공급하는 회로를 설계하면 그 숫자에 불을 밝힐 수 있기 때문이죠. 하지만 닉시관을 켜기 위해 필요한 전력이 일반적으로 집적회로에 있는 트랜지스터를 통해서 공급할 수 있는 전력보다 더 많기 때문에 약간 어려운 부분이 있습니다. 필요한 만큼의 전류를 공급받기 위해서 닉시관용 구동기driver라는 특수한 회로를 사용할 수 있습니다.

닉시관을 위한 디지털 회로에서는 플립플롭이 출력하는 이진화된 십진수 값을 10개의 분리된 신호로 변환시켜서, 닉시관의 10개의 분리되어 있는 입력 핀을 통해서 전달해야 합니다. 숫자가 0000인 경우 0을 나타내는 첫 번째 핀에 신호를 주고, 숫자가 0001일 때는 숫자 1을 나타내기 위한 핀, 숫자가 1001일 때는 숫자 9를 나타내기 위한 마지막 핀에 신호를 주어야 하는 것이죠.

10장의 끝부분인 149쪽에서 팔진수를 바꿔서 8개의 전구 중 하나의 전구를 켜는 비슷한 회로를 보았을 것입니다. 이러한 회로를 디코더decoder라고 하며, 여기서는 BCD 번호를 처리하기 위해서 확장하도록 하겠습니다. 이 회로는 BCD 디코더라 부릅니다.

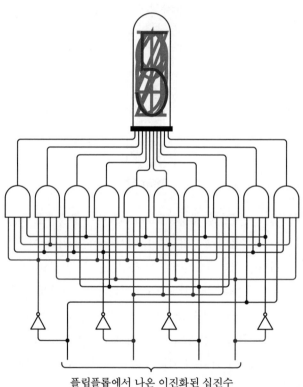

플립플롭에서 나온 이진화된 십진수

이 회로는 상당히 복잡해 보이지만, 실제로는 매우 체계적입니다. 4개의 플립플롭에서 나오는 BCD 숫자는 맨 밑에서 들어오는데, 그림에서 빨간색 전선을 통해서 이 숫자가 현재 십진수 5를 나타내는 이진수인 0101임을 알 수 있습니다. 이 4개의 신호는 각각 인버터를 사용하여 반전되며, 원래 신호와 반전된 신호의 조합은 모두 10개의 4입력 AND 게이트로 들어갑니다. 5에 해당하는 AND 게이트(가운데를 기준으로 바로 오른쪽에 있는 AND 게이트)의 경우 4개의 입력은 다음과 같습니다.

- BCD의 가장 낮은 자릿수의 값
- BCD의 두 번째 자릿수를 반전한 값
- BCD의 세 번째 자릿수의 값
- BCD의 가장 높은 자릿수를 반전한 값

이런 4개의 입력이 모두 1이 되는 BCD 숫자는 0101뿐입니다.

십진수를 표시하기 위해서 조금 더 일반적인 방법은 7-세그먼트 표시장치를 사용하는 것인데, 이 장치는 단순한 형태로 배열된 7개의 길쭉한 발광장치로 구성되어 있습니다.

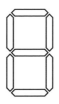

보통 이런 표시장치는 공장에서 만들어질 때부터 뒤쪽에 7개의 세그먼트에 각각 연결된 7개의 핀이 있으며, 8번째 핀은 접지에 연결됩니다.[1] 특정한 십진수를 표시하기 위해서 적절한 세그먼트에 불이 들어오게 해야 하며, 이를 위해서는 7개 핀을 조합해서 전압을 걸어 줘야 합니다.

---

1 (옮긴이) 보통의 소수점을 나타내기 위한 9번째 핀이 하나 더 있는 경우가 많습니다.

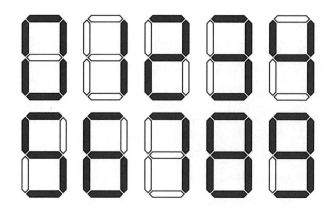

7-세그먼트 표시장치에 대한 배선을 쉽게 진행하기 위해서 각각의 세그먼트
에 일종의 식별 문자를 할당하는 경우가 많습니다.

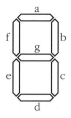

다음 표에서는 십진수 0부터 9까지의 숫자를 나타내는 각각의 신호에 대해
서 어떤 세그먼트가 켜져야 하는지 보여 줍니다.

숫자	a	b	c	d	e	f	g
0	1	1	1	1	1	1	0
1	0	1	1	0	0	0	0
2	1	1	0	1	1	0	1
3	1	1	1	1	0	0	1
4	0	1	1	0	0	1	1
5	1	0	1	1	0	1	1
6	1	0	1	1	1	1	1
7	1	1	1	0	0	0	0
8	1	1	1	1	1	1	1
9	1	1	1	1	0	1	1

십진수를 나타내는 신호는 이미 가지고 있습니다. 조금 전에 닉시관을 켜기 위해서 만든 BCD 디코더에 있는 AND 게이트의 출력입니다.

먼저 'a' 세그먼트에 대해서 살펴보겠습니다. 이 세그먼트는 십진수 0, 2, 3, 5, 6, 7, 8, 9일 때 켜져야 하며, 각 숫자에 해당하는 AND 게이트의 출력 8개가 8입력 OR 게이트의 입력이 될 수 있음을 의미합니다.

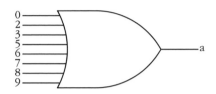

세그먼트 'b'에서 'g'까지 비슷한 작업을 수행할 수 있습니다.

조금 더 간단한 방법을 찾을 수도 있을 것 같습니다.

숫자 0, 2, 3, 5, 6, 7, 8, 9에 대해 'a' 세그먼트가 켜진다는 것은 숫자 1과 4인 경우에는 켜지지 않는다는 의미와 같습니다. 따라서 1과 4에 해당하는 AND의 출력을 일반적인 2입력 NOR 게이트의 입력으로 연결할 수 있습니다.

이 NOR 게이트의 출력은 1 또는 4 신호가 있을 때를 제외하면 1이 되며, 이 두 숫자가 나타날 때는 위쪽 세그먼트('a')에 불이 들어오지 않습니다.

두 가지 접근 방식이 완전하게 같지는 않습니다. 7-세그먼트 표시장치에 십진수를 표시하지 않고 완전히 끄는 경우도 있을 수 있기 때문입니다. 이 경우는 BCD 디코더에 있는 10개의 모든 AND 게이트가 '0'을 출력하는 경우입니다. 이런 상황에도 8입력 OR 게이트를 사용하는 경우는 제대로 동작하지만, 2입력 NOR 게이트를 사용하는 경우에는 계속해서 상단 세그먼트('a')에 불이 들어옵니다.

7-세그먼트 표시장치에 항상 숫자가 표시되는 경우 다음과 같이 BCD 디코더와 7-세그먼트 디코더를 연결할 수 있습니다.

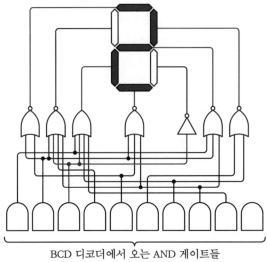

BCD 디코더에서 오는 AND 게이트들

세그먼트 중 5개에는 NOR 게이트가 사용되지만, 나머지 2개에는 OR 게이트와 인버터가 사용됩니다.

가장 오른쪽에 있는 AND 게이트 출력에는 아무것도 연결되어 있지 않다는 부분에 주목할 필요가 있습니다. 이 AND 게이트는 숫자 9를 표시하는 부분과 연결되어 있으며, 해당 숫자를 표시할 때 불을 켜야 하는 세그먼트들은 모두 NOR 게이트와 인버터에 연결되어 있기 때문에, 다른 모든 입력이 '0'이 되면 숫자 9를 표시할 수 있습니다.

7-세그먼트 표시장치에 나머지 16진수 숫자들을 표시하기 위한 배선을 할 수도 있지만, 그 전에 16진수의 B와 8, 16진수의 D와 0을 구분하는 방법을 알아야 합니다. 한 가지 방법은 대문자와 소문자를 같이 사용해서 A, b, C, d, E, F라고 표시하는 것입니다.

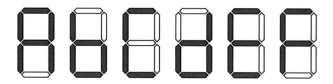

알파벳 26개의 문자를 모두 나타내려면 대각선 세그먼트를 포함해서 몇 개의 세그먼트가 더 있어야 합니다. 이를 지원하는 일반적인 해결방법으로 14-세그먼트 표시장치나 16-세그먼트 표시장치가 있습니다.

표시해야 하는 모든 자리에 디코딩 회로가 필요할까요? 물론 그렇게 만들어도 되지만, 다른 방식을 사용해서 회로의 양을 줄일 수 있습니다. 멀티플렉싱multiplexing이라는 기술을 이용하면 여러 자리의 숫자들이 하나의 디코딩 회로를 공유할 수 있습니다. 디코더 입력으로는 다수의 위치의 값이 빠르게 이동할 수 있으며, 디코더의 출력은 모든 표시장치에 동시에 전달될 수 있습니다. 다만, 디코더로 입력되는 위치가 바뀌는 것과 동기화되어 하나의 표시장치만 접지에 연결시키면, 실제로는 한 번에 한 자릿수만 켜지지만, 표시장치 간의 이동이 너무 빨라서 눈에는 모든 표시장치가 정상적으로 출력되는 것처럼 보일 것입니다.

숫자와 문자를 표시하는 또 다른 방법으로는 수평 및 수직 격자 모양으로 배열된 둥근 발광장치의 모음인 도트 매트릭스 표시장치를 사용하는 것입니다. 라틴 문자의 모든 숫자, 구두점 및 악센트가 없는 문자를 처리할 수 있는 가장 작은 격자의 크기는 가로 5개, 세로 7개의 격자로, 5×7 도트 매트릭스라 불리는 장치를 이용할 수 있으며, 여기서는 숫자 3을 표시하고 있습니다.

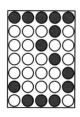

앞에서 7-세그먼트 표시장치에서 했던 것처럼 각각의 작은 발광장치를 독립적으로 제어하면 될 거라는 생각을 했을 수 있습니다. 하지만 35개의 작은 발광장치를 개별적으로 껐다 켰다 하려면 꽤 많은 회로가 필요하므로, 생각만큼 잘 되지는 않을 것입니다. 따라서 대신 다른 접근 방식이 필요합니다.

이 35개의 발광장치는 LED, 즉 발광 다이오드light-emitting diode이며, 다이오드는 다음과 같은 기호를 사용하는 작은 전자 소자입니다.

다이오드는 전류가 한쪽 방향으로만 흐르게 하는 소자이며, 이 그림의 경우에는 왼쪽에서 오른쪽으로만 전류가 흐르게 만듭니다. 오른쪽에 있는 수직선은 다이오드가 오른쪽에서 왼쪽으로 흐르는 전류를 차단한다는 것을 기호로 나타낸 것입니다.

발광 다이오드는 전류가 흐를 때 광자를 방출하는 다이오드이며, 광자는 우리 눈에서 빛으로 인식됩니다. LED는 보통 다이오드와 같은 기호를 가지고 있지만, 빛이 방출된다는 것을 나타내는 작은 화살표가 같이 표시됩니다.

최근 수십년 동안 LED가 더 밝아지고 저렴해짐에 따라 다른 조명장치들보다 적은 전력을 소모하고, 적은 열을 방출하는 장점들로 인해서 이제는 가정에서 일상적으로 사용하는 조명장치가 되었습니다.

5×7 도트 매트릭스를 구성하는 35개의 LED는 다음과 같이 배선되어 있습니다.

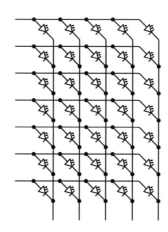

행과 열이 교차되는 지점마다 LED가 있는데, 다이오드 입력 부분은 행 부분에 연결되어 있으며, 다이오드 출력 부분은 열 부분에 연결되어 있습니다(다른 방식으로 입력을 열에 연결하고 출력을 행에 연결하는 방식도 있지만, 동작 방식에는 큰 차이가 없습니다).

이런 식으로 만들면 7줄 5행짜리 도트 매트릭스에 필요한 연결의 수를 35개에서 12개로 줄일 수 있습니다.

단점은 한 번에 하나의 행 또는 하나의 열만 불을 켤 수 있다는 것입니다. 일견 끔찍하게 제한적인 것처럼 보이지만 다음과 같은 기법을 쓸 수 있습니다. 도트 매트릭스에서 행과 열을 순서대로 매우 빠르게 표시하면 전체 디스플레이가 한꺼번에 켜지는 것처럼 보일 것입니다.

다시 돌아가서, 숫자 3은 도트 매트릭스에서 어떻게 표현되어 있는지 살펴봅시다. 맨 왼쪽 열에서는 맨 위와 밑에서 두 번째에 있는 두 개의 LED에 불이 들어왔습니다. 이 작업은 다음과 같이 두 행에만 전압을 걸고, 첫 번째 열에 접지를 연결해서 처리하면 됩니다.

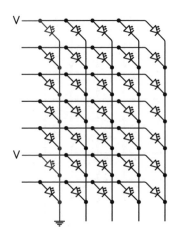

전압이 인가된 지점에서 접지까지 가능한 모든 연결을 따라가 보면 불이 켜진 2개 위치를 제외한 다른 모든 경로는 다이오드가 전류의 흐름을 막는다는 것을 알 수 있습니다.

3을 표현할 때 두 번째 열에서는 맨 위의 줄과 맨 밑의 줄에 불이 들어옵니다. 이를 위해서 두 행에 전압을 걸고 두 번째 열에 접지를 연결합니다.

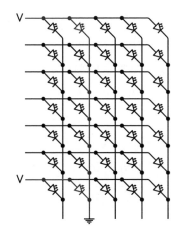

다른 열도 같은 방식으로 동작합니다. 숫자 3의 맨 오른쪽 열에서는 3개의 불이 켜져 있어야 하기 때문에 해당 행에 전압을 인가하고 해당 열을 접지와 연결하면 됩니다.

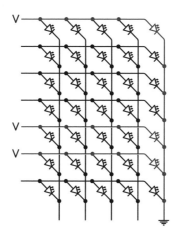

이제 도트 매트릭스의 각 행에 전압을 공급하고, 열 중의 하나에 접지를 연결하는 과정을 자동화할 방법을 찾아야 합니다. 이때 도움이 되는 것 역시 다이오드지만, 발광 다이오드가 아닌 일반 다이오드들이 사용됩니다. 다음은 숫자 3과 비슷한 모양으로 다이오드를 연결한 것을 보여 주고 있습니다.

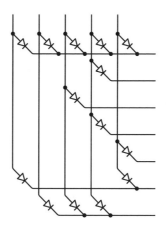

여기서 숫자 3을 찾을 수 있나요? 다이오드의 위치는 앞에서 3을 표시하기 위해서 불이 켜진 위치와 완벽하게 일치합니다. 다시 말하지만, LED를 사용하는 것이 아니라 일반적인 다이오드입니다. 숫자 3의 형태는 본질적으로 연결된 다이오드들의 모음을 통해서 인코딩되는 것입니다.

이런 형태로 다이오드를 구성하는 것을 다이오드 매트릭스diode matrix라 부르며, 구성 자체에서 3을 표시하기 위해 불이 들어와야 하는 위치에 대한 정보를 저장하고 있는 것입니다. 따라서 다이오드 매트릭스 역시 메모리의 한 유형으로 간주할 수 있습니다. 이 다이오드 매트릭스의 내용은 배선을 바꾸지 않고는 변경할 수 없으므로, 조금 더 정확하게 이야기하면 읽기 전용 메모리read-only memory, 즉 ROM의 일종이라 할 수 있습니다.

이런 다이오드 매트릭스 ROM은 도트 매트릭스 LED 표시장치에 숫자 3을 표시하는 데 도움을 줄 수 있습니다. 맨 윗줄에 연결된 각 열에 해당하는 전선들을 주목해서 봅시다. 이 전선들은 도트 매트릭스 표시장치의 5개 행에 해당합니다. 다음 그림은 왼쪽의 첫 번째 열을 통해서 공급되는 전압을 보여줍니다.

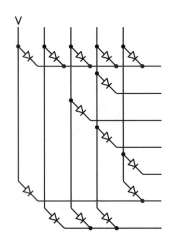

배열 형태 때문에 두 위치의 전압이 오른쪽으로 전달됩니다. 이는 숫자 3을 나타낼 때 첫 번째 열에서 불이 들어와야 하는 LED의 위치에 해당합니다.

나머지 열에 전압을 순차적으로(그리고 빠르게) 걸어 주면, LED 도트 매트릭스 표시장치를 위한 모든 전압의 조합을 전달할 수 있습니다.

다음 그림에서는 다이오드 매트릭스 ROM과 도트 매트릭스 표시장치에 몇 가지 지원회로가 같이 연결된 형태를 보여 주고 있습니다. 다이오드 매트릭스 ROM의 모양이 조금 전에 본 것과 약간 달라져 있지만 기능상으로는 같습니다.

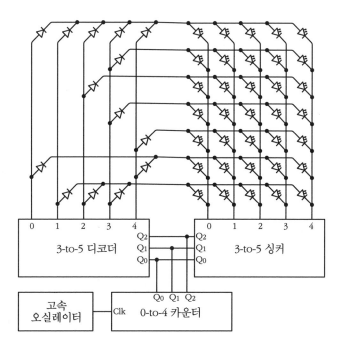

회로의 왼쪽 하단부터 살펴보기 시작합시다. 일단 매우 빠른 오실레이터가 필요합니다. 사람의 시각으로 눈치채지 못할 정도로 빠르게 불을 켰다 끌 수 있어야 하기 때문이죠. 이 오실레이터는 3개의 플립플롭으로 구성된 카운터의 입력으로 사용할 것입니다. 다음 회로는 이전에도 본 적이 있을 것입니다.

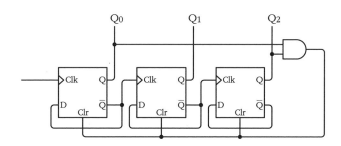

이 회로는 0에서 4까지에 해당하는 이진수 000, 001, 010, 011, 100까지만 카운트된다는 점을 제외하면 클럭에서 사용했던 카운터와 비슷합니다. 101에 도달하면 AND 게이트가 3개의 플립플롭을 모두 0으로 지웁니다.

출력된 이진수는 왼쪽에 있는 3-to-5 디코더로 입력됩니다. 이 디코더는 10장의 149쪽에서 봤던 3-to-8 디코더와 이 장의 앞부분에서 봤던 BCD 디코더를 모아서 간략하게 만든 것이라 생각하면 됩니다. 000에서 100까지의 3자리 이진수를 5개의 신호 중 하나로 디코드하면 되기 때문에 나머지 부분은 제거된 것입니다.

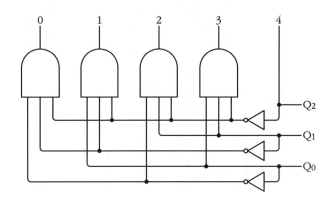

3자리 이진수가 000에서 100까지 카운트되어야 하기 때문에 디코더 출력 신호는 순서대로 0, 1, 2, 3, 4 신호에 전압이 걸린 다음 0 신호로 돌아가 출력이 됩니다. 십진수 4를 의미하는 이진수 100의 경우에는 Q_2가 '1'이 되는 유일한 경우이기 때문에 4를 나타내는 신호를 만들기 위해서 따로 AND 게이트가 필요하지 않습니다.

이 5개의 출력(0~4)은 앞의 큰 그림의 왼쪽에 있는 다이오드 매트릭스 ROM에 대한 5개 열에 대응하며, 이 매트릭스는 오른쪽에 있는 도트 매트릭스의 7개 행에 전압을 공급합니다. 실제로는 도트 매트릭스와 다이오드 매트릭스 사이에 저항이 추가되어 전류를 제한함으로써 LED가 타는 것을 방지합니다.

그런 다음 전압은 이 회로에서 유일하게 새로 구성한 부분인 '3-to-5 싱커 3-to-5 sinker'라는 이름의 상자로 **빠져나가는**데, 이 회로에는 약간 특별한 어떤 것이 필요합니다. 다이오드 매트릭스를 통해 올라가는 5개의 신호와 동기화되어 도트 매트릭스 디스플레이의 5개 열 중 하나를 접지에 연결해 주는 것이 필요하기 때문입니다. 이 책에서 전압을 공급하는 회로와 논리 게이트를 만들었는데, 이런 회로는 전류 **공급원**source으로 설명할 수 있습니다. 하지만 이번에는 반대의 동작을 할 회로가 필요합니다. 전류를 흡수하는 장치, 즉 전류를 접지에 자동으로 연결하는 장치가 필요한 것이죠.

15장에서 배운 트랜지스터를 사용해 보겠습니다. 여기서 한 가지를 기호의 형태로 표시했습니다.

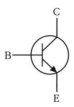

단자에 있는 3개의 문자는 베이스, 컬렉터, 이미터를 나타냅니다. 베이스에 전류가 인가되면 컬렉터에서 이미터로 전류를 흘릴 수 있으므로, 이미터와 접지를 연결해 주면 됩니다.

앞의 큰 그림에서 아래쪽에 있던 3-to-5 싱커는 3-to-5 디코더와 매우 비슷합니다. 사실 두 개 모두 같은 회로를 사용할 수 있지만, 유일한 차이점은 위쪽의 AND 게이트(와 Q_2)의 출력이 5개 트랜지스터의 베이스와 연결된다는 점입니다.

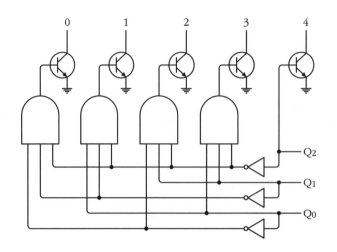

도트 매트릭스 표시장치의 다섯 열을 통해서 내려오는 전류는 일련의 트랜지스터를 통해서 순차적으로 접지와 연결됩니다.

그리고 이제 도트 매트릭스 표시장치에 숫자 3을 표시할 수 있는 완전한 회로를 갖추게 되었습니다. 물론 우리가 만들려고 했던 것을 모두 구현한 것은 아닙니다. 닉시관이나 7-세그먼트 표시장치와 마찬가지로 이 회로에서도 시계에서 오는 0에서 9까지의 숫자를 표시할 수 있어야 하며, 이를 위해서 다른 9개의 숫자를 표현할 수 있도록 다이오드 매트릭스를 확장한 다음 BCD 디코더를 사용해서 여러 다이오드 매트릭스 중 하나를 선택할 수 있도록 하면 됩니다.

0에서 9까지 숫자를 표시하는 회로의 애니메이션 버전은 이 책에 대한 웹 사이트인 CodeHiddenLanguage.com에서 확인할 수 있습니다.

하지만 이진수에 해당하는 숫자를 보여 주는 것이 아무리 재미있었다고 해도, 이 책의 목적은 시계를 만드는 것이 아닙니다.

1000011 1001111 1000100 1000101

Chapter 19

메모리를 만들어 봅시다

An Assemblage of Memory

매일 아침에 일어날 때마다 텅 빈 머리에 기억이 채워지기 시작합니다. 어디에 있는지, 어제 무엇을 했는지, 오늘 무엇을 하기로 했는지 기억이 나기 시작하죠. 이러한 기억들은 번뜩 떠오르기도 하고, 흐릿하게 떠오르기도 하고, 몇 분이 지나면 실수들("이런, 어제 양말을 신은 채로 잠자리에 들었군.")이 기억나기도 하면서, 대체로 우리의 삶을 재조립해서 연속성 있는 삶을 지속하기에 충분하게 만들어 줍니다.

물론 사람의 기억이란 시간 순서대로 떠오르는 것은 아닙니다. 고등학교 때의 수학 시간에 대한 기억을 떠올려 보면, 공식을 증명하던 선생님의 모습보다는 앞자리에 앉았던 친구나 화재 대피 훈련을 하던 날이 먼저 떠오를 것입니다.

게다가 사람의 기억이란 것이 그다지 믿을 만한 것도 아닙니다. 사실 글쓰기는 아마도 우리의 부족한 기억력을 채워 주기 위해서 발명되었을 것입니다.

우리는 종종 글을 적어 두고 나중에 읽어봅니다. 우리는 저축을 했다가 나중에 인출하기도 합니다. 우리는 어떤 것을 저장해 두고 나중에 접근해서 살펴보기도 합니다. 메모리의 기능은 바로 위에 이야기한 두 작업 시점 사이에 정보를 온전히 유지시켜 주는 것입니다. 우리가 정보를 저장할 때는 다양한 형태의 저장 장치를 사용합니다. 지난 세기에만 해도 정보를 저장하기 위해 다양한 종류의 컴퓨터 메모리뿐만 아니라 종이, 플라스틱 디스크, 자기 테이프 등의 매체를 이용했습니다.

전신telegraph에서 사용되었던 릴레이도 논리 게이트 형태로 묶여서 플립플롭을 형성함으로써 정보를 저장할 수 있습니다. 앞에서 보았듯이 플립플롭은 1비트를 저장할 수 있지요. 그다지 많은 정보라 할 수는 없지만 시작이라 할 수 있습니다. 한 비트를 저장하는 방법을 알게 되면, 둘, 셋 혹은 그 이상을 저장할 수도 있을 것입니다.

17장의 298쪽에서 하나의 인버터와 2개의 AND 게이트, 2개의 NOR 게이트로 이루어진 레벨 트리거 D형 플립플롭을 보았습니다.

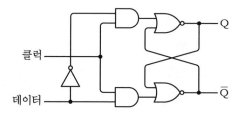

클럭 입력이 1인 동안에는 Q의 출력이 데이터 입력과 같아지게 되지만, 클럭 입력이 0으로 바뀌면 Q는 직전의 데이터 입력 값을 유지합니다. 그 이후에는 데이터 입력이 바뀌더라도 클럭이 다시 1의 값으로 바뀔 때까지 출력에 전혀 영향을 주지 못합니다.

17장에서는 플립플롭을 몇 가지 다른 회로에서 사용했지만, 이 장에서는 1비트 정보를 저장하는 방법에 대해서만 이야기하도록 하겠습니다. 이런 목적에 조금 더 부합하도록 입력과 출력의 이름을 다음과 같이 변경하도록 하겠습니다.

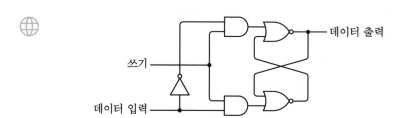

같은 플립플롭이지만 이제 Q 출력 대신 데이터 출력, 클럭 입력(17장에서는 '값 보존Hold That Bit'이라는 이름이었습니다)이 '쓰기Write'라는 이름으로 바뀐 것입니다. 종이에 어떤 정보를 기록하는 것처럼 쓰기 신호는 데이터 입력이 회로에 저장되도록 만드는 것입니다. 보통 쓰기 신호는 0의 값을 가지고 있으므로 입력의 변화가 출력에 영향을 주지 않습니다. 하지만 플립플롭에 1비트의 데이터를 저장하려면 쓰기 입력을 1로 바꾸었다 다시 0으로 변경하면 됩니다. 입력과 출력은 각각 DI, W와 DO라고 짧게 적는 경우가 많습니다.

입력		출력
DI	W	DO
0	1	0
1	1	1
X	0	DO

17장에서 이야기했지만, 이런 형태의 회로의 경우 데이터 값의 변화를 막을 수 있기 때문에 래치latch라 부릅니다. 하지만 이번 장에서는 메모리memory라 부를 것입니다. 한 비트 메모리 역시 다음과 같이 각각의 구성요소를 자세히 그리지 않고 하나의 기호로 표현할 수 있습니다.

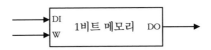

원한다면 다음과 같이 방향을 바꿔서 그릴 수도 있습니다.

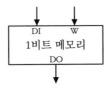

입력과 출력의 위치는 중요하지 않습니다.

물론 1비트의 메모리로 할 수 있는 것이 별로 없지만, 1비트 메모리를 8개씩 한꺼번에 배선하는 방식으로 아주 간단하게 한 바이트 전체를 저장하는 메모리를 조립할 수 있습니다. 쓰기 신호는 한꺼번에 연결하기만 하면 됩니다.

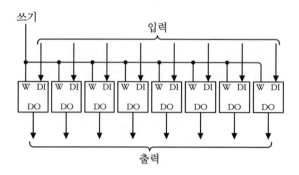

위의 8비트 메모리는 8개의 입력과 8개의 출력을 가지고 있으며, 쓰기 입력을 가지고 있는데 이 값은 보통 0이 됩니다. 이 메모리에 바이트 값을 저장하려면 쓰기 입력을 1로 바꾸었다 다시 0으로 변경하면 됩니다. 이 회로 역시 하나의 상자 형태로 그릴 수 있습니다.

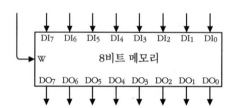

보통 때와 마찬가지로 아래첨자로 표시된 숫자는 8비트의 위치를 구분하는데, 아래첨자 0은 최하위 비트를 나타내고, 7은 최상위 비트를 나타냅니다.

1비트 메모리의 형태와 일치하도록 8비트 메모리의 입력 및 출력에 8비트 데이터 패스 형태를 사용해서 표현할 수 있습니다.

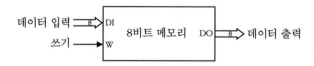

이 방법만큼 직관적이지는 않지만, 8개의 플립플롭을 조립하는 다른 방식도 있습니다. 하나의 데이터 입력과 데이터 출력만 있어도 되지만, 하루 중 8개의 서로 다른 시간 또는 1분 동안 8개의 다른 시간과 같이 서로 다른 8개의 시점에서의 데이터 입력 신호값을 저장하는 기능이 필요하다고 가정해 봅시다. 또한 나중에 하나의 데이터 출력 신호만 살펴봐도 8개의 값을 확인할 수 있는 기능이 있었으면 좋겠습니다.

다시 말해, 하나의 8비트 값을 저장하는 것이 아니라, 별개의 의미를 가진 1비트 값 8개를 저장하고 싶은 것이라 할 수 있습니다.

8개의 1비트 값을 저장하려면 더 복잡한 회로가 필요하지만, 다른 방식으로 메모리를 단순화시킬 수 있습니다. 8비트 메모리를 연결하는 데 필요한 연결의 수를 세어 보면 17개가 되지만, 1비트 메모리 8개에 필요한 연결의 수는 6개로 줄일 수 있습니다.

어떻게 하면 가능한지 살펴봅시다.

1비트 값 8개를 저장하는 경우 8개의 플립플롭이 필요한 것은 마찬가지지만, 이전과는 달리 하나의 데이터 입력이 모든 플립플롭에 연결되어 있으며, 쓰기 신호가 각각 들어갑니다.

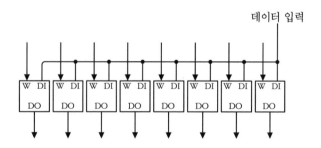

데이터 입력 신호가 모든 플립플롭에 연결되어 있기는 하지만, 모두 같은 데이터 입력 값을 저장하는 것은 아니며, 쓰기 신호는 각각 연결되어 있기 때문에 해당 쓰기 신호가 1일 때만 데이터 값을 저장할 수 있으므로, 이 시점의 데이터 입력 값이 플립플롭에 저장될 것입니다.

8개의 쓰기 신호를 각각 조작하는 대신, 하나의 쓰기 신호와 3-to-8 디코더를 사용해서 어떤 플립플롭을 제어할 것인지 나타낼 수 있습니다.

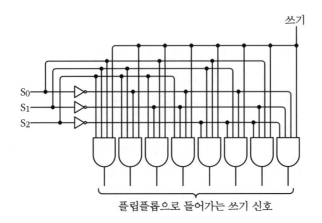

플립플롭으로 들어가는 쓰기 신호

앞에서 비슷한 회로를 이미 본 적이 있습니다. 10장의 끝부분에 있는 149쪽에서 보았던 3개의 스위치로 팔진수를 지정할 수 있으며, 8개의 AND 게이트가 전구에 연결되어 있는 회로와 비슷합니다. 이 회로에서는 팔진수에 해당하는 전구에 불이 들어왔습니다. 18장에 있던 비슷한 회로는 클럭의 숫자를 표시하는 데 유용했습니다

S_0, S_1, S_2 신호는 선택Select을 의미하며, 각 AND 게이트의 입력에는 선택 신호 혹은 반전된 선택 신호가 하나씩 포함됩니다. 3-to-8 디코더는 S_0, S_1, S_2 입력과 쓰기 신호를 결합해서 10장에 있었던 디코더보다 약간 더 많은 기능을 가지고 있습니다. 쓰기 신호가 0이면 모든 AND 게이트의 출력이 0이 되며, 쓰기 신호가 1인 경우에는 S_0, S_1, S_2 신호에 따라 하나의 AND 게이트만 1의 출력을 가질 수 있습니다.

8개의 플립플롭에서 나오는 데이터 출력 신호는 8-to-1 선택기라 불리는 회로의 입력으로 들어갈 수 있는데, 이 회로는 8개의 플립플롭에서 나오는 데이터 출력 신호 중 하나를 선택하는 회로입니다.

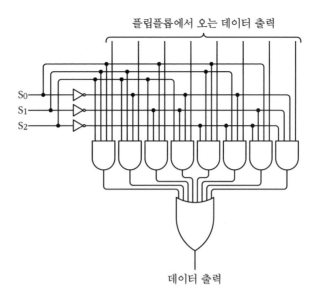

플립플롭에서 오는 데이터 출력

S_0
S_1
S_2

데이터 출력

여기에서도 선택 신호를 구성하는 3비트와 각 비트의 반전된 값은 8개 AND 게이트의 입력으로 들어갑니다. S_0, S_1, S_2 신호에 따라 단 하나의 AND 게이트만 1의 출력을 가질 수 있으며, 플립플롭의 데이터 출력 신호가 8개의 AND 게이트에도 연결되어 있으므로, 선택된 AND 게이트의 출력은 결국 해당 게이트와 연결된 플립플롭의 데이터 출력 신호를 내보내는 것이 됩니다. 마지막으로 8입력 OR 게이트는 8개의 신호 중 선택된 최종 데이터 출력을 전달하는 역할을 합니다.[1]

3-to-8 디코더와 8-to-1 선택기는 8개의 플립플롭과 함께 다음과 같이 조합될 수 있습니다.

---

1 (옮긴이) 선택 신호에 따라 8개의 AND 게이트 중 하나만 1의 값을 가질 수 있으므로, OR을 통과한 최종 출력으로 선택한 데이터 출력값이 나오는 것입니다.

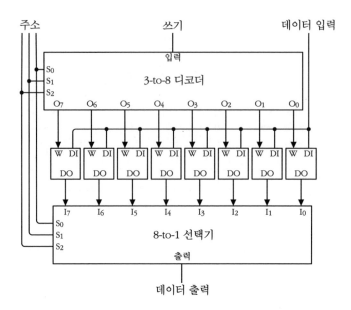

디코더로 들어가는 3비트짜리 선택 신호와 선택기에 들어갔던 선택 신호가 같다는 점에 주목하세요. 선택 신호의 이름을 바꾼 부분도 매우 중요합니다. 이제 이 신호의 이름은 '주소Address'가 되었는데, 이 신호의 값으로 비트가 존재하는 메모리의 위치를 지정할 수 있기 때문입니다. 3비트의 주소로 지정할 수 있는 주소 값이 8개(000, 001, 010, 011, 100, 101, 110, 111)밖에 안 된다는 점을 제외하면 우체국의 주소와 같습니다.

입력될 때는 주소 입력을 이용해서 데이터 입력을 어떤 플립플롭에 저장할지 결정합니다. 반면, 출력될 때(그림의 아랫부분)는 주소 입력이 8-to-1 선택기를 제어해서 8개 래치의 출력 중 하나의 출력을 선택합니다.

예를 들어, 주소의 세 비트는 010으로, 데이터 입력은 0 혹은 1로 설정한 다음, 쓰기 신호를 1로 만들었다 0으로 바꿔봅시다. 이런 동작을 메모리 쓰기 동작writing to memory이라고 부르며, 데이터 입력으로 들어온 값이 주소 010 위치에 있는 메모리에 저장됩니다.

주소 신호의 값을 다른 것으로 바꿔봅시다. 하루를 그냥 놔두고 다시 조작해 봅시다. 전원이 계속 들어와 있었으면, 언제든 주소를 다시 010으로 설정해서 메모리에 값을 적었던 시점의 데이터 입력 값을 볼 수 있습니다. 이 동작을 '메모리 읽기' 혹은 '메모리 접근'이라고 합니다. 이후에 쓰기 신호를 1로 만든 다음 다시 0으로 만들어서 메모리 주소에 다른 값을 적을 수도 있습니다.

언제든지 주소 신호를 8개의 값 중 하나로 설정할 수 있으므로 8개의 서로 다른 1비트 값을 저장할 수 있습니다. 플립플롭, 디코더, 선택기를 이런 형태로 구성하면, 필요한 경우에 값을 저장(쓰기)하고 나중에 해당 값이 어떤 것이었는지 확인(읽기)할 수 있기 때문에, 이를 읽기/쓰기 메모리라고 부릅니다. 또한 주소 신호를 8개 값 중 하나로 마음대로 변경할 수 있기 때문에 일반적으로 이런 형태의 메모리는 RANDOM access memory(임의 접근 메모리)이라는 이름으로 더 잘 알려져 있습니다.

모든 메모리가 임의의 주소에 접근할 수 있는 것은 아닙니다. 1940년대 후반, 진공관으로 메모리를 만드는 것이 현실적이지 않았고,[2] 트랜지스터가 아직 발명되지 않았던 시기에는 여러 가지 기발한 형태의 메모리가 사용되었습니다. 아직 트랜지스터가 발명되기 전에는 다른 형태의 메모리가 사용되었습니다. 약간 독특한 기술로는 길다란 수은관을 이용해서 정보를 저장하는 방식[3]이 있었습니다. 수은관의 한쪽 끝에서 작은 진동을 주면 이 값이 수은을 통해서 반대편에 도달할 때까지 지연이 발생하지만, 이런 진동을 반대쪽에서는 무작위가 아닌 순차적으로 읽어야만 했습니다. 이런 형태의 지연관 delay-line 메모리는 1960년대까지 사용되었습니다.

지금 구성한 형태의 RAM은 1비트 값 8개를 저장할 수 있으며, 다음과 같이 표현할 수 있습니다.

---

2 (옮긴이) 사실 진공관으로 메모리를 만드는 경우가 없지는 않았지만, 진공관으로 메모리를 만드는 것은 기술의 문제라기보다는 발열, 전력 소모 문제로 별로 사용되지는 않았습니다. 따라서 초기에 ENIAC 등의 컴퓨터에서 사용된 후, 일종의 버퍼로 사용되기는 했지만 주 기억장치로 사용된 경우는 별로 없습니다.

3 (옮긴이) 수은 지연관 메모리(mercury delay line memory)라고 합니다.

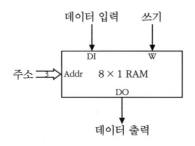

데이터 입력　쓰기

RAM을 이런 형태로 구성하는 것을 RAM 어레이array라고 합니다. 이런 형태로 구성된 RAM 어레이는 짧게 8×1로 부르며, 배열에 저장되는 8개의 값은 각각 1비트 크기를 가집니다. RAM 어레이를 구성하는 두 값을 곱하면 전체적으로 몇 비트가 저장되는지 확인할 수 있는데, 이 경우는 8×1이 되므로 총 8비트를 저장할 수 있습니다.

작은 어레이를 연결해서 조금 더 큰 메모리 어레이를 만드는 것도 가능합니다. 예를 들어, 8개의 8×1 RAM 어레이가 있고, 주소 신호와 쓰기 신호를 모든 어레이에 함께 연결해서 8×8 RAM 어레이를 만들 수 있습니다.

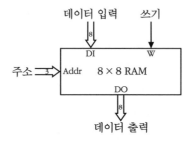

데이터 입력　쓰기

이제 데이터 입력과 데이터 출력 신호의 데이터 폭이 모두 8비트가 되었으므로, RAM 어레이는 한 바이트 8개를 저장하며, 각 바이트는 3비트 주소로 참조됩니다.

그러나 8×1 RAM 어레이를 모아서 이 RAM 어레이를 만들면 디코더와 선택기 로직이 중복되며, 3-to-8 디코더와 8-to-1 선택기 역시 여러 가지 측면에서 유사하다는 것을 이미 확인했습니다. 두 회로 모두 8개의 4입력 AND 게이트를 사용해서 3비트의 선택 혹은 주소를 기반으로 어떤 것을 선택하는 동작을 합니다. 실제로 메모리를 구성할 때도 디코더와 선택기가 AND 게이트를 공유합니다.

RAM 어레이를 조금 더 효율적으로 조립할 수 있을지 알아보겠습니다. 8바이트를 저장할 수 있는 8×8 RAM 어레이 대신 메모리를 두 배로 늘려서 16바이트를 저장할 수 있는 16×8 RAM 어레이를 만들어 보겠습니다. 결과적으로는 다음과 같은 형태로 표현할 수 있는 어떤 것을 만들어야 합니다.

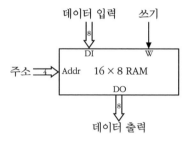

16바이트의 메모리를 처리하려면 주소의 너비가 4비트가 되어야 합니다. 이 RAM 어레이에 저장할 수 있는 총 비트수는 16×8＝128이므로 128개의 플립플롭이 필요합니다. 이 책 안에서는 완전한 16×8 RAM 어레이를 보여드리기는 어려울 것이므로, 여러 부분으로 나눠서 보여드릴 것입니다.

이 장의 앞부분에서 1비트를 저장하는 플립플롭을 데이터 입력과 쓰기, 데이터 출력 신호가 있는 상자 모양의 기호로 나타내는 방법을 봤었습니다.

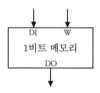

메모리의 한 비트를 메모리 셀로 이야기하는 경우도 있습니다. 128개의 셀을 8개의 열과 16개의 줄의 격자 형태로 배열해 보겠습니다. 각각의 행에 있는

8개의 셀은 한 바이트 메모리가 되며, 16바이트를 저장하기 위해서 16개의 행(아래 그림에서는 3개 행만 표시되어 있습니다)을 가지고 있습니다.

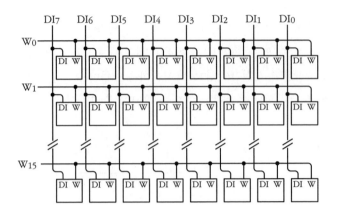

일단 데이터 출력 부분은 무시하도록 하겠습니다. 보시다시피, 한 바이트 전체가 한번에 메모리에 저장되기 때문에 쓰기 신호는 각각 바이트 단위로 연결되며, 이 신호는 그림의 왼쪽에 $W_0 \sim W_{15}$라는 이름이 붙어서, 가능한 16개의 주소를 나타냅니다.

데이터 입력 신호는 다른 방식으로 연결되어 있습니다. 각 행에서 최상위 비트는 왼쪽에 있고 최하위 비트는 오른쪽에 있습니다. 각 바이트의 비트가 각각의 위치에 해당하는 메모리 셀들에 같이 연결되어 있습니다. 쓰기 신호가 1일 때만 해당 바이트에 메모리에 기록되는 것이기 때문에 모든 바이트에 같은 데이터 입력 신호가 연결되어 있는 것은 문제가 되지 않습니다.

16바이트 중 하나에 쓰기 위해서는 4비트 너비의 주소가 필요합니다. 왜냐하면 4비트를 사용하면 16개의 다른 값을 만들고 16개 중 하나를 선택할 수 있기 때문입니다. 이는 메모리에 저장된 바이트입니다. 앞에서 설명한 것처럼 16×8 RAM 어레이의 주소 입력은 4비트짜리 신호지만, 이를 해당 주소에 맞는 쓰기 신호로 변환하는 방법이 필요하며, 이를 위해서 4-to-16 디코더를 사용하는 것입니다.

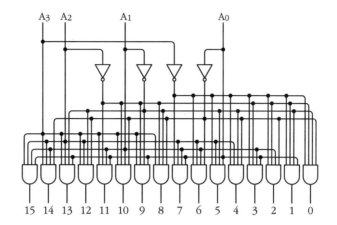

이 디코더가 이 책에서 여러분이 볼 가장 복잡한 디코더입니다. 16개의 AND 게이트마다 4비트의 입력이 들어가며, 이 입력은 주소 신호를 구성하는 4비트의 신호 혹은 그 값을 반전시킨 값에 해당합니다. 결과적으로 4비트 주소 값에 해당하는 번호를 가지는 AND 게이트에서 출력이 발생합니다.

이 디코더는 16×8 RAM 어레이에 있는 16바이트 각각에 대한 쓰기 신호를 만드는 데 도움을 줍니다. 디코더에 있는 AND 게이트들의 출력은 메모리로 들어오는 1비트짜리 쓰기 입력과 연결되어 있는 또 다른 AND 게이트의 입력으로 들어옵니다.

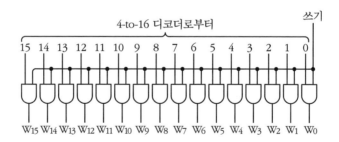

여기에 있는 신호들은 데이터 입력을 358쪽의 그림에 있는 바이트 메모리 셀에 쓰기 위한 신호들입니다.

입력 부분은 모두 보았으니 이제 128개의 메모리 셀에서 나오는 데이터 출력 신호만 남았습니다. 데이터 출력은 각각의 8개의 비트 열을 모두 개별적으로 처리해야 하기 때문에 어렵습니다. 예를 들어, 여기서는 358쪽에 있는 16×8 RAM 어레이의 가장 왼쪽의 최상위 비트 부분을 처리하는 회로를 간략하게 그려 두었는데, 이 그림에서는 16개 메모리 셀에서 나오는 데이터 출력 신호를 4-to-16 디코더에서 나오는 16개의 출력과 결합해서 하나의 값만 선택하는 방식을 보여 주고 있습니다.

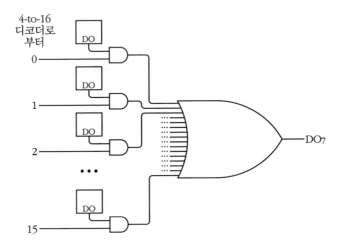

그림의 왼쪽에 4-to-16 디코더에서 나오는 16개의 출력이 있으며, 이들은 각각의 AND 게이트의 입력으로 사용됩니다. AND 게이트로 들어오는 다른 입력은 358쪽에 있는 메모리 셀 그림의 첫 번째 열에 해당하는 16개의 메모리 셀에서 나오는 각각의 데이터 출력과 연결됩니다. 이 16개 AND 게이트의 출력은 거대한 16입력 OR 게이트로 들어가고, OR 게이트의 출력은 바이트의 최상위 비트 데이터 출력 신호인 DO_7이 됩니다.

이 부분에서 가장 좋지 않은 점은 바이트의 8비트 각각에 대해서 이 회로를 모두 가져야 한다는 점입니다.

다행히 조금 더 좋은 방법도 있습니다.

이 방법을 사용하면 언제든지 4-to-16 디코더의 16개 출력 중 하나의 출력만 1을 가지면서 전압이 걸리며, 나머지 출력은 모두 0을 가지면서 접지와 연결됩니다. 결과적으로 AND 게이트 중 하나의 출력만 1을 가지므로, 해당 메모리 셀의 데이터 출력만 1을 가질 수 있고, 다른 셀의 데이터 출력은 0을 가지게 됩니다. 따라서 큰 OR 게이트를 이용해서 어떤 입력이든 1이 되면 1을 출력하도록 해도 됩니다.

AND 게이트의 모든 출력을 그냥 한번에 연결해서 거대한 OR 게이트를 없앨 수도 있지만, 일반적으로 논리 게이트의 출력들을 서로 직접 연결하는 경우에 전압이 접지에 직접 연결될 수 있기 때문에 허용되지 않습니다. 하지만 트랜지스터를 사용하여 다음과 같이 처리할 수 있습니다.

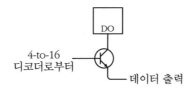

만일 4-to-16 디코더에서 나오는 신호가 1이면 트랜지스터 이미터로 나오는 데이터 출력 신호는 메모리 셀의 데이터 출력(DO) 신호의 값(전압이 걸려 있든, 혹은 접지와 연결되어 있든)과 같은 값을 가지게 됩니다. 하지만 4-to-16 디코더의 신호가 0인 경우에는 트랜지스터가 아무것도 통과시키지 않기 때문에 트랜지스터의 이미터에서 나오는 데이터 출력 신호는 전압도 접지도 아닌 아무것도 아닌 값이 됩니다. 즉, 이러한 트랜지스터에서 나오는 모든 데이터 출력 신호들은 직접 연결시켜도 합선short circuit이 발생하지 않게 됩니다.

여기서는 데이터 출력 연결 부분만 표시한 간략화된 메모리 어레이를 보여주는 것입니다. 4-to-16 디코더의 출력은 왼쪽에서 들어오고 전체 데이터 출력 신호는 그림의 아래쪽에 있으며, 데이터 출력이 0인지 혹은 1인지 확인하기 위한 작은 저항은 따로 표시하지 않았습니다.

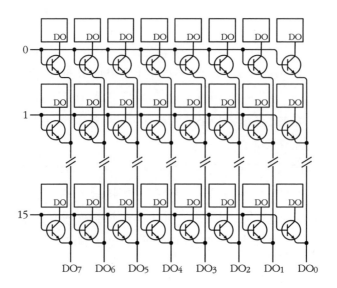

여기서 보여드린 16×8 RAM 어레이의 전체 모습은 CodeHiddenLanguage. com에서 볼 수 있습니다.

이런 트랜지스터를 **삼상 버퍼**tri-state buffer라 부르며, 회로를 구성하는 기본 요소가 됩니다. 삼상 버퍼는 논리 0을 나타내는 접지, 논리 1을 나타내는 전압, 또는 아무것도 연결되지 않은 것처럼 접지도 전압도 전혀 없음이라는 세 가지 출력 중 하나를 가질 수 있습니다.[4]

하나의 삼상 버퍼는 다음과 같은 기호를 사용합니다.

버퍼와 비슷하게 생겼지만 추가적으로 '허용enable' 신호를 가지고 있습니다. 만일 '허용' 신호가 1이면 출력은 입력과 같은 값을 가지게 되는 반면, '허용'

---

4 (옮긴이) 실제로는 high impedance 상태 혹은 float 상태라고 하며, 출력 단자에서 전압이 역으로 들어오는 것을 막는 역할을 합니다. 스위치가 꺼져 있는, 즉 회로가 연결되지 않은 상태라고 생각하면 됩니다.

신호가 0인 경우에는 아무것도 연결되지 않으며 보통 '부동float' 상태라 이야기합니다.

삼상 버퍼를 사용하면 게이트들의 출력을 바로 연결할 수 없다는 규칙을 깰 수 있습니다. 즉, 게이트의 출력 중 하나만 켜진다는 보장만 된다면 여러 개의 삼상 버퍼 출력을 직접 연결해도 단선short-circuit이 발생하지 않습니다.

일반적으로 삼상 버퍼는 '허용' 비트 하나로 전체 바이트를 처리할 수 있도록 만들 때 유용합니다.

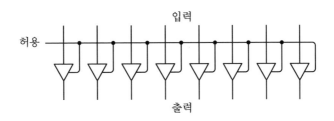

위와 같은 형태로 삼상 버퍼를 구성한 것은 다음과 같은 상자 형태의 기호로 표현할 수 있습니다.

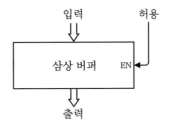

이후의 그림에서 그림의 공간이 부족할 때는 전체 이름 대신 간단하게 '삼상' 혹은 'TRI'라고만 적겠습니다.

삼상 버퍼가 16×8 메모리 어레이에서 16개 바이트 중 한 바이트를 선택하는 데 어떻게 도움이 되는지 살펴보았습니다. 16×8 메모리 어레이 자체에 대한 허용 입력도 필요합니다.

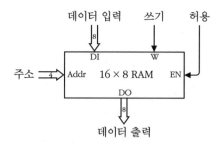

허용 신호가 1인 경우 지정된 주소에 저장된 바이트가 데이터 출력 신호에 나타나며, 허용 신호가 0인 경우에는 데이터 출력에 아무것도 나타나지 않습니다.

이제 16바이트를 저장할 수 있는 회로를 만들었으니 두 배로 늘립시다. 아니 4배? 8배? 통 크게 메모리량을 16배로 늘려봅시다.

이런 작업을 위해서는 16×8 메모리 어레이 16개를 다음과 같은 형태로 연결해야 합니다.

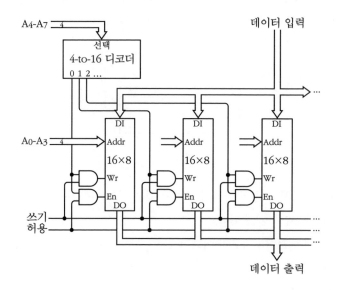

그림에서는 16개의 RAM 어레이 중 3개만 표시했으며, 데이터 입력 신호를 공유하고 있습니다. 출력에는 삼상 버퍼를 사용했으므로, 16개 RAM 어레이

중 데이터 출력들은 안전하게 연결됩니다. 주소는 4비트 단위로 분리되어 있는데, 주소 중 $A_0 \sim A_3$는 16개의 RAM 어레이 모두에 전달되는 반면, $A_4 \sim A_7$의 주소는 4-to-16 디코더의 선택 입력으로 연결되어, 16개 RAM 어레이 각각의 쓰기 신호와 허용 신호를 만들어서 RAM을 제어하는 데 사용합니다.

이제 메모리 전체 용량이 16배 커져서 256바이트를 저장할 수 있게 되었으며, 이 회로를 다음과 같이 상자에 이름표를 붙여서 표시할 수 있습니다.

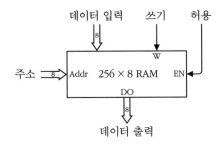

이제 주소는 8비트 너비를 가지게 되었으며, 256바이트를 저장하는 RAM 어레이는 256개의 사서함이 있는 우체국과 같습니다. 각각의 상자에는 서로 다른 1바이트 값이 안에 들어 있습니다(좋은 값인지 아닌지에 관계없이).

한 번 더 해 봅시다! 256×8 RAM 어레이를 16개 모으고 4-to-16 디코더를 하나 더 사용해서 주소의 상위 4비트를 처리하도록 하겠습니다. 메모리 용량은 4096바이트로 16배 증가했으며, 다음과 같은 형태가 됩니다.

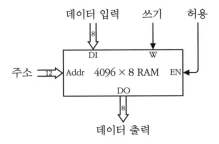

이제 주소는 12비트가 되었습니다.

한 번만 더 해 보겠습니다. 4096×8 RAM 어레이 16개를 사용해야 하고, 4-to-16 디코더 역시 하나 더 필요합니다. 주소는 16비트로 증가하며, 메모리의 용량은 이제 65,536바이트가 되었습니다.

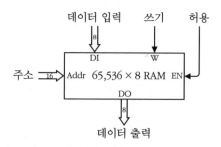

여러분은 계속해도 됩니다. 하지만 이 책에서는 여기까지만 하겠습니다.

RAM 어레이가 저장하는 값의 수와 주소 비트의 수에 직접적인 연관성이 있다는 것을 눈치챘을 것입니다. 주소 입력이 없으면 하나의 값만 저장할 수 있으며, 4개의 주소 비트를 사용하면 16개의 값을 저장할 수 있으며, 16개의 주소 비트를 사용하면 65,536개의 값을 저장할 수 있습니다. 이 관계는 다음 수식으로 요약할 수 있습니다.

$$\text{RAM 어레이에 있는 값의 수} = 2^{\text{주소의 비트수}}$$

65,536바이트를 저장하는 RAM은 64KB(64킬로바이트)를 저장할 수 있다고 이야기하는데, 이런 이야기를 접하면 약간 당황스러울 수 있습니다. 도대체 65,536은 어떤 계산을 통해서 64킬로바이트가 되는 걸까요?

2^{10}은 1024가 되며, 보통 이 값을 1킬로바이트라 부릅니다. 킬로(kilo는 그리스어로 1000을 의미하는 *khilioi*에서 왔습니다)라는 접두사는 미터법에서 자주 사용됩니다. 예를 들어, 1킬로그램은 1000그램을 의미하며, 1킬로미터는 1000미터를 의미합니다. 하지만 방금 1킬로바이트는 1000바이트가 아니라 1024바이트를 의미한다고 이야기했습니다.

문제는 미터법은 10의 거듭제곱에 기반을 두고 있는 반면, 이진수는 2의 거듭제곱에 기반을 두고 있으므로 절대로 같은 값이 될 수는 없다는 점입니다. 10의 거듭제곱수는 10, 100, 1000, 10000, 100000 등이 되는 반면, 2의 거듭제곱수는 2, 4, 8, 16, 32, 64 등으로 증가하며, 10의 거듭제곱수와 2의 거듭제곱수를 모두 살펴봐도 같은 수를 가지는 경우는 없습니다.

하지만 가끔은 비슷하게 근접하는 경우가 있습니다. 네, 1000은 1024와 상당히 근접하므로 '근사 등호(약등호)' 기호를 사용해서 수학적으로 다음과 같이 표현해 볼 수 있습니다.

$$2^{10} \cong 10^3$$

이 관계에 마법과 같은 부분은 없습니다. 단지 2의 거듭제곱수 중 어떤 것은 10의 거듭제곱수 중 어떤 수와 거의 비슷하기 때문에, 사람들이 이러한 특징을 사용해서 실제로는 1024바이트를 표현하고 싶을 때 그냥 편하게 킬로바이트라는 표현을 사용하는 거라 할 수 있습니다.

따라서 64K RAM 어레이는 64000바이트를 저장한다고 이야기하면 안 됩니다. 64000바이트보다 큰 65,536바이트를 저장하기 때문이죠. 따라서 정확하게 이야기하려면 '64K' 혹은 '64킬로바이트' 혹은 '65536바이트'라고 해야 합니다.

주소에 추가되는 한 비트마다 메모리의 양은 두 배로 늘어납니다. 다음에 순서대로 적어 둔 내용은 각각의 행마다 값이 두 배로 증가하는 것을 보여 줍니다.

$$1킬로바이트 = 1024바이트 = 2^{10}바이트 \cong 10^3바이트$$
$$2킬로바이트 = 2048바이트 = 2^{11}바이트$$
$$4킬로바이트 = 4096바이트 = 2^{12}바이트$$
$$8킬로바이트 = 8192바이트 = 2^{13}바이트$$
$$16킬로바이트 = 16,384바이트 = 2^{14}바이트$$
$$32킬로바이트 = 32,768바이트 = 2^{15}바이트$$
$$64킬로바이트 = 65,536바이트 = 2^{16}바이트$$
$$128킬로바이트 = 131,072바이트 = 2^{17}바이트$$
$$256킬로바이트 = 262,144바이트 = 2^{18}바이트$$

$$512킬로바이트 = 524,288바이트 = 2^{19}바이트$$
$$1,024킬로바이트 = 1,048,576바이트 = 2^{20}바이트 \simeq 10^{6}바이트$$

왼쪽에 있는 킬로바이트 단위의 수는 2의 거듭제곱수라는 점을 주목하세요.

1024바이트가 킬로바이트로 불리는 것과 마찬가지로 1024킬로바이트는 메가바이트megabyte(그리스어로 *megas*는 거대하다는 의미입니다)라 불리며, MB라는 약자로 표현할 수 있습니다. 이제 메모리의 용량을 계속해서 두 배로 증가시켜 봅시다.

$$1메가바이트 = 1,048,576바이트 = 2^{20}바이트 \simeq 10^{6}바이트$$
$$2메가바이트 = 2,097,152바이트 = 2^{21}바이트$$
$$4메가바이트 = 4,194,304바이트 = 2^{22}바이트$$
$$8메가바이트 = 8,388,608바이트 = 2^{23}바이트$$
$$16메가바이트 = 16,777,216바이트 = 2^{24}바이트$$
$$32메가바이트 = 33,554,432바이트 = 2^{25}바이트$$
$$64메가바이트 = 67,108,864바이트 = 2^{26}바이트$$
$$128메가바이트 = 134,217,728바이트 = 2^{27}바이트$$
$$256메가바이트 = 268,435,456바이트 = 2^{28}바이트$$
$$512메가바이트 = 536,870,912바이트 = 2^{29}바이트$$
$$1,024메가바이트 = 1,073,741,824바이트 = 2^{30}바이트 \simeq 10^{9}바이트$$

그리스어로 *gigas*는 거인giant을 의미하며, 1024메가바이트는 기가바이트giga-byte라 불리며, 약자는 GB입니다.

이와 비슷하게, 테라바이트terabyte(그리스어 *teras*는 괴물을 의미합니다)는 2^{40}바이트(10^{12}에 근사합니다), 즉 1,099,511,627,776바이트를 의미합니다. 테라바이트는 TB라는 약자를 사용합니다.

킬로바이트는 천 바이트에 근사하며, 메가바이트는 백만 바이트에 근사하며, 기가바이트는 십억 바이트에 근사하며, 테라바이트는 일조 바이트에 근사하게 됩니다.

이보다 높은 숫자 영역은 잘 이용되지 않지만, 페타바이트petabyte는 2^{50}바이트, 즉 1,125,899,906,842,624바이트가 되며, 이는 10^{15}(1000조)에 근사합니다.

엑사바이트exabyte는 2^{60}, 즉 1,152,921,504,606,846,976바이트이며, 10^{18}(100경)에 근사합니다.[5]

약간 감을 가지기 위해서 예를 들면, 이 책의 초판이 작성되었던 1999년에 일반적인 가정용 컴퓨터에 설치되어 있는 RAM의 크기는 일반적으로 32MB 혹은 64MB, 커봤자 128MB 정도였습니다. 두 번째 판인 이 책을 작성하고 있는 시점인 2021년의 일반적인 가정용 컴퓨터에는 4, 8, 16GB RAM이 사용됩니다(아직 너무 혼란스러워하지 마세요. 하드 디스크나 SSDSolid State Drive와 같은 전원이 꺼져도 데이터를 유지할 수 있는 장치들에 대해서는 언급하지도 않았습니다. 여기서는 RAM에 대해서만 이야기하고 있습니다).

물론 사람들은 짧게 줄여서 말하기를 좋아합니다. 예를 들어, 65,536바이트 메모리를 가진 사람은 "64K를 가지고 있다."(1980년대에서 왔나 보군요)고 이야기합니다. 또한 33,554,432바이트 메모리를 가진 사람은 "난 32메가를 가지고 있어."라고 하고, 8,589,934,592바이트 메모리를 가진 사람은 "난 8 gigs(음악 공연[6]이 아닙니다)를 가지고 있어."라고 이야기할 것입니다.

가끔 사람들이 킬로비트나 메가비트(바이트가 아니라 비트라는 데 주의하세요)를 이야기할 때가 있기는 하지만, 메모리에 대해 이야기하는 경우는 많지 않습니다. 메모리에 대해서 이야기할 때는 비트가 아니라 바이트 단위로 이야기를 할 것입니다. 일반적으로 이야기 도중에 킬로비트나 메가비트라는 단위가 튀어나오는 경우는 보통은 '광대역'이라 부르는 초고속 인터넷 연결에 대한 전송 속도를 의미할 때가 많으며, '초당 킬로비트' 또는 '초당 메가비트'와 같은 이야기를 하면서 나왔을 것입니다.

이제 (적어도 머릿속에서는) RAM 어레이를 원하는 크기로 구성하는 방법을 알게 되었지만, 여기서는 65,536바이트 메모리를 만드는 데서 멈췄습니다.

---

5 (옮긴이) 앞에서 나온 것처럼 십진수 기반의 단위인 킬로, 메가, 기가 등의 단위를 사용하면서 발생하는 오해를 줄이고자, 이진수 기반의 단위를 따로 나타내는 표시법도 있습니다. 킬로바이트(KB) 대신 키비바이트(KiB, Kibibyte), 메가바이트(MB) 대신 메비바이트(MiB, Mebibyte), 기가바이트(GB) 대신 기비바이트(GiB, Gibibyte), 테라바이트(TB) 대신 테비바이트(TiB, Tebibyte)라고 표현하는 것이며, 리눅스에서는 상당히 널리 사용되고 있습니다.

6 (옮긴이) gigs는 gigabytes의 약자이기도 하고, 음악 공연을 의미하기도 합니다.

왜 64KB였을까요? 32KB 혹은 128KB가 더 좋지 않았을까요? 그 이유는 65,536이 비교적 정규적이고 읽기 쉬운 숫자이기 때문입니다. 이 숫자는 2^{16}이고, 메모리 주소가 16비트로 구성되어 정확하게 2바이트로 표현할 수 있으므로, 16진수로는 0000h에서 FFFFh 범위의 주소 영역을 가지게 됩니다.

앞서 이야기한 것과 같이, 64KB는 1980년경에 판매하던 개인용 컴퓨터의 일반적인 메모리 양이긴 하지만, 실제의 메모리 모양은 여기서 보여 준 것과 완전히 다릅니다. 여기서 보여 준 것처럼 플립플롭으로 구성한 메모리를 SRAM(정적 RAM)이라 부릅니다.[7] 1980년대에는 이미 DRAM(동적 RAM)이 RAM으로 지배적인 위치를 가지고 있었습니다. DRAM은 각 메모리 셀이 한 개의 트랜지스터와 한 개의 커패시터로 구성되어 있습니다. 커패시터는 전자 공학의 소자 중 하나로 분리되어 있는 두 도체 사이에 얇은 절연체가 들어 있는 형태로 되어 있으며, 전하를 저장할 수 있다는 특징을 가지고 있습니다. 하지만 커패시터가 전하를 무한정 저장하고 있는 것은 아니기 때문에 DRAM을 동작시키기 위한 핵심은 전하를 매 초마다 수천 번씩 다시 충전시키는 리프레시refresh 동작을 반복하는 것입니다.

SRAM과 DRAM 모두 데이터를 저장하려면 일정한 전력이 공급되어야 하고, 전원이 꺼지면 메모리에 있는 모든 내용이 지워지기 때문에 휘발성volatile 메모리라 부릅니다.

64KB의 메모리를 관리할 수 있는 제어판이 있으면 값을 메모리에 쓰거나 값을 확인하는 데 도움이 될 것 같습니다.

이 제어판에는 다음 그림에 있는 것처럼 주소를 입력하기 위한 16개의 스위치와, 메모리에 저장될 8비트 값을 입력하기 위한 8개의 스위치, 쓰기 동작을 제어하기 위한 스위치, 그리고 8비트 출력 값을 표시하기 위한 8개의 전구가 사용됩니다.

---

7 (옮긴이) 사실 SRAM도 더 작게 만들기 위해서 플립플롭보다 작은 메모리 셀을 사용합니다. 보통 플립플롭을 모아서 만든 RAM은 레지스터 파일(register file)이라 부르는 경우가 많습니다.

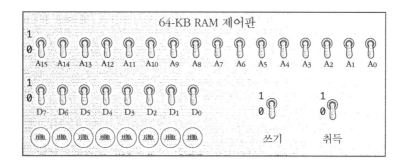

그림에 보이는 모든 스위치는 꺼짐(off, 0)의 위치에 있습니다. 또한 제어판에는 앞에서 이야기하지 않았던 취득Takeover이라는 스위치를 하나 포함시켰습니다. 이 스위치는 제어판에 붙어 있는 메모리를 다른 회로에서도 사용할 수 있도록 만든 것입니다. 이 스위치가 그림처럼 '0'인 경우에는 제어판에 있는 모든 스위치가 동작하지 않게 되지만, 이 스위치가 1인 경우에는 제어판이 메모리에 대한 제어권을 '취득'하게 됩니다.

'취득' 스위치는 앞에 나왔던 복잡한 디코더나 선택기에 비하면 훨씬 간단한 2:1 선택기를 여러 개 사용해서 구현됩니다.

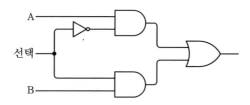

선택 신호가 '0'일 때 OR 게이트의 A 입력이 출력으로 나오고, 선택 신호가 '1'인 경우에는 B의 입력이 출력으로 나옵니다.

여기서는 총 26개(주소 신호를 위해서 16개, 데이터 입력을 위해서 8개, 쓰기 및 허용 신호를 위해서 2개)의 2:1 선택기가 필요합니다. 회로는 다음과 같습니다.

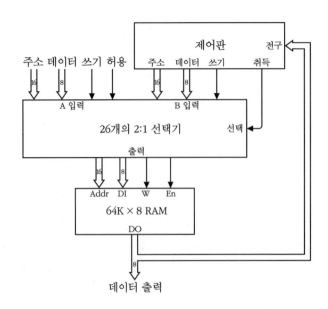

'취득' 스위치가 열려 있으면, 64K×8 RAM 어레이에 대한 주소, 데이터 입력, 쓰기 및 허용 신호는 2:1 선택기 왼쪽 상단에 표시되어 있는 외부 신호에서 가져옵니다. 반면 '취득' 스위치를 닫으면 RAM 어레이에 대한 주소, 데이터 입력, 쓰기 및 허용 신호는 제어판으로부터 나오고 '허용' 신호는 1이 됩니다. 두 경우 모두 RAM 어레이에서 출력되는 데이터 출력은 제어판에 있는 8개의 전구로 전달되며, 필요한 경우 다른 곳으로 연결시킬 수도 있습니다.

취득 스위치가 닫힌 경우에는 16개의 주소 스위치를 이용하여 65,536 주소들 중 어떤 곳이든 선택할 수 있습니다. 전구에는 해당 주소로 지정한 메모리에 지금 저장된 8비트 값이 출력될 것입니다. 8비트 데이터 입력 스위치는 새로운 값을 지정하기 위하여 사용할 수 있으며, 이 값은 쓰기 스위치를 이용하여 메모리에 저장될 수 있습니다.

64K×8 RAM 배열과 제어판을 이용하여 65,536개의 8비트 값을 언제든지 보존하고 꺼낼 수 있게 되었습니다. 하지만 메모리에 저장된 값을 사용하고 다른 값을 메모리에 저장할 수 있도록 하기 위해서는, 다른 어떤 것(대부분의 경우에는 다른 회로가 되겠지요)과 연결할 수도 있도록 만들었습니다.

만약 이런 동작이 어떻게 가능한지 아직도 잘 모르겠다면, 최초의 가정용 컴퓨터인 알테어 8800에 대한 이야기를 특집으로 다룬 《Popular Electronics》 1975년 1월호의 표지를 보는 것이 좋을 것입니다.

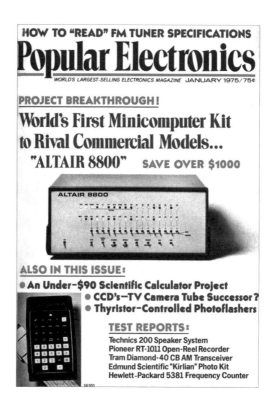

이 컴퓨터의 앞부분은 스위치와 전구만 붙어 있는 제어판 모습이며, 아래쪽으로 내려져 있는 한 줄의 스위치가 몇 개인지 세어 보면 16개라는 것을 알 수 있습니다.

우연일까요? 아닐 겁니다.

Chapter 20

연산을 자동화시키기

Automating Arithmetic

인류는 종종 놀랄 만큼 창의적이고 부지런하지만, 동시에 아주 게으르기도 합니다. 우리 인간들이 일하는 것을 좋아하지 않는다는 것은 자명합니다. 일에 대한 반감이 극심하고 창의력이 뛰어나 단 몇 분을 절약해 줄 수 있는 기계를 만들기 위해서 아주 많은 시간을 소모하는 경우도 있습니다. 그물 침대에 편안히 누워서 새로 만든 괴상한 기계들이 잔디밭을 정리하는 것을 구경하는 것처럼 인간의 쾌락을 자극하는 환상은 별로 없습니다.

이 장에서 자동으로 잔디밭을 정리해 주는 기계를 만들기 위한 계획을 보여 주지는 않을 것입니다. 하지만 이 장에서는 그동안에 본 것보다 훨씬 복잡한 형태로 된, 혼자서 덧셈과 뺄셈을 할 수 있는 기계를 만드는 과정을 이야기하겠습니다. 그렇게 대단한 기계를 만드는 것처럼 보이지 않는다는 사실은 잘 알고 있습니다. 하지만 이 기계들은 점차 다양한 것을 처리할 수 있게 되면서 덧셈과 뺄셈을 사용하는 모든 문제뿐 아니라 불boolean 논리 등의 문제도 처리할 수 있을 것이며, 여기에는 상당히 많은 문제들이 포함됩니다.

물론 정교하다는 것은 상당한 복잡함을 수반하므로 일부분은 상당히 어려울 수 있습니다. 따라서 필요하다면 세세한 부분은 대충 훑어보고 넘어가도 누구도 뭐라 하지 않을 겁니다. 때로는 반감을 가질 수도 있고, 다시는 수학 문제를 풀기 위해 전자공학적 도움을 받지 않겠다고 맹세할지도 모르겠습니다. 하지만 조금 힘들더라도 끝까지 읽어 나가면 이 장이 끝날 때에는 실제로 컴퓨터라 불릴 만한 장치를 만들어 낼 수 있을 것입니다.

17장의 306쪽에서 마지막으로 덧셈기를 보았습니다. 이때 보았던 덧셈기는 8개의 스위치로 입력된 숫자들을 이용하여 덧셈을 수행하고, 8비트 에지 트리거 래치를 이용하여 합을 누적했었습니다.

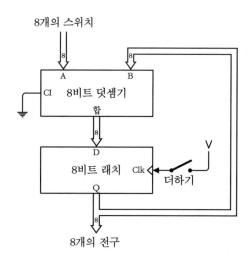

기억하겠지만 8비트 래치는 8비트의 값을 저장하기 위하여 플립플롭을 사용했습니다. 처음에는 래치의 내용이 모두 0이므로 출력 역시 0이 됩니다. 스위치로 첫 번째 숫자를 입력하면, 덧셈기는 입력한 숫자에 래치에 있는 값인 0을 더해서 입력한 것과 같은 값을 나타낼 것입니다. '더하기' 스위치를 누르면 해당 값이 래치에 저장되고, 이 값이 전구로 출력됩니다. 에지 트리거 래치를 사용했으므로, 더하기 스위치를 놓았다가 다시 누를 때까지 래치에 새로운 값이 저장되지 않습니다.

이제 스위치를 이용하여 두 번째 숫자를 입력하고 '더하기' 스위치를 다시 한번 누르면, 그 합이 래치에 저장되고 결과가 전구에 나타나게 됩니다. 이러한 방식으로 일련의 숫자들을 더할 수 있으며, 중간 중간의 합은 전구를 통하여 확인할 수 있습니다. 물론 이 덧셈기에는 전구가 8개밖에 없기 때문에

255 이상의 수를 표시할 수 없다는 제한이 있습니다.

지금까지 더해진 숫자들의 합을 보존하고 있는 래치를 보통 **누산기**accumulator(累算機)라 부릅니다. 이 장의 뒤에서 살펴보겠지만, 누산기는 단순히 덧셈을 누적하는 것 이상의 역할을 하게 됩니다. 누산기는 종종 첫 번째 값을 저장하고, 이 값을 기반으로 산술 혹은 논리 연산을 수행하는 래치를 의미하기도 합니다.

앞에서 살펴본 덧셈기에는 좀 심각한 문제가 하나 있습니다. 100개의 이진수를 더해야 한다고 생각해 봅시다. 덧셈기 앞에 앉아서 묵묵히 각각의 숫자를 입력하고 그 합을 누적해 나가야 합니다. 만일 다 입력하고 난 후에 숫자 몇 개를 잘못 입력했다는 것을 발견했다면, 별수 없이 처음부터 다시 숫자를 입력해야 할 것입니다.

해결책이 있을 수 있습니다. 앞 장에서 플립플롭을 사용하여 64KB를 저장할 수 있는 RAM 어레이를 만드는 방법을 설명했습니다. 스위치 및 전구가 포함된 제어판도 보았을 것입니다.

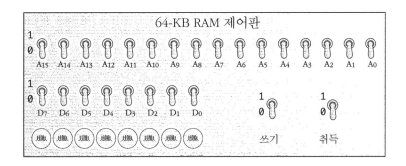

취득Takeover이라는 이름표가 붙어 있는 스위치를 뒤집으면, 다음과 같이 RAM 어레이에 대한 쓰기와 읽기 동작을 문자 그대로 제어판에서 처리할 수도 있습니다.

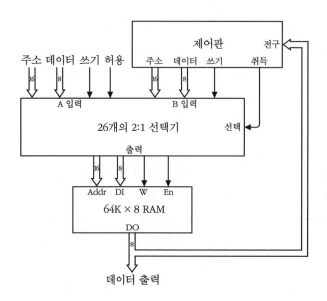

만일 100개의 숫자를 직접 덧셈기에 입력하는 대신 RAM 어레이에 입력해 두었다면, 숫자를 확인하고 몇 개 잘못 입력했더라도 수정하는 것이 훨씬 쉬웠을 것입니다.

이 책의 향후에 나올 그림들을 단순하게 만들기 위해 64K×8 RAM 어레이에서 제어판이나 읽기/쓰기 작업에 필요한 26개의 선택기는 생략하고 메모리만 표기하겠습니다.

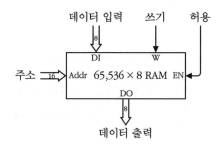

위의 간단한 그림에서는 제어판이나 사람이 메모리에 데이터를 입력하고 읽어볼 수 있는 장치가 있다는 것 역시 생략되어 있습니다. 가끔은 '허용' 신호조차 생략하는 경우도 있을 텐데, 이 신호가 표시되어 있지 않은 경우에는 데

이터 출력에 붙어 있는 삼상 버퍼가 켜져 있는 상태라고 가정하면 됩니다.

다음과 같은 8바이트(예를 들어, 16진수 값으로 35h, 1Bh, 09h, 31h, 1Eh, 12h, 23h, 0Ch)를 더하고 싶다고 가정해 봅시다. 윈도우 혹은 맥OS의 계산기 앱에서 프로그래머 모드로 덧셈을 해 보면 그 합이 E9h라는 것을 알 수 있지만, 여기서는 이런 숫자를 더하는 하드웨어를 만드는 도전을 해 보도록 하겠습니다.

제어판을 사용하여 위의 8바이트를 RAM 어레이의 주소 0000h부터 입력할 수 있을 것입니다. 모든 입력이 끝나면 RAM 어레이의 내용을 다음과 같이 기호의 형태로 표현할 수 있습니다.

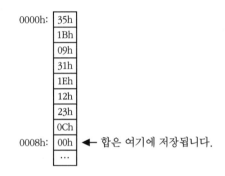

지금부터 메모리의 일부를 표시할 때는 위의 그림처럼 표시하도록 하겠습니다. 그림의 상자는 메모리의 내용을 나타내며, 메모리의 각 바이트 값이 상자 안에 있고, 상자의 주소는 왼쪽에 있습니다. 주소는 순차적으로 증가하기 때문에 모든 상자의 주소를 다 적지 않더라도 특정 상자의 주소를 쉽게 파악할 수 있습니다. 오른쪽에는 메모리에 대한 몇 가지 설명을 붙일 것입니다. 여기서는 처음 8바이트를 더한 결과를 00h 값을 가진 첫 번째 메모리 위치(여기서는 0008h가 됩니다)에 저장한다는 것을 나타내고 있습니다.

물론 8개의 숫자만 저장할 수 있는 것은 아닙니다. 100개의 숫자가 있는 경우에는 이 숫자를 0000h~0063h 주소에 저장할 수 있습니다. 이제 17장에서 봤던 누산기와 RAM 어레이를 연결하는 문제를 해결할 차례인데, 누산기를 다시 한번 살펴보면 다음과 같은 모양이었습니다.

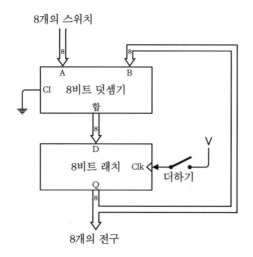

메모리 어레이에 연결할 제어판에 이미 스위치와 전구가 있기 때문에 여기 있는 스위치와 전구는 더 이상 필요하지 않습니다. 즉, 덧셈기의 스위치는 메모리 어레이에서 오는 데이터 출력 신호로 대체 가능하며, 래치의 출력으로 전구를 켜는 대신 RAM의 데이터 입력과 연결하면 됩니다.

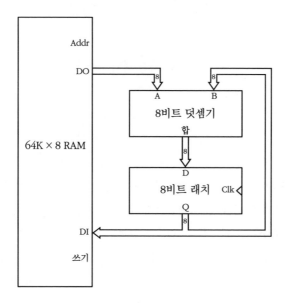

물론 몇 가지 부분이 빠져 있습니다. 래치에 누산 결과를 저장하기 위해 반드시 필요한 클럭 신호가 연결되어 있지 않으며, 최종 결과를 저장하기 위해서 필요한 RAM의 쓰기 신호 역시 연결되어 있지 않을 뿐 아니라, RAM의 내용에 접근하는 데 필요한 16비트 주소도 연결되어 있지 않습니다.

RAM의 주소 입력은 0000h에서 시작하여 0001h, 0002h, 0003 등으로 순차적으로 증가해야 합니다. 이런 작업은 17장의 312쪽에서 보았던 카운터의 동작과 잘 맞으며, 카운터는 플립플롭을 순서대로 연결해서 만들었습니다.

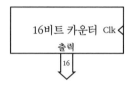

그림에서 카운터 출력으로 나오는 데이터 패스의 경우 8비트가 아닌 16비트를 나타내기 위해서 앞의 그림보다 넓은 화살표로 표시했습니다.

이 카운터가 RAM으로 들어가는 주소를 제공합니다.

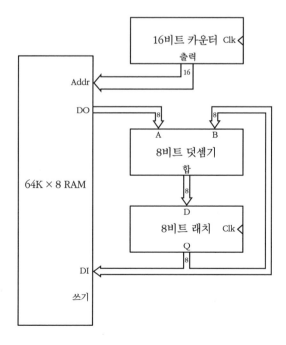

이 장치를 자동화된 누산기라고 부르겠습니다.

물론 RAM에 주소를 제공하기 위해 카운터를 추가했지만, 카운터의 값을 증가시키는 데 필요한 클럭 신호는 아직 여전히 연결되어 있지 않습니다. 점점 완성시켜 나갈 것입니다. 일단 중요한 모든 8비트 및 16비트 데이터 패스는 정의되었으며, 이제 다음 세 가지 신호만 추가하면 될 것 같습니다.

- 카운터로 들어가는 클럭 입력
- 래치로 들어가는 클럭 입력
- RAM으로 들어가는 쓰기 입력

보통 이런 종류의 신호를 제어 신호control signal라 부르며, 보통은 회로에서 가장 설계하기 복잡한 부분입니다. 이 세 가지 신호는 순서나 값이 잘 조정되고 동기화되어야 합니다.

카운터로 들어가는 클럭 입력을 통해서 카운터의 값은 0000h에서 0001h로 증가한 다음 0001h에서 0002h로 계속해서 증가하게 되고, 해당 주소를 통해서 접근한 메모리의 특정 바이트 값은 래치의 출력과 함께 덧셈기로 들어갑니다. 이후에 래치로 들어가는 다음 클럭 입력에 맞춰 새로운 합계가 저장됩니다. 실제로 메모리 접근과 덧셈에는 약간의 시간이 소요되기 때문에 래치의 클럭 입력은 카운터의 클럭 신호 이후에 발생해야 하며, 마찬가지로 카운터의 다음 클럭 신호도 래치의 클럭 신호 이후에 발생해야 합니다.

이런 동작을 만들기 위해서 두 개의 플립플롭을 다음 형태로 연결하면 됩니다.

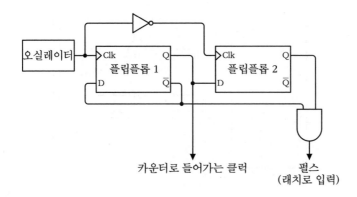

맨 왼쪽에 있는 오실레이터는 0과 1 값을 번갈아 가며 만들어 내는데, 이 속도는 시계나 컴퓨터에 들어가는 것과 같은 결정 진동자를 사용해서 매우 빠를 수도 있고, 스위치나 버튼을 누르는 형태를 취해서 매우 느릴 수도 있습니다.

첫 번째 플립플롭은 17장의 끝부분에서 보았던 것처럼 주파수를 반으로 나누기 위해 연결되어 있습니다. 이 플립플롭의 Q 출력은 카운터로 들어가는 클럭 입력으로 사용되어 0에서 1로 전환될 때마다 카운터의 값을 증가시킵니다. 다음은 첫 번째 플립플롭의 타이밍 다이어그램입니다.

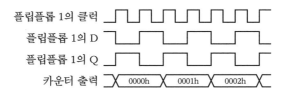

타이밍 다이어그램의 맨 아래 줄은 카운터의 출력값이 어떻게 바뀌는지 나타내고 있는 것입니다.

두 번째 플립플롭으로 들어가는 클럭 입력은 첫 번째 플립플롭의 클럭 입력을 반전시킨 값이 들어가며, 첫 번째 플립플롭의 Q 출력이 두 번째 플립플롭의 D로 입력됩니다. 따라서 두 번째 플립플롭의 Q 출력은 첫 번째 플립플롭의 Q 출력보다 반사이클 밀려서 나오게 됩니다. 다음 타이밍 다이어그램에는 비교를 위해서 이전 타이밍 다이어그램에 있었던 카운터 출력 부분도 포함시켰습니다.

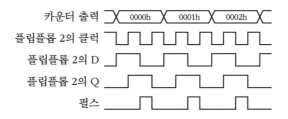

첫 번째 플립플롭의 Q 출력과 두 번째 플립플롭의 Q 출력은 AND 게이트로 입력되며, AND 게이트의 출력에는 펄스Pulse라는 이름을 붙였습니다.

펄스 신호는 래치의 클럭 입력이 됩니다.

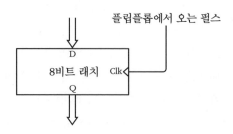

카운터에서 메모리의 주소 값을 생성한 시점부터 메모리에서 데이터가 나와서 이전의 합과 더해지고, 다시 래치에 저장될 때까지 충분한 시간이 있는지 확인해 봐야 합니다. 즉, 래치가 새로운 합을 저장하기 전에 모든 것이 안정화되는지 확인하는 것인 목적이겠죠. 다른 말로 글리치glitch[1]를 피하고 싶은 것입니다. 펄스 신호가 1로 바뀔 때 카운터 출력이 바뀌지 않는 안정된 값을 유지하고 있으면, 이 목적이 달성되었다고 볼 수 있습니다.

자동화된 누적기에 더 필요한 신호는 메모리 쓰기 신호입니다. 앞에서 이야기한 것처럼 누적된 합계는 메모리에서 00h 값을 가지고 있는 첫 번째 위치에 저장할 것입니다. 이 위치는 RAM의 데이터 출력 신호를 8비트 NOR 게이트에 연결하고 그 결과가 1이 나오는 것을 확인해서 찾아낼 수 있습니다. 데이터 출력 신호의 모든 비트값이 0인 경우에 NOR 게이트의 출력은 1이 됩니다. 앞에서 구성한 플립플롭에서 오는 펄스와 이 출력이 다음과 같은 형태로 합쳐질 수 있습니다.

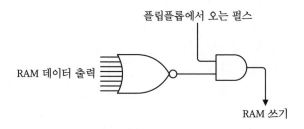

---

1 (옮긴이) 데이터의 값이 변화하는 과정이라 최종 결과가 아닌 중간의 값이 전달되는 것을 의미합니다. 이런 과정이 모두 끝나고 안정화된 최종 결과가 래치에 저장되어야만 원하는 결과를 얻을 수 있을 것입니다.

상호작용이 가능하도록 만든 자동화된 누산기의 전체 구성은 CodeHidden Language.com에서 확인해 볼 수 있습니다.

아직까지 자동화된 누산기가 끊임없이 계산 동작을 반복하는 것을 막을 수 있는 준비가 되어 있지 않습니다. 오실레이터가 0과 1 신호를 반복해서 생성하는 한 카운터는 메모리를 계속해서 접하며, 접근 과정에서 메모리의 값이 00h가 되면 회로는 지금까지 누적된 합을 해당 위치에 기록합니다.

발진기가 계속 작동하면 카운터가 결국 FFFFh에 도달한 다음 0000h로 되돌아가서 누산을 다시 시작하며, 이번에는 지금까지 계산된 합에 메모리의 모든 값이 더해질 것입니다.[2]

이 과정을 제어하기 위해서 지우기Clear라는 이름표를 붙인 스위치 혹은 버튼을 추가해야 할 것입니다. 메모리 주소를 만들어 내는 카운터는 에지 플립플롭으로 구성되므로 이미 지우기 입력을 가지고 있을 수 있습니다. 래치 역시 에지 트리거 플립플롭으로 만들어지며, 제어 신호들을 만들기 위해서도 역시 에지 트리거 플립플롭이 사용되었습니다. 따라서 '지우기' 스위치를 이용해서 카운터와 래치를 지우고, 클럭을 만드는 2개의 플립플롭이 동작하는 것을 정지시킬 수 있습니다. 이후에 메모리에 새로운 값을 입력하고, 덧셈 과정을 다시 시작할 수 있습니다.

하지만 자동화된 누산기가 가진 가장 큰 문제는 덧셈의 크기가 바이트로 제한되어 00h에서 FFh, 즉 십진수로 255까지만 더할 수 있다는 점입니다.

위에서 설명했던 자동화된 누산기의 예는 35h, 1Bh, 09h, 31h, 1Eh, 12h, 23h, 0Ch의 8개 바이트를 더해 나간 것으로, 그 결과는 E9h, 즉 십진수로 233이 됩니다. 하지만 여기에 20h 값이 9번째 바이트로 존재한다고 가정해 보죠. 이 경우 최종적인 합은 109h가 되어야 하지만, 1바이트를 넘어서는 값이 되기 때문에 8비트 덧셈기의 출력은 09h만 나오고, 이 값이 메모리에 저장될 것입니다. 덧셈기에서 자리올림 출력이 발생해서 합이 FFh를 넘어간다는 것을 나타내기는 하지만, 자동화된 누산기에서는 이 신호를 사용하지 않습니다.

---

2 (옮긴이) 이전에 00h 값을 가진 위치에는 중간 누산 결과를 저장했기 때문에 이번에는 00h가 있는 경우가 없을 것입니다.

자동화된 누산기를 이용해서 계좌에 잔고가 얼마나 남았는지 확인해 보는 경우를 가정해 봅시다. 미국에서 돈은 달러와 센트를 사용해서 계산되며(예를 들면 1.25달러처럼), 다른 국가들도 비슷한 시스템을 가지고 있는 경우가 많습니다. 이 값은 달러 단위에 100을 곱하고 센트 단위를 더해서 만들어진 125센트(16진수 7Dh)를 메모리 바이트에 저장해야 합니다.

이 이야기는 금액을 저장하는 데 한 바이트밖에 사용할 수 없다면 FFh(십진수로 255)까지, 즉 2.55달러까지로 제한된다는 것을 의미합니다.

더 많은 금액을 저장하고 싶다면 더 많은 바이트를 사용해야 한다는 이야기입니다. 2바이트는 어떨까요? 2바이트는 0000h에서 FFFFh(십진수로 65,535), 즉 655.35달러 범위까지 저장할 수 있습니다.

훨씬 상황이 좋아졌지만, 예금을 초과 인출하는 것이 가능하다면 마이너스 금액과 플러스 금액을 모두 나타낼 수 있어야 합니다. 이 부분은 16장에서 이야기했던 2의 보수를 사용해야 한다는 의미입니다. 2의 보수를 사용하는 경우 16비트로 표현할 수 있는 최대 양의 수는 7FFFh(십진수로 32,767)이며, 최소 음의 수는 8000h(−32,768)입니다. 따라서 −327.68달러에서 327.67달러 범위의 금액을 표현할 수 있습니다.

3바이트도 해 봅시다. 2의 보수를 사용하는 경우 3바이트의 범위는 800000h에서 7FFFFFh까지, 즉 십진수로 −8,388,608에서 8,388,607의 값을 표현할 수 있으므로, −83,886.08달러에서 83,886.07달러 범위의 금액을 표현할 수 있습니다. 대부분의 사람들의 경우 이 정도 예금 범위면 대충 표현이 가능할 것이므로, 이대로 진행하도록 하겠습니다.

자동화된 누산기에서 어떤 부분을 고쳐야 1바이트가 아니라 3바이트를 더해 나갈 수 있을까요?

쉬운 답은 24비트 값을 저장할 수 있도록 메모리를 확장하고, 24비트 덧셈기와 래치를 사용하는 것입니다.

하지만 실용적이지 않을 수 있습니다. 이미 오랜 시간을 투자해서 64K×8 RAM 어레이를 만들었고, 8비트 덧셈기를 가지고 만든 부분이 있으므로 위에서 이야기한 방식으로 바꾸는 것은 쉽지 않습니다.

8비트 메모리를 계속 유지하는 경우 3개의 연속된 메모리에 분할해서 24비트 값을 저장할 수 있습니다. 여기서 중요한 것은 어떤 방향으로 메모리를 연속시켜야 하는지입니다.

방향이란 의미가 정확히 뭘까요?

10,000.00달러를 저장해야 한다고 가정해 봅시다. 이 값은 1,000,000센트가 되고 이를 16진수로 표현하면 0F4240h이므로, 3바이트 0Fh, 42h, 40h로 표현될 것입니다. 이 3바이트를 '높은', '중간', '낮은' 바이트라고 부를 수 있습니다. 하지만 메모리에 저장할 때는 두 가지 방식이 가능할 것 같습니다. 다음과 같은 순서로 3바이트를 저장해야 할까요?

혹은 다음 순서로 저장해야 할까요?

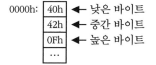

판단을 위해서 "일반적으로 사용하는 방식은 뭔가요?" 혹은 "전통적인 업계의 표준은 어떤 것인가요?"와 같은 질문을 던질 수 있을 것입니다. 불행하게도 이런 질문에 대한 답변은 "두 가지 방식 모두 사용되고 있습니다."입니다. 어떤 컴퓨터는 첫 번째 순서로, 또 어떤 컴퓨터는 다른 방식으로 값을 저장합니다.

다수의 바이트 값을 저장하는 두 가지 방식을 빅 엔디언big-endian과 리틀 엔디언little-endian 방식이라 부릅니다. 앞의 13장에서 유니코드에 대해서 이야기할 때 이미 두 방식의 차이를 이야기했었습니다. 이 용어들은 조나단 스위프트Jonathan Swift의 《걸리버 여행기》(1부 4장 이후)에서 유래한 것으로, 소인국의 릴리펏 사람들이 계란을 깰 때 계란의 뾰족한 쪽(little-end)을 깨야 하는지 혹은 뭉툭한 쪽(big-end)을 깨야 하는지에 대한 오랜 논쟁을 이야기하는 과정에서 나왔습니다. 컴퓨터 산업에서 이 문제는 모두가 어떻게 배우고 행동해야 하는지와 같은 기본적인 차이라기보다는 단순한 논란에 가깝습니다.

언뜻 보기에 빅 엔디언 접근법이 일반적으로 바이트를 적는 순서와 같기 때문에 더 합리적으로 보입니다. 리틀 엔디언 접근법을 사용할 때는 값의 최하위 부분부터 적어야 하기 때문에 반대로 적어 나가야 합니다.[3]

하지만 메모리에서 여러 바이트에 걸치는 값을 읽는 경우에는 최하위 바이트부터 읽어와야 합니다. 최하위 바이트를 더하면 자리올림수가 발생해서 그다음 자리의 바이트를 더할 때 사용해야 할 수도 있기 때문이죠.

따라서 여기서는 최하위 바이트를 먼저 저장하는 리틀 엔디언 형식으로 여러 바이트에 걸치는 값을 저장할 것입니다. 하지만 이 방식은 메모리에 값을 저장할 때만 적용되며, 그 이외의 경우에 16진수의 값을 표시할 때는 최상위 바이트를 먼저 표기하는 방식을 사용할 것입니다.

새로운 기계가 어떤 것을 할 수 있는지 설명할 때, 마치 은행 계좌의 잔액을 계산하는 것처럼 '입금'과 '인출'의 관점에서 이야기해 보도록 하겠습니다. 중소기업을 운영할 때의 비용과 수입 또는 자산과 부채로 바꿔서 이야기해도 상관없습니다.

450달러와 350달러를 예금하는 것부터 시작하도록 하죠. 이를 16진수로 나타내면 다음과 같습니다.

$$
\begin{array}{r}
00\ AF\ C8 \\
+\ 00\ 88\ B8 \\
\hline
01\ 38\ 80
\end{array}
$$

---

3 (옮긴이) 역자는 개인적으로 리틀 엔디언을 강력히 지지하는 입장입니다. 값의 낮은 자리 숫자가 낮은 주소에 저장되는 특성을 가졌기 때문이죠. 이런 특성이 다양한 연산 처리에 유리하기 때문에 현재 여러분이 접할 수 있는 대부분의 프로세서(Intel, ARM, RISC-V 등)는 모두 기본적으로 리틀 엔디언을 지원합니다. 참고로, 빅 엔디언은 패킷 처리 등에 유리한 면이 있어서, 통신 전용 프로세서 등에서는 아직도 사용되고 있습니다.

각 바이트들은 오른쪽에서부터 더해가기 시작해서 자리올림수가 발생하면 다음 자리의 바이트를 더할 때 영향을 주게 됩니다.

이제 500.00달러(16진수로 00C350h)를 인출해 보겠습니다.

$$
\begin{array}{r}
01\ 38\ 80 \\
-\ 00\ C3\ 50 \\
\end{array}
$$

16장에서 이진수를 빼는 법을 설명했었습니다. 먼저 뺄 숫자를 2의 보수로 바꾼 다음 이 값을 더하면 됩니다. 00C350h에 대한 2의 보수를 찾으려면 모든 비트를 반전시켜서(0비트는 1이 되고 1비트는 0이 됨) FF3CAFh를 얻은 다음, 여기에 1을 더해서 FF3CB0h를 얻어내면 됩니다. 이제 이 값을 더하면 됩니다.

$$
\begin{array}{r}
01\ 38\ 80 \\
+\ FF\ 3C\ B0 \\
\hline
00\ 75\ 30 \\
\end{array}
$$

십진수로 이야기하면 그 결과는 30,000센트, 즉 300달러가 됩니다. 이제 여기서 500달러를 더 인출해 보죠.

$$
\begin{array}{r}
00\ 75\ 30 \\
+\ FF\ 3C\ B0 \\
\hline
FF\ B1\ E0 \\
\end{array}
$$

결과는 음수가 되며, 잔액이 0 밑으로 내려갔습니다. 이 음수값을 확인해 보려면 다시 모든 비트를 반전시켜 004E1Fh를 얻고, 여기에 1을 더해서 004E20h(십진수로 20,000)를 확인할 수 있습니다. 즉, 잔액은 −200.00달러 입니다.

다행히도 더 많은 돈이 들어오고 있습니다. 이번에는 무려 2000.00달러 (030D40h)의 보증금이 입금되었습니다. 이 값을 이전의 음수 결과에 더해 봅시다.

```
   FF B1 E0
+  03 0D 40
   02 BF 20
```

이 결과는 기쁘게도 십진수로 180,000, 즉 1800.00달러입니다.

이런 작업이 여기서 만든 새로운 장치에서 처리하길 바라는 종류의 일입니다. 이 장치에서 메모리에 저장된 3바이트 값을 더하고 빼서, 그 결과를 다시 메모리에 쓰기를 바라는 것입니다.

또한 실제로 뺄셈을 처리해 주었으면 좋겠습니다. 즉, 500달러를 인출해야 할 때 사용자가 메모리에 2의 보수를 저장해야 하는 것이 아니라, 3바이트 00, C3, 50으로 저장되는 것이 편할 것 같습니다. 즉, 이 장치에서 필요한 경우에 2의 보수를 계산하는 작업을 진행했으면 좋겠습니다.

하지만 모든 숫자가 양수로 저장된다면 입금과 인출이 같은 형태로 보이게 됩니다. 어떻게 하면 구분할 수 있을까요?

메모리에 숫자와 더불어 이 숫자로 어떤 작업을 하고 싶은 것인지 나타낼 수 있는 무언가가 필요합니다. 이 문제를 약간 고민한 다음에(필요하면 하룻밤 정도 고민해 보세요), 메모리의 각 숫자 앞에 어떤 코드를 넣어 두는 멋진 아이디어를 생각해 볼 수 있을 것입니다. 한 코드는 '다음 3바이트 값을 더하라'는 의미를 나타내고, 다른 코드는 '다음 3바이트 값을 빼라'는 의미를 나타낼 수 있을 것입니다. 다음은 조금 전에 이야기했던 예제를 메모리에 표시하는 방식을 보여 줍니다.

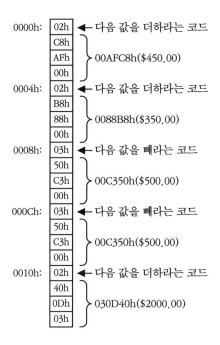

여기서는 중간 합계 값에 '다음 3바이트를 더하라'는 의미를 나타내는 코드로 02h를, '다음 3바이트를 빼라'는 코드로 03h를 선택했습니다. 이 코드는 약간 임의로 선택한 것이지만, 완전히 임의의 값을 선택한 것은 아닙니다(이 의미는 잠시 후에 살펴보겠습니다).

이러한 코드를 **명령어 코드**, **동작 코드** 또는 **오피코드**opcode라고 부르며, 메모리를 읽어나가는 장치가 어떤 작업을 해야 하는지 '지시'하고, 장치는 이 값에 반응해서 덧셈이나 뺄셈과 같은 특정한 작업을 수행합니다.

이제 메모리의 내용을 코드와 데이터로 구분할 수 있습니다. 이 예에서는 매번 코드 바이트가 3바이트 데이터 앞에 있습니다.

값을 더하거나 빼도록 만드는 코드가 생겼으므로, 이제 중간 합계를 메모리의 바로 뒤 주소에 저장하도록 하는 코드와 장치가 더 이상 작업을 하지 않고 중단하도록 하는 코드를 생각해 보겠습니다.

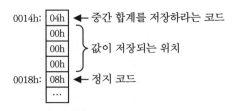

이 놀라운 기능들을 처리할 수 있는 장치를 3바이트 누산기라고 부르도록 합시다. 자동화된 누산기와 마찬가지로 64K×8 메모리 어레이에 계속 접근하고, 8비트 덧셈기를 사용해서 중간 합계를 누적하지만, 래치 수는 4바이트로 늘려서 하나의 명령어 코드를 저장하고 다른 3개는 실행 합계를 저장할 수 있도록 만들어야 합니다. 다음은 주요 구성요소들과 데이터 패스입니다.

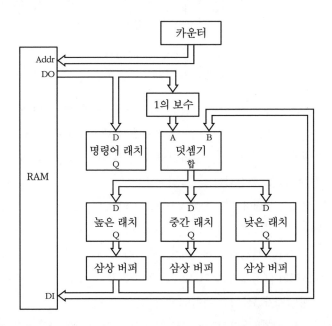

그림을 너무 복잡하게 만들지 않기 위해서, 필요한 수많은 제어 신호는 표현하지 않았습니다. 이 장의 나머지 부분에서 필요한 제어 신호들을 보여 줄 것입니다. 또한 그림에서는 상자 안에 제어 신호를 연결할 입력 부분, 예를 들어 카운터와 래치에 있는 클럭 입력이나, 삼상 버퍼로 들어가는 허용 신호,

RAM으로 들어가는 쓰기 신호 등도 역시 따로 표시하지 않았습니다.

자동화된 누산기와 마찬가지로 3바이트 누산기에도 RAM 주소를 만들어 내는 16비트 카운터가 있으며, 이 카운터로 들어가는 클럭 입력은 앞에서 봤던 것과 같은 구성을 가진 2개의 플립플롭에서 출력됩니다.

3바이트 누산기는 4개의 래치가 있습니다. 첫 번째 래치는 '명령어 래치'라는 이름표가 붙어 있으며, 이 래치에는 0000h, 0004h, 0008h 등의 메모리 주소에서 가지고 온 명령어 코드가 저장됩니다.

나머지 3개의 래치에는 '높은', '중간', '낮은'이라는 이름표가 붙어 있는데, 3바이트 중간 합계값을 저장하는 데 사용하며, 이 래치들에 대한 입력은 덧셈기의 합 출력입니다. 래치의 출력은 이전 장에서 설명한 '삼상 버퍼'라는 3개의 상자에 들어가며, '삼상 버퍼'는 말 그대로 삼상 버퍼를 의미합니다. 그림에는 표시되지 않았지만, 이 상자에는 허용 신호가 들어갑니다. 어떤 삼상 버퍼든지 허용 신호가 1이면 입력으로 들어온 값이 출력으로 나가고(즉, 입력이 1이면 출력이 1이 되고, 입력이 0이면 출력도 0이 됩니다), 허용 신호가 0이면 출력은 0도 아니고 1도 아닌(즉, 전압도 접지도 아닌), 아무것도 아닌 상태가 됩니다. 이런 상태를 세 번째 상태라고 합니다.

3바이트 누산기에 있는 3개의 삼상 버퍼는 각각 허용 신호를 가지고 있는데, 어떤 경우에도 이 3개의 허용 신호 중 1개만 1이 됩니다. 이를 통해서 3개의 삼상 버퍼의 출력을 전압과 접지가 직접 연결되는 단선의 걱정 없이 서로 연결할 수 있습니다. 결과적으로 허용 신호를 이용해서 3개 래치의 출력 중에 어떤 래치의 출력이 덧셈기의 B 입력과 RAM 데이터 입력으로 연결될지 제어하는 것입니다.

여기 들어가는 3개의 허용 신호는 카운터가 만들어 내는 메모리 주소의 최하위 2비트를 사용해서 만들어집니다. 메모리의 바이트는 매우 체계적인 방식으로 저장되었습니다. 가장 먼저 명령어 바이트가 저장되어 있고, 그 뒤로 3바이트 숫자를 표현하는 숫자의 낮은 바이트, 중간 바이트, 높은 바이트 순서로 저장되어 있습니다. 이 4바이트의 역할은 메모리 주소의 최하위 두 비트에 의해서 구분될 수 있습니다. 이 2비트는 00부터 11까지 증가시키면서 메모리로부터 가지고 온 각각의 바이트가 어떤 형태를 가지고 있는 것인지 나타냅니다.

- 주소의 하위 2비트가 00이면, 주소가 지정하는 바이트는 명령어 코드입니다.
- 주소의 하위 2비트가 01이면, 주소가 지정하는 바이트는 더하거나 뺄 숫자의 최하위 바이트(낮은 바이트)입니다.
- 주소의 하위 2비트가 10이면, 마찬가지로 주소가 지정하는 바이트는 값의 중간 바이트입니다.
- 주소의 하위 2비트가 11이면, 주소가 지정하는 바이트는 값의 높은 바이트입니다.

삼상 버퍼로 들어가는 3개의 허용 신호는 다음과 같이 A_0과 A_1이라 표시하는 메모리 주소의 최하위 2비트를 2-to-4 디코더에 입력시켜서 만들어 낼 수 있습니다.

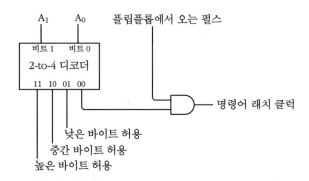

그림에서 명령어 래치로 들어가는 클럭 입력도 볼 수 있습니다. 이 신호는 주소의 최하위 2비트 값이 00이면서 클럭을 만드는 2개의 플립플롭 구성에서 오는 펄스 신호가 1인 경우에 만들어집니다. 이 명령은 다음 3바이트를 접근하는 동안 계속 래치에서 유지됩니다. 나머지 3개의 래치에 대한 클럭 신호는 조금 더 복잡하긴 하지만, 잠시 후에 살펴볼 것입니다.

3바이트 누산기의 동작은 다음과 같습니다. 모든 래치는 처음에 지워진 다음에 아무런 값을 유지하고 있지 않다고 가정해 봅시다. 이때 카운터에서 출력하는 RAM의 주소는 0000h가 됩니다. 이 주소에 있는 값(이 예에서는 02h)은 명령어 래치에 저장됩니다.

이제 카운터는 RAM 주소 0001h를 출력하며, 이 주소는 메모리에서 첫 번째 숫자의 낮은 바이트가 저장되어 있는 위치이며, 여기 저장된 바이트 값은 덧셈기로 입력됩니다(일단 지금은 '1의 보수'라는 이름표가 붙은 상자를 무시하고, 아무것도 하지 않는다고 가정하도록 합시다. 실제로 덧셈에서는 아무것도 하지 않습니다). 주소의 하위 2비트가 01이므로, 낮은 바이트에 연결된 삼상 버퍼가 선택됩니다. 초기에 낮은 바이트 래치를 00h로 지웠기 때문에 덧셈기의 B 입력으로 00h가 들어가서 덧셈기의 합 출력으로는 첫 번째 숫자의 낮은 바이트 값이 나타나며, 이 값은 낮은 바이트 래치에 저장됩니다.

이제 카운터에서 나오는 RAM 주소는 0002h가 되었습니다. 이 주소는 첫 번째 숫자의 중간 바이트이며, 중간 래치의 값(00h)과 같이 덧셈기로 입력되므로 덧셈기의 합 출력은 메모리에서 읽어온 중간 바이트의 값이 그대로 나오게 되며, 이 값은 다시 중간 바이트 래치에 저장됩니다.

카운터에서 나오는 RAM 주소는 0003h가 됩니다. 이 주소는 높은 바이트를 가리키는 것이며, 앞에서와 같이 덧셈기를 통과해서 높은 바이트 래치에 저장됩니다.

카운터에서 나오는 RAM 주소는 0004h가 됩니다. 이 메모리에서 나오는 값은 명령어 코드 02h이며, 이 코드는 덧셈을 의미합니다.

카운터에서 나오는 RAM 주소는 0005h가 됩니다. 이 주소는 두 번째 숫자의 낮은 바이트이며, 덧셈기의 A 입력으로 들어갑니다. 낮은 바이트를 가리키는 삼상 버퍼가 켜졌으며, 래치에 첫 번째 숫자의 낮은 바이트가 저장되어 있었기 때문에 이 값이 덧셈기의 B로 입력됩니다. 이 두 바이트가 더해진 다음에 그 값이 낮은 바이트 래치에 다시 저장됩니다.

이 과정은 중간 바이트와 높은 바이트를 거쳐, 그다음 숫자로 계속 이어집니다.

3바이트 누산기를 설계하면서 다음 네 가지 명령어 코드를 정의했습니다.

- 02h는 다음에 나오는 3바이트 숫자를 더합니다.
- 03h는 다음에 나오는 3바이트 숫자를 뺍니다.
- 04h는 중간 합계를 명령어 다음 3바이트에 저장합니다.
- 08h는 장치의 동작을 멈춥니다.

명령어 래치에는 4비트만 저장하면 됩니다. 다음 그림은 4비트 명령어에서 비트가 어떻게 할당되어 있는지 보여 줍니다.

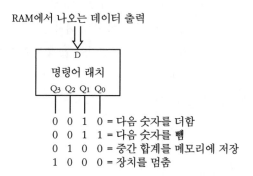

다음 3바이트가 장치로 읽혀오는 동안 명령어 코드는 래치에 남아 있습니다. 명령어 코드의 비트들은 3바이트 누산기의 다른 부분을 제어하는 데 사용됩니다.

예를 들어, Q_1 비트가 1인 경우에는 명령어 다음 3바이트를 중간 합계에 더하거나 뺍니다. 즉, 이 비트를 사용해서 3바이트 래치로 들어가는 클럭 입력을 넣을지 결정할 수 있다는 의미입니다. 다음은 2-to-4 디코더의 출력과 명령어의 Q_1 비트 및 플립플롭에서 오는 펄스 신호를 어떻게 조합할 수 있는지 보여 줍니다.

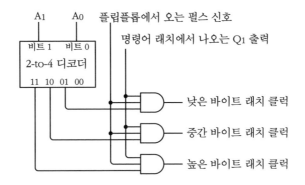

앞에서 본 것처럼 주소의 하위 2비트가 00이면 명령어 바이트가 래치되며, 주소의 하위 2비트가 01, 10, 11로 증가하면서 3개의 데이터 바이트에 접근하는 동안 이 명령어 바이트를 사용할 수 있습니다. 명령어가 '더하기' 혹은 '빼기'라면, 명령어 래치의 Q_1 출력은 1이 되며, 이 신호가 그림에 있는 3개의 AND 게이트로 들어가서 3바이트의 래치로 들어갈 클럭 신호가 만들어지며, 이를 통해서 데이터가 순서대로 래치에 저장됩니다.

앞에서 '더하기' 명령을 02h로, '빼기' 명령을 03h로 정의한 것이 이상하게 보였을 수도 있습니다. 01h와 02h이면 안 되는 것이었을까요? 혹은 23h나 7Ch는요? 더하기와 빼기 명령어 코드가 래치의 클럭 신호를 제어하는 데 사용할 수 있도록 이런 방식을 사용한 것입니다.

Q_0 비트는 다음 3바이트의 숫자를 빼야 하는 경우에만 1이 됩니다. 즉, Q_0 비트가 1이 되는 경우에는 숫자에 대한 2의 보수를 취해야 한다는 말이 되죠. 2의 보수는 1의 보수를 만든 다음 1을 더해서 만들 수 있는데, 1의 보수는 비트를 반전시켜 1은 0으로, 0은 1로 바꿔 주면 됩니다. 이런 회로는 16장에서 이미 보았습니다.

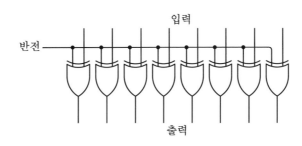

이 회로의 입력은 RAM의 데이터 출력과 연결되어 있으며, 회로의 출력은 8
비트 덧셈기의 A 입력으로 전달됩니다. '반전Invert' 신호는 숫자가 더해지는
것이 아니라 빼진다는 것을 나타내는 명령어 래치의 Q_0 출력과 직접 연결되
어 있습니다.

2의 보수는 1의 보수에 1을 더한 것입니다. 1을 더하는 것은 덧셈기에 있는
'자리올림수'를 1로 만들면 간단하게 처리할 수 있지만, 3바이트의 데이터 중
첫 번째 데이터를 처리할 때만 조작해야 합니다.

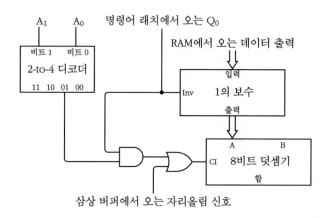

명령어 래치에서 가장 낮은 비트의 값이 1이 되는 경우에는 뺄셈이 이뤄집니
다. RAM에서 오는 모든 데이터 바이트는 반전되어야 하는데, 이 부분은 '1의
보수'라는 이름표가 붙어 있는 상자에서 이 동작을 처리합니다. 또한 데이터
의 첫 바이트를 처리할 때 덧셈기의 자리올림 입력을 1로 설정하기 위해서,
첫 번째 데이터 바이트에 접근할 때 1이 되는 디코더의 01 출력과 AND 게이
트를 사용합니다.

두 번째와 세 번째 데이터 바이트를 더하거나 뺄 때도 덧셈기의 자리올림
입력이 필요하기 때문에 OR 게이트도 사용했습니다. 그림을 단순하게 유지하
기 위해서, 여기서 자리올림 문제를 완전히 무시했지만 이제 용기를 내서 이
문제에 맞설 때가 되었습니다. 3바이트 누산기는 3바이트의 중간 합계를 저
장하고 접근할 수 있도록 3개의 래치와 3개의 삼상 버퍼를 가지고 있습니다.

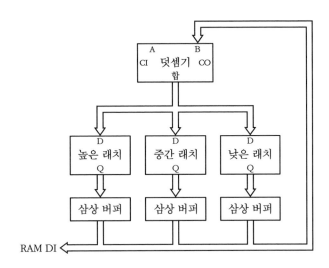

하지만 정확한 것은 아닙니다. 자리올림 비트를 제대로 전달하려면 이 래치들 중에 2개는 9비트 래치를 사용해서 덧셈기에서 나오는 8비트 합과 자리올림 출력 비트를 같이 저장해야 합니다. 또한 삼상 버퍼 중 2개 역시 9비트를 처리해야 낮은 바이트 덧셈의 자리올림을 중간 바이트 덧셈에서 사용할 수 있으며, 중간 바이트 덧셈의 자리올림을 높은 바이트 덧셈으로 사용할 수 있습니다.

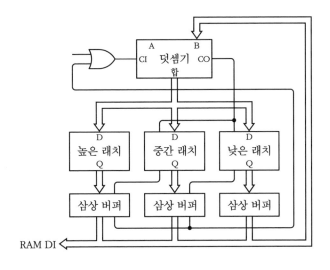

덧셈기의 자리올림 신호는 낮은 바이트와 중간 바이트 래치에 같이 저장되지만, 이 신호는 실질적으로 각각 중간 바이트 및 높은 바이트를 위한 삼상 버퍼로 입력되기 때문에 처음엔 상당히 이상해 보입니다. 이제 그 이유를 설명하겠습니다.

낮은 바이트 값을 더할 때, 덧셈기의 자리올림 입력은 덧셈의 경우에는 0, 뺄셈의 경우에는 1이 되어야 하는데, 이 부분이 OR 게이트의 다른 입력입니다. 이 덧셈의 결과는 자리올림을 만들어 내며, 덧셈에서 나오는 자리올림은 낮은 바이트 래치에 저장됩니다. 하지만 중간 바이트를 더할 때는 이 자리올림 비트를 사용해야 하기 때문에, 낮은 바이트 래치에 저장된 자리올림 비트는 중간 바이트를 선택하는 삼상 버퍼의 또 다른 입력으로 들어가야 합니다. 마찬가지로, 높은 바이트를 더할 때도 중간 바이트의 값을 더할 때 만들어진 자리올림을 사용해야 합니다.

이제 거의 다 끝났습니다. 이제 모든 덧셈과 뺄셈을 처리할 수 있게 되었습니다. 물론 3바이트를 메모리에 저장하는 명령어 코드인 04h의 처리는 아직 확인하지 않았습니다. 이 회로는 명령어 래치에서 나오는 Q_2 비트를 사용합니다.

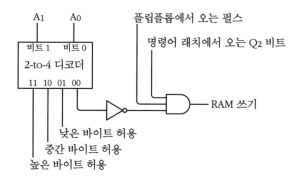

RAM 쓰기 신호는 RAM 주소의 하위 2비트가 3개의 데이터 바이트에 해당하는 01, 10, 11인 경우에만 만들어져야 하는데, 이를 위해서 인버터를 사용하는 것입니다. 또한 주소 비트가 01, 10, 11인 경우에 3개의 연속된 삼상 버퍼

의 출력을 허용합니다. 쓰기 명령임을 나타내는 Q_2 비트가 1이고, 플립플롭 구성에서 나오는 펄스 신호가 1인 경우 3바이트가 메모리에 연속적으로 저장됩니다.

마지막 명령은 중단을 의미하는 08h인데, 이 명령은 간단합니다. 명령어 래치에서 나오는 Q_3 비트가 1이면, 전체 회로를 동작시키는 오실레이터의 작동을 중지시키려 하는 것입니다.

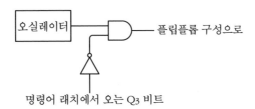

명령어 래치에서 오는 Q_3 비트

또한 플립플롭, 카운터 및 모든 래치의 내용을 지워서, 새롭게 숫자를 더해 나가면서 중간 합계를 만들어 낼 수 있도록 '지우기' 스위치를 추가하면 편리할 것입니다.

상호작용하는 버전의 3바이트 누산기의 전체 회로는 CodeHiddenLanguage. com에서 확인할 수 있습니다.

이제 4개의 명령어 코드를 이런 방식으로 정의한 이유가 명확해졌을 것입니다. 회로에서 명령어 비트 하나 하나를 직접 사용하려고 했던 것입니다. 즉, 한 비트는 덧셈이나 뺄셈을 구분하고, 다른 한 비트는 산술 연산이라는 것을 나타내며, 다른 비트는 결과를 메모리에 저장한다는 것을, 다른 비트는 동작을 멈출 것이라는 것을 나타낸 것입니다. 각각의 명령에 01h, 02h, 03h, 04h 코드를 사용했다면, 이러한 값을 디코딩해서 각각의 제어 신호로 생성하기 위한 추가 회로가 필요했을 것입니다.

또한 4바이트 숫자를 저장하지 않고, 3바이트 숫자를 저장하기로 결정한 분명한 이유도 있었습니다. 이런 방식을 사용해서 메모리 주소의 A_0와 A_1 비트를 이용해서 다양한 래치를 직접 제어할 수 있었습니다. 만일 숫자를 저장하기 위해서 4바이트를 사용했다면, 명령어가 메모리의 주소 0000h, 0005h,

000Ah, 000Fh, 0012h 등의 번지에 저장되어 있었을 것이므로, 이런 명령어를 정확한 래치에 저장하기 상당히 어려웠을 것입니다.

이제 이 책의 제목에 나오는 하드웨어와 소프트웨어라는 두 단어를 정의할 준비가 된 것 같습니다. 3바이트 누산기에서 명확하게 그 차이를 확인할 수 있습니다. 하드웨어는 모든 회로이며, 소프트웨어는 메모리에 저장된 명령어 코드와 데이터로 구성되는데, 이 부분은 쉽게 바꿀 수 있으므로 '소프트'라 부르는 것입니다. 여러 숫자 중 하나를 잘못 입력하거나 덧셈과 뺄셈을 위한 명령어를 섞어서 썼어도 쉽게 그 값을 바꿀 수 있습니다. 반면, 회로는 바꾸기가 훨씬 어렵습니다. 실제로 전선과 트랜지스터를 연결해서 구성한 것이 아니라, CodeHiddenLanguage.com 웹사이트처럼 회로를 시뮬레이션하는 경우에도 마찬가지입니다.

그렇지만 3바이트 누산기의 경우 하드웨어와 소프트웨어가 매우 긴밀하게 연결되어 있는 예를 보여 주고 있습니다. 명령어 코드와 숫자는 메모리의 플립플롭에 저장되어 있으며, 이러한 값을 구성하는 비트들은 나머지 하드웨어와 통합해서 제어하는 신호로 사용됩니다. 가장 기본적인 수준에서 보면, 하드웨어와 소프트웨어는 모두 논리 게이트와 상호작용하는 전기 신호일 뿐입니다.

3바이트 누산기를 하나 직접 만들어서 작은 기업의 재무상태를 파악하는 데 사용하는 경우를 가정해 봅시다. 만일 여러분의 사업이 생각보다 잘되면 당연히 긴장하게 될 겁니다. 기계의 3바이트를 초과하는 수입이나 비용을 쉽게 접하게 되고, 이 장치에 있는 3바이트 제한은 하드웨어의 구성으로부터 왔기에 쉽게 확장할 수 없습니다.

3바이트 누산기를 더 이상 확장할 수 없음을 받아들여만 해야 할 것 같습니다. 다행히 우리가 3바이트 누산기를 만들면서 배운 내용은 어느 하나 버려지지 않을 것입니다. 사실 매우 중요한 것을 발견했습니다.

메모리에 저장된 명령어 코드에 반응하는 기계를 만들 수 있다는 놀라운 사실을 밝혀낸 것이죠. 3바이트 누산기에서는 4개의 명령어만 사용했지만,

명령어 코드를 바이트로 저장하고 있기 때문에 다양한 작업을 처리할 수 있는 명령어를 256개까지 정의할 수 있습니다. 이런 256개의 서로 다른 작업들은 매우 간단하지만 다재다능하게 만들어야, 명령어를 결합해서 더 복잡한 작업을 처리할 수 있습니다.

여기서 핵심은 단순한 작업은 하드웨어로 구현되는 반면, 복잡한 작업은 명령어 코드의 조합을 통해서 소프트웨어로 구현된다는 점입니다.

만일 1970년도에 이런 다재다능한 장치를 만들기로 결심했다면, 여러분은 앞으로 어마어마한 일을 처리해야만 했을 것입니다. 하지만 1980년이 되면 모든 것을 직접 처리할 필요가 없습니다. 64KB 메모리에 접근하고 거의 256개의 서로 다른 명령어 코드를 해석할 수 있는 마이크로프로세서라 불리는 칩을 살 수 있기 때문이죠.

첫 번째 '칩 위의 컴퓨터'는 인텔에서 만든 4004라 부르는 칩으로, 1971년 11월에 처음 사용할 수 있게 되었습니다. 이 칩은 2,250개의 트랜지스터를 가지고 있으며, 4KB 메모리에 접근할 수 있었습니다. 1972년 중반에 인텔은 최초의 8비트 마이크로프로세서인 8008을 출시했는데, 16KB 메모리에 접근할 수 있었습니다.

이 칩들은 키보드와 디스플레이가 있는 개인용 컴퓨터로 만들기에는 메모리 용량이나 다재다능함이 부족했습니다. 이 프로세서들은 대부분 다른 디지털 논리 회로들과 같이 작동해서 일부 기계를 제어하거나 특정한 작업을 수행하는 임베디드 시스템을 위한 용도로 설계된 것입니다.

이후 1974년 4월에 64KB의 메모리에 접근할 수 있고, 약 4,500개의 트랜지스터를 가졌으며 40핀 패키지로 만들어진 8비트 프로세서인 인텔 8080이 출시되었습니다.

인텔 8080은 대단한 성공을 누릴 준비가 되어 있었습니다. 이 마이크로프로세서는 19장의 끝에서 보았던 《Popular Electronics》의 표지에 나와 있는 첫 번째 가정용 컴퓨터인 알테어 8800에 사용된 프로세서였으며, 1981년 8월에 출시된 첫 번째 IBM PCPersonal Computer(개인용 컴퓨터)에서 사용된 인텔 16비트 마이크로프로세서의 할아버지 격이 됩니다.

한편, 모토로라 역시 마이크로프로세서를 만들고 있었습니다. 1974년에 출시된 모토로라 6800은 64KB의 메모리에 액세스할 수 있는 또 다른 8비트 마이크로프로세서였습니다. 모스 테크놀로지MOS Technology는 1975년에 6800을 간략화시킨 버전을 출시했으며, MOS 6502라고 불렀습니다. 이 프로세서는 스티브 워즈니악Steve Wozniak(1950~)이 1977년 6월에 출시한 대단한 영향력을 발휘한 애플 II 컴퓨터에 사용되었습니다.

인텔 8080과 모토로라 6800 둘 다 64KB의 메모리에 액세스할 수 있는 40핀 패키지를 가진 8비트 마이크로프로세서였지만, 프로세서에 구현되어 있는 명령어 코드는 완전히 달랐습니다. 또한 또 다른 근본적인 차이점이 있습니다. 앞에서 다수의 바이트로 표현되는 숫자를 저장하기 위한 두 가지 방식인 빅 엔디언과 리틀 엔디언 접근법에 대해 이야기했습니다. 모토로라 6800은 최상위 바이트를 먼저 저장하는 빅 엔디언 마이크로프로세서였던 반면에, 인텔 8080은 최하위 바이트를 먼저 저장하는 리틀 엔디언 마이크로프로세서였습니다.

다음 장부터는 인텔 8080 프로세서를 하나 만들면서 안쪽의 동작을 살펴볼 예정입니다. 다만, 지금까지 여러분들이 보았던 논리 게이트, 플립플롭, 덧셈기, 래치, 삼상 버퍼와 같은 기본 구성요소만 사용할 예정입니다.

이 야심 찬 프로젝트를 여기서 끝내지는 않을 것입니다. 이 책에서 만드는 인텔 8080 프로세서가 실제 제품보다 강력하지는 않지만, 이 작업을 마칠 때쯤이면 여러분은 컴퓨터 내부에서 어떤 일이 일어나고 있는지 매우 깊게 이해하게 될 것입니다.

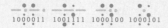

산술 논리 장치

Automating Arithmetic

최신 컴퓨터는 무수히 많은 구성요소들이 복잡하게 조립되어 있지만, 대략적으로 3개의 범주로 나눠볼 수 있습니다.

- 메모리
- CPU라 부르는 중앙 처리 장치
- 주변 장치라 부르는 입출력(I/O) 장치들

우리는 19장에서 RAM이 어떤 구조로 되어 있으며, 어떻게 구성되며, 주소를 통해서 메모리 안에 있는 각각의 바이트에 어떻게 접근할 수 있는지 배웠습니다. 20장에서는 메모리의 내용으로 어떻게 숫자를 저장하고, 메모리에 저장된 명령어 코드가 어떻게 회로를 제어해서 숫자를 다룰 수 있는지도 살펴봤습니다. 일반적으로 메모리에는 문서, 사진, 음악, 동영상을 비롯한 디지털(즉, 0과 1)로 표현할 수 있는 모든 것을 저장할 수 있습니다. 메모리에 저장된 명령어 코드는 보통 짧게 코드code라 부르고, 다른 모든 것은 데이터data라 부릅니다. 즉, 메모리는 코드와 데이터 모두를 담을 수 있습니다.

컴퓨터는 보통 주변 장치라 부르는 여러 가지 입출력(I/O) 장치도 포함하고 있습니다. 특정한 컴퓨터가 가지고 있는 주변 장치는 컴퓨터가 책상 위에 있는지, 접혀져 있는지, 주머니나 가방에 있는지, 전자레인지나 로봇 청소기, 혹은 자동차 안에 숨겨져 있는지에 따라서 큰 차이가 납니다.

데스크톱 컴퓨터에서 가장 눈에 띄는 I/O 장치는 모니터, 키보드, 마우스이며, 구석에 프린터가 있을 수도 있겠네요. 노트북의 경우 마우스가 아닌 터치패드가 있을 수 있으며, 스마트폰은 모든 기능이 화면 하나에서 이뤄집니다. 데스크톱 컴퓨터의 하드 디스크, 노트북의 SSDSolid State Drive, 스마트폰의 플래시 메모리와 같이 모든 컴퓨터는 대용량 저장 장치를 탑재하고 있으며, USB 스틱과 같은 외장 저장 장치를 이용해서 용량을 확장할 수도 있습니다.

음악이나 소리를 재생하는 회로, 이더넷이나 와이파이를 이용해서 인터넷에 접속할 수 있게 해 주는 회로, GPSGlobal Positioning System 신호를 받아서 위치와 가고자 하는 곳을 알려 주는 회로, 스마트폰의 방향과 움직임을 감지할 수 있는 중력과 방향을 감지하는 장치들과 같은 수많은 다른 I/O 장치들은 눈에 잘 띄지도 않습니다.

하지만 이번 장(과 이후 세 개 장)의 주제는 어떤 비유를 사용했는지에 따라 다르지만, 컴퓨터의 '심장', '영혼', 혹은 '두뇌'라 불리는 CPU입니다.

20장에서는 메모리에 접근하기 위한 카운터, 덧셈기, 래치로 구성된 3바이트 누산기에 대해서 살펴봤습니다. 이 장치는 메모리에 저장된 코드로 회로를 제어해서 숫자를 더하고, 빼고, 이후 지금까지의 중간 합계를 메모리에 저장하는 작업을 처리했습니다.

CPU는 다양한 코드에 반응하도록 일반화되어 있다는 점을 제외하면 3바이트 누산기와 매우 비슷합니다. 결과적으로 CPU는 이전에 만들었던 장치보다 훨씬 더 다재다능합니다.

여기서 만들 CPU는 바이트를 사용해서 동작할 것입니다. 따라서 8비트 CPU 혹은 8비트 프로세서로 분류할 수 있을 것입니다. 하지만 16비트(2바이트) 메모리 주소 영역, 즉 64KB RAM 주소를 생성할 수 있습니다.

8비트 CPU는 주로 바이트를 가지고 작업을 하지만, 메모리 주소에서 사용하기 위해서 반드시 16비트 값을 처리할 수 있어야 합니다. 비록 이 CPU가 실제 물질 세계에 존재하는 것은 아니지만, 적어도 이론적으로는 메모리에서 코드와 데이터를 읽어서 다양한 형태의 산술, 논리 작업을 처리할 수 있을 것입니다. 산술 및 논리 연산 기능적인 측면에서는 다른 디지털 컴퓨터(아무리 정교한 것이라 해도)와 별 차이가 없을 것입니다.

지난 몇 년 동안 8비트 CPU가 16비트 CPU, 다시 32비트 CPU, 64비트 CPU에게 자리를 내주었지만, 이런 최신 CPU라고 해서 다른 형태의 처리 작업을 하게 된 것은 아닙니다.[1] 대신 같은 작업을 훨씬 더 빠르게 처리할 수 있습니다. 어떤 경우에는 속도가 모든 차이를 만들어 냅니다. 예를 들어 CPU가 동영상을 인코딩한 비트 스트림을 디코딩하는 경우에는 속도가 중요합니다. 8비트 CPU로도 같은 처리를 할 수 있지만, 너무 느려서 영화를 제 속도로 볼 수는 없을 것입니다.

8비트 CPU는 기본적으로 바이트 단위로 산술, 논리 연산을 수행하지만, 여러 바이트의 숫자도 처리할 수 있습니다. 예를 들어, 두 개의 16비트 숫자 1388h(십진수 5,000)와 09C4h(십진수 2,500)를 더하는 경우를 생각해 봅시다. CPU 처리를 위해서 메모리에 다음 값을 입력할 수 있습니다.

0000h:	3Eh
	88h
	C6h
	C4h
	32h
	10h
	00h
	3Eh
	13h
	CEh
	09h
	32h
	11h
	00h
	76h
	00h
0010h:	00h
	00h

---

1 (옮긴이) 의문을 가질 수 있는데, 본문의 내용은 기본적인 연산으로 처리할 수 없는 어떤 것이 추가된 것이 아니라, 빠르게 할 수 있는 어떤 것이 추가된 것이라는 의미로 받아들이면 됩니다. 프로세서가 발전하면서 트렌드에 맞는 다양한 연산을 더 잘 처리할 수 있도록 명령어가 추가되고 개선되어 오기는 했습니다. 예를 들면, 미디어 처리를 더 잘할 수 있는 전용 명령어가 만들어지거나 딥러닝에 맞는 연산 셋이 만들어지는 것이죠.

물론 메모리에 있는 모든 바이트에 명령어 코드와 데이터가 뒤섞여 있기 때문에 어떤 의미인지 명확하게 알기 어려울 것이며, 지금은 어떤 명령어 코드가 있는지도 모를 것입니다. 아래 주석을 달아보았습니다.

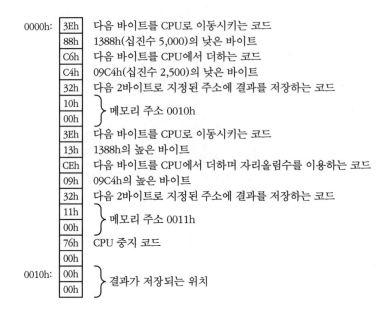

(여러분도 이미 짐작했겠지만) 위와 같은 일련의 명령을 보통 **컴퓨터 프로그램**이라 부릅니다. 이 프로그램은 1388h(십진수 5,000)와 09C4h(십진수 2,500)를 더하는 상당히 간단한 프로그램입니다. 우선, CPU는 두 16비트 값의 낮은 바이트들(88h와 C4h)을 더하고, 이 결과를 메모리 주소 0010h에 저장합니다. 그다음으로 두 값의 높은 바이트들(13h와 09h)을 첫 번째 덧셈으로부터 발생했을 수도 있는 자리올림 값과 같이 더해서 그 합을 주소 0011h에 저장합니다. 그 후에 CPU를 멈춥니다. 16비트 합은 주소 0010h와 0011h에 들어 있으므로, 나중에 확인해 볼 수 있습니다.

명령어 코드 3Eh, C6h, 32h, CEh, 76h라는 값은 어디서 가지고 왔을까요? 이 시점에서는 아직 CPU를 만들지도 않았으므로 아무렇게나 임의의 값을 부여할 수도 있지만, 그렇게 한 것은 아닙니다. 그 대신 상업적으로 성공한 최초의 개인용 컴퓨터로 인정받고 있는 MITS 알테어 8800에서 사용한 유명한 인텔 8080 마이크로프로세서에서 구현된 실제 명령어 코드를 사용했습니다. 첫 번째 IBM PC는 8080 마이크로프로세서 대신 인텔 8088을 사용했지만, 숫자에서 알 수 있듯이 이 프로세서의 다음 세대 제품이었습니다.

이번 장과 이후의 몇 장에 걸쳐 CPU를 설계하는 과정에서 인텔 8080 프로세서를 모델로 사용할 것입니다. 모델로만 사용할 것이며, 여기서 설계할 CPU는 8080의 일부 명령만 구현할 것입니다. 인텔 8080은 244개의 명령어 코드를 구현했지만, 이 책의 CPU가 완성되었을 때는 그 절반 남짓만 구현되어 있을 것입니다.

그럼에도 여러분은 컴퓨터의 심장(혹은 영혼 혹은 두뇌)에서 어떤 일이 벌어지고 있는지 매우 잘 알게 될 것입니다.

이 코드들을 명령어 코드 혹은 동작 코드 혹은 오피코드opcode라 부릅니다. 또한 이 코드들은 CPU를 구성하는 회로에서 직접적으로 사용하기 때문에 기계어machine code라고도 알려져 있습니다. 앞에서 봤던 짧은 컴퓨터 프로그램은 기계어의 예가 됩니다.

8080의 모든 명령어 코드는 1바이트만 사용하지만, 일부는 명령어 뒤로 1 또는 2바이트가 더 필요한 경우가 있습니다. 앞의 예에서 명령어 코드 3Eh, C6h, CEh는 그다음에 항상 한 바이트가 더 필요했습니다. 명령어 코드 뒤에 나오는 바이트가 실질적으로는 한 명령의 일부라 볼 수 있으므로, 이런 명령은 2바이트 명령어라 이야기합니다. 명령어 코드 32h의 뒤에는 주소를 지정하기 위한 2바이트가 따라 나오며, 3바이트 명령어 중 하나입니다. 많은 명령어는 CPU를 멈추는 76h 코드와 같이 추가적인 바이트가 필요하지 않습니다. 명령어의 길이가 가변적인 것은 의심의 여지없이 CPU 설계를 복잡하게 만듭니다.

이전 예제에서는 두 개의 16비트를 더하기 위해서 코드와 데이터를 뒤섞어서 특정한 순서로 배치했었는데, 이 방법이 가장 좋은 방법은 아닙니다. 많은 경우 코드의 데이터를 메모리에서 별도의 영역에 두는 것이 더 좋습니다. 다음 장에서는 이런 방식이 어떻게 동작하는지 더 살펴볼 예정입니다.

CPU 자체는 몇 가지 구성요소로 구성됩니다. 이 장의 나머지 부분에서는 ALUarithmetic logic unit(산술 논리 장치)라 부르는 CPU에서 가장 기본적인 부분에 집중하도록 하겠습니다. 이 부분은 CPU에서 덧셈과 뺄셈뿐 아니라 몇 가지 다른 유용한 작업들을 수행합니다.

8비트 CPU에 있는 ALU는 8비트 덧셈과 뺄셈만 가능하지만, 비교적 자주 16비트, 24비트, 32비트, 심지어는 더 큰 숫자를 처리해야 하는 경우가 있습니다. 앞에서 살펴본 것처럼, 이런 큰 숫자는 최하위 바이트부터 시작해서 바이트 단위로 더하고 빼야 하며, 이후의 덧셈이나 뺄셈에서는 이전 연산에서 발생한 자리올림수(혹은 빌림)를 고려해서 진행되어야 합니다.

따라서 ALU는 다음과 같은 작업을 할 수 있어야 합니다.

* 하나의 8비트 숫자를 다른 숫자와 더합니다.
* 하나의 8비트 숫자를 다른 숫자와 더하며, 자리올림수를 같이 사용합니다.
* 하나의 8비트 숫자를 다른 숫자에서 뺍니다.
* 하나의 8비트 숫자를 다른 숫자에서 빼며, 자리올림수를 같이 사용합니다.

여기서는 자리올림수를 사용한 뺄셈이라고 적었지만, 보통은 빌림수를 이용한 뺄셈이라 이야기하는 것이 더 정확합니다. 같은 것에 단지 용어만 다르게 사용하는 것입니다.

편하게 쓰기 위해서 위의 네 가지 연산을 간단하게 적어봅시다.

* 더하기(Add)
* 자리올림 더하기(Add with Carry)
* 빼기(Subtract)
* 빌림 빼기(Subtract with Borrow)

결과적으로는 위의 설명을 더 줄일 것입니다. '자리올림 더하기'와 '빌림 빼기'는 모두 이전의 덧셈 혹은 뺄셈에서 오는 자리올림을 사용하는 연산이라는 점을 기억하십시오. 이 비트는 연산의 결과가 자리올림수를 만드는지에 따라 0 혹은 1이 될 수 있습니다. 이 말은 ALU가 어떤 연산을 할 때 자리올림수는 다음 연산에서 사용할 수 있도록 저장되어야 한다는 것을 의미합니다.

당연하겠지만 기본적인 연산에서 자리올림을 처리하지 않는 것보다 자리올림을 같이 처리하는 것이 훨씬 더 복잡합니다.

예를 들어 한 쌍의 32비트(4바이트) 숫자들을 더해야 할 필요가 있다고 가정해 봅시다. 우선 최하위 바이트를 더해야 하고, 여기서 자리올림수가 발생할 수도 있고 발생하지 않을 수도 있습니다. 여기의 자리올림은 덧셈의 결과에서 나온 자리올림을 나타내기 때문에, **자리올림 플래그**Carry flag라 부르도록 합시다. 다시 이야기하면, 이 자리올림 플래그는 0 혹은 1일 될 수 있습니다. 그다음 단계에서 이전의 덧셈에서 나온 자리올림 플래그를 사용해서 다음 자리 바이트의 두 수를 더하고, 다음 바이트로 계속 진행하면 됩니다.

한 쌍의 32비트 숫자를 더하려면 4개의 바이트 쌍에 대해서 다음 4개의 연산이 필요합니다.

- 더하기(Add)
- 자리올림 더하기(Add with Carry)
- 자리올림 더하기(Add with Carry)
- 자리올림 더하기(Add with Carry)

16장에서 논의했던 것처럼 빼려는 숫자를 2의 보수로 바꿔야 한다는 점을 제외하면 뺄셈도 비슷합니다. 모든 0 비트는 1이 되고, 모든 1 비트는 0이 되며, 여러 바이트의 숫자의 첫 번째 최하위 바이트의 경우에는 덧셈기의 자리올림 입력을 '1'로 설정해서 더합니다. 한 숫자에서 32비트 숫자를 빼려면 다음 4개의 연산이 필요합니다.

- 빼기(Subtract)
- 빌림 빼기(Subtract with Borrow)

- 빌림 빼기(Subtract with Borrow)
- 빌림 빼기(Subtract with Borrow)

이런 형태의 덧셈과 뺄셈을 수행하는 회로는 다음과 같은 상자로 표시할 수 있습니다.

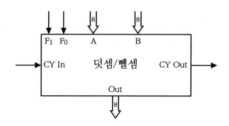

이상하게 보이지는 않을 것입니다. 이전에 보았던 것과 비슷하게 두 8비트 입력을 더하거나 빼면 8비트 출력이 나오는 것은 같지만 몇 가지 다른 점이 있습니다.

일반적으로 8비트 덧셈기에 이름표를 붙일 때는 자리올림 입력에 CICarry In, 자리올림 출력에 COCarry Out라는 이름을 사용했지만, 여기서는 약간 다른 이름을 붙였습니다. 여기서는 자리올림 플래그Carry flag에 CY라는 약자를 사용한 것이죠. 그림에서 볼 수 있듯이, CY 출력은 실제로는 덧셈기에서 나오는 자리올림 출력(CO)과 같지만 이전 덧셈 혹은 뺄셈에서 나온 자리올림 플래그에서 들어오는 것이며, 덧셈기로 들어가는 자리올림 입력과는 다를 수 있습니다.

또한 그림에는 F_0와 F_1이라는 이름표가 붙어 있는 두 개의 입력이 있는데, F는 '기능function'을 나타내며, 이 값에 따라 상자의 동작을 제어하게 됩니다.

F_1	F_0	동작
0	0	더하기(Add)
0	1	자리올림 더하기(Add with Carry)
1	0	빼기(Subtract)
1	1	빌림 빼기(Subtract with Borrow)

지금 우리가 메모리에 저장된 명령어 코드를 이용해서 어떤 작업을 할 수 있는 무언가를 만들고 있다는 점을 기억해야 합니다. 이런 명령어 코드를 지능적으로 잘 설계하면, 앞 장에서 더하기와 빼기를 위한 비트를 명령에서 바로 가져왔던 것처럼 여기서도 명령어 코드의 두 비트를 바로 가져와 기능 비트로 넣을 수 있을 것입니다. 아래에 있는 덧셈/뺄셈 모듈은 상당히 익숙할 것입니다.

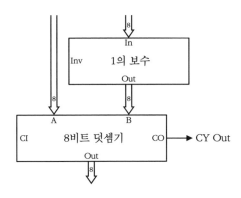

'1의 보수'라는 이름표가 붙어 있는 상자는 InvInvert(반전) 입력이 1일 때 입력되는 데이터 값을 반전시킵니다. 이 과정은 뺄셈을 위해서 2의 보수를 만들기 위한 첫 단계로 필요합니다.

덧셈기에서 나오는 자리올림 출력이 덧셈/뺄셈 모듈의 CY 출력이 됩니다. 다만, 이 그림에서는 1의 보수로 들어가는 Inv 신호와 덧셈기의 CI 신호에 대한 부분의 연결은 나타나 있지 않습니다. Inv 신호는 뺄셈일 때 1이면 되는데, CI는 조금 더 복잡합니다. 논리도를 이용하여 더욱 명확하게 설명할 수 있는지 알아보도록 하겠습니다.

F_1	F_0	기능	Inv	CI
0	0	더하기(Add)	0	0
0	1	자리올림 더하기(Add with Carry)	0	CY
1	0	빼기(Subtract)	1	1
1	1	빌림 빼기(Subtract with Borrow)	1	CY

이 표를 통해 1의 보수로 들어가는 Inv의 경우 F_0와 같다는 것을 알 수 있습니다. 아주 간단하죠. 하지만 덧셈기로 들어가는 CI 입력은 조금 복잡합니다. 이 값은 뺄셈의 경우에 1의 값을 가지는데, 이는 2의 보수를 얻기 위해서 1의 보수에 1을 더해야 하는 여러 바이트 뺄셈의 첫 바이트에 대해서 적용됩니다. F_0 값이 1이면 CI는 이전 덧셈 혹은 뺄셈의 CY 플래그 값이 되어야 하는데, 이 작업은 모두 다음 회로를 이용해서 처리할 수 있습니다.

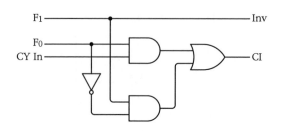

상호작용하는 완전한 덧셈/뺄셈 모듈은 CodeHiddenLanguage.com에서 확인할 수 있습니다.

산술 논리 장치에서 덧셈과 뺄셈 이외에 어떤 작업을 처리하면 좋을까요? 만약 여러분이 '곱셈과 나눗셈'을 생각했다면, 실망할까 봐 걱정이 됩니다. 앞에서 덧셈과 뺄셈을 처리하는 회로를 만드는 것이 얼마나 어려웠는지 생각하면서, 곱셈이나 나눗셈의 논리적 복잡도가 얼마 정도나 될지 상상해 봅시다. 이런 회로를 만드는 것은 가능하지만, 이 책이 품고 있는 온건한 야망의 범위를 훨씬 뛰어넘습니다. 또한 인텔 8080에서도 곱셈이나 나눗셈을 구현하지 않았으므로 여기서 만들 CPU에서도 구현하지 않을 것입니다. 하지만 조금만 인내심을 가지고 기다리면 24장에서 우리가 만든 CPU가 곱셈을 처리하기 위해 어떤 도구를 갖추고 있는지 알게 될 것입니다.

곱셈에 대해서 걱정하는 대신 산술 논리 장치의 두 번째 단어인 논리logic에 대해서 생각해 봅시다. 이 책에서 논리라는 단어는 보통 불 연산을 가리킵니다. 이런 동작은 어디에 쓸모가 있을까요?

메모리의 어떤 주소에 다음 ASCII 부호가 저장되었다고 가정해 봅시다.

1000h:	54h	T
	6Fh	o
	6Dh	m
	53h	S
	61h	a
	77h	w
	79h	y
	65h	e
	72h	r

모든 문자를 소문자로 바꾸려는 경우를 생각해 보겠습니다.

잠시 시간을 내서 13장의 202쪽을 들춰 보면 ASCII 부호에서 대문자의 경우 41h에서 5Ah의 범위를 가지고, 소문자의 경우 61h에서 7Ah의 범위를 가지며, ASCII에서 같은 알파벳의 대문자와 소문자 간에는 20h의 차이가 나는 것을 알 수 있습니다. 따라서 문자가 대문자인 경우 ASCII 부호에 20h를 추가하면 소문자로 바꿀 수 있습니다. 예를 들어, 대문자 T의 ASCII 부호인 54h에 20h를 더하면 소문자 t의 ASCII 부호값인 74h를 얻을 수 있습니다. 이런 연산을 이진수로 나타내면 다음과 같습니다.

$$
\begin{array}{r}
01010100 \\
+\ 00100000 \\
\hline
01110100
\end{array}
$$

하지만 모든 문자에 대해서 위와 같은 연산을 할 수 있는 것은 아닙니다. 예를 들어 소문자 o의 ASCII 부호인 6Fh에 20h를 더하면 8Fh가 되는데, 이 값은 ASCII 부호가 아닙니다.

$$
\begin{array}{r}
01101111 \\
+\ 00100000 \\
\hline
10001111
\end{array}
$$

하지만 비트 패턴을 자세히 살펴봅시다. 여기 A의 대문자와 소문자에 대한 ASCII 부호인 41h와 61h가 있습니다.

A: 0 1 0 0 0 0 0 1
a: 0 1 1 0 0 0 0 1

또한 Z의 대문자와 소문자에 대한 ASCII 부호인 5Ah와 7Ah가 있습니다.

Z: 0 1 0 1 1 0 1 0
z: 0 1 1 1 1 0 1 0

모든 문자에 대한 대문자와 소문자의 유일한 차이점은 왼쪽에서 3번째 비트의 값이 다르다는 것입니다. 따라서 해당 비트를 1로 설정해서 대문자를 소문자로 바꿀 수 있을 것입니다. 만일 해당 비트가 이미 1로 설정된 소문자의 경우에도 상관없습니다.

따라서 20h를 더하는 대신 각각의 비트 쌍에 대해서 불 OR 연산을 사용하는 것이 더욱 합리적입니다. 6장에 나온 이 논리표를 기억하나요?

OR	0	1
0	0	1
1	1	1

OR 연산에서는 두 입력 중 하나라도 1이면 1이 결과로 나옵니다.

다시 대문자 T가 있지만, 20h를 더하는 대신 대문자 T를 의미하는 54h와 20h에 대한 OR 연산을 적용시켜 보겠습니다.

```
     0 1 0 1 0 1 0 0
OR 0 0 1 0 0 0 0 0
     0 1 1 1 0 1 0 0
```

해당 비트 중 하나가 1이면 결과는 1이 됩니다. 이 방식의 장점은 소문자를 입력으로 사용하더라도 바뀌지 않는다는 점입니다. 다음은 소문자 o와 20h에 대한 OR 연산을 취한 결과입니다.

```
     0 1 1 0 1 1 1 1
OR 0 0 1 0 0 0 0 0
     0 1 1 0 1 1 1 1
```

메모리에 저장된 각각의 문자를 20h와 OR 연산을 적용하면 모든 문자를 소문자로 변환할 수 있습니다.

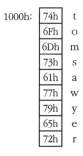

지금 여기서 우리가 한 작업은 각각의 비트 위치에 대한 OR 연산이 이뤄진 것이므로, 비트단위 OR_{bitwise OR} 연산이라는 이름으로 부릅니다. 이 작업은 문서의 문자들을 소문자로 변환하는 것 이외의 다른 작업에도 유용합니다. 따라서 산술 논리 장치에 다음과 같은 회로를 추가하도록 하겠습니다.

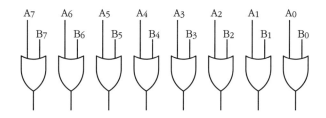

이 회로는 A와 B라는 이름표가 붙은 두 바이트의 8비트 각각에 OR 연산을 수행합니다. 이 회로를 상자에 넣고 간단한 이름을 붙여 봅시다.

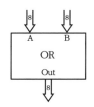

이제 문서에 있는 모든 문자를 대문자로 바꾸는 방법도 생각해 보겠습니다. 비트를 1로 설정하는 대신 0으로 바꾸려고 하는 것이므로 약간 다릅니다. 즉, OR 연산 대신 AND 연산이 필요해진 것이죠. 다음은 6장에 있던 논리표입니다.

AND	0	1
0	0	0
1	0	1

20h를 가지고 OR 연산을 하는 대신, 20h의 역수인 DFh(이진수로 11011111)와 AND 연산을 하면 됩니다. 소문자 o를 대문자로 바꾸는 것을 보겠습니다.

$$\begin{array}{r} 01101111 \\ \text{AND } 11011111 \\ \hline 01001111 \end{array}$$

ASCII 부호 6Fh가 4Fh가 되었으며, 이 값은 ASCII 부호에서 대문자 O를 나타냅니다.

만일 해당 문자가 이미 대문자라면 DFh와 AND 연산을 해도 아무런 변화가 일어나지 않습니다. 이제 대문자 T의 경우를 보죠.

$$\begin{array}{r} 01010100 \\ \text{AND } 11011111 \\ \hline 01010100 \end{array}$$

위의 경우는 DFh와 AND 연산을 취해도 그대로 대문자를 유지하게 됩니다. 전체 문서에 대해서 AND 연산을 취하면 모든 문자가 대문자로 바뀝니다.

1000h:	54h	T
	4Fh	O
	4Dh	M
	53h	S
	41h	A
	57h	W
	59h	Y
	45h	E
	52h	R

두 바이트 간의 비트단위 AND 연산을 처리할 수 있도록 ALU에 8개의 AND 게이트를 포함시키는 것이 유용할 것 같습니다.

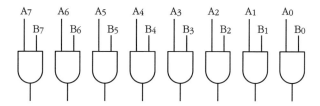

역시 간단하게 사용하기 위해서 작은 상자 안에 이 회로를 넣어 두겠습니다.

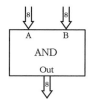

비트단위 AND 연산은 바이트에서 특정 비트가 0인지 1인지 확인하는 데도 유용합니다. 예를 들어 문자에 대한 ASCII 부호가 있는 경우에 이 문자가 대문자인지 소문자인지 확인하고 싶다면 20h와 비트단위 AND를 수행하면 됩니다. 만일 그 결과가 20h이면 해당 문자는 소문자인 반면, 결과가 00h이면 해당 문자는 대문자입니다.

유용한 다른 비트단위 연산으로는 XOR(배타적 OR) 연산이 있습니다. 다음 표는 14장에서 가지고 온 것이며, 이 연산이 덧셈에 도움이 된다는 것을 확인할 때 본 적이 있었습니다.

XOR	0	1
0	0	1
1	1	0

두 개의 바이트 사이에 비트단위 XOR 연산을 수행하기 위해서 8개의 XOR 게이트를 한 줄로 구성했습니다.

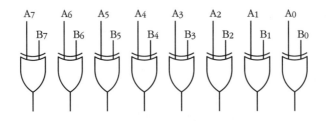

다시 한번 이 회로를 간단하게 상자 안에 넣어둡시다.

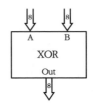

XOR 연산은 비트를 반전시키는 데도 쓸모가 있습니다. 예를 들어, ASCII 부호로 표현된 'TomSawyer' 문자열에 20h와 XOR 연산을 적용시키면 모든 대문자는 소문자로, 모든 소문자는 대문자로 바뀝니다. FFh를 사용해서 XOR 작업을 수행하면 모든 비트를 반전시킬 수 있습니다.

앞에서 덧셈/뺄셈 유닛을 위해서 F_1과 F_0라는 이름을 붙인 기능 비트를 정의한 적이 있습니다. 전체 ALU를 위해서는 3개의 기능 비트가 필요합니다.

F_2	F_1	F_0	동작
0	0	0	더하기(Add)
0	0	1	자리올림 더하기(Add with Carry)
0	1	0	빼기(Subtract)
0	1	1	빌림 빼기(Subtract with Borrow)
1	0	0	비트단위 AND
1	0	1	비트단위 XOR
1	1	0	비트단위 OR
1	1	1	비교(Compare)

이 기능 코드들은 임의로 지정한 것이 아니라, 인텔 8080 마이크로프로세서에서 구현된 실제 명령어 코드로부터 가져올 수 있도록 만들어진 것입니다. 비트단위 AND, XOR, OR 이외에 비교Compare라 불리는 동작이 표에 추가되어 있는데, 이 부분은 잠시 후에 다루겠습니다.

이번 장의 시작 부분에서 메모리의 다음 바이트를 더하기 위한 동작 코드 C6h와 CEh가 있는 짧은 프로그램을 보여드렸습니다. C6h는 일반적인 덧셈이고, CEh는 자리올림 덧셈입니다. 이 명령어들은 바로 뒤에 나오는 바이트를 연산에 사용하고 있기 때문에 즉치immediate 명령어[2]라 부릅니다. 인텔 8080 프로세서에서 이 두 명령어는 다음과 같은 8가지 동작 코드의 일부입니다.

명령어	동작 코드
즉치 더하기	C6h
즉치 자리올림 더하기	CEh
즉치 빼기	D6h
즉치 빌림 빼기	DEh
즉치 비트단위 AND	E6h
즉치 비트단위 XOR	EEh
즉치 비트단위 OR	F6h
즉치 비교	FEh

이 명령어들은 다음과 같이 일반화된 형식으로 표현할 수 있습니다.

$$1 \; 1 \; F_2 \; F_1 \; F_0 \; 1 \; 1 \; 0$$

여기서 F_2, F_1, F_0가 앞의 표에서 보여 준 비트들입니다. 이 세 비트는 비트단위 AND, XOR, OR 상자를 연결한 다음 회로에서 사용됩니다.

---

2 (옮긴이) 즉치라는 말은 명령어에 포함된 값을 의미합니다. 보통은 명령에 포함된 상수가 많은 경우 즉치가 됩니다.

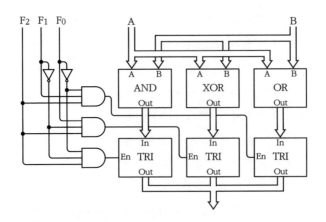

A와 B 입력은 AND, XOR, OR 상자 모두에 들어가서 동시에 지정된 동작을 처리하게 되지만, 출력은 하나만 선택되어야 합니다. 이런 동작을 위해서 8비트 삼상 버퍼를 나타내는 TRI라는 이름표가 붙은 3개의 상자가 사용되었습니다. 삼상 버퍼를 사용하면 3개의 F_0, F_1, F_2의 기능 신호를 기반으로 하나를 선택하거나 혹은 하나도 선택하지 않을 수도 있습니다. F_2가 0인 경우나 F_2, F_1, F_0가 모두 1인 경우에는 출력이 선택되지 않습니다. 이 그림도 상자 형태로 그려보겠습니다.

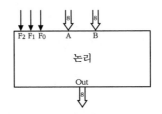

이 부분이 산술 논리 장치에서 논리 부분입니다.

앞의 표에서 F_2, F_1, F_0이 모두 1인 경우에 비교Compare 연산이 수행된다고 이야기했는데, 이것은 어떤 의미일까요?

경우에 따라 어떤 숫자가 다른 숫자보다 큰지, 작은지, 같은지 판단하는 것이 필요합니다. 그럼 어떻게 이런 동작을 할 수 있을까요? 기본적으로는 빼면 됩니다. 바이트 B에서 바이트 A를 빼서 그 결과가 0이면 두 숫자가 같은 것이며, 자리올림 플래그가 설정된 경우에는 바이트 B가 바이트 A보다 크다는 의미고, 자리올림 플래그가 설정되지 않은 경우에는 바이트 A가 더 크다는 의미입니다.

비교 연산은 빼기 연산과 같지만, 그 결과가 어디에도 저장되지 않는다는 중요한 차이가 있습니다. 그 대신 자리올림 플래그가 저장됩니다.

하지만 비교 연산의 경우 비교한 두 바이트가 같은지 확인하기 위해서 연산의 결과가 0인지도 확인해야 합니다. 이는 제로 플래그Zero flag라고 부르는 다른 플래그가 필요하다는 것을 의미하며, 이 플래그는 자리올림 플래그와 함께 저장되어야 합니다.

하는 김에 부호 플래그Sign flag라는 다른 플래그도 추가해 보겠습니다. 이 플래그는 연산 결과의 최상위 비트가 1인 경우 1로 설정되며, 연산 결과로 나온 숫자가 2의 보수인 경우 부호 플래그는 숫자가 음수인지 또는 양수인지 나타냅니다. 즉, 이 숫자가 음수이면 플래그가 1이고 숫자가 양수이면 0이 됩니다.

(사실 인텔 8080은 5개의 플래그를 정의하고 있습니다. 하지만 여기서는 덧셈기의 하위 4비트에서 상위 4비트로 자리올림수가 발생했는지 나타내는 보조 자리올림 플래그는 구현하지 않을 것입니다. 이 플래그는 18장에서 시계를 만들면서 이야기했던 BCD(이진화된 십진수)로 누산기 값을 변환시킬 수 있도록 인텔 8080 프로세서에 정의된 DADecimal Adjust Accumulator(누산기의 값을 BCD로 조정)를 구현하기 위해서 필요합니다. 이 책의 CPU에서 구현하지 않는 다른 플래그는 산술 혹은 논리 연산의 결과에 짝수개의 1이 존재하는 경우에 1을 설정하는 패리티 플래그Parity flag입니다. 이 플래그는 XOR 게이트 7개만 사용하면 만들 수 있기 때문에 구현 자체는 간단하지만, 다른 플래그에 비해서 쓸모가 많지는 않습니다.)

일부 프로그래밍 작업에서는 덧셈과 뺄셈보다 비교 연산이 더 중요합니다. 예를 들어 웹페이지에서 어떤 텍스트를 찾는 프로그램을 작성하는 경우에는 웹페이지에 있는 텍스트의 문자들과 찾으려는 문자들을 비교하는 작업이 포함되어야 합니다.

전체 산술 논리 장치는 덧셈/뺄셈 모듈과 논리 모듈을 약간 복잡한 주변회로로 연결해서 만들 수 있습니다.

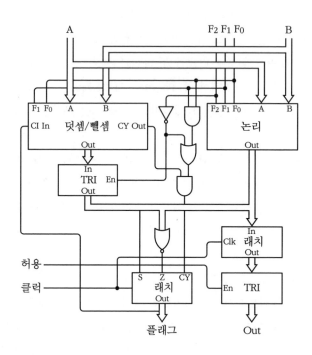

TRI라고 적혀 있는 두 개의 상자는 삼상 버퍼를 나타냅니다. 논리 모듈은 F_0, F_1, F_2라는 세 가지 조합이 AND, OR, XOR 작업을 지정할 때만 출력을 허용합니다. 덧셈/뺄셈 모듈의 출력과 연결된 삼상 버퍼는 F_2의 값이 덧셈 혹은 뺄셈을 나타내는 0인 경우에만 출력을 허용합니다.

그림에서 왼쪽 아래쪽에 있는 ALU 전체에 대한 Clk 입력은 아랫부분에 있는 두 개의 래치의 Clk과 연결되어 있습니다. 그림의 왼쪽 아래쪽에 있는 ALU에 대한 '허용' 입력은 그림의 오른쪽 아랫부분에 있는 삼상 버퍼의 허용 신호와 연결되어 있는데, 이 삼상 버퍼는 덧셈/뺄셈 모듈과 논리 모듈의 출력이 합쳐져 오는 출력에 연결되어 있습니다.

그림에 보이는 대부분의 논리 게이트는 CY(자리올림 플래그)를 만들기 위해서 사용되고 있습니다. 만일 F_2 신호의 값이 0이거나(즉, 덧셈이나 뺄셈을 나타냅니다), F_1과 F_0가 모두 0이 되어 비교 연산을 나타내는 경우에는 자리올림 플래그가 설정되어야 합니다.

3개의 플래그는 그림에서 가운데 아래쪽에 있는 래치의 입력으로 사용됩니다. 8입력 NOR 게이트는 연산의 결과가 모두 0인지 판단하는 것이며, 그 결과는 제로 플래그(짧게 Z라고 표시합니다)가 됩니다. 데이터 출력의 최상위 비트는 부호 플래그(짧게 S라 표시합니다)입니다. 플래그는 3개밖에 없지만, ALU에서 출력되는 것이므로 한 바이트에서 3비트를 사용하는 것처럼 처리됩니다. 또한 자리올림 플래그는 회로에서 다시 위로 올라가서 덧셈/뺄셈 모듈의 CY 입력으로 들어갑니다.

이 다음 단계는 모든 복잡한 논리 회로들을 간단한 상자 안에 숨기는 것입니다.

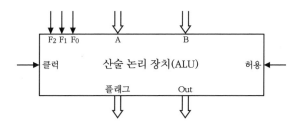

자, 이제 ALU(산술 논리 장치)를 모두 만들었습니다!

ALU는 CPU에서 매우 중요한 구성요소지만, CPU는 숫자에 대한 산술 논리 연산을 처리하는 것보다 더 많은 것이 필요합니다. 숫자를 ALU로 가져오는 방법과 결과를 저장하고 이동시키는 방법 등이 필요한 것이죠. 이 부분은 다음 단계입니다.

레지스터와 버스

Registers and Busses

컴퓨터의 일상적인 작업 중 많은 부분은 어떤 것을 이리저리 옮기는 것인데, 여기서 '어떤 것'은 물론 바이트들을 의미합니다. 파일을 읽거나 저장할 때, 음악이나 동영상을 스트리밍할 때, 혹은 화상 회의를 하는 모든 과정에서 이러한 바이트 이동을 경험하고 있는 것입니다. 가끔은 바이트가 충분히 빠르게 이동하지 않는 경우에, 우리 모두가 경험해 보았듯이 소리나 영상이 멈추거나 깨지는 경우가 있습니다.

조금 더 미시적인 단위로 보면, 바이트는 CPU 내부에서도 이동합니다. 메모리에서 CPU, 특히 ALU(산술 논리 장치)로 바이트가 이동하며, ALU에서 나온 결과는 간혹 추가적인 산술 혹은 논리 연산을 위해서 ALU로 다시 이동했다가 메모리로 이동하게 됩니다.

이와 같은 CPU 내부의 바이트 이동은 ALU에서 일어나는 숫자 처리만큼 매력적이지는 않지만 반드시 필요한 부분입니다.

이런 바이트들은 CPU 안에서 움직이면서 일련의 래치에 저장됩니다. 이 개념은 20장에서 3바이트 누산기를 만들면서 익숙해졌던 개념입니다. 이 장치에서는 4개의 8비트 래치가 있었는데, 하나는 명령어 코드를 저장하기 위한 것이고, 나머지 3개는 데이터 바이트를 저장하기 위한 것이었습니다.

이 책에서 몇 개 장에 걸쳐서 만들 CPU는 인텔 8080 마이크로프로세서를 기반으로 하고 있기 때문에 4개 이상의 래치가 필요하지만, 지금 당장 모든 것을 보여 주지는 않을 것입니다. 우선 CPU 명령어들이 직접 제어할 수 있는 매우 중요한 7개의 8비트 래치들에 집중하고 싶습니다. 이런 래치들을 레지스터register라 부르며, 이 레지스터의 주요한 목적은 ALU에서 처리하는 바이트들을 저장하는 것입니다.

7개의 레지스터가 모두 중요하지만, 그중 하나인 누산 레지스터accumulator[1]는 특히 중요합니다.

누산 레지스터는 얼마나 특별할까요? 앞장에서 ALU에는 A와 B라는 이름이 붙어 있는 두 개의 입력이 있었다는 것을 기억할 것입니다. 인텔 8080(그리고 이 책에서 만들고 있는 CPU에서도)에서 두 입력 중 첫 번째 입력은 항상 누산 레지스터에 저장된 값이며, ALU의 출력은 항상 누산 레지스터로 다시 저장됩니다. 누산 레지스터에 있는 값은 다른 레지스터로 이동되거나 메모리에 저장될 수 있습니다.

7개의 레지스터는 문자로 구분할 수 있는데, 누산 레지스터의 경우 레지스터 A라고도 합니다. 다른 4개의 레지스터는 별다른 의미 없이 B, C, D, E라는 이름이 붙어 있습니다. 하지만 나머지 두 레지스터의 이름이 F와 G가 아닙니다. 뒤에서 보겠지만, 이 두 개의 레지스터는 메모리에 접근하기 위한 16비트 주소를 만들어 내기 위해서 같이 사용되는 경우가 많기 때문에 '높은 바이트 high byte'와 '낮은 바이트low byte'를 의미하는 H와 L로 불립니다.

요약하면, 인텔 8080(과 이 책의 CPU)은 A, B, C, D, E, H, L이라 불리는 7개의 레지스터를 정의합니다.

이전 장 408쪽에서 동작 코드 3Eh를 '다음 바이트를 CPU로 이동시키는 코드'라고 적었었습니다. 더 정확하게 이야기하면 이 명령어 코드는 메모리의 다음 바이트에 있는 데이터를 레지스터 A라 불리는 누산 레지스터로 옮기는

---

1 (옮긴이) 앞에서 나온 누적 연산기를 의미했던 누산기와 영문 이름이 같지만, 여기서는 누적된 결과를 저장하는 레지스터를 의미하기 때문에 누산 레지스터(어큐뮬레이터)라고 부르겠습니다.

명령입니다. 이 코드 3Eh는 8080에서 구현되어 있는 다음 명령어 패밀리의
일부입니다.

동작 코드	의미
06h	다음 바이트를 레지스터 B로 이동
0Eh	다음 바이트를 레지스터 C로 이동
16h	다음 바이트를 레지스터 D로 이동
1Eh	다음 바이트를 레지스터 E로 이동
26h	다음 바이트를 레지스터 H로 이동
2Eh	다음 바이트를 레지스터 L로 이동
36h	다음 바이트를 레지스터 주소[HL]가 지정하는 메모리 위치로 이동
3Eh	다음 바이트를 레지스터 A로 이동

코드 3Eh는 이 표의 맨 아래에 있습니다. 이 코드들의 숫자 순서가 레지스터
의 알파벳 순서와 일치하지 않지만, 그냥 그렇게 되어 있는 것입니다.

코드 36h에 주목해 봅시다. 이 코드는 표에 있는 다른 명령어들과는 다릅
니다. 동작 코드 뒤에 있는 바이트를 7개의 래치 중 하나로 이동하는 대신, H
와 L 레지스터로 만들어지는 16비트 주소가 지정하는 메모리(보통 [HL]이라
는 기호로 표시됩니다)에 저장됩니다.

아직 이런 명령어를 이해할 수 있는 CPU를 만드는 작업을 끝낸 것은 아니
지만, 이런 CPU(혹은 인텔 8080을 사용하는 컴퓨터)가 있다면 이 명령어들 중
3개를 사용하는 다음의 짧은 컴퓨터 프로그램을 실행시킬 수 있을 것입니다.

0000h:	26h	다음 바이트를 레지스터 H로 이동시키는 코드
	00h	
	2Eh	다음 바이트를 레지스터 L로 이동시키는 코드
	08h	
	36h	다음 바이트를 [HL] 위치로 이동시키는 코드
	55h	
	76h	정지 코드
	00h	
0008h:	00h	◄ 바이트 55h가 저장되는 위치

이 코드들 중에 세 코드, 즉 26h, 2Eh, 36h는 조금 전에 보여 준 표에 있었습니다. 첫 번째 명령은 다음 바이트(00h)를 레지스터 H로 이동시키며, 두 번째 명령은 다음 바이트(08h)를 레지스터 L로 이동시킵니다. 레지스터 H와 L이 합쳐져서 16비트 메모리 주소 0008h를 만들고, 세 번째 명령어 코드는 36h로 다음 바이트(55h)를 H와 L 레지스터로 만들어진 주소가 지정하는 메모리 위치인 [HL]에 저장하라는 의미를 가진 명령입니다. 마지막으로 CPU를 정지시키는 코드인 76h를 만나게 됩니다.

레지스터 H와 L을 사용해서 16비트 메모리 주소를 만들어 내는 방식을 간접 주소 지정 방식indirect addressing이라 하며, 지금은 명확하지 않을 수 있지만 나중에는 매우 유용하다는 것을 알게 될 것입니다.

이전 표에 있는 8개 동작 코드의 비트를 살펴보면 다음과 같은 패턴을 발견할 수 있을 것입니다. 이 8개의 코드는 모두 다음과 같은 형태의 비트를 가지고 있습니다.

$$00DDD110$$

여기서 DDD는 다음 표와 같이 대상destination을 나타내는 3비트 코드입니다.

코드	레지스터 혹은 메모리
000	B
001	C
010	D
011	E
100	H
101	L
110	[HL] 또는 M
111	A

이 표에 있는 코드 110은 레지스터 H와 L을 조합해서 만드는 16비트 주소가 지정하는 메모리 위치를 나타냅니다. 필자는 개인적으로 메모리 위치를 [HL]

로 표시하는 것[2]을 선호하지만, 인텔의 8080 문서에는 마치 또 다른 레지스터를 나타내는 것처럼 메모리memory를 의미하는 M이라고만 적혀 있습니다.

8비트 프로세서에서 지원하는 모든 명령이 1바이트 길이의 코드를 가진 경우, 동작 코드가 몇 개까지 있을 수 있을까요? 당연히 256개입니다. 인텔의 8080에서는 244개의 명령어만 사용하고 있으므로 12개의 8비트 값은 정의하지 않고 남겨 둔 것입니다. 지금까지 21장의 420쪽과 429쪽에서 8개의 명령어 코드로 구성된 표 2개를 살펴보았습니다. 21장의 408쪽에서 명령어 코드 뒤에 나오는 메모리 주소에 한 바이트를 저장하는 명령어 코드 32h와 프로세서를 정지시키는 명령어 코드인 76h도 보았습니다.

이제 64개의 동작 코드가 있는 표를 보여드릴 테니, 정신을 바짝 차리기 바랍니다.

소스 레지스터	산술 및 논리 연산							
	ADD	ADC	SUB	SBB	ANA	XRA	ORA	CMP
B	80h	88h	90h	98h	A0h	A8h	B0h	B8h
C	81h	89h	91h	99h	A1h	A9h	B1h	B9h
D	82h	8Ah	92h	9Ah	A2h	AAh	B2h	BAh
E	83h	8Bh	93h	9Bh	A3h	ABh	B3h	BBh
H	84h	8Ch	94h	9Ch	A4h	ACh	B4h	BCh
L	85h	8Dh	95h	9Dh	A5h	ADh	B5h	BDh
M	86h	8Eh	96h	9Eh	A6h	AEh	B6h	BEh
A	87h	8Fh	97h	9Fh	A7h	AFh	B7h	BFh

이 표는 인텔 8080에 구현되어 있는 전체 동작 코드 중 1/4 이상을 포함하고 있으며, 여기에 있는 동작들은 CPU가 지원하는 핵심적인 산술, 논리 기능을 구성하고 있습니다.

동작 코드 표의 맨 위에 있는 8개 열에는 더하기Add, 자리올림 더하기Add with Carry, 빼기Subtract, 빌림 빼기Subtract with Borrow, 비트단위 AND, XOR, OR와 비교

---

2 (옮긴이) 대괄호를 사용해서 메모리에 접근한다는 것을 나타내고, 이 안에 있는 값이 주소를 나타내는 표기 방법입니다. 컴퓨터 구조 부분에서 자주 사용되는 표기법입니다.

Compare 연산을 나타내는 세 글자 약어가 표시되어 있습니다. 이 약어들은 인텔이 8080 마이크로프로세서 관련 문서에서 사용하고 있는 약어입니다. 이런 약자는 길게 풀어 쓴 동작의 기억을 도와주는 간단한 단어인 니모닉mnemonics이며, 8080 프로그램을 작성할 때도 중요한 역할을 합니다.

8개의 산술 및 논리 연산 각각은 왼쪽 열에 나타나 있는 것처럼 7개의 레지스터와 [HL]로 접근할 수 있는 메모리 위치까지 다양한 입력 소스와 결합할 수 있습니다.

이런 약어들을 통해서 명령어 코드를 좀더 쉽게 알아볼 수 있게 됩니다. 예를 들어, '레지스터 E의 내용을 누산 레지스터와 더하는 코드' 또는 '동작 코드 83h'라고 이야기하는 대신 다음과 같이 간단하게 표현할 수 있습니다.

ADD E

이 명령은 레지스터 E와 누산 레지스터의 값을 더해서 결과를 누산 레지스터에 저장합니다.

"메모리 [HL]에 저장되어 있는 바이트와 누산 레지스터 간에 XOR 연산을 취하라" 혹은 "동작 코드 AEh"라고 말하는 대신 다음과 같이 적을 수 있습니다.

XRA M

결과는 누산 레지스터에 저장됩니다.

이런 약어를 어셈블리어 명령assembly language instructions이라고 합니다. 이 용어는 1950년대 초에 컴퓨터 프로그램을 조립하는 과정을 표현하기 위해서 처음 나왔습니다. 니모닉은 CPU에서 구현되어 있는 특정 명령어 코드를 알려주는 매우 간결한 방법입니다. 어셈블리어 명령 XRA M은 동작 코드 AEh와 완전하게 동일하며, 그 반대도 마찬가지입니다.

이전 표에 있는 모든 64개의 명령은 다음과 같은 비트 패턴을 가지고 있습니다.

1 0 F F F S S S

여기서 FFF는 21장에서 구현했던 산술 및 논리 기능들을 나타내는 코드이며, SSS는 입력 소스가 어떤 레지스터인지 혹은 메모리인지 나타내는 것으로 430쪽에 나와 있던 코드와 같은 코드입니다.

앞의 429쪽에서 명령어 코드 뒤에 나오는 바이트를 특정 레지스터 혹은 메모리로 이동시키는 명령을 모아 둔 표를 보았습니다. 이런 명령을 즉치 이동 move immediate 명령이라 이야기하고 MVI라는 약어를 사용합니다. 이제는 이런 명령들에 대한 자세한 설명은 그만두고, 공식 어셈블리어 명령을 사용하기 시작할 시점입니다.

어셈블리어 명령	동작 코드
MVI B,data	06h
MVI C,data	0Eh
MVI D,data	16h
MVI E,data	1Eh
MVI H,data	26h
MVI L,data	2Eh
MVI M,data	36h
MVI A,data	3Eh

표에서는 어셈블리어 명령을 우선적으로 강조하기 위해서 동작 코드 부분을 마지막 열로 이동시켰습니다. 표에서 data라는 단어는 동작 코드 바로 뒤에 오는 바이트를 의미합니다.

21장의 408쪽에서 소개한 코드 32h는 명령어 코드 뒤에 있는 주소의 메모리로 누산 레지스터의 값을 저장하는 것입니다. 이 명령은 비슷한 한 쌍의 코드 중 하나입니다. 코드 3Ah는 주소로 지정된 위치에 있는 바이트 값을 누산 레지스터로 가져옵니다.

어셈블리어 명령	동작 코드
STA addr	32h
LDA Addr	3Ah

약어 STA는 '누산 레지스터를 저장store accumulator'을 의미하며, LDA는 '누산 레지스터로 로드load accumulator'를 의미합니다. 뒤에 있는 약어 addr은 동작 코드 뒤에 나오는 2바이트(16비트) 메모리 주소를 의미합니다.

니모닉 HLT는 CPU를 정지시키는 동작 코드 76h에 해당합니다.

다음의 짧은 컴퓨터 프로그램은 이런 명령어 몇 개만 사용하고 있으며, 동작 코드가 어떤 어셈블리어 명령에 해당하는지 보여 줍니다.

첫 번째 LDA 명령은 주소 2044h 값의 내용을 누산 레지스터로 로드하며 그 값은 66h가 됩니다. MVI 명령은 33h 값을 레지스터 B에 로드하며, ADD 명령은 레지스터 B의 값을 누산 레지스터와 더해서 누산 레지스터에 저장하기 때문에, 이제 누산 레지스터의 값은 99h를 가지게 됩니다. 그다음에 나오는 STA 명령은 이 합을 주소 2044h에 저장하여 66h를 99h로 덮어씁니다.

21장 421쪽에 있는 표에 나와 있는 8개의 동작 코드는 명령어 코드 다음에 나오는 바이트를 이용해서 산술 및 논리 연산을 수행합니다. 이 명령어들은 공식 인텔 8080 니모닉에서는 다음과 같이 표시되어 있습니다.

어셈블리어 명령	동작 코드
ADI data	C6h
ACI data	CEh
SUI data	D6h

SBI data	DEh
ANI data	E6h
XRI data	EEh
ORI data	F6h
CPI data	FEh

21장에서 이야기했던 것처럼 이런 명령어들은 동작 코드 뒤에 나오는 바이트 값을 즉시 이용해서 산술 및 논리 연산을 수행하기 때문에 **즉치 명령어**immediate instructions라 부릅니다. 이 명령어들은 'add immediate(즉치 더하기)', 'add with carry immediate(자리올림을 이용한 즉치 더하기)', 'subtract immediate(즉치 빼기)' 등으로 부를 수 있습니다. 이런 동작에는 항상 누산 레지스터가 포함되며, 연산의 결과 역시 누산 레지스터로 저장됩니다.

따라서 앞에서 본 짧은 프로그램을 다음과 같이 더 짧게 만들 수 있습니다.

이제 33h 값을 레지스터 B에 로드한 다음 누산 레지스터와 더하는 대신, ADI 명령을 이용해서 바로 33h 값을 누산 레지스터에 더할 수 있는 것이죠.

인텔 8080은 하나의 레지스터에서 다른 레지스터로, 메모리 주소[HL]에서 레지스터로, 또는 레지스터에서 메모리 주소로 바이트들을 이동시킬 수 있는 63개의 명령도 정의하고 있습니다.

소스와 목적지에 따른 MOV 명령의 동작 코드								
	목적 레지스터							
소스 레지스터	B	C	D	E	H	L	M	A
B	40h	48h	50h	58h	60h	68h	70h	78h
C	41h	49h	51h	59h	61h	69h	71h	79h
D	42h	4Ah	52h	5Ah	62h	6Ah	72h	7Ah
E	43h	4Bh	53h	5Bh	63h	6Bh	73h	7Bh
H	44h	4Ch	54h	5Ch	64h	6Ch	74h	7Ch
L	45h	4Dh	55h	5Dh	65h	6Dh	75h	7Dh
M	46h	4Eh	56h	5Eh	66h	6Eh		7Eh
A	47h	4Fh	57h	5Fh	67h	6Fh	77h	7Fh

이러한 명령을 이동 명령이라고 하며, 8080 니모닉으로 표현한 약어는 MOV입니다. 이 63개의 명령에서는 목적 레지스터와 소스 레지스터를 모두 같이 적어 줘야 하며, 명령어 코드는 69h입니다.

MOV L,C

목적 레지스터가 먼저 나오고, 그 뒤로 소스 레지스터가 나오게 됩니다. 이 순서로 적는 코딩 관행은 처음에는 혼동될 수 있으므로 조심해야 합니다. 위의 명령은 레지스터 C에 있는 바이트를 레지스터 L로 이동하라는 의미가 됩니다. 이 명령은 다음과 같이 바이트가 이동하는 방향을 나타내는 화살표를 이용해서 시각적으로 표현할 수도 있습니다.

Move L ← C

레지스터 L에 있던 내용은 레지스터 C의 값으로 대체되며, 레지스터 C의 내용은 바뀌지 않기 때문에 이 명령 이후에 레지스터 C와 L은 같은 값을 가지게 됩니다.

　이런 명령 중 7개는 소스 레지스터와 대상 레지스터가 같기 때문에 아무런 동작을 하지 않습니다. 예를 들어 다음과 같은 명령은 레지스터의 내용은 자기 자신으로 이동시키는 것이므로 실질적으로는 아무것도 하지 않는 것입니다.

MOV C,C

하지만 MOV M,M 명령은 없습니다. 이 명령은 코드 76h의 값을 가져야 하지만, 이 값은 컴퓨터를 정지시키는 명령인 HLT 명령으로 지정되어 사용되고 있습니다.

다음은 메모리 위치 2044h에 있는 데이터 값을 읽어서 더한 다음, 저장하는 다른 형태의 짧은 프로그램의 예를 보여 주고 있습니다.

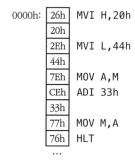

이 버전은 H 및 L 레지스터를 사용하는 간접 주소 지정 방식의 편의성을 보여 줍니다. 이 레지스터의 값은 메모리 주소 2044h를 만들기 위해서 한 번만 설정됩니다. 이후 첫 번째 MOV 명령을 이용해서 해당 주소의 값은 누산 레지스터로 이동시키면, 누산 레지스터의 값은 66h가 됩니다. 이후에 이 값에 33h를 더하고, 두 번째 MOV 명령을 이용해서 새로 주소를 다시 지정할 필요 없이 누산 레지스터의 값을 다시 메모리 2044h의 위치로 이동시킬 수 있습니다.

63개의 MOV 명령들을 구성하는 비트들을 확인해 보면 다음과 같은 패턴을 찾아낼 수 있습니다.

0 1 D D D S S S

여기서 DDD는 목적 레지스터를, SSS는 소스 레지스터를 나타내며, 여기에 사용되는 코드는 앞에서 보았던 표와 같습니다.

코드	레지스터 혹은 메모리
000	B
001	C
010	D
011	E
100	H
101	L
110	M
111	A

CPU를 설계하는 방법 중 하나는 구현할 명령어들을 먼저 결정한 다음, 이를 위해서 필요한 회로가 어떤 것인지 찾아내는 것입니다. 이 책에서는 본질적으로 이 방식을 사용하고 있습니다. 인텔 8080 명령어에서 일부를 선택하고, 이 명령어를 위한 회로를 만들 것입니다.

7개의 레지스터를 포함하는 모든 명령어 코드를 구현하기 위해서는 CPU가 3비트 코드에 기반해서 7개의 래치에 바이트를 저장하고 꺼낼 수 있도록 만들어야 합니다. 코드 110의 경우 특별하게 처리되어야 하기 때문에 일단 지금은 무시하도록 하겠습니다. 다른 7개의 코드는 3-to-8 디코더의 입력으로 사용할 수 있습니다.

다음 회로에는 7개의 래치와 7개의 삼상 버퍼가 포함되며, 하나의 3-to-8 디코더를 이용해서 입력되는 값을 레지스터 중 하나로 보내고, 또 다른 3-to-8 디코더를 이용해서 이 레지스터의 값 중 하나를 선택하기 위해서 삼상 버퍼 중 하나에 허용 신호를 만듭니다.

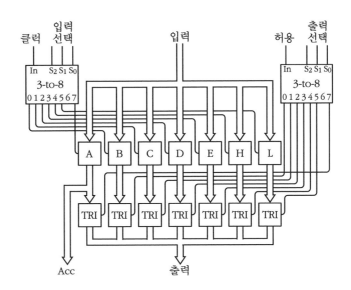

이 회로를 레지스터 어레이register array라 부르며, 이번 장에서 볼 수 있는 가장 중요한 회로입니다. 처음 보기에는 약간 복잡해 보이지만, 실제로는 아주 간단합니다.

회로 위쪽에 '입력'이라는 이름표가 붙은 8비트 데이터 패스가 있는데, 레지스터 어레이에 저장할 바이트가 들어오는 것입니다. 문자가 붙어 있는 7개의 상자는 8비트 래치를 나타내는 것이며, 이름표가 명확하게 붙어 있지는 않지만 각각의 래치 왼쪽으로 래치에 값을 저장할 수 있도록 만드는 클럭 입력이 들어갑니다.

그림 상단의 왼쪽과 오른쪽에는 S_2, S_1, S_0라는 이름표가 붙어 있는 선택 입력을 받는 두 개의 3-to-8 디코더가 있습니다. 디코더로 들어가는 선택 입력 값은 이전의 표에 나와 있는 7개의 래치에 대한 코드와 일치합니다. 디코더에서 6이라는 이름표가 붙어 있는 출력은 래치가 아닌 메모리 위치를 나타내기 때문에 여기서 사용하지 않았습니다.

왼쪽 상단에 있는 3-to-8 디코더는 래치들로 들어가는 클럭 입력을 제어합니다. 이 클럭 신호는 S_0, S_1, S_2의 값에 따라 7개의 래치 중 하나로 연결되며, 이를 통해서 입력된 바이트를 래치 중 하나에 저장합니다.

7개의 래치 아래에는 삼상 버퍼가 하나씩 있으며, 명시적으로 나타내지는 않았지만 각각의 삼상 버퍼에는 '허용' 입력이 있습니다. 그림의 오른쪽 상단에는 또 다른 3-to-8 디코더가 있으며, 이 디코더는 7개의 삼상 버퍼 중 하나에 허용 신호를 전달해서 해당 래치에 저장된 바이트가 그림 아래쪽에 있는 출력 데이터 패스에 나타나게 만듭니다.

누산 레지스터는 다음과 같이 약간 특별하게 다뤄진다는 점에 주목하세요. 누산 레지스터에 저장된 값은 아래 그림과 같이 Acc 출력을 통해서 항상 접근할 수 있습니다.

레지스터 어레이로 들어가는 8비트 값은 메모리에서, 다른 레지스터에서, 혹은 ALU 등 여러 소스에서 나올 수 있습니다. 이 레지스터 배열에서 나오는 8비트 값은 메모리 혹은 레지스터 중 하나로 저장되거나 ALU로 들어갈 수 있습니다.

나무 사이를 거닐다가 숲을 보지 못하는 실수를 범하지 않기 위해서 데이터 패스 위주로 그린 간략화된 블록 다이어그램을 아래에 표시했습니다.

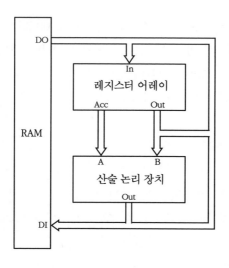

이 그림은 많은 것이 빠져 있습니다. 중요한 8비트 데이터 패스만 표시한 것이죠. 레지스터 어레이의 Acc 출력이 산술 논리 장치의 A 입력과 연결된 데

이터 패스를 제외하면 모든 다른 입력과 출력은 서로 연결되어 있습니다. RAM의 데이터 출력조차도 RAM의 데이터 입력과 연결됩니다.

이는 구성요소들의 모든 출력이 언제나 단 하나의 출력만 허용되는 삼상 버퍼를 통과하기 때문에 가능한 것입니다. 허용된 값은 쓰기 신호와 함께 메모리에 저장되거나, 레지스터 어레이에 있는 7개의 레지스터 중 하나에 저장되거나, 산술 혹은 논리 연산으로 들어가 그 결과가 ALU에 저장될 수도 있습니다.

모든 입력과 출력 사이의 연결을 데이터 버스data bus라 부르며, 모든 구성요소의 입력과 출력으로 연결된 공통적인 데이터 패스를 의미합니다. 데이터 버스에 연결된 어떤 삼상 버퍼가 허용되면 여기에 연결된 바이트를 데이터 버스 전체에서 이용할 수 있으므로, 데이터 버스에 있는 어떤 구성요소에서도 이 값을 가져다 사용할 수 있습니다.

데이터 버스는 8비트 데이터만 전달할 수 있습니다. 16비트 메모리 주소 역시 다양한 소스에서 올 수 있기 때문에 여기서도 또 다른 버스가 존재하며, 이 16비트 버스를 주소 버스address bus라 부릅니다. 이 부분은 잠시 후에 보겠습니다.

이제 약간 귀찮은 세부 사항을 살펴보겠습니다. 레지스터 어레이가 439쪽에서 본 것처럼 간단하기를 진심으로 바라지만, 몇 가지 부분은 개선해야 할 필요가 있습니다.

여기서 보여드렸던 레지스터 어레이는 하나의 레지스터에서 다른 레지스터로 한 바이트를 이동시키는 MOV와 같은 명령에는 훌륭해 보입니다. 실제로 레지스터 어레이에 있는 3-to-8 디코더들은 MOV 명령을 염두에 두고 구현한 것입니다. 한 레지스터의 내용이 데이터 버스에 허용되어 전달될 수 있으며, 이 값은 다른 레지스터에 저장될 수 있습니다.

그러나 이런 형태의 레지스터 어레이는 누산 레지스터의 값을 메모리에 저장하고, 메모리의 값을 누산 레지스터로 로드하는 STA나 LDA 명령에는 제대로 동작하지 않습니다. 모든 산술 및 논리 명령의 결과는 누산 레지스터에 저장되기 때문에, 다른 명령에도 누산 레지스터에 대한 접근이 포함되어 있습니다.

따라서 레지스터 어레이에서 누산 레지스터 부분은 3-to-8 디코더들의 동작과 무관하게 누산 레지스터로 값을 저장하거나 누산 레지스터의 값을 가지고 올 수 있도록 개선해야 할 필요가 있습니다. 이 부분은 레지스터 어레이에 누산 레지스터와 삼상 버퍼 관련 부분에 약간의 논리 회로를 더 붙이면 됩니다.

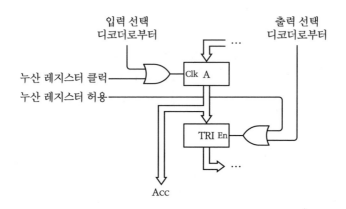

그림의 왼쪽에 보면 두 개의 OR 게이트로 입력되는 신호가 두 개 추가되어 있습니다. 이런 신호를 사용하면 데이터 버스의 값을 입력 선택 디코더의 동작과 별개로 누산 레지스터('A'라는 이름표가 붙어 있는 래치)에 저장하고, 출력 선택 디코더의 동작과 별개로 데이터 버스로 데이터 전달을 허용할 수 있습니다.

H 레지스터와 L 레지스터를 조합해서 RAM 주소를 지정하려면 또 다른 개선이 필요합니다. 하지만 이 부분은 훨씬 더 힘들기 때문에 일단 필수적으로 먼저 해야 할 부분에 집중하면서 이 부분은 최대한 뒤로 미뤄 두겠습니다.

일단 명령어 바이트를 저장할 8비트 래치 3개를 추가로 데이터 버스에 연결해야 합니다.

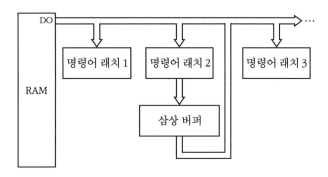

동작 코드는 항상 명령어 래치 1에 저장됩니다. 동작 코드가 래치에 저장된 다음에는 이 래치를 이용해서 CPU를 제어하기 위한 모든 제어 신호를 만들 수 있습니다. 다음 장에서 어떻게 동작하는 것인지 이야기하겠습니다.

명령어 래치 2는 명령에서 추가적인 바이트가 필요할 때 사용됩니다. 예를 들어, MVI(Move Immediate) 동작 코드 바로 뒤에 있는 바이트가 이 레지스터로 들어가야 합니다. ADI와 같은 산술 및 논리 연산 명령어 역시 그 뒤에 한 바이트가 따라 나오며, ADI의 경우 해당 바이트가 누산 레지스터의 값에 더해집니다. 따라서 명령어 래치 2의 값은 데이터 버스로 출력이 허용될 수 있어야 하며, 이를 위해서 삼상 버퍼가 사용됩니다.

STA와 LDA처럼 명령어의 길이가 3바이트인 경우에는 명령어 래치 2와 3이 함께 사용됩니다. 이런 명령어에서 두 번째와 세 번째 바이트는 합쳐져서 16비트 값이 되며, 메모리 주소로 사용됩니다.

8비트 데이터 버스 외에도 CPU는 최대 64KB 메모리에 접근하기 위해서 16비트 주소 버스가 필요합니다. 지금까지 알아본 바로는 메모리에 접근하기 위해서 사용되는 주소는 세 가지 서로 다른 소스에서 만들어집니다.

- 프로그램 카운터program counter라 불리는 값. 이 16비트 값은 명령어에 접근하기 위해 사용되는 것으로 0000h에서 시작해서 HLT 명령어를 만날 때까지 순차적으로 증가합니다.[3]

---

3 (옮긴이) 의아할 수 있는데, 아직까지 분기 명령이 나오지 않아서 그렇습니다. 이 내용은 24장에 나옵니다.

- STA 혹은 LDA 명령어 코드 뒤에 나오는 2바이트. 이 두 바이트를 묶어서 16비트 주소로 만듭니다.
- H와 L 레지스터를 묶어서 만든 16비트 주소(예를 들어, MOV A,M 명령에서 만들어지며, 이런 방식으로 사용되는 경우 HL을 레지스터 쌍register pari이라 부릅니다.)

3바이트 누산기에서 메모리는 16비트 카운터를 사용해서 순차적으로 접근했습니다. 이 책에서 만들고 있는 CPU에서는 따로 카운터를 사용하지는 않을 예정입니다. 24장에서 확인하겠지만, 일부 명령어는 프로그램 카운터를 다른 주소로 바꿀 수도 있기 때문에, 메모리에서 명령어 바이트를 하나 가지고 온 다음, 값을 1 증가시키는 것이 일반적인 동작인 16비트 래치의 형태로 프로그램 카운터를 만들도록 하겠습니다.

전체적인 프로그램 카운터의 형태는 다음과 같습니다.

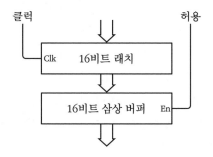

여기 있는 데이터 패스는 16비트 값을 나타내기 위해서 이전 그림에서 표시했던 것보다 눈에 띄게 넓은 화살표를 사용했습니다. 그림 위쪽의 입력과 아래쪽의 출력 모두 주소 버스와 연결됩니다. 주소 버스의 모든 값은 클럭 입력을 사용하여 래치에 저장할 수 있으며, 래치의 값은 허용 신호를 이용해서 주소 버스로 출력을 허용할 수 있습니다.

STA나 LDA 명령의 경우 동작 코드 뒤에 오는 2바이트가 명령어 래치 2와 3에 저장됩니다. 따라서 이 래치들도 삼상 버퍼를 통해서 주소 버스에도 연결되어야 합니다.

HL 레지스터 쌍으로 만들어지는 메모리 주소를 포함하는 MOV의 경우 레지스터 H와 L이 주소 버스에 연결되어야만 합니다. 레지스터 어레이를 만들 때는 이런 요구사항에 대해서 전혀 고려하지 않았기 때문에, 여기서 설계한 레지스터 어레이에서 H와 L 레지스터는 데이터 버스에만 연결되어 있었습니다.

여기에 더해서, 두 명령어를 더 소개하고 싶습니다.

명령어	설명	동작 코드
INX HL	레지스터 쌍의 값을 증가시킴	23h
DCX HL	레지스터 쌍의 값을 감소시킴	2Bh

INX 명령은 레지스터 쌍 HL로 만들어진 16비트 값을 1 증가시키며, DCX 명령은 이 값에서 1을 빼서 값을 감소시킵니다.

이러한 명령어들은 매우 유용한데, 특히 INX가 쓸모가 많습니다. 예를 들어, 주소 1000h에서 시작하는 메모리에 5바이트가 순차적으로 저장되어 있고, 이 값을 모두 합쳐야 하는 경우를 가정해 봅시다. H와 L 레지스터를 한 번만 설정하고 각각의 바이트에 접근한 후에 이 값을 증가시키기만 하면 됩니다.

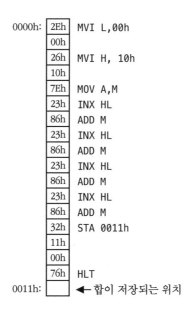

ALU에는 결과가 0일 때, 음수일 때, 또는 덧셈 혹은 뺄셈으로 인해서 자리올림수가 발생한 경우에 이를 나타내는 플래그가 있지만, INX와 DCX 명령에 영향을 받는 플래그는 없습니다(인텔 8080에서는 INX와 DCX 명령이 레지스터 쌍 BC와 DE에 대해서도 구현되어 있지만, 이 명령어들은 유용성이 약간 떨어지기 때문에 이 책의 CPU에서는 구현하지 않을 것입니다. 또한 인텔 8080에는 7개의 모든 레지스터와 HL 주소로 지정된 메모리의 8비트 값을 증가하거나 감소시키는 INR과 DCR 명령어도 구현되어 있지만, 이 명령어 역시 이 책의 CPU에서는 구현하지 않을 것입니다).

INX와 DCX 명령어들은 16비트 증가와 감소 연산을 수행하기 위해서 약간의 추가 회로가 필요함을 내포하고 있습니다.

앞에서 메모리에서 명령어를 가져오기 위한 16비트 주소 값이 저장되어 있는 래치인 프로그램 카운터가 각각의 명령을 메모리로부터 읽어온 다음에 값을 증가시켜야 한다고 이야기했었습니다.

증가 및 감소 회로는 숫자 1을 더하고 빼기만 하면 되기 때문에 덧셈기와 뺄셈기보다 다소 간단합니다. 아래 그림에서 8비트 버전이 어떻게 보이는지 대략 확인할 수 있습니다. 회로에서 I라고 표시된 것은 입력을, O라고 표시된 것은 출력을 나타내며, 값을 증가시켜야 하는 경우에는 Dec 신호의 값이 0이 되며, 감소시켜야 하는 경우에는 이 값이 1로 설정됩니다.

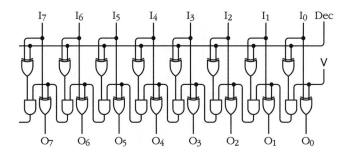

위의 형태로 XOR과 AND 게이트를 모은 회로는 다음과 같이 1씩 증가 혹은 감소시킬 필요가 있는 값을 저장하는 16비트 래치와 증가 혹은 감소된 값을

출력할 수 있게 만들어 주는 삼상 버퍼가 포함된 큰 구성요소에 같이 넣도록 하겠습니다.

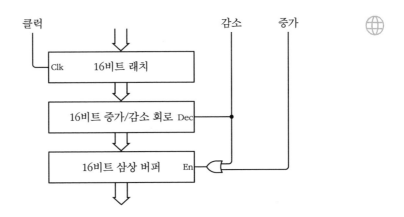

이 구성요소를 증가/감소기라 부르도록 합시다. 프로그램 카운터처럼 래치에 대한 16비트 입력과 삼상 버퍼에서 나오는 16비트 출력 모두가 주소 버스에 연결됩니다. 감소 혹은 증가 입력 신호는 모두 삼상 버퍼를 허용하지만, 감소 신호는 래치에 있는 값을 감소시키며, 증가 신호는 래치에 있는 값을 증가시킵니다.

16비트 주소 버스는 주로 RAM에 주소를 제공하기 위해 사용되지만, CPU 구성요소 간에 16비트 값을 이동할 수도 있어야 합니다.

예를 들어, 프로그램 카운터는 메모리에서 명령어에 접근할 때 RAM 주소를 지정하는 데 사용됩니다. 프로그램 카운터의 값을 이용해서 명령어에 접근한 다음에는 이 값이 증가/감소기로 들어가서 증가된 다음, 프로그램 카운터 래치로 다시 저장되어야 합니다.

다른 예를 살펴봅시다. MOV A,M 명령은 메모리에 있는 한 바이트에 접근하기 위해서 HL 레지스터 쌍을 사용하지만, 그 뒤에 바로 INX HL 명령이 따라오면서 HL의 값을 증가/감소기로 이동시켜서 1을 증가시킨 다음에 다시 이 결과를 HL 레지스터 쌍으로 저장합니다.

마지막으로 지금까지 피해왔던 문제를 더는 피할 수 없을 것 같습니다. 앞에서 본 레지스터 어레이는 매우 깔끔하고 우아하며 사랑스럽게 구성되어 있지만, H와 L의 값을 16비트 주소 버스에 줄 방법이 없습니다. 이 부분을 고쳐 봅시다.

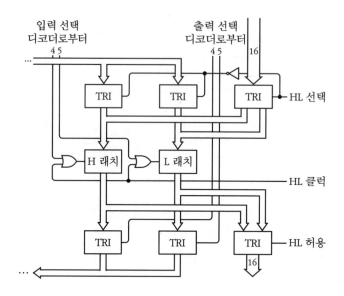

그림의 오른쪽 끝부분에 있는 16비트 입력과 출력에 주목하세요. 입출력 모두가 주소 버스에 연결되어 H와 L 레지스터에 있는 16비트 값을 꺼내고 저장할 수 있습니다.

H와 L 레지스터 부분을 향상시킨 그림을 보면 레지스터 어레이에 몇 가지 추가된 신호와 구성요소가 들어 있습니다.

* HL 선택 신호가 윗줄에 새로 추가된 삼상 버퍼의 오른쪽의 제어 신호로 들어갑니다. 이 신호는 H와 L 레지스터로 들어가는 입력으로 레지스터 어레이로 들어가는 일반적인 입력을 선택할 것인지 혹은 16비트 입력이 선택할 것인지 결정할 수 있습니다.
* 오른쪽에 있는 HL 클럭 신호는 래치의 클럭 입력에 연결되어 있는 두 개의 OR 게이트와 연결되어서 주소 버스로부터 들어오는 값을 저장할 수 있도록 만들어 줍니다.

- 오른쪽에 있는 HL 허용 신호는 H와 L 래치를 묶어서 만들어진 16비트 값이 삼상 버퍼를 거쳐 주소 버스로 나가는 것을 허용할지 결정합니다.

엄청 복잡하군요! 하지만 컴퓨터를 만드는 것이 쉽다고 이야기한 사람은 아무도 없습니다.

상호작용을 시켜 볼 수 있는 버전의 완전한 레지스터 어레이는 CodeHidden Language.com 웹사이트에서 볼 수 있습니다.

이제 16비트 구성요소를 16비트 주소 버스에 연결해 봅시다. 다음 블록 다이어그램은 상단에 있는 데이터 버스 부분이 명령어 래치 2와 3의 입력으로 들어가고, 이 래치들의 출력이 묶여서 삼상 버퍼를 통해 주소 버스로 연결되는 것을 보여 줍니다.

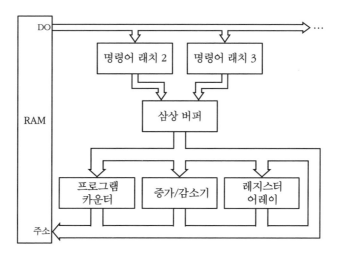

눈에 띌 정도로 넓은 16비트 주소 버스는 맨 아래줄에 있는 구성요소들을 둘러싸고 있어서 입력과 출력 모두에 사용되며, RAM의 주소로도 제공됩니다.

앞에서 봤던 데이터 버스의 블록 다이어그램과 마찬가지로, 여기 있는 주소 버스의 블록 다이어그램에서도 삼상 버퍼를 허용하기 위한 신호, 버스의 값을 다양한 래치에 저장하기 위한 신호 등 몇 가지 필수적인 신호들이 누락되어 있습니다.

이런 신호들은 CPU가 명령을 제대로 실행시킬 수 있도록 적절하게 구성요소들을 조정하고 동기화시킵니다. 컴퓨터의 생명력이 뛰게 만드는 것이 이 신호들이기 때문에 이 신호들은 별도의 장에서 설명할 만한 자격이 있다고 생각합니다. 다음 차례로 이 부분을 살펴보죠.

Chapter 23

CPU의 제어 신호들

CPU Control Signals

공학 분야에서 전해지는 오래된 격언으로 프로젝트의 마지막 10%를 채우기 위해서 90%의 작업이 필요하다는 말이 있습니다. 이런 생각이 얼마나 고통을 주는 것인지와는 무관하게 이 사실은 항상 명심하고 있어야 합니다. 우리도 컴퓨터를 만드는 데 있어서 아주 큰 진전을 이뤘지만 아직 완성한 것은 아닙니다. 작업이 90%나 남은 건 아니지만, 마지막 단계에 도달하기에는 생각보다 훨씬 많은 것이 남아 있습니다.

지금까지 설계해온 CPU는 인텔 8080 마이크로프로세서에 기반하고 있습니다. 이 CPU는 앞의 두 장에서 보았던 ALU와 레지스터 어레이가 주요한 부분들로 구성됩니다. ALU는 바이트에 대한 산술 및 논리 연산을 수행합니다. 레지스터 어레이는 A, B, C, D, E, H, L이라는 문자로 구분할 수 있는 7개의 레지스터를 만들기 위한 래치가 포함되어 있습니다. 이외에 명령어 바이트와 몇몇 명령에서 필요로 하는 1~2개의 추가 바이트를 저장하기 위한 3개의 래치가 추가되어 있는 것도 보았습니다.

이러한 구성요소는 구성요소들 간에 데이터를 전달하는 8비트 데이터 버스와 메모리의 주소로 들어가는 16비트 주소 버스라는 두 가지 형태의 버스를 이용해서 서로 연결되며, RAM과도 연결되어 있습니다. 이전 장에서 RAM의 주소를 보관하고 있는 프로그램 카운터와 16비트 메모리 주소를 증가 및 감소시킬 수 있는 증가/감소기를 같이 보았습니다.

두 버스는 이런 구성요소들의 주요 연결 소스를 제공하지만, 구성요소들은 메모리에 저장된 명령을 실행하는 과정에서 이런 구성요소들이 같이 동작하도록 제어하기 때문에 '제어 신호control signal'라 불리는 훨씬 복잡한 신호 모음과도 연결됩니다.

대부분의 제어 신호는 다음과 같이 두 가지 일반적인 유형으로 되어 있습니다.

- 하나 혹은 다수의 버스에 값을 보내라는 신호
- 하나 혹은 다수의 버스 값을 가져오라는 신호

이번 장에서는 버스에 값을 보내거나, 값을 가져오는 모든 것에 대해서 살펴보겠습니다.

버스에 값을 보내라는 신호는 구성요소의 출력을 버스에 연결하는 다양한 삼상 버퍼의 허용 입력 신호에 연결되며, 버스로부터 오는 값을 저장하라는 신호는 보통 버스를 버스상에 있는 여러 구성요소와 연결하는 다양한 래치의 클럭 입력을 제어하는 데 사용됩니다. 다만, RAM 쓰기 신호를 사용해서 데이터 버스의 값을 메모리에 저장하는 경우가 유일한 예외입니다.

이런 신호들의 동기화는 CPU가 메모리에 저장된 명령을 실행할 수 있게 만들어 주며, CPU 구성요소와 메모리 간에 8비트와 16비트 값이 이동하는 방법이라 할 수 있습니다. 또한 메모리에 저장된 코드가 컴퓨터의 하드웨어를 제어하는 근본적인 방식이기도 하며, 이 책의 제목에 암시된 것처럼 하드웨어와 소프트웨어가 통합되는 방식이기도 합니다. 이 과정을 마리오네트 극단의 인형사가 CPU 제어 신호라는 줄을 조작해서 산술과 논리로 절묘하게 아름다운 춤을 추게 만드는 거라고 상상해 볼 수 있을 것입니다. CPU 제어 신호는 문자열입니다.

다음은 데이터 버스와 주소 버스, 필요로 하는 제어 신호들이 어떻게 연결되는지 보여 주는 6개의 주요 구성요소입니다.

메모리의 주소 입력은 16비트 주소 버스와 연결되며, 데이터 입력과 데이터 출력 부분을 통해서 8비트 데이터 버스와 연결됩니다.

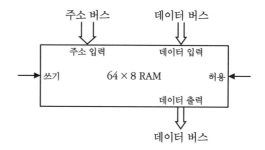

두 개의 제어 신호는 데이터 버스의 값을 메모리로 쓸 수 있도록 만들어 주는 '쓰기' 신호와 RAM의 데이터 출력에 있는 삼상 버퍼가 메모리의 내용을 데이터 버스에 나타나게 만들어 줄 수 있는 '허용' 신호입니다. 이 메모리 배열에 제어판을 붙임으로써 사람들이 메모리에 바이트를 쓰고 검사할 수 있도록 만들 수 있습니다.

가장 복잡한 구성요소는 의심할 여지없이 22장에서 살펴본 레지스터 어레이register aray이며, 보통 RA라는 약어를 사용합니다.

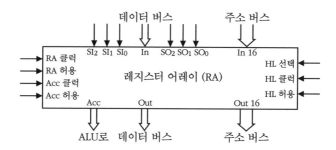

레지스터 어레이는 상단에 두 쌍의 선택 신호를 가지고 있는데, SI 신호는 데이터 버스에서 오는 값이 어떤 레지스터로 저장될 것인지 결정하며, 이때 왼쪽에 있는 RA 클럭 신호가 데이터가 저장되는 시점을 결정합니다. SO 신호는 왼쪽에 있는 RA 허용 신호와 같이 사용되어서 레지스터 중 하나의 값을 데이터 버스로 전달합니다.

앞 장에서 보았듯이 레지스터 어레이는 두 가지 측면에서 복잡합니다. 첫 번째로, 짧게 Acc라고 나타내는 누산 레지스터를 위한 추가적인 제어 신호 2

개를 구현해야 합니다. Acc 클럭 신호는 데이터 버스에 있는 값을 누산 레지스터에 저장하기 위해서 사용되며, Acc 허용 신호는 누산 레지스터에 있는 값을 데이터 버스로 보낼 수 있도록 삼상 버퍼를 허용하는 데 사용됩니다.

두 번째로, 레지스터 어레이에 있는 H와 L 레지스터 역시 오른쪽에 표시된 세 가지 신호에 따라 주소 버스와 연결됩니다. HL 선택 신호는 H와 L 레지스터의 입력으로 주소 버스가 선택되도록 만들어 주고, HL 클럭은 주소 버스의 내용을 H와 L 레지스터에 저장할 수 있도록 만들며, HL 허용 신호는 H와 L 레지스터에 있는 내용을 주소 버스에 보낼 수 있도록 삼상 버퍼를 허용하는 데 사용됩니다.

21장의 ALU는 ALU가 더하기, 빼기, 비교, 논리 기능 중 어떤 동작을 할지 제어하는 F_0, F_1, F_2 입력을 가지고 있습니다.

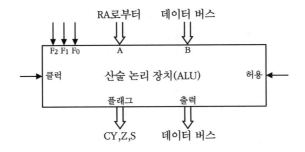

ALU의 B 입력과 Out 출력은 모두 데이터 버스에 연결되어 있지만, A 입력은 레지스터 어레이의 Acc 출력에 직접 연결되어 있습니다. ALU는 수행한 산술 혹은 논리 연산을 기반으로 자리올림 플래그(CY), 제로 플래그(Z), 부호 플래그(S) 등을 설정하고, 저장해야 하기 때문에 약간 복잡합니다.

또한 ALU는 산술 또는 논리 연산의 결과를 래치에 저장하고 다른 래치에 플래그 신호들을 저장하기 위한 클럭 신호와 ALU의 결과에 연결된 삼상 버퍼가 데이터 버스로 값을 전달하도록 허용하는 허용 신호를 구현하고 있습니다.

다른 16비트 래치는 메모리의 주소를 만들기 위해서 사용되는 프로그램 카운터의 현재 값을 저장하기 위해서 사용됩니다.

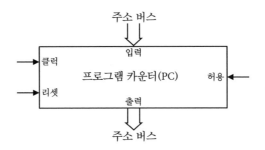

프로그램 카운터는 종종 PC라는 약어를 사용합니다. 여기에는 세 가지 제어 신호, 즉 16비트 주소 버스의 값을 래치로 저장하기 위한 클럭 신호, 삼상 버퍼를 허용해서 래치의 내용을 주소 버스로 전달하기 위한 허용 신호, 래치의 모든 값을 0으로 바꿔서 주소 0000h부터 메모리의 값을 접근할 수 있도록 만들어 주는 리셋 신호가 있습니다.

여기에 더불어 3개의 8비트 래치로 하나의 명령어에 대해서 최대 3바이트를 저장할 수 있도록 만들어 주며, 이런 래치들은 다음과 같은 상자에 포함되어 있습니다.

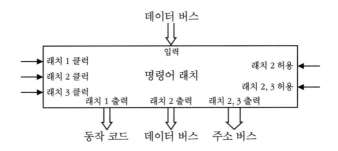

일부 명령어들은 단순히 동작 코드로만 이루어져 있으나, 다른 명령어들은 그 뒤에 1~2바이트가 따라 나옵니다. 왼쪽에 있는 3개의 클럭 신호를 이용해서 명령어를 구성하는 3바이트까지를 저장할 수 있습니다.

첫 번째 바이트는 보통 오피코드opcode라 불리는 동작 코드입니다. 만일 명령어에 두 번째 바이트가 존재하면 이 바이트 값은 오른쪽에 있는 래치 2 허용 신호를 통해서 데이터 버스로 보내질 수 있습니다. 만일 명령어 뒤로 2바이트가 따라 나오면, 이 값들은 16비트 메모리 주소를 구성하며, 오른쪽에 있는 래치 2, 3 허용 신호를 통해서 주소 버스에 이 값을 보내 줄 수 있습니다.

마지막 구성요소는 16비트 값을 증가 혹은 감소시키는 회로로써, 종종 Inc-Dec라는 약어를 사용합니다.

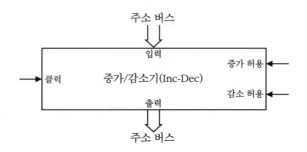

클럭 신호는 주소 버스의 값을 증가/감소기 안에 있는 래치에 저장하는 데 사용됩니다. 오른쪽에 있는 두 개의 허용 신호는 주소 버스에 있는 값을 증가 시키거나 감소시키도록 허용합니다.

이런 다양한 제어 신호들을 어떻게 잘 조정해야만 하는지 감을 잡을 수 있도록, 6개의 명령어만 포함하고 있는 짧은 8080 프로그램을 살펴보겠습니다. 일부 명령어는 한 바이트만 사용하지만, 다른 명령어들은 동작 코드 뒤로 추가적으로 1~2바이트가 필요합니다.

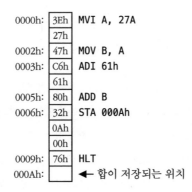

이 프로그램이 많은 동작을 하는 것은 아닙니다. 첫 번째 명령은 27h 값을 누산 레지스터라고 이야기하는 레지스터 A로 이동시킵니다. 그런 다음 MOV 명령을 통해서 이 값을 레지스터 B로 복사합니다. 이제 누산 레지스터 값에 61h를 더해서 88h 값이 다시 누산 레지스터로 저장되며, 이 값에 다시 레지스터 B의 값을 더해서 AFh로 바뀝니다. STA 명령은 누산 레지스터의 값을 메모리의 000Ah 주소에 저장하게 만들고, 더 이상 수행해야 할 프로그램이 남지 않으므로 마지막으로 HLT 명령을 통해서 CPU를 중지시킵니다.

이러한 명령들을 실행하기 위해서 CPU에서 어떤 것을 해야 할지 곰곰이 생각해 봅시다. CPU는 메모리의 주소 지정을 위해서 프로그램 카운터라 불리는 값을 사용하고, 가지고 온 명령어를 명령어 래치로 이동시킵니다. 프로그램 카운터는 메모리의 첫 번째 명령어에 접근하기 위해서 0000h로 초기화되며, 이를 통해 가지고 온 명령은 MVI(즉치값을 이동, Move Immediate)로써 27h 값을 누산 레지스터로 이동하게 만듭니다.

첫 번째 명령을 처리하려면 5단계가 필요하며, 각각의 단계에는 주소 버스에 어떤 값을 보내고 그 값을 어딘가에 저장하거나, 데이터 버스에 어떤 값을 보내고 그 값을 어딘가에 저장하거나, 혹은 두 가지 동작을 같이 수행하는 것을 포함하고 있습니다.

첫 단계는 0000h 값을 가진 프로그램 카운터로 RAM의 주소를 보내고, 메모리에서 오는 3Eh 값을 명령어 래치 1에 저장합니다. 이 동작에는 주소 버스와 데이터 버스 모두를 포함하는 다음과 같은 4개의 제어 신호가 필요합니다.

- 프로그램 카운터 허용: 프로그램 카운터의 값을 주소 버스로 보냅니다. 지금 이 값은 0000h입니다.
- RAM 데이터 출력 허용: RAM에서 지정된 주소에 저장된 값을 데이터 버스로 보냅니다.
- 증가/감소기 클럭: 주소 버스의 값을 증가/감소기에 저장합니다.
- 명령어 래치 1 클럭: 데이터 버스의 값을 명령어 래치 1에 저장합니다.

두 번째 단계는 프로그램 카운터를 증가시키는 것입니다. 이 과정에는 주소 버스만 포함됩니다.

- 증가 허용: 증가/감소기의 증가된 값을 주소 버스로 보냅니다. 이제 이 값은 0001h입니다.
- 프로그램 카운터 클럭: 증가시킨 값을 프로그램 카운터에 저장합니다.

이제 첫 번째 명령어 바이트가 명령어 래치 1에 저장되었으므로, 이 값을 이용해서 후속 단계들을 제어할 수 있습니다. 세 번째와 네 번째 단계의 경우 이번에는 주소 0001h로 메모리를 접근해서 값을 가져온 후 명령어 래치 2에 저장한다는 점을 제외하면, 첫 번째와 두 번째 단계의 동작과 같습니다.

메모리에서 명령어 바이트들을 읽어오는 이 과정은 **명령어 페치**instruction fetch (혹은 명령어 인출)라고 부릅니다. 이 과정의 목적은 메모리로부터 명령어 바이트들에 읽어와서 명령어 래치에 저장하는 것입니다. MVI 27h 명령의 경우, 이제 27h 값이 명령어 래치 2에 들어가 있습니다. 이 값은 이제 누산 레지스터로 이동하는데, 이번 단계는 다섯 번째 단계로 보통 **명령어 실행**instruction execution이라고 부릅니다.

- 명령어 래치 2 허용: 래치의 값을 데이터 버스로 보냅니다.
- 누산 레지스터 클럭: 데이터 버스의 값을 누산 레지스터로 저장합니다.

이러한 다섯 단계 모두에서 최대 하나의 값이 주소 버스로 보내지고, 다른 하나의 값은 데이터 버스로 보내지는 과정이 포함됩니다. 버스로 보내진 값은 이후에 어딘가에 저장됩니다.

이제 두 번째 명령어인 MOV B,A를 진행합니다. 이 명령어의 길이는 단 1바이트이므로, 명령어 페치를 위해서 두 단계만 있으면 됩니다. 실행 단계는 다음과 같습니다.

- 레지스터 어레이 허용: 레지스터 어레이의 값을 데이터 버스로 보냅니다.
- 레지스터 어레이 클럭: 데이터 버스의 값을 레지스터 어레이에 저장합니다.

잠시만요! 이번 실행 단계의 설명에서는 레지스터 어레이에 대해서만 이야기 했고, 이번 단계에서 필요한 레지스터 A와 B에 대해서는 이야기하지 않았습니다. 왜 그런 것일까요?

간단합니다. 8080의 MOV 명령어는 다음과 같은 형태로 비트가 구성되어 있습니다.

01DDDSSS

여기서 DDD는 목적 레지스터destination register이고, SSS는 소스 레지스터source register입니다. 동작 코드는 명령어 래치 1에 저장되어 있으며, 여기서 나오는 두 개의 3비트 선택 신호를 이용해서 어떤 레지스터가 소스로 사용되고, 어떤 레지스터가 목적 레지스터로 사용될지 결정합니다. 보다시피 이런 신호는 명령어 래치 1에 저장된 동작 코드에서 오는 것이므로, 레지스터 어레이의 출력을 허용하고 레지스터 어레이가 래치할 수 있도록 만드는 것으로 실행이 완료됩니다.

그다음에는 다음과 같은 즉치 더하기 명령이 나옵니다.

ADI 61h

이 명령어는 다음 형식을 가지는 8개 명령어 중 하나입니다.

11FFF110

여기서 FFF는 명령어가 더하기Add, 자리올림 더하기Add with Carry, 빼기Subtract, 빌림 빼기Subtract with Borrow, AND, XOR, OR, 비교의 기능 중 어떤 기능을 할 것인지 나타냅니다. ALU에도 이런 값을 받을 수 있는 3비트 기능 입력이 있었던 것을 기억할 것입니다. 즉, 명령어 래치 1의 동작 코드에 있는 3개의 기능 비트를 ALU에 직접 연결하면 됩니다.

ADI 명령을 구성하는 2바이트를 가져온 후 명령을 실행하려면 두 단계가 더 필요합니다. 첫 번째 단계는 다음과 같습니다.

- 명령어 래치 2 허용: 데이터 버스로 61h 값을 보냅니다.
- ALU 클럭: ALU의 결과와 플래그를 래치에 저장합니다.

명령어 실행의 두 번째 단계에서는 결과를 누산 레지스터로 이동시켜야 합니다.

- ALU 허용: ALU의 결과를 데이터 버스로 보냅니다.
- 누산 레지스터 클럭: 이 값을 누산 레지스터에 저장합니다.

그다음에 오는 ADD 명령도 비슷하게 두 단계의 실행 과정이 필요합니다. 첫 단계는 다음과 같습니다.

- 레지스터 어레이 허용: 레지스터 B의 값을 데이터 버스로 보냅니다.
- ALU 클럭: 덧셈의 결과와 플래그를 저장합니다.

실행의 두 번째 단계는 ADI 명령에서 했던 것과 같은 동작을 하면 됩니다.
  STA 명령은 명령어 페치를 위해서 6단계가 필요합니다. STA 명령 뒤에 나오는 2바이트는 명령어 래치 2와 3에 저장됩니다. 실행 단계에서는 다음과 같은 제어 신호가 필요합니다.

- 명령어 래치 2, 3 허용: 명령어 래치 2와 3의 값을 주소 버스로 보내서 RAM 주소로 가게 만듭니다.
- Acc 허용: 누산 레지스터의 값을 데이터 버스로 보냅니다.
- RAM 쓰기: 데이터 버스의 값을 메모리에 씁니다.

HLT 명령은 CPU가 더 이상 명령을 수행하지 못하게 정지시키는 고유한 동작을 합니다. 이 명령의 구현은 이 장의 뒷부분을 위해 남겨 두도록 하겠습니다.
  이런 단계들은 마치 세탁기의 세탁, 헹굼, 탈수 주기처럼 주기cycle라고 부릅니다. 더 엄밀하게 이야기해서 기계 주기machine cycle라 부릅니다. 이 책에서 만들고 있는 CPU에서는 메모리에서 명령어 바이트를 읽어오는 데 한 주기가 소모되며, 바로 뒤에 프로그램 카운터를 증가시키는 데 또 한 주기가 소모됩니다. 따라서 명령어의 길이가 1, 2, 3바이트인지에 따라 CPU는 각각 2, 4, 6

주기 동안 수행되어야 합니다.

명령어 수행의 경우에는 수행해야 하는 명령에 따라 1~2 기계 주기가 필요합니다. 여기에 있는 표에서는 지금까지 소개한 모든 명령의 첫 번째 실행 주기에서 어떤 동작을 해야 하는지 보여 주고 있습니다.

첫 번째 실행 주기

명령어	16비트 주소 버스	8비트 데이터 버스
MOV r,r		레지스터 어레이 허용 레지스터 어레이 클럭
MOV r,M	HL 허용	RAM 데이터 출력 허용 레지스터 어레이 클럭
MOV M,r	HL 허용	레지스터 어레이 허용 RAM 쓰기
MVI r,data		명령어 래치 2 허용 레지스터 어레이 클럭
MVI M,data	HL 허용	명령어 래치 2 허용 RAM 쓰기
LDA	명령어 래치 2, 3 허용	RAM 데이터 출력 허용 Acc 클럭
STA	명령어 래치 2, 3 허용	Acc 허용 RAM 쓰기
ADD r ...		레지스터 어레이 허용 ALU 클럭
ADD M ...	HL 허용	RAM 데이터 출력 허용 ALU 클럭
ADI data ...		명령어 래치 2 허용 ALU 클럭
INX/DCX HL	HL 허용 증가/감소기 클럭	

표를 보면 첫 번째 열 중 세 줄에 말줄임표가 있다는 것에 주목하세요. ADD 명령이 있는 줄은 ADC, SUB, SBB, ANA, XRA, ORA, CMP 명령도 포함하고 있는 것

이며, ADI 명령이 있는 줄은 ACI, SUI, SBI, ANI, XRI, ORI, CPI 명령도 포함하는 것입니다.

이 표의 아래쪽 네 줄은 두 번째 실행 주기가 필요한 명령어들입니다. 다음 표에 두 번째 실행 주기 동안 수행해야 하는 작업들이 있습니다.

두 번째 실행 주기

명령어	16비트 주소 버스	8비트 데이터 버스
ADD r ...		ALU 허용 Acc 클럭
ADD M ...		ALU 허용 Acc 클럭
ADI data ...		ALU 허용 Acc 클럭
INX HL	증가 허용 HL 선택 HL 클럭	
DCX HL	감소 허용 HL 선택 HL 클럭	

이런 작업을 모두 처리하려면 동작 코드가 디코딩되어 CPU에 있는 모든 구성요소와 RAM을 조작할 수 있는 제어 신호로 바꿔 줘야 합니다. 이런 제어 신호들은 삼상 버퍼나 다양한 래치의 클럭 입력, RAM의 쓰기 입력, 그리고 몇 가지 입력을 허용해 줍니다.

이 장의 나머지 부분에서는 이 작업을 어떻게 처리할 수 있는지 보여 줍니다. 몇 가지 전략과 여러 단계가 필요한 과정입니다.

다음은 이런 모든 명령어에 대한 동작 코드표입니다.

명령어	동작 코드
MOV r, r	0 1 D D D S S S
MOV r, M	0 1 D D D 1 1 0

MOV M, r	0 1 1 1 0 S S S
HLT	0 1 1 1 0 1 1 0
MVI r, data	0 0 D D D 1 1 0
MVI M, data	0 0 1 1 0 1 1 0
ADD, ADC, SUB, SBB, ANA, XRA, ORA, CMP r	1 0 F F F S S S
ADD, ADC, SUB, SBB, ANA, XRA, ORA, CMP M	1 0 F F F 1 1 0
ADI, ACI, SUI, SBI, ANI, XRI, ORI, CPI data	1 1 F F F 1 1 0
INX HL	0 0 1 0 0 0 1 1
DCX HL	0 0 1 0 1 0 1 1
LDA addr	0 0 1 1 1 0 1 0
STA addr	0 0 1 1 0 0 1 0

동작 코드에 있는 SSS와 DDD 부분은 다음 표에 있는 것처럼 특정한 소스와 목적 레지스터를 나타낸다는 것을 기억할 것입니다.

SSS 또는 DDD	레지스터
0 0 0	B
0 0 1	C
0 1 0	D
0 1 1	E
1 0 0	H
1 0 1	L
1 1 1	A

비트 순서가 110을 가지는 경우는 HL 레지스터에 의해서 주소가 지정된 메모리 위치를 나타내는 것이므로 목록에서 빠져 있습니다.

산술 논리 명령의 경우 FFF 비트는 8개의 산술 혹은 논리 연산 중 하나의 기능을 나타내는 것입니다.

CPU 제어 회로에서 쉬운 부분 중 하나는 명령어 래치 1의 출력을 레지스터 어레이의 입력 선택과 출력 선택, ALU의 기능 선택에 간단하게 연결하기만 하면 되는 부분입니다.

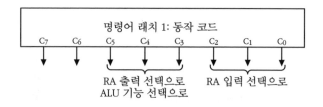

그림에서 C는 '코드code'를 의미합니다. 이 래치의 출력 비트 C_0, C_1, C_2는 레지스터 어레이의 입력 선택 부분과 바로 연결되며, C_3, C_4, C_5는 레지스터 어레이의 출력 선택과 ALU의 기능 선택으로 갑니다. 이 방식은 동작 코드의 패턴을 활용하는 한 가지 방법이라 할 수 있습니다.

동작 코드에서 뭔가 다른 패턴을 볼 수도 있을 것입니다. 01로 시작하는 동작 코드는 76h HLT를 제외하면 모두 MOV 명령이며, 모든 산술 논리 명령어(ADI, ACI 등의 즉치값을 이용하는 변형을 제외하면)는 10비트로 시작합니다.

동작 코드를 디코딩하는 첫 번째 단계는 명령어 래치 1의 출력 비트들을 다음 그림의 윗부분에 있는 3개의 디코더(1개의 2-to-4 디코더와 2개의 3-to-8 디코더)에 연결하는 것입니다. 이런 디코더는 추가적인 신호를 생성하는 데 사용되는데, 일부는 명령어에서 바로 나오는 것이고, 일부는 명령어가 특정 그룹에 해당하는지에 따라 생성하는 것입니다.

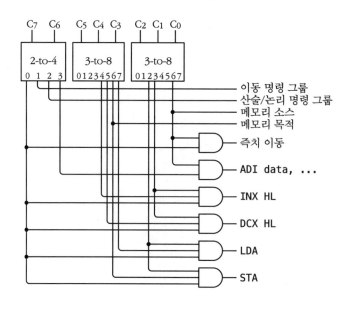

그림에서 오른쪽 맨 위에 있는 이동 명령 그룹에 해당하는 명령어들은 01비트로 시작하지만, 산술/논리 명령 그룹에 해당하는 명령어들은 10비트로 시작합니다.

레지스터 간에 바이트를 이동시키는 MOV 명령과 레지스터와 메모리 간에 값을 이동시키는 MOV 명령을 구별하는 것이 중요합니다. 이런 메모리 명령어들은 소스나 목적 값이 110비트를 가지는 것으로 구분할 수 있습니다. 앞의 회로에 있는 메모리 소스 및 메모리 목적 신호는 소스와 목적의 값이 110비트가 될 때를 나타냅니다. 마지막으로 즉치 이동 명령들은 명령어 비트가 00으로 시작해서 110으로 끝납니다.

회로도 그림의 우상단에 있는 5개의 신호들은 다음 회로에서 추가적인 디코딩 과정을 거칩니다.

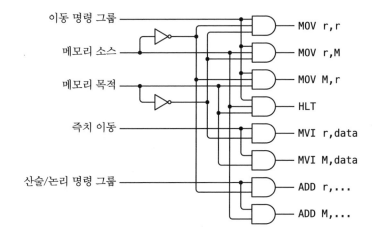

이제 모든 명령어 또는 비슷한 명령어 그룹들을 신호로 표시했습니다. 이런 신호들은 동작 코드가 명령어 래치 1에 저장되어 있는 경우에 사용할 수 있으며, 해당 명령을 처리 과정에 필요한 추가적 방법으로 사용할 수 있습니다.

또한 동작 코드는 해당 명령어가 메모리에서 추가 명령어 바이트를 몇 바이트 가져와야 하는지와 명령을 수행하는 과정에서 얼마나 많은 기계 주기가 필요한지 판단하기 위해서 사용됩니다.

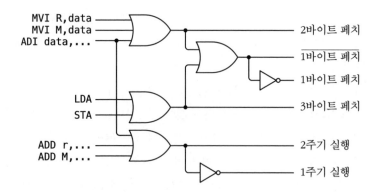

만일 동작 코드가 이런 명령어들과 일치하는 것이 없으면 어떻게 될까요? 예를 들어, 여기서는 NOP('노옵'이라고 읽습니다)이라 불리는 독특한 8080 명령어를 언급하지 않았는데, 이 명령은 '동작이 없다no operation'는 것을 나타내며 동작 코드 00h 값을 가지고 있습니다.

왼쪽의 입력 신호 중 하나도 1이 되지 않는다면 OR 게이트들의 출력은 모두 0이 되며, 오른쪽의 1바이트 페치와 1주기 실행을 나타내게 됩니다.

CPU의 기본적인 타이밍은 20장의 382쪽에서 처음 본 작은 회로를 개선한 버전으로 구성되어 있습니다.

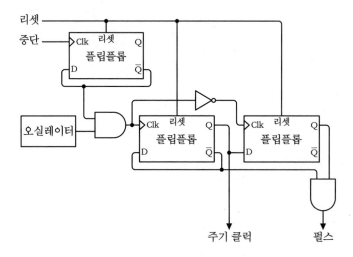

왼쪽에 있는 오실레이터는 보통 매우 빠르게 0과 1의 값을 교차로 출력하는 장치입니다. 이 장치는 CPU가 동작하게 만들어 주기 때문에, CPU의 심장 박동과 같다고 할 수 있습니다.

그림의 위쪽에 있는 리셋 신호는 CPU 외부에서 오는 신호로써, 일반적으로 CPU를 처음부터 다시 시작하기 위해서 컴퓨터 사용자가 제어합니다. 보통 리셋 신호는 0을 유지하지만, 만일 1이 되면(예를 들어, 어떤 사람이 리셋이라는 이름표가 붙어 있는 버튼을 누르는 경우), CPU는 정지하고 모든 것이 시작으로 돌아갑니다.

이 회로에서 리셋 신호는 3개의 플립플롭을 모두 초기화시켜서 모든 Q 출력이 0이 되고, $\overline{Q}$ 출력은 1이 됩니다. 리셋 신호가 다시 0이 되면 플립플롭은 정상적으로 동작하며, CPU가 다시 동작을 시작합니다.

CPU가 리셋된 이후에는 맨 위에 있는 플립플롭의 $\overline{Q}$ 출력으로 1이 나오며, 이 값은 AND 게이트의 두 입력 중 하나가 되어 오실레이터의 출력이 그림의 아래쪽에 있는 2개의 플립플롭의 클럭 입력으로 전달되는 것을 제어합니다.

윗부분의 중단 신호는 HLT 명령이 실행되었다는 것을 나타냅니다. 이 신호로 인해서 플립플롭의 $\overline{Q}$ 출력으로 0이 나가면서, CPU의 동작을 제어하는 오실레이터를 효과적으로 중단시킵니다. 리셋 신호를 이용해서 CPU가 중단 상태에서 빠져 나오게 할 수 있습니다.

CPU가 중단되어 있지 않은 경우에는 그림의 아래쪽에 있는 두 플립플롭이 다음 타이밍 다이어그램에 있는 주기 클럭과 펄스라는 이름의 신호를 생성합니다.

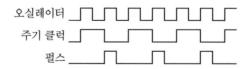

주기 클럭의 각 주기는 하나의 기계 주기에 해당합니다. 즉, 주기 클럭이 낮은 값에서 높은 값으로 바뀔 때(즉, 0에서 1이 될 때), 새로운 기계 주기가 발생하는 것입니다.

예를 들어, 앞에서 설명한 짧은 예제 프로그램에서는 첫 번째 명령이 MVI(즉치 이동) 명령이었으며, 이 명령은 다음과 같이 5개의 기계 주기가 필요합니다.

- 동작 코드 페치
- 프로그램 카운터 증가
- 동작 코드 다음 바이트 페치
- 프로그램 카운터 증가
- 명령 실행

이런 5단계의 주기는 다음과 같이 축약된 이름으로 구분할 수도 있습니다.

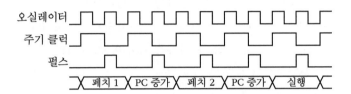

이러한 모든 주기는 서로 다른 삼상 버퍼들을 허용하는 것과 연관되어 있으므로 서로 다른 값을 주소 버스와 데이터 버스로 보낼 수 있습니다. 예를 들어, 페치 1주기 동안에는 프로그램 카운터가 주소 버스에 값을 보내고, RAM 데이터 출력 값은 데이터 버스로 보냅니다. 펄스 신호는 명령어 래치 1의 클록 입력과 증가/감소기의 클록 입력을 제어하기 위해서 사용됩니다.

　PC 증가 주기 동안에는 증가/감소기의 출력이 주소 버스로 나가고, 펄스 신호는 증가된 값을 프로그램 카운터에 저장하는 데 사용됩니다.

　앞에서 설명한 회로에서 명령어가 몇 바이트로 구성되어 있는지와 실행하는 데 한 주기가 필요한지 아니면 두 주기가 필요한지를 나타냈습니다.

　동작 코드를 디코딩하는 다음 단계는 현재 동작하고 있는 주기가 어떤 것인지를 나타내는 신호를 만드는 것입니다. 즉, 첫 번째, 두 번째 혹은 세 번째 페치 주기인지, PC 증가 주기인지 혹은 첫 번째 또는 두 번째 실행 주기인지를 나타내는 것이죠.

이 작업은 다음과 같은 조금 복잡한 회로에서 처리됩니다.

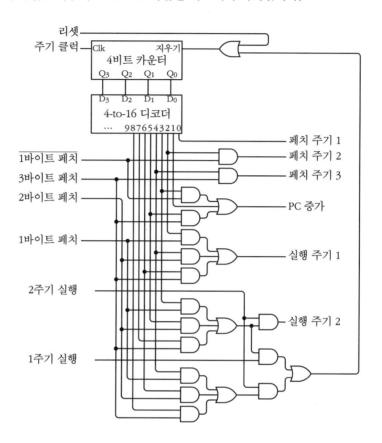

그림에서 왼쪽은 입력이고, 출력들은 오른쪽에 표현되어 있습니다. 여기에 있는 입력과 출력들은 일부 비슷한 이름을 가지고 있어서 그림을 처음 봤을 때는 혼란스러울 수 있습니다. 예를 들어 '2바이트 페치' 입력은 명령어의 길이가 2바이트임을 나타내는 반면, '페치 주기 2' 출력은 현재 두 번째 명령어 바이트를 가지고 오고 있는 중이라는 것을 나타냅니다.

　맨 위에 있는 리셋 신호는 앞의 회로에 있던 리셋 신호와 같으며, CPU를 사용하는 사람이 처음부터 시작하려고 할 때 초기화시키는 신호입니다. 또한 4비트 카운터는 회로의 밑부분에 있는 신호에 의해서도 초기화될 수 있습니다.

주기 클릭이 카운트를 증가시키는데, 여기서는 4비트 카운터를 사용하고 있으므로 이진수로 0000에서 1111까지, 십진수로 0에서 15까지 숫자가 증가합니다. 카운터에서 나온 이진수는 카운터 밑에 있는 4-to-16 디코더로 들어가서, 6개의 서로 다른 순차적인 출력을 발생시킬 수 있지만, 이 회로에서는 처음 9까지만 사용할 것입니다. 각각의 출력은 새로운 기계 주기를 나타내서, 페치 주기, 프로그램 카운터 증가 주기(그림에서는 'PC 증가'라고 적었습니다), 실행 주기 등을 구분할 수 있게 만들어 줍니다.

디코더 출력이 0, 1, 2, 3 등으로 진행되면서 다음과 같은 신호가 생성됩니다.

0. 페치 주기 1

1. 프로그램 카운터 증가

2. 페치 주기 2(1바이트 페치가 아닌 경우에만)

3. 프로그램 카운터 증가(2바이트 혹은 3바이트 페치인 경우를 위한)

4. 페치 주기 3(3바이트 페치 신호가 1인 경우에만)

5. 프로그램 카운터 증가(3바이트 페치인 경우에만)

페치 주기 1 신호와 첫 번째 프로그램 카운터 증가 신호는 항상 만들어집니다. 그 뒤로 동작 코드를 가져와서 명령어 래치 1에 넣어서 부분적으로 디코딩이 진행되고 나면, 앞의 그림에서 왼쪽에 있는 모든 입력 신호를 사용할 수 있게 됩니다.

하나의 명령어는 최대 3개의 명령어 페치 주기를 가지는데, 각각의 페치 주기 뒤에는 PC 증가 주기가 나타나며, 그 뒤로 2개의 실행 주기까지 가질 수 있기 때문에 최대 8 주기가 필요하고, 이것은 디코더의 출력 0에서 7까지에 해당합니다.

여러 바이트의 명령을 읽어오는 것과 여러 실행 주기를 가지는 것은 논리가 매우 복잡합니다. 1바이트만 가져오면 되는 명령에서는 '실행 주기 1' 신호가 3번째 주기에 나타나는 반면, 2바이트가 필요한 명령인 경우에는 5번째, 3바이트가 필요한 명령의 경우에는 7번째 주기에 나타납니다.

아래쪽에 있는 리셋 부분의 논리가 가장 복잡합니다. 이 신호는 1개의 명령어 페치 주기와 1개의 실행 주기가 필요한 명령에서는 4번째 주기에서 발생하며, 3개의 명령어 페치 주기와 2개의 실행 주기가 필요한 명령에서는 9번째 주기에서 나타납니다.

세 번의 페치 주기 동안에 프로그램 카운터가 16비트 주소 버스로 나가고, RAM 데이터 출력이 8비트 데이터 버스로 나갑니다. 펄스 신호는 주소 버스에 있는 값을 증가/감소기에 저장하고, 데이터 버스에 있는 값은 3개의 명령어 래치 중 하나에 저장합니다. 다음 회로의 목적은 명령어 페치 주기에 필요한 모든 신호를 만드는 것입니다.

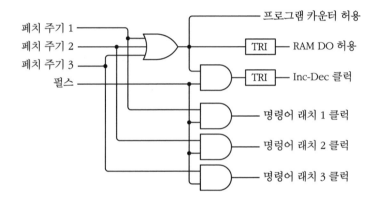

첫 번째, 두 번째, 혹은 세 번째 명령어 페치인지에 관계없이 프로그램 카운터가 주소 버스로 보내져야 하고, RAM 데이터 출력이 데이터 버스로 보내져야 합니다. 세 가지 경우 모두 펄스 신호를 이용해서 증가/감소기의 클럭 입력을 제어하게 되며, 세 경우에 따라 펄스 신호가 해당 명령어 래치의 클럭을 제어하게 됩니다.

이 신호 중에 두 신호에는 삼상 버퍼가 있다는 점에 주목하세요. 이는 잠시 후에 나올 다른 회로에서도 RAM 데이터 출력을 위한 삼상 버퍼에 대한 허용 신호와 증가/감소기 래치의 클럭 입력을 제어할 수 있기 때문입니다. 참고로, 삼상 버퍼 왼쪽에 있는 입력으로 들어오는 신호로는 입력 신호도 있고 허용 신호도 있습니다.

PC 증가 주기에서 필요한 모든 신호는 다음 회로에서 만들 수 있습니다.

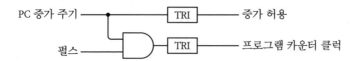

이제 명령어 페치 주기와 PC 증가 주기를 위한 모든 신호를 만들었습니다. 따라서 실행 주기를 위한 신호만 남았습니다. 다만, 이 제어 신호들은 실행해야 하는 특정한 명령에 따라 달라져야 하기 때문에 훨씬 복잡합니다.

469쪽에 있던 큰 회로도를 보면 실행 주기 1과 실행 주기 2의 두 신호가 있었습니다. 이런 두 개의 실행 주기 신호는 다음 회로에서 볼 수 있듯이 EC1과 EC2라는 약어를 사용할 수 있습니다.

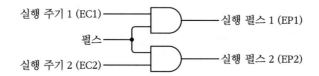

이 두 개의 주기 신호는 펄스 신호와 결합해서 2개의 실행 펄스 신호를 만들어 내며, 이 신호들은 약어로 EP1과 EP2로 표시했습니다.

한 가지 명령은 간단하게 처리할 수 있을 것 같습니다. 이 명령은 CPU를 중단시키는 HLT 명령입니다.

회로도의 왼쪽에 있는 HLT 신호는 465쪽의 명령어 디코더에서 나오고, 오른쪽의 중단 신호는 466쪽의 오실레이터가 있는 회로로 전달됩니다.

다른 명령과 생성되어야 하는 해당 신호 사이의 관계는 다소 복잡하므로, 지저분한 논리 게이트 대신 18장에서 본 것과 같은 몇 개의 다이오드 매트릭스 ROMdiode matrix ROM을 이용하는 것이 가장 좋을 것 같습니다.

아래에 있는 첫 번째 다이오드 매트릭스 ROM은 첫 번째와 두 번째 실행 주기에서 필요한 신호 중 16비트 주소 버스에 연결된 허용 신호와 클럭 신호를 모두 처리합니다.

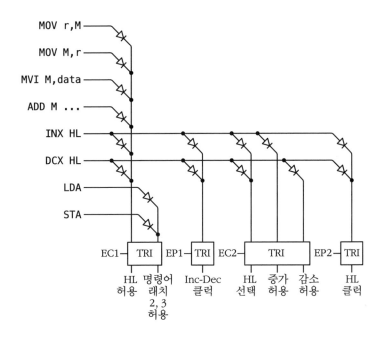

아래쪽에 나오는 신호는 주소 버스만을 위한 제어 신호라는 점을 명심하세요. 잠시 후에 8비트 데이터 버스에 대한 신호도 볼 수 있을 것입니다. 위의 그림은 461쪽과 462쪽에 있었던 실행 주기 표에서 16비트 주소 버스에 대한 동작에 해당합니다.

그림의 왼쪽 하단에 있는 삼상 버퍼는 실행 주기 1(EC1)에 의해서 허용되므로, 첫 번째 실행 주기 동안에 주소 버스의 값을 제어합니다. HL 레지스터를 이용해서 메모리 접근이 필요한 모든 MOV, MVI 및 산술 명령어가 나타나면 HL 레지스터가 허용되어 주소 버스로 전달됩니다.

위의 경우 이외에도 HL 레지스터의 값을 증가시키거나 감소시키는 명령인 INX와 DCX 명령에 대해서도 HL 레지스터가 허용되어 주소 버스로 나갑니다.

하지만 LDA와 STA 명령의 경우에는 주소 버스로 명령어 래치 2와 3의 값을 메모리 주소로 사용해서 데이터를 읽거나 저장합니다.

INX와 DCX 명령의 경우, 실행 펄스 1(EP1) 신호를 이용해서 주소 버스에 올라와 있는 HL 레지스터 값을 증가/감소기의 래치에 저장하게 됩니다.

INX와 DCX 명령만 두 번째 실행 주기에도 주소 버스에 대한 동작을 가지고 있습니다. 이 두 가지 명령은 HL 레지스터 값에서 증가 혹은 감소시킨 값을 주소 버스에 나타냅니다. 그 이후에 실행 펄스 2(EP2) 신호를 이용해서 새로운 HL의 값을 H와 L 레지스터에 저장합니다.

8비트 데이터 버스를 위한 다이오드 매트릭스 ROM은 약간 더 복잡합니다. 따라서 명령어 실행 주기에 따라 2개의 그림으로 나누었습니다. 다음은 첫 번째 실행 주기에 대한 그림입니다.

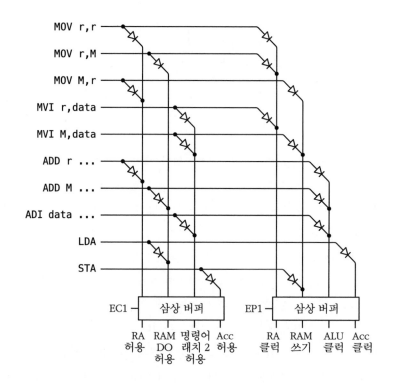

이 회로는 461쪽에 있는 첫 번째 명령어 실행 주기 표에서 8비트 데이터 버스 부분을 구현한 것입니다. 그림 아래쪽에 있는 삼상 버퍼들은 실행 주기 1(EC1)과 실행 펄스 1(EP1) 신호에 의해서 허용될 수 있으며, 첫 번째 삼상 버퍼의 경우 데이터 버스로 어떤 값을 보낼 것인지 제어하는 반면, 두 번째 삼상 버퍼는 어떤 값이 저장될 것인지 제어합니다.

그림 상단에 있는 세 가지 MOV 명령어 다음에는 목적과 소스가 따라 나오는데, 이런 목적이나 대상은 레지스터 중 하나가 될 수도 있고, HL 레지스터에 의해서 주소가 지정된 메모리가 될 수도 있습니다. 소스가 레지스터인 경우 레지스터 어레이(그림에서는 RA라는 약어를 사용합니다)의 값을 데이터 버스로 보내고, 소스가 메모리인 경우에는 RAM의 데이터 출력을 데이터 버스로 보내도록 합니다(물론 이때 RAM은 16비트 주소 버스에 의해서 주소가 지정되고, 주소 버스를 제어하는 다이오드 매트릭스 ROM의 경우 HL 레지스터를 해당 버스로 보내고 있을 것입니다). 두 번째 삼상 버퍼는 대상이 레지스터인 경우에 레지스터 어레이의 클럭 입력을 제어하며, 메모리인 경우에는 RAM 쓰기 신호를 제어해서 해당 값이 메모리에 저장되도록 만듭니다.

두 가지 형태의 MVI('즉치 이동') 명령들은 명령어 래치 2의 값을 데이터 버스로 보내며, 이 값은 레지스터 어레이 혹은 메모리에 저장됩니다.

그림에서는 모든 산술 논리 명령어들을 ADD와 ADI('즉치 더하기') 명령으로 표시해 두었습니다. 이때 데이터 버스로 나가는 값은 명령에 따라 레지스터 어레이, RAM 데이터 출력 혹은 명령어 래치 2의 값이 될 수 있으며, 모든 경우에 해당 값은 산술 논리 장치에서 래치됩니다. 이런 명령어들은 잠시 후에 볼 두 번째 실행 주기 동안 추가적인 동작이 필요합니다.

LDA('누산 레지스터로 로드')와 STA('누산 레지스터 값을 저장') 명령의 경우, 주소 버스를 위한 다이오드 매트릭스 ROM에서는 명령어 래치 2번과 3번의 내용을 RAM의 주소로 보내고 있을 것입니다. LDA의 경우 RAM 데이터 출력이 데이터 버스로 나가고, 이 값은 누산 레지스터에 저장됩니다. STA의 경우 누산 레지스터의 값이 데이터 버스로 나가고, 이 값은 메모리에 저장됩니다.

산술 논리 명령어들의 경우 데이터 버스에 대한 조작을 포함하는 두 번째 실행 주기가 필요하며, 이 동작을 지원하기 위한 다이오드 매트릭스 ROM의 경우는 다른 경우들보다 훨씬 간단합니다.

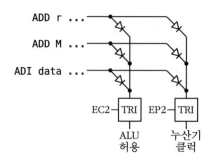

이런 명령들은 462쪽에 있는 두 번째 실행 주기 표의 8비트 데이터 버스 부분에서 확인할 수 있는 것처럼 ALU에서 나오는 값을 데이터 버스로 보내고, 이 값은 반드시 누산 레지스터에 저장됩니다.

이 명령을 끝으로 지난 세 개 장에 걸쳐서 8080 마이크로프로세서의 일부분을 구현하는 작업이 끝났습니다. 이 프로세서의 동작하는 시뮬레이션 버전은 CodeHiddenLanguage.com 웹사이트에서 확인할 수 있습니다.

컴퓨터를 설계하는 엔지니어들은 많은 경우에 컴퓨터가 최대한 빠르게 동작하도록 만드는 데 많은 시간을 사용합니다. 디지털 논리 회로에서 어떤 회로는 다른 것보다 빠를 수도, 혹은 느릴 수도 있으며, 디지털 회로를 빠르게 만들기 위해서 더 많은 논리 게이트를 사용하는 것은 매우 흔한 일입니다.

앞에서 설명한 CPU의 속도를 높이려면, 우선 명령어 페치에 초점을 맞춰야 할 것입니다. 각각의 명령어 페치마다 단순하게 프로그램 카운터의 값을 증가시키는 작업도 포함되기 때문에 2개의 기계 주기를 사용해야 합니다. 여기서는 두 가지 동작을 동시에 수행하기 위해서 명령어 페치 주기에 통합해 보겠습니다. 아마도 전용 증가 연산기가 필요할 것이며, 이 부분을 개선함으로써 메모리에서 명령을 로드하는 데 필요한 시간을 절반으로 줄일 수 있습니다!

작은 변화라도 큰 이점을 줄 수 있습니다. 수백만 대의 컴퓨터에서 사용되고, 매초마다 수백만 개의 명령을 수행할 가능성이 있는 CPU를 설계하는 경우에는 기계 주기를 줄이는 것이 모든 사용자에게 엄청난 이득을 줄 수 있습니다.

이 CPU에서 실행될 수 있는 간단한 프로그램을 살펴보겠습니다. 주소 1000h에서 시작하는 메모리에 저장되어 있는 5바이트의 값을 더하는 프로그램이며, 다음과 같습니다.

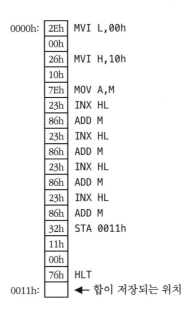

처음 두 명령은 H와 L 레지스터에 값을 설정하고, 이후의 프로그램은 HL을 이용해서 바이트에 접근한 후 이 값을 합계에 누적시키고, 각 메모리의 접근 이후에 HL을 증가시킵니다.

보시다시피 일부 명령어가 반복됩니다. 즉, INX 명령어 다음에 ADD 명령어가 네 번 반복해서 나오는 것이죠. 이 프로그램에서는 그렇게 나빠 보이지 않지만, 20개의 값을 더한다면 어떨까요? 아니면 100개인 경우는 어떨까요?

더하려는 값이 바이트 단위가 아닌 16비트나 32비트인 경우라서 합을 누산하기 위해 더 많은 명령어가 필요한 경우에는 어떨까요?

어떻게 하면 이런 반복을 피할 수 있을까요? 일련의 명령어를 반복할 수 있는 명령이 있을까요? 있다면 어떻게 생겼으며 어떻게 동작할까요?

이 주제는 아주 중요하기 때문에 다음 한 개 장 전체를 모두 할애하도록 하겠습니다!

Chapter 24

루프, 분기, 그리고 호출

Loops, Jumps, and Calls

우리의 삶은 반복으로 가득 차 있습니다. 지구의 자전, 지구를 따라 도는 달의 공전, 그리고, 태양을 따라 도는 지구의 공전이라는 자연의 리듬을 통해서 날짜를 셉니다. 매일매일이 다르지만, 우리의 삶은 매일매일 비슷한 보통의 일상으로 구조화되기도 합니다.

이런 관점에서 반복 역시 컴퓨팅의 본질이라 할 수 있습니다. 작은 숫자 두 개를 더하려고 컴퓨터를 사용하는 사람은 없습니다(여하튼 없길 바랍니다). 하지만 천 개 혹은 백만 개의 숫자를 더하는 것이라면 어떨까요? 컴퓨터가 해야 할 일이겠죠.

초기에는 컴퓨팅과 반복의 관계가 아주 명확했습니다. 찰스 배비지의 해석 기관에 대한 에이다 러브레이스의 유명한 1843년 논의에서는 다음과 같이 적혀 있었습니다.

간결성과 명확성 모두를 위해 반복되는 그룹을 순환이라고 합니다. 따라서 동작의 순환은 두 번 이상 반복되는 작업들을 어떤 형태로 모아둔 것을 나타내는 것으로 이해되어야만 합니다. 이를 구성하는 모든 것에 대해서 반복이 일어난다는 점에서 이 그룹이 두 번 반복되든, 무한하게 반복되든 모두 한 번의 순환이라 할 수 있습니다. 대부분의 분석에서는 반복되는 그룹이 하나 이상의 순환,

즉 한 번의 순환 안에 다른 순환이 있거나, 여러 개의 순환을 다시 순환하는 등의 형태로 되어 있습니다.

현대적인 용어로 바꾸면, 여기서 나온 순환은 **루프**loop라 할 수 있으며, 여기서 순환의 순환이라 표현되어 있는 것은 **중첩 루프**nested loop라 할 수 있습니다.

지난 몇 개 장에 걸쳐서 만든 CPU는 이런 부분에 있어서 부족했던 것 같습니다. 이전 장의 마지막 부분에서 주소 1000h로 시작하는 메모리에 저장되어 있는 5바이트를 더하는 작은 프로그램을 살펴봤습니다.

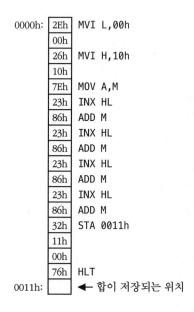

주소 지정에는 HL 레지스터 쌍이 사용됩니다. MOV 명령은 첫 번째 바이트를 메모리에서 읽어서 누산 레지스터로 저장하며, 그 뒤에 나오는 ADD 명령이 다른 4바이트를 누산 레지스터에 더하고, 메모리에서 각각의 바이트를 읽은 다음에는 INX 명령은 HL 레지스터 쌍의 값을 증가시킵니다. 마지막으로 STA 명령은 결과를 메모리에 저장합니다.

이 프로그램을 어떻게 향상시켜야 100바이트 혹은 1000바이트를 더할 수 있도록 만들 수 있을까요? 더해야 하는 바이트만큼 프로그램에 INX와 ADD 명령을 계속해서 추가해야 할까요? 맞는 방법은 아닌 것 같습니다. 다른 요구 사항에도 부합할 수 있는 해결방법이 아닐 뿐 아니라, 일반화된 해결방법이라 하기도 어렵습니다.

그 대신 일련의 특정 명령어들(이 경우에는 INX와 ADD 명령어)을 반복할 수 있도록 만드는 새로운 명령어가 있다면 유용할 것 같습니다. 하지만 이 명령어는 어떻게 생겼을까요?

처음에는 이런 명령이 기존의 명령과 비교해서 확연하게 다르게 보이기 때문에 CPU 전체를 바꿀 필요가 있다면 어떻게 할지 두려움이 앞설 수 있습니다. 하지만 아직 절망할 필요는 없습니다.

일반적으로 프로그램 카운터는 CPU가 각각의 명령어 바이트를 가져온 직후에 증가하는데, 이를 통해서 CPU는 한 명령에서 다음 명령으로 나갑니다. 반면, 루프를 수행하는 명령은 프로그램 카운터를 뭔가 다른 방식으로 바꿔야 합니다.

LDA와 STA 같은 명령어에서 뒤에 나오는 2바이트를 가지고 16비트 메모리 주소를 만드는 방식에 대해서 살펴보았습니다. LDA와 STA처럼 그 뒤에 2바이트가 나오지만, 이 값이 데이터를 위한 메모리의 주소로 사용되는 대신 프로그램 카운터에 래치되는 명령어를 생각해 봅시다. 이런 명령은 프로그램 카운터가 효과적으로 다른 주소로 분기하도록 만드는 것이기 때문에, 일반적인 실행 과정을 바꾸게 될 것입니다.

이런 명령어는 'jump(점프)'를 의미하는 JMP라고 부릅시다. 인텔 8080 마이크로프로세서에서도 이렇게 부릅니다(참고로 모토로라 6809는 비슷한 명령어가 'branch(분기)'를 나타내는 BRA로 불립니다).[1]

JMP 명령어 뒤에 2바이트가 나와서 16비트 주소의 형태를 만듭니다. 다음 예에서 그 주소는 0005h입니다. 다음과 같이 보일 것입니다.

---

1 (옮긴이) 이 책에서는 많은 책의 용례에 따라 jump도 분기라고 부르도록 하겠습니다.

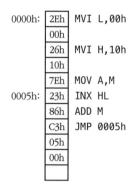

```
0000h:  2Eh   MVI L,00h
        00h
        26h   MVI H,10h
        10h
        7Eh   MOV A,M
0005h:  23h   INX HL
        86h   ADD M
        C3h   JMP 0005h
        05h
        00h
```

INX 및 ADD 명령이 실행될 때마다, 이 JMP 명령은 주소 0005h에서 INX 및 ADD 명령을 다시 한번 반복해서 실행하게 됩니다. 이것이 루프입니다.

CPU에 JMP 명령을 추가하는 것은 놀랄 만큼 간단하지만, 한 가지 문제에 대해서 먼저 확인할 때까지 잠시 보류하도록 하겠습니다. 이야기하고 싶은 작은 문제는 JMP 명령이 영원히 계속된다는 것입니다. 즉, 루프를 중단시킬 방법이 없으므로 이를 무한 루프infinite loop라 부릅니다. 이 과정에서 HL 값이 계속 증가하게 될 것이고, 이 주소가 지정하는 바이트 값은 역시 계속해서 합에 더해질 것입니다. 결국 HL은 메모리의 끝인 FFFFh 값이 될 것이고, 다시 값이 증가해서 0000h로 돌아오면서 명령어 바이트의 값까지도 누산 레지스터에 더해지게 됩니다.

프로그래밍에 있어서 루프는 매우 중요하지만, 루프가 어떤 경우에만 진행되어야 중요하지, 항상 진행된다면 그렇지 않습니다.

분기 발생 여부를 제어할 수 있는 기능이 이미 CPU에 있을까요?

네, 있습니다. 21장에서 만든 ALU는 몇 가지 플래그를 래치에 저장한다는 것을 기억할 것입니다. 자리올림 플래그, 제로 플래그, 부호 플래그가 있으며, 각각은 ALU의 연산에서 자리올림이 나왔는지, 결과가 0이 되었는지, 결과의 최상위 비트가 1이 되어 2의 보수인 숫자로 생각했을 때 음수인지 나타냅니다.

제로 플래그가 설정되어 있는지 혹은 설정되어 있지 않은지에 따라서 분기를 하는 명령어가 있다면 편리할 것 같습니다. 실제로 다음과 같은 분기 명령어들의 모음을 정의할 수 있습니다.

명령어	설명	동작 코드
JMP addr	분기	C3h
JNZ addr	제로 플래그가 설정되어 있지 않은 경우 분기	C2h
JZ addr	제로 플래그가 설정된 경우 분기	CAh
JNC addr	자리올림 플래그가 설정되어 있지 않은 경우 분기	D2h
JC addr	자리올림 플래그가 설정된 경우 분기	DAh
JP addr	양수이면(즉, 부호 플래그가 설정되지 않은 경우) 분기	F2h
JM addr	음수이면(즉, 부호 플래그가 설정된 경우) 분기	FAh

필자가 이런 명령어와 동작 코드를 만든 것이 아니라, 이런 명령들 역시 이 책의 CPU를 만들 때 그 일부를 사용했던 인텔 8080 마이크로프로세서에서 구현하고 있는 명령어들입니다. 표의 첫 번째 열에 있는 addr은 동작 코드 뒤에 나오는 2바이트 메모리 주소를 의미합니다.

　JMP 명령은 무조건 분기unconditional jump로 알려져 있습니다. 즉, ALU의 플래그 설정과 관계없이 CPU의 일반적인 실행 과정을 바꾸게 됩니다. 반면, 다른 명령들은 조건부 분기conditional jump로 알려져 있습니다. 이런 명령어들은 ALU에서 나온 플래그가 설정되어 있거나 혹은 설정되어 있지 않을 때만 프로그램 카운터의 값을 바꿉니다(8080 CPU에는 패리티 플래그를 이용한 조건부 분기 명령어 2개가 더 있지만, 21장에서 이야기한 것처럼 이 책에서 만드는 CPU에서는 해당 플래그를 구현하지 않습니다).

　이제 조건부 분기가 프로그램에 어떻게 동작하는지 살펴봅시다. 주소 1000h에서 시작하는 메모리에 저장된 200바이트를 모두 더하는 경우를 가정해 보겠습니다.

　여기서 사용하는 기법은 레지스터 중 하나에 카운터라 불리는 값을 저장하는 것입니다. 카운터는 더해야 하는 바이트의 수인 200에서 시작해서, 바이트를 접근해서 더할 때마다 카운터를 감소시켜 나가는 것입니다. 즉, 카운터는 더해야 하는 바이트가 남은 수를 나타내게 되며, 이 값이 0에 도달하면 작업이 완료되는 것입니다.

이 이야기는 프로그램에서 2개의 산술 연산을 처리해야 한다는 말이 됩니다. 즉, 지금까지 더해 온 바이트들의 중간 합계를 보존하고 있어야 하며, 새로운 바이트를 더할 때마다 카운터를 감소시키는 것도 필요합니다.

이런 동작을 처리하려면 약간의 문제가 있습니다. 기억하겠지만 모든 산술 논리 연산은 누산 레지스터를 사용하기 때문에 프로그램은 산술 연산을 하려면 레지스터의 값을 누산 레지스터로 옮긴 후 연산을 취하고, 이후에 누산 레지스터의 값을 다시 레지스터로 옮겨야 합니다.

바이트들의 중간 합계를 레지스터 B에 저장하고, 카운터의 값은 C에 넣기로 결정했다고 생각해 봅시다. 이 값들은 산술 연산을 위해서 누산 레지스터로 옮겨져야만 하며, 연산이 끝난 후에는 명령어들을 다음 번에 반복하는 경우를 처리하기 위해서 다시 레지스터 B와 C로 되돌아가야 합니다.

이 프로그램은 이전에 보았던 프로그램들보다 조금 더 길기 때문에, 세 부분으로 나눠서 이야기하겠습니다.

컴퓨터 프로그램의 첫 번째 부분은 보통 초기화initialization라고 이야기합니다.

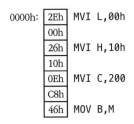

```
0000h:  2Eh  MVI L,00h
        00h
        26h  MVI H,10h
        10h
        0Eh  MVI C,200
        C8h
        46h  MOV B,M
```

이 부분은 더해야 할 숫자가 있는 위치로 사용되는 HL 레지스터 쌍의 값을 1000h로 설정하는 부분입니다. 레지스터 C는 더해야 하는 숫자의 수를 나타내는 십진수 200(16진수 C8h)으로 설정되며, 마지막으로 레지스터 B는 목록의 첫 번째 숫자로 설정됩니다.

프로그램의 두 번째 부분은 반복되는 명령들이 있는 부분입니다.

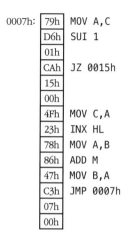

이 부분은 카운터(레지스터 C)의 값을 누산 레지스터로 복사하는 것으로 시작하고, SUI 명령은 이 숫자에서 1을 뺍니다. 첫 번째 루프에서는 이 값이 200에서 199로 바뀝니다. 만일 이 값이 0이 되면(분명히 아직 아닙니다) JZ 명령은 위의 프로그램 블록의 다음 주소인 0015h로 이동합니다. 따라서 이런 종류의 명령은 분기에서 벗어나는breaking out 명령이라 부릅니다.

그렇지 않은 경우(즉, 0이 아닌 경우)에는 누산 레지스터의 값(첫 번째 루프에서는 199가 되었을 것입니다)이 레지스터 C로 다시 들어갑니다. 이제 HL의 값이 INX 명령으로 증가하고, 레지스터 B에 저장되어 있던 중간 합계 값은 레지스터 A로 이동합니다. HL 값으로 주소가 지정된 메모리의 값이 이 합계에 더해진 다음, 새롭게 만들어진 합계를 레지스터 B로 다시 저장합니다. 이후에는 다음 루프를 수행하기 위해서 무조건 JMP 명령을 이용해서 이 코드의 맨 윗부분으로 이동합니다.

매번 코드를 통과하는 것을 보통 반복iteration이라 부릅니다. 결과적으로 레지스터 C의 값은 1이 되고, 이 값에서 1을 빼면 0이 되면서 JZ 명령은 0015h 번지 주소로 분기합니다.

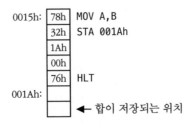

```
0015h:  78h   MOV A,B
        32h   STA 001Ah
        1Ah
        00h
        76h   HLT
001Ah:
              ← 합이 저장되는 위치
```

레지스터 B에의 200개 숫자 모두를 더한 최종 합계가 저장됩니다. 이 값은 누산 레지스터의 값을 메모리로 저장하는 STA 명령을 위해서 누산 레지스터로 다시 이동합니다. 그 후에 프로그램은 중단됩니다.

더할 숫자가 메모리의 다른 위치에 있거나 200개를 넘거나 적은 숫자를 더해야 하는 경우에도 프로그램을 간단하게 수정할 수 있습니다. 모든 정보는 프로그램 맨 위에 설정되어 있으므로, 쉽게 수정할 수 있는 것이죠. 컴퓨터 프로그램을 작성할 때, 나중에 바꿀 수 있는 방법을 미리 생각해 두는 것은 항상 좋은 생각이라 할 수 있습니다.

컴퓨터 프로그램에서 한 가지 방식으로만 작성할 수 있는 경우는 거의 없습니다. 이 프로그램을 약간 다른 방식으로 바꿔서 분기 명령을 하나만 사용하도록 바꿀 수도 있습니다. 이 버전은 첫 번째 버전과 거의 비슷하게 시작합니다.

```
0000h:  2Eh   MVI L,00h
        00h
        26h   MVI H,10h
        10h
        0Eh   MVI C,199
        C7h
        46h   MOV B,M
```

유일한 차이점은 레지스터 C의 값이 199로 설정되어 있는 것인데, 이렇게 만든 이유는 잠시 후에 보겠습니다.

프로그램의 중간 부분은 재배열되어 있습니다. 이제 프로그램은 HL을 증가시키는 것으로 시작한 후 목록의 다음 숫자를 더합니다.

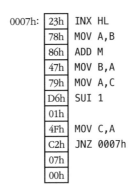

```
0007h:  23h    INX HL
        78h    MOV A,B
        86h    ADD M
        47h    MOV B,A
        79h    MOV A,C
        D6h    SUI 1
        01h
        4Fh    MOV C,A
        C2h    JNZ 0007h
        07h
        00h
```

그다음 값을 더하고 나면, 레지스터 C에 있는 카운터의 값을 레지스터 A로 이동시킨 후 1만큼 감소시키고, 새로 변경된 값은 다시 레지스터 C로 돌려보냅니다. 이후에 JNZ 명령은 SUI 명령의 결과가 0이 아니라면 루프의 맨 위로 분기합니다.

만일 SUI 명령의 결과가 0이 되면, 프로그램은 JNZ 명령 뒤의 명령으로 계속 진행해 갑니다. 그다음 부분은 누적된 합계를 메모리에 저장하고 중단하는 부분입니다.

```
0012h:  78h    MOV A,B
        32h    STA 0017h
        17h
        00h
        76h    HLT
0017h:  ☐  ◀ 합이 저장되는 위치
```

분기 명령어 하나를 제거해서 프로그램은 3바이트 줄었지만 약간 더 복잡하게 보입니다. 레지스터 C가 200이 아닌 199로 설정되어 있는 이유를 알겠나요? 메모리가 있는 값을 더한 다음에 카운터 값을 변경하고 바로 값을 확인하기 때문입니다. 만일 목록에 더해야 할 숫자가 2개밖에 없다면, 첫 번째 루프에서 JNZ 명령어가 수행되기 전에 이미 두 숫자 모두에 접근하게 되므로, C 값은 2가 아닌 1로 초기화되어야 합니다. 참고로, 이 프로그램은 목록에 1바이트만 있는 경우에는 정상적으로 동작하지 않습니다. 왜 그런지 알겠나요?

루프를 몇 번 반복해야 할지 판단할 때 실수를 저지르는 경우가 종종 있습니다. 프로그래밍 과정에서는 이와 같은 문제가 너무나도 자주 발생하기 때문에 '오프 바이 원off-by-one' 오류[2]라는 이름까지 붙어 있습니다.

숫자를 몇 개 더해야 하는지는 정확히 모르지만, 목록의 마지막 숫자가 00h라는 것은 명확하게 할 수도 있습니다. 프로그램에서 목록이 끝났음을 알리는 값으로 00h를 사용하는 것이며, 이런 값을 **보초값**sentinel이라 부릅니다. 이 경우 비교 명령어를 사용해서 메모리 값을 00h와 비교해서 루프를 벗어날 시점을 결정할 수도 있습니다.

아래에 있는 보초값을 다른 방식으로 사용하는 프로그램부터는 메모리 값을 보여 주는 것은 생략하고 명령어만 표기하도록 하겠습니다. 메모리 주소를 보여 주는 대신 레이블label이라는 용어를 사용하겠습니다. 그냥 단순히 단어처럼 보이지만, 여전히 메모리의 위치를 나타내며, 레이블 뒤에는 콜론이 사용됩니다.

```
Start:  MVI L,00h
        MVI H,10h
        MVI B,00h
Loop:   MOV A,M
        CPI 00h
        JZ End
        ADD B
        MOV B,A
        INX HL
        JMP Loop
End:    MOV A,B
        STA Result
        HLT
Result:
```

MOV A,M 명령을 이용해서 지정된 메모리의 값을 누산 레지스터로 로드한 후, CPI 명령을 이용해서 그 값이 00h인지 확인합니다. 레지스터 A가 00h와 같으면 제로 플래그가 설정되고 JZ 명령을 이용해서 'End'로 분기하고, 같지 않

2　(옮긴이) 위와 같이 배열의 숫자를 잘못 계산하는 오류입니다.

은 경우 레지스터 B의 값을 더한 후 다음 반복iteration을 위해서 HL의 값을 증가시킵니다.

레이블을 이용하면 명령의 정확한 메모리 주소를 몰라도, 언제든 레이블의 위치를 정확하게 계산할 수 있게 됩니다. 만일 프로그램이 메모리 위치 0000h에서 시작하는 경우, 첫 번째 3개의 명령어에 각각 2바이트씩 필요하기 때문에 Loop 레이블의 메모리 주소는 0006h가 됩니다. 그 이후 7개 명령어를 위해서 총 12바이트가 사용되므로 End 레이블의 메모리 주소는 0012h, Result 레이블의 주소는 0017h가 됩니다.

아직 눈치채지 못했을 수 있으나, 조건부 분기는 CPU에 있어서 매우 중요한 기능이며, 사실 여러분이 지금까지 살펴본 것보다 훨씬 더 중요합니다.

1936년 케임브릿지 대학교 졸업생이었던 24세의 앨런 튜링Alan Turing은 독일 수학자였던 다비트 힐베르트David Hilbert가 제기한 **결정 문제**Entscheidungsproblem, decision problem라는 수학적 논리 문제를 풀기 시작했습니다. 이 문제는 어떤 문장을 넣었을 때 이 문장을 수학적 논리에 의해서 참인지 거짓인지 결정할 수 있는지에 대한 문제였습니다.

이 질문에 대해서 앨런 튜링은 매우 특이한 접근법을 취했는데, 일단 간단한 규칙에 의해서 동작하

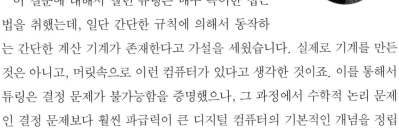

는 간단한 계산 기계가 존재한다고 가설을 세웠습니다. 실제로 기계를 만든 것은 아니고, 머릿속으로 이런 컴퓨터가 있다고 생각한 것이죠. 이를 통해서 튜링은 결정 문제가 불가능함을 증명했으나, 그 과정에서 수학적 논리 문제인 결정 문제보다 훨씬 파급력이 큰 디지털 컴퓨터의 기본적인 개념을 정립했습니다.

튜링이 만든 상상의 컴퓨터는 현재 튜링 머신Turing machine이라는 이름으로 불리고 있는데, 계산 기능의 측면에서 지금까지 만들어진 모든 디지털 컴퓨터와 기능적으로는 같습니다(만일 여러분이 튜링이 만든 상상의 컴퓨터

를 설명한 튜링의 논문에 대해서 조금 더 탐구하고 싶다면, 필자의 책 《The Annotated Turing: A Guided Tour through Alan Turing's Historic Paper on Computability and the Turing Machine(주석으로 해설한 튜링: 계산 가능성 과 튜링 머신을 다룬 앨런 튜링의 역사적 논문에 대한 해설과 함께하는 여 행)》[3]이 도움이 될 수 있을 것 같습니다.

서로 다른 디지털 컴퓨터들은 서로 다른 속도로 동작하고, 서로 다른 용량의 메모리와 저장 장치에 접근하며, 서로 다른 형태의 하드웨어가 붙어 있습니다. 하지만 기능적인 측면에서는 같은 처리 능력을 가집니다. 즉, 비록 서로 다른 컴퓨터라 할지라도 모두 매우 특별한 기능을 공통적으로 가지고 있기 때문에 같은 종류의 작업을 처리할 수 있습니다. 바로 산술 연산의 결과에 의한 조건부 분기 기능이죠.

조건부 분기(혹은 그와 비슷한 어떤 것)를 지원하는 모든 프로그래밍 언어는 기본적으로 같으며, 이런 프로그래밍 언어는 '튜링 완전Turing complete'하다고 이야기할 수 있습니다. 거의 모든 프로그래밍 언어가 이 조건을 충족하지만, 웹페이지를 위해서 사용하는 HTMLHyperText Markup Language과 같은 마크업 언어들은 튜링 완전하지 않습니다.

이 장의 앞부분에서 다뤘던 분기 명령어들 이외에 또 하나의 명령어도 분기를 수행하는 데 있어서 유용합니다. 이 명령어는 HL의 값을 기반으로 합니다.

명령어	설명	동작 코드
PCHL	HL을 프로그램 카운터로 복사	E9h

7개의 분기 명령어와 PCHL 명령어는 이전 장에서 설명한 제어 타이밍 회로와 매우 쉽게 통합될 수 있습니다. 23장의 464쪽에서 봤던 회로에서 동작 코드의 8비트를 입력으로 받아서 3개의 디코더가 동작했던 것을 기억할 것입니다.

---

3 (옮긴이) 아쉽게도 이 책의 한국어판은 없습니다. 이 책은 튜링의 'On Computable Numbers, with an Application to the Entscheidungsproblem(계산 가능한 숫자들에 대해서: 결정 문제에 대한 응용)'이라는 논문에 대해서 예제를 들어 정말 자세하게 설명한 책입니다.

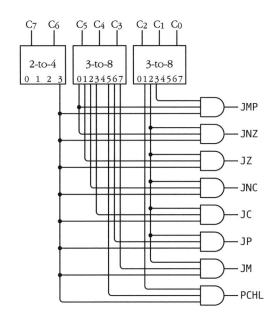

이런 디코더들의 출력을 다양하게 조합하면 언제 분기 명령에 해당하는 동작 코드가 나타났는지 알려 주는 신호를 만들 수 있습니다.

PCHL을 제외한 모든 분기 명령어는 7입력 OR 게이트로 묶어서 하나의 그룹으로 통합할 수 있습니다.

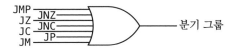

여기서 만들어진 신호는 23장의 465쪽에서 보았던 메모리에서 가져와야 하는 명령어 바이트의 수와 각각의 명령들의 실행에 필요한 주기의 수를 판단하는 회로의 입력으로 사용될 수 있습니다. 분기 그룹 신호는 메모리에서 3바이트(1바이트 동작 코드와 2바이트 주소)를 가져와야 한다는 것을 알려 줍니다. PCHL 명령어의 경우는 1바이트만 가져오면 됩니다. 이런 모든 명령어는 실행에 1주기만 필요하며, 주소 버스에 대해서만 제어를 수행합니다.

분기 명령어들의 실행 부분을 구현하기 위해서, 일단 조건 분기가 발생할 것인지를 나타내는 신호를 만들어 보도록 합시다. 명령어 바이트가 디코딩된 신호들은 21장에서 만든 ALU에서 나오는 플래그들과 결합되어야 합니다.

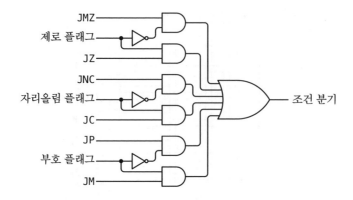

이제 23장의 474쪽에서 본 다이오드 매트릭스 ROM에 이 부분을 통합하는 것은 아주 간단합니다.

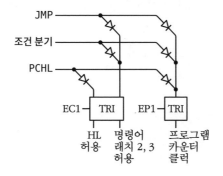

JMP와 조건 분기 명령어들은 명령어 래치 2와 3을 주소 버스로 보내는 반면, PCHL 명령어의 경우에는 HL을 주소 버스로 보냅니다. 여기 있는 모든 경우에 대해서 주소 버스의 값은 프로그램 카운터에 저장됩니다.

개선한 CPU의 상호작용 가능한 버전은 CodeHiddenLanguage.com 웹사이트에서 찾아볼 수 있습니다.

여러분이 컴퓨터 프로그램으로 하려고 하는 거의 대부분의 중요한 작업은 반복을 포함하고 있으므로, 루프를 적용할 만한 좋은 후보가 됩니다. 곱셈이 좋은 예입니다. 이 CPU에서 어떻게 하면 곱셈을 할 수 있는지 보여 주겠다고 21장에서 약속했었는데, 지금이 바로 어떻게 하면 되는지 확인해 볼 시간입니다.

가장 간단한 경우인 바이트 값 2개의 곱셈, 예를 들어 132 곱하기 209(16진수로 84h 곱하기 D1h)부터 살펴봅시다. 곱셈에서 사용하는 두 숫자를 승수multiplier와 피승수multiplicand라고 하고, 그 결과는 곱product이라 부릅니다.

일반적으로 한 바이트를 다른 한 바이트에 곱하면 그 결과는 2바이트 너비가 됩니다. 위에서 이야기한 예를 계산해서 27,588(16진수 6BC4h)을 얻는 것은 간단하지만, CPU로 이런 작업을 하도록 만들어 보겠습니다.

앞에서는 레지스터 H와 L을 16비트 메모리 주소로 사용했지만, H와 L을 일반적인 8비트 레지스터로 사용하거나 레지스터 쌍 HL을 사용하여 2바이트 값을 저장할 수도 있습니다. 이 예에서는 곱의 결과를 저장하기 위해서 HL을 사용하도록 하겠습니다. 바이트 값 2개를 곱하는 코드는 레지스터 B에 피승수를, 레지스터 C에 승수를 넣고, 레지스터 H와 L을 0으로 만드는 것부터 시작합니다.

```
Start:  MVI B,D1h  ; B에 피승수 설정
        MVI C,84h  ; C에 승수 설정
        MVI H,00h  ; HL을 0으로 초기화
        MVI L,00h
```

코드 오른쪽 부분의 세미콜론 뒤에 명령에 대해 짧게 설명을 붙여 두었습니다. 이런 설명을 보통 주석comment이라 하며, 인텔 8080 CPU의 원본 문서에 세미콜론을 사용하는 방법이 잘 설명되어 있습니다.

먼저 두 숫자를 곱하는 가장 간단한 방법인 반복 덧셈 방식을 살펴보겠습니다. HL 레지스터에 승수를 피승수에서 지정된 횟수만큼 반복해서 더할 것입니다.

첫 번째 단계는 레지스터 B에 저장되어 있는 피승수가 0이 아닌지 확인하는 것입니다. 만일 피승수가 0이라면 곱셈이 끝난 것이죠.

```
Loop:    MOV A,B    ; B가 0인지 확인
         CPI 00h
         JZ Done    ; 해당 경우라면 모든 연산이 끝난 것임
```

그렇지 않은 경우 레지스터 C에 저장된 승수를 HL 레지스터의 내용과 더합니다. 이 연산은 본질적으로 16비트 덧셈이기 때문에, 우선 L을 누산 레지스터로 이동시킨 다음 C와 더하고, 첫 번째 덧셈에서 온 자리올림을 같이 써서 0 값을 H에 더하면 됩니다.

```
         MOV A,L    ; C를 HL에 더함
         ADD C
         MOV L,A
         MOV A,H
         ACI 00h
         MOV H,A
```

이제 레지스터 B에 있는 피승수를 감소시켜서 HL에 더해야 하는 숫자가 하나 줄었다는 것을 나타낸 후, 다음 반복을 위해서 루프 부분으로 분기합니다.

```
         MOV A,B    ; B를 감소
         SBI 01h
         MOV B,A
         JMP Loop   ; 계산 반복
```

앞부분의 분기 명령어를 통해서 Done 레이블 부분으로 분기하는 경우 곱셈이 끝나게 되며, 이때 HL 레지스터는 곱의 결괏값을 포함하게 됩니다.

```
         Done: HLT  ; HL이 결과를 포함
```

이 방식이 바이트 두 개를 곱할 수 있는 가장 좋은 방법은 아니지만, 이해하기 쉽다는 장점이 있습니다. 이런 형태의 해결 방식을 우격다짐brute-force 접근 방식이라 이야기하기도 합니다. 최대한 빠르게 곱셈을 수행하는 방식을 고려하지 않을 뿐 아니라, 루프에는 더 작은 숫자를 적용시켜서 루프의 횟수를 줄이는 식의 간단한 최적화조차 하지 않는 것이죠. 프로그램에 코드를 약간만 추가하면 132를 209번 더하는 대신 209를 132번 더하는 것으로 바꿀 수

도 있었을 것입니다.

이런 곱셈을 수행하는 더 좋은 방법이 있을까요? 종이에 십진법 숫자를 곱하는 경우를 생각해 봅시다.

$$
\begin{array}{r}
132 \\
\times\ 209 \\
\hline
1188 \\
264 \\
\hline
27588
\end{array}
$$

첫 번째 밑줄 바로 아래 있는 두 숫자는 132 곱하기 9의 결과와 132 곱하기 2의 결과를 왼쪽으로 두 자리 올린, 즉 132 곱하기 200의 결과를 적은 것입니다. 132 곱하기 0은 0이 될 거라 여기에 따로 적어 둘 필요가 없습니다. 209번 혹은 132번 덧셈을 반복하는 대신 두 개의 숫자만 더하면 됩니다.

이 곱셈을 이진수로 보면 어떻게 보일까요? 십진수로 132였던 승수는 이진수로 10000100이 되고, 십진수로 209였던 피승수는 이진수로 11010001이 됩니다.

$$
\begin{array}{r}
10000100 \\
\times\ 11010001 \\
\hline
10000100 \\
10000100 \\
10000100 \\
10000100 \\
\hline
110101111000100
\end{array}
$$

오른쪽에서 시작해서 피승수(11010001)의 각각의 비트에 대해서 승수(10000100)를 곱하세요. 즉, 만일 비트의 값이 1이면 그 결과는 승수가 되고 각각의 비트를 왼쪽으로 시프트시키고, 비트의 값이 0이면 결과가 0이 될 것이므로 무시합니다.

첫 번째 밑줄 바로 밑을 보면 승수(10000100)가 4개 나타나 있는 것을 볼 수 있는데, 피승수(10000100)에서 1의 값을 지닌 비트가 4개이기 때문입니다.

이 방법을 사용하면 덧셈의 횟수를 거의 최소에 가깝게 줄일 수 있습니다. 16비트 혹은 32비트 숫자들을 곱할 때는 이런 방법을 사용하는 것이 더더욱 중요합니다.

하지만 이 방식이 어떤 면에서는 더 복잡하게 보이는 것도 사실입니다. 피승수를 구성하고 있는 비트들 중에 어떤 비트가 1이고, 어떤 비트가 0인지 확인할 필요가 있습니다.

위와 같이 비트들의 값을 확인할 때는 8080 명령어 중 ANA(누산 레지스터로 AND 연산) 명령어를 이용하면 됩니다. 이 명령은 두 개의 바이트 간에 비트단위 AND 연산을 수행하며, 두 바이트의 각각의 비트에 대해서 평가해서 두 비트가 모두 1이면 1의 결과가 나오고, 그렇지 않으면 0이 나오는 연산이기 때문에 비트단위 AND 연산이라 부릅니다.

레지스터 D에 피승수를 넣어봅시다. 이번 예제에서는 D1h가 피승수였습니다.

```
MVI D,D1h
```

레지스터 D의 최하위 비트가 1인지 어떻게 알 수 있을까요? 레지스터 D에 대해 01h로 ANA 연산을 수행하면 되는데, 일단 01h 값은 레지스터 E에 넣겠습니다.

```
MVI E,01h
```

ALU에서 피연산자의 하나는 반드시 누산 레지스터여야 하기 때문에 두 숫자 중 하나를 누산 레지스터로 이동시켜야 합니다.

```
MOV A,D
ANA E
```

이 AND 연산의 결과는 레지스터 D의 가장 오른쪽에 있는 최하위 비트의 값이 1이면 1이 되고, 0이면 0이 되기 때문에, 결과가 0이 되면 제로 플래그가 1로 바뀝니다. 이 플래그를 통해서 조건 분기를 실행할 수 있습니다.

그다음 비트를 확인하려면 AND 연산에서 01h가 아닌 02h를 이용해야 하며, 그 뒤에 남아 있는 비트들 역시 각각 04h, 08h, 10h, 20h, 40h, 80h 값과 AND 연산을 취해야 합니다. 이 값의 순서를 천천히 살펴보면, 다음 값이 이전 값의 2배가 되는 것을 알 수 있습니다. 즉, 01h를 2배 하면 02h가 되고, 이 값을 다시 2배 하면 04h, 또 2배 하면 08h가 되는 식이죠. 아주 쓸모 있는 정보입니다.

레지스터 E에 01h를 두고 시작합시다. 이 값에 자기 자신의 값을 더해서 2배로 만들 수 있습니다.

```
MOV A,E
ADD E
MOV E,A
```

이제 E의 값은 02h가 되었습니다. 위의 세 명령을 다시 한번 수행하면 04h가 되고, 그다음에는 08h가 되는 식으로 바뀝니다. 이런 간단한 작업을 통해서 한 비트를 최하위 비트 위치(01h)부터 최상위 비트 위치(80h)까지 옮길shift 수 있습니다.

이런 연산은 결과에 더할 승수의 자릿수를 옮기기 위해서 필요한데, 이 말은 승수가 더 이상은 8비트 레지스터에 맞는 값이 아니라, 어떤 방식으로든 16비트 값으로 취급되어야 한다는 의미기도 합니다. 따라서 승수를 레지스터 C에 저장할 때 레지스터 B는 0 값으로 설정해야 합니다. 레지스터 B와 C를 16비트 승수가 저장된 레지스터 쌍으로 취급할 수 있으며, 이로 인해 16비트 덧셈을 진행하면서 이 값이 자리를 옮길 수 있게 됩니다. 레지스터 B와 C를 조합한 것은 BC라 부르도록 하겠습니다.

다음 코드는 새롭게 개선한 승수를 레지스터에 어떤 방식으로 초기화해야 하는지 보여 주고 있습니다.

```
Start:  MVI D,D1h   ; 피승수
        MVI C,84h   ; 승수를 BC에 저장
        MVI B,00h
```

```
        MVI E,01h  ; 비트 검사
        MVI H,00h  ; 2바이트 결과를 위해서 HL 이용
        MVI L,00h
```

루프 부분은 피승수가 1인지 혹은 0인지를 확인하는 부분으로 시작합니다.

```
Loop:   MOV A,D
        ANA E      ; 비트가 0 혹은 1인지 검사
        JZ Skip
```

이 비트가 1이면 결과는 0이 아닌 것이므로, BC 레지스터 쌍을 HL 레지스터 쌍에 더하기 위해 다음 코드가 실행됩니다.

```
        MOV A,L    ; BC를 HL에 더함
        ADD C
        MOV L,A
        MOV A,H
        ADC B
        MOV H,A
```

8080 명령어 중 일부만 구현한, 이 책에서 만든 CPU가 아닌 실제 인텔 8080을 사용한다면, 위의 6개 명령어 대신 **DAD BC**라는 명령을 이용해서 매우 간단하게 BC를 HL에 더할 수 있습니다.

이어지는 작업은 다음 덧셈을 위해서 BC의 값을 왼쪽(높은 자리)으로 옮기는 것인데, 이는 해당 값을 2배로 만드는 것과 같습니다. 이 코드는 BC가 HL에 더해졌는지와 관계없이 실행됩니다.

```
Skip:   MOV A,C    ; 승수 BC를 2배로 만듦
        ADD C
        MOV C,A
        MOV A,B
        ADC B
        MOV B,A
```

그다음 단계는 비트를 검사할 때 사용하는 레지스터 E의 값을 2배로 만드는 것입니다. 만일 이 값이 0이 아니면, 다음 반복을 위해서 Loop 레이블로 분기해서 돌아갑니다.

```
MOV A,E     ; 비트를 검사할 때 사용할 E를 2배로 만듦
ADD E
MOV E,A
JNZ Loop
```

Loop 뒤에 나오는 코드는 정확히 8번 수행됩니다. 레지스터 E가 8번 2배씩 증가하고 나면, 8비트 레지스터 오버플로가 발생하고 E는 0의 값을 가지게 됩니다. 이제 곱셈이 끝났습니다.

```
Done:   HLT        ; HL에 결과가 있습니다.
```

만일 2개의 16비트 값이나, 2개의 32비트 값을 곱해야 하더라도 작업 자체는 거의 복잡해지지 않고, 더 많은 레지스터가 필요할 뿐입니다. 즉치값을 저장하기 위한 레지스터가 부족해지면 임시 보관 장소로 메모리를 사용할 수도 있습니다. 이런 목적으로 사용하는 작은 메모리 조각을 보통 스크래치패드 메모리scratchpad memory[4]라고 합니다.

여러분을 겁먹게 하거나 컴퓨터 프로그램 분야에서 일하고자 하는 의지를 꺾으려고 이 예제를 보여드린 게 아닙니다. 다만, 메모리에 저장된 코드에 반응하도록 만든 논리 게이트들의 집합체가 실제로는 아주 간단한 연산들을 조합함으로써 복잡한 작업까지 해낼 수 있음을 보여드리고자 했습니다.

실제 컴퓨터 프로그래밍에서는 뒤의 27장에서 이야기할 고수준 언어high level language를 통해서 곱셈을 아주 간단하게 처리할 수 있습니다(언어의 이름에서 볼 수 있는 것처럼 말이죠). 일종의 소프트웨어 마법이라 할 수 있는데, 다른 사람들이 이미 힘들여 만들어 둔 게 있다면 여러분까지 어렵게 다시 할 필요가 없다는 겁니다.

기계어machine code를 이용한 곱셈에서는 비트의 자리를 이동하는 것이 필요했는데, 앞에서는 자기 자신의 값을 더하는 방식으로 처리했습니다. 만일 여기서 만든 CPU가 아닌 실제 인텔 8080 마이크로프로세서를 사용하고 있다

---

4 (옮긴이) 요즘에는 메모리 계층 구조에서 캐시와 비슷한 단계에 위치한 빠른 메모리를 의미하는 경우가 많습니다. TCM(Tightly-Coupled Memory)이라고도 합니다.

면, 비트를 이동시키기 위한 더 좋은 방법이 있습니다. 인텔 8080 프로세서는 레지스터를 더하는 번거로운 작업을 할 필요 없이, 비트 자리 이동shifting을 처리하기 위해 다음과 같은 회전rotate 명령어 네 가지를 가지고 있습니다.

명령어	설명	동작 코드
RLC	왼쪽 회전	07h
RRC	오른쪽 회전	0Fh
RAL	자리올림을 포함한 왼쪽 회전	17h
RAR	자리올림을 포함한 오른쪽 회전	1Fh

이 명령어는 항상 누산 레지스터 값을 대상으로 작업을 수행하며, 자리올림 플래그에 영향을 줍니다.

RLC 명령은 누산 레지스터의 비트들을 왼쪽으로 이동시키지만, 최상위 비트였던 값은 자리올림 플래그로 들어감과 동시에 최하위 비트로 들어가게 됩니다.

RRC 명령은 비트들을 오른쪽으로 이동한다는 것을 제외하면 거의 비슷합니다. 즉, 최하위 비트였던 값이 자리올림 플래그와 최상위 비트로 들어가는 것이죠.

RAL 명령은 현재 있는 자리올림 플래그의 값을 최하위 비트에 넣는다는 점을 제외하면 누산 레지스터를 2배로 만들었던 것과 아주 비슷합니다. 이 동작은 여러 바이트를 사용하는 값을 비트 이동시킬 때 유용합니다.

RAR 명령은 비트를 오른쪽으로 회전시킨다는 점을 제외하면 RAL과 비슷합니다.

$$7 \to 6 \to 5 \to 4 \to 3 \to 2 \to 1 \to 0 \to CY$$

회전 명령어들은 어떤 상황에서는 매우 유용한 것이 사실이지만, 반드시 필요하지는 않기에 이 책에서 만드는 CPU에 이 명령을 추가하지는 않을 것입니다.

어떻게 하면 분기와 루프를 사용해서 한 그룹의 명령을 반복해서 실행할수 있는지 살펴보았습니다. 하지만 한 그룹의 명령을 실행시키는 것보다 조금 더 유연한 방법이 필요한 경우가 간혹 있습니다. 어쩌면 실행하고자 하는 기능을 구현한 명령어 그룹을 컴퓨터 프로그램의 다른 부분에서 이미 작성했을 수도 있습니다(다목적 곱셈도 그중 하나일 수 있겠죠). 이런 명령어 그룹을 함수function 또는 프로시저procedure, 서브루틴subroutine 혹은 간단하게 루틴routine이라고 부릅니다.

인텔 8080 CPU는 CALL이라는 명령어를 사용해서 서브루틴을 구현했습니다. CALL 명령어의 문법은 JMP 명령과 비슷하게 명령 뒤에 메모리 주소가 따라 나오는 형태입니다.

```
CALL addr
```

JMP 명령처럼 CALL 명령도 이 주소로 분기해서 계속 실행을 해 나갑니다. 하지만 CALL은 JMP와는 다르게 분기가 이뤄졌을 때 어디서 분기한 것인지(즉, CALL 명령어 다음 명령어의 주소) 저장합니다. 잠시 후에 보겠지만, 이 주소는 매우 특별한 위치에 저장됩니다.

RET('return(복귀)'를 뜻합니다) 명령어라는 다른 명령어 역시 JMP와 비슷하지만, 이때 분기의 목적 주소로 CALL 명령으로 인해서 저장된 주소를 사용하는 것입니다. 서브루틴은 종종 RET 문으로 끝납니다.

다음은 CALL과 RET에 대한 8080 명령어들입니다.

명령어	설명	동작 코드
CALL	서브루틴으로 분기	CDh
RET	서브루틴에서 복귀	C9h

인텔 8080은 조건 호출과 조건 복귀도 지원하지만, 이 명령어들은 CALL과 RET보다는 사용 빈도가 훨씬 떨어집니다.

실용적인 예를 보도록 하겠습니다. 한 바이트의 값(예를 들어, 바이트 5Bh)을 표시해야 하는 프로그램을 작성했다고 가정해 봅시다. 13장에서 ASCII를 사용해서 문자, 숫자, 기호를 표시하는 방법을 살펴보았습니다. 그러나 ASCII 부호 5Bh는 단순하게 왼쪽 대괄호 문자이기 때문에 이를 이용해서 바이트 값 5Bh를 표시할 수는 없습니다. 그 대신 5Bh 같은 바이트 값을 다음과 같이 두 개의 ASCII 부호로 변환할 필요가 있습니다.

- 5를 나타내는 ASCII 부호 35h
- B를 나타내는 ASCII 부호 42h

이런 방식으로 변환하면 사람(적어도 16진수를 알고 있는 사람)들이 이해할 수 있는 방식으로 바이트의 값을 표시할 수 있습니다.

여기서는 먼저 바이트를 니블nibble이라 불리기도 하는 상위 4비트와 하위 4비트 두 부분으로 분리하는 전략을 사용하겠습니다. 이 예에서는 바이트 값 5Bh가 05h와 0Bh로 분리될 것입니다.

이후에 각각의 4비트 값을 각각 ASCII로 변환합니다. 0h~9h 값의 경우 ASCII 부호 0~9를 의미하는 30h에서 39h 값으로 변환하는 것입니다(ASCII 부호를 다시 보려면 13장의 201쪽과 202쪽에 있는 표를 참고하세요). Ah부터 Fh까지의 값은 해당 문자의 ASCII 부호에 해당하는 41h부터 46h로 변환합니다.

다음 쪽의 간단한 서브루틴은 누산 레지스터에 있는 4비트 값을 ASCII 부호로 변환합니다.

```
1532h:  FEh  Digit:  CPI 0Ah
        0Ah
        DAh          JC Number
        39h
        15h
        C6h          ADI 07h
        07h
1539h:  C6h  Number: ADI 30h
        30h
        C9h          RET
```

여기서 어떤 일이 일어나고 있는지 보여 주는 것이 중요하기 때문에, 프로그램과 데이터의 메모리 위치를 보여 주는 형식으로 돌아갔습니다. 이 서브루틴은 1532h에서 프로그램이 시작하고 있지만, 이 부분은 별로 특별할 것이 없습니다. 임의로 서브루틴이 메모리에 있는 위치를 정한 것이기 때문이죠.

서브루틴은 누산 레지스터에 변환할 값이 있다고 가정하고 있습니다. 이와 같이 어디에 있을 거라 가정하고 있는 값을 보통 서브루틴의 인수argument 혹은 매개변수parameter라 부릅니다. 이 서브루틴은 즉치 비교 명령(CPI)으로 시작하고 있으며, 이 명령은 뺄셈을 할 때처럼 ALU 플래그를 설정합니다.

만일 누산 레지스터가 (예를 들어) 05h 값을 가지고 있었다고 가정하면 이 값에서 0Ah를 빼면서 빌림이 발생하게 되므로, 이 명령으로 인해서 자리올림 플래그가 설정되고, 이로 인해서 JC 명령은 Number라는 레이블이 붙은 명령으로 분기합니다. 이 부분에서는 누산 레지스터에 30h를 더해서 ASCII 부호로 숫자 5를 나타내는 35h를 만들게 됩니다.

만일 누산 레지스터에 0Bh와 같은 값이 들어 있다면 0A로 뺐을 때 빌림이 필요하지 않기 때문에 CPI 명령에서 자리올림 플래그가 설정되지 않으며, 따라서 분기가 일어나지 않습니다. 우선 누산 레지스터에 07h를 더하고(이 예에서는 0Bh에 07h를 더해서 12h가 됩니다), 두 번째 ADI 명령이 다시 30h를 더해서, 최종적으로 ASCII 부호에서 문자 B를 나타내는 42h로 만듭니다. 값을 두 번에 걸쳐서 더하는 것은 두 번째에 있는 ADI 명령을 문자나 숫자에 관계없이 사용하기 위한 작은 트릭이라 할 수 있습니다.

두 경우 모두 그다음 명령은 서브루틴을 종료하는 RET가 됩니다.

앞에서 한 바이트를 두 개의 ASCII 부호로 바꾸는 서브루틴을 작성할 거라 말했습니다. 다음의 두 번째 서브루틴은 Digit로 가는 CALL 명령을 낮은 니블에서 한 번 호출한 후, 높은 니블에서 다시 한번 호출하는 형태로 두 번 호출합니다. 이 서브루틴은 시작할 때 누산 레지스터에 있는 바이트 값을 변환해서 결과를 레지스터 H와 L에 저장합니다. 이 서브루틴을 ToAscii라 부르며, 메모리 주소 14F8h에서 시작합니다.

14F8h:	47h	ToAscii: MOV B,A
	E6h	ANI 0Fh
	0Fh	
	CDh	CALL Digit
	32h	
	15h	
14FEh:	6Fh	MOV L,A
	78h	MOV A,B
	0Fh	RRC
	0Fh	RRC
	0Fh	RRC
	0Fh	RRC
	E6h	ANI 0Fh
	0Fh	
	CDh	CALL Digit
	32h	
	15h	
1509h:	67h	MOV H,A
	C9h	RET

이 서브루틴은 우선 원래의 바이트 값을 레지스터 B에 저장하고, 하위 4비트만 남기기 위해서 ANI(즉치 AND) 명령을 이용해서 0Fh와 AND 연산을 수행한 후, 메모리 주소 1532h에 있는 Digit 서브루틴으로 CALL합니다. CALL의 결과는 레지스터 L에 저장하고, 레지스터에 저장된 원래 바이트 값을 누산 레지스터로 복원하고, RRC 명령을 4번 수행해서 상위 니블을 아래로 내립니다. 그리고 나서 다시 ANI 명령을 취한 후 Digit로 CALL합니다. 그 결과는 레지스터 H에 저장한 다음, 서브루틴은 RET 명령으로 끝납니다.

이런 동작이 어떻게 작동하는지 살펴봅시다. 다음과 같이 프로그램의 어딘가에서 메모리 주소 14F8h에 있는 ToAscii 서브루틴에 대한 CALL 명령을 포함하고 있을 수 있습니다.

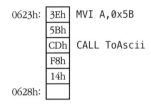

프로그램이 진행되어 0628h에 도달하면, 5Bh의 각 문자에 해당하는 ASCII 부호 값을 레지스터 H와 L에 가지고 있게 됩니다.

그럼 CALL과 RET는 어떻게 동작하는 걸까요?

앞에서 이야기한 것처럼 CALL 명령이 실행되면, 서브루틴이 끝났을 때 코드가 동작을 재개할 수 있도록 해당 주소를 매우 특별한 위치에 저장합니다. 이런 매우 특별한 위치를 스택stack이라 하며, 메모리에서 다른 모든 것과 가능한 한 멀리 떨어진 위치에 존재합니다. 인텔 8080과 같은 8비트 CPU들의 경우 스택은 대부분 메모리의 맨 끝부분에 존재합니다.

인텔 8080은 스택 포인터stack pointer라 부르는 16비트 레지스터를 가지고 있습니다. 8080이 리셋되는 경우 스택 포인터의 값은 0000h로 초기화됩니다. 하지만 SPHL(HL의 값을 스택 포인터로 지정) 명령 혹은 LXI SP(즉치 주소값을 스택 포인터에 로드) 명령을 사용해서 프로그램에서 이 스택 포인터에 들어가는 주소의 값을 변경할 수 있습니다. 일단은 그 값을 초기 값인 0000h로 나누도록 합시다.

인텔 8080에서 CALL ToAscii 명령을 실행하면 다음의 몇 가지 일들이 순서대로 벌어집니다.

- 스택 포인터가 감소합니다. 초기에 0000h 값으로 설정되어 있었으므로, 그 값을 감소시키면 16비트 메모리의 마지막 바이트를 가리키는 값인 FFFFh가 됩니다.

- CALL 명령 다음에 오는 명령어 주소의 상위 바이트 값(이 경우에는 주소가 0628h이며, 이 값은 프로그램 카운터의 현재 값입니다)이 스택 포인터가 지정하는 메모리 위치에 저장됩니다. 여기서는 06h가 저장될 것입니다.
- 스택 포인터의 값이 감소해서, 이제 그 값은 FFFEh가 됩니다.
- CALL 명령 뒤의 명령어 주소의 하위 바이트 값이 스택 포인터가 지정하는 메모리 위치에 저장됩니다. 여기서는 28h가 저장될 것입니다.
- CALL 명령에 존재하는 주소 값(14F8h)이 프로그램 카운터로 들어가고, 이는 해당 주소로 분기하는 것과 같은 효과를 나타냅니다. 분기에 사용한 주소는 ToAscii 루틴의 주소입니다.

RAM의 상위 영역(스택 부분)은 다음과 같은 상태가 됩니다.

FFFEh: 28h ToAscii 호출 이후에 복귀할 주소
       06h

CALL 명령은 다시 돌아갈 수 있는 흔적을 효과적으로 남기는 것입니다.

이제 ToAscii 루틴이 실행되고 있는데, 이 루틴 안에도 Digit 루틴에 대한 CALL 명령이 있습니다. ToAscii 루틴에서 이 CALL 명령 뒤에 나오는 메모리 위치는 14FEh이므로 CALL 명령이 나타날 때 이 주소는 스택에 저장되면서 다음과 같은 형태가 됩니다.

FFFCh: FEh Digit 호출 이후에 복귀할 주소
       14h
       28h ToAscii 호출 이후에 복귀할 주소
       06h

이제 스택 포인터의 값은 FFFCh가 되며, Digit 루틴이 실행 중입니다. Digit 루틴이 실행되면서 RET 명령을 만나면 다음과 같은 일이 발생합니다.

- 스택 포인터를 주소로 사용해서 접근한 메모리 위치에서 한 바이트를 가지고 옵니다. 여기서는 FEh가 됩니다.
- 스택 포인터가 증가합니다.
- 스택 포인터를 주소로 사용해서 접근한 메모리 위치에서 한 바이트를 가지고 옵니다. 여기서는 14h가 됩니다.
- 스택 포인터가 증가합니다.
- 이 두 바이트는 프로그램 카운터로 로드되며, 실질적으로는 ToAscii 루틴 안에 있는 메모리 주소 14FEh로 분기하게 되어, Digit를 호출한 루틴으로 복귀하게 됩니다.

이제 스택은 Digit를 처음 호출하기 전의 상태로 되돌아갔습니다.

FFFEh: | 28h | ToAscii 호출 이후에 복귀할 주소
| 06h |

이제 스택 포인터의 값은 FFFEh이며, 메모리에 14FEh 주소 값이 아직 저장되어 있기는 하지만 쓸모가 없습니다. 그다음 Digit를 호출하면 다음과 같이 새로운 복귀 주소가 스택에 저장됩니다.

FFFCh: | 09h | Digit 호출 이후에 복귀할 주소
| 15h |
| 28h | ToAscii 호출 이후에 복귀할 주소
| 06h |

이 주소는 ToAscii 루틴에서 두 번째로 Digit를 호출하는 지점의 다음 주소입니다. Digit에서 RET 명령이 다시 수행되면, ToAscii 루틴 안에 있는 1509h 주소로 분기하며, 스택은 이제 다시 다음과 같은 모양이 됩니다.

FFFEh: | 28h | ToAscii 호출 이후에 복귀할 주소
| 06h |

이제 ToAscii 루틴에 있는 RET 명령이 실행될 수 있습니다. 이로 인해서 스택에서 0628h 주소를 가져와서 해당 주소로 분기하는데, 이 주소는 ToAscii로 호출한 다음 주소입니다.

이것이 스택이 동작하는 방식입니다.

공식적으로 스택은 Last-in-First-Out LIFO 형태의 저장 장치로 분류됩니다. 즉, 가장 최근에 스택으로 추가된 값이 다음에 스택에서 가져올 값이 되는 것입니다. 종종 스택은 스프링 달린 받침이 있는 카페테리아 접시 보관대의 형태로 표현되곤 합니다. 보관대에 접시를 쌓아 놓으면, 쌓인 순서와 반대의 순서로 접시를 꺼낼 수 있습니다.

어떤 값이 스택에 추가되는 것을 '푸시되었다 pushed'고 하고, 스택에서 값이 나오면서 제거되는 경우를 '팝되었다 popped'고 합니다. 인텔 8080 역시 스택에 레지스터들을 저장하고 나중에 꺼내 올 수 있는 PUSH와 POP 명령어들을 몇 개 가지고 있습니다.

명령어	설명	동작 코드
PUSH BC	레지스터 B와 C를 스택에 저장	C5h
PUSH DE	레지스터 D와 E를 스택에 저장	D5h
PUSH HL	레지스터 H와 L을 스택에 저장	E5h
PUSH PSW	프로그램 상태 워드를 스택에 저장	F5h
POP BC	스택 값을 레지스터 B와 C로 꺼냄	C1h
POP DE	스택 값을 레지스터 D와 E로 꺼냄	D1h
POP HL	스택 값을 레지스터 H와 L로 꺼냄	E1h
POP PSW	스택 값을 프로그램 상태 워드로 꺼냄	F1h

PSW는 프로그램 상태 워드 program status word, PSW를 나타내는 약어인데, 특별히 새로운 것이 아니라 한 바이트에는 누산 레지스터의 값, 다른 한 바이트에는 ALU의 플래그를 가진 값을 의미하는 것입니다.

PUSH와 POP 명령은 서브루틴을 호출할 때 레지스터의 값을 저장하는 데 편리한 방법입니다. 서브루틴을 호출하는 코드는 때에 따라 CALL을 호출하기 전에 레지스터 값들을 푸시하고, 호출에서 복귀한 후 그 값들을 팝하는 경우가 많은데, 이런 동작을 통해서 서브루틴에서는 서브루틴을 호출하는 코드에 어떤 영향을 미칠지 고민하지 않고 레지스터를 사용할 수 있게 됩니다. 물론 서브루틴 자체에서 서브루틴을 시작할 때 레지스터를 푸시하고, RET 직전에 푸시한 값들을 팝하는 경우도 있습니다.

CALL과 RET의 관계처럼 PUSH와 POP 명령은 반드시 같은 숫자를 가지고 있어야 합니다. 만일 서브루틴을 호출하면서 두 번 푸시하고, POP은 한 번만 한 상태에서 RET 명령을 수행하면 코드가 여러분이 원치 않는 위치로 분기하게 될 것입니다.[5]

오류가 있는 코드에서 스택의 값을 너무 많이 팝하는 경우에는 스택 포인터가 메모리의 끝이 아닌 시작 주소를 가리키게 될 수도 있습니다. 이 문제를 스택 언더플로stack underflow라고 부르며, 스택의 내용이 코드 영역을 덮어쓰는 문제를 발생시킬 수 있습니다. 이와 비슷한 문제로 스택에 너무 많은 데이터를 푸시하면서 스택의 크기가 커짐에 따라 코드 영역을 덮어쓰는 문제를 발생시킬 수도 있습니다. 이런 문제를 스택 오버플로stack overflow라 부르며, 많은 분이 알다시피 프로그래머들이 기술적인 문제에 대한 답을 찾고 싶을 때 즐겨 찾는 유명한 인터넷 포럼의 이름이기도 합니다.

CPU가 튜링 완전Turing complete하기 위해서 CALL과 RET 명령어가 필요한 것은 아니지만, 실제로 매우 편리하기 때문에 몇몇 분들은 없어서는 안 되는 명령이라 부르는 경우도 있습니다. 서브루틴은 어셈블리어 프로그램에 있어서 기본적인 구성요소이면서 다양한 유형에 컴퓨터 언어에 있어서도 중요한 역할을 합니다.

안타깝게도 이 책에서 지난 몇 장에 걸쳐서 설계한 CPU에는 CALL, RET, PUSH, POP 명령어를 추가하지 못할 것 같습니다. 정말 유감이지만, 이런 명령어들을 추가하려면 앞에서 본 것보다 훨씬 더 많은 것을 고려한 설계가 필요하기 때문입니다.

---

5 (옮긴이) RET는 스택에 있는 값을 가져와서 그 주소로 분기하기 때문이죠.

하지만 여러분은 이 부분을 어떻게 구현해야 할지 쉽게 상상해 볼 수 있을 거라 확신합니다. 프로그램 카운터를 저장하는 래치와 유사한 형태로 스택 포인터라 부르는 새로운 16비트 래치가 주소 버스에 추가되어야 하는데, 이 부분은 쉽습니다. 그렇지만 CALL 명령을 수행하는 동안 프로그램 카운터를 스택에 저장해야 하고, RET 명령을 수행하는 동안 스택에서 그 값을 가져와야 하는데, 이 동작을 위해서는 2바이트 프로그램 카운터가 데이터 버스에 붙어 있어야 합니다. 안타깝게도 지금까지 만든 설계는 그런 모양이 아니죠.

지금까지 만든 CPU에는 스택과 관련된 명령어들을 추가하지 않았지만, 이 책의 웹사이트인 CodeHiddenLanguage.com에 완전한 8080 에뮬레이터를 만들어 두었습니다.

지난 몇 개 장에 걸쳐서 우리는 인텔 8080과 같은 8비트 마이크로프로세서가 어떤 방식으로 명령어 코드를 실행시키는지 살펴봤습니다. 인텔은 1974년에 8080을 출시했으며, 그 이후에 나온 모든 프로세서들과 비교했을 때는 상당히 기초적인 형태라고 할 수 있습니다. CPU가 16비트, 32비트, 심지어 64비트 처리 기능을 수용할 수 있도록 확장됨에 따라, 프로세서들은 훨씬 더 복잡해졌습니다.

하지만 지금까지도 모든 CPU는 기본적으로 같은 방식으로 동작합니다. 즉, 명령을 실행시켜 메모리에서 몇 바이트의 데이터를 가져오고, 여기에 산술 논리 연산을 수행한 다음, 다시 메모리로 저장하는 것이죠.

이제 실제 컴퓨터를 만들기 위해서 어떤 것들이 더 필요한지 탐험해 볼 시간입니다.

1000011 1001111 1000100 1000101

Chapter 25

주변 장치들

Peripherals

중앙 처리 장치, 즉 CPU가 컴퓨터에 있어서 가장 중요한 구성요소인 것은 사실이지만, 다른 하드웨어들이 여러 가지 기능을 보완해 주어야 합니다. 앞에서 본 것처럼 컴퓨터에는 프로세서가 제대로 동작하기 위한 기계어 코드 명령들과 이런 명령들이 접근할 데이터를 저장할 수 있는 RAMRandom Access Memory (임의 접근 메모리)도 필요합니다. RAM은 휘발성이라 전원을 끄면 그 내용을 잃는다는 것도 기억할 것입니다. 따라서 전원이 꺼지더라도 코드와 데이터를 보존할 수 있는 대용량 장기 기억 장치 역시 컴퓨터에서 유용한 또 다른 구성요소입니다.

또한 컴퓨터는 이런 명령들을 RAM 안으로 넣을 방법을 가지고 있어야 하며, 프로그램의 실행 결과를 확인할 수 있는 방법도 필요합니다. 현대의 컴퓨터는 마이크, 카메라, 스피커, 와이파이나 블루투스, 범지구 위치 결정 시스템Global Positioning System, GPS을 위한 위성 등에 연결하기 위한 무선 송수신 장치를 가지고 있습니다.

이런 장치들을 입력 장치와 출력 장치라 부르며, 일반적으로 통칭해서 I/O라는 약어를 사용하기도 하고, 조금 더 일반적으로 **주변 장치**라 부릅니다.

일반적으로 비디오 디스플레이가 가장 쉽게 접할 수 있는 주변 장치일 겁니다. 데스크톱, 랩톱, 태블릿, 혹은 스마트폰에 관계없이 자주 쳐다보는 기기이기 때문이죠. 아마 이 책을 읽는 동안에도 비디오 디스플레이를 사용하고 있을지 모릅니다.

오늘날 가장 일반적으로 사용하는 모든 비디오 디스플레이들은 색상을 가진 작은 점인 **픽셀**pixel들을 행과 열로 구성해서 그림을 만듭니다. 여러분이 돋보기로 화면을 들여다 보면 쉽게 확인할 수 있을 것입니다. 보통 픽셀과 행과 열을 곱해서 화면의 **해상도**resolution라 부릅니다.

예를 들어, 표준 고선명 텔레비전high definition TV, HDTV 해상도는 1920×1080, 즉 가로로 1920픽셀, 세로로 1080픽셀로 되어 있어서 각각 다른 색상을 표현할 수 있는 픽셀을 총 2백만 개 정도 가지고 있습니다. 요즘은 이 정도의 해상도가 컴퓨터 디스플레이에서 최소 해상도가 되었습니다.

이러한 픽셀들은 한꺼번에 켜지는 것이 아닙니다. 화면에 표시할 내용은 메모리에서 특별한 위치에 저장되어 있으며, 디스플레이에 있는 각각의 픽셀이 맨 윗줄의 왼쪽부터 오른쪽으로 그리고 한 줄씩 밑으로 순차적으로 새로 고쳐지는 것입니다. 이 과정은 깜빡임을 방지하기 위해서 매우 빠르게 발생하며, 일반적으로 적어도 1초에 60번씩 전체 화면이 새로 고쳐집니다. 이런 과정을 제어하는 회로를 비디오 디스플레이 어댑터video display adapter라 합니다.

1920×1080 화면 해상도를 위한 내용을 저장하려면 메모리가 얼마나 필요할까요?

2백만 개의 픽셀은 각각 빛의 삼원색이라 불리는 빨강, 녹색, 파랑(RGB라고도 부릅니다)의 조합을 통해서 각 픽셀의 색상을 지정하고 있습니다(만일 여러분이 예술을 한다면 빛의 삼원색이 아닌 색의 삼원색에 더 익숙할 수 있으나, 이 세 가지 색이 비디오 디스플레이에서 사용하는 원색입니다). 원색을 구성하는 각 색상의 밝기를 독립적으로 조정하면 비디오 디스플레이에서 나타낼 수 있는 모든 색을 만들 수 있습니다. 각 원색의 밝기는 보통 1바이트로 나타내며, 00h는 꺼진 경우를, FFh는 가장 밝게 색을 컨 경우를 나타냅니다. 이 방식을 통해서 비디오 디스플레이는 256단계의 빨강, 256단계의 녹색, 256단계의 파랑을 나타낼 수 있으므로, 총 $256 \times 256 \times 256$가지(즉,

16,777,216가지)의 서로 다른 색상을 표현할 수 있습니다(컴퓨터에 있는 모든 것이 개선될 수 있다는 생각으로 몇몇 회사들은 색상의 영역과 해상도를 늘리기 위해 노력을 기울이고 있습니다. 이 경우에는 각각의 원색마다 8비트를 넘는 비트수가 필요합니다).

만일 HTML로 웹페이지를 디자인해 본 적이 있다면, 6자리 16진수 값 앞에 파운드 기호(#)[1]를 붙여서 특정한 색을 나타낼 수 있음을 알고 있을 것입니다. 다음은 1999년에 제정된 HTML 4.01 스펙에서 정의되어 있는 16가지 표준 색상입니다.

색상	16진수 값	색상	16진수 값
검정	"#000000"	녹색	"#008000"
은색	"#C0C0C0"	라임색	"#00FF00"
회색	"#808080"	올리브색	"#808000"
하양	"#FFFFFF"	노랑	"#FFFF00"
밤색	"#800000"	남색	"#000080"
빨강	"#FF0000"	파랑	"#0000FF"
자주색	"#800080"	청록	"#008080"
자홍색	"#FF00FF"	물색	"#00FFFF"

다른 색상들은 다른 값으로 정의되어 있습니다. 파운드 기호 뒤에 나오는 3 쌍의 16진수 숫자로 정의되는 것이죠. 첫 번째 16진수는 빨강의 밝기 단계를 00h에서 FFh까지 나타낸 것이고, 두 번째는 녹색의 단계를, 세 번째는 파랑의 단계를 나타낸 것입니다. 구성하는 세 가지 색의 값이 모두 00h이면 검정이 되고, 모두 FFh이면 하양이 됩니다. 세 가지 구성색의 값으로 모두 같은 값을 사용하면, 회색 음영을 나타낼 수 있습니다.

1920×1080 해상도를 가진 화면의 경우, 2백만 개 픽셀에 대해 각각 빨강, 녹색, 파랑 성분을 위해 3바이트씩이 있어야 하기 때문에 6백만 바이트, 즉 6 메가바이트가 필요합니다.

---

1 (옮긴이) 유니코드의 표준 명칭은 넘버 사인(number sign)으로 뒤에 숫자가 온다는 것을 나타냅니다. 예를 들어 #1은 1번을 의미하죠.

앞 장에서는 CPU가 접근하는 RAM을 하나의 메모리 블록으로 취급했었습니다. 사실 코드와 데이터를 가지고 있는 메모리는 보통 비디오 디스플레이를 위한 메모리와 공유됩니다. 이런 방식으로 구성하는 경우에는 RAM에 바이트를 쓰는 것만으로도 컴퓨터에서 비디오 디스플레이를 빠르게 갱신할 수 있게 되므로, 고속의 그래픽 애니메이션을 구현할 수 있습니다.

앞의 몇 장에 걸쳐서 만든 8비트 CPU는 64킬로바이트 메모리까지 주소 지정이 가능한 16비트 메모리 주소를 가지고 있습니다. 6메가바이트 크기의 비디오 메모리를 64킬로바이트 메모리 공간에 넣는 것이 불가능하다는 것은 자명해 보입니다(실제로는 여러 개의 메모리 덩어리를 만들어서 CPU 메모리 주소 영역 밖으로 보냈다가 다시 올리는 방식으로 구현할 수는 있지만, 속도가 느려지는 것은 자명합니다).

이것이 바로 메모리가 저렴해지고, 보다 강력한 CPU가 이런 메모리에 더욱 빠르게 접근하게 된 시점에 와서야 고해상도 비디오 디스플레이를 사용할 수 있게 된 이유입니다. 32비트 CPU는 32비트 데이터 단위로 메모리에 접근할 수 있으므로, 비디오 디스플레이 메모리는 빨강, 녹색, 파랑의 색을 구성하기 위해서 픽셀당 3바이트가 아닌 4바이트로 배열되어 있는 경우가 많습니다.

이런 비디오 메모리는 보통 화면이 갱신되는 순서와 같은 순서로 배열됩니다. 즉, 첫 번째 줄의 맨 왼쪽에 있는 픽셀부터 시작해서 빨강, 녹색, 파랑의 구성 값을 나타내기 위한 3바이트와 사용하지 않는 1바이트가 배치됩니다. 화면에 문자나 그림이든 어떤 것을 그리려면, 그래픽 메모리상에서 어떤 픽셀에 적어야 하는지 결정하는 프로그램이 필요합니다.

컴퓨터 그래픽은 보통 해석 기하학과 연관성을 가지는 수학적 도구들을 포함하고 있는 경우가 많습니다. 전체 화면(혹은 화면의 작은 사각형 공간)의 경우 지정하는 모든 픽셀의 위치에 대한 수평과 수직 좌표 (x, y)로 나타내는 간단한 좌표 시스템으로 생각해 볼 수 있습니다. 예를 들어 (10, 5)에 위치한 픽셀은 왼쪽에서 10번째, 아래로 5번째에 있는 픽셀을 의미합니다. 이 위치에서 (15, 10)까지 대각선을 그리려면 (10, 5), (11, 6), (12, 7), (13, 8), (14, 9), (15, 10) 지점에 있는 픽셀에 색을 칠해야 한다는 말입니다. 물론, 다른 형태의 선이나 곡선은 훨씬 더 복잡하지만, 이를 도와줄 소프트웨어 도구들이 매우 많습니다.

문자 역시 그림의 일부분이라 할 수 있습니다. 특정한 글꼴에서 각각의 문자는 직선과 곡선에 가독성을 최대한 높일 수 있는 형태로 문자가 표현될 수 있도록 만들어 주는 추가적인 정보('힌트'라고 부릅니다)의 집합으로 정의되어 있습니다.

3차원 그래픽은 훨씬 더 복잡하며, 광원과 그림자 효과를 나타내기 위해서 다양한 형태의 셰이딩shading 기법이 포함됩니다. 근래 들어서는 프로그램들이 그래픽 처리 장치graphics processing unit, GPU의 도움을 받아 3D 그래픽에서 자주 필요로 하는 복잡한 수학적 처리를 하고 있습니다.

개인용 컴퓨터가 처음 등장했을 때, 고해상도 디스플레이는 가능한 기능이 아니었습니다. IBM PC에서 처음으로 사용할 수 있었던 그래픽 디스플레이인 CGAColor Graphics Adapter(컬러 그래픽 어댑터)는 160×100 해상도에 픽셀당 16색(실제로는 픽셀당 1바이트)을 사용하는 방식, 320×200 해상도에 네 가지 색(픽셀당 2비트)을 사용하는 방식, 그리고 640×200 해상도에 두 가지 색(픽셀당 1비트)을 사용하는 방식의 세 가지 그래픽 출력 형식(혹은 모드)을 사용할 수 있었습니다. 그래픽 모드에 관계없이 16,000바이트의 메모리가 필요합니다. 예를 들어, 320픽셀에 200픽셀을 곱한 다음, 픽셀당 바이트 수(1/4)를 곱하면 16,000이 됩니다.

일부 초기 컴퓨터의 디스플레이는 그림은 전혀 표시하지 못하고 문자만 표시할 수 있는 경우도 있었습니다. 이는 메모리 사용량을 줄이는 다른 방법이었으며, 초기 IBM PC에서 사용할 수 있었던 또 다른 형태의 디스플레이인 MDAMonochrome Display Adapter의 근거가 되기도 했습니다. MDA는 검정 바탕에 녹색으로 된 단색의 80개 문자를 25줄 표현할 수 있었습니다. 각각의 문자는 8비트 ASCII 부호로 정의되어 있었으며, 밝기, 역상, 밑줄, 깜빡임의 문자 속성을 나타내는 '속성' 바이트를 가지고 있었습니다. 화면에 내용을 표시하기 위해서 필요한 바이트의 수는 25×80×2로 4,000바이트였습니다. 이 비디오 어댑터는 ROMRead Only Memory(읽기 전용 메모리)을 이용해서 ASCII 문자를 픽셀의 가로, 세로 값으로 변환해 주는 회로를 가지고 있었습니다.

CPU 내의 구성요소 간에 데이터를 이동시키기 위해서 CPU가 내부 버스를 가지고 있는 것처럼, CPU와 메모리, 주변 장치 간에 데이터를 이동시키기 위해서 CPU가 외부 버스에 연결되는 경우도 많습니다.

비디오 디스플레이를 위한 메모리는 CPU의 일반적인 메모리 영역을 점유하고 있으며, 다른 주변 장치들도 이렇게 할 수 있습니다. 이런 방식을 메모리 맵 I/O라 부릅니다. 하지만 CPU가 주변 장치를 접근하기 위한 별도의 버스를 두고, 이 버스를 사용해서 입/출력I/O 장치와 동작하기 위한 특별한 장치를 가지는 경우도 있습니다.

앞에서 몇 개 장에 걸쳐서 인텔 8080 마이크로프로세서에 기반한 CPU를 만들어 봤습니다. 8080에서 구현된 244개 명령어 중에 IN과 OUT이라는 이름을 가진 2개의 명령어가 있습니다.

명령어	설명	동작 코드
IN port	입력 장치에서 한 바이트를 읽음	DBh
OUT port	한 바이트를 출력 장치에 씀	D3h

두 명령어 모두 바로 뒤에 8비트 포트 번호가 나오는데, 이 값은 메모리 주소와 비슷하지만 8비트밖에 안 되며, I/O 장치를 위해서 사용됩니다. IN 명령은 해당 포트에서 값을 읽어서 누산 레지스터로 저장하고, OUT 명령은 누산 레지스터의 값을 해당 포트로 적습니다. 8080에서 나오는 특별한 신호를 통해서 지금 RAM(일반적인 경우)에 접근하고 있는지 혹은 I/O 포트에 접근하고 있는지 나타냅니다.

예를 들어, 데스크톱이나 노트북에 있는 키보드를 생각해 봅시다. 키보드에 있는 각각의 키는 눌렸을 때 닫히는 형태의 간단한 스위치이며, 각각의 키는 고유한 부호로 구분됩니다. 키보드가 포드 번호 25h로 접근할 수 있도록 설정되어 있는 경우, 프로그램에서 다음과 같은 명령을 실행할 수 있습니다.

IN 25h

이제 누산 레지스터에는 어떤 키가 눌렸는지 나타내는 코드 값이 들어 있게 됩니다.

이때 읽은 값이 키 입력 문자에 대한 ASCII 부호라고 생각하는 경우가 있는데, ASCII 부호를 찾아내는 하드웨어를 설계하는 것은 그다지 실용적이지도 않고 좋은 방법도 아닙니다. 예를 들어, 키보드에서 A 키는 입력된 문자가 소문자인지 대문자인지 나타내는 시프트 키가 같이 눌렸는지에 따라서 ASCII 부호 41h 혹은 61h에 해당하게 됩니다. 또한 컴퓨터 키보드에 보면 ASCII 문자에는 존재하지 않는 많은 키(예를 들면 기능 키 혹은 화살표 키)가 있기도 합니다. 짧은 컴퓨터 프로그램을 통해서 키보드에서 특정한 키가 눌렸을 때 해당 키에 해당하는 ASCII 부호(가 있는 경우)를 파악할 수 있습니다.

하지만 키보드에서 키가 눌렸다는 것을 프로그램에서 어떻게 알 수 있을까요? 프로그램에서 키보드를 매우 자주 확인하는 것이 한 가지 접근 방법이 될 수 있으며, 이런 방법을 **폴링**polling이라 합니다. 하지만 키가 눌린 순간에 키보드가 CPU에 이 사실을 알려 주는 접근 방법이 더 좋을 것입니다. 일반적으로 I/O 장치들은 CPU로 가는 특별한 신호인 **인터럽트**interrupt를 발생시켜서 어떤 이벤트가 발생했음을 알릴 수 있습니다.

인터럽트를 지원하기 위해서 8080 CPU는 재시작 명령이라는 8개의 명령을 구현했습니다.

명령어	설명	동작 코드
RST 0	0000h 주소 호출	C7h
RST 1	0008h 주소 호출	CFh
RST 2	0010h 주소 호출	D7h
RST 3	0018h 주소 호출	DFh
RST 4	0020h 주소 호출	E7h

RST 5	0028h 주소 호출	EFh
RST 6	0030h 주소 호출	F7h
RST 7	0038h 주소 호출	FFh

각각의 명령은 CPU가 현재 프로그램 카운터를 스택에 저장하고 지정된 메모리 주소인 0000h, 0008h, 0010h 등의 주소로 분기합니다. RST 0 명령은 CPU를 리셋하는 것과 같지만, 다른 RST 명령의 경우에는 해당 주소에 분기나 호출 명령을 포함하는 경우가 많습니다.

어떻게 동작하는지 살펴봅시다. 8080 CPU는 외부 인터럽트 신호를 가지고 있으며, (물리 키보드 같은) 주변 장치가 이 인터럽트 신호를 설정하면서 재시작 명령 중 하나를 지정하는 바이트를 데이터 버스로 보내는 것입니다. 해당 위치의 메모리에는 특정한 I/O 장치를 다룰 수 있는 코드들이 포함되어 있는 것이죠.

이런 방식을 **인터럽트 기반 I/O**라 부르며, CPU가 귀찮게 I/O 장치들을 폴링하지 않아도 됩니다. 따라서 I/O 장치에서 인터럽트 신호를 이용해서 CPU에 어떤 일이 발생했다는 것을 알려 주기 전까지 다른 작업을 수행하고 있을 수 있습니다. 이런 방식으로 키보드가 CPU로 키가 눌렸다는 것을 알려 줄 수 있습니다.

데스크톱이나 노트북 컴퓨터의 마우스, 노트북의 터치패드, 태블릿이나 스마트폰의 터치스크린 등에서는 인터럽트를 사용하는 것이 좋습니다.

마우스를 책상 위에서 상하좌우로 움직이면 화면에 있는 마우스 포인터도 같은 방향으로 움직이기 때문에, 마우스가 비디오 디스플레이에 직접 연결되어 있는 것처럼 보일 수 있습니다. 하지만 연결되어 있다는 것은 환상일 뿐입니다. 마우스는 움직이는 방향을 나타내는 전기적 펄스를 전달하며, 마우스 포인터를 다른 위치에 다시 그리는 것은 소프트웨어의 책임입니다. 움직임뿐 아니라 마우스는 버튼이 눌렸을 때와 버튼에서 손을 뗐을 때, 혹은 스크롤 버튼이 회전할 때 컴퓨터에 신호를 보냅니다.

터치스크린은 보통 비디오 디스플레이 위에 손가락으로 만졌을 때 전기적 정전용량의 변화를 감지할 수 있는 한 층을 가진 장치입니다. 터치스크린은 프로그램이 화면에 그림을 표현할 때 사용하는 위치와 같은 (x, y) 좌표를 사용해서 한 개 혹은 여러 개의 손가락 위치를 나타낼 수 있으며, 손가락이 화면을 건드릴 때, 화면에서 손가락을 뗄 때와 화면을 건드린 상태에서 어떻게 움직이는지를 프로그램에 알려 줍니다. 이 정보는 프로그램이 화면을 스크롤하거나, 화면에 그림 객체를 끌어서 옮기는 등의 다양한 작업을 수행하는 데 도움을 줍니다. 또한 프로그램에서는 핀치 줌이나 확대 축소 같은 두 손가락의 움직임을 해석할 수도 있습니다.

컴퓨터에 있는 모든 것은 디지털이며, 숫자이지만, 보통 실제 세상은 아날로그입니다. 빛과 소리에 대한 우리의 인식은 별개의 숫자로 구성된 것이라기보다는 연속된 것처럼 보입니다.

실제로 아날로그 데이터를 숫자로 변환하고, 다시 아날로그로 변환하기 위해서 다음과 같은 두 가지 장치가 발명되었습니다.

- 아날로그-디지털 변환기analog-to-digital converter, ADC
- 디지털-아날로그 변환기digital-to-analog converter, DAC

ADC의 입력은 두 가지 값 사이에서 연속적으로 변화하는 전압이며, 출력은 전압을 나타내는 이진수인데, ADC는 보통 8비트 혹은 16비트 값을 출력합니다. 예를 들어, 8비트 ADC의 출력은 0V를 00h로 나타내고, 2.5V를 80h, 5V의 경우 FFh로 나타낼 수 있습니다.

DAC는 반대로 동작합니다. DAC는 입력으로 8비트 혹은 16비트 너비의 이진수를 받아서, 입력 값에 해당하는 전압을 출력합니다.

비디오 디스플레이에서 사용하는 DAC들[2]은 픽셀의 디지털 값을 받아서, 픽셀을 구성하는 빨강, 녹색, 파랑의 전압을 출력함으로써, 각 색을 나타내는 빛의 밝기를 제어합니다.

디지털 카메라는 빛에 반응해서 전압을 출력하는 능동 픽셀 센서active pixel

---

2 (옮긴이) 비디오 디스플레이에는 보통 트리플 DAC(triple-DAC)라 부르는 픽셀의 색깔 요소 각각을 전압으로 바꿔 주는 3개의 DAC가 사용됩니다.

sensor, APS의 어레이를 사용하며, ADC를 이용해서 전압을 숫자로 바꿔 줍니다. 이를 통해서 각 색상을 나타내는 픽셀들이 사각 배열 형태로 구성되어 있는 비트맵bitmap이라 부르는 객체가 생성됩니다. 비디오 디스플레이에서 사용된 메모리처럼 비트맵의 픽셀 역시 맨 윗줄부터 맨 아래줄까지 순차적으로 저장되며, 각 줄에서 픽셀은 왼쪽부터 오른쪽으로 저장됩니다.

비트맵은 매우 커질 수 있습니다. 필자가 사용하는 스마트폰에 있는 카메라는 가로 4032픽셀, 세로 3024픽셀의 이미지를 만들어 냅니다. 따라서 엔지니어와 수학자들은 비트맵을 저장하는 데 필요한 바이트의 수를 줄일 수 있는 몇 가지 기법을 고안했는데, 이를 압축compression이라 부릅니다.

비트맵 압축에 사용되는 간단한 형태 중 하나는 RLErun-length encoding(런 랭스 부호화) 방식입니다. 예를 들어, 같은 색을 가진 10개의 픽셀이 연속해서 나타나는 경우에는 픽셀 값과 숫자 10만 저장하는 것입니다. 하지만 이런 방식은 같은 색상을 가진 픽셀이 넓게 퍼져 있는 그림에서만 적합합니다.

더욱 정교한 파일 압축 방식은 아직까지도 많이 사용되는 GIFGraphics Interchange Format('JIF(지프)'라 발음하는데, 모든 사람이 동의하는 건 아니겠지만 땅콩 버터 상표인 JIF처럼 들리네요) 형식입니다. 이 형식은 온라인 서비스인 컴퓨서브CompuServ에서 1987년에 개발되었습니다. GIF 파일은 같은 값을 가지는 연속된 픽셀의 경우뿐만 아니라 서로 다른 값을 패턴을 감지해서 압축해 내는 LZW(만든 사람들인 렘펠Lempel, 지브Zif, 웰치Welch의 앞글자를 딴 것입니다)라 불리는 압축 기법을 이용하고 있습니다. GIF 파일은 여러 이미지를 사용해서 기초적인 움직이는 그림을 만들어 낼 수 있었습니다.

GIF보다 조금 더 정교한 압축 방식으로 1996년에 배포된 PNGPortable Network Graphics가 있습니다. PNG는 인접한 픽셀 간의 차이를 효과적으로 변환하는데, 보통 영상의 경우 인접한 픽셀 간의 차이가 크지 않기 때문에 이런 특성을 사용하면 더욱 효율적으로 압축할 수 있습니다.

GIF나 PNG 파일의 경우 압축되지 않은 비트맵보다 더 클 수도 있습니다. 즉, 어떤 형태의 이미지는 압축 과정을 통해서 비트맵의 크기가 줄어드는 경우가 있다면, 비트맵의 형태에 따라 커지는 경우도 있습니다. 이런 경우는 아주 많은 색상이나 세부적인 내용을 많이 가진 경우에 발생할 수 있습니다.[3]

이런 경우에는 다른 기술이 유용합니다. 1992년에 소개된 JPEG('제이팩'이라 부릅니다) 파일 형식은 실세계의 영상[4]을 저장하는 데 사용되면서 엄청난 인기를 끌게 되었습니다. 오늘날 스마트폰 카메라는 다른 컴퓨터로 전송하거나 공유할 수 있도록 JPEG 파일을 만듭니다.

JPEG Joint Photographic Experts Group은 합동 사진 전문가 단체[5]를 의미하며, 이전의 압축 기술과는 달리 사람의 눈이 영상을 인지하는 방법을 연구하는 심리시각적psychovisual 방식을 기반으로 하고 있습니다. 특히 JPEG 압축에서는 색상의 급격한 변화를 없애는 방식[6]으로 영상을 재구성하는 데 필요한 데이터의 양을 줄이고 있는데, 여기에는 상당히 정교한 수학들이 사용됩니다.

JPEG의 단점으로는 비가역적이라는 점입니다. 즉, 압축을 하고 난 이후에는 정확하게 원래 이미지로는 돌아갈 수 없다는 이야기입니다. 반대로 GIF나 PNG의 경우에는 압축 과정에서 손실되는 정보가 없으므로 가역적이라 할 수 있습니다. 이런 이유로 GIF나 PNG는 무손실 압축 기술lossless compression이라 이야기하는 반면, JPEG는 손실 압축lossy compression의 형태로 분류할 수 있습니다. 정보의 손실이 많은 극단적인 경우에는 시각적으로도 왜곡이 보일 수 있습니다.

컴퓨터는 실제의 소리를 감지하는 마이크와 소리를 만들어 낼 수 있는 스피커를 가지고 있는 경우가 많습니다.

---

3 (옮긴이) 압축이란 것은 사실 중복된 정보(redundancy)를 없애는 과정이며, 압축의 내용을 알려 줘야 하기 때문에 일종의 '부가 정보'가 추가됩니다. 압축 후에 크기가 줄어든다는 것은 중복 정보가 충분해서 부가 정보를 추가해도 크기가 줄어드는 경우이고, 크기가 늘어나는 것은 중복 정보가 충분치 않아서 부가 정보가 추가된 부분이 전반적인 파일 크기를 키우는 것입니다. 말하자면, 좋은 압축이란 중복된 정보를 효과적으로 찾아낼 수 있는 경우를 의미합니다.
4 (옮긴이) 컴퓨터가 인위적으로 만든 것이 아닌 영상을 의미합니다.
5 (옮긴이) 세계 표준을 만드는 ISO와 통신 표준을 만드는 ITU-T에서 각각 영상 압축에 대해서 연구하던 사람들이 같이 연구를 진행하고 하나의 표준을 발표하면서 연합 그룹이라는 표현을 붙이게 되었습니다. 뒤에 나올 동영상 표준들의 경우에도 사실 합동 연구의 성과입니다. 예를 들어 H.264라 불리는 표준은 두 그룹이 모여서 JVT(Joint Video Team)를 구성한 후 만들어졌으며, ISO쪽 이름으로는 MPEG-4 part 10 AVC, ITU-T쪽 이름은 H.264가 되었고 공식적인 이름은 이 두 명칭을 붙여서 부릅니다.
6 (옮긴이) 사람의 눈이 급격한 변화에 둔감하기 때문에 이 특성을 이용한 것입니다.

소리는 진동입니다. 사람의 성대가 진동하고, 관악기들도 진동하며, 숲 속의 나무들도 진동하면서 공기 분자의 움직임을 만들어 냅니다. 공기는 1초에 수백 번에서 수천 번씩 밀고 당겨지면서 압축되고 흩어지고, 앞뒤로 움직이게 됩니다. 이런 공기의 움직임이 인간의 고막을 진동시킴으로써 우리가 소리를 느낄 수 있게 됩니다.

마이크는 이런 진동에 반응해서 음파와 같은 형태로 변하는 전압을 가진 전류를 생성합니다. 또한 1877년에 토마스 에디슨이 만든 최초의 축음기는 원통형의 얇은 주석판 표면에 이런 음파와 비슷한 형태로 올록볼록한 작은 소리골을 새겨 넣어 소리를 녹음하고 재생할 수 있도록 만들었는데, 홈으로 새겨져 있는 소리골을 가지고 있는 레코드판은 오디오 애호가들과 복고 기술 애호가들에게 여전히 사랑받고 있습니다.

컴퓨터에서는 이런 전압이 디지털화(숫자로 변환)되어야 하는데, 이런 작업은 ADC에서 처리할 수 있는 부분입니다.

디지털화된 소리를 사용하는 것은 1983년에 개발된 CDCompact Disk로 어마어마한 소비자 돌풍을 만들어 냈으며, 소비자 가전 부문에서 가장 큰 성공 사례가 되었습니다. CD는 필립스와 소니에서 개발한 것으로, 직경이 12센티미터인 디스크의 한 면에 74분의 디지털화된 소리를 저장할 수 있습니다. 74분이라는 길이는 베토벤의 9번 교향곡이 한 장의 CD에 들어갈 수 있도록 선택한 것입니다.

CD에서는 소리를 인코딩하기 위해서 PCMpulse code modulation(펄스 부호 변조)이라 부르는 기법을 사용합니다. 멋진 이름을 가졌지만 사실 PCM은 개념적으로 상당히 간단한 과정입니다. 음파를 나타내는 전압을 일정한 간격으로 디지털 값으로 바꾼 다음에 저장하고, 재생할 때는 그 값에 맞는 전류로 다시 변환하는 것입니다.

음파의 전압은 샘플링 레이트sampling rate라 불리는 일정한 간격으로 숫자로 변화됩니다. 1928년에 벨 전화기 연구소에 근무하던 해리 나이퀴스트Harry Nyquist는 1928년에 샘플링 레이트는 적어도 녹음과 재생에서 필요한 최대 주파수의 2배가 되어야 한다는 것을 보여 주었습니다. 인간의 가청 주파수는 보통 20Hz에서 20,000Hz 범위입니다. CD에서는 가청 주파수 최댓값의 두 배를 약간 초과하는 초당 44,100 샘플을 샘플링 주파수sampling frequency로 사용했습니다.

녹음과 재생에서 표현할 수 있는 가장 큰 소리와 가장 작은 소리의 차이를 나타내는 다이내믹 레인지dynamic range는 샘플당 비트수에 따라 결정되는데, 이 부분은 약간 복잡합니다. 음파의 형태에 따라서 전류가 위아래로 바뀌면서 변할 때, 전류가 나타낸 최댓값이 파형의 진폭을 나타내게 됩니다. 또한 우리는 진폭의 2배에 비례해서 소리의 강도를 인식합니다. 벨bel(알렉산더 그레이엄 벨의 이름에서 따왔습니다) 단위에서 1이 증가하는 것은 소리의 강도가 10배 증가하는 것이고, 데시벨decibel은 1/10벨을 의미합니다. 1데시벨은 사람이 인지할 수 있는 가장 작은 소리의 증가폭을 나타냅니다.

샘플당 16비트를 사용하면 96데시벨의 다이내믹 레인지를 얻을 수 있으며, 이는 대략 우리가 들을 수 있는 가장 작은 소리(즉, 이보다 작은 소리는 들을 수 없습니다)와 고통을 느끼기 직전의 가장 큰 소리(즉, 이것보다 커지면 손으로 귀를 막게 될 것입니다) 간의 차이와 거의 비슷합니다. 콤팩트 디스크는 샘플당 16비트를 사용합니다.

따라서 콤팩트 디스크는 매초의 소리마다 2바이트짜리 44,100 샘플을 가지게 됩니다. 여기서 스테레오를 고려하면 이 값의 2배가 되어서 초당 총 176,000바이트가 되며, 소리 1분당 10,584,000바이트가 된다는 이야기입니다(이제 1980년대 이전에는 디지털 방식으로 소리를 녹음하지 않았던 이유를 짐작할 수 있을 것입니다). 따라서 CD에서 74분짜리 스테레오 음악을 저장하려면 총 783,216,000바이트가 필요합니다. 이후의 CD에서는 그 용량이 약간 증가했습니다.

비록 요즘에는 CD의 중요성이 희미해졌지만, 디지털 음향의 개념은 그대로 남아 있습니다. 가정용 컴퓨터에서 항상 CD 음질로 음악을 녹음하고 재생할 필요가 있는 것은 아니므로 22,050Hz, 11,025Hz, 8000Hz처럼 더 낮은 샘플링 레이트를 사용하는 경우도 많습니다. 샘플의 크기를 8비트로 줄여서 녹음할 수도 있으며, 모노로 녹음해서 데이터를 절반으로 줄일 수도 있습니다.

비트맵과 마찬가지로, 오디오 파일을 압축해서 저장 공간을 줄이고 컴퓨터 간에 파일을 전송하는 데 필요한 시간을 줄이는 것이 유용한 경우가 많습니다. 오디오에서 인기 있는 압축 기법 중 하나는 MP3인데, 이는 원래 MPEG Moving Picture Experts Group(동영상 전문가 그룹)라고 불리는 동영상 압축 기법의 일부로 개발된 것입니다. MP3는 손실 압축이지만 음향 심리학적 분석에 기반하고 있으므로, 음악을 인식하는 데 별로 영향을 주지 않는 부분의 데이터를 줄이는 방식을 사용하고 있습니다.

GIF, PNG, JPEG 등으로 압축된 비트맵과 MP3로 압축된 오디오는 프로그램이 동작하는 동안에는 정보와 함께 메모리를 차지할 수 있지만, 대부분의 경우에는 저장 장치에 파일의 형태로 저장됩니다.

기억하겠지만, 릴레이, 진공관, 트랜지스터 등 어떤 것으로 만들어졌는지와 관계없이 RAM은 전원이 꺼지면 그 내용이 사라집니다. 따라서 완전한 컴퓨터에서는 장기 저장을 위한 어떤 것이 필요합니다. 예전에 유명했던 방식으로는 IBM의 천공 카드처럼 종이나 판지에 구멍을 뚫은 형태도 있었으며, 소형 컴퓨터의 초기에는 종이테이프의 롤에 펀치로 구멍을 뚫어서 프로그램과 데이터를 저장한 후 나중에 메모리로 다시 읽는 방식도 사용했었습니다. 여기서 한 단계 더 발전한 방식으로 1980년대에 음악을 녹음하고 재생할 때 사용했던 오디오 카세트 테이프를 사용하는 방식도 있었는데, 대형 컴퓨터에서 대량 데이터를 저장하기 위해서 사용되는 자기 테이프 방식을 작게 만든 것이라 생각할 수 있습니다.

하지만 테이프는 빨리 감기 또는 되감기에 많은 시간이 걸리므로 임의의 위치로 빠르게 이동하는 것이 불가능해서 데이터의 저장이나 검색에 있어서 이상적인 매체라 하기 어렵습니다.

형태적으로 빠른 접근을 만들 수 있는 매체로는 디스크가 있습니다. 디스크 자체는 중앙에서 회전하고, 디스크의 바깥쪽에서 안쪽으로 이동할 수 있는 암에 하나 혹은 다수의 헤드가 붙어 있는 형태로 되어 있습니다. 디스크에 있는 어떤 영역이든 매우 빠르게 접근할 수 있으며, 비트들은 디스크의 작은 영역에 자기화되어 저장됩니다. 컴퓨터에서 사용되는 첫 번째 디스크 드라이브는 1956년에 IBM에서 발명되었으며, RAMACRandom Access Method of Accounting and Control이라 불리는 최초의 디스크 드라이브는 지름 2피트(약 60cm)짜리 금속 디스크 50개를 가지고 있었고 대략 5메가바이트 데이터를 저장할 수 있었습니다.

개인용 컴퓨터에서는 자성이 코팅되어 있는 얇고 작은 한 장짜리 플라스틱 시트가 판지나 플라스틱으로 만들어진 보호용 케이스 안에 들어 있는 형태를 가진 **플로피 디스크**floppy disks 혹은 **디스켓**diskettes이 인기 있었으며, 디스켓은 초기에 지름이 8인치였으나, 이후에 5.25인치, 나중에는 3.5인치로 작아지게 됩니다. 플로피 디스크는 디스크 드라이브에서 꺼낼 수 있었으므로, 데이터를 한 컴퓨터에서 다른 컴퓨터로 이동하는 데 사용할 수 있었습니다. 디스켓은 상용 소프트웨어의 배포에 있어서 중요한 역할을 한 매체이기도 합니다. 현재 디스켓은 3.5인치 디스켓 모양이 여러 응용프로그램에서 저장을 의미하는 아이콘 형태로 남아 있는 것을 제외하면 대부분 사라졌습니다.

여전히 사용되고 있어서 몇몇 개인용 컴퓨터에서 찾을 수 있는 **하드 디스크** hard disk는 일반적으로 드라이브 안에서 꺼낼 수 없도록 만들어진 다수의 금속 디스크를 가지고 있습니다. 하드 디스크는 보통 플로피 디스크보다 빠르고 더 많은 데이터를 저장할 수 있지만, 디스크를 제거하기가 매우 어렵습니다.

요즘에 가장 보편적으로 사용되고 있는 저장 장치의 형태는 SSDSolid-State Drive(고체 상태 드라이브)로, 컴퓨터(혹은 태블릿이나 스마트폰) 안에 사용되는 형태와 휴대용 플래시 메모리 스틱이라는 두 가지 형태가 있습니다.

대용량 저장 장치는 컴퓨터의 다양한 소스로부터 만들어지는 다양한 크기의 파일들을 잘 수용할 수 있어야 하는데, 이런 요구 조건을 만족시키기 위해서 대용량 저장 장치는 **섹터**sector라 불리는 고정 크기 영역으로 용량을 나눠서 사용합니다. 플로피 디스크와 하드 디스크는 보통 512바이트 크기의 섹터를 가지며, SSD는 보통 512바이트 혹은 4,096바이트 크기의 섹터를 가지고 있습니다.

모든 파일은 하나 혹은 그 이상의 섹터에 저장되는 것입니다. 만일 섹터의 크기가 512바이트이며, 파일 크기가 512보다 작은 경우에는 해당 파일은 하나의 섹터에 저장되며, 해당 섹터의 남는 영역에는 어떤 것도 저장할 수 없습니다. 어떤 파일이 크기가 513바이트인 경우에는 2개의 섹터가 필요하고, 크기가 1메가바이트인 파일의 경우에는 2,048개의 섹터가 필요합니다.

어떤 특정 파일을 저장하기 위해서 연속된 섹터가 사용될 필요는 없으며, 드라이브 전체에 걸쳐서 분산되어 있을 수도 있습니다. 파일이 삭제되면, 해당 파일에 할당되어 있던 섹터들을 해제해서 다른 파일에서 사용할 수 있도록 만들어 줍니다. 새로운 파일이 만들어지면 가용 섹터들이 사용되지만, 해당 섹터들이 같이 있을 필요는 없습니다.

파일을 저장하고 끄집어 내는 전체 과정을 포함하여 모든 것을 추적하는 것은 운영체제operating system라 부르는 매우 중요한 소프트웨어에서 담당하고 있습니다.

Chapter 26

1000011 1001111 1000100 1000101

운영체제

The Operating System

우리는 마침내 (적어도 우리의 상상속으로는) 완전한 컴퓨터처럼 보이는 것을 만들어 냈습니다. 이 컴퓨터는 중앙 처리 장치CPU, 임의 접근 메모리RAM, 키보드, RAM의 일부 메모리를 활용할 수 있도록 만든 비디오 디스플레이, 일종의 대용량 저장 장치를 가지고 있습니다. 모든 하드웨어가 준비되었으며, 드디어 하드웨어에 전원을 공급해서 생명을 부여할 수 있는 전원 스위치를 흥분된 상태로 바라보고 있습니다. 이는 아마도 프랑켄슈타인 박사가 실험실에서 자신이 만든 괴물에 새 생명을 불어넣을 때나, 제페토 영감이 나무인형 피노키오를 만들었을 때의 기분과 비슷할 것 같습니다.

하지만 뭔가 잊은 것 같네요. 천둥의 힘이나 별에 소원을 비는 것과 같은 것은 아닐 듯합니다.[1] 계속 진행해 봅시다. 일단 여러분의 새로운 컴퓨터를 켜고 어떤 일이 벌어지는지 봅시다.

화면이 켜지면서 뭔가 알 수 없는 것들이 화면 가득 나타날 것입니다. 만일 그래픽 어댑터를 만들었다면 많은 색상의 점이 전혀 연관성 없는 위치에 찍힐 것이며, 문자 전용 비디오 어댑터의 경우에는 임의의 문자가 표시될 것입니다. 여기까지는 우리가 예상한 것과 같습니다. 반도체 메모리의 경우 전원이 꺼지면 내용이 지워지고, 전원이 들어온 초기에는 예측할 수 없는 상태

---

1 (옮긴이) 프랑켄슈타인을 깨울 때는 천둥의 힘이 필요했고, 피노키오에게 생명을 불어넣기 위해서는 별에 소원을 비는 것이 필요했죠.

가 되기 때문입니다. 따라서 우리가 마이크로프로세서를 위하여 만든 모든 RAM에도 임의의 값이 들어 있을 것이며, 마이크로프로세서는 이러한 임의의 값을 기계어 코드라 생각하고 동작하기 시작하는 것입니다. 이로 인해서 컴퓨터가 폭발하는 것과 같이 아주 나쁜 일이 발생하지는 않지만, 그렇다고 그렇게 생산적인 일이라 하기도 어렵습니다.

여기서 우리가 잊고 있던 것이 바로 소프트웨어입니다. 마이크로프로세서가 처음으로 켜지거나 리셋되었을 때 프로세서는 메모리의 특정 주소에서 기계어 코드를 가지고 오게 됩니다. 인텔 8080 프로세서의 경우에 이 주소는 0000h입니다. 제대로 설계된 컴퓨터라면 컴퓨터가 켜졌을 때 이 주소에 정상적인 기계어 코드가 들어 있어야 합니다.

그렇다면 이러한 기계어 명령어들은 어디서 가지고 와야 할까요? 새롭게 설계된 컴퓨터로 소프트웨어를 가지고 오는 과정은 아마도 이번 프로젝트에서 가장 혼란스러운 부분 중 하나일 것입니다. 이런 작업을 처리하는 방법 중 하나는 19장에서 사용한 것과 비슷한 제어판을 통하여 RAM에 바이트를 적고 나중에 이를 읽어오도록 하는 것입니다.

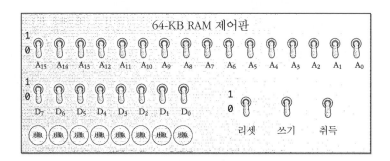

이전의 제어판과 달리 리셋Reset이라는 스위치가 있는데, 이 리셋 스위치는 마이크로프로세서의 리셋 입력과 연결됩니다. 이 스위치가 켜져 있는 동안 마이크로프로세서는 어떤 일도 수행하지 않으며, 이 스위치를 끄는 순간부터 마이크로프로세서가 0000h에 있는 기계어 코드를 수행하기 시작하는 것입니다.

제어판을 사용하려면, 일단 리셋 스위치를 켜서 마이크로프로세서를 리셋시키고 기계어 코드의 실행을 중단시킵니다. 취득Takeover 스위치를 켜서 주소 버스와 데이터 버스의 값을 받아들일 수 있게 만듭니다. 이때 A_0에서 A_{15}라는 이름표가 붙어 있는 스위치들을 사용해서 16비트 메모리 주소를 지정하면, 메모리 주소의 내용이 D_0에서 D_7의 이름표가 붙어 있는 전구들에 나타납니다. 해당 주소에 새로운 바이트를 적으려면 D_0에서 D_7까지의 스위치를 설정한 다음, 쓰기Write 스위치를 한 번 켰다 꺼주면 됩니다. 메모리에 바이트 값을 입력하는 과정이 끝난 후에, 취득 스위치와 리셋 스위치를 꺼주면 마이크로프로세서가 입력된 프로그램을 실행합니다.

여기서는 여러분이 바닥부터 만들어 온 컴퓨터에 최초의 기계어 프로그램을 입력하는 방법을 보여드렸습니다. 네, 말할 필요도 없이 이런 작업은 참기 어려울 정도로 힘든 노동입니다. 이 과정에서 자잘한 실수가 발생할 수 있다는 것은 당연하며, 손가락에 물집이 잡히거나 뇌가 멍해지는 등의 산업 재해가 발생할 수도 있을 것입니다.

하지만 이런 모든 노동이 가치 있어 보이게 만드는 것은, 여러분이 작성한 짧은 프로그램의 결과가 비디오 디스플레이를 통해서 나타날 때일 것입니다. 여러분이 가장 먼저 작성할 부분은 숫자를 ASCII로 바꾸는 짧은 서브루틴입니다. 예를 들어, 결과 값으로 4Bh가 나오는 프로그램을 작성한 경우, 이 값을 단순히 비디오 디스플레이 메모리로 적는 것만으로는 부족합니다. 이 경우에 ASCII 부호 4Bh에 해당하는 문자인 'K'를 화면에서 볼 수 있을 것입니다. 하지만 숫자를 표현해야 하는 경우에는 4의 ASCII 부호인 34h와 B의 ASCII 부호인 42h의 두 ASCII 문자를 표시해야 합니다. 이런 동작을 하는 ToAscii라는 서브루틴을 24장 504쪽에서 이미 살펴봤습니다.

일단 가장 급한 작업은 아마도 웃기게 생긴 제어판을 없애는 것인데, 이 작업에는 키보드에서 입력된 문자를 읽어서 메모리에 저장하고, 이를 화면에 출력해 주는 프로그램인 키보드 핸들러keyboard handler를 만드는 작업이 포함됩니다. 키보드에서 입력한 문자를 화면으로 전송하는 것을 에코echoing라 부르며, 화면과 키보드가 직접 연결된 것 같은 착각을 불러일으킵니다.

지금 만든 키보드 핸들러를 간단한 명령을 실행할 수 있는 키보드 핸들러로 확장할 수 있을 것 같습니다. 이런 명령어들을 처리할 수 있도록 작성한 코드는 이제 **명령어 처리기**command processor라는 용어로 부를 수 있을 것 같습니다. 처음에는 간결함을 유지하기 위해서 세 가지 명령만 처리할 것이며, 다음과 같이 입력된 각 줄의 첫 번째 문자가 명령에 해당합니다.

- W는 쓰기Write를 의미합니다.
- D는 표시Display를 의미합니다.
- R은 실행Run을 의미합니다.

만들어진 키보드 핸들러는 Enter 키를 누르는 순간에 명령어 입력이 완료되었음을 나타내는 신호를 보내고, 해당 명령을 실행합니다.

한 행의 문자열이 W로 시작하는 경우에 이는 메모리로 어떤 바이트 값들을 적으라Write는 명령을 의미합니다. 다음과 같은 문자열을 입력하여 화면에 나타났다고 예를 들어 보겠습니다.

```
W 1020 35 4F 78 23 9B AC 67
```

이 명령은 명령어 처리기가 1020h 번지로 시작하는 메모리 위치부터 16진수 35h, 4Fh 등의 바이트 값을 순차적으로 써야 한다는 것을 알려 줍니다. 이 작업을 진행하기 위해서, 키보드 핸들러에는 앞에서 보았던 ToAscii 변환의 반대 동작을 하는 ASCII 부호를 바이트 값으로 변환하는 부분이 필요합니다.

만일 D로 시작하는 한 줄의 문자열이 입력되면, 이 명령은 메모리에서 몇 바이트를 화면에 표시하라는 것을 의미합니다. 여러분이 입력한 내용을 화면에 표시하면 다음과 같을 것입니다.

```
D 1030
```

명령어 처리기는 1030h 번지 위치부터 저장되어 있는 몇 바이트를 표시하는 방식으로 해당 명령어에 응답합니다. 따라서 표시 명령을 사용해서 메모리의 내용을 확인해 볼 수 있습니다.

만일 R로 시작하는 한 줄의 문자열이 입력되면, 이 명령은 실행을 의미합니다. 이런 명령은 다음과 같이 생겼습니다.

```
R 1000
```

이 명령은 '주소 1000h번지부터 저장되어 있는 프로그램을 실행하라'는 의미입니다. 명령어 처리기는 1000h를 레지스터 쌍 HL에 저장하고, 레지스터 쌍 HL의 값을 프로그램 카운터로 로드해서 실질적으로 해당 주소로 분기하는 효과를 가진 PCHL 명령을 실행할 수 있습니다.

키보드 핸들러와 명령어 처리기를 동작시키는 것은 중요한 이정표가 됩니다. 이 장치를 한 번 쓰기 시작하면, 더 이상 고생스럽게 제어판을 사용할 필요가 없습니다. 키보드로 데이터를 입력하는 것이 더 쉽고, 빠르며, 세련되어 보입니다.

물론 전원을 끌 때마다 입력했던 모든 코드가 사라진다는 문제는 아직까지 그대로 있습니다. 따라서 이 모든 새로운 코드를 ROMread-only memory(읽기 전용 메모리)에 저장하는 것이 좋겠습니다. 인텔 8080과 같은 초기 마이크로프로세서들의 경우에는 집에서 개인적으로 ROM 칩을 프로그래밍할 수도 있었습니다. 프로그래밍 가능한 ROMprogrammable ROM, PROM은 오직 한 번 프로그래밍이 가능한 반면, 지우기와 프로그래밍이 가능한 EPROMerasable programmable read-only memory은 프로그래밍을 하고 나중에 자외선에 칩을 노출시켜 내용을 지운 다음, 다시 프로그래밍할 수 있습니다.

키보드 핸들러가 포함된 ROM은 이전에 RAM이 점유하던 0000h번지에서 시작하는 영역을 차지합니다. 물론 RAM은 계속 유지하지만, 이제는 메모리 영역에서 높은 주소 부분을 점유합니다.

명령어 처리기를 만드는 작업은 바이트를 메모리에 입력할 수 있는 빠른 방법을 얻었다는 측면에서뿐만 아니라 컴퓨터가 이제 상호작용할 수 있게 되었다는 점에서 중요한 이정표입니다.

ROM에 명령어 처리기가 있으면, 메모리에서 디스크 드라이브로 데이터를 쓰고, 데이터를 읽어서 다시 메모리로 넣는 실험을 시작해 볼 수 있습니다. 디스크에 프로그램과 데이터를 저장하는 것이 전원을 끄면 내용이 사라지는 RAM에 저장하는 것보다 훨씬 더 안전하고, ROM에 저장하는 것보다 훨씬 더 편하게 내용을 바꿀 수 있습니다.

마지막으로 명령어 처리기에 몇 가지 새로운 명령을 추가할 수 있습니다. 예를 들어, S 명령은 메모리의 내용을 디스크의 특정 섹터 그룹에 저장하도록 만들고, L 명령으로 해당 디스크 섹터의 내용을 메모리로 로드하도록 만들 수도 있습니다.

물론 어떤 디스크 섹터에 저장하고 있는지도 추적해야 하는데, 이를 위해서 종이와 연필을 가까이 두고 있을 수도 있습니다. 하지만 조심해야 합니다. 메모리에서 어떤 주소 위치에 있었던 코드를 저장한 다음 이 내용을 메모리의 다른 위치로 읽어도 제대로 동작하리라 기대하기는 어렵습니다. 모든 분기와 호출 명령어들이 예전의 주소를 가리키고 있을 것이므로 제대로 동작하지 않습니다. 또한 디스크의 섹터 크기보다 긴 프로그램이 있을 수 있으므로, 여러 섹터에 나눠 저장해야 합니다. 디스크의 일부 섹터는 다른 프로그램이나 데이터가 이미 점유하고 있을 수 있으므로, 큰 프로그램을 연속하는 섹터에 저장하지 못할 수도 있습니다.

결국 디스크에 저장된 모든 것의 위치를 계속해서 추적하는 수작업이 너무 많다고 느낄 것입니다. 이쯤 되면 **파일 시스템**file system을 사용할 때가 된 거죠.

파일 시스템은 데이터가 파일의 형태를 이루도록 만드는 소프트웨어입니다. 하나의 파일은 디스크에서 하나 혹은 다수의 섹터에 저장된 관련성 있는 데이터들의 집합을 의미합니다. 가장 중요한 부분은 각 파일이 이름으로 구분될 수 있으므로 파일에 어떤 내용이 들어 있는지 기억하는 데 도움을 줄 수 있다는 점입니다. 디스크는 이름을 나타내는 작은 탭이 붙어 있는 파일들을 보관하고 있는 파일 캐비닛과 비슷하다고 생각하면 적절할 것 같습니다.

파일 시스템은 대부분 **운영체제**operating system라 불리는 더 큰 소프트웨어 집합의 일부입니다. 이번 장에서 만든 키보드 핸들러와 명령어 처리기는 확실히 운영체제로 진화시킬 수 있을 것입니다. 하지만 기나긴 진화의 과정을 따라가는 것보다 실제 운영체제를 살펴보고 어떻게 동작하는지 대략의 느낌을 가지는 것이 좀더 좋을 것 같습니다.

역사적으로 8비트 마이크로프로세서에서 가장 중요한 운영체제는 CP/M으로, 원래는 Control Program/Monitor(제어 프로그램과 모니터)를 의미했지만, 나중에는 Control Program for Microcomputers(마이크로 컴퓨터를 위한 제어 프로그램)로 이름을 바꿨습니다. 이 운영체제는 뒷날 디지털 리서치Digital Research Incorporated, DRI를 설립하는 게리 킬달Gary Kildall(1942~1994)이 인텔 8080 마이크로프로세서를 위하여 1970년 중반에 만들었습니다.

CP/M은 한 장의 디스크에 저장되어 있었지만, 디스크의 대부분은 사용자가 만든 파일을 저장하는 데 사용할 수 있었습니다. CP/M의 파일 시스템은 매우 간단하지만, 다음 두 가지 중요한 요구조건을 만족시키고 있습니다. 첫번째로 디스크에 저장되어 있는 각각의 파일은 디스크에 저장된 이름으로 식별됩니다. 두 번째, 파일이 디스크에서 연속된 섹터를 차지하지 않습니다. 파일이 디스크에서 연속하는 섹터를 차지하는 경우[2]에는 다양한 크기의 파일이 만들어지고 삭제되는 과정에서, 디스크의 빈 공간에 다양한 크기로 조각나는 경우가 생기게 됩니다. 따라서 파일 시스템에서 큰 파일을 연속되지 않은 섹터에 저장할 수 있는 기능은 매우 유용합니다. 파일이 어떤 디스크 섹터에 저장되어 있는지 나타내는 테이블 역시 디스크에 저장됩니다.

CP/M에서 각각의 파일은 두 부분으로 구분된 이름으로 식별될 수 있습니다. 첫 번째 부분은 **파일 이름**이라 하는데, 최대 8글자까지 가질 수 있습니다. 두 번째 부분은 **파일 형식 및 확장자**라고 하는데, 최대 3글자까지 가질 수 있으며, 표준적인 파일 형식을 몇 가지 가지고 있었습니다. 예를 들어, TXT는 텍스트 파일text file(ASCII 부호만으로 이루어져 있어서 사람이 읽을 수 있는 형태의 파일)을 나타내며, COM(command를 짧게 나타낸 것입니다)은 8080 기계어 코드 명령어, 즉 프로그램 파일입니다.

---

2   (옮긴이) 이런 현상을 외부 단편화(external fragmentation)라 부르며, 실제로는 저장공간이 있지만 크기가 맞지 않아서 더이상 파일을 생성할 수 없는 문제가 발생할 수 있습니다.

이런 파일 명명규칙naming convention을 8.3('팔쩜삼'이라고 읽습니다)이라 이야기하며, 점 앞에 최대 8자, 뒤로 최대 3자까지 올 수 있는 형태입니다. 현대의 파일 시스템에서는 이런 8자, 3자 제한이 사라졌지만, 이러한 범용적인 명명법은 파일 이름을 만들 때 여전히 매우 일반적으로 사용되고 있습니다.

CP/M을 사용하는 컴퓨터들은 **부트스트랩 로더**bootstrap loader라 부르는 작은 프로그램 조각이 들어 있는 ROM을 가지고 있는데, 이 프로그램은 부츠 뒤에 있는 스트랩처럼 컴퓨터가 시작할 때 운영체제의 나머지 부분을 효과적으로 끌어올리기 때문에 이렇게 부릅니다. 부트스트랩 로더는 디스켓의 첫 번째 섹터를 메모리로 로드한 다음 실행하는데, 이 섹터에는 CP/M의 나머지 부분을 메모리로 로드하는 코드가 들어 있습니다. 이런 전체 과정을 운영체제 부팅booting이라고 부르며, 이 용어는 여전히 널리 사용되고 있습니다.

CP/M 자체는 다음과 같은 계층으로 구성되어 있습니다. 가장 낮은 수준에서는 기초 입/출력 시스템Basic Input/Output System, 즉 BIOS('바이오스'라고 읽습니다)가 있는데, 여기에는 디스크 섹터에 대한 읽기나 쓰기를 포함해서 컴퓨터 하드웨어에 직접적으로 접근하는 코드들이 포함되어 있습니다. CP/M을 구동시키려는 모든 컴퓨터 제조사는 특정한 하드웨어 조합에서 동작할 수 있도록 만들어진 BIOS를 자체적으로 제공해야 합니다.

그다음 계층은 BDOS('비도스'라고 읽습니다)라 부르는 기초 디스크 운영체제Basic Disk Operating System입니다. BDOS의 주요 기능은 BIOS에서 처리한 디스크 섹터들을 파일로 구성해 주는 것입니다.

CP/M은 메모리 로드를 마치면 CCPConsole Command Processor(콘솔 명령어 처리기) 프로그램을 실행하여 화면에 프롬프트를 표시합니다.

A>

한 개 이상의 디스크 드라이브가 장착된 컴퓨터에서 A 드라이브는 첫 번째 드라이브를 의미하면서, CP/M이 로드되는 드라이브를 의미합니다. 프롬프트는 어떤 것을 입력하고 Enter 키를 누르라는 신호입니다. 대부분의 명령들은 파일을 나열하거나(디렉터리를 의미하는 DIR), 파일을 지우거나(ERA), 이름을 바꾸거나(REN), 내용을 표시하는(TYPE) 등 파일 작업에 사용됩니다. CP/M이 인식하지 못하는 명령은 디스크 어딘가에 저장되어 있는 프로그램일 거라 간주합니다.

CP/M은 키보드에서 읽고, 화면으로 글자를 쓰고, 디스크에 파일을 저장하고, 파일의 내용을 다시 메모리에 로드하는 데 사용할 수 있는 다양한 서브루틴들의 모음도 포함하고 있습니다.

CP/M의 BDOS 부분에서 BIOS의 하드웨어 접근 부분을 사용하고 있기 때문에, CP/M에서 동작하는 프로그램들은 컴퓨터의 하드웨어에 직접 접근할 필요가 없습니다. 즉, CP/M 운영체제를 위해서 작성된 프로그램은 컴퓨터를 구성하는 하드웨어에 대한 지식이 없더라도 CP/M이 구동되는 어떤 컴퓨터에서나 실행시킬 수 있습니다. 이런 원칙을 **장치 독립성**device independent이라 이야기하며, 상용 소프트웨어 개발에 있어서 결정적인 역할을 합니다. 나중에 이런 프로그램들은 응용프로그램 또는 앱으로 불리게 됩니다.

운영체제가 제공하는 서브루틴의 집합을 API application programming interface(**응용프로그램 인터페이스**)라 합니다. 이상적인 세계를 가정하면 응용프로그램을 작성하는 프로그래머는 API가 접근하는 하드웨어나 구현 방법에 대한 지식은 필요 없고, API에 대해서만 알면 충분하겠지만, 실제로는 조금 더 많은 지식을 가지는 것이 때때로 도움을 줍니다.

컴퓨터 사용자에게 있어서 운영체제는 **사용자 인터페이스**user interface, 즉 UI가 됩니다. CP/M의 경우 CCP를 이용해서 구현된 명령행 인터페이스command-line interface, CLI를 가지고 있습니다. 프로그래머들에게 있어서 운영체제는 API, 즉 응용프로그램에 필요한 다양한 서브루틴의 집합입니다.

CP/M의 경우 이런 서브루틴들은 메모리의 0005h 위치에 공통적인 진입점을 가지고 있으므로, 프로그램에서 다음과 같이 해당 메모리 주소로 호출해서 이런 서브루틴들 중 하나를 사용할 수 있습니다.

CALL 0005h

혹은 간단하게

CALL 5

와 같은 형태를 사용하며, 이는 'Call 5' 인터페이스라고 알려져 있습니다.[3]

여기서 실행할 서브루틴은 레지스터 C의 값으로 지정되어 있습니다. 여기 몇 가지 예가 있습니다.

레지스터 C의 값	CP/M Call 5 기능
01h	콘솔 입력(키보드에서 문자를 읽습니다.)
02h	콘솔 출력(화면으로 문자를 씁니다.)
09h	문자열 출력(문자열을 출력합니다.)
15h	파일 열기(기존의 파일을 사용합니다.)
16h	파일 닫기(파일 사용을 멈춥니다.)
20h	순차적 읽기(파일에서 바이트 값들을 읽습니다.)
21h	순차적 쓰기(파일로 바이트 값들을 적습니다.)
22h	파일 생성(새로운 파일을 만듭니다.)

종종 이런 기능 중 몇 개는 더 많은 정보가 필요합니다. 예를 들어, 레지스터 C의 값이 09h인 경우 레지스터 쌍 DE는 화면에 표시할 ASCII 문자들의 주소가 들어 있어야 합니다. 이때 달러 기호($)는 문자열의 끝을 나타냅니다.

실제로 CALL 5가 하는 일은 뭘까요? CP/M은 메모리 위치 0005h에 CP/M의 BDOS 부분으로 분기할 수 있는 JMP 명령이 설정되어 있는데, 해당 부분에서는 레지스터 C의 값을 확인해서 적당한 서브루틴으로 분기하도록 되어 있습니다.

CP/M은 한때 8080 마이크로프로세서를 위한 운영체제로 매우 큰 인기를 끌었으며, 역사적으로 여전히 중요합니다. CP/M은 시애틀 컴퓨터사의 팀 패터슨Tim Paterson이 인텔의 16비트 프로세서인 8086과 8088을 위해서 만든 16

---

3 (옮긴이) Call 5 인터페이스는 바이오스 호출 인터페이스라고 부릅니다. 사실 CP/M뿐 아니라 DOS에서도 같은 방식으로 BIOS를 호출합니다.

비트 운영체제인 QDOSQuick and Dirty Operating System에 지대한 영향을 끼쳤으며, QDOS는 결국에는 86-DOS라는 이름으로 변경된 후 마이크로소프트사에 라이선스가 부여되었습니다. 이 운영체제는 MS-DOSMicrosoft Disk Operating System('엠에스도스'라고 읽습니다)라는 이름으로 1981년에 발표된 최초의 IBM 개인용 컴퓨터를 위한 운영체제로써 IBM에 라이선스가 부여되었습니다. 비록 IBM PC를 위한 CP/M-86이라는 16비트 버전의 CP/M이 존재하였지만, MS-DOS가 재빨리 표준의 위치를 차지하게 되었습니다. 또한 MS-DOS(IBM 컴퓨터에 제공될 때는 PC-DOS라는 이름을 사용합니다)는 IBM PC 호환 기종을 만드는 다른 많은 제조업체에도 라이선스가 부여되었습니다.

이름에서 알 수 있듯이 MS-DOS는 기본적으로 디스크 운영체제이며, Apple II 컴퓨터용으로 1978년에 만들어진 Apple DOS도 마찬가지입니다. 이 운영체제에서는 디스크에 파일을 쓰고 나중에 해당 파일들을 읽는 기능 외에는 별다른 기능이 없었습니다.

이론적으로 응용프로그램들은 운영체제가 제공하는 인터페이스를 통해서만 컴퓨터에 있는 하드웨어에 접근하도록 되어 있습니다. 하지만 1970년대와 1980년대의 많은 프로그래머는 운영체제를 우회하는 경우가 많았으며, 특히 비디오 디스플레이를 다룰 때 우회하는 경우가 많았습니다. 비디오 디스플레이 메모리에 바이트 값을 직접 적음으로써, 우회하지 않는 경우보다 훨씬 빠르게 실행시킬 수 있었기 때문이죠. 게다가 비디오 디스플레이에 그래픽을 출력해야 하는 몇몇 응용프로그램의 경우 운영체제를 통하는 것이 적절치 않았습니다. 많은 프로그래머가 초기 운영체제에서 가장 좋아했던 지점은, 프로그래머가 하드웨어가 허용하는 한 최대한 빠르게 동작할 수 있도록 프로그래밍하는 걸 '방해하지 않았다'는 점입니다.

가정용 컴퓨터가 기존에 있던 크고 훨씬 비싼 사촌들[4]과 큰 차별점을 가질 수 있다는 것을 보여 준 첫 번째 조짐은 아마도 비지칼크VisiCalc라는 응용프로그램일 것입니다. 1979년에 Apple II 컴퓨터용으로 출시된 비지칼크는 댄 브

---

4 (옮긴이) 당시에 은행이나 대학에서 사용하던 상용 컴퓨터들을 의미합니다.

리클린Dan Bricklin(1951년생)과 밥 프랑크스톤Bob Frankston(1949년생)이 설계하고 프로그래밍한 상용 프로그램으로, 스프레드시트spreadsheet의 2차원 보기를 사용자에게 제공하기 위해서 화면을 사용했습니다. 비지칼크 이전에 스프레드시트는 연속된 계산을 처리하는 데 사용하는 행과 열이 표시된 넓은 종이를 의미했습니다. 비지칼크는 화면으로 종이를 대체하기 위해서 사용자가 스프레드시트 안을 돌아다니면서 숫자와 수식을 입력하면, 변경 직후에 모든 것이 다시 계산되도록 만들었습니다.

비지칼크에서 놀라운 점은 이 프로그램이 중대형 컴퓨터에서는 불가능한 작업을 처리할 수 있었다는 점입니다. 비지칼크 같은 프로그램은 화면을 빠르게 갱신해야 하기 때문에, Apple II의 비디오 메모리로 사용되는 RAM에 직접 데이터를 적는 방식을 사용했습니다. 마이크로프로세서에서는 이러한 비디오 메모리 영역도 직접 접근 가능한 메모리 영역의 일부였지만, 이보다 큰 컴퓨터들은 이런 방식을 지원할 수 있도록 설계되거나 운영되지 않았습니다.

더 빠른 컴퓨터는 키보드에 응답할 수 있고, 화면을 변경할 수 있으며, 사용자와 컴퓨터 간의 상호작용을 더 긴밀하게 만들 수 있습니다. 개인용 컴퓨터가 나온 다음부터 대략 10년간(1980년대) 작성된 대부분의 소프트웨어는 비디오 디스플레이 메모리에 직접 데이터를 적었습니다. IBM은 다른 컴퓨터 제조사들도 준수할 수 있는 하드웨어 표준을 설정했기 때문에, 소프트웨어 제조사들은 운영체제를 우회하더라도 프로그램이 다른 장치에서는 제대로 동작하지 않을 거라는 두려움 없이 하드웨어를 사용할 수 있었습니다. 만일 모든 PC 복제품들이 비디오 디스플레이에 서로 다른 하드웨어 인터페이스를 가지고 있었다면, 소프트웨어 제조사에서 모든 다른 하드웨어 설계들을 수용하기는 매우 어려웠을 것입니다.

응용프로그램들이 급증하면서 문제가 표면화되었습니다. 가장 성공적인 응용프로그램들은 화면 전체의 제어권을 넘겨 받아서 키보드 기반의 정교한 UI를 구축하기도 했습니다. 하지만 각각의 응용프로그램마다 UI에 대한 각자의 생각을 내포하고 있었기 때문에 한 프로그램에서 배운 것을 다른 프로그램에서 활용할 수 없었습니다. 또한 한 프로그램에서 다른 프로그램으로 이동하기 위해서는 보통 실행 중인 프로그램을 종료하고 다음 프로그램을 시작해야 했기 때문에 프로그램들이 잘 공존하기도 어려웠습니다.

1970년 제록스Xerox사가 컴퓨터 산업에 진입할 제품을 개발하기 위해 설립한 팔로알토연구센터PARC에서는 완전히 다른 비전을 가진 개인용 컴퓨터가 몇 년째 개발되고 있었습니다.

PARC의 첫 번째 대형 프로젝트는 알토Alto로, 1972년과 1973년에 설계되고 만들어졌습니다. 그 당시 기준으로 보면, 이 프로젝트는 매우 인상적인 작품이었습니다. 스탠드형으로 만들어진 시스템은 16비트 프로세싱 기능과 2개의 3MB 디스크 드라이브, 128KB 메모리(512KB까지 확장 가능)를 가지고 있었습니다. 알토는 16비트 단일칩 마이크로프로세서를 아직 사용할 수 없었던 시절이었으므로, 해당 프로세싱 유닛은 200개의 집적회로를 이용해서 만들어졌습니다.

비디오 디스플레이는 알토가 가진 몇 가지 특출난 부분들 중 하나였습니다. 당시의 화면은 가로 8인치, 세로 10인치짜리 종이 한 장 정도의 크기와 형태를 가지고 있었으며, 그래픽 모드에서 동작할 때는 가로 606픽셀, 세로 808픽셀(총 489,648픽셀)을 가집니다. 각각의 픽셀마다 메모리의 1비트씩이 할당되어 있었으므로 각 픽셀마다 검은색 혹은 흰색을 나타낼 수 있었습니다. 비디오 디스플레이에 할당된 메모리는 총 64KB였으며, 프로세서가 지정할 수 있는 주소 영역의 일부였습니다.

비디오 디스플레이 메모리에 직접 적음으로써, 소프트웨어는 화면에 그림을 그리거나 서로 다른 폰트와 크기를 가진 문자를 표시할 수 있었습니다. 키보드로 입력한 내용을 단순히 화면에 표시하는 대신, 화면을 정보의 2차원 고밀도 배열이자 조금 더 직접적으로 사용자 입력이 이루어지는 공간이 되도록 만들었습니다.

알토는 마우스라 불리는 작은 장치도 포함하고 있었는데, 이 장치는 엔지니어이자 발명가인 더글러스 엥겔바트Douglas Engelbart(1925~2013)가 스탠포드 연구 센터에 있는 동안 발명한 것으로, 3개의 버튼과 탁자 위에서 굴려 움직일 수 있는 형태로 되어 있었습니다. 알토의 사용자는 탁자 위에 있는 마우스를 굴려 움직여서 화면에 포인터를 위치시키고, 화면상의 객체들과 상호작용할 수 있었습니다.

1970대의 남은 기간 동안 알토 컴퓨터를 위해 작성된 프로그램들에는 몇 가지 매우 흥미로운 특성이 나타났습니다. 여러 프로그램들을 창에 넣어서 하나의 화면에 동시에 표현했던 것이죠. 알토의 비디오 그래픽은 문자 위주의 환경을 넘어 소프트웨어가 사용자의 상상을 투영할 수 있도록 만들어 주었습니다. 그래픽 객체(버튼이나 메뉴, 아이콘이라 불리는 작은 그림 등)들은 유저 인터페이스의 일부가 되었습니다. 마우스는 창을 선택하거나 프로그램의 동작을 시작하기 위해서 그래픽 객체를 작동시키기 위해서 사용되었습니다.

사용자 인터페이스를 넘어서 이는 사용자가 친밀감을 느끼는 소프트웨어이자 컴퓨터를 단순한 숫자 처리를 넘어서는 영역까지 확장시켜 주는 소프트웨어이며, 1963년 더글라스 엥겔바트Douglas Engelbart가 쓴 논문 제목처럼 '인간의 지성을 증강하기 위한 장치for the Augmentation of Man's Intellect'로 만들 수 있는 소프트웨어라 할 수 있습니다.

알토는 GUIgraphical user interface(그래픽 사용자 인터페이스를 의미하며, '구이'라고 읽음)의 시작이라 할 수 있으며, 여기 적용된 선구적인 개념을 가진 작업들은 대부분 앨런 케이Alan Kay(1940년생)의 기여에 의한 것이었습니다. 하지만 제록스는 알토를 판매하지 않았으며(판매했더라도 한 대당 30,000달러가 넘는 가격이었을 것입니다), 알토에 있던 아이디어들이 구현되어 성공적인 소비자 제품으로 만들어지기까지는 10년이 넘게 걸렸습니다.

1979년에 스티브 잡스와 애플 컴퓨터의 대표단이 PARC에 방문했으며 그들이 본 것에 대해서 매우 깊은 인상을 받았습니다. 하지만 애플이 그래픽 인터페이스를 갖춘 컴퓨터를 출시하기까지는 3년 이상 걸렸습니다. 이 컴퓨터가 바로 1983년에 출시된 불운한 컴퓨터인 Apple Lisa였습니다. 하지만 1년

후 애플은 훨씬 더 성공적인 컴퓨터인 매킨토시Macintosh를 출시했습니다.

최초의 매킨토시는 모토로라 68000 마이크로프로세서, 운영체제가 포함된 64KB ROM, 128KB RAM, 디스켓당 400KB를 저장할 수 있는 3.5인치 디스켓 드라이브, 키보드, 마우스, 가로 512픽셀과 세로 342픽셀로 총 175,104픽셀을 표시할 수 있는 비디오 표시 장치(화면 크기는 9인치에 불과했습니다)를 가지고 있었습니다. 각각의 픽셀은 1비트 메모리와 연관되어 있어, 각 픽셀을 검은색 혹은 흰색을 색상으로 지정할 수 있었으며, 비디오 디스플레이를 위한 RAM으로 대략 22KB가 필요했습니다.

최초의 매킨토시 컴퓨터의 하드웨어는 멋지기는 했지만 혁신적인 것은 아니었습니다. 1984년 다른 컴퓨터들과 맥Mac의 차별점을 만드는 지점은 하드웨어가 아니라 매킨토시 운영체제였습니다. 이 운영체제는 당시에는 보통 시스템 소프트웨어라 불리었고, 이후 Mac OS로 바뀌었다가(버전 7부터 9.2.2까지) 현재는 macOS로 불리고 있습니다.

CP/M, MS-DOS, Apple DOS 같은 문자 기반 단일 사용자용 운영체제는 별로 크지 않으며, API의 대부분은 파일 시스템을 지원하고 있으나, macOS와 같은 그래픽 운영체제는 훨씬 더 크고 수많은 API 함수들을 가지고 있습니다. API의 함수들은 이름을 통해서 구분되며, 이 이름은 함수가 어떤 동작을 하는지 잘 나타냅니다.

MS-DOS와 같은 문자 기반 운영체제는 응용프로그램에서 전신타자기처럼 키보드에 입력된 내용을 화면에 표시하는 몇 가지 간단한 API 함수들을 제공하는 반면, macOS 같은 그래픽 운영체제는 프로그램에서 화면에 그래픽을 표시할 수 있는 방법을 제공해야 합니다. 이런 작업은 이론적으로 응용프로그램에서 특정한 수평, 수직 좌표에 특정 색상의 점을 찍을 수 있는 API 함수 하나만 구현하면 됩니다. 하지만 이런 방식은 비효율적이며 결과적으로 그래픽 처리가 매우 느린 것으로 밝혀졌습니다.

운영체제에서 문자뿐 아니라 선, 직사각형, 곡선 등을 그리는 다양한 API 함수들을 포함하는 완전한 그래픽 프로그래밍 시스템을 제공하는 것이 더 합리적입니다. 선은 실선, 점선 혹은 점으로 구성될 수 있으며, 직사각형과 타원은 다양한 패턴으로 채워질 수 있습니다. 문자는 다양한 글꼴과 크기로 표시될 수 있으며, 굵은 글자와 밑줄 등의 효과를 가질 수 있습니다. 그래픽 시스템은 그래픽 객체를 그리려면 화면에 어떤 방식으로 점을 찍어야 하는지 결정하는 역할을 합니다.

그래픽 운영체제에서 구동되는 프로그램은 컴퓨터의 화면과 프린터에 그래픽을 그리는 데 동일한 API를 사용합니다. 따라서 워드프로세서 응용프로그램도 문서가 화면에 표시되는 것과 거의 비슷하게 문서를 프린트할 수 있는데, 이러한 기능을 WYSIWYG('위지윅'이라 읽습니다)이라 부릅니다. 이는 'What you see is what you get', 즉 보이는 대로 출력을 얻을 수 있다는 의미이며, 코미디언 플립 윌슨Flip Wilson이 자신의 페르소나인 제럴딘Geraldine 배역에서 자주 사용하던 말이 컴퓨터 용어로 바뀐 것입니다.

그래픽 사용자 인터페이스의 매력 중 하나는 다양한 응용프로그램들이 유사한 UI를 가지고 있으므로 다른 프로그램에서의 경험을 활용할 수 있다는 점입니다. 이는 운영체제 수준에서 버튼이나 메뉴와 같은 사용자 인터페이스의 다양한 구성요소를 구현할 수 있는 API 함수를 지원해 줘야만 합니다. GUI는 일반적으로 사용자에게 편리한 환경으로 여겨지지만, 프로그래머에게는 더 나은 환경을 제공한다는 점도 매우 중요합니다. 프로그래머는 새로 만들지 않고 기존의 것을 이용하기만 해도 최신 사용자 인터페이스를 구현할 수 있습니다.

매킨토시가 출시되기 전에도 몇몇 회사들이 IBM PC 호환 기종을 위해서 그래픽 운영체제를 만들기 시작했습니다. 어떤 의미에서 애플 개발자들은 하드웨어와 소프트웨어를 같이 설계했기 때문에 조금 더 쉽게 작업을 할 수 있었습니다. 매킨토시 시스템 소프트웨어는 한 종류의 디스켓 드라이브와 한 가지 종류의 비디오 디스플레이, 두 가지 종류의 프린터만 지원할 수 있으면 충분했던 반면, PC용 그래픽 운영체제를 구현하려면 다양한 종류의 하드웨어를 지원할 필요가 있었습니다.

게다가 불과 몇 년 전인 1981년에 IBM PC가 출시되었지만, 많은 사람은 자신들이 좋아하는 MS-DOS 응용프로그램들을 사용하는 데 이미 익숙해져 버려서 이를 포기할 준비가 되지 않은 것이죠. 따라서 IBM PC를 위해서 만들어진 그래픽 운영체제에서는 새로운 운영체제를 위해 특별히 설계된 응용프로그램뿐만 아니라 MS-DOS 응용프로그램을 실행하는 것이 매우 중요한 요구사항이었습니다(반면 매킨토시는 기존의 Apple II와 다른 프로세서를 사용했기 때문에 Apple II 소프트웨어가 실행되지 않았습니다).

CP/M의 개발사인 디지털 리서치는 1985년에 GEM Graphical Environment Manager (그래픽 환경 매니저)을 선보였으며, 비지칼크를 판매하던 회사인 VisiCorp에서는 VisiOn을 선보였으나, 마이크로소프트에서 같은 해 윈도우 버전 1.0을 출시하여 '윈도우 전쟁'의 유력한 승자로 빠르게 인식되기 시작했습니다. 하지만 윈도우의 경우도 1990년 5월에 윈도우 3.0을 출시하고 나서야 상당수의 사용자를 확보할 수 있었으며, 결국 데스크톱과 노트북의 지배적인 운영체제가 되었습니다. 매킨토시와 윈도우는 비슷한 모양으로 되어 있지만, 두 운영체제의 API는 완전히 다릅니다.

스마트폰과 태블릿 역시 다른 이야기를 가지고 있습니다. 스마트폰, 태블릿, 대형 개인용 컴퓨터에서 사용되는 그래픽 인터페이스에는 많은 공통점이 있으나 API는 역시 다릅니다. 현재 많은 스마트폰과 태블릿 시장은 구글과 애플에서 만든 운영체제들이 지배하고 있습니다.

대부분의 컴퓨터 사용자들에게는 잘 보이지 않지만, 유닉스 UNIX 운영체제의 유산과 영향력은 여전히 강력하게 남아 있습니다. 유닉스는 1970년대 초에 벨 전화기 연구소에서 켄 톰프슨 Ken Thompson(1943년생)과 데니스 리치 Dennis Ritchie(1941~2011)[5]의 주도로 만들어겼는데, 이들은 컴퓨터 업계에서 가장 멋진 수염을 가진 이들이기도 했습니다. 이 운영체제의 이름은 약간 재미있는 기원을 가지고 있는데, 유닉스는 원래 벨연구소가 MIT, GE와 같이 개발한 멀틱스 Multiplexed Information and Computing Services, Multics(다중 정보 및 컴퓨터 서비스)라

---

5 (옮긴이) 많은 개발자들에게는 C 언어의 창시자로 더 알려져 있습니다.

불리는 초기 운영체제를 덜 엄격하게 만든 버전이었습니다.[6]

유닉스는 열혈 컴퓨터 프로그래머들에게 가장 사랑받는 운영체제입니다. 대부분의 운영체제는 특정 컴퓨터 시스템을 위하여 작성되었지만, 유닉스는 이식성portability을 가질 수 있도록 설계되어 있어 많은 컴퓨터에서 구동될 수 있도록 변형이 가능했습니다.

유닉스가 개발되었을 당시의 벨연구소는 AT&T 산하에 있었으므로, 전화 산업에서 AT&T의 독점적 지위를 제한하는 법원의 명령을 받아들여야만 했습니다. 원래부터 유닉스의 판매 활동이 금지되어 있었기 때문에 AT&T는 유닉스의 라이선스를 다른 곳에 부여해야만 했습니다.[7] 이에 따라서 1973년 부터 유닉스의 라이선스가 대학, 기업, 정부 등에 폭넓게 부여되었습니다. 1983년에 AT&T는 컴퓨터 산업에 뛰어들었으며 독자적인 버전의 유닉스를 출시하였습니다.

이로 인하여 유닉스는 여러 버전을 가지게 되었으며, 서로 다른 판매자가 판매하는 다양한 컴퓨터에서 구동될 수 있는 다양한 버전의 유닉스가 생겨났습니다. 수많은 사람들이 유닉스를 배웠으며, 그들의 흔적을 유닉스에 남겼습니다. 널리 알려진 '유닉스 철학'은 사람들이 기능을 추가하려고 할 때, 여전히 지침의 역할을 하고 있는 것 같습니다. 이 철학의 일부는 공통적으로 텍스트 파일을 사용하자는 것입니다. 많은 유닉스 유틸리티는 텍스트 파일을 읽을 수 있으며, 이를 처리하여 다른 텍스트 파일로 적을 수도 있습니다. 여러 유닉스 유틸리티가 같이 사용되어 텍스트 파일에 대하여 다양한 형태의 처리를 수행할 수도 있습니다.

지난 수십 년 간 유닉스 세계에서 일어난 사건 중 가장 흥미로운 사건은 리처드 스톨만Richard Stallman(1953년생)이 시작한 자유 소프트웨어 재단Free Software Foundation, FSF과 GNU 프로젝트입니다. GNU(동물의 이름처럼 발음하지 않고

---

6 (옮긴이) Multics 프로젝트 이후에 데니스 리치를 비롯한 연구원들이 Multics 운영체제를 작고 효과적으로 만드는 작업을 수행했는데, 장난삼아서 Multics의 Multiplexed 부분을 덜 엄격하게 Uniplexed로 바꾸어 Unics로 부른 것이 UNIX라는 이름의 시초가 되었습니다.
7 (옮긴이) 반독점 금지법에 의해서 전화 서비스 이외의 부분에 대한 판매 활동이 금지되어 있어서 컴퓨팅 분야에서 본격적인 사업을 할 수 없었습니다.

처음에 있는 G를 따로 발음해서 '그누'라 읽습니다)는 'GNU's Not UNIX'를 의미하지만, 실제 의미도 그런 것은 아닙니다. GNU는 유닉스와 호환되는 것을 의도했지만 소프트웨어가 독점되는 것을 방지하는 방식으로 배포되었습니다. GNU 프로젝트를 통해 수많은 유닉스 호환 유틸리티와 도구가 만들어졌고, 이는 유닉스 호환 운영체제의 코어(또는 커널)인 리눅스 개발로 이어졌습니다.

리눅스는 초기에 핀란드의 프로그래머 리누스 토르발스Linus Torvalds(1969년생)가 주로 개발했는데, 최근 들어 상당한 인기를 끌고 있습니다. 안드로이드 운영체제가 리눅스 커널을 기반으로 개발되었으며, 대형 슈퍼컴퓨터는 현재 리눅스만 사용하고 있으며, 인터넷 서버에서도 일반적으로 리눅스가 사용되고 있습니다.

인터넷은 이 책 마지막 장의 주제입니다.

Chapter 27

1000011 1001111 1000100 1000101

코딩

Coding

모든 컴퓨터는 기계어를 실행하지만, 기계어로 프로그래밍을 하는 것은 이쑤시개로 밥을 먹는 것과 비슷합니다. 이쑤시개로 저녁을 먹을 수 없는 것은 아니지만, 각각의 조각이 너무 작고 먹는 과정도 고생스러워서 정말 오랜 시간이 걸릴 것입니다. 이와 비슷하게 기계어 명령어들은 메모리에서 프로세서로 숫자를 로드하고, 다른 숫자와 더하고, 그 결과를 메모리로 저장하는 것처럼 컴퓨팅 작업을 상상할 수 있는 가장 작고 간단한 작업으로 나눠서 처리해야 하기 때문에, 각각의 부분이 전체적인 식사에 어떻게 기여를 하고 있는지 상상하기 쉽지 않습니다.

이전 장의 앞부분에서 제어판에 붙어 있는 스위치를 조작하여 메모리에 이진 데이터를 넣었던 원시 시대에 비하면 적어도 많이 발전했습니다. 그 장에서 키보드와 비디오 디스플레이를 이용해서 16진수 기계어 코드를 입력하고, 확인하는 간단한 프로그램을 작성할 수 있는 것을 확인했습니다. 이 프로그램만으로도 확실히 더 나아졌지만, 개선의 끝이라 할 수는 없습니다.

앞에서 살펴보았지만, 기계어 코드들은 각각 MOV, ADD, CALL, HLT와 같이 짧은 니모닉mnemonics으로 표현되어 있으므로, 각 명령어가 어떤 의미를 가지는지 대략 유추해 볼 수 있습니다. 이러한 니모닉은 피연산자들operand과 같이 사용되어 해당 기계어 명령어가 어떤 동작을 하려고 하는 것인지 좀더 명확하게 알려 줍니다. 예를 들어, 8080 프로세서의 기계어 46h는 레지스터 쌍 HL이 가리키는 16비트 주소의 메모리 내용을 레지스터 B로 이동시키라는 의미입니다. 이를 짧게 적으면 다음과 같이 됩니다.

MOV B,M

여기서 M은 '메모리'를 의미합니다. 이런 니모닉들의 모든 집합이 (약간의 추가적인 기능을 포함해서) 어셈블리 언어assembly language라는 유형의 프로그램 언어입니다. 기계어보다 어셈블리 언어로 프로그램을 작성하는 것이 훨씬 더 쉽습니다. 유일한 문제는 CPU가 어셈블리 언어를 직접 이해할 수는 없다는 점입니다.

예전에 초기의 컴퓨터로 작업하던 시절에는 아마도 어셈블리 언어 프로그램을 종이에 작성하기 위해서 상당히 많은 시간을 소모했을 것입니다. 어떤 것이 동작할 거라는 확신이 있을 때만 수동 어셈블hand-assemble을 했는데, 이는 차트나 여타의 참고 자료를 사용해서 어셈블리 코드의 문장들을 기계어로 직접 변환한 다음, 변환된 기계어를 메모리에 입력하는 것을 의미합니다.

모든 분기와 호출 명령은 수동 어셈블을 어렵게 만듭니다. JMP 혹은 CALL 명령을 수동 어셈블하기 위해서는 목적지에 대한 정확한 이진 주소를 알고 있어야 하는데, 이는 다른 모든 기계어 명령어가 자리를 잡은 다음에 가능합니다. 따라서 컴퓨터가 이런 변환을 수행하도록 하는 것이 훨씬 좋은데, 어떻게 이런 작업을 할 수 있을까요?

우선 몇 줄의 텍스트를 입력하고 파일로 저장할 수 있도록 만들어 주는 텍스트 에디터를 작성해야 할 것입니다(불행하게도 이 프로그램은 수동 어셈블을 해야 합니다). 그다음에 어셈블리어 명령어가 들어 있는 텍스트 파일을 만들 수 있을 것입니다. 또한 어셈블러assembler라고 하는 다른 프로그램도 수동 어셈블해야 합니다. 이 프로그램은 어셈블리어 명령어들이 들어 있는 텍스트 파일을 읽어서 이 명령어들을 기계어로 변환한 후 다른 파일로 저장합니다. 이 파일의 내용은 이후에 실행을 위해서 메모리로 로드될 수 있습니다.

만일 CP/M 운영체제를 8080 컴퓨터에서 실행하고 있다면, 대부분의 작업이 이미 완료된 것이며, 필요한 모든 도구들 역시 이미 가지고 있을 것입니다. 텍스트 편집기의 이름은 ED.COM이며, 텍스트 파일을 작성하고 변경할 수 있게 해 줍니다(최근에 사용할 수 있는 간단한 텍스트 편집기로는 윈도우의 메모장과 애플 컴퓨터 macOS의 TextEditor(텍스트 편집기)가 있습니다). PROGRAM1.ASM이라는 이름의 텍스트 파일을 만들었다고 가정해 봅시다. ASM 파일 형식은 해당 파일이 어셈블리어 프로그램을 가지고 있다는 것을 나타냅니다. 이 파일은 다음과 같은 모양으로 생겼을 수 있습니다.

```
        ORG 0100h
        LXI DE,Text
        MVI C,9
        CALL 5
        RET
Text: DB 'Hello!$'
        END
```

이 파일에는 이전에 본 적이 없는 문장 몇 개가 있습니다. 첫 번째는 ORG(원점을 나타내는 origin을 의미) 문으로, 8080 명령어에 해당하는 것이 아니라, 해당 문의 다음 문장이 CP/M이 프로그램을 로드하는 메모리 주소인 0100h에서 시작한다는 것을 나타냅니다.

그다음은 LXILoad Extended Immediate(즉치 주소로 확장 로드) 명령으로, 16비트 값을 레지스터 쌍 DE로 로드하는 명령입니다. 이 명령은 우리가 이 책에서 만든 CPU에서 구현하지 않은 몇 가지 명령 중 하나입니다. 여기서는 16비트 값으로 Text 레이블이 지정되어 있는데, 이 레이블은 프로그램 아래 부분에 있는 DBData Byte(데이터 바이트) 문에 붙어 있으며, 앞에서 살펴본 적이 없는 형식입니다. DB 문의 뒤에는 쉼표로 구분된 여러 바이트 혹은 작은따옴표 안에 있는 몇 개의 문자가 올 수 있습니다.

MVIMove Immediate(즉치 이동) 명령은 9의 값을 레지스터 C로 옮깁니다. CALL 5 명령을 통해서 CP/M 운영체제를 호출하며, 이때 레지스터 C에 들어 있는 값에 따라 적절한 함수로 분기합니다. 이 함수는 레지스터 DE 쌍이 지정하는 주소부터 시작하는 문자열을 출력하는 함수로, 달러 기호($)를 만나면 출력을 마칩니다. (프로그램의 끝부분의 줄에 있는 문자열이 달러 기호로 끝나 있는 것을 눈치챘을 것입니다. 문자열이 끝난다는 것을 나타내기 위해서 달러 기호를 사용하는 것이 매우 이상하게 느껴지겠지만, CP/M은 이런 방식으로 동작했습니다.) 마지막에 있는 **RET** 명령은 프로그램을 마치고 제어권을 CP/M으로 넘기게 됩니다. (이런 방식이 실질적으로 CP/M 프로그램을 종료 시키는 여러 가지 방법 중 하나입니다.) **END** 문은 어셈블리어 파일의 끝을 나타냅니다.

이제 7줄의 텍스트가 있는 텍스트 파일이 있으니, 다음 단계는 이 파일을 어셈블하는 것입니다. CP/M은 ASM.COM이라는 이름을 가진 CP/M 어셈블러 프로그램을 포함하고 있습니다. 이제 CP/M 명령줄에서 다음과 같은 방식으로 ASM.COM을 실행시키면 됩니다.

```
ASM PROGRAM1.ASM
```

ASM 프로그램은 PROGRAM1.ASM 파일을 검사해서, 우리가 작성한 어셈블리어 문장들에 해당하는 기계어 코드를 포함하고 있는 PROGAM1.COM이라는 이름을 가진 파일을 생성합니다(사실 이 과정에는 한 가지 단계가 더 있지만, 이 과정에서 일어나는 일은 크게 중요하지 않습니다).

PROGRAM1.COM 파일은 다음과 같이 16바이트를 가지고 있습니다.

```
11 09 01 0E 09 CD 05 00 C9 48 65 6C 6C 6F 21 24
```

처음 3바이트는 **LXI** 명령어, 그다음 2바이트는 **MVI** 명령어, 그다음 3바이트는 **CALL** 명령어, 그다음은 **RET** 명령어입니다. 마지막 7바이트는 'Hello'와 느낌표, 달러 기호를 나타내는 ASCII 문자들입니다. 이제 CP/M 명령줄에서 PROGRAM1 프로그램을 실행할 수 있습니다.

```
PROGRAM1
```

운영체제는 프로그램을 메모리로 로드한 다음 실행시킵니다. 화면에는 다음과 같은 인사가 나타날 것입니다.

Hello!

ASM.COM과 같은 어셈블러는 어셈블리어 프로그램(보통 소스 코드 파일이라 부름)을 읽어서, 기계어 코드를 가지고 있는 실행 파일을 적습니다. 큰 틀에서 봤을 때, 어셈블러는 단순히 일대일 대응 관계에 있는 어셈블리어 니모닉을 해당하는 기계어 코드로 바꿔 주는 정말 간단한 프로그램입니다. 어셈블러는 텍스트의 각 줄을 니모닉과 인자로 분리한 후 얻은 짧은 단어들과 문자들을 어셈블러가 관리하는 모든 니모닉과 인자들의 리스트와 비교하는 방식으로 동작합니다. 이런 과정을 **구문 분석**parsing이라 부르는데, 이 과정은 다수의 CMP 명령어들 뒤에 조건 분기를 포함하고 있습니다. 이런 비교를 통해서 각각의 문장이 어떤 기계어 명령어에 해당하는지 확인해 나가는 것입니다.

PROGRAM1.COM 파일에 포함된 바이트열은 LXI 명령을 의미하는 11h로 시작합니다. 그 뒤로 16비트 주소 0109h를 구성하는 09h와 01h 바이트가 나옵니다. 이 주소는 어셈블러가 알아낸 것입니다. 만일 LXI 명령어 자체가 0100h(CP/M이 실행할 프로그램을 메모리에 올리는 주소)에 위치한다면, 주소 0109h는 텍스트 문자열이 시작되는 위치입니다. 일반적으로 어셈블러를 사용하는 프로그래머들은 프로그램의 다른 부분과 연관되어 있는 특정 주소에 대해서 걱정할 필요가 없습니다.

물론 최초로 어셈블러를 만든 사람은 프로그램을 손으로 어셈블해야 했을 것입니다. 같은 컴퓨터에 사용할 새롭고 좀더 좋은 어셈블러를 만드는 사람은 처음으로 만들어졌던 어셈블러를 이용해서, 이 프로그램을 어셈블했을 것입니다. 새로운 어셈블러를 만든 후에는 그 자체를 이용해서 어셈블하면 됩니다.

새로운 마이크로프로세서가 나타날 때마다 새로운 어셈블러도 필요합니다. 새로운 어셈블러는 이미 존재하는 컴퓨터와 이 컴퓨터의 어셈블러를 이용하여 만들 수 있습니다. 이러한 것을 **교차 어셈블러**cross-assembler라고 합니다. 어셈블러는 A라는 컴퓨터에서 실행되지만, 컴퓨터 B에서 동작하는 코드를 생성하는 것입니다.

어셈블러를 사용함으로써 어셈블리어를 이용한 프로그래밍에서 가장 생산성이 떨어지는 수동 어셈블 부분을 없앨 수 있지만, 어셈블리어에는 아직도 두 가지 중요한 문제가 남아 있습니다. 쉽게 추측할 수 있겠지만, 가장 큰 문제는 프로그램을 작성하기가 매우 따분하다는 점입니다. CPU 수준에서 작업을 하고 있으므로, 아주 작은 것 모두에 대해서 신경을 써야만 합니다.

두 번째 문제는 어셈블리어에 이식성portability이 없다는 점입니다. 만일 인텔 8080 프로세서를 위한 어셈블리어로 프로그램을 작성했다면, 모토로라 6800에서는 실행되지 않을 것이므로, 6800 어셈블리어에 맞게 프로그램을 재작성해야만 합니다. 물론 프로그램에서 풀어내야 하는 중요한 구조적, 알고리즘적인 문제는 이미 해결된 상태일 것이므로, 처음부터 프로그램을 작성하는 것보다는 훨씬 쉽겠지만, 그렇다 하더라도 해야 할 일이 많습니다.

컴퓨터가 하는 일의 대부분은 수학적 연산이지만, 어셈블리어에서 수학 연산이 수행되는 방식은 매우 투박하고 어색합니다. 대신, 아래의 예처럼 오랫동안 사용되어 온 대수학 연산 기호를 이용하여 다양한 수학적 연산을 표현할 수 있다면 훨씬 좋을 것 같습니다.

```
Angle = 27.5
Hypotenuse = 125.2
Height = Hypotenuse × Sine(Angle)
```

만일 위의 내용이 실제 컴퓨터 프로그램의 일부라면, 세 줄의 각 내용은 명령문statement이 될 것입니다. 대수학과 마찬가지로 프로그래밍에서도 Angle, Hypotenuse, Height와 같은 이름을 가진 것에 다른 값을 설정할 수 있으므로, 이런 값들을 변수variable라 부릅니다. 등호는 할당을 나타내기 때문에 Angle 변수는 27.5가 되고, Hypotenuse는 125.2가 됩니다. Sine은 함수로, 각도의 삼각함수 사인 값을 계산해서 그 값을 반환하는 코드가 어딘가 있을 것입니다.

이런 숫자들은 일반적으로 어셈블리어에서 사용되는 정수형이 아니라 소수점과 소수 부분이 있는 숫자라는 점을 염두에 두어야 합니다. 컴퓨터 언어에서는 이런 숫자를 부동소수점 수floating point numbers라 부릅니다.

이런 문장들로 구성된 텍스트 파일이 있다면, 해당 텍스트 파일을 읽고, 연산을 수행할 수 있도록 대수적 표현을 기계어로 바꿔 준 다음 어셈블리어 프로그램을 적는 것이 가능할 것 같습니다. 음, 안 될 이유가 있나요?

지금 만들려고 하는 것이 **고수준 프로그래밍 언어**high-level programming language라 불리는 것입니다. 어셈블리어는 컴퓨터 하드웨어에 매우 가깝기 때문에 저수준low-level 언어라 이야기합니다. 어셈블리어를 제외한 모든 프로그래밍 언어를 설명하는 데 고수준이라는 용어가 사용되기는 하지만, 일부 언어는 다른 언어보다 높은 수준을 가지고 있는 경우가 있습니다. 여러분이 회사의 대표이고 컴퓨터 앞에 앉아서 "올해의 모든 수익과 손실을 계산해서 연간보고서를 작성한 다음, 몇 천 부 정도를 인쇄하여 모든 주주에게 보내세요."라고 입력할 수 있다면(혹은 책상 위에 발을 올리고 지시할 수 있으면 더 좋겠죠), 여러분은 실로 아주 고수준high-level의 언어를 사용해 작업하고 있는 것입니다. 실제 현실 세계의 프로그래밍 언어는 그런 이상적인 수준에 근접했다고 얘기할 수 없지만 말입니다.

인간의 언어는 수천 년 동안의 복잡한 영향들, 임의의 변화들, 그리고 적응의 결과입니다. 물론 실제적인 언어에 기원을 가지지 않은 에스페란토Esper-anto[1]와 같은 인공적인 언어도 있기는 합니다. 고수준 컴퓨터 언어들은 좀더 계획적인 의도를 가지고 만들어진 것입니다. 프로그래밍 언어를 만들려는 도전은, 사람들이 컴퓨터로 어떻게 명령을 전달할지를 정의하는 것이므로 어떤 사람들에게는 특별한 의미를 가지게 되었습니다. 그 결과 고수준 언어는 1950년대부터 만들어지기 시작하여 1993년을 기준으로 대략 1000개 이상 만들어졌다고 알려져 있습니다. 2021년 연말에 온라인 프로그래밍 언어의 역사 백과사전 사이트인 hopl.info에는 총 8945개의 언어가 등재되어 있습니다.

물론 단순히 고수준 언어로 처리하려는 것을 표현할 수 있는 문법을 개발하는 것을 포함해서, 고수준 언어를 정의하는 것만으로는 충분하지 않으며, 고수준 언어의 문법을 기계어로 변환시켜 줄 수 있는 프로그램인 **컴파일러**

---

1 (옮긴이) 세계에서 가장 많이 쓰이는 인공어로, 국제적 의사소통을 위해 배우기 쉽고 중립적인 언어를 목표로 하여 만들어졌다.

compiler를 만들어야만 합니다. 어셈블러와 비슷하게 컴파일러는 소스 코드 파일에 있는 문자들을 읽어서 이를 짧은 단어와 기호, 숫자로 구분하게 됩니다. 당연히 컴파일러는 어셈블러보다는 훨씬 복잡합니다. 어셈블러의 경우 어셈블리어와 기계어 간에 일대일 대응 관계가 있으므로 아주 간단하지만, 컴파일러의 경우 고수준 언어 한 줄이 여러 줄의 기계어 명령어로 변환됩니다. 컴파일러는 만들기 쉽지 않으며, 컴파일러 설계와 구성을 주제로 하고 있는 책만 해도 그 수가 상당합니다.

고수준 언어에는 장점과 단점이 있습니다. 가장 큰 장점은 고수준 언어가 어셈블리어에 비하여 배우기 쉽고 프로그램하기도 쉽다는 점입니다. 고수준 언어로 작성된 프로그램은 대부분 좀더 명확하고 짧습니다. 또한 고수준 언어로 작성된 프로그램은 어셈블리어와 같이 특정 프로세서에 의존성을 갖지 않으므로, 다른 컴퓨터로 이식이 가능한 경우가 많습니다. 따라서 고수준 언어로 프로그래밍을 하는 경우에는 프로그램이 구동되는 컴퓨터 시스템의 구조에 대하여 반드시 알아야 할 필요는 없습니다. 물론 한 종류 이상의 프로세서에서 구동될 수 있는 프로그램을 만들려면 각각의 프로세서에 대한 기계어를 생성할 수 있는 컴파일러가 필요하며, 실제 실행 파일은 여전히 각각의 CPU에서만 실행될 수 있습니다.

반면에 어셈블리어를 자유자재로 구사하는 프로그래머의 경우 컴파일러보다 훨씬 좋은 코드를 만들어 낼 수 있습니다. 이는 같은 동작을 수행할 수 있는 프로그램이라도 고수준 언어로 작성된 프로그램이 어셈블리어로 작성된 프로그램보다 더 크고, 더 느린 실행 파일을 만들어 낼 수 있다는 것을 의미합니다. (물론, 최근에는 마이크로프로세서가 좀더 복잡해지고, 컴파일러가 더욱 정교하게 코드를 최적화하므로 이러한 차이가 많이 줄어들기는 했습니다.)

즉, 고수준 언어를 사용함으로써 프로세서를 쉽게 사용할 수 있게 되었지만, 좀더 높은 성능을 끌어낼 수 있도록 만들어 준 것은 아니라는 것입니다. 일부 고수준 언어는 CPU에 일반적으로 있는 비트 시프트bit shift나 비트 확인

bit test 등의 연산을 지원하지 않습니다. 이런 작업은 고수준 언어를 사용하는 것이 더 힘들 수 있습니다.

초창기 개인용 컴퓨터는 대부분의 프로그램이 어셈블리어로 작성되어 있었습니다. 하지만 요즘에는 특별한 용도가 아니라면 어셈블리어를 거의 사용하지 않습니다. 마이크로프로세서에 몇 개의 명령을 순차적이면서도 동시에 수행할 수 있도록 만들어 주는 파이프라인pipeline 기능이 추가되면서 어셈블리어를 이용하기가 좀더 까다롭게 된 것도 한 가지 중요한 이유가 될 수 있습니다. 물론 컴파일러가 많이 발전해서 좀더 정교해졌다는 것도 중요한 이유일 수 있겠네요. 오늘날 컴퓨터에서 다루는 저장 장치와 메모리의 크기가 커짐에 따라, 프로그래머가 더 이상 메모리를 적게 차지하고, 한 장의 디스켓에 들어갈 수 있는 크기로 프로그램을 작성해야 할 필요가 없어지기도 했습니다.

초기에 많은 컴퓨터 설계자들이 대수학적 표현 방법을 이용하여 문제들을 기술하기 위해 노력했지만, 최초로 동작하는 컴파일러는 레밍턴 랜드Remington Rand사의 그레이스 머레이 호퍼Grace Murray Hopper(1906~1992)가 UNIVAC용으로 만든 A-0(연산 언어 버전 0)라 알려져 있습니다. 호퍼 박사는 '컴파일러'라는 용어를 만들어 내기도 했으며,[2] 1944년부터 하워드 에이킨Howard Aiken과 일하면서 Mark-I을 다루었으니, 상당히 초기부터 컴퓨터를 다룬 선구자입니다. 그녀는 80세라는 고령에도 불구하고 DECDigital Equipment Corporation와의 공개적인 협업을 통하여 컴퓨터 산업에 기여하였습니다.

오늘날까지 사용되는 가장 오래된 고수준 언어는 (여러 번의 대대적인 개정을 거쳤으나) FORTRAN입니다. 컴퓨터 언어의 경우 대문자로 구성된 이름을 가지고 있는 경우가 많은데, 이는 약어를 사용했기 때문입니다. FOR-

---

2 (옮긴이) COBOL을 만들고 버그(bug)라는 용어를 처음 사용하기도 한 호퍼 박사는 컴퓨터 공학에 있어서 가장 중요한 공학자 중 한 사람입니다.

TRAN은 'FORmula(수식)'라는 단어의 세 글자와 'TRANslation(번역)'이란 단어의 네 글자를 합친 단어입니다. 이 언어는 IBM 704 시리즈를 위해서 1950년대 중반에 처음 개발되었습니다. 오랫동안 FORTRAN은 과학자와 엔지니어가 사용하기에 가장 적합한 고수준 언어로 인정받아 왔습니다. 이 언어는 부동소수점을 매우 폭넓게 지원할 뿐 아니라 실수부와 허수부로 이루어진 복소수도 지원합니다.

범용 비즈니스 지향 언어COmmon Business Oriented Language를 나타내는 COBOL은 지금까지 사용되고 있는 오래된 프로그래밍 언어 중 하나로, 주로 금융 기관에서 사용되고 있습니다. COBOL은 1959년에 미국 기업들과 국방부의 대표 위원회에 의해서 만들어졌지만, 그레이스 호퍼의 초기 컴파일러의 영향을 많이 받았습니다. COBOL은 실제로 프로그래밍을 하지 않는 관리자들도 쉽게 프로그램의 코드를 읽고 프로그램에서 어떤 일을 하려는 것인지 검토할 수 있도록 만들어져 있습니다(당연히 그런 일은 거의 일어나지 않았습니다).

현재 사용되지는 않지만(일부 취미로 하는 사람은 제외하고) 현대 프로그래밍 언어에 매우 큰 영향을 끼친 언어는 ALGOL입니다. ALGOL은 ALGO-rithmic Language(알고리즘 언어)의 약어이기도 하고, 페르세우스자리에서 두 번째로 밝은 별의 이름을 나타내기도 합니다. 원래 1957년과 1958년에 국제 위원회에서 만든 ALGOL은 여러 가지 측면에서 지난 반세기 동안 만들어진 많은 유명한 범용 프로그래밍 언어들의 직접적인 기원이 되며, **구조적 프로그래밍**structured programming이라 알려져 있는 고수준 언어들이 추구하는 다양한 속성을 지니고 있습니다. 오늘날에도 사람들은 'ALGOL과 유사한ALGOL-like' 프로그래밍 언어를 선호합니다

ALGOL은 거의 대부분의 프로그래밍 언어에서 현재 일반적으로 사용하고 있는 프로그래밍 구조를 확립했습니다. 이런 구조는 프로그래밍 언어 안에서 특정한 연산을 나타내기 위해 사용되는 특정 키워드와 연관되어 있습니다. 여러 개의 문장이 하나의 블록으로 묶여서 특정 조건에서 실행되거나 특정한 횟수만큼 반복해서 실행될 수 있습니다.

if 문은 문장이나 문장 블록을 논리 조건(예를 들면 변수 height가 55 미만인 경우)에 따라 실행시킵니다. for 문은 문장이나 문장 블록을 여러 번 실행시키는데, 보통은 변수의 증분에 따라 실행 횟수를 결정합니다. 배열array은 도시의 이름들처럼 같은 형식을 가진 값들의 집합입니다. 프로그램은 블록들과 함수들로 구성되어 있습니다.

가정용 컴퓨터에서도 FORTRAN, COBOL 및 ALGOL 등의 언어를 사용할 수 있었지만, BASIC만큼 가정용 컴퓨터에 영향력을 끼친 언어는 없었습니다.

BASICBeginner's All-purpose Symbolic Instruction Code(초보자를 위한 기호 기반의 범용 코드)은 1964년에 다트머스의 시분할 시스템과 관련되어 있던 다트머스 대학 수학과의 존 케메니John Kemeny와 토마스 커츠Thomas Kurtz에 의하여 개발되었습니다. 당시 다트머스의 학생 대부분이 수학이나 공학을 전공하고 있던 것은 아니었으므로, 천공 카드와 어려운 프로그래밍 문법으로 인하여 많은 어려움이 있었습니다. 다트머스의 학생들은 터미널terminal에 앉아서 숫자로 시작하는 간단한 BASIC 문장을 입력함으로써 BASIC 프로그램을 작성할 수 있었습니다. 숫자들은 프로그램에서 문장의 순서를 나타내는 것이며, 최초로 출판된 BASIC 사용자 설명서에 있는 최초의 BASIC 프로그램은 다음과 같습니다.

```
10 LET X = (7 + 8) / 3
20 PRINT X
30 END
```

이후의 수많은 BASIC 언어의 구현들은 대부분 컴파일러의 형태가 아닌 인터프리터interpreter의 형태로 되어 있습니다. 앞에서 설명한 바와 같이 컴파일러는 소스 코드 파일을 읽어서 실행 파일을 만드는 반면, 인터프리터는 소스 코드를 읽어서 실행 파일을 만들지 않고 바로 실행해 버립니다. 인터프리터는 컴파일러보다 작성하기 쉽지만, 인터프리터를 사용하는 프로그램은 실행 과정에서 컴파일하는 시간이 포함되므로 컴파일러 기반의 프로그램보다 느리다는 단점을 가지고 있습니다. 개인용 컴퓨터를 위한 BASIC은 친구 사이인 빌 게이츠Bill Gates(1955년생)와 폴 앨런Paul Allen(1953년생)이 마이크로소프트사를 설립하고, 1975년에 알테어Altair 8800용 BASIC 인터프리터를 제공하면서부터 시작되었습니다.

파스칼Pascal 프로그래밍 언어는 구조적으로 ALGOL의 많은 부분을 계승하였으나, COBOL의 기능도 포함하고 있으며, 1960년대 말에 스위스 공대 컴퓨터 과학과 교수인 니클라우스 비르트Niklaus Wirth(1934년생)에 의해서 설계되었습니다. IBM PC 프로그래머들에게 매우 인기가 있었던 파스칼 컴파일러로는 볼랜드 인터내셔널Borland International에서 1983년에 약 49.95달러의 가격으로 출시한 터보 파스칼Turbo Pascal이라는 제품이 있는데, 이 프로그램은 덴마크 학생인 아네르스 하일스베르Anders Hejlsberg(1960년생)[3]가 만들었으며, 컴파일러뿐 아니라 완벽한 **통합개발환경**intergrated development enviroment, IDE이 함께 제공되었습니다. 텍스트 편집기와 컴파일러가 하나의 프로그램으로 통합되어 매우 빠르게 프로그램을 작성할 수 있습니다. 통합개발환경은 대형 메인프레임 컴퓨터에서 자주 사용되고 있던 것이지만, 터보 파스칼의 경우 이를 개인용 컴퓨터에서도 사용할 수 있음을 알려 준 예가 되었습니다.

파스칼은 또한 미국 국방부에서 개발하고 있던 에이다Ada 언어에도 큰 영향을 끼쳤습니다. 이 언어는 찰스 배비지가 만든 해석기관의 연대기 작가로 15장에 등장한 어거스타 에이다 바이런Augusta Ada Byron의 이름을 기려서 만들어진 언어입니다.

그밖에 많은 사람이 사랑하는 프로그래밍 언어인 C가 있는데, 이는 벨연구소의 데니스 리치Dennis M. Ritchie가 1969년에서 1973년 사이에 개발했습니다. 사람들은 종종 왜 C라는 이름으로 불리는지 의문을 가집니다. 가장 간단한 대답은 C 언어가 CPLCombined Programming Language에서 파생된 BCPLBasic CPL의 간략화 버전이었던 B 언어로부터 파생되어 개선된 언어라서 그렇다는 것입니다.

대부분의 프로그래밍 언어는 메모리 주소와 같은 어셈블리어의 잔재를 지우려고 했지만, C는 그렇지 않습니다. C 언어는 기본적으로 메모리 주소와 같은 **포인터**pointer라는 기능을 포함하고 있습니다. 포인터는 어떻게 사용해야

---

3 (옮긴이) 터보 파스칼뿐 아니라 델파이(Delphi)를 만들었으며, 마이크로소프트사에서 C#과 타입스크립트(Typescript)를 만든 사람이기도 합니다.

하는지 아는 프로그래머들에게는 매우 편리하지만, 거의 대부분의 프로그래머들에게는 위험했습니다. 메모리의 중요한 영역을 덮어쓸 수도 있기 때문에, 포인터는 버그의 원천이기도 했습니다. 프로그래머 앨런 호럽Alan I. Holub은 《Enough Rope to Shoot Yourself in the Foot(자신의 발에 총을 쏠 수도 있는 밧줄)》이라는 C 언어의 코딩 규칙에 관한 책을 썼습니다.

 C 언어는 C 언어보다 안전하고, 코드와 데이터를 구조적인 방법으로 결합한 프로그래밍 구조체인 객체object와 함께 작업할 수 있는 기능들이 결합된, 일련의 프로그래밍 언어들의 조상이 되었습니다. 이 언어들 중에서 가장 유명한 언어들은 1985년에 덴마크의 컴퓨터 과학자 비야네 스트롭스트룹Bjarne Stroustrup(1950년생)이 만든 C++, 1995년에 오라클에서 근무하던 제임스 고슬링 James Gosling(1955년생)[4]이 만든 자바Java, 2000년 마이크로소프트의 아네르스 하일스베르Anders Hejlsberg가 설계한 C#입니다. 이 책을 집필하는 시점에서 가장 많이 사용되는 프로그래밍 언어 중 하나는 1991년 네덜란드 프로그래머 히도 반 로쑴Guido van Rossum(1956년생)이 설계한 파이썬Python이라는 불리는 또 다른 C-영향 언어입니다. 하지만 여러분이 2030년대나 2040년대에 이 책을 읽고 있다면 아직 만들어지지 않은 어떤 언어에 매우 친숙할 수도 있겠네요.

 서로 다른 고급 프로그래밍 언어는 프로그래머가 다른 방식으로 생각할 수 있도록 만들어 줍니다. 예를 들어, 일부 최신 프로그래밍 언어는 변수보다는 함수를 조작하는 데 초점을 맞추고 있어서, **함수형** 프로그래밍 언어라고 부르며, 전통적인 **절차적** 언어로 작업하는 데 익숙한 프로그래머에게는 처음에 상당히 이상하게 보일 수도 있습니다.

 하지만 함수형 프로그래밍 방식은 다른 해결 방법을 제공함으로써 프로그래머들이 문제를 접근하는 방식을 완전히 새롭게 바꿀 수 있도록 영감을 줍니다. 어떤 언어를 사용하더라도 CPU는 여전히 같은 기계어를 실행하고 있지만, 다양한 CPU들과 각각의 CPU를 위한 기계어 간의 차이를 부드럽게 메꿔 주는 소프트웨어들도 있습니다. 소프트웨어가 다양한 CPU를 에뮬레이트

---

4 (옮긴이) 제임스 고슬링은 1995년 당시에는 썬마이크로시스템즈(SUN Microsystems) 소속이었으며, 2010년에 오라클이 썬마이크로시스템즈를 인수하면서 오라클의 CTO로 재직하였습니다.

emulate함으로써 예전의 소프트웨어나 오래된 컴퓨터 게임을 현대 컴퓨터에서 실행할 수 있게 만들 수 있습니다(이런 소프트웨어가 새로운 것은 아닙니다. 빌 게이츠와 폴 앨런이 알테어 8800용 BASIC 인터프리터를 작성하기로 했을 때, 하버드 대학교의 DEC PDP-10 메인프레임 컴퓨터에서 동작하는 인텔 8080 에뮬레이터 프로그램에서 이 프로그램을 테스트했습니다). 자바와 C#은 기계어와 유사한 중간 코드로 컴파일되며, 이 중간 코드는 프로그램이 실행되는 시점에 기계어로 변환됩니다. LLVM이라 불리는 프로젝트는 모든 고수준 프로그래밍 언어와 CPU에 의해 구현된 모든 명령어 간에 가상적인 연결을 제공하기 위해서 만들어졌습니다.

이런 것이 바로 소프트웨어의 마법입니다. 메모리와 프로세서의 속도가 충분하기만 하면, 어떤 디지털 컴퓨터라도 다른 어떤 디지털 컴퓨터에서 할 수 있는 모든 것을 할 수 있습니다. 이것이 바로 1930년대에 앨런 튜링의 계산 가능성에 대한 연구의 의의였습니다.

그렇지만 튜링은 특정 알고리즘 문제들은 디지털 컴퓨터에서 영원히 해결할 수 없다는 것도 보였는데, 이런 문제 중 하나는 놀라운 의미를 가지고 있습니다.[5] 즉, 다른 컴퓨터 프로그램이 제대로 동작하는지 확인할 수 있는 컴퓨터 프로그램은 작성할 수 없다는 것이죠. 이 말은 우리의 프로그램이 의도대로 잘 동작하고 있을 거라 결코 확신할 수 없다는 것을 의미합니다.

이 이야기는 경각심을 불러일으키며, 소프트웨어 개발 과정에서 광범위한 테스트와 디버깅이 매우 중요한 이유이기도 합니다.

자바스크립트JavaScript 역시 C의 영향을 받은 언어들 중 하나라고 할 수 있는데, 원래 넷스케이프Netscape의 브랜던 아이크Brendan Eich(1961년생)가 만들었으며, 1995년에 처음 등장했습니다. 자바스크립트는 HTMLHypertext Markup Language에 의해 표현할 수 있는 간단한 텍스트와 비트맵 그림의 표현을 넘어서

---

5 (옮긴이) 이 문제는 정지문제(halting problem)를 튜링 기계로 판정할 수 없다는 것을 증명한 것을 이야기하는 것입니다. 정지문제는 프로그램에 입력값을 넣었을 때, 프로그램이 계산을 끝내고 멈출지 혹은 끝나지 않을지 판정하는 문제입니다. 이 문제를 튜링 머신에서 검증할 수 없다는 점이 증명되면서, 프로그램의 동작을 튜링 머신(컴퓨터)에서 검증할 수 있는 정규적인 방법이 없다는 것이 증명되었습니다. 따라서 프로그램은 휴리스틱한 방법으로 검증해야만 하는 것이죠.

웹페이지에 상호작용 기능을 제공하기 위해서 사용하는 언어입니다. 이 글을 작성한 시점에서 방문자가 많은 순으로 상위 1,000만 개 웹사이트 중 약 98%가 약간이라도 자바스크립트를 사용하고 있었습니다.

오늘날 일반적으로 사용되는 모든 웹 브라우저는 자바스크립트를 해석할수 있으므로, 데스크톱이나 노트북 컴퓨터에서 추가적으로 프로그래밍 도구들을 다운로드하거나 설치하지 않고도 자바스크립트 프로그램을 작성하기시작할 수 있습니다.

그렇다면, 직접 자바스크립트를 가지고 실험을 해 볼까요?

윈도우 메모장 혹은 macOS의 텍스트 편집기TextEdit 프로그램을 사용해서자바스크립트가 약간 포함되어 있는 HTML 파일을 만들어 저장한 다음, 여러분이 좋아하는 웹 브라우저(엣지, 크롬, 사파리 등)에서 읽어보면 됩니다.

윈도우에서는 메모장을 실행하세요(시작 메뉴에서 찾기 기능을 사용해서찾아야 할 수도 있습니다). 이제 텍스트를 입력할 준비가 되었습니다.

macOS에서는 텍스트 편집기 프로그램을 실행하세요(Spotlight 검색을 사용해서 위치를 확인해야 할 수도 있습니다). 첫 화면이 나타나면 '새로운 문서' 버튼을 클릭합니다. macOS의 텍스트 편집기는 문자의 형식 정보를 포함하는 리치 텍스트 형식의 문서를 만들 수 있도록 설계되었으나, 이런 형식을원하지는 않을 것이므로, 일반 텍스트 파일을 사용하려면 '포맷' 메뉴에서 '일반 텍스트 만들기'를 선택합니다. 또한 '편집' 메뉴의 '맞춤법 및 문법' 부분에서 맞춤법 확인 및 수정 옵션을 꺼 주면 됩니다.

이제 다음 내용을 입력하세요.

```html
<html>
    <head>
        <title>My JavaScript</title>
    </head>
    <body>
        <p id="result">Program results go here!</p>
        <script>
            // JavaScript programs go here
        </script>
    </body>
</html>
```

앞의 파일은 HTML 파일로, 태그들로 구성된 다양한 섹션으로 이루어진 파일이라 할 수 있습니다. 모든 파일은 `<html>` 태그로 시작하고 `</html>` 태그로 끝나며, 모든 것이 이 태그 사이에 포함됩니다. 이 안에는 들어가는 `<head>` 섹션은 웹페이지의 제목으로 맨 위에 나타나는 `<title>` 태그를 포함하고 있으며, `<body>` 섹션은 'Program results go here!'라는 텍스트와 같이 있는 `<p>` 태그('문단paragraph'을 의미합니다)를 포함하고 있습니다.

`<body>` 섹션 안에는 `<script>` 섹션도 포함하고 있습니다. 여기에 자바스크립트 프로그램이 들어 있습니다. 이 부분에는 이미 2개의 슬래시로 시작하는 한 줄로 구성된 프로그램이 있는데, 2개의 슬래시는 이 줄이 주석comment임을 나타냅니다. 2개의 슬래시 뒷부분에서 해당 줄의 끝까지 이어지는 모든 것은 프로그램을 읽는 사람을 위한 것이며, 자바스크립트가 실행될 때는 무시됩니다.

메모장 또는 텍스트 편집기에 앞에 있는 줄들을 입력할 때는 여기서처럼 모든 행에 대해서 들여쓰기를 할 필요는 없습니다. 심지어 모든 내용을 한 줄에 적어도 됩니다. 하지만 편하게 읽을 수 있도록 `<script>` 태그와 `</script>` 태그는 별도의 줄에 배치하도록 하십시오.

이제 해당 파일을 어딘가에 저장합시다. 메모장이나 텍스트 편집기에서 '파일' 메뉴에서 '저장'을 선택하면 됩니다. 파일을 저장할 위치를 선택하십시오. 컴퓨터의 바탕화면이 편리할 것입니다. 'MyJavaScriptExperiment.html'이나 비슷한 이름으로 파일을 저장하십시오. 마침표 뒤에 있는 파일 확장자는 매우 중요하며, 반드시 html인지 확인해야 합니다. 그러면 텍스트 편집기에서 정말 저장할 것인지 확인하라고 요청할 것입니다. '확인' 버튼을 누르면 됩니다!

파일을 저장한 다음에도 아직 메모장이나 텍스트 편집기를 닫지는 마십시오. 파일을 추가로 변경할 수 있도록 파일을 계속 열어 두십시오.

이제 방금 전에 저장한 파일을 찾아서 더블클릭하면, 윈도우나 macOS에서 해당 파일을 기본 웹 브라우저에서 로드하도록 만듭니다. 웹페이지의 제목은 'My JavaScript'가 될 것이며, 웹페이지의 왼쪽 상단에는 'Program results go here!'라는 내용이 나타날 것입니다. 그렇지 않다면, 입력한 내용에 오류가 있는지 다시 한번 확인해 봅시다.

자바스크립트가 실행되는 과정은 다음과 같습니다. 메모장이나 텍스트 편집기에서 <script>와 </script> 태그 사이에 자바스크립트 코드를 입력하고 파일을 다시 저장한 다음, 웹 브라우저로 이동한 후 원형 화살표 아이콘을 클릭해서 페이지를 새로 고칩니다. 파일의 새로운 버전을 저장하고, 웹 브라우저에서 페이지를 새로 고치는 두 단계를 거쳐서, 다른 자바스크립트 프로그램을 실행하거나 프로그램의 일부를 수정한 것을 실행시킬 수 있습니다.

다음은 <script>와 </script> 태그 사이에 입력할 만한 첫 번째 프로그램입니다.

```
let message = "Hello from my JavaScript program!";
document.getElementById("result").innerHTML = message;
```

이 프로그램은 2개의 문장statement을 가지고 있으며, 각각의 문장은 다른 줄에 쓰여 있고 세미콜론(;)으로 끝납니다.

첫 번째 문장에서 let이란 단어는 자바스크립트 키워드(자바스크립트 내에서 특별한 의미를 갖는 특별한 단어라는 의미)로, message가 변수라는 의미입니다. let 키워드를 사용해서 해당 변수를 어떤 값으로 설정하고, 나중에 다른 값으로 다시 설정할 수 있습니다. 굳이 변수 이름으로 message라는 단어를 사용할 필요는 없으며, msg나 문자로 시작하고 공백이나 구두점을 포함하지 않는 어떤 이름이든지 변수 이름으로 사용할 수 있습니다. 이 프로그램에서 변수 message는 따옴표로 시작하고 끝나는 문자열string로 설정되며, 따옴표 사이에는 원하는 내용을 넣을 수 있습니다.

두 번째 문장은 분명 더 모호하고 복잡하지만, 자바스크립트가 HTML과 상호작용할 수 있도록 만드는 데 필요합니다. document라는 키워드는 이 웹페이지를 의미하며, getElementById는 웹페이지에서 'result'라는 이름을 가진 HTML 요소를 검색합니다. <p> 태그가 이 이름을 가지고 있으며, innerHTML은 message 변수의 내용을 HTML 내부에 원래 입력되어 있던 것처럼 <p>와 </p> 태그 사이에 넣겠다는 의미입니다.

자바스크립트는 웹페이지의 모든 부분에 접근하고 고칠 수 있어야만 하므로, 이런 작업을 할 수 있도록 충분히 유연하게 동작해야 합니다. 따라서 이 두 번째 문장은 길고 복잡합니다.

컴파일러와 인터프리터들은 예전 영어 선생님들보다 훨씬 더 철자에 까다롭기 때문에, 두 번째 문장은 나타나 있는 것과 완전히 똑같게 입력해야 합니다. 자바스크립트는 대소문자를 구분하는 프로그래밍 언어이므로, innerHTML이라 정확하게 입력해야 하며, InnerHTML 혹은 innerHtml이라 입력하면 동작하지 않습니다. macOS의 텍스트 편집기 프로그램의 문법 교정 기능을 켜 두면 텍스트 편집기에서 let을 Let으로 바꾸면서 제대로 동작하지 않기 때문에, 앞에서 이 기능을 꺼 두라고 했던 것입니다.

새로운 버전의 파일을 저장하고 웹 브라우저에서 페이지 새로고침을 하면, 왼쪽 상단에서 해당 메시지를 볼 수 있을 것입니다. 만일 해당 내용이 안 보인다면, 작업이 제대로 되었는지 확인해 보십시오.

같은 파일을 사용해서 다른 간단한 프로그램을 시도해 봅시다. 이미 작성한 프로그램을 삭제하지 않으려면, 다음 두 개의 특수기호 안에 프로그램을 두면 됩니다.

```
/*
let message = "Hello from my JavaScript program!";
document.getElementById("result").innerHTML = message;
*/
```

자바스크립트에서 /*와 */ 사이에 있는 모든 것은 주석으로 처리되어 무시됩니다. C 언어에 영향을 받은 다른 많은 언어들처럼 자바스크립트는 두 가지 형태의 주석, 즉 /*와 */를 사용하는 여러 줄 주석과 //를 사용하는 한 줄의 주석을 가지고 있습니다.

다음 프로그램은 약간의 연산을 수행합니다.

```
let a = 535.43;
let b = 289.771;
let c = a * b;
document.getElementById("result").innerHTML = c;
```

표준 곱셈 기호가 ASCII 문자셋의 일부가 아니기 때문에, 많은 프로그래밍 언어들과 마찬가지로 곱셈의 경우 곱셈 기호(x)가 아닌 별표(*)를 사용합니다.

프로그램의 마지막 문장 부분은 <p> 태그 사이의 HTML 내부 내용을 두 값의 곱을 저장하고 있는 변수 c로 설정된다는 점을 제외하면 앞의 프로그램에서와 같다는 것을 눈치챘을 것입니다. 자바스크립트는 내부 HTML을 문자열로 설정하든 숫자로 설정하든 상관하지 않으며, 결과를 표시하는 데 필요한 작업만 수행합니다.

고수준 프로그래밍 언어에서 가장 중요한 기능 중 하나는 **루프**loop입니다. 앞에서 JMP 명령과 조건 분기를 사용해서 어셈블리어에서 루프가 수행되는 방식을 살펴보았습니다. 일부 고수준 언어에서 무조건 분기와 매우 유사한 goto 문을 가지고 있기는 하지만, goto 문은 특별한 경우를 제외하고는 사용하지 않을 것을 권장합니다. 많은 무조건 분기가 필요한 프로그램은 관리하기 매우 어려워집니다. 무조건 분기를 많이 사용하면 무조건 분기가 서로 엉켜 있는 것처럼 보이기 때문에, 이런 경우를 기술적 용어로 '스파게티 코드'라 이야기합니다. 이런 이유로 자바스크립트는 goto 문을 구현하지도 않았습니다.

현대의 고수준 프로그래밍 언어는 이쪽 저쪽으로 분기하지 않고도 루프를 관리할 수 있습니다. 예를 들어, 1에서 100까지의 숫자를 모두 더하려는 경우를 가정해 봅시다. 자바스크립트 루프를 이용해서 다음과 같이 프로그램을 작성할 수 있습니다.

```
let total = 0;
let number = 1;

while (number <= 100)
{
    total = total + number;
    number = number + 1;
}

document.getElementById("result").innerHTML = total;
```

빈 줄은 걱정하지 마십시오. 명확성을 높이기 위해서 프로그램을 여러 부분으로 구분하려고 사용한 것입니다. 두 변수를 초기 값으로 설정하는 초기화 initialization 부분으로 시작합니다. 루프는 while 문이 걸쳐 있는 중괄호 사이의 코드 블록으로 구성되어 있습니다. 변수 number가 100보다 작거나 같은 경우에는 이 코드 블록이 실행되고, total에 number가 더해지고, number 변수가 1 증가합니다. number가 100보다 커지는 경우, 프로그램은 오른쪽 중괄호 뒤에 있는 문장으로 계속 진행하며, 이 문장은 결과를 표시합니다.

다음 두 문장으로 구성된 대수학 문제를 만나면 당황스러울 수 있습니다.

```
total = total + number;
number = number + 1;
```

어떻게 total이 total에 number를 더한 값과 같을 수 있을까요? number가 0이라는 의미인가요? 그리고 number와 number에 1을 더한 값이 같을 수 있을까요?

자바스크립트에서 등호는 같음을 표시하는 기호가 아니며, 할당assignment 연산자입니다. 등호 기호 왼쪽에 있는 변수는 오른쪽에서 계산된 값으로 설정됩니다. 즉, 등호 오른쪽의 값이 왼쪽의 변수로 '들어갑니다'. (C와 마찬가지로) 자바스크립트에서는, 두 변수가 같은지 확인하려면 두 개의 등호 기호(==)가 있어야 합니다.

이 두 문장에서 자바스크립트는 C에서와 같은 형식으로 짧게 표현할 수 있으며, 이 문장들은 다음과 같이 줄일 수 있습니다.

```
total += number;
number += 1;
```

더하기와 등호가 조합되어 있는 기호는 왼쪽 변수에 오른쪽에 있는 것을 더해서 넣으라는 의미입니다.

여기 있는 number 변수처럼 변수가 1씩 증가하는 것은 매우 일반적이므로, 숫자가 증가하는 것은 다음과 같이 줄여서 표현할 수도 있습니다.

```
number++;
```

또한 두 개의 문장을 다음과 같이 하나로 결합시킬 수도 있습니다.

```
total += number++;
```

변수 number의 값은 total에 더해진 다음, number가 1 증가합니다. 하지만 이런 표시법은 여러분만큼 프로그래밍에 능숙하지 않은 사람들에게는 다소 모호하고 혼란스러울 수 있으므로, 피하고 싶을 수도 있습니다.

이 프로그램을 작성하는 또 다른 일반적인 방식은 for 문을 이용해서 루프를 만드는 것입니다.

```
let total = 0;

for (let number = 1; number <= 100; number++)
{
    total += number;
}
document.getElementById("result").innerHTML = total;
```

for 문은 세미콜론으로 구분된 세 개의 절을 포함하고 있습니다. 첫 부분에서는 number 변수를 1로 초기화합니다. 중괄호 내의 코드 블록은 두 번째 부분의 내용이 참인 경우, 즉 숫자가 100보다 작거나 같은 경우에만 실행됩니다. 코드 블록이 실행된 후에는 세 번째 절이 실행되어 number 변수가 증가합니다. 또한 코드 블록에 하나의 문장만 포함되어 있기 때문에 중괄호를 제거할 수도 있습니다.

다음은 1에서 100까지의 숫자를 반복해서 해당 숫자에 대한 제곱근을 표시하는 작은 프로그램입니다.

```
for (let number = 1; number <= 100; number++)
{
    document.getElementById("result").innerHTML +=
        "The square root of " + number + " is " +
            Math.sqrt(number) + "<br />";
}
```

루프 안에서 수행되는 코드 블록은 한 줄에 불과하지만, 문장이 길기 때문에 세 줄로 작성했습니다. 세 줄 중에서 첫 번째 줄은 +=로 끝나는데, 이는 <p> 태그의 innerHTML 부분에 뒷부분의 내용이 추가되어, 루프가 반복됨에 따라 더 많은 텍스트가 생성될 거라는 의미입니다. 텍스트와 숫자의 조합이 inner HTML에 추가되는데, 특히 Math.sqrt는 제곱근을 계산하는 자바스크립트 함수로 자바스크립트의 언어의 일부이며, 이런 함수를 내장built-in 함수라 부르기도 합니다. 또한 HTML의 줄 바꿈을 의미하는
 태그에도 관심을 기울일 필요가 있습니다.

프로그램이 끝나면 긴 텍스트 목록을 볼 수 있을 것이며, 모든 내용을 보려면 페이지를 스크롤해야 할 수도 있습니다.

여기서 보여 줄 다음 프로그램은 소수를 찾아내는 유명한 알고리즘인 에라토스테네스의 체를 구현한 것입니다. 에라토스테네스Eratosthenes(기원전 176~194)는 알렉산드리아에 있던 전설적인 도서관의 사서였으며, 지구의 둘레를 정확히 계산했던 것으로 알려져 있습니다.

소수는 1과 자기 자신으로만 나눠질 수 있는 정수를 의미하며, 첫 번째 정수는 2(짝수로는 유일한 소수입니다)이며, 그 뒤로 3, 5, 7, 11, 13, 17 등으로 계속해서 이어집니다.

에라토스테네스의 기법은 2부터 시작하는 모든 양의 정수 목록을 작성함으로써 시작됩니다. 2는 소수이므로 2의 배수들은 더 이상 소수가 될 수 없기 때문에 목록에서 모두 지워버립니다(이는 2를 제외한 모든 짝수입니다). 3은 소수이므로 3의 배수들은 모두 목록에서 지워 버립니다. 4의 경우 이미 앞에서 지워졌으므로 4는 소수가 될 수 없음을 알 수 있습니다. 그다음 소수는 5가 되고, 5의 배수는 모두 지워 버립니다. 이러한 방법을 사용하면 남는 수는 모두 소수가 됩니다.

이 자바스크립트 프로그램은 배열array이라 불리는 공통 프로그래밍 형식을 사용해서 위의 알고리즘을 구현하고 있습니다. 이 배열은 이름을 가지고 있다는 점에서 변수와 매우 비슷하지만, 배열에는 다수의 항목을 저장할 수 있으며, 각각의 항목은 배열의 이름 뒤에 있는 각괄호 안에 들어가는 인덱스 값을 통해서 참조할 수 있습니다.

이 프로그램에서 배열의 이름은 primes이며, 10,000개의 불 값을 가지고 있습니다. 자바스크립트에서 불 값은 자바스크립트의 키워드인 true 혹은 false 값을 가질 수 있습니다(이 책의 6장 이후로 이런 개념에 익숙할 것입니다).

다음은 프로그램에서 primes라는 배열을 만드는 방법과 모든 값을 true로 초기화하는 방법을 보여 주고 있습니다.

```
let primes = [];

for (let index = 0; index < 10000; index++)
{
    primes.push(true);
}
```

훨씬 더 짧은 방법이 있지만, 약간 더 모호합니다.

```
let primes = new Array(10000).fill(true);
```

주요 계산 부분은 하나의 루프 안에 다른 하나의 루프가 있는 2개의 for 루프로 구성되어 있습니다(두 번째 for 루프는 첫 번째 루프에 중첩nested되어 있다고 이야기합니다). 배열의 인덱스를 만들기 위해서 2개의 변수가 필요한데, 여기서는 단어를 변형해서 인덱스로 사용하는 대신, 짧게 i1과 i2를 사용했습니다. 변수의 이름에 숫자를 포함할 수 있지만, 반드시 문자로 시작해야만 합니다.

```
for (let i1 = 2; i1 <= 100; i1++)
{
    if (primes[i1])
    {
        for (let i2 = 2; i2 < 10000 / i1; i2++)
        {
            primes[i1 * i2] = false;
        }
    }
}
```

첫 번째 for 루프는 i1 변수를 2에서 100까지 증가시켜야 하는데, 이 값은 10,000의 제곱근입니다. 다음 if 문은 배열의 요소 값이 true일 때, 즉 값이 소수일 때만 그다음 부분을 실행하게 만들어 줍니다. 두 번째 루프는 i2 변수를 2부터 증가시키기 시작합니다. 따라서 i1과 i2의 곱은 i1의 2배, 3배, 4배 등의 값이 되는데, 이 값들은 소수가 아니기 때문에 배열의 요소 값들을 false로 설정합니다.

i1은 100까지 증가시키는 반면, i2는 10000/i1까지만 증가시키는 것이 이상하게 보일 수 있지만, 10,000까지의 모든 소수를 포함하려면 이 정도만 있으면 됩니다.

프로그램의 마지막 부분에서는 결과를 출력합니다.

```javascript
for (let index = 2; index < 10000; index++)
{
    if (primes[index])
    {
        document.getElementById("result").innerHTML +=
            index + " ";
    }
}
```

자바스크립트로 프로그래밍을 하는 것에 관심이 있다면, 메모장이나 텍스트 편집기는 그만 사용하도록 합시다. 어떤 부분의 맞춤법이 틀리거나 다른 부분이 불확실할 때 알려 줄 수 있는 더 좋은 도구들이 많이 있습니다.

튜토리얼의 형태로 많은 주석이 붙어 있는 몇몇 간단한 자바스크립트 프로그램들을 확인해 보려면, CodeHiddenLanguage.com에서 이번 장 부분을 보면 됩니다.

간혹 사람들은 프로그래밍이 과학인지 예술인지를 두고 다투기도 합니다. 한 가지 측면을 보면, 대학의 교육과정에는 컴퓨터 과학Computer Science이 존재하며, 다른 측면을 보면 도널드 커누스Donald Knuth의 《컴퓨터 프로그래밍의 예술The Art of Computer Programming》(한빛미디어, 2013) 같은 책도 있습니다. 프로그래밍은 과학적인 요소와 예술적인 요소를 모두 가지고 있지만, 사실은 둘 다 아닙니다. '오히려' 물리학자 리처드 파인만Richard Feynman은 "컴퓨터 과학은 공학과 비슷하다. 어떤 일을 하기 위하여 뭔가를 만들어 가는 것이기 때문이다."라고 말하기도 했습니다.

이런 싸움은 보통 매우 힘듭니다. 여러분도 알고 있듯이, 컴퓨터 프로그램은 쉽게 오류를 만들어 내고, 이런 오류를 추적하려면 많은 시간을 소모해야 합니다. 디버깅은 그 자체로 예술(또는 과학 또는 공학의 업적)이라 할 수 있습니다.

지금까지 살펴본 것은 자바스크립트 프로그래밍에서 빙산의 일각일 뿐입니다. 하지만 역사는 빙산을 주의하라고 이야기해 줍니다. 때때로 컴퓨터 자체가 예상치 못한 일들을 할 때가 있습니다. 예를 들어 다음과 같은 짧은 자바스크립트 프로그램을 실행시켜 봅시다.

```
let a = 55.2;
let b = 27.8;
let c = a * b;
document.getElementById("result").innerHTML = c;
```

이 프로그램에서는 1534.5600000000002 값이 표시되지만, 제대로 된 것처럼 보이지도 않고, 값도 맞지 않습니다. 제대로 된 결과는 간단하게 1534.56입니다.

무슨 일이 벌어진 것일까요?

부동소수점 수는 컴퓨팅에서 대단히 중요하기 때문에, 1985년에 전기 전자 기술자 협회Institute of Electrical and Electronics Institute, IEEE에서 표준이 제정되었으며, 미국 국립 표준 협회American National Standards Institute, ANSI에서도 인정되었습니다. ANSI/IEEE 표준 754-1985는 이진 부동소수점 연산을 위한 IEEE 표준이라 불립니다. 표준으로 봤을 때 18페이지에 불과하지만, 부동소수점 수를 인코딩할 수 있는 자세한 내용을 쉬운 방식으로 설명하고 있습니다. 이 표준은 모든 컴퓨팅 분야에서 가장 중요한 표준들 중 하나이며, 실질적으로 여러분이 마주칠 수 있는 모든 현대적인 컴퓨터와 컴퓨터 프로그램에서 사용되고 있습니다.

IEEE 부동소수점 표준은 두 가지 기본적인 형식, 즉 숫자마다 4바이트를 사용하는 단정도single precision와 8바이트를 사용하는 배정도double precision를 정의하고 있습니다. 몇몇 프로그래밍 언어는 이 중 하나의 형식을 선택할 수 있도록 하고 있지만, 자바스크립트에서는 배정도만 사용할 수 있습니다.

IEEE 표준은 숫자를 두 가지 부분, 즉 정수부significand 혹은 가수부mantissa라 불리는 부분과 10의 승수를 나타내는 지수부exponent로 나눠서 표시하는 과학적 표기법을 기반으로 숫자를 나타냅니다.

$$42,705.7846 = 4.27057846 \times 10^4$$

과학적 표기법에서 가수부는 소수점 왼쪽에 한 자리만 가지도록 조정되어 있으므로, 정규화된 형식이라 이야기합니다.

IEEE 표준 역시 부동소수점을 같은 방식으로 표현하지만 이진수를 사용하고 있습니다. 지금까지 이 책에서 보았던 이진수는 모두 정수였지만, 분수 역시 이진수 표기 방식을 사용할 수 있습니다. 예를 들면, 다음과 같은 이진수를 살펴봅시다.

$$101.1101$$

이제 이 점을 '십진수 소수점decimal point'이라 부르면 안 됩니다! 숫자가 이진수이기 때문에 이진수 소수점binary point이라 부르는 것이 정확하겠습니다.[6] 숫자에서 소수점 왼쪽 부분을 구성하는 것이 정수 부분이며, 소수점 오른쪽 부분을 구성하는 부분이 소수 부분입니다.

10장에서 이진수를 십진수로 변환할 때, 각각의 자릿수가 해당하는 2의 승수로 변환되는 것을 보았을 것입니다. 소수점 오른쪽에 있는 숫자들도 2의 음의 승수에 해당한다는 점을 제외하면 비슷합니다. 이진수 101.1101은 각비트별로 왼쪽에서 오른쪽으로 자릿수에 해당하는 2에 대한 양의 승수 및 음의 승수를 곱해서 십진수로 변환할 수 있습니다.

---

6 (옮긴이) 다만 한글에서는 모두 소수점으로 통칭하기 때문에 따로 구분할 이유는 없습니다.

$$1 \times 2^2 +$$
$$0 \times 2^1 +$$
$$1 \times 2^0 +$$
$$1 \times 2^{-1} +$$
$$1 \times 2^{-2} +$$
$$0 \times 2^{-3} +$$
$$1 \times 2^{-4}$$

이런 2에 대한 음의 승수는 1에서 시작해서 2로 반복해서 나눔으로써 계산할 수 있습니다.

$$1 \times 4 +$$
$$0 \times 2 +$$
$$1 \times 1 +$$
$$1 \times 0.5 +$$
$$1 \times 0.25 +$$
$$0 \times 0.125 +$$
$$1 \times 0.0625$$

이런 연산을 통해서 101.1101의 십진수 값은 5.8125가 됩니다.

십진법의 과학적 표기법에서 정규화된 형식의 가수부는 소수점 왼쪽에 한 자리만 가지고 있습니다. 비슷하게 이진법의 과학적 표기법에서도 정규화된 형식의 가수부는 소수점 왼쪽에 한 자리만 가지고 있습니다. 따라서 101.1101은 다음과 같이 표현될 수 있습니다.

$$1.011101 \times 2^2$$

이 규칙이 의미하는 것 중 하나는 정규화된 부동소수점 이진수는 항상 1로 시작하며, 소수점 왼쪽에 그 이외의 값은 올 수 없다는 것입니다.

IEEE 표준의 배정도 부동소수점 수는 8바이트가 필요하며, 64비트는 다음과 같이 할당됩니다.

s: 1비트 부호	e: 11비트 지수부	f: 52비트 가수부

정규화된 이진 부동소수점 수에서 정규화된 가수부는 소수점 왼쪽이 항상 1로 시작하기 때문에 IEEE 형식으로 부동소수점 수를 저장할 때 이 비트까지 포함시킬 필요는 없습니다. 즉, 52비트 정수부는 소수 부분만 저장되는 것이므로, 가수부를 저장하는 데 52비트만 사용하더라도 실제 정밀도는 53비트에 해당합니다. 53비트 정밀도가 어떤 것인지는 잠시 후에 느낄 수 있을 것입니다.

11비트 지수부는 0에서 2047 사이의 값을 가질 수 있습니다. 실제로 적용되는 부호 있는 지수를 만들기 위해서 특정한 숫자를 빼야 하므로 숫자가 편향되어 있다고 이야기하며, 이를 **편향된**bias 지수라 부릅니다. 배정도 부동소수점 수의 경우 편향수는 1023입니다.

s(부호 비트 값), e(지수 값), f(가수부)의 값을 통해서 표현할 수 있는 숫자는 다음과 같습니다.

$$(-1)^s \times 1.f \times 2^{e-1023}$$

−1에 대한 s 승수는 '만일 s가 0이면 숫자는 양수이고(어떤 숫자이든 0승을 취하면 1이 되므로), s 값이 1이 되면 숫자가 음수가 된다(−1의 1승은 −1이기 때문)'는 이야기를 수학적으로 매우 영리하게 표현하는 방식입니다.

식의 그다음 부분은 1.f인데, 여기서 1 뒤에 소수점이 있고, 그 뒤로 52비트 가수의 소수 부분이 표현됩니다. 이 값은 2의 승수로 곱해집니다. 승수부는 11비트 편향 지수로 메모리에 저장된 값에서 1023을 뺀 값이 됩니다.

여기서 몇 가지 세부 사항을 대충 넘기고 있습니다. 예를 들어, 위에서 설명한 방법으로는 0을 나타낼 방법이 없습니다. 특별한 상황이긴 하지만, IEEE 표준은 양수 및 음수 0, 정규화되지 않은 숫자들(매우 작은 숫자를 표현하기 위한), 양수 및 음수 무한대, 숫자가 아닌 경우(Not a Number)를 나타내는 NaN으로 알려진 값도 가지고 있습니다. 이런 특수한 경우도 부동소수점 표준의 중요한 부분입니다.

앞의 예에서 살펴본 숫자 101.1101은 다음과 같은 52비트 가수부를 저장합니다.

0111 0100 0000 0000 0000 0000 0000 0000 0000 0000 0000 0000 0000

가독성을 높이기 위해서 4자리마다 공백을 하나씩 넣었습니다. 편향된 지수는 1025가 되므로, 이 부분의 숫자는 다음과 같습니다.

$$1.011101 \times 2^{1025-1023} = 1.011101 \times 2^2$$

0을 제외하고 배정도 부동소수점 수의 가장 작은 양 혹은 음의 수는 다음과 같습니다.[7]

$$1.0000000000000000000000000000000000000000000000000000 \times 2^{-1022}$$

가수부가 0이 되는 경우이며, 소수점 뒤로 52개의 0이 나오는 경우입니다.[8] 가장 큰 경우는 다음과 같습니다.

$$1.1111111111111111111111111111111111111111111111111111 \times 2^{1023}$$

십진수 범위는 대략 $2.2250738585072014 \times 10^{-308}$에서 $1.7976931348623158 \times 10^{308}$까지 가능합니다. 10의 308 제곱은 매우 큰 숫자이며, 1 뒤로 십진수 0이 308개 존재하는 것입니다.

가수부의 53비트(저장되지 않는 1비트를 포함해서)는 십진수로 16자리와 해상도 측면(표현범위)에서는 비슷하지만 한계가 있습니다. 예를 들어, 두 숫자 140,737,488,355,328.00과 140,737,488,355,328.01은 완전히 같은 값으로 저장됩니다. 즉, 컴퓨터 프로그램에서 두 숫자는 동일합니다.

또 다른 문제로는 십진수의 소수 부분이 제대로 저장되지 않을 수 있다는 점이 있습니다. 예를 들어, 십진수 1.1을 생각해 봅시다. 이 경우 52비트 가수부는 다음과 같이 저장됩니다.

0001 1001 1001 1001 1001 1001 1001 1001 1001 1001 1001 1001 1010

---

7 (옮긴이) 정규화된 숫자 중 가장 작은 숫자를 의미하며, 정규화되지 않은 표현(denormalized number)을 이용해서 더 작은 숫자를 표현할 수도 있습니다.
8 (옮긴이) 단, 지수부는 0이 아닙니다.

위의 부분은 소수점의 오른쪽 소수 부분만 나타나 있는 것입니다. 즉, 십진수 1.1의 완전한 이진수는 다음과 같습니다.

1.0001 1001 1001 1001 1001 1001 1001 1001 1001 1001 1001 1001 1010

이 숫자를 십진수로 변환하기 시작하면, 다음과 같이 시작됩니다.

$$1+2^{-3}+2^{-4}+2^{-7}+2^{-8}+2^{-11}+...$$

이는 다음과 같습니다.

$$1+0.0625+0.03125+0.00390625+0.001953125+0.000244140625+...$$

결과적으로 이 값은 소수점 1.1이 되지 않고 대신 다음 값이 된다는 것을 알 수 있습니다.

1.10000000000000008881...

또한 정확하게 표현되지 않은 숫자들을 이용해서 산술 연산을 진행하면, 정확하지 않은 결과를 얻을 수 있습니다. 앞에서 자바스크립트로 55.2와 27.8의 곱셈을 수행하면 1534.5600000000002라는 결과가 나온 이유가 이것입니다.

우리는 숫자를 아무런 공백 없이 연속적으로 존재하는 것으로 생각하는 데 익숙하지만, 컴퓨터에서는 필연적으로 분리된 값으로 저장할 수밖에 없습니다. 이산 수학에 대한 연구는 디지털 컴퓨터의 수학적 처리에 논리적 배경을 일부 제공해 주었습니다.

부동소수점 연산에 있어서 또 다른 계층의 복잡도에는 루트, 지수, 로그 및 삼각함수와 같은 재미있는 것들의 계산이 포함되어 있습니다. 하지만 이 모든 작업은 덧셈, 뺄셈, 곱셈과 나눗셈과 같은 부동소수점의 네 가지 기본 연산으로 처리할 수 있습니다.

예를 들어, 삼각 함수의 사인은 다음과 같이 급수를 사용해서 계산할 수 있습니다.

$$\sin(x) = x - \frac{x^3}{3!} + \frac{x^5}{5!} - \frac{x^7}{7!} + \cdots$$

인수 x는 360도를 2π로 나타내는 **라디안**radian 단위여야 하며, 느낌표는 **팩토리얼**factorial 기호로써, 1부터 표시된 숫자까지의 모든 숫자를 곱하라는 의미입니다. 예를 들어, 5!은 $1 \times 2 \times 3 \times 4 \times 5$와 같습니다. 따라서 이는 단지 곱셈일 뿐이며, 각 항의 지수도 곱셈입니다. 나머지는 나눗셈, 덧셈, 뺄셈입니다.

유일하게 두려운 부분은 마지막에 있는 생략 부호 부분인데, 이는 계산이 무한히 끝나지 않고 계속된다는 의미입니다. 그러나 실제로는 $0 \sim \pi/2$ 범위 (여기까지 계산하면 나머지 부분에 대한 사인 값은 유추해 낼 수 있습니다)로 한정함으로써, 무한대 근처까지 갈 필요가 없습니다. 대략 12개 항 정도를 처리하고 나면, 배정도 숫자에 필요한 53비트 해상도의 수치를 거의 정확하게 얻을 수 있습니다.

물론 컴퓨터는 사람들이 어떤 것을 하기에 편해야 한다는 것을 전제로 하기 때문에, 부동소수점 연산을 처리하기 위해서 수많은 루틴을 작성하는 것은 뭔가 이상하게 보일 수 있습니다. 하지만 이런 부분도 소프트웨어의 아름다움이라 할 수 있습니다. 한 명이 특정 기계에 대한 부동소수점 루틴들을 작성하면, 다른 사람들은 그것을 사용할 수 있는 것이죠. 부동소수점 연산은 과학과 공학 분야의 응용프로그램들에서 매우 중요하기 때문에 대부분의 경우에 우선순위가 매우 높았습니다. 심지어 컴퓨팅 초창기에는 새로운 형태의 컴퓨터를 만든 후 첫 번째 소프트웨어 작업 중 하나가 부동소수점 루틴들을 작성하는 것이었습니다. 자바스크립트의 `Math.sqrt` 함수에서 보았듯이, 일반적으로 프로그래밍 언어들은 대부분의 수학 함수를 지원하는 라이브러리를 포함하고 있습니다.

부동소수점 계산을 직접 처리할 수 있는 특수한 형태의 하드웨어를 설계하는 것도 의미가 있습니다. 1954년에 발표된 IBM704는 부동소수점 하드웨어를 추가할 수 있도록 만들어진 최초의 상용 컴퓨터였습니다. IBM 704의 경우는 모든 숫자를 36비트 값으로 저장하는데, 부동소수점 수의 경우에는 1비트 부호, 27비트 가수부와 8비트 지수부로 분해해서 저장됩니다. 부동소수점 하드웨어에서는 덧셈, 뺄셈, 곱셈 및 나눗셈을 수행할 수 있으며, 다른 부동 소수점 기능들은 소프트웨어로 구현되어야 했습니다.

하드웨어 부동소수점 연산기들이 데스크톱에서도 사용되기 시작한 것은 1980년으로, 인텔에서 8087 수치 데이터 보조 프로세서Numeric Data Coprocessor 칩을 발표했을 때입니다. 이런 형태의 집적회로는 오늘날에는 보통 **수학 보조프로세서** 혹은 **부동소수점 유닛**floating-point unit, FPU이라 부릅니다. 8087은 단독으로 사용될 수 없으며, 인텔 최초의 16비트 마이크로프로세서인 8086 혹은 8088과 함께 사용해야만 하기 때문에 보조 프로세서라고 합니다. 당시에는 8087이 그때까지 만들어진 집적회로 중에서 가장 정교한 집적회로라 생각되었지만, 결국 나중에는 CPU 자체에 수학 보조 프로세서들이 포함되게 되었습니다.

오늘날의 프로그래머들은 부동소수점 수가 원래부터 컴퓨터의 일부였던 것처럼 사용하고 있습니다.

월드 브레인

The World Brain

1936년과 1937년, 영국의 작가 허버트 조지 웰스Herbert George Wells는 약간 독특한 주제의 공개 강좌들을 열었는데, 이때 웰스는 70대 초반이었습니다. 《타임 머신The Time Machine》, 《모로 박사의 섬The Island of Doctor Moreau》, 《투명인간The Invisible Man》, 《우주전쟁The War of the Worlds》과 같은 그의 유명한 공상 과학 소설들은 1890년대에 출반되어 그를 유명인으로 만들어 주었지만, 웰스는 여전히 사회적, 정치적 문제들에 대해서 깊이 있는 사고를 하였고, 이 생각을 대중과 공유하는 공공 지식인으로 성장했습니다.

웰스가 1936년과 1937년에 진행한 강의는 1938년에 《월드 브레인World Brain》이라는 제목의 책으로도 출판되었습니다. 이 강의들에서 웰스는 백과사전 형태를 제안했습니다만, 상업적인 목적으로 만들어서 방문판매를 하는 종류의 백과사전은 아닙니다. 이 세계 백과사전은 전에 없었던 방식으로 세계의 모든 지식을 모아 둔 것입니다.

당시 유럽은 불안정한 시기였습니다. 불과 20년 전에 있었던 세계대전에 대한 기억이 생생한데, 대륙을 집어삼키는 또 다른 갈등 속으로 유럽이 뛰어들고 있는 듯한 형국이었습니다. 낙천주의자이자 유토피아utopia[1]를 믿는 사람으로서, 웰스는 과학, 합리성, 지식이 세계가 미래로 나갈 수 있게 만들어

---

1 (옮긴이) 인간이 생각할 수 있는 이상향을 의미합니다.

주는 최선의 도구일 거라 믿었습니다. 그는 세계 백과사전에 다음과 같은 내용이 담길 거라 이야기했습니다.

> … 우리 사회의 지배 개념, 모든 분야의 지식에 대한 개요와 주요 세부 사항들, 우리 세계에 대한 정확하고 합리적인 수준의 상세한 그림, 일반적인 세계 역사, 그리고 … 지식의 주요 원천으로 완전하고도 신뢰성 있게 참고할 만한 시스템.

간단히 이야기해서, '현실에 대한 공통 해석'과 '정신적 통일'을 나타낸 것입니다.

이러한 백과사전은 세계의 지식이 확장됨에 따라 지속적으로 갱신되어야 하지만, 발전의 과정에서 다음과 같은 형태를 갖춰야 할 것입니다.

> … 생각을 위한 일종의 정신적 교환 센터, 받아온 지식과 아이디어를 정리하고, 요약하고, 소화해서 명확하게 만들고 비교하는 지식 정류소 … 이것이 실제 월드 브레인의 물질적인 시작을 구성할 것입니다.

1930년대는 초기 디지털 컴퓨터들이 이제 막 개발되던 시기였기 때문에 웰스가 컴퓨터에 대해서 알지는 못했을 것이며, 따라서 이 백과사전의 형태는 30~40권 분량의 책 형태를 생각했을 수밖에 없었을 것입니다. 하지만 웰스는 마이크로필름microfilm이라는 새로운 기술에는 익숙했습니다.

> 가까운 미래에 우리는 세계에 있는 모든 중요한 책과 문서들이 사진의 형태로 보관되어 학생들이 쉽게 열람할 수 있는 매우 작은 기록의 도서관을 가지게 될 것 같습니다 … 세계의 어디에 있는 어떤 학생들이든 편리한 시간에 의자에 앉아서 영사기로 모든 책과 문서의 정확한 복제본을 편리하게 확인해 볼 수 있는 시간이 다가오고 있습니다.

미래에 대한 대단한 상상입니다.

10년이 채 지나지 않은 1945년, 엔지니어이자 발명가인 버니바 부시Vannevar Bush 역시 비슷한 비전을 가지고 있었지만, 약간 더 발전되어 있었습니다.

부시는 이미 컴퓨팅 역사에 이름을 남기고 있었습니다. 1927년부터 MIT Massachusetts Institute of Technology(매사추세츠 공과대학) 전기공학과에서 부시와 그의 학생들은 미분 방정식을 풀어낼 수 있는 중요한 아날로그 컴퓨터인 미분 분석기를 만들었습니다. 1930년 초까지 그는 MIT 공학부 학장이자 MIT의 부학장이기도 했습니다.

1974년 〈뉴욕타임스〉에 실린 부시의 부고에는 '엔지니어의 전형적인 예로써, 기술적인 문제를 해결하는 것이든, 정부 관료주의를 타파하는 것이든 어떤 일이든 해내는 사람'이라고 적혀 있었습니다. 부시는 제2차 세계대전 동안 최초의 원자 폭탄을 만든 맨해튼 프로젝트의 감독을 포함해서, 전쟁 승리를 위해 투입된 3만 명 이상의 과학자와 기술자 들을 조율하는 책임을 졌습니다. 수십 년 동안 부시는 과학자와 기술자 들의 공공 정책 참여를 적극 지지했습니다.

제2차 세계대전이 끝으로 치닫는 시점인 1945년 7월에 발간된 〈디 애틀랜틱The Atlantic〉 7월호에 부시는, 지금 돌이켜 보면 상당히 예언적인 내용을 담고 있는 '우리가 생각하는 대로As We May Think'라는 제목의 유명한 기사를 썼습니다. 이 기사의 요약본은 〈라이프Life〉 잡지 9월호에 몇 가지 환상적인 삽화와 같이 실렸습니다.

웰스와 마찬가지로 부시는 정보와 최신 정보를 계속 따라잡는 것에 대한 어려움에 초점을 맞추었습니다.

연구가 늘어나는 추세에 있지만, 오늘날 전문화가 확대되면서 우리가 더욱 더 곤경에 처하고 있다는 증거가 늘어나고 있습니다. 연구자들은 수천 명의 다른 연구자들이 발견한 결과와 결론들이 있다는 점과 해당 작업들의 결론을 이해하거나 기억하기는커녕, 파악할 시간도 없다는 점에 충격을 받았습니다. 즉, 연구자들이 겪고 있는 어려움의 실체는 오늘날 우리가 가진 관심사의 범위와 다양성을 고려하더라도 출판이 과도하게 이뤄진다는 문제라기보다는, 출판물이 현재 우리가 기록을 만들고 실제 사용할 수 있는 능력을 훨씬 더 넘어서고 있다는 점입니다. 인간 경험의 총합은 엄청난 속도로 확장되고 있는 반면, 가느다란 실을 따라 결과의 미로에서 길을 찾아가서 순식간에 중요한 요소를 찾아내는 방법은 우리가 범선을 사용하던 때에 사용하던 방법과 별반 다르지 않습니다.

부시는 미래의 과학자들에게 도움이 될 수도 있는 빠르게 진화하는 기술에 대해서 알고 있었습니다. 그는 스트랩으로 이마에 착용하여 녹화할 필요가 있을 때 언제든지 켤 수 있는 카메라를 고안했습니다. 이외에도 마이크로필름, 문서의 팩시밀리 전송, 사람의 말을 녹음해서 직접 문자로 변환하는 장치에 대해서도 이야기했습니다.

하지만 기사의 끝부분에서 부시는 남아 있는 문제점들을 인지했습니다. "… 우리가 기록을 엄청나게 확장시킬 수는 있지만, 지금 있는 양만으로도 찾기가 어렵습니다." 대부분의 정보는 알파벳 순으로 구성되고 색인되어 있지만, 이것만으로는 분명 충분하지 않습니다.

인간의 마음은 그런 방식으로 동작하는 것이 아니라, 연관된 것들에 의해서 움직입니다. 즉, 한 가지 항목을 파악하면, 뇌 세포가 신호를 전달하는 복잡한 연결망을 따라 형성된 생각의 연관성에 의해서 제안된 다음 항목이 즉시 떠오르게 됩니다.

부시는 마이크로필름을 쉽게 접근하고 저장할 수 있도록 고안된 책상인 '기계화된 개인 파일과 도서관'이라는 이름의 기계를 고안하기도 했으며, 여기에 '메멕스memex'라는 이름을 붙이기도 했습니다.

메멕스에 존재하는 대부분의 내용들은 끼워넣을 수 있도록 만들어진 마이크로필름들을 구입해서 구성하는 것입니다. 또한 모든 종류의 책, 그림, 정기 간행물, 신문들을 구해서 마이크로필름으로 넣어 보관하고, 비즈니스 서신 역시 같은 방식으로 보관합니다. 이와 더불어, 직접 내용을 추가하기 위한 준비도 되어 있습니다. 메멕스 위에는 투명한 평판이 있으며, 그 위에 메모장, 사진, 각서를 비롯한 다양한 것들을 둘 수 있습니다. 필요한 것이 제 위치에 있을 때 레버를 누르면, 사진이 찍혀서 메멕스의 다음 빈 공간으로 들어가게 됩니다.

하지만 가장 중요한 것은 이런 문서에 여백이 있는 노트와 주석을 추가할 수 있으며, '연관 색인'을 통해서 통합할 수 있다는 것입니다.

이 부분이 바로 메멕스의 본질적인 특징입니다. 두 가지 항목을 같이 엮는 과정이 중요합니다. 게다가 다수의 항목들이 같이 결합되어 실마리의 형태를 가질 때, 책의 페이지를 넘기는 데 사용되는 레버를 꺾어가면서, 순차적으로 천천히 혹은 빠르게 검토할 수 있습니다. 이 과정은 이쪽 저쪽에 널리 퍼져 있는 출처들로부터 여러 가지 물리적 항목들을 모아서 하나의 새로운 책으로 엮는 것과 정확하게 같습니다. 이를 통해서 완전히 새로운 형태의 백과사전이 만들어지고, 이 백과사전을 관통하는 연관성 흔적의 그물망이 준비되어 있을 것이며, 이 내용이 메멕스로 들어감으로써 이 과정이 증폭됩니다.

부시는 이 장치의 사용자가 '즉시 손에 들고 있을 필요가 없는 것을 잊을 수 있는 특권과 더불어, 중요하다고 생각되면 다시 찾을 수 있다는 약간의 확신'을 가지게 되면서, 심지어 아무것도 기억하지 않아도 되는 게으름의 편리함을 기대했을 것입니다.

부시가 메멕스에 대한 글을 쓴 지 20년이 지난 1965년에 이 꿈을 컴퓨터 형태로 실현할 수 있을 거라는 전망이 현실화되었습니다. 컴퓨터에 대한 선견지명을 가졌다는 테드 넬슨Ted Nelson(1937년생)은 ACMAssociation for Computing Machinery 학회의 학회지인 ACM '65에 발표된 '복잡한 정보 처리: 복잡성, 변화와 불확정성을 위한 파일 구조Complex Information Processing: A File Structure for the Complex, the Changing and the Indeterminate'라는 제목의 기사에서 메멕스의 현대화에 도전했습니다. 해당 기사의 초록abstract은 다음과 같이 시작합니다.

컴퓨터를 개인 파일과 창의성의 보조 도구로 사용하려면 비즈니스와 과학 데이터 처리에서 일반적으로 사용되는 파일 구조와는 완전히 다른 종류의 파일 구조가 필요합니다. 이런 경우에는 복잡하고 특이한 배치, 완전한 수정 가능성, 결정되지 않은 대안들과 철저한 내부 문서 등의 기능을 제공할 수 있어야 합니다.

넬슨은 메멕스에 대한 부시의 기사를 언급하면서, 컴퓨터로 구현하기 위한 "하드웨어는 준비되었다."고 이야기했습니다. 그가 제안한 파일 구조는 야심 차면서도 매력적이었으므로, 이를 설명할 수 있는 새로운 단어를 만들 필요가 있었습니다.

> 종이에 편하게 표시하거나 표현할 수 없을 정도로 복잡한 방식으로 상호 연결된 글이나 그림 자료의 본문을 의미하는 '하이퍼텍스트'라는 단어를 소개하겠습니다. 하이퍼텍스트에는 내용과 상호 관계에 대한 요약과 지도가 포함될 수 있으며, 검토한 학자들의 주석이나 추가적인 내용과 각주 등도 포함될 수 있습니다. 이런 객체와 시스템이 잘 설계되고 관리된다면 학생의 선택의 폭, 자유도, 동기, 지적 이해력을 넓힘으로써 교육 분야에 큰 잠재력을 가질 수 있습니다. 또한 이런 시스템은 세계에 있는 문서 형태의 지식을 수용함에 따라 무한히 성장할 수 있습니다. 하지만 내부의 파일 구조는 성장과 변화, 복잡한 정보의 배치를 허용할 수 있는 형태로 구축되어야 합니다.

H. G. 웰스, 버니바 부시, 테드 넬슨 등이 쓴 글을 보면 적어도 일부 사람들은 실현되기 훨씬 전부터 인터넷에 대해서 생각하고 있었다는 것이 분명합니다.

원거리에 있는 컴퓨터들 간의 통신은 만만치 않은 작업입니다. 인터넷 자체는 1960년대 미 국방부에서 진행된 연구에서 비롯되었습니다. 아파넷Advanced Research Projects Agency Network, ARPANET은 1971년에 운영되기 시작했으며, 인터넷의 많은 개념이 여기서 확립되었습니다. 이 중에 가장 중요한 부분은 데이터를 작은 패킷으로 나누고, 각각의 패킷에 헤더header라 부르는 정보를 딸려 보내는 형태의 패킷 스위칭packet switching 기법이라고 할 수 있습니다.

예를 들어, 시스템 A가 30,000바이트 크기의 텍스트 파일을 가지고 있다고 가정해 봅시다. 컴퓨터 B는 어떤 형태로든 컴퓨터 A에 연결되어 있으며, 이 연결을 통해서 신호를 전달해서 컴퓨터 A의 텍스트 파일을 요청합니다. 그 응답으로 컴퓨터 A는 이 텍스트 파일을 1500바이트씩 20개 부분으로 나누며, 각각의 패킷은 헤더 부분을 가지고 있는데, 여기에는 출발지(컴퓨터 A)와 대상(컴퓨터 B), 파일의 이름, 패킷을 구분하는 숫자(예를 들면, 20개의 패킷 중 7번째 부분) 등의 정보가 포함되어 있습니다. 컴퓨터 B는 각각의 패킷을 받은 후에 수신 성공(acknowledge) 메시지를 전달하고, 이후에 파일을 재조립합니다. 특정 패킷이 누락된 경우(아마도 전송 중 손실 등의 이유로), 해당 패킷의 다른 복사본을 요청할 것입니다.

헤더에는 파일의 모든 바이트로부터 표준화된 방식으로 계산해 내는 체크섬checksum 정보도 포함되어 있을 것입니다. 컴퓨터 B는 패킷을 수신할 때마다 같은 계산을 수행해서 수신한 체크섬 값과 비교해 봅니다. 만일 이 값이 일치하지 않는다면 패킷은 전송 과정에서 손상되었다고 볼 수 있으므로, 해당 패킷의 다른 복사본을 요청하게 됩니다.

패킷 스위칭 방식은 파일 전체를 보내는 방식에 비해서 몇 가지 장점이 있습니다. 우선 자체적인 패킷을 가진 다른 컴퓨터들의 패킷을 교환함으로써 두 컴퓨터의 자원을 공유할 수 있습니다. 또한 어떤 컴퓨터가 대용량 파일을 요청해서 시스템 전체가 동작하지 않도록 만드는 것도 불가능합니다. 게다가, 만일 패킷에서 오류가 발견되면 전체 파일이 아닌 해당 패킷만 재전송하면 됩니다.

이 책을 통해서 여러분은 디지털 정보가 어떻게 전선으로 전달되는지 보았습니다. 전선을 따라 흐르는 전류는 이진수 1이며, 전류가 흐르지 않으면 이진수 0이 됩니다. 하지만 이 책에서 보여 준 회로에 있는 전선은 매우 짧았습니다. 원거리로 디지털 정보를 전송하려면 다른 전략이 필요합니다.

초기에는 디지털 통신을 위해서 이미 잘 깔려 있고 사용하기도 편한 유선 전화망을 사용했습니다. 즉, 디지털 정보를 음향 정보로 변환해서 전송하는 전략을 취한 것입니다. 기본적으로 전화 시스템은 사람의 음성을 전달하기 위해서 고안된 것이므로 기술적으로 300Hz에서 3400Hz 대역의 음파를 전송할 수 있도록 만들어져 있었으며, 이 정도면 사람의 음성을 전달하기에 충분했습니다.

디지털 정보인 0과 1을 음파로 변환하는 가장 간단한 방법은 디지털 정보에 따라 아날로그 음향 신호를 변형하는 방식으로 인코딩하는 **변조**modulation 과정을 거치는 것입니다.

변조 장치의 예로, AT&T에서 1962년에 만들기 시작할 때부터 1990년대까지 오랫동안 영향을 끼친 초창기 변조 장치 중 하나인 Bell 103 장치를 들 수 있습니다. 이 장치는 동시에 정보를 전달하면서 받을 수 있는 **전이중**full duplex 방식으로 동작할 수 있었습니다. 전화선 한쪽 끝에는 발신 스테이션이 있으며, 다른 한쪽에는 응답 스테이션이 있습니다. 이 두 스테이션 간에는 초당 300비트의 속도로 통신이 가능했습니다.

Bell 103은 0과 1을 음성 신호로 인코딩하기 위해서 **주파수 변이 변조**frequency-shift keying, FSK라 부르는 방식을 사용했습니다. 발신 스테이션에서는 이진수 0과 1을 각각 1,070Hz와 1,270Hz의 주파수가 되도록 인코딩했습니다. 아래는 이 두 가지 주파수를 이용해서 8비트 ASCII 부호로 W를 인코딩한 파형입니다.

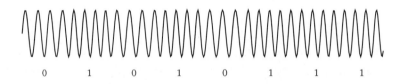

이 그림에서 보기 어려울 수 있지만, 0비트를 위한 파형의 주파수가 더 낮기 때문에 0을 위한 파형의 간격이 1을 위한 파형의 간격보다 약간 더 넓습니다. 응답 스테이션은 2,025Hz와 2,225Hz 주파수를 사용한다는 것을 제외하면 거의 비슷하게 동작합니다. 간단한 형태의 오류 확인 방식으로 종종 패리티 비트가 포함되었습니다.

이진 데이터를 인코딩하기 위해서 이런 음높이로 변조하는 장치는 입력되는 음높이를 복조demodulate해서 0과 1로 다시 변환할 수도 있습니다. 따라서 이런 장치를 변조 복조기modulator-demodulators, 혹은 짧게 **모뎀**modem이라 합니다.

Bell 103 모뎀은 초당 300비트의 속도로 데이터를 전송할 수 있었습니다. 이 장치는 13장에서 보았던 에밀 보드Émile Baudot의 이름을 따서 300보baud 장치라고도 불렸습니다. 보 레이트baud rate는 심벌 레이트이며, 초당 비트수와 같은 경우도 있고 다른 경우도 있습니다. 예를 들어, 4개의 서로 다른 주파수를 이용해서 00, 01, 10, 11 값을 가지는 일련의 비트를 나타내는 FSK 방식을 고안했다고 가정해 봅시다. 만일 파형에서 음 높이가 1초에 1000번 변경될 수 있는 경우에는 1000보로 분류되지만, 초당 2000비트를 전송할 수 있습니다.

300보 모뎀은 두 대의 컴퓨터를 연결할 때 상당히 시끄러운 소음을 만들어냅니다. 이 소리는 TV 드라마나 영화 등에서 1980년대와 1990년대의 가정용 컴퓨터를 떠오르게 하기 위해서 사용되기도 합니다.

결과적으로 디지털 전화선을 통해 동작하는 모뎀은 초당 56킬로비트의 속도까지 달성했는데, 이 모뎀을 56K 모뎀이라 부르며 여전히 일부 지역에서 사용되고 있습니다. DSLDigital Subscriber Line(디지털 가입자 회선), 동축 케이블, 위성을 통해서 더 빠른 연결 속도를 얻을 수 있습니다. 이 방식들은 무선 주파수를 통해 파형을 전송하며, 파형 내에서 더 많은 디지털 정보를 인코딩할 수 있는 매우 정교한 변조 기술을 사용함으로써, 훨씬 더 높은 디지털 전송 속도를 얻을 수 있었습니다.

대륙 간 인터넷 케이블과 해안 지역 간의 연결에는 대부분 다른 통신 매체가 사용되고 있습니다. 바다 밑에는 수많은 광섬유 케이블이 묻혀 있는데, 이런 케이블은 적외선 광선을 전달할 수 있는 얇은 유리나 플라스틱 섬유로 만들어져 있습니다. 물론 빛은 일반적으로 휘지 않지만, 섬유 내부의 표면에서 반사되기 때문에 섬유가 구부러지더라도 잘 동작합니다.

보통 이런 섬유들 수백 가닥이 하나의 케이블에 함께 묶여서 들어 있으며, 각각의 섬유가 별도의 전송을 수행할 수 있습니다. 일부 섬유는 그 자체로 다수의 신호를 전송할 수도 있습니다. 디지털 정보는 빛이 꺼졌을 때 0, 켜졌을 때 1로 만드는 방식으로, 빛을 매우 빠르게 끄고 켜서 펄스화시킴으로써 광섬유 케이블 내에서 인코딩됩니다. 이 방식을 통해서 현대 인터넷에서 요구되는 고속 통신이 가능해지는 것입니다.

네트워크의 토폴로지topology 역시 중요합니다. 하나의 거대한 컴퓨터를 세계의 어딘가에 만들고 다른 모든 컴퓨터를 이 하나의 장치에 연결하는 형태가 되도록 인터넷을 만들 수도 있었을 것입니다. 어떤 면에서는 이런 형태가 인터넷을 훨씬 단순하게 만들어 줄 수 있지만, 간단한 형태에는 단점도 있습니다. 중앙 컴퓨터로부터 멀리 떨어진 곳에서 사는 사람들은 네트워크 지연이 너무 커서 고통을 받을 것이며, 이 거대한 컴퓨터가 멈추는 경우 전 세계의 인터넷이 멈추게 될 것입니다.

그 대신, 인터넷은 많은 중복성과 단일 장애 지점을 가지고 있지 않은 형태로 분산되어 있습니다. 많은 데이터를 저장하는 매우 거대한 컴퓨터들이 존재하는데, 이 컴퓨터들을 서버server라 부르며, 이런 데이터에 접근하는 소규모 컴퓨터들은 클라이언트client라 부릅니다. 하지만 우리가 사용하는 클라이언트 컴퓨터들은 서버에 직접 접근하는 대신, ISPinternet service provider(인터넷 서비스 공급자)를 통해서 인터넷에 접근합니다. 여러분은 매달 ISP에 인터넷 접속료를 지불하고 있을 것이기 때문에 여러분이 사용하는 ISP가 어딘지 알고 있을 것입니다. 만일 여러분이 휴대폰을 통해서 인터넷에 접속하고 있다면, 여러분의 통신사가 여러분의 ISP이기도 합니다.

전선, 케이블, 무선 주파수 외에도 인터넷상에 있는 모든 것은 클라이언트와 서버 사이에 경로를 제공해 주는 라우터router를 통해서 연결됩니다. 여러분도 인터넷에 접근하는 모뎀의 일부분 혹은 와이파이 허브의 형태로 집에 라우터를 가지고 있을 수도 있습니다. 이런 라우터는 컴퓨터와 프린터 등을 연결하는 데 사용되는 이더넷 케이블 잭을 포함하고 있을 수 있습니다.

인터넷의 연결 부분을 구성하는 라우터는 가정용 라우터보다 훨씬 더 정교합니다. 이러한 라우터들은 대부분은 패킷을 전달하는 다른 라우터에 연결되어 있으며, 순서대로 다른 라우터에 연결되어 복잡한 연결망을 구성합니다. 라우터는 패킷을 목적지까지 도달하게 만드는 최적의 경로를 나타내는 라우팅 테이블 혹은 알고리즘 기반의 라우팅 정책을 저장해야 하기 때문에 그 내부에 CPU를 가지고 있습니다.

유비쿼터스 하드웨어의 다른 부분은 네트워크 인터페이스 컨트롤러network interface controller, NIC입니다. 모든 NIC들은 하드웨어의 영구적인 부분으로 고유한 식별자를 가지고 있으며, 이 식별자를 MACmedia access control(미디어 접근 제어) 주소라 부릅니다. MAC 주소는 총 12자리 16진수로 구성되는데, 때때로 2자리씩 6개의 그룹으로 나눠서 확인할 때도 있습니다.

인터넷에 연결되는 모든 하드웨어에는 고유의 MAC 주소를 가지고 있습니다. 데스크톱 및 노트북 컴퓨터의 경우 일반적으로 컴퓨터의 이더넷 연결, 와이파이 및 블루투스 등 무선 주파수로 주변 장치에 접근할 수 있는 장치에 대해서도 주소가 할당되므로 여러 개의 주소를 가지고 있습니다. 컴퓨터의 설정 정보를 통해 이런 MAC 주소들을 확인할 수 있습니다. 또한 모뎀과 와이파이 허브 역시 MAC 주소를 가지고 있으며, 이 값은 장치의 레이블에 인쇄되어 있을 수 있습니다. 스마트폰에도 와이파이와 블루투스에 대한 MAC 주소가 있는데, MAC 주소로 12자리 16진수를 사용하고 있다는 것은 이 주소들이 금방 고갈되지는 않을 거라는 점을 시사해 줍니다. 지구상의 모든 사람에게 MAC 주소를 30,000개 이상씩 할당할 수 있을 정도의 숫자입니다.

비록 인터넷이 이메일, 파일 공유와 같은 몇 가지 서로 다른 서비스를 제공하지만, 대부분의 사람들은 영국의 과학자 팀 버너스리Tim Berners-Lee(1955년생)가 1989년에 발명한 월드와이드웹World Wide Web, WWW을 통해서 인터넷과 상호작용합니다. 웹을 만들면서 그는 자신이 10살 때 테드 넬슨이 만든 '하이퍼텍스트'라는 단어를 채택했습니다.

웹의 기본 문서 형식은 페이지 또는 웹페이지라고 부르며, HTMLHypertext Mark-up Language을 사용한 텍스트로 구성되어 있습니다. 앞 장에서 HTML을 약간 살펴보았습니다. HTML 문서는 문단을 나타내는 <p>, 최상위 제목을 나타내는 <h1>, 비트맵 이미지를 나타내는 <img>와 같은 텍스트 태그를 가지고 있습니다.

가장 중요한 HTML 태그 중 하나는 앵커를 나타내는 <a>입니다. 앵커 태그는 하이퍼링크hyperlink를 둘러싸고 있는데, 하이퍼링크는 다른 형태로 표시되며(보통은 밑줄 형태가 됩니다), 클릭하거나 누르면 다른 웹페이지를 로드합니다. 이런 형식으로 다양한 웹페이지가 연결됩니다. 가끔은 책의 목차와 같은 형태로 큰 문서에서 다른 부분을 링크할 수도 있으며, 참고 문헌이나 해당 주제에 대해서 더 찾아볼 수 있는 추가적인 정보를 제공할 수도 있습니다.

웹은 등장한 지 수십 년만에 엄청나게 성장했습니다. H. G. 웰스뿐 아니라 버니바 부시도 온라인 연구, 온라인 쇼핑이나 오락물 등에 사용되는 웹의 잠재력뿐 아니라, 고양이 비디오를 보는 즐거움이나 낯선 사람들과 악의적인 정치 논쟁을 벌이는 삐뚤어진 경험 역시 상상하기 힘들었을 것입니다. 사실 인터넷 이전의 컴퓨터 혁명은 지금 돌이켜 보면 불완전해 보입니다. 인터넷은 컴퓨터 혁명의 정점이자 최정상에 위치하고 있으며, 이 혁명의 성공 여부는 인터넷이 세상을 더 좋은 곳으로 만들 것인지 확인한 이후에 판단해야 할 것입니다. 이 문제는 필자보다 더 깊이 생각할 수 있는 분들께 적합한 주제일 것 같습니다.

웹에 있는 페이지들은 URLUniform Resource Locator(유일 자원 지시자)로 식별됩니다. 이 책을 위해서 필자가 만든 웹사이트에 있는 페이지 중 하나의 URL은 다음과 같습니다.

https://www.CodeHiddenLanguage.com/Chapter27a/index.html

이 URL은 도메인 이름(www.CodeHiddenLanguage.com), 디렉터리(Chapter27a)와 HTML 파일명(index.html)으로 구성되어 있습니다. URL은 **프로토콜**protocol이라 불리는 것으로 시작합니다. http라는 접두사는 하이퍼텍스트 전송 프로토콜Hypertext Transfer Protocol을 나타내며, https는 HTTP의 보안성을 강화한 변형 프로토콜입니다. 이러한 프로토콜은 웹 브라우저 같은 프로그램이 웹사이트에서 페이지를 가져올 때 사용할 프로토콜을 나타냅니다.

(헷갈리게도 URL과 거의 비슷한 형식으로 되어 있지만, 웹페이지를 가리키는 것이 아니라 웹에 있는 자원을 지정하는 고유 식별자로 사용할 수 있는 URIUniform Resource Identifier(통합 자원 식별자)라는 것이 있습니다.)

최신 컴퓨터들에서 동작하는 모든 응용프로그램은 HTTP 요청을 만들기

위해서 운영체제를 호출할 수 있습니다. 프로그램에서 특정 URL을 https://
www.CodeHiddenLanguage.com과 같은 문자열로 지정하면 됩니다. 잠
시 후에(오래 걸리지는 않을 것입니다) 응용프로그램이 요청한 페이지에 대
한 HTTP 응답을 수신할 수 있을 텐데, 만일 요청에 실패하면 오류 코드를 응
답으로 받을 것입니다. 예를 들어 클라이언트가 존재하지 않는 파일을 요청
하는 경우(예를 들어, https://www.CodeHiddenLanguage.com/FakePage.
html 같은 페이지에 접근하는 경우)에 웹페이지를 찾을 수 없다는 것을 나타
내는 익숙한 404 코드가 응답으로 올 것입니다.

　요청과 응답 과정에서 클라이언트가 요청을 만들고 여기에 서버가 응답하
는데, 이 과정에서 매우 정교한 통신이 이루어집니다.

　웹사이트의 URL은 단지 인간 친화적인 명칭일 뿐이며, 웹사이트를 위한
실제 식별자는 IP 주소(예를 들면, 50.87.147.75와 같은 형식)입니다. 이 숫
자는 32비트 숫자로 되어 있는 IP 주소 버전 4이며, IP 주소 버전 6은 128비트
를 사용합니다. 웹 브라우저(또는 다른 응용프로그램)는 웹사이트의 IP 주소
를 얻기 위해서 URL을 IP 주소로 연결시켜 주는 거대한 주소록인 DNS_{Domain}
_{Name Service}(도메인 이름 서비스)에 접속합니다.

　웹사이트의 IP 주소는 고정되어 있으며, 클라이언트 컴퓨터 역시 ISP가 해
당 컴퓨터에 할당한 IP 주소를 가지고 있을 것입니다. 점점 더 많은 가전제품
들이 IP 주소를 보유함으로써 컴퓨터를 통해 지역적으로 접근할 수 있게 되었
습니다. 이러한 가전제품은 **사물인터넷**internet of things, IoT의 예라 할 수 있습니다.

　여하튼, 여러분의 웹 브라우저가 웹페이지를 위한 HTTP 요청을 만들 때,
클라이언트는 **TCP/IP**Transmission Control Protocol, Internet Protocol(전송제어 프로토콜
과 인터넷 프로토콜)라 통칭되는 일련의 프로토콜을 통해서 서버와 통신합
니다. 이 프로토콜들은 파일을 다수의 패킷들로 나누고 데이터 앞에 헤더 정
보를 붙입니다. 헤더에는 출발지와 목적지 IP 주소가 포함되어 있는데, 이 값
은 클라이언트와 서버를 연결하는 다양한 라우터를 통해서 패킷이 진행되는
과정에서도 동일하게 유지됩니다. 헤더는 출발지와 목적지의 MAC 주소도

포함하고 있으며, 이 값은 패킷이 라우터 간에 이동함에 따라 변경됩니다.

이런 라우터 대부분은 요청이 클라이언트에서 서버로 거처갈 때와 서버에서 클라이언트로 응답을 보낼 때 가장 효율적인 라우터를 지정해 줄 수 있는 라우터 테이블 혹은 라우팅 정책을 가지고 있습니다. 라우터를 통한 패킷의 라우팅은 분명히 인터넷에 있어서 가장 복잡한 부분입니다.

CodeHiddenLanguage.com 웹사이트에 처음 접근할 때 여러분은 웹 브라우저의 주소창에 다음과 같이 입력했을 것입니다.

CodeHiddenLanguage.com

도메인 이름은 대소문자를 구분하지 않기 때문에, 여기 적은 것처럼 도메인 이름에 대문자를 섞어 쓸 필요는 없습니다.

브라우저는 HTTP 요청을 할 때 도메인 이름 앞에 https를 붙입니다. 여기서는 파일이 지정되지 않았습니다. 서버는 CodeHiddenLanguage.com 웹사이트에 대한 요청을 받으면, 웹사이트와 관련된 정보에 어떤 파일을 반환해야 하는지를 나타내는 목록이 포함됩니다. 이 웹사이트의 경우 이 목록의 맨 위에 있는 파일은 default.html이므로, 웹 브라우저에 다음과 같이 입력한 것과 같습니다.

CodeHiddenLanguage.com/default.html

이 주소가 웹사이트의 홈페이지입니다. 웹 브라우저에서 '페이지 소스 보기'와 같은 옵션을 통해서 HTML 파일을 직접 볼 수 있습니다.

웹 브라우저가 default.html 파일을 가져온 후에, 27장에서 설명한 구문 분석parsing 작업을 시작합니다. 이 작업에는 HTML 파일의 텍스트를 문자 단위로 확인하면서 모든 태그를 식별해 내고 페이지를 배치하는 작업이 포함되어 있습니다. CPU 수준에서 구문 분석은 보통 다수의 CMP 명령 뒤에 조건 분기를 두는 형태로 되어 있으며, 이 작업은 보통 C++로 작성된 HTML 엔진이라 불리는 소프트웨어 부분에서 전담해서 처리합니다. 페이지를 표시할 때 웹 브라우저는 운영체제의 그래픽 기능을 사용합니다.

웹 브라우저는 default.html의 구문 분석을 수행하면서, 이 파일이 style.css라는 다른 파일을 참조하고 있다는 것을 발견할 것입니다. 이 파일은 페이지가 어떤 형식을 가지고 있는지 자세하게 설명하고 있는 CSSCascading Style Sheets(종속형 시트) 텍스트 파일입니다. 웹 브라우저는 이 파일을 가져오기 위해서 또 다른 HTTP 요청을 만듭니다. default.html 페이지를 더 아래로 내려가다 보면, 웹브라우저는 이 책의 표지 그림 파일인 Code2Cover.jpg라는 이름의 JPEG 파일에 대한 참조를 찾을 수 있을 것입니다. 따라서 이 파일을 가져오기 위해서 또 다른 HTTP 요청을 만들어 냅니다.

페이지를 더 아래로 내려가다 보면 이 책의 몇몇 장에 대한 목록이 있으며, 이 목록은 웹사이트에 있는 다른 페이지에 대한 링크를 포함하고 있습니다. 브라우저는 다른 페이지를 아직 로드하지는 않고 이 부분들을 하이퍼링크로 표시합니다.

예를 들어, 6장의 링크를 클릭하면 브라우저는 https://www.codehidden language.com/Chapter06에 대한 HTTP 요청을 만들어 냅니다. 다시 한번 이야기하지만, 파일이 지정되지 않았더라도 서버가 응답할 파일 목록을 확인할 것이며, 목록의 가장 처음에는 defatult.html 파일이 있습니다. 하지만 Chapter06 폴더에는 해당 파일이 없으므로, 목록에서 그다음에 있는 index.html을 찾아서 해당 파일을 반환합니다.

이후에 브라우저가 해당 페이지에 대한 구문 분석을 시작합니다. 이 페이지 역시 style.css를 참조하고 있지만, 웹 브라우저에서 해당 파일을 캐시(나중에 다시 사용하기 위해서 저장해 둔 상태)해 두었기 때문에 다시 다운로드할 필요가 없습니다.

해당 index.html 페이지는 다른 HTML 페이지를 참조하는 <iframe> 태그를 몇 개 가지고 있으므로, 해당 파일들도 같이 다운로드됩니다. 다운로드된 파일에는 여러 자바스크립트 파일들을 나열하고 있는 <script> 섹션이 있으며, 이 자바스크립트 파일들을 다운로드함으로써 자바스크립트 코드를 분석하고 실행할 수 있게 됩니다.

예전에는 웹 브라우저가 자바스크립트 코드에 대한 구문 분석을 하면서 바로 인터프리터 형식으로 실행시켰습니다. 하지만 최근의 웹 브라우저는 자바스크립트 코드를 필요한 경우에만 컴파일해 주는 자바스크립트 엔진을 가지고 있습니다. 이런 기법을 JITjust-in-time 컴파일이라 부릅니다.

CodeHiddenLanguage.com 웹사이트가 상호작용 가능한 그래픽을 제공하고 있기는 하지만, HTML 페이지 자체는 정적입니다. 서버가 특정한 URL을 수신하는 경우에 원하는 대로 동작을 수행할 수 있으며, 이때 서버가 HTML 파일들을 즉시 만들어서 클라이언트 쪽으로 보내 주는 것을 동적인 웹 콘텐츠를 전달하는 것이라 이야기합니다.

URL 뒤에 일련의 **쿼리 문자열**query string을 붙이는 경우도 있는데, 이러한 문자열은 일반적으로 주소 뒤에 붙인 물음표 다음에 나타나고, 앰퍼샌드(&) 기호로 구분됩니다. 서버에서는 이 문자열에 대한 구문을 분석하고 해석할 수 있습니다. 또한 서버는 서버에서 클라이언트로 데이터 파일을 전달하는 기능을 포함하는 RESTrepresentational state transfer라 부르는 URL 형식도 지원합니다. 이런 기능은 서버에서 동작하는 프로그램을 필요로 하기 때문에 서버 측 프로그램이라 부릅니다. 한편 자바스크립트는 클라이언트 측 프로그램을 만드는 데 쓰는 언어입니다. 자바스크립트로 작성된 클라이언트 측 프로그램은 서버에 올라가는 서버 측 프로그램과도 상호작용할 수 있습니다.

매우 다양한 웹사이트가 증명하듯이 웹 프로그래밍은 믿기 어려울 정도로 많은 옵션을 제공해 줍니다. 더욱 더 많은 처리 기능과 데이터 저장 장치가 점차적으로 서버로 이동함에 따라, 이런 서버들을 통칭해서 **클라우드**cloud라 부르게 되었습니다. 점점 더 많은 사용자들의 개인화된 데이터가 클라우드에 저장됨에 따라 사람들이 데이터를 만들거나 접근하기 위해서 사용하는 실제 컴퓨터의 중요성이 줄어들게 되었습니다. 클라우드는 하드웨어 중심보다는 사용자 중심의 컴퓨팅 경험을 만들어 주었습니다.

H. G. 웰스나 버니바 부시가 인터넷에 대해서 어떻게 생각했을지 궁금한가요?

웰스와 부시 모두 세계의 지식과 지혜에 대한 접근성을 개선하는 것이 매우 중요하다고 낙관적으로 믿었습니다. 이 부분에 대해서는 논쟁의 여지가 별로 없습니다. 하지만 이와 비슷하게 접근성이 높아졌다 하더라도, 자동으로 문명이 황금기로 나아가는 것이 아니라는 점도 명백합니다. 사람들은 이제 자기 자신이 정보를 관리하고 있다고 느끼기보다, 그 어느 때보다 이용할 수 있는 정보의 양에 압도되고 있는 경향이 있습니다.

인터넷이 수많은 다른 유형의 사람들과 개성, 믿음과 관심사의 표본을 나타낸다는 관점에서, 확실히 인터넷은 월드 브레인의 일종이라 할 수 있기는 하지만, 웰스가 원했던 것처럼 '현실에 대한 공통 해석'을 제공해 주는 것은 분명 아닙니다. 진정한 지식만큼이나 가짜 과학과 음모론이 불안정하게 발현되어 널리 퍼져 있습니다.

여러 도서관에서 책과 잡지를 스캔하고 디지털화시켜서 만든 구글 북스(books.google.com)라는 아이디어를 웰스가 매우 좋아했을 거라 생각합니다. 이 책들 중 많은 책(특히 아직 저작권으로 보호되지 않은 것들)은 책의 내용까지 모두 접근할 수 있습니다. 불행하게도 구글 북스의 제작자들은 카탈로그 카드 작성은 잊어버린 대신, 사용자들이 검색 기능(그 자체로 심각한 결함이 있는)에 전적으로 의존하도록 강요했습니다. 이런 근본적인 문제로 인해서 가끔은 구글 북스에서 어떤 것을 찾는 것이 엄청나게 어려운 경우가 많습니다.

구글 북스와 거의 완전하게 반대되는 서비스는 저널 저장소Journal Storage를 의미하는 JSTOR(*www.jstor.org*)라는 서비스로, 저널에 있는 논문과 기사들을 매우 세심하게 분류하고 목록으로 정리한 카탈로그로 구성한 학술 저널 모음 서비스입니다. JSTOR는 제한된 사이트로 시작했으나, 검찰이 포함되어 있는 수치스러운 사건과 프로그래머의 비극적인 자살[2]로 인해서 JSTOR의 내용을 조금 더 자유롭게 사용하도록 결정하면서, 일반인들이 훨씬 더 쉽게 접근할 수 있게 되었습니다.

---

2 (옮긴이) JSTOR의 경우 저널/논문에 대한 접근 권한을 기업이나 기관에 판매하는 모델을 가지고 있었는데, RSS를 만든 애런 스워츠(Aaron H. Swartz)가 과도한 양의 저널 논문을 내려받은 사실을 확인하고 고소를 진행했으며, 이로 인해서 애런 스워츠가 자살하면서 강력한 비판을 받은 사건입니다(*https://www.harvardmagazine.com/2013/01/rss-creator-aaron-swartz-dead-at-26*). 이 사건 이후에 JSTOR은 몇 개의 논문은 무료로 받을 수 있도록 정책을 변경했습니다.

전통적인 서양 악보를 읽을 수 있는 사람들을 위해서 만들어진 국제 악보 라이브러리 프로젝트International Music Score Library Project(*https://imslp.org*)는 책에서 구글 북스와 같은 작업을 악보에 적용한 것입니다. IMSLP는 저작권이 소멸된 디지털화된 악보의 거대한 저장소이며, 사용하기 편한 방식으로 목록화되고 색인화되어 있습니다.

문서의 연결망을 작성할 수 있는 능력에 대해서 이야기한 버니바 부시와 테드 넬슨의 아이디어에 대해서 생각해 보면, 뭔가 빠진 것 같습니다. 구글 북스, JSTOR, IMSLP와 같은 웹사이트는 그들이 꿈꾸었던 임의 링크 형태[3]에 대해서 내성을 가지는 형태를 가지고 있습니다. 최신 워드프로세서 및 스프레드시트 애플리케이션은 정보 소스에 대한 링크 저장을 허용하지만 매우 유연한 방식은 아닙니다.

웰스의 세계 백과사전 개념에 가장 가까운 웹사이트는 단연코 위키피디아(wikipedia.org)입니다. 사용자가 편집할 수 있는 백과사전이라는 위키피디아의 기본적인 개념으로 인해서 이상한 내용으로 바뀌어 가고, 결과적으로 쓸모 없어지는 결과를 초래할 수도 있었습니다. 하지만 지미 웨일즈Jimmy Wales(1966년생)의 학구적이고 양심적인 방향 설정을 기반으로 인터넷에서 가장 필수적인 단일 웹사이트가 되었습니다.

《월드 브레인》에서 웰스는 다음과 같이 썼습니다.

> 모든 인류에게 관심을 받기 위한 백과사전은 올바른 비판을 허용하지 않는 편협하고 독단적인 교리를 따르면 안 됩니다. 또한 편협한 선전의 끊임없는 침입에 대해서도 최대한의 경계심을 가지고 편집중적으로 보호되어야 할 것입니다. 이는 많은 사람이 회의주의라 부르는 일반적인 분위기를 가지게 될 것입니다. 신화는 아무리 숭배받는다 하더라도 신화로써 다뤄져야 하고, 뭔가 더 고차원적인 진리나 이를 숨기기 위해 상징적으로 표현한 것으로 취급되어서는 안 됩니다. 비전과 프로젝트, 이론은 근본적인 사실과는 반드시 구분되어야 합니다. 국가를 웅장하게 꾸미려는 망상과 모든 종파적 가정에 대해도 강하게 압박해야 하는 반

---

3 (옮긴이) 적극적으로 연관 색인을 사용하는 방식을 의미합니다.

면, 마침내 필수적인 부분이 되어야 하는 세계 공동체를 위해서 무관심하지 않을 것입니다. 이런 부분을 편견이라고 부른다면, 세계 백과사전은 분명 편견을 가질 것입니다. 세계 백과사전은 조직화, 비교, 구성과 생성에 대한 편견을 가지게 될 것이며, 가질 수밖에 없습니다. 이 프로젝트는 본질적으로 창의적인 프로젝트입니다. 즉, 새로운 세계의 성장을 이끄는 지배적인 요소가 되어야 합니다.

이는 야심찬 목표이며, 위키피디아가 이런 요구에 얼마나 근접했는지 보면 매우 인상적입니다.

우리 대부분은 단순하게 지식 체계가 존재하는 것만으로 세계를 더 나은 미래로 인도하는 데 도움이 될 거라 믿은 웰스만큼 낙관적이지는 않다고 생각합니다. 우리는 가끔 우리가 만들면 그들이 올 거라는 말을 듣곤 하지만, 그것을 신뢰하고 싶어도 보장되는 것은 아닙니다. 인간의 본성은 기대에 부응하지 않는 경우도 많습니다.

하지만 우리는 우리가 할 수 모든 것을 해야 합니다.

찾아보기